PRINCIPES

DU

DROIT DES GENS

PAR

ALPHONSE RIVIER

CONSUL GÉNÉRAL DE LA CONFÉDÉRATION SUISSE
PROFESSEUR A L'UNIVERSITÉ DE BRUXELLES
PROFESSEUR HONORAIRE A L'UNIVERSITÉ DE LAUSANNE

TOME SECOND

PARIS
LIBRAIRIE NOUVELLE DE DROIT ET DE JURISPRUDENCE
ARTHUR ROUSSEAU
ÉDITEUR
14, RUE SOUFFLOT ET RUE TOULLIER, 13

1896

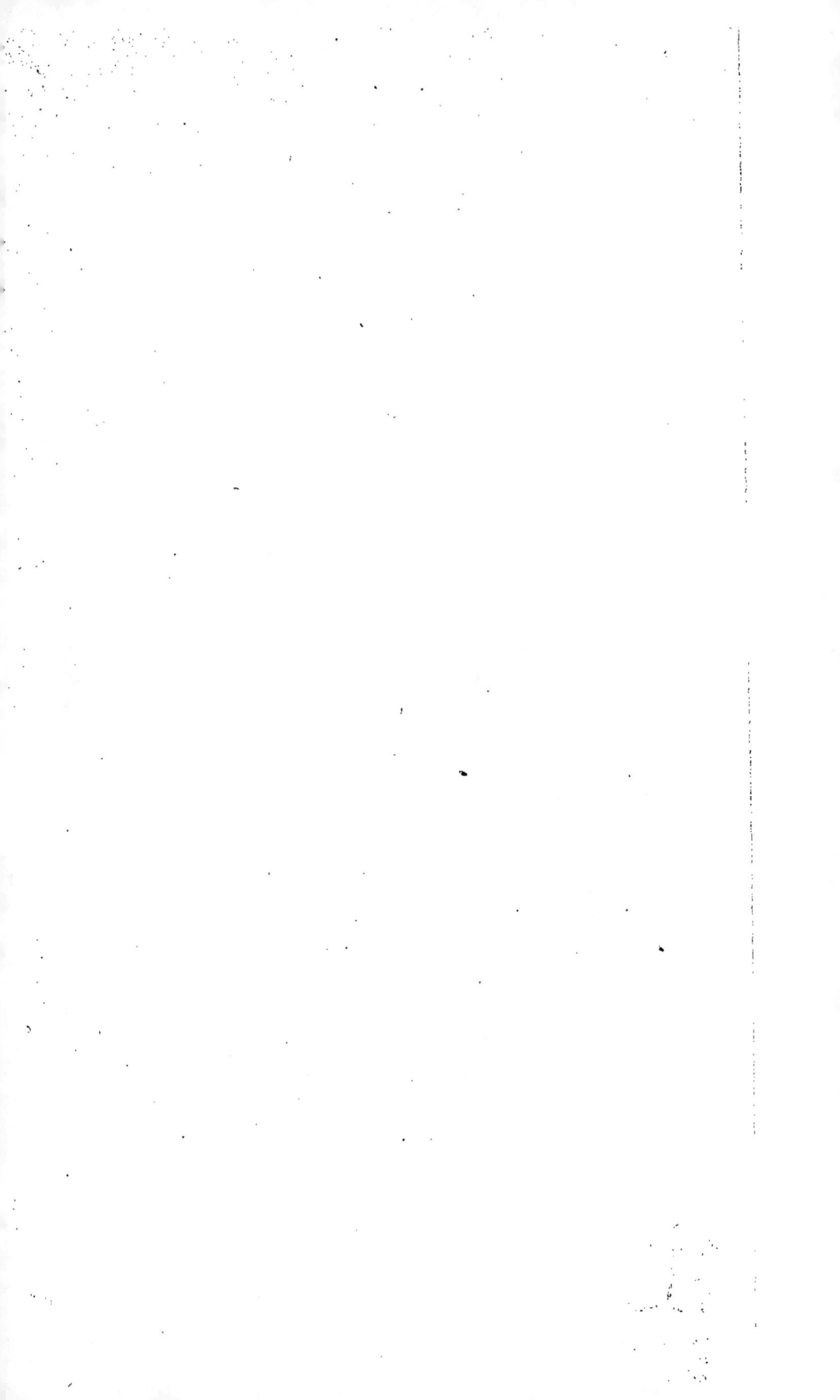

PRINCIPES

DU

DROIT DES GENS

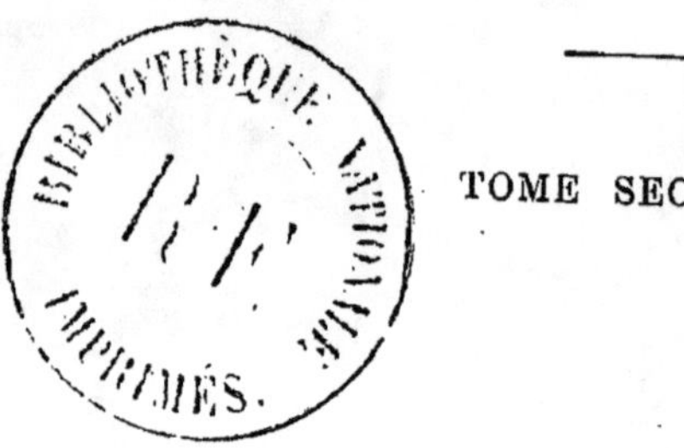

TOME SECOND

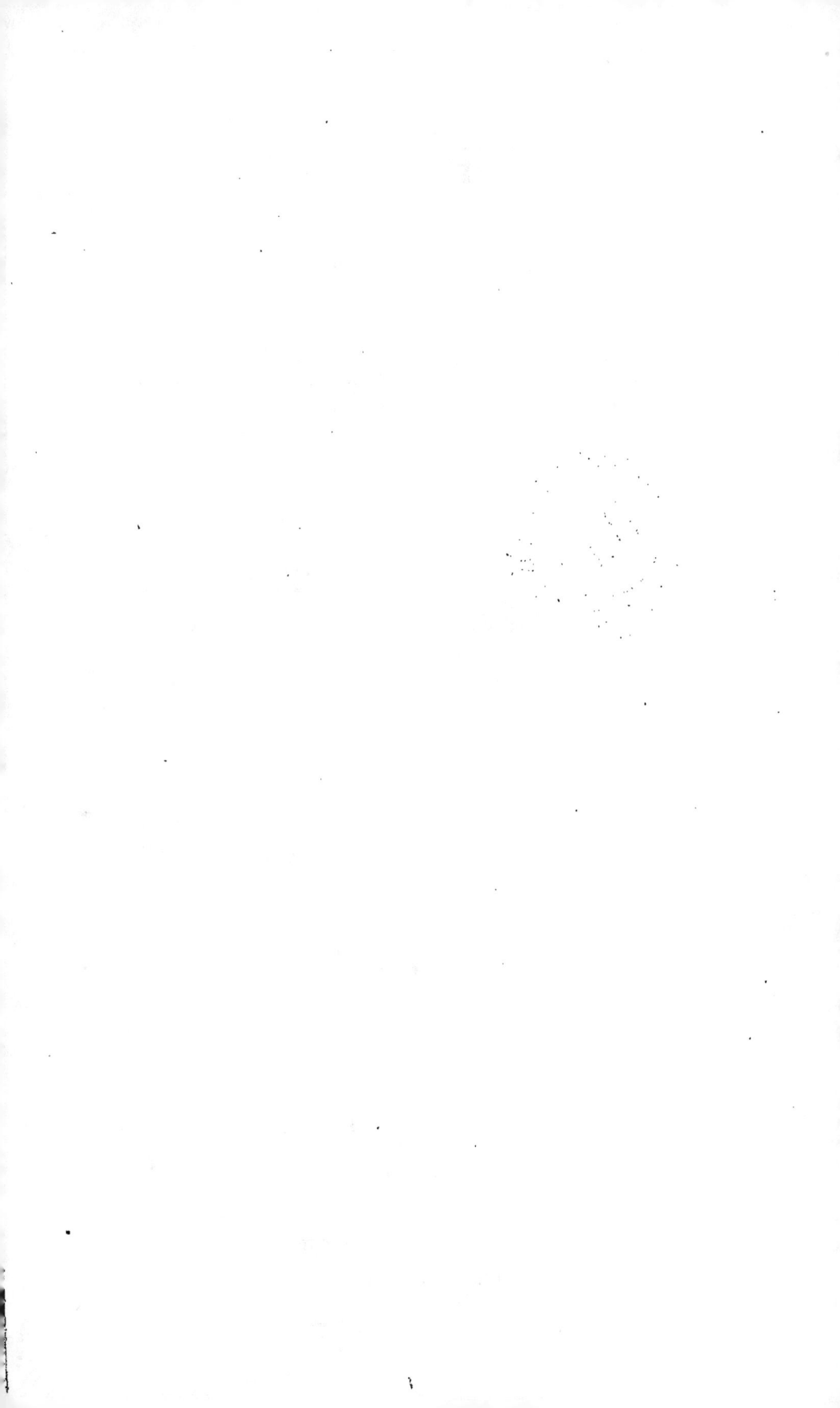

PRINCIPES

DU

DROIT DES GENS

PAR

ALPHONSE RIVIER

CONSUL GÉNÉRAL DE LA CONFÉDÉRATION SUISSE
PROFESSEUR A L'UNIVERSITÉ DE BRUXELLES
PROFESSEUR HONORAIRE A L'UNIVERSITÉ DE LAUSANNE

TOME SECOND

PARIS

LIBRAIRIE NOUVELLE DE DROIT ET DE JURISPRUDENCE

ARTHUR ROUSSEAU

ÉDITEUR

14, RUE SOUFFLOT ET RUE TOULLIER, 13

1896

LIVRE VI

DES NÉGOCIATIONS

ET

DES ACTES PUBLICS ÉMANÉS DES GOUVERNEMENTS

J'ose dire hardiment que négocier sans cesse, ouvertement ou secrètement, en tous lieux, encore même qu'on n'en reçoive pas un fruit présent, et que celui qu'on en peut attendre à l'avénir ne soit pas apparent, est chose tout à fait nécessaire pour le bien des États.

RICHELIEU.

LIVRE VI

DES NÉGOCIATIONS, ET DES ACTES PUBLICS ÉMANÉS DES GOUVERNEMENTS

---

§ 45. — Des négociations en général (1).

129.

I. *Caractère des négociations. — Qui négocie.*

La négociation, c'est-à-dire l'action de traiter les affaires publiques, ne suppose pas nécessairement un différend, un conflit d'intérêts, une divergence de vues. Souvent les États négocient afin de réaliser d'un commun accord des progrès internationaux. Les

1. Les anciens auteurs et quelques modernes donnent des préceptes, des règles, des directions, des conseils touchant l'art de négocier « œuvre combinée du talent, de la connaissance du monde et de l'expérience des affaires » matière importante et intéressante, mais qui n'appartient pas au droit. On lira, entre autres, avec plaisir et avec fruit, le livre de l'académicien François de Callières (1645-1717), intitulé *De la manière de négocier avec les souverains, ou de l'utilité des négociations, du choix des ambassadeurs et des envoyés, et des qualités nécessaires pour réussir dans ces emplois*, 1716, 1756 ; les *Principes des négociations*, de Mably, 1757 ; le *Traité ou discours de l'art de négocier*, par le célèbre de Haller, que le comte de Garden a inséré dans son *Traité complet de diplomatie*, et dont l'auteur est Charles de Haller (1768-1854), le restaurateur des sciences politiques ; les considérations de M. Pradier-Fodéré dans son *Cours de droit diplomatique*, t. II, p. 260-303, contenant une analyse de Haller ; les très sages paragraphes de Heffter, que M. Geffcken a supprimés.

Calvo, 1316-1328, 1670-1681. — Pradier-Fodéré, t. III, 1354-1362. — Geffcken, Manuel de Holtzendorff, t. III, § 169-175, *Formen und Uebungen des diplomatischen Verkehrs.* — Bulmerincq, même Manuel, t. IV, § 5-6. — Miruss, *Gesandtschaftsrecht*, § 254-274. — Charles de Martens, *Guide diplomatique*, § 53 : *Des négociations diplomatiques.*

traités, sur des matières de toutes sortes intéressant les peuples, se multiplient, le droit conventionnel se perfectionne et s'enrichit sans cesse, et c'est en très grande partie aux négociateurs qu'incombe la noble tâche de rapprocher notre humanité, dans la mesure possible et désirable, de l'idéal pacifique d'une grande cité des nations.

Les exemples de négociations récentes, faites en vue du bien général, abondent. C'est un des signes favorables du temps présent.

On le doit à des souverains magnanimes, à des hommes d'État éclairés, à des administrateurs clairvoyants, à l'initiative même de simples citoyens, pénétrés de vues justes et saines ou animés d'un esprit de vraie philanthropie (1). Alexandre II, empereur de Russie, fut le promoteur de la conférence de Bruxelles pour fixer et humaniser les lois de la guerre. Léopold II, roi des Belges, de concert avec l'Angleterre, a convoqué la conférence pour la répression de la traite. C'est grâce à l'initiative de M. Stephan, directeur général des postes de l'empire allemand, que s'est fondée l'Union postale universelle. M. Christ et M. de Seigneux ont provoqué la création du droit international des transports par chemin de fer, et M. Henri Dunant a été l'initiateur de la convention de Genève. C'est le gouvernement suisse qui a proposé aux autres États ces deux réformes importantes et d'autres encore, ainsi, tout récemment, le projet d'un office central pour la publication des traités.

Le droit de négocier appartient aux chefs d'États (2).

Ils l'exercent soit en personne soit, plus souvent, par mandataires. Les négociations ont lieu de souverain à souverain, ou entre souverains et agents diplomatiques, entre ministres et agents diplomatiques, entre plénipotentiaires nommés *ad hoc* (3).

Entre chefs d'États traitant directement et personnellement, les négociations ont lieu, soit de vive voix, en des assemblées de princes assistés ordinairement de leurs ministres des affaires étrangères, ou dans des entrevues intimes, souvent fort courtes, mais précédées, accompagnées ou suivies de conférences entre les ministres dirigeants ; soit par écrit, au moyen de lettres, lesquelles, par la force des choses, sont ordinairement autographes (4).

(1) V. aux §§ 27, 29, 30, les diverses Unions internationales. V. en outre, § 63, 185 et 188.

(2) Ci-dessus § 33, 90, I, et 91.

(3) Comparez ci-dessous § 49, 139, I.

(4) Ci-dessous, § 47, 133, I.

Des négociations de cette nature ne sont guère pratiquées qu'entre chefs d'États monarchiques. De souverain à président de république, les relations personnelles se réduisent le plus souvent à des visites et réceptions solennelles, occasionnées par des voyages ou séjours du souverain sur le territoire de l'État républicain ou près de sa frontière. En effet, malgré l'égalité des États, l'inégalité de condition et de représentation qui sépare leurs chefs, doit exclure, sauf en des cas très exceptionnels, l'intimité complète et la familiarité (1). Ce serait toutefois une grave erreur de croire qu'un président des États-Unis ou de la République française n'exerce pas d'action personnelle sur la politique, même générale, et sur le droit des gens; le contraire est attesté par plus d'un fait de l'histoire récente.

Entre un chef d'État et un agent diplomatique, des négociations proprement dites n'ont guère lieu, dans la Société des nations, qu'en des cas exceptionnels. J'ai dit déjà que le droit attribué aux ambassadeurs de conférer directement avec les souverains est, par la force même des choses, dans les États constitutionnels de l'Occident, restreint et presque illusoire (2). C'est avec le ministre des affaires étrangères que les agents diplomatiques sont appelés à négocier, oralement ou par écrit, et aussi avec d'autres agents ou plénipotentiaires. Quand un chef d'État donne audience publique ou privée à un agent diplomatique étranger, ce n'est pas pour négocier avec lui, mais pour recevoir ses lettres de créance ou de rappel, ou pour entendre quelque autre communication de la part du souverain de l'agent. Il est évident d'ailleurs que le chef d'État peut avoir avec l'agent des entretiens familiers qui, sans être des négociations, auront parfois une réelle importance.

L'importance des négociations directes des souverains dépend naturellement de la position qu'ils occupent dans leur propre État. Louis XIV, Frédéric II, Catherine, Napoléon dirigeaient eux-mêmes les affaires étrangères de leurs États ; les ministres n'étaient que leurs instruments et leurs organes.

(1) Ci-dessus, § 33, 90, I et VI, et 91.

(2) Ci-dessus, § 35, 95, IV.

On attache encore aujourd'hui, avec pleine raison, une haute portée politique aux entrevues, même des souverains constitutionnels, et les monarchies ont, à ce point de vue, un avantage positif sur les républiques. Les relations de famille et d'amitié des princes influent plus qu'on ne le dit et le croit communément sur les destinées des peuples. Souvent les parlements, lorsqu'ils sont appelés à exercer leurs droits constitutionnels, se trouvent en présence de faits accomplis qu'il n'est pas en leur pouvoir de supprimer, et leur contrôle est tardif et peu efficace.

II. *De la forme des négociations.*

Il ne saurait, en général, appartenir à un État d'imposer à d'autres États une forme particulière de négociation. La forme est choisie par libre consentement de part et d'autre.

Les entretiens oraux entre ministre et agent ont pour objets soit les rapports généraux des deux États, soit des affaires déterminées, traitées entre eux.

La forme écrite constitue la règle pour les communications de quelque conséquence. Elle est indiquée par la nature même des choses toutes les fois que l'emploi d'une forme déterminée paraît utile. Il sera traité des écrits diplomatiques dans un paragraphe spécial (1).

Il se peut que l'agent donne lecture au ministre d'une dépêche que son gouvernement lui a adressée, et qui est ostensible (2). Dans ce cas, il est ordinairement autorisé à en laisser copie. Le ministre peut refuser de l'entendre si copie n'en doit pas être laissée; en effet, l'audition seule ne suffit pas pour permettre une appréciation complète.

La réponse est généralement donnée, par le ministre, non à l'agent étranger qui lui a fait la communication, mais à l'agent accrédité auprès de la puissance étrangère, lequel la communiquera au ministre des affaires étrangères de cette puissance. Il peut en être différemment, dans un cas donné, pour des raisons particulières.

En 1825, Canning refusa d'écouter une dépêche russe concernant la

(1) Ci-dessous, § 47, 133.

(2) *Ibidem*, II.

reconnaissance de l'indépendance des colonies espagnoles en Amérique, parce que M. de Lieven n'était pas autorisé à lui en laisser copie.

« En général, les affaires sont entamées par voie verbale et menées à fin par écrit. Quand on veut traiter, on commence par sonder le terrain en causant, et après avoir constaté de cette manière qu'il y a espoir de s'entendre, on cherche à résumer par écrit le résultat des conversations. La négociation se continue, soit par échange de dépêches ou notes, soit par des discussions verbales... — Si l'échange de pièces écrites est indispensable pour le projet d'une négociation, le rôle de l'agent qui les transmet est loin d'être passif... Quand il communique des dépêches, il les interprète et donne à leurs arguments les développements dont ils sont susceptibles, il les discute avec le ministre des affaires étrangères et rend compte de ses conversations au gouvernement qu'il représente... Il peut même prendre sur lui, dans des circonstances épineuses ou imprévues, d'outrepasser la lettre de ses instructions, sachant en apprécier l'esprit. On peut donc dire que si les communications écrites marquent les étapes d'une négociation, ce sont les communications verbales qui la font marcher (1) ».

Une certaine publicité, nécessairement limitée, est admise aujourd'hui pour les correspondances diplomatiques ; elle n'est pas sans inconvénients. L'Angleterre, vieux pays de parlementarisme et d'aristocratie, où la politique est faite par une classe supérieure, riche d'expérience et de tradition, a donné l'exemple, et la plupart des grands pays ont leurs livres bleus, jaunes, rouges, verts, etc. Il va de soi que les pièces les plus importantes n'y figurent pas toujours, et que d'autres n'y sont pas mises telles quelles, mais qu'il a fallu leur faire subir un remaniement. La discrétion étant une condition indispensable de la plupart des négociations, les pays continentaux où le parlementarisme règne sans le contrepoids de traditions bien établies de haute politique, sont dans un état d'infériorité manifeste à l'égard de ceux où ces traditions règnent, surtout avec une classe dominante et dirigeante, comme en Angleterre, et de ceux où la haute politique n'a pas l'entrave du parlementarisme, tels par exemple que la Russie.

(1) Ch. de Martens, § 53 cité.

§ 46. — Congrès et conférences (1).

130.

I. *Notion du congrès et de la conférence.*

Les congrès et les conférences sont des réunions, soit de plusieurs souverains ou chefs d'États, soit de plénipotentiaires, à l'effet de régler d'un commun accord des affaires d'État.

Qu'est-ce qui distingue les congrès des conférences ?

Diverses opinions ont été émises à ce sujet. On a dit que les grandes puissances seules prennent part aux congrès, tandis que les conférences réunissent des puissances de tout ordre, grandes et petites ; on a dit aussi que c'est la présence des souverains qui donne à la conférence le caractère plus auguste d'un congrès, et que la conférence prépare le congrès. Tout cela est trop absolu, et démenti par le fait. Ce qui est vrai, c'est que le congrès est plus solennel que la conférence, et qu'on y traite ordinairement de questions non seulement importantes, mais vastes et complexes. Cela même n'est point constant, car on a donné le nom de conférence à des réunions qui devaient être nommées congrès, et l'inverse arrive aussi, quoique plus rarement. Dans les pages qui suivent, je me servirai le plus souvent du mot de congrès pour désigner aussi les conférences.

On peut poser en règle aujourd'hui, tant pour les congrès que pour les conférences, que ce sont des réunions de plénipotentiaires *ad hoc*. Chacun des États participants envoie soit un plénipotentiaire, soit plus souvent deux ou plusieurs, auxquels cas l'un d'eux est premier plénipotentiaire (2). Les ministres dirigeants autres que celui de l'État chez qui le congrès se réunit, en font rarement par-

(1) Witold Zaleski, *Die völkerrechtliche Bedeutung der Congresse.* 1874. — Kamarowsky, trad. Westman, *Le tribunal international,* p. 91-102. 1887. — Pradier-Fodéré, *Cours de droit diplomatique*, t. II, p. 303-313, 368-371. — Berner, *Staatslexicon* de Bluntschli, art. *Kongress.* — Calvo, III, 1674-1681. — Pradier-Fodéré, t. VI, 2593-2599. — Geffcken, § 175. — Ch. de Martens, *Guide diplomatique,* t. I, § 55, t. II, ch. V. — F. de Martens, t. I, § 52.

(2) Ci-dessus, § 35, 95, II.

tie. Plus rarement les souverains ; le développement du régime constitutionnel a rendu leur présence superflue, sinon même inopportune.

Il ne doit être question, ici, que des congrès proprement dits de représentants des États, des congrès diplomatiques, politiques, et non des congrès purement techniques, ni surtout des congrès scientifiques ou pseudo-scientifiques, littéraires, philanthropiques etc., si fréquents de nos jours.

L'Académie française définit le congrès : « Assemblée de plusieurs ministres de différentes puissances, qui se sont rendus dans un même lieu pour y conclure la paix, ou pour y concilier les prétentions opposées de divers États ». Et la conférence : « Entretien que deux ou plusieurs personnes ont ensemble sur quelque affaire ou matière sérieuse ». Le dictionnaire ajoute que « ce mot se dit quelquefois des diplomates réunis pour conférer ensemble ». Conférer : « Parler ensemble, raisonner de quelque affaire, de quelque point de doctrine. »

On voit qu'il peut fort bien y avoir conférence de deux personnes seulement. Mais on ne désignera guère du nom de congrès une entrevue de deux personnes, fussent-elles des têtes couronnées.

Le congrès de Vienne (1814-1815) a pacifié et reconstitué l'Europe ; la conférence de Vienne, en 1855, a préparé le congrès de Paris (1856). Comme celui-ci, le congrès de Berlin (1878) a réorganisé l'Europe orientale, tandis que la conférence de Berlin (1884-1885) a posé les bases d'une organisation internationale dans un domaine spécial et créé un État en Afrique, et que, chose nouvelle, l'Amérique y a pris part. La conférence de Bruxelles de 1874 s'est proposé de codifier le droit de la guerre, celle de 1889-1890 a voulu réprimer la traite et retoucher sur un point spécial l'œuvre de la conférence de Berlin.

Le congrès de Reichenbach (1790) n'était qu'une conférence. Les conférences de Londres, de 1830-1831 et de 1839, sont de vrais congrès, elles ont modifié la carte de l'Europe.

Les congrès de Westphalie, de Nimègue, de Ryswyck, d'Utrecht se sont tenus sans les souverains. Les souverains ont pris part aux congrès de Vienne, d'Aix-la-Chapelle, de Troppau, de Laybach, de Vérone. A Erfurt, en 1808, des souverains, dont quatre rois, et des héritiers présomptifs de diverses couronnes s'assemblèrent autour de Napoléon et d'Alexandre : « les premières conférences politiques qui aient eu lieu directement entre plusieurs monarques » (1). L'empereur d'Autriche a présidé à Francfort, en 1863, une réunion des souverains allemands, sauf le roi de Prusse, et des chefs des villes libres hanséatiques.

(1) Ch. de Martens, *Guide diplomatique*, § 55.

« Les États des Provinces-Unies avaient huit ambassadeurs à Münster, mais je ne sais s'ils en furent mieux servis, car il y en avait deux qui, pour avoir été employés en plusieurs négociations, voulaient gouverner les autres (1) ». Au congrès de Vienne, l'Angleterre et la France étaient représentées chacune par quatre plénipotentiaires, la Russie et le Portugal par trois, l'Autriche et la Prusse par deux. Au congrès de Paris, chacune des puissances était représentée par deux plénipotentiaires. Au congrès de Berlin, l'Allemagne, l'Autriche, la France, la Grande-Bretagne, la Russie et la Turquie avaient chacune trois plénipotentiaires, tandis que l'Italie n'en avait que deux. Le prince de Bismarck, chancelier de l'empire, était premier plénipotentiaire allemand et président, et les ministres des affaires étrangères de toutes les puissances y étaient, sauf celui de la Turquie, dont le plénipotentiaire était le ministre des travaux publics.

En règle générale, les États souverains seuls prennent part aux congrès. Les mi-souverains y sont représentés par leurs suzerains ; toutefois ils peuvent y être admis, s'il s'agit de matières sur lesquelles ils sont capables de conclure des traités (2).

Les États qui participent à un congrès, sont ceux qui sont intéressés dans les questions qui doivent y être débattues. On ne saurait délibérer valablement et définitivement sur des affaires concernant un État en l'absence et sans le concours de cet État. Cette règle découle du principe de l'indépendance autant que de la nature même des choses ; les exigences de la politique l'ont plus d'une fois fait enfreindre.

Peuvent aussi être représentées au congrès des puissances garantes (3) et des puissances médiatrices (4).

Lorsqu'il s'agit, ainsi que c'est le cas de plus en plus fréquemment, de concerter des mesures à prendre en commun touchant des questions d'intérêt général, il dépend naturellement, en premier lieu, de la puissance qui prend l'initiative de la réunion, d'inviter les États dont le concours lui paraît désirable.

La Roumanie et la Serbie n'étaient pas représentées à Berlin, puisque c'est seulement par le traité de Berlin que ces principautés sont

(1) Wicquefort, l'*Ambassadeur*, I, 26.

(2) Ci-dessous, § 49, 138, II, et 141, I.

(3) Ci-dessous, § 52, 152.

(4) Ci-dessous, § 57, 167.

devenues souveraines. Le Monténégro, qui n'était pas encore alors reconnu souverain par la Porte, n'y était pas représenté non plus.

Toutes les puissances ont été convoquées à la conférence de Bruxelles pour l'adoucissement des maux de la guerre (1874). A la conférence de Berlin (1884-1885), certains États ont été laissés de côté, comme n'étant pas intéressés : la Suisse, la Grèce, la Roumanie, la Serbie, le Monténégro. De même à la conférence de Bruxelles pour la répression de la traite (1889-1890).

La Grèce n'était pas représentée à la conférence de 1869, concernant les affaires de Crète. Il y avait, il est vrai, un délégué grec, mais il était convoqué uniquement pour répondre aux questions que lui posaient les plénipotentiaires. La Turquie n'était pas représentée à la conférence des ambassadeurs de 1876, qui la concernait directement, s'occupant d'affaires intérieures de l'empire, et qui siégeait à Constantinople.

En 1883, la conférence de Londres, concernant le Danube, a exclu la Roumanie, puissance souveraine directement intéressée. L'œuvre de la conférence était dès le principe, par le fait, frappée de nullité.

Une pratique régulière des congrès a été prévue et réglée par les puissances réunies à Aix-la-Chapelle, en 1818. On y reviendra peut-être un jour.

Doit-on saluer, dans les congrès, au moins quant à l'Europe et à ses dépendances, l'instance suprême de l'avenir pour notre Société des nations, et, surtout si l'Amérique, qui a siégé avec les États européens à Berlin et à Bruxelles, prenait l'habitude d'y participer, une future instance générale, destinée peut-être à devenir universelle ? Il semble qu'on puisse sans utopie prévoir que les congrès se multiplieront, et que l'on doive s'en réjouir. Mais il n'en faut pas exagérer la valeur, non plus que la mesure possible de leur activité.

Quoi qu'il en soit de l'avenir, les congrès et, dans leur sphère plus modeste, les conférences servent actuellement d'organes qualifiés à la communauté internationale. Cette fonction s'est développée avec l'idée même de la communauté. Au moyen âge, les conciles de l'Église avaient seuls un caractère universel ; les réunions générales séculières sont modernes, le droit relatif aux congrès est un *jus novum*.

Grotius a recommandé la pratique des congrès : « Et... utile esset, imo quodammodo factu necessarium, conventus quosdam haberi Christianarum potestatum, ubi per eos quorum res non interest aliorum controversiae definiantur : imo et rationes ineantur cogendi partes, ut aequis legibus pacem accipiant (1) ». Kant a proposé l'institution d'un congrès permanent.

Protocole d'Aix-la-Chapelle, 15 novembre 1818 : « Les signataires du présent acte ont unanimement reconnu et déclarent en conséquence : 1° Que si pour atteindre le but ci-dessus énoncé, les Puissances qui ont concouru au présent acte jugeaient nécessaire d'établir des réunions particulières, soit entre les augustes souverains, soit entre leurs ministres et plénipotentiaires respectifs, pour y traiter en commun de leurs propres intérêts, en tant qu'ils se rapportent à l'objet de leurs délibérations actuelles, l'époque et l'endroit de ces réunions seront, chaque fois, arrêtés au moyen de communications diplomatiques, et que, dans le cas où ces réunions auraient pour objets des affaires spécialement liées aux intérêts des autres États de l'Europe, elles n'auront lieu qu'à la suite d'une invitation formelle de la part de ceux de ces États que lesdites affaires concerneraient, et sous la réserve expresse de leur droit d'y participer directement ou par leurs plénipotentiaires.... »

Le 5 novembre 1863, l'empereur Napoléon III invita les puissances d'Europe à un congrès général pour régler les questions diverses qui paraissaient menacer la paix européenne. La circulaire d'invitation était conçue en termes dignes et habiles ; l'empereur proposait comme lieu de réunion Paris, et suggérait aux souverains d'y venir en personne (2). Les petits États et l'Italie acceptèrent. Les anciennes grandes puissances furent d'abord hésitantes ; le 25 novembre, la Grande-Bretagne refusa, et ce refus empêcha le congrès. On se méfiait des intentions de Napoléon, peut-être à tort. Le but, le caractère de la réunion paraissaient trop indéterminés.

II. *Préparation des congrès et conférences.*

Il se peut qu'un congrès soit provoqué par les bons offices ou par la médiation d'une puissance tierce (3) ; ou qu'il constitue la suite prévue et convenue d'engagements antérieurs. Il peut être le fruit d'une entente directe et immédiate des États participants ; souvent des conférences servent de préludes aux congrès.

(1) Grotius, II, c. 23, § 8.

(2) Voyez la teneur de la lettre d'invitation, dans le *Guide diplomatique* de Ch. de Martens, t. III, p. 360.

(3) Ci-dessous, § 57, 166-167.

Les congrès ou conférences sont préparés par des négociations, qui portent en première ligne sur le but de la réunion projetée et sur les questions qui y seront traitées. On ne saurait trop préciser ce but et ces questions ; faute de l'avoir fait, manque de base sûre pour les délibérations, mainte réunion s'est séparée sans résultat.

Les négociations portent aussi sur le temps de la réunion, et sur le lieu, qu'au besoin l'on neutralise (1).

D'autres questions préparatoires, de caractère moins essentiel, peuvent encore faire l'objet de communications diplomatiques préalables. Ainsi celles qui concernent l'étiquette, et le rang des participants. Il s'en présentait jadis plus qu'aujourd'hui. Notre époque peut sans inconvénient être moins formaliste que celles qui l'ont précédée, parce que les principes du droit des gens sont mieux fixés et reconnus, en particulier le principe de l'égalité des États ; d'où il résulte que les représentants des États n'ont plus lieu de se montrer aussi susceptibles qu'autrefois (2).

C'est ordinairement, mais non pas nécessairement, l'État sur le territoire duquel doit se réunir le congrès, qui adresse les invitations.

Le congrès de Westphalie fut préparé par les préliminaires de Hambourg (1641), conclus sous la médiation du roi de Danemark. Il fut décidé que le congrès se tiendrait en même temps à Münster et à Osnabrück, et que les deux assemblées seraient réputées n'en faire qu'une ; que les deux villes, sièges du congrès, seraient déclarées neutres et déliées du serment de fidélité qui les liait à leurs évêques.

La question de lieu était plus importante avant les chemins de fer et le télégraphe qu'elle ne l'est à présent. Elle l'est toujours cependant, entre autres à cause de la présidence. Le congrès de paix, notamment, peut revêtir un caractère différent, selon qu'il est tenu sur le territoire du vainqueur, ou du vaincu, ou d'un État tiers (3). On a choisi des villes, des châteaux, des monastères situés à proximité des diverses résidences. On a choisi de grandes capitales pour avoir des distractions, de petites villes pour n'en pas trop avoir.

Entre autres congrès particulièrement intéressants au point de vue du lieu, il faut citer le congrès des Pyrénées (du 13 août au 25 novembre 1659). Mazarin prit résidence à Saint-Jean-de-Luz, Don Luis de Haro à

(1) Ci-dessus, § 10, 36.

(2) Ci-dessus, § 9, 28-29 ; § 35, 95.

(3) Ci-dessous, § 71, 224, III.

Saint-Sébastien. « On convint de tenir les conférences dans l'île des Faisans, située dans la rivière de Bidassoa... Pour prévenir toutes les difficultés, les deux ministres reconnurent, par des déclarations réciproques, cette île comme mitoyenne et appartenant par moitié aux deux États. On construisit un pavillon au milieu de l'île, à distance égale des bords » (1)... On verra plus loin la disposition des lieux au congrès de Ryswyck.

III. *Réunion du congrès ou de la conférence. — Délibérations et résolutions.*

Au moment fixé et dans les conditions prévues, le congrès se réunit, ordinairement sous la présidence provisoire du premier plénipotentiaire, c'est-à-dire du ministre des affaires étrangères, du pays qui lui donne l'hospitalité. Ce président provisoire prononce un discours d'installation, après quoi il est nommé président définitif, comme marque de déférence et de respect envers son État.

S'il veut décliner cet honneur, il prie les plénipotentiaires de nommer une autre personne, qu'il désigne.

Le premier acte de l'assemblée est l'examen réciproque des pouvoirs ou pleins pouvoirs, ce que l'on appelle l'échange ou la vérification des pouvoirs. Ceux-ci trouvés en bonne et due forme, le congrès est constitué. On nomme alors les secrétaires, proposés par le président. On arrête le mode de procéder et de délibérer, on organise la marche des débats, on règle les questions de rang, d'alternat (2), d'étiquette, si elles ne l'ont pas été par avance dans les négociations préparatoires. On nomme, s'il y a lieu, une commission de rédaction, qui aura pour tâche de donner aux résolutions la forme définitive. On peut nommer encore d'autres commissions, chargées d'étudier des questions spéciales et d'en préparer la solution.

Le président, à Vienne en 1854, était le comte de Buol ; à Paris, en 1856, le comte Walewski ; à Londres, en 1864, le comte Russell ; tous ministres des affaires étrangères de leurs pays respectifs. A Berlin, en 1878, le prince de Bismarck, ministre des affaires étrangères de Prusse,

(1) Schœll, *Histoire des traités de paix*, t. I, p. 124 (éd. de Bruxelles, 1837).

(2) Ci-dessus, § 9, 29 et 30.

chancelier de l'empire. A Bruxelles, en 1874, la présidence offerte au baron Lambermont, secrétaire général du ministère des affaires étrangères, a été, sur la proposition de celui-ci, donnée au baron Jomini, premier délégué du tsar, initiateur de la conférence. En 1889-1890, le baron Lambermont a présidé. A Constantinople, en 1876, la conférence, ayant le caractère d'une conférence de ministres accrédités auprès de la Sublime Porte, fut présidée par le doyen du corps diplomatique.

Protocole n° 1 du congrès de Paris : « M. le comte de Buol prend la parole et propose de conférer à M. le comte Walewski la présidence des travaux de la conférence : ce n'est pas seulement, dit-il, un usage consacré par les précédents et récemment observé à Vienne, c'est, en même temps, un hommage au souverain de l'hospitalité duquel jouissent en ce moment les représentants de l'Europe ».

Les plénipotentiaires envoyés à un congrès ou à une conférence sont rarement munis de lettres de créance, leur qualité étant suffisamment établie par leurs pleins pouvoirs. Le mode d'échange ou de vérification des pouvoirs est réglé de commun accord ; à Vienne, en 1814, il fut décidé et notifié que la vérification des pouvoirs serait faite par une commission de trois plénipotentiaires.

Il est évident qu'on peut négocier et même conclure avant même qu'un échange régulier des pouvoirs ait eu lieu. Traité de Saint-Pétersbourg entre le Japon et la Russie, du 7 mai 1875, art. 7 : « Prenant en considération que, quoique les pleins pouvoirs du vice-amiral Enomotto Takeaki ne soient pas encore parvenus à destination, un avis télégraphique constate leur expédition du Japon, on est convenu de ne pas retarder davantage la signature du présent traité, en y stipulant que la formalité de l'échange des pleins pouvoirs aurait lieu dès que le plénipotentiaire japonais se trouverait en possession des siens, et qu'un protocole spécial serait dressé pour constater l'accomplissement de cette formalité ».

Le congrès de Ryswyck est particulièrement intéressant par la position qu'y prirent les plénipotentiaires suédois, médiateurs. Le château de Ryswyck, aujourd'hui rasé et remplacé par un obélisque commémoratif, offrait à cet égard des commodités particulières.

« La salle de conférence des médiateurs était entre les pièces qu'on assigna aux ambassadeurs des alliés et aux ambassadeurs de France, de manière que les médiateurs purent communiquer avec les uns et les autres en se rendant dans leurs salles de réunion. Quelquefois il y eut des entrevues ou conférences générales dans l'appartement des ministres suédois (1) ». Ryswyck est situé entre Delft et La Haye ; les ambassadeurs des alliés demeurèrent à La Haye, ceux de France à Delft. « Pour abréger les disputes sur le rang et le cérémonial, qui me-

(1) Schœll, t. I, p. 154.

naçaient de devenir interminables, on s'accorda pour que les ministres réunis en une même salle se plaçassent en cercle, sans qu'il y eût de table, ni par conséquent de haut-bout ».

Le congrès de Rastatt offre à ce point de vue aussi un grand intérêt. Deux sociétés s'y trouvaient en présence, et un abîme les séparait. D'une part l'ancien régime : les subdélégués, le comte de Metternich, commissaire impérial, le comte de Cobenzl, plénipotentiaire du roi de Hongrie et de Bohême, les plénipotentiaires de Prusse, du roi de Suède, du roi de Danemark, quantité de députés des princes, États et seigneurs. D'autre part, la République française, représentée par Treilhard et Bonnier, tous deux régicides. « On arrêta de suivre, pour les délibérations, les formes usitées à la diète de l'empire, et sanctionnées par l'usage des députations antérieures. Chaque subdélégué remettait, par écrit, son vote sur chaque question, pour être textuellement inséré dans le protocole ; après quoi le ministre directeur résumait les différentes opinions, pour dresser un arrêté conforme aux votes de la majorité ; il soumettait ce projet aux délibérations d'une séance subséquente, pour qu'il fût approuvé. Si l'arrêté portait sur un objet qui devait être communiqué aux ministres français, la députation le transmettait au plénipotentiaire de l'empereur pour y accéder. Celui-ci adressait, dans ce cas, aux ministres français, une note renfermant l'arrêté ou *conclusum* ; si celui-ci était de nature à être transmis à la diète, le subdélégué directorial se chargeait directement de cette transmission, après en avoir prévenu le plénipotentiaire impérial. Quant aux notes que les ministres de France voulaient faire parvenir aux plénipotentiaires de l'empire, ils en adressaient un original au plénipotentiaire impérial, et un autre à celui de l'électeur de Mayence ; mais la députation n'en faisait un objet de ses délibérations que lorsqu'elles lui étaient parvenues par la voie du plénipotentiaire impérial... D'après un arrangement convenu entre les plénipotentiaires français et celui de l'empereur, les premiers acceptaient les notes de la députation en langue allemande, sans exiger qu'elles fussent accompagnées d'une traduction officielle ; de leur côté, ils répondaient de la même manière en français. Ils donnaient aux ministres allemands les titres usités en Allemagne, et exigeaient qu'on les traitât de citoyens. Ils se servaient de l'ère républicaine, sans ajouter la double date. L'ère vulgaire seule était employée dans les offices allemands (1) ».

Le congrès de Vienne, d'ailleurs si brillant, s'est distingué par une grande liberté au point de vue des formes et de l'étiquette ; les procès-verbaux étaient signés en pêle-mêle (2).

Les opérations préliminaires achevées, on passe aux matières mêmes des délibérations, on propose, on discute, on vote. On ne

(1) Schœll, t. II, p. 18.

(2) Ci-dessus, § 9, 29.

décide point à la majorité des voix, car les États sont indépendants, et le commun accord est indispensable. Chaque État a donc un droit de séparation ou sécession.

Le silence étant ou pouvant être interprété comme acquiescement, les plénipotentiaires dissidents doivent faire inscrire au protocole de la séance leur dissentiment, leurs réserves, leurs protestations. On donne le nom technique de vote, ou d'opinion, ou encore de vote et opinion, à la note signée qui est jointe au protocole de la séance et par laquelle le plénipotentiaire formule et motive son vote ; comme ce vote est émis et la discussion épuisée, la note est conçue en termes succincts.

Les questions sur lesquelles l'accord ne se fait pas, sortent du programme. Si elles sont purement secondaires, le congrès peut encore aboutir à un résultat positif, moins complet qu'on ne l'espérait, mais suffisant. Si elles sont essentielles, ou si, tout en étant d'importance secondaire, elles sont nombreuses, le congrès doit échouer.

Il est dressé protocole de chaque séance. L'ensemble du résultat positif des délibérations est rédigé en un acte final, lequel reçoit les signatures des plénipotentiaires conformément aux règles de l'alternat.

Il se peut qu'au moment de signer les plénipotentiaires fassent des déclarations, destinées à préciser le sens de leur consentement, à empêcher une interprétation préjudiciable. Ces déclarations sont insérées au procès-verbal de la signature.

Convention de Paris, du 14 mars 1884, relative à la protection des câbles sous-marins. Procès-verbal de signature : « Au moment de signer la convention, lord Lyons présente, au nom du gouvernement britannique, la déclaration suivante : « Le gouvernement de Sa Majesté entend l'article 15 en ce sens qu'en temps de guerre un belligérant, signataire de la convention, sera libre d'agir, à l'égard des câbles sous-marins, comme si la convention n'existait pas ». M. Léopold Orban donne lecture, au nom du gouvernement belge, de la déclaration suivante : « Le gouvernement belge, par l'organe de son délégué à la conférence, a soutenu que la convention n'avait aucun effet sur les droits des puissances belligérantes ; ces droits ne seraient, après la signature, ni plus ni moins étendus qu'ils ne le sont aujourd'hui... » M. le baron de Zuylen de Nyevelt fait connaître que le gouvernement néerlandais, en signant la convention, ne peut, quant à présent, s'engager qu'en ce qui concerne la métropole. Il se réserve d'accéder ultérieurement à cette convention pour l'ensemble ou pour une partie de ses colonies ou possessions ».

Les exemples de congrès ou conférences qui n'ont pas abouti faute d'entente sont nombreux. Plusieurs sont célèbres. Je mentionne Cambray, 1722-1725, Soissons, 1729, Breda, 1747, Focshany, 1772, Bucarest, 1773, Lille, 1797, Rastatt, 1799, Châtillon, 1814; Londres, pour les duchés unis, 1864.

Il est évident, en vertu des principes généraux, que les résolutions du congrès ou de la conférence ne sauraient lier les États qui n'y sont pas représentés. Pour qu'il en fût autrement, il faudrait un cas exceptionnel d'intervention collective (1), et même alors on chercherait à obtenir l'acquiescement de la nation contre laquelle on aurait décidé d'agir au nom de l'humanité lésée, et l'on ne procéderait par voie d'autorité que si cet acquiescement était refusé. Lors donc que les puissances réunies auront pris une résolution intéressant une puissance non représentée, on communiquera à celle-ci la résolution en l'invitant à y accéder, et on laissera, à cet effet, le protocole ouvert (2).

§ 47. — De la langue, du style, du protocole, et des écrits diplomatiques et autres actes publics (3).

131. De la langue employée dans les négociations et les écrits diplomatiques. — 132. Du style et du protocole. I. Style diplomatique, protocole. II. Autre acception du terme : style diplomatique. — 133. Des écrits diplomatiques et du chiffre. I. Lettres des souverains. II. La correspondance diplomatique proprement dite. III. Le chiffre. — 134. De divers actes publics émanés des gouvernements.

(1) Ci-dessus, § 31, 87.

(2) Il sera traité de l'accession au § 51, 150.

(3) Meisel, *Cours de style diplomatique*. 1826. Une partie de cet excellent ouvrage remonte, selon la déclaration de l'auteur, au cours de style que faisait à Leipzig, à la fin du siècle dernier ou au commencement de celui-ci, M. d'Apples, de Lausanne, lecteur de littérature française à Leipzig, depuis 1803 professeur honoraire de belles-lettres à Lausanne. — Ch. de Martens, *Guide diplomatique*, t. II et III. — Miruss, *Gesandschaftsrecht*, § 265-270. — Geffcken, § 174.

131. De la langue employée dans les négociations et les écrits diplomatiques.

Chaque État, dans les communications orales ou écrites qu'il fait à d'autres États, a naturellement le droit de se servir de la langue qu'il veut, et avant tout de sa propre langue. Chaque État, d'autre part, doit désirer d'être compris. De là, d'ancienne date, des accords exprès ou tacites concernant la langue employée dans les communications d'État à État, dans les négociations, dans les entrevues et les congrès, enfin dans les traités.

La langue usuelle entre les États de l'Europe fut longtemps le latin, langue de l'Église et du droit et langue universelle des gens instruits, sans que d'ailleurs l'usage d'autres langues, de l'allemand, de l'italien, fût exclu. Un moment l'emploi de l'espagnol parut se généraliser. Le prestige de Louis XIV, joint à la diffusion de la langue française par suite de l'excellence de sa littérature et aussi de la révocation de l'Édit de Nantes, mit le français au premier plan, comme langue d'usage quasi-universel, et le latin dut lui céder la place. Des réserves ont été faites jadis à ce sujet ; elles ne sont plus nécessaires aujourd'hui.

Lorsque deux États ont même langue, il est naturel qu'ils emploient de préférence cette langue commune dans leurs rapports mutuels. En cas de diversité de langues, chacun peut se servir de la sienne, en ajoutant une traduction, reconnue authentique, soit en la langue de l'autre, soit, et ceci est préférable, en une langue tierce, laquelle est ordinairement la langue française (1).

Dans l'île des Faisans, Mazarin parlait italien, don Luis de Haro espagnol. Les traités d'Utrecht sont en latin, celui d'Aix-la-Chapelle, de 1748, est en français, avec la réserve : « que la langue française, dont on s'est servi pour le rédiger, ne tirerait pas à conséquence et ne porterait aucun préjudice aux autres puissances ». Même réserve à l'art. 120 de l'acte du congrès de Vienne : l'emploi de la langue française « ne tirera point à conséquence pour l'avenir ; de sorte que chaque puis-

(1) Pour l'usage en matière de traités en particulier, ci-dessous, § 49, 142, I.

sance se réserve d'adopter, dans les négociations et conventions futures, la langue dont elle s'est servie jusqu'ici dans ses relations diplomatiques, sans que le traité actuel puisse être cité comme exemple contraire aux usages établis. » Réserve analogue au sujet des langues portugaise et française dans le traité d'amitié, de navigation et de commerce conclu en 1827 entre la Prusse et le Brésil.

Dans les derniers grands traités, à Paris en 1856, à Berlin en 1878 et en 1885, à Bruxelles en 1890, il n'est plus inséré de réserve.

Le savant Abauzit a émis l'opinion que les succès de la langue française, adoptée par l'Europe entière, « sont dus, non à ses beautés qui l'auraient introduite dans toutes les cours, mais à la révocation de l'Édit de Nantes et à la dispersion d'une infinité de réfugiés qui l'ont répandue dans toute l'Europe, où, pour subsister, ils tenaient lieu de précepteurs, de gouverneurs et de gouvernantes dans les bonnes maisons (1). Cette opinion d'Abauzit doit être prise en considération. Savant exact, observateur plein de sagacité, réfugié lui-même de l'Édit de Nantes, il a vu, dans sa très longue carrière, l'usage se former et se consolider.

L'anglais est aujourd'hui l'idiome le plus parlé ; simple, clair, facile, il remplacera peut-être un jour le français comme langue diplomatique. Koelle disait en 1838 : « *Die allgemeine Verkehrssprache unserer Enkel wird die englische sein* ».

La Grande-Bretagne et les États-Unis communiquent entre eux en anglais, l'Allemagne et l'Autriche en allemand, la France et la Belgique, la France et la Suisse en français. Vis-à-vis des autres puissances, la Grande-Bretagne et les États-Unis s'expriment en anglais sans traduction. Le Saint-Siège s'exprime en latin, également sans traduction.

On comprend que, dans les négociations avec les pays extra-européens, les drogmans ou interprètes jouent un rôle considérable, même prépondérant ; ce sont eux, parfois, qui sont les vrais et effectifs négociateurs. Leurs affirmations doivent être accueillies avec précaution ; on allègue utilement leurs malentendus.

Comme exemple d'arrangement relatif à la langue, on peut citer le traité du 2 septembre 1861 entre la Chine et le Zollverein. On lit à l'art. 5 : « Les communications officielles de l'agent diplomatique prussien ou des autorités consulaires des États allemands contractants avec les autorités chinoises, seront écrites en allemand. Jusqu'à disposition ultérieure, elles seront accompagnées d'une traduction chinoise, mais il est expressément entendu que, en cas de dissidence dans l'interprétation à donner au texte allemand et au texte chinois, les gouvernements allemands prendront pour exact le sens exprimé dans le texte allemand. De même les communications officielles des autorités chinoises avec le

(1) Galiffe, *D'un siècle à l'autre*, t. I, p. 50.

ministre ou les consuls de la Prusse et des États allemands contractants seront écrites en chinois, et pour elles le texte chinois fera foi. Il est bien entendu que les traductions ne feront foi en aucun cas. Quant au présent traité, il sera expédié en langue allemande, chinoise et française, dans le but d'éviter toute discussion ultérieure et par la raison que la langue française est connue de tous les diplomates de l'Europe. Toutes ces expéditions ont le même sens et la même signification, mais le texte français sera considéré comme le texte original du traité, de façon que, s'il y avait quelque part une interprétation différente du texte allemand et du texte chinois, l'expédition française fera foi ». Traité entre la Chine et le Japon, du 30 août 1871, art. 6 : « Dans la correspondance entre les deux pays, la Chine emploiera les caractères et l'idiome chinois, le Japon les caractères japonais, avec ou sans l'idiome chinois, ou aussi les caractères chinois, s'il le trouve plus convenable »,

132. Du style et du protocole.

I. *Style diplomatique, protocole* (1).

L'ensemble des formes dans lesquelles l'usage veut que les communications diplomatiques soient faites, surtout par écrit, constitue ce qu'on appelle, dans une acception spéciale, le style diplomatique ; on dit aussi style de chancellerie, style de cour, protocole diplomatique, protocole de chancellerie. Toutes ces désignations sont synonymes, et se rapportent à la manière de procéder entre États. C'est le cérémonial des négociations, et principalement des négociations écrites.

Les fautes de chancellerie ou de protocole, pour peu qu'elles ne soient pas minimes, doivent être relevées. Les fautes graves, blessant le droit au respect, peuvent donner lieu à une demande de satisfaction.

Style signifie la manière de procéder. On appelle style du palais les formules selon lesquelles on dresse les actes judiciaires, et l'on disait jadis style du parlement, style du Châtelet, pour la manière de procéder en justice. Dictionnaire de l'Académie : « Protocole, formulaire pour dresser des actes publics : protocole des notaires, des greffiers, des huissiers. Il se dit aussi d'un formulaire contenant la manière dont les rois, les grands princes et les chefs d'administration traitent dans leurs let-

(1) Ch. de Martens, *Guide diplomatique*, t. II, p. 1-30.

tres ceux à qui ils écrivent ». Cette définition est en tout cas trop étroite, et l'on se demande qui peuvent bien être les grands princes?

Dans une autre acception, qui n'est pas spéciale au droit des gens, le mot de protocole est synonyme de procès-verbal.

La question des titres à donner aux chefs d'État est essentielle (1).

Les titres de dignité sont ceux d'empereur, de roi, de grand-duc ; puis ceux de duc, de prince, etc.

Dans les titres de possession, on distingue le grand titre, énumérant en détail non seulement les possessions actuelles du souverain, mais les possessions que ses prédécesseurs ont eues et perdues, et même des possessions fictives, peut-être plus ou moins usurpées ; le moyen titre, contenant un choix fait parmi les possessions actuelles; enfin le petit titre.

Les titres de parenté ne se rattachent pas à la parenté réelle et multiple qui, par le fait, existe entre les monarques, mais à leur parenté fictive (2). Les empereurs, les rois se disent frères, et traitent de frères les grands-ducs ; les souverains privés des honneurs royaux ne sont que leurs cousins. Pour les princes catholiques, le pape est le très saint père.

Des titres religieux ont été concédés par les papes à divers princes. Le roi d'Espagne est roi catholique depuis l'extermination des Maures, le roi de Portugal roi très fidèle depuis 1748, et le roi de Hongrie roi apostolique depuis Marie-Thérèse (1758). Les rois de Pologne étaient appelés rois orthodoxes. Le roi d'Angleterre, pour avoir écrit contre Luther, fut un moment le défenseur de la foi. Le roi de France, fils premier-né de l'Église, était à partir du moyen âge le seul roi très chrétien, mais auparavant ce titre avait été porté par le roi d'Angleterre et l'empereur grec. Les Suisses reçurent, dans les premières années du seizième siècle, le titre de défenseurs de la liberté de l'Église.

On qualifie de titres de courtoisie la sainteté du pape, la majesté impériale des empereurs, la majesté des rois, la hautesse du sultan,

(1) Comparez ci-dessus, § 33, 90, I. | (2) Même numéro, VI.

l'altesse royale des grands ducs, l'altesse sérénissisme des ducs et des princes. Le tsar ou czar, empereur de toutes les Russies, est autocrate. Le sultan, empereur des Ottomans, est grand seigneur et padishah.

Les souverains donnent aux chefs d'États républicains des titres d'amitié.

Dans les actes qui émanent d'eux, les souverains emploient une ancienne formule d'humilité chrétienne qui est en même temps une formule de fierté et d'indépendance temporelle ; ils disent « nous, par la grâce de Dieu, roi, empereur, etc. ». Le roi d'Italie, à l'instar de Napoléon III, ajoute : « et par la volonté nationale ».

« Il dépend de la volonté de chaque souverain d'énoncer tous ses titres en énumérant tous les noms des différents États qu'il possède. Quelques-uns réunissent dans ce *grand titre* une si longue série de possessions que, pour faciliter l'expédition des pièces de chancellerie, ils ont adopté un *titre moyen*, et un *petit titre* pour les affaires ordinaires (1) ».

II. *Autre acception du terme : style diplomatique.*

Le terme : style diplomatique s'emploie aussi dans une acception différente, qui est l'acception vulgaire du mot style, pour indiquer la façon de s'exprimer usitée dans les écrits diplomatiques. Cette façon doit toujours être correcte, simple et noble ; un soin extrême y doit être apporté, ne serait-ce qu'en vertu du droit des États au respect ; une clarté complète, absolue, est, dit-on, aussi de rigueur, ce qui n'empêche qn'il y règne parfois une obscurité voulue.

Le comte de Flassan dit dans le *Discours préliminaire* de son *Histoire de la diplomatie française* (1808) : « Le style diplomatique, à quelque sujet qu'il s'applique, ne doit pas être celui de l'académicien, mais celui d'un penseur froid, revêtant d'une expression pure et exacte une logique non interrompue. La chaleur, qui fait presque toujours le succès de l'éloquence, doit en être exclue ». Et voici ce que dit Meisel, en son chapitre Ier : « La correction et la pureté du style sont trop essentielles pour qu'il soit permis de jouer un rôle diplomatique avant d'avoir acquis les premières bases du talent de s'énoncer. Les fautes contre la

(1) *Guide diplomatique*, t. II, p. 15.

langue dans des actes destinés à une publicité plus ou moins étendue, jettent du ridicule sur le rédacteur, affaiblissent la considération dont il doit jouir, et nuisent par là indirectement à sa cause. Ces fautes d'ailleurs peuvent faire naître des équivoques et des méprises toujours conséquentes en matière de politique. — L'affectation, le précieux, la grâce de l'éloquence recherchée ne peuvent convenir dans des affaires aussi graves que celles qui occupent la politique : il lui faut le langage de la simplicité et de la raison... Dans les mémoires et surtout dans les actes, la simplicité et la clarté doivent dominer... Mais si l'on évite l'affectation et la recherche, ce n'est point pour descendre au ton bas et familier. Les trivialités, les expressions proverbiales et populaires, les plaisanteries doivent être bannies d'un style qui demande un caractère de dignité sans emphase, de noblesse sans hauteur, de gravité sans pédanterie.... On évitera avec plus de soin encore les invectives, les injures, les reproches offensants, les imputations calomnieuses. — Il faut encore s'énoncer en peu de mots et joindre la concision à la précision. Les circonlocutions, les épithètes, les grands mots, les périodes nombreuses, les ornements indiscrets, les lieux communs de rhétorique, sont des choses souverainement déplacées dans des écrits où tout est grave et important, et où tout doit aller directement au but ».

La chancellerie russe s'est distinguée par les soins donnés au style et à la rédaction des pièces diplomatiques, et telle a longtemps été la tradition du cabinet français. Les mémoires, dépêches, notes de M. Thouvenel, de M. Drouyn de l'Huys, sous le second empire, sont à juste titre classiques.

Dans les congrès, les actes ont parfois été rédigés d'une façon remarquable ; ainsi quand M. Feuillet de Conches dirigeait le secrétariat, comme à Paris en 1856, ou quand la plume était tenue par Gentz, comme à Vienne en 1814-1815, à Aix-la-Chapelle en 1818.

On cite, à propos des suites que peut avoir une rédaction vague, les premiers mots du compromis de Washington, entre les États-Unis et la Grande-Bretagne, du 8 mai 1871. Les plénipotentiaires anglais laissèrent insérer des termes très généraux : « Whereas differences have arisen... and still exist, *growing out* of the acts committed by the several vessels etc. » Le secrétaire d'Etat américain a fort justement pu déclarer : « That which growes out of an act is not the act itself, but something consequent upon or incident to the act, the result of the act (1). »

(1) Comparez ci-dessous, § 59, 168, et § 54, 157.

133. Des écrits diplomatiques, et du chiffre.

I. *Lettres des souverains.*

Les souverains correspondent ensemble directement, soit de la façon la plus solennelle, par lettres de chancellerie, appelées aussi lettres de conseil ou de cérémonie, soit par lettres de cabinet. Celles-ci peuvent être autographes, ou de main propre, ce qui est la façon la plus intime et la plus personnelle, et par conséquent la plus obligeante. Les lettres de chancellerie et surtout les lettres de cabinet non autographes sont les plus usitées pour la correspondance officielle, d'État à État.

Les lettres de chancellerie ou de cérémonie sont astreintes à un cérémonial rigoureux. « Vedette : qu'elles soient écrites à des égaux ou à des inférieurs, le grand titre du souverain qui les signe, y précède les noms et titres du souverain auquel elles sont adressées... — Corps de la lettre : dans le corps de la lettre, le souverain qui écrit parle de lui-même à la première personne du pluriel, *Nous*, en donnant au haut destinataire le titre de *Majesté*, d'*Altesse*, etc., ou se servant simplement du mot *Vous*, suivant le rang et selon les rapports d'amitié qui subsistent entre eux. — Courtoisie : la formule qui termine la lettre est ordinairement celle-ci : « Sur ce, nous prions Dieu qu'il vous ait, très haut, très puissant et très excellent prince, notre très aimé bon frère (ami, cousin, allié), en sa sainte et digne garde ». — Souscription : au-dessous de la lettre, à gauche, sont indiqués le lieu de la résidence, la date, l'année courante et celle du règne du souverain, et plus bas, à droite, se place la signature du prince. — Les lettres de chancellerie sont ordinairement contresignées par le secrétaire d'État ayant le département des affaires étrangères ; elles s'expédient dans les chancelleries d'État, sur grand format, sous couvert, et scellées du grand sceau de l'État. Dans les lettres de chancellerie écrites par des souverains au chef d'une grande république, les formes sont les mêmes... (1) »

« Le cérémonial qui s'observe dans les lettres de cabinet est beaucoup moins rigoureux... ; le style en est plus familier entre égaux, et moins solennel envers des inférieurs, aussi est-ce la forme employée de préférence dans la correspondance des souverains. — Vedette : entre souverains, *Monsieur mon frère...*, *Monsieur mon cousin*, *mon cousin*. — Corps de la lettre : le souverain y parle de lui-même au singulier... — Courtoisie : quelques expressions obligeantes ou amicales, qui varient

(1) Ch. de Martens, *Guide diplomatique*, t. III, p. 321-325.

suivant les relations qui subsistent entre les deux souverains, terminent la lettre. Exemple : « Je saisis avec empressement cette occasion de renouveler à Votre Majesté les assurances de la haute estime et de l'amitié sincère avec laquelle je suis de Votre Majesté le bon frère... » — Souscription : la signature du prince n'est point contresignée par un secrétaire d'État. La lettre est scellée du petit sceau de l'État ; le format du papier est moins grand... et l'adresse est plus courte.

« Quand les lettres de cabinet sont autographes, c'est-à-dire écrites de la main du souverain, la rédaction en est quelquefois plus libre quant aux titres et aux formules d'usage, sans que la différence des rangs s'y fasse pour cela moins sentir » (1).

Les lettres de faire-part, de félicitations, de condoléance, sont des lettres de cabinet.

Lettre autographe de Napoléon III au roi de Prusse : « Monsieur mon frère, n'ayant pu mourir au milieu de mes troupes, il ne me reste qu'à remettre mon épée entre les mains de Votre Majesté. Je suis de Votre Majesté le bon frère Napoléon. Sedan le 1er septembre 1870 ».

II. *La correspondance diplomatique proprement dite.*

La correspondance diplomatique proprement dite émane du ministre des affaires étrangères et des agents diplomatiques. Elle comprend des pièces d'espèces diverses :

Les mémoires ou mémorandums, qu'on appelait jadis déductions ; les notes, lesquelles sont dites écrites quand elles sont signées, verbales quand elles ne le sont pas ;

Les lettres, dépêches, rapports, offices, où l'écrivain parle à la première personne, s'adressant au destinataire personnellement, tandis que dans les notes et les mémorandums la rédaction a un caractère impersonnel, l'écrivain parlant à la troisième personne. Les mots de lettre et d'office ont un sens général. On appelle plus spécialement dépêches les lettres du ministre à son agent, et rapports celles de l'agent à son ministre. La dépêche est dite ostensible, lorsque l'agent reçoit l'autorisation ou l'injonction de la communiquer textuellement au gouvernement auprès duquel il est accrédité.

Il y a dépêche ou lettre circulaire, quand, sur un même sujet, des lettres ou dépêches identiques sont adressées à plusieurs agents.

(1) *Guide diplomatique*, t. III, p. 325-362. Nombreux exemples.

Il y a aussi des notes circulaires, notes identiques adressées à plusieurs puissances.

Des notes d'un caractère particulier sont les déclarations de guerre, et les ultimatums, déclarations de guerre conditionnelles ; il en sera parlé à propos de la guerre (1).

III. *Le chiffre* (2).

Bien que le secret des lettres soit garanti et que les valises des courriers soient inviolables, la correspondance entre un gouvernement et ses agents a souvent lieu par cryptographie, c'est-à-dire au moyen d'un chiffre, ce qui est d'autant plus nécessaire que la raison d'État, issue du droit de conservation, est toujours, ainsi qu'on l'a vu, prépondérante. Au reste, c'est surtout pour les télégrammes que le chiffre est utile et usité.

On distingue en conséquence les dépêches et rapports chiffrés, en tout ou en partie, des dépêches et rapports en clair.

Il existe une science du chiffre, laquelle comprend celle du déchiffrement. Cette science du déchiffrement n'est point l'art facile du maniement d'une clef donnée par les tables déchiffrantes, mais la science qui doit permettre à un gouvernement de déjouer l'habileté d'un autre, en lisant, sans en avoir la clef, les choses que celui-ci veut cacher.

Il est donc utile, et il n'est point impossible, d'employer des chiffres indéchiffrables.

« Parmi les nombreux systèmes de chiffre à l'usage des chancelleries et des légations, nous citerons les alphabets ou caractères usuels détournés de leur acception ordinaire, et combinés avec des signes, quelquefois avec des nombres ; la grille ; et l'emploi exclusif des chiffres... Le chiffre par nombres vaut mieux que les deux autres : la quantité de combinaisons y est presque infinie ; l'emploi en est prompt et

(1) Ci-dessous, § 62, 181.

(2) Ouvrage classique de Klüber ; *Kryptographik, Lehrbuch der Geheimschreibekunst* (*Chiffrier-und Dechiffrierkunst*) *in Staats-und Privatgeschäften*. 1809. — Miruss, § 149-166, avec nombreuses indications historiques et bibliographiques. — Fleissner, *Handbuch der Kryptographik*. 1881. — Vesin de Romani, *La cryptographie dévoilée*. 1875.

facile, tant pour chiffrer que pour déchiffrer ». « Chaque cabinet... suit à cet égard des procédés différents, et tout diplomate entrant en fonctions y sera nécessairement initié (1) ». La grille est un carton découpé à jour, qui, posé sur la dépêche, ne laisse apparents que les caractères nécessaires et masque ceux de pur remplissage (2).

134. De divers actes publics émanés des gouvernements.

D'autres actes publics, de nature diverse, émanent des gouvernements.

Il y a les manifestes, lancés, par exemple, au moment d'entrer en guerre, par les souverains belligérants, et adressés à leurs propres peuples, ou aux autres peuples, à tous les peuples ; ou par les neutres, pour proclamer leur neutralité et annoncer la manière dont ils entendent l'observer et la faire observer (3) ; ou au moment d'un avènement au trône, ou d'une abdication ; ou à l'occasion d'une annexion de territoire.

Il y a les déclarations diplomatiques et les contre-déclarations.

Il y a encore les exposés de motifs de conduite, mémoires justificatifs au moyen desquels les cabinets font connaître les raisons qui les engagent à former une alliance, à rompre des négociations, à refuser la ratification d'un traité, ordonner des armements, entrer en guerre etc.

Il y a enfin les traités ou conventions entre États, lesquels, à raison de leur grande importance, seront étudiés à part, au livre VII.

Toutes ces pièces publiques et diplomatiques, comme celles qui sont mentionnées au précédent numéro, sont régies quant à leur forme et aussi quant aux éléments qui les composent, par des règles déterminées, dictées par la connaissance des hommes et l'expérience, par la courtoisie internationale, souvent par la force même des choses et la nécessité, et qui s'apprennent essentiellement par la pratique.

Leur ton, leur style doit être toujours conforme aux principes

(1) Ch. de Martens, *Guide diplomatique*, t. I, § 21.

(2) Littré, au mot *Grille*, 12°.

(3) Ci-dessous, § 62, 181-182 ; § 68, 212.

énoncés ci-dessus. Un peu plus de chaleur, d'émotion, d'emphase même sera permis dans celles qui s'adressent au public. Autant et plus même, si possible, que les pièces d'un caractère amical et pacifique, le manifeste de guerre, la déclaration de guerre, l'ultimatum doivent être dignes et corrects, et même respectueux.

Bynkershœk et Vattel ont avec pleine raison insisté sur ce dernier point. « Est-il nécessaire, demande Vattel, dans un siècle si poli, d'observer que l'on doit s'abstenir, dans ces écrits qui se publient au sujet de la guerre, de toute expression injurieuse, qui manifeste des sentiments de haine, d'animosité, de fureur, et qui n'est propre qu'à en exciter de semblables dans le cœur de l'ennemi ? Un prince doit garder la plus noble décence dans ses discours et dans ses écrits : il doit se respecter soi-même dans la personne de ses pareils ; et s'il a le malheur d'être en différend avec une nation, ira-t-il aigrir la querelle par des expressions offensantes, et s'ôter jusqu'à l'espérance d'une réconciliation sincère ? Les héros d'Homère se traitent d'*ivrogne* et de *chien* ; aussi se faisaient-ils la guerre à toute outrance. Frédéric Barberousse, d'autres empereurs, et les papes leurs ennemis, ne se ménageaient pas davantage (1) ».

Il n'est point inutile de rappeler ceci à la fin du XIXe siècle, où un certain laisser-aller tend à s'introduire dans le commerce diplomatique des États. Un juge compétent a blâmé naguère le ton des notes échangées entre la Grèce et la Roumanie dans l'affaire Zappa (2).

Il n'est pas sans intérêt de constater, d'autre part, que les appels à l'opinion publique, les explications de conduite, les justifications étaient fréquents au moyen âge ; plus, semble-t-il, qu'aujourd'hui (3).

(1) Vattel, III, § 60.
(2) R. D. I., t. XXVI, p. 165. 1894.
(3) On en voit divers exemples dans les *Origines du droit international* de M. Nys, p. 56-61.

LIVRE VII

DES CONVENTIONS ENTRE ÉTATS

OU

DES TRAITÉS

Pacta privatorum tuetur jus civile, pacta principum bona fides. Hanc si tollas, tollis mutua inter principes commercia..., quin et tollis ipsum jus gentium.

BYNKERSHOEK.

LIVRE VII

DES CONVENTIONS ENTRE ÉTATS, OU DES TRAITÉS.

§ 48. — Notion du traité. Des obligations conventionnelles et des obligations qui se forment sans convention.

135. Des traités en général, et de la raison de leur force obligatoire (1).

I. *Notion du traité, convention entre États.*

Les États font entre eux des conventions comme les particuliers. Ils tombent d'accord sur tel ou tel point. De la concordance de leurs

(1) La matière des traités en général a été exposée au moyen âge par des légistes tels que Martin de Lodi et Jean Lopez; au XVIIIe siècle par Gœbel. En fait d'études récentes, je cite les articles de M. Berner, *Staatsverträge*, dans le Dictionnaire politique de Bluntschli, et de M. Stœrk, dans le Dictionnaire de droit administratif de Stengel; de Mayer, *Zur Lehre vom œffentlichrechtlichen Vertrag*, au t. III de l'*Archiv* de Laband et Stœrk. — Jellinek, *Die rechtliche Natur der Staatsverträge*. 1880. — Seligmann, *Beiträge zur Lehre vom Staatsgesetz und Staatsvertrag*. 1886-1890. Ouvrage en partie posthume. — Nippold, *Der völkerrechtliche Vertrag, seine Stellung im Rechtssystem und seine Bedeutung für das internationale Recht*. 1894. Ouvrage à prétentions réformatrices. — Dans le Manuel de Holtzendorff, t. III, la matière des traités a été sommairement exposée par Gessner du point de vue historique et général, aux paragraphes 1 à 24. M. Geffcken a étudié les traités de garantie et d'alliance; M. de Melle les traités de commerce et de navigation; M. Meili les traités concernant les chemins de fer;

volontés, — « duorum pluriumve in idem placitum consensus », — naît un lien de droit, une obligation.

L'accord est manifesté par des déclarations de volonté, émanées de chacun des contractants. Il peut n'être pas énoncé en termes exprès, mais résulter de faits concluants ; c'est le consentement tacite. Le plus concluant des faits est l'accomplissement de l'obligation, ou un commencement d'accomplissement. On supposera généralement, dans ce qui suit, un accord déclaré.

Les traités ou conventions dont il sera parlé au présent livre, sont les traités ou conventions entre États, conclus d'État à État, traités internationaux, traités publics dans l'acception étroite de ce terme.

Ulpien, loi 5, *De pactis*, 2, 14 : « Conventionum autem tres sunt species. Aut enim ex publica causa fiunt aut ex privata : privata aut legitima aut juris gentium. Publica conventio est, quæ fit per pacem, quotiens inter se duces belli quædam paciscuntur ». Au lieu de *per pacem*, Mommsen conjecture *pro pace*. Grotius voit ici deux exemples, donnés par Ulpien, de traité public, le premier étant le traité de paix, le second toute autre convention entre belligérants.

Certains auteurs, définissant le traité entre États, y introduisent par superflu l'idée du but, lequel doit être le bien de l'État. Ainsi Vattel : « Un traité, en latin *fœdus*, est un pacte fait en vue du bien public par des puissances supérieures » (1).

II. *Traités publics et traités internationaux. Traités dynastiques, traités personnels.*

Tout traité dans lequel un État est partie, comme État, peut être dit traité public. Mais pour qu'un traité public soit international, il faut des États de part et d'autre. Le traité international est un traité entre États.

Si donc un souverain conclut une convention avec un État étranger en qualité de personne privée, et non pas en qualité de représen-

M. Dambach ceux qui concernent la propriété industrielle, la poste, le télégraphe ; M. Lammasch, les traités d'aide judiciaire et d'extradition. — Calvo, t. III, 1567-1578. — Pradier-Fodéré, t. II, 888-895. — Martens, t. I, § 102-117.

(1) Vattel, II, § 152.

tant de son État, ce traité n'est pas un traité international. Il en est ainsi, *a fortiori*, des conventions entre un État et un ou plusieurs particuliers, même si ces particuliers sont des personnes privilégiées, tels qu'ex-souverains ou princes médiatisés. Il en est encore ainsi des conventions faites par les États avec des compagnies, par lesquelles, par exemple, ils concèdent à celles-ci des territoires à exploiter industriellement ou commercialement.

Conventions entre États et particuliers : les anciennes conventions postales intervenues dès le seizième siècle, entre les États de l'empire, puis de la Confédération germanique, et la maison souveraine, plus tard médiatisée, de Tour et Taxis ; les conventions faites en 1884 et 1885 par divers États avec l'Association africaine, celle-ci cependant considérée comme futur État (1) ; les conventions passées par l'empire allemand avec des compagnies de colonisation.

Les traités conclus entre deux États unis par union réelle, ainsi qu'entre des États membres d'un État fédératif, sont bien des traités publics *sensu lato*, mais non des traités internationaux. Ils ne sont pas régis par le droit des gens général, mais par le droit public spécial à l'union (2) ou par le droit fédéral. En revanche, les États unis par un lien personnel, ainsi que les membres d'une confédération d'États, font entre eux de véritables traités internationaux.

Il faut distinguer encore des traités internationaux, ou publics *sensu stricto*, les traités dynastiques, conclus entre des maisons régnantes sur des objets concernant leurs intérêts particuliers plutôt que ceux de leurs États ; de même enfin les conventions faites entre souverains, soit pour leurs affaires privées, soit même pour les affaires de l'État, s'il est entendu que les souverains contractants seront seuls et personnellement liés, non leurs États comme tels.

Traités dynastiques : les anciennes unions successorales, les pactes successoraux, les pactes de famille, et aussi des achats, ventes, locations etc.

Anciennement, au temps de l'État patrimonial, la distinction ne se

(1) Ci-dessus, § 3, 10.

(2) Ci-dessus, § 1, 1, II ; § 5, 20-21.

faisait pas. Elle n'est pas toujours aisée à faire, il y a d'ailleurs des cas mixtes. Un exemple célèbre est celui du Pacte de famille de 1761, par lequel les cours de France, d'Espagne, de Naples et de Parme se garantissaient mutuellement leurs territoires et formaient une alliance perpétuelle offensive et défensive. C'était plus qu'un traité purement dynastique, c'était un traité d'alliance entre États (1).

La capitulation franco-turque de 1535 fut conclue seulement pour la durée de la vie des deux souverains contractants, Soliman et François Ier. Des traités personnels ont encore été faits par Louis XIV et Jacques d'Angleterre, par Napoléon III et l'archiduc Maximilien, empereur du Mexique.

III. *Concordats* (2).

Les conventions qui interviennent pour le règlement d'affaires ecclésiastiques entre le Saint-Siège et un État, tout en étant des traités publics, ne sont pas des traités internationaux. Même alors que le pape avait le pouvoir temporel, ce n'était pas en qualité de prince italien, souverain des États de l'Église, qu'il concluait des conventions de cette nature, mais en sa qualité de chef de la chrétienté catholique.

Ces conventions portent le nom de concordats, si l'État qui les fait avec le Saint-Siège est un État catholique. On leur applique en général, par analogie, les règles des traités entre États.

Les relations entre les États et le Saint-Siège ne sont pas du ressort du droit des gens ; elles appartiennent au droit public interne et au droit canonique ou ecclésiastique (3).

IV. *Terminologie en matière de traités.*

On peut se servir indifféremment des mots traité et convention, et c'est ce que je fais, en général, dans cet ouvrage, tout en préférant traité, qui est plus spécial au droit public.

L'usage cependant, variable et même capricieux, assigne souvent au mot de convention une acception plus large, réservant le nom de

(1) Ci-dessus, § 53, 153, 155, II ; 54, 156.

(2) Geffcken, au tome II de Holtzendorff, § 43-44. — Calvo, t. III, 1605-1615. — Pradier-Fodéré, t. II, 1028-1032. — Martens, t. II, § 30.

(3) Ci-dessus, § 8, § 27, 64.

traité aux conventions dont l'objet est de nature générale, d'importance considérable ou multiple. Peu importe d'ailleurs, car il n'existe entre les traités et les conventions aucune différence intrinsèque, et quel que soit le nom qu'on leur donne, les mêmes règles leur sont appliquées.

On emploie fréquemment aussi le terme général d'acte, indiquant le travail du congrès ou de la conférence d'où le traité est sorti, et aussi celui d'instrument, qui désigne le titre même, le document contenant le traité.

On emploie d'autres expressions encore ; ainsi celle, très générale en elle-même, mais spécialisée par l'usage, d'arrangement. Certains traités sont appelés déclarations, les États contractants déclarant qu'ils sont d'accord sur tel ou tel point. D'autres, en des applications particulières, sont nommés capitulations ; d'autres enfin cartels.

On dit traité de paix et non convention de paix. Traités de Westphalie, de Vienne, de Paris, de Berlin de 1878. Convention de Berlin de 1885. Traité d'alliance. Traité d'amitié, d'établissement, de commerce, de navigation. Traité d'extradition. Convention consulaire, postale, télégraphique.

Les Anglais disent *Treaties* et *Conventions*.

La langue allemande a un mot général, *Vertrag*, qui désigne également les conventions ou contrats de droit privé, et est plus usité que *Uebereinkommen*. Quelques auteurs se servent du mot *Tractat*.

Capitulation signifie proprement, comme capitulaire, un acte rédigé par chapitres, sections ou articles. On a vu au § 43 un sens spécial du mot capitulation, désignant les conventions consulaires avec l'empire ottoman et, par extension, avec les autres États de l'Orient. Dans un autre sens spécial, ce nom était donné aux conventions qui intervenaient autrefois entre la Suisse et divers pays, réglant le service militaire des Suisses. Ces deux sens spéciaux peuvent se ramener à un même sens plus général, dans lequel la capitulation est une convention qui accorde aux sujets d'un État certains droits ou privilèges dans un autre État. On verra dans le droit de la guerre la signification purement militaire du mot (1).

Cartel, de l'italien *cartello*, diminutif de *carta*, rappelle l'acte écrit qui constate l'accord. Exemple de cartel : la convention de Berlin, du 8 août

(1) Ci-dessous, § 67, 207.

1857, entre la Prusse et la Russie, concernant les déserteurs, les réfractaires, les criminels fugitifs. Aujourd'hui, cette dénomination n'est plus guère usitée que pour les pactes entre belligérants, concernant la rançon ou l'échange des prisonniers et des militaires déserteurs, ainsi que pour certains accords relatifs au service des douanes et des postes (1).

V. *Force obligatoire des traités* (2).

Les conventions internationales lient les États, comme les conventions de droit privé lient les particuliers.

Elles doivent être observées, exécutées.

Leur caractère obligatoire ne saurait, à la vérité, découler d'un texte tel que l'article 1134 du Code civil ou l'Édit du préteur : « Pacta conventa servabo », puisqu'il n'existe au-dessus des nations ni loi ni Édit, et qu'il n'est point, ici-bas, de juge universel. Mais ce caractère obligatoire est fondé sur le consentement unanime des nations qui font partie de notre communauté, et même de toutes les nations qui sont parvenues à un certain degré de conscience d'elles-mêmes et de civilisation.

Ce consentement unanime repose sur le sentiment de l'intérêt universel et de la nécessité. La religion l'a consacré dès l'antiquité la plus reculée ; encore aujourd'hui, les traités d'importance majeure commencent par l'invocation de la Divinité.

L'existence de ce consentement est hors de doute à l'intérieur de la Société des nations. En dehors de cette société, on l'admet ou le présume toutes les fois que la nation de civilisation étrangère ou inférieure avec laquelle un État contracte, est liée à celui-ci par une relation conventionnelle d'amitié.

Et même alors qu'il n'existe pas de relation pareille, l'État civilisé qui contracte avec un chef barbare ou sauvage, s'oblige et doit se tenir pour obligé envers celui-ci. Car il ne lui est pas permis de profiter de l'infériorité morale et intellectuelle de son cocontractant. Ici tout spécialement doit s'exercer la mission éducatrice qui

(1) Calvo, *Dictionnaire*, au mot *cartel*. — Ci-dessous, § 67, 207. — Ci-dessus, § 29, 78 ; § 30, 83.

(2) Pradier-Fodéré, t. II, 1151-1155. — Martens, t. I, § 102.

incombe à ceux qui se disent civilisés à l'égard des barbares; mission très noble, dont les civilisés s'acquittent fort mal (1).

Code civil, art. 1134 : « Les conventions légalement formées tiennent lieu de loi à ceux qui les ont faites. » — Ulpien, loi 7, § 7, *De pactis*, 2, 14 : « Ait praetor : Pacta conventa, quae neque dolo malo, neque adversus leges plebiscita senatusconsulta decreta edicta principum, neque quo fraus cui eorum fiat facta erunt, servabo ». Le même, loi 1, § 2, même titre : « Hujus edicti aequitas naturalis est. Quid enim tam congruum fidei humanae, quam ea quae inter eos placuerunt servare ? § 1 : Pactum autem a pactione dicitur (inde etiam pacis nomen appellatum est), et est pactio duorum pluriumve in idem placitum consensus. »

Grotius : « Passim enim legimus... fœdera sancta gentibus (2) ».

Le respect des traités est né de la religion. Il fait partie du vieux fond préromain, préhellénique, du *fas*, de la θέμις, de ce que Dieu a dit et établi. Dieu, qui donne la victoire et inflige la défaite, châtie le parjure par la foudre, la peste, la famine, le déluge. Dans l'Inde, en Grèce, et surtout à Rome, le traité est un acte religieux. Sur ce point encore, le peuple-roi, *princeps terrarum populus*, a rendu au monde entier et à la postérité d'inappréciables services. Des anciens *fœdera* et *sponsiones*, de leur caractère religieux, de la croyance que Dieu punit le manque de parole, s'est formée la notion de la foi, laquelle a passé du droit public au droit privé. *Fido* et πείθω, *fides*, *fœdus*, πίστις, sont apparentés ou identiques.

L'impie, qui viole le traité, est maudit, et le *sponsor* dont l'acte n'est pas approuvé, est *noxae deditus*, comme ayant péché contre le droit des gens (3).

On sait que le droit civil romain est issu du droit divin, par l'action des pontifes. Le droit rigoureux qui régissait les dettes à Rome, découle du droit des traités publics, comme la *fiducia*, comme les actions de bonne foi, et comme tant d'autres institutions où la *fides* joue un rôle essentiel. La *fides* était par excellence la vertu romaine, et l'on sait ce que les Romains entendaient par *fides graeca*, *fides punica* (4).

Au caractère religieux des traités se rattachait la question suivante, discutée jadis : faut-il observer les traités conclus avec les infidèles, les musulmans, avec les hérétiques, les calvinistes, les luthériens ? Est-il même permis de conclure pareils traités ? Plusieurs auteurs

(1) Ci-dessus, § 1, 2, II.

(2) II, c. 18, § 1.

(3) Ci-dessous, § 49, 139, III.

(4) Comparez Leist, *Altarisches jus gentium*, p. 462-467 (1889) ; et surtout, dans la *Graeco-italische Rechtsgeschichte* du même savant (1884), la première section du livre III, traitant des *Relations internationales*, § 55-62.

s'en sont occupés dès le moyen âge ; au XVIe siècle, les traités de François Ier avec le sultan, et l'offre d'alliance faite par Soliman II au duc de Savoie (1566), donnèrent lieu d'examiner cette question ; Belli décida le duc à repousser les avances du sultan. Grotius se prononce pour la validité de ces traités : « De foederibus frequens est quaestio, licitene ineantur cum his qui a vera religione alieni sunt : quae res in jure naturae dubitationem non habet. Nam id jus ita omnibus hominibus commune est, ut religionis discrimen non admittat ». Et Vattel déclare : « La loi naturelle seule régit les traités des nations : la différence de religion y est absolument étrangère (1). » Il a été parlé plus haut des traités ou contrats passés avec des chefs nomades en Afrique. Leur validité, comme leur qualité de traités publics, est nulle ou douteuse à divers points de vue, et j'ai dit qu'ils ne sauraient constituer des actes de cession de droits de souveraineté territoriale. Mais ni les Français ni l'Association africaine ou l'État du Congo ne se sont crus dispensés d'en observer les stipulations (2).

La force obligatoire des traités étant hors de doute, on doit se demander encore quelle en est au juste la valeur ?

Il faut se garder de l'exagérer.

Des clauses vieillies, des clauses mortes ne sauraient indéfiniment paralyser l'essor des États, qui sont des organismes vivants, condamnés à périr s'ils ne progressent. N'ayant pas de juge à qui recourir afin qu'il les délie, les États seront amenés parfois à se libérer eux-mêmes, en dépit des règles rigoureuses du droit conventionnel, mais en vertu du droit primordial de conservation (3).

136. Des engagements formés sans convention (4).

Les conventions constituent la source la plus importante, on peut même dire la source générale des obligations internationales. Mais elles n'en sont point la source unique. On signale en effet des obligations découlant de causes autres que la cause conventionnelle. D'ailleurs, la responsabilité des États n'est pas engagée

(1) Grotius, II, c. 15, § 8. — Nys, *Origines du droit international*, p. 156-164. — Ma *Note sur la littérature du droit des gens avant Grotius*, p. 52-53.

(2) Ci-dessus, § 12, 39, II.

(3) Ci-dessous, § 55, 159.

(4) Heffter-Geffcken, § 100-104. — Martens, t. I, § 118. — Pradier-Fodéré, t. II, 1221-1224.

seulement par leurs propres actes ou par ceux de leurs fonctionnaires ; elle l'est encore par des actes de leurs sujets.

I. *Quasi-contrats.*

Entre États comme entre particuliers, des engagements se forment d'une manière analogue aux engagements conventionnels : *quasi ex contractu.* Ainsi les obligations résultant d'un enrichissement illégitime, analogues à celles dont en droit privé l'on poursuit l'accomplissement par la répétition de l'indû, ou la *condictio sine causa*, ou la *condictio causa data causa non secuta.* Ainsi encore les obligations naissant de la gestion d'affaires et de la communauté incidente.

La notion du quasi-contrat de droit des gens n'a pas beaucoup d'applications pratiques, mais ce n'est point une raison pour en nier l'existence. Heffter a rendu service, même à la pratique, en la constatant (1) ; il se peut qu'un jour, par suite de la solidarité croissante des peuples, on en tire parti mieux qu'on ne l'a fait jusqu'à présent.

L'action protectrice de la Russie en Bulgarie après la dernière guerre d'Orient, par son armée et ses fonctionnaires, pourrait être considérée comme une gestion d'affaires donnant droit à indemnité, même indépendamment de la disposition du traité de Berlin, art. 22, et de la convention du 28 juillet 1883.

On pourrait rapprocher de la notion des quasi-contrats le droit de la puissance tierce qui a libéré un territoire (2).

II. *Délits et quasi-délits.*

Des obligations internationales naissent fréquemment de délits et de quasi-délits. Un État est engagé vis-à-vis d'un autre, soit par ses propres actes, soit par ceux de ses sujets ; ces actes peuvent être dirigés, soit contre l'État étranger même, soit contre les sujets de cet État. Il faudra satisfaire le lésé, réparer le dommage. La satisfaction se donne au moyen d'excuses présentées et agréées, de garanties données et acceptées. L'indemnité pécuniaire est fixée ordinairement d'après les principes généraux du droit, c'est-à dire

(1) Heffter-Geffcken, § 100.

(2) Ci-dessous, § 71, 224, III, et § 64, 200.

d'après le droit romain, droit commun aux nations de notre civilisation. La satisfaction et la réparation sont exigées par la voie diplomatique. Si elles sont refusées par l'État coupable, ou si, jugées insuffisantes, elles ne sont pas agréées par l'État lésé, il y aura grief, différend entre les États, et après que les moyens amiables auront été proposés vainement ou épuisés, on en viendra à la rétorsion, aux représailles, peut-être à la guerre, ainsi qu'il sera dit en son lieu (1).

Traité de Washington, du 8 mai 1871, art. 1er : « S. M. Britannique autorise ses plénipotentiaires à exprimer, dans un esprit d'amitié, le regret qu'éprouve le gouvernement de S. M. au sujet de la sortie (*escape*) des ports britanniques, accomplie dans quelques circonstances que ce soit, de l'*Alabama* et d'autres navires, et au sujet des déprédations commises par ces navires ».

Un cas célèbre d'obligation résultant de quasi-délit ou de délit est celui d'André Matvéeff, ambassadeur de Russie à Londres, en 1708, déjà mentionné. Matvéeff, qui allait partir, fut enlevé, grossièrement maltraité et mis en prison pour dettes, mais libéré le jour même sur le cautionnement d'un Anglais : « Tout le corps diplomatique accrédité près la cour de St-James fut on ne peut plus révolté de ce fait, et transmit ses protestations au gouvernement anglais, qui lui-même en était fort troublé. Les ministres anglais se rendirent immédiatement auprès de Matvéeff pour lui présenter leurs excuses et lui promirent de lui donner la plus éclatante des satisfactions »... Le gouvernement britannique chargea immédiatement l'envoyé anglais auprès du tsar, Whitworth, « d'exprimer au tsar tout le regret qu'il ressentait au sujet de l'insolence criante commise par une poignée de grossiers manants contre la personne de l'ambassadeur de Russie... L'employé britannique était informé, pour qu'il en donnât connaissance au gouvernement de Moscou, que dix-sept personnes avaient déjà été mises en prison par suite de cette affaire sans précédents et qu'elles seraient mises sous jugement. La reine d'Angleterre a décidé, en outre, d'envoyer auprès du tsar un haut personnage qui sera chargé de lui présenter ses excuses et de le prier d'oublier ce malheureux incident ». Par suite des objections et observations de Whitworth à son gouvernement, cette affaire, qui traîna jusqu'en 1710, n'aboutit pas à l'obtention par la Russie d'une satisfaction particulièrement « éclatante ». Il en résulta cependant un acte du parlement tendant à une meilleure protection des privilèges

1. Ci-dessous, § 57, 163 ; § 58-60 ; § 61, 175 et 180.

des agents diplomatiques accrédités près la cour de St-James (1).

Une obligation *quasi ex delicto* dont l'importance est considérable, est celle qui incombe à un État à raison des dommages causés aux sujets d'un autre État par une guerre civile, une insurrection, une émeute.

On allègue, pour nier l'existence de cette obligation, que l'étranger établi sur le territoire ne doit pas être mieux traité que le national. Ceci est vrai en principe. Mais si le national souffre du désordre qui règne dans le pays, c'est qu'il n'a pas le moyen de se faire indemniser. Pourquoi obliger l'étranger à souffrir également, si son État, prenant sa cause en main, a le moyen de forcer l'autre à le dédommager ?

On ne doit pas assimiler, en cette matière, les dommages causés par une insurrection ou une guerre civile à ceux qui résultent de faits de guerre, perpétrés dans une vraie guerre.

Par le fait, l'obligation est bien reconnue, puisque, dans plusieurs conventions internationales, les parties contractantes se dispensent mutuellement de toute responsabilité à ce sujet. Cette clause est certainement valable, sous la réserve nécessaire du dol, mais elle n'est pas recommandable. Elle constitue en effet une sorte de prime en faveur de l'État où la tranquillité et le bon ordre sont le moins assurés. Consentie par les États de l'Europe avec certains États de l'Amérique du Sud, par exemple, où les révolutions sont endémiques, elle est tout au désavantage des premiers.

Traité entre la Bolivie et le Pérou, du 5 novembre 1863, art. 10. Traité entre la Colombie et le Pérou, du 10 février 1870, art. 28. Traité entre le Pérou et la République Argentine, du 9 mars 1874, art. 30. D'autre part, il est incontestable que les États se sont plusieurs fois prononcés contre le principe de l'indemnité (2). Plus d'une fois aussi, il est arrivé que des indemnités ont été accordées, mais avec une déclaration attestant le caractère purement gracieux de cette libéralité. Ainsi firent les États-Unis après la guerre de sécession, l'Espagne en 1876.

(1) Ci-dessus, §38, 107.—F. de Martens, *Traités et conventions conclus par la Russie*, t. IX (X), p. 16-20.

(2) R.D.I., t. XXIII, p.76-83. 1891. — Wheaton, sur Lawrence, t. III, p. 128-130.

En 1895, le gouvernement vénézuélien, ayant eu connaissance d'un mémoire adressé à leurs gouvernements par les agents diplomatiques de plusieurs puissances européennes, en vue de faire prévaloir le principe de l'indemnité, leur a envoyé leurs passeports.

§ 49. — Des conditions requises pour l'existence et la validité des traités, et de leur forme (1).

137. En général. — 138. Des parties contractantes. I. Le principe. États souverains, États mi-souverains. II. Confédérations d'États, États fédératifs. Unions réelles. — 139. Des représentants des États dans la conclusion des traités, et des engagements pris sans autorisation. I. Les chefs d'États, représentants des États. Les plénipotentiaires, mandataires des chefs d'États. II. Autres représentants des États, en vertu de délégation. III. Des *sponsiones*. — 140. Du consentement. — 141. De l'objet des traités. I. L'objet doit être possible et licite. II. Détermination de l'objet. III. Stipulation et promesse *pro tertio*. Promesse *se effecturum*. — 142. De la forme des traités. I. Forme orale, forme écrite. Langue. II. Rédaction des traités. — 143. Des divers articles des traités. Articles et actes additionnels. Articles séparés, secrets. — 144. Des pourparlers et arrangements préparatoires et du pacte *de contrahendo*.

137. Des conditions requises, en général.

Les conditions requises pour la validité des traités concernent la capacité des parties contractantes, leur consentement, l'objet sur lequel elles contractent.

Ces conditions sont régies, en théorie, par les principes généraux du droit privé, c'est-à-dire du droit romain, en matière de conventions, mais l'application n'en doit et n'en peut avoir lieu que par analogie et *mutandis mutatis*. En effet, des différences résultent nécessairement du fait qu'il n'existe pas de juge international. La

(1) Unger, *Ueber die Gültigkeit von Staatsverträgen*, Revue de Grünhut, t. VI. — Ernest Meier, *Ueber den Abschluss von Staatsverträgen*. 1874. — Seligmann, *Abschluss und Wirksamkeit der Staatsverträge*. 1890. (Tome II de l'ouvrage cité p. 33). — Tezner, *Zur Lehre von der Gültigkeit der Staatsverträge*. 1892. Revue de Grünhut, critique de Seligmann. — Leoni, *Ein Beitrag zur der Lehre von der Gültigkeit der Staats verträge* (*Archiv für öffentliches Recht* de Laband et Stœrk, t. 1er). — Gessner, au tome III du Manuel de Holtzendorff, § 10-20. — Pradier-Fodéré, t. II, 1056-1099. — Martens, t. I, § 103-111.

doctrine en est simplifiée ; des distinctions importantes en droit privé perdent en droit des gens leur valeur pratique ; tout est ici moins absolu, moins positif, moins net.

C'est ainsi, par exemple, qu'en général il n'y a pas d'intérêt à distinguer entre la convention annulable, comme c'est le cas pour dol ou violence, et celle qui est nulle de plein droit, pour erreur, et que les éléments d'une rescision pour lésion font défaut.

On renonçait jadis expressément à invoquer la lésion. Ainsi dans la paix d'Utrecht, art. 6 du traité entre la France et la Grande-Bretagne.

Vattel dit fort justement : « Si l'on pouvait revenir d'un traité parce qu'on s'y trouvait lésé, il n'y aurait rien de stable dans les contrats des nations » (1).

138. Des parties contractantes (2).

I. *Le principe. États souverains, États mi-souverains.*

Le traité est conclu entre États, c'est-à-dire, dans la règle, entre États souverains.

L'État protégé, au sens propre et primitif du mot, est souverain (3).

La capacité de l'État mi-souverain dépend de la situation conventionnelle où il se trouve à l'égard du suzerain. Deux points sont à considérer. D'une part, c'est précisément dans les relations extérieures, dans le droit de légation, dans le droit de traiter avec les autres États, que l'indépendance de l'État mi-souverain est limitée. D'autre part, étant un État, il doit pouvoir exercer tous les droits qui ne lui sont pas enlevés expressément ou manifestement. On lui accorde généralement le droit de faire des traités non politiques, de poste, de chemins de fer, de commerce, d'amitié, etc. ; il peut aussi faire des traités d'extradition. Les matières qui font l'objet de ces diverses espèces de traités, concernent son ménage intérieur, où il est indépendant.

(1) Vattel, III, § 158.

(2) Gessner, § 5. — Calvo, t. III, 1416-1618. — Pradier-Fodéré, t. II, 1058-1068. — Martens, t. I, § 103.

(3) Ci-dessus, § 4, 19. Comparez ci-après, 141.

Traité de Berlin, art. 8 : « Les traités de commerce et de navigation, ainsi que toutes les conventions et arrangements conclus avec les puissances étrangères à la Sublime Porte et aujourd'hui en vigueur, sont maintenus dans la principauté de Bulgarie, et aucun changement n'y sera apporté à l'égard d'aucune puissance avant qu'elle y ait donné son consentement ».

La Bulgarie a conclu le 11/23 juin 1893 un traité avec la Grèce, au sujet de la nationalité contestée des sujets hellènes habitant la principauté. — Traité de Casr-Saïd, du 12 mai 1881, art. 6 :... « S. A. le bey s'engage à ne conclure aucun acte ayant un caractère international sans en avoir donné connaissance au gouvernement de la République française et sans s'être entendu préalablement avec lui ». — D'après la convention de Londres du 27 février 1884, entre la Grande-Bretagne et la République sud-africaine, celle-ci peut conclure tous traités, mais la Reine a un droit de veto dans les quatre mois à partir de leur notification. Seuls, les traités conclus avec l'État libre d'Orange ne sont pas soumis à cette restriction.

La République d'Andorre a conclu en 1841 un traité d'extradition avec l'Espagne ; l'Espagne est un des suzerains d'Andorre.

D'après le traité de 1840, les traités conclus par la Porte lient l'Égypte. Le firman d'investiture autorise le khédive à contracter et à renouveler, sans porter atteinte aux traités politiques du gouvernement ottoman ni à ses droits souverains sur l'Égypte, les conventions avec les puissances étrangères pour les douanes, le commerce, et pour toute transaction avec les étrangers concernant les affaires intérieures, dans le but de développer le commerce, l'industrie et l'agriculture, et de régler la police des étrangers et tous leurs rapports avec le gouvernement et la population; ces conventions doivent être communiquées à la Sublime Porte avant leur promulgation par le khédive.

L'Égypte, la Bulgarie, Tunis ont conclu les traités d'union universelle des postes, etc.

Avant 1878, en vertu du firman du 28 octobre 1866, les traités conclus par la Porte étaient obligatoires pour la Roumanie ; cette principauté ne pouvait conclure avec les puissances étrangères que des conventions concernant des intérêts locaux.

II. *Confédérations d'États, États fédératifs. Unions réelles.*

Dans la confédération d'États, le droit de faire des traités reste en principe aux États, tant qu'ils ne l'ont pas délégué, pour certaines matières ou dans certaines circonstances, à l'organe central.

Dans l'État fédératif au contraire, les États y ont, en principe, renoncé. Mais ils peuvent l'avoir conservé pour des matières spéciales, — relations économiques, de police, de voisinage, — dans certaines circonstances, et moyennant certaines conditions, telles que l'examen et l'approbation par le pouvoir central.

Le tout conformément au pacte fédéral ou à la constitution fédérale (1).

Traité de Westphalie, VIII, § 2 :... « Jus faciendi inter se et cum ceteris fœdera, pro sua cujusque conservatione ac securitate, singulis Statibus perpetuo liberum esto, ita tamen ne hujusmodi fœdera sint contra imperatorem et imperium pacemque ejus publicam, vel hanc imprimis transactionem, fiantque salvo per omnia juramento, quo quisque imperatori et imperio obstrictus est ».

Acte fédéral germanique du 8 juin 1815, art. 11, al. 3 : « Les membres de la Confédération conservent le droit de faire des alliances de toute espèce; toutefois ils s'engagent à n'entrer dans aucune union qui serait dirigée contre la sécurité de la confédération ou d'États confédérés. » — Constitution de l'empire allemand, art. 11, al. 1 : « ... L'empereur représente l'empire dans les relations internationales, déclare la guerre et fait la paix au nom de l'empire, conclut les alliances et autres conventions avec les États étrangers. -- Constitution des États-Unis d'Amérique, art. 1, section 8 : « Le congrès aura le pouvoir :... 3° de régler le commerce avec les nations étrangères, entre les divers États, et avec les tribus indiennes... — Section 10, 1 : Aucun des États ne pourra conclure de traité, d'alliance, ni de confédération... 3 : Aucun des États ne pourra, sans le consentement du congrès,.. conclure aucun arrangement ou convention avec un autre État ou avec une puissance étrangère... » Art. 2, section 2 : ci-dessus, § 33, 91. — Constitution fédérale suisse, art. 8 : « La Confédération a seule le droit... de faire avec les États étrangers des alliances et des traités, notamment des traités de péage et de commerce. Art. 9 : Exceptionnellement, les cantons conservent le droit de conclure avec les États étrangers des traités sur des objets concernant l'économie politique, les rapports de voisinage et de police ; néanmoins, ces traités ne doivent rien contenir de contraire à la confédération ou aux

(1) Cette matière a donné lieu récemment, en Allemagne, à plusieurs travaux importants. On mentionne, outre les ouvrages généraux sur le droit public de l'empire allemand : Gorius, *Das Vertragsrecht des Deutschen Reichs* (Annales de Hirth, 1874-1875). — Pröbst, *Die Lehre vom Abschluss völkerrechtlicher Verträge durch das deutsche Reich und die Einzelstaaten des Reichs* (même recueil, 1882). — Prestele, *Die Lehre vom Abschluss völkerrechtlicher Verträge durch das Deutsche Reichs*. 1882. — Tinsch, *Das Recht der Deutschen Einzelstaaten bezüglich des Abschlusses völkerrechtlicher Verträge*. 1882. — Gessner, § 12.

droits d'autres cantons. Art. 102, ch. 7 : (le conseil fédéral) examine les traités des cantons entre eux ou avec l'étranger, et il les approuve s'il y a lieu... Art. 85 : Les affaires de la compétence des deux conseils (national et des États) sont notamment les suivantes :.. 5° l'approbation des traités des cantons entre eux ou avec l'étranger. »

C'est l'acte d'union, ou le droit public régissant l'union, qui détermine la mesure dans laquelle chacun des États unis réellement peut s'engager ou être engagé par traité. Il se peut que cette mesure soit inégale, et que le mode même de l'engagement soit différent de l'un à l'autre État.

En règle, aucun des États ne saurait être engagé par l'autre.

Des difficultés pourront se présenter à propos de la ratification (1).

139. Des représentants des États dans la conclusion des traités, et des engagements contractés sans autorisation.

I. *Les chefs d'États représentants des États. Les plénipotentiaires mandataires des chefs d'États.*

Les États contractent par leurs chefs, soit souverains, soit corps ou collèges, qui personnifient leur souveraineté et dont la volonté est leur volonté collective (2). Le droit public interne de chaque pays détermine la mesure et l'étendue de cette représentation de l'État par son chef, et jusqu'à quel point celui-ci la partage avec les ministres et avec les chambres. Le concours de celles-ci, dans les États constitutionnels, est ordinairement requis pour donner force exécutoire à certaines catégories de traités.

On demande si l'État cocontractant peut et doit s'enquérir de la capacité du chef ou du gouvernement qui se présente à lui pour conclure un traité au nom de son État ; en d'autres termes, s'il y a lieu d'appliquer aux conventions entre États la règle bien connue que donne Ulpien pour les conventions privées : « Qui cum alio contrahit, vel est vel debet esse non ignarus condicionis ejus (3) ».

(1) Ci-dessous, § 50, 146.
(2) Ci-dessus, § 33, 90, 1, 91.
(3) L. 19, *De R. J.*, 50, 17.

Cette règle est fondée sur une évidente utilité et sur la nature même des choses ; elle doit être maintenue comme une maxime de bonne conduite internationale en ce sens qu'un gouvernement doit connaître la constitution des États avec lesquels il est en relation, et que l'ignorance ou l'indifférence en pareille matière pourrait même constituer un manque d'égards, une violation du droit au respect (1).

Ceci s'applique notamment aux conventions conclues par les membres d'un État fédératif, conformément à ce qui a été dit plus haut, et aussi aux conventions des États mi-souverains. Il y aurait évidemment un grave manque de respect envers le suzerain ou envers l'État fédératif dans le fait d'un autre État qui contracterait avec ces États d'une façon contraire à la constitution fédérale ou au traité constitutif de la mi-souveraineté (2).

Mais il ne faut pas entendre la règle en ce sens qu'il y aurait lieu de contrôler la parole d'un chef d'État étranger, se déclarant qualifié pour contracter ; un pareil contrôle constituerait aussi un manque de respect. L'État doit donc s'en tenir au chef ou au gouvernement qui se présente comme représentant légal de l'autre État, et qui est ainsi présumé qualifié. S'il a quelque doute, il s'abstiendra.

Le gouvernement ou le chef est d'ailleurs, comme il a été dit en son lieu (3), celui qui détient le pouvoir réellement et actuellement, « the actually king » ; lui seul représente l'État, et grâce au principe de l'indépendance, le cocontractant n'a pas à rechercher ni à apprécier l'origine ou le titre de son pouvoir.

Il va de soi que le souverain dépossédé, détrôné, ne saurait contracter pour l'État dont il n'est plus le chef.

Toutefois, si cet ex-souverain concluait une convention avec un État étranger au nom du pays dont il a été dépossédé, et en conformité des lois de ce pays, cette convention pourrait avoir une valeur conditionnelle, la condition étant la restauration du souverain ;

(1) Ci-dessus, § 19, 50.
(2) Ci-dessus, 138, III et II.
(3) Ci-dessus, § 33, 90, I et IV.

cette condition réalisée, la convention deviendrait un traité entre les États.

Loi constitutionnelle française du 16 juillet 1875, article 8 : « Le président de la République française négocie et ratifie les traités. Il en donne connaissance aux chambres aussitôt que l'intérêt et la sûreté de l'État le permettent. Les traités de paix, de commerce, les traités qui engagent les finances de l'État, ceux qui sont relatifs à des personnes et au droit de propriété des Français à l'étranger, ne sont définitifs qu'après avoir été votés par les deux chambres. » — Constitution fédérale suisse, article 85 : « Les affaires de la compétence des deux conseils (national et des États) sont notamment les suivantes :... 5° les alliances et les traités avec les États étrangers ». — Constitution belge, article 68: « Le roi fait les traités de paix, d'alliance et de commerce. Il en donne connaissance aux chambres aussitôt que l'intérêt et la sûreté de l'État le permettent, en y joignant les communications convenables. Les traités de commerce et ceux qui pourraient grever l'État ou lier individuellement des Belges n'ont d'effet qu'après avoir reçu l'assentiment des chambres. Nulle cession, nul échange, nulle adjonction de territoire ne pourra avoir lieu qu'en vertu d'une loi. » — Constitution de l'empire allemand, article 11 : « ...L'empereur représente l'empire dans les relations internationales, déclare la guerre et fait la paix au nom de l'empire, conclut les alliances et autres conventions avec les États étrangers... Si les traités avec les États étrangers se rapportent à des objets qui, d'après l'article 4, appartiennent au domaine de la législation de l'empire, le consentement du conseil fédéral est nécessaire pour leur conclusion, et l'approbation du Reichstag pour leur validité. » — L'article 4 mentionne les règles concernant la nationalité et l'établissement, la police des étrangers, la législation des douanes, du commerce, des impôts applicables aux besoins de l'empire, la protection du commerce et du pavillon allemand, la protection des droits d'auteur, les dispositions communes relatives au droit des obligations, au droit commercial, au droit pénal, à la procédure. L'article 1er fixant les frontières de l'empire allemand, le consentement du Reichstag est requis pour toute modification territoriale. — Constitution prussienne (1850), article 48 : « Le roi a le droit de signer des traités avec les gouvernements étrangers. Les traités de commerce et ceux d'où résultent des charges pour l'État ou les particuliers, doivent, pour être valables, recevoir l'approbation des chambres. » — Constitution bavaroise (1818), article 1 : « Le roi est le chef de l'État; il réunit en lui tous les droits de la puissance souveraine et les exerce suivant les règles établies par lui dans la présente constitution ». — Constitution saxonne (1831), article 4. — Loi constitutionnelle autrichienne du 21 décembre 1867, article 6 : « L'empereur conclut les traités politiques. Les traités de commerce et ceux des traités politiques qui imposent des obligations à l'État, à l'une de ses parties, ou à des particuliers, doivent, pour leur validité, obtenir l'approbation du Reichsrath ».— Statut fondamental du royaume de Sardaigne, 1848, formant la constitution du royaume d'Italie, article 5 : « (Le roi) fait les traités de paix, d'alliance, de commerce et autres, en les portant à la connaissance des chambres dans la mesure où l'intérêt et la sécurité de l'État le permettent, et en y joignant les communications opportunes. Les traités qui entraîneraient une charge pour les finances, ou une modification du territoire de l'État, n'auront d'effet qu'après avoir reçu l'assentiment des chambres ».

Napoléon III, après le 4 septembre 1870, ne pouvait plus faire de traité, non point parce qu'il était captif, mais parce qu'il n'était plus empereur ; s'il avait fait un traité de paix, ou si l'impératrice en avait fait un, ce traité n'aurait point lié la nation française.

Les chefs d'États peuvent conclure directement, soit entre eux, soit l'un avec le mandataire ou les mandataires de l'autre. Par le fait, cependant, ils concluent presque toujours par l'entremise de mandataires.

Ces mandataires, ou plénipotentiaires, pour négocier et pour conclure, reçoivent, outre leurs pouvoirs ou pleins pouvoirs, ordinairement conçus en termes généraux, des instructions orales ou écrites, secrètes ou ostensibles, où se trouve exprimée la volonté, l'intention de leurs États (1). Ces pouvoirs et ces instructions constituent ensemble leur mandat. J'ai dit que lorsqu'il s'agit de négocier, en des conférences ou congrès, on procède en premier lieu à la vérification des pouvoirs (2).

On verra plus loin qu'en vertu d'une coutume générale et constante, et à raison de l'importance des conventions entre États, les traités faits par les plénipotentiaires sont subordonnés à la ratification, c'est-à-dire à l'approbation des chefs d'États et, dans certains cas, des parlements. Ainsi les plénipotentiaires ne font, généralement, qu'un traité conditionnel ou éventuel, sous la condition de l'approbation ou ratification par qui de droit (3).

(1) Ci-dessus, § 36, 100, III-IV; § 45.

(2) Ci-dessus, § 46, 130, III.

(3) Ci-dessous, § 50, 145-147; comparez les textes constitutionnels transcrits ci-dessus.

Un exemple de traité négocié et conclu directement par des chefs d'États est fourni par les préliminaires de paix de Villafranca, entre l'empereur d'Autriche et l'empereur des Français (11 juillet 1859). On peut citer encore la Sainte-Alliance, conclue par les empereurs de Russie et d'Autriche et le roi de Prusse. Le prince régent de la Grande-Bretagne allégua précisément le caractère personnel du traité pour motiver son refus d'accession (1).

II. *Autres représentants des États, en vertu de délégation expresse ou tacite du chef de l'État.*

Il est des conventions, de portée restreinte, locale ou spéciale, que certains hauts fonctionnaires, des chefs militaires notamment, sont compétents pour conclure, en raison de leurs fonctions, qui comprennent ou impliquent un mandat général, une délégation à cet effet.

Telles sont les conventions militaires, capitulations, cartels, suspensions d'hostilités. Mais non les préliminaires de paix, ni *a fortiori* la paix, ni même, si ce n'est dans une mesure limitée, l'armistice (2).

Les conventions de cette nature, tout en étant obligatoires pour l'État, lequel répond de leur observation, sont conclues moins en vue de l'État même qu'en vue de l'administration ou de l'armée, comme telles. Elles ont un caractère particulier, non politique, tandis que la paix, les préliminaires de paix, et même l'armistice ont un caractère politique.

Bluntschli fait une catégorie à part des traités internationaux « qui sont conclus entre les autorités inférieures ou entre les divers services administratifs de deux ou d'un plus grand nombre d'États, sur des matières relatives à l'exercice de leurs fonctions. » Il fait rentrer « partiellement » dans cette classe « les traités ayant pour but la régularisation des frontières, lorsque ce soin est laissé aux gouvernements provinciaux, les réquisitions judiciaires auxquelles il est donné suite sans exiger l'intervention de l'autorité suprême, les corrections de rivières dans les provinces, les traités passés avec les commandants de corps d'armée

(1) Ci-dessous, § 53, 155, II.

(2) Ci-dessous, § 67, 207-209 ; § 71, 224, I-II.

pour le logement, la marche ou la nourriture de la troupe, les traités entre communes voisines appartenant à deux États différents et relatifs à des questions d'intérêt local et communal » (1).

III. *Des* sponsiones.

Si les plénipotentiaires outrepassent leurs pouvoirs, ou si, tout en restant dans les limites de leurs pouvoirs, ils agissent contrairement à leurs instructions, ce qu'ils font ainsi n'oblige évidemment pas leurs mandants, les États. Ceux-ci peuvent très légitimement les désavouer, puisque la volonté nécessaire a fait défaut ; sans qu'il y ait lieu de distinguer, ainsi qu'on l'a voulu, entre les instructions ostensibles, qui forment l'exception, et les instructions secrètes, qui forment la règle.

L'État ne saurait, à plus forte raison, être obligé par l'acte d'une personne qui ne serait pas son mandataire, qui n'aurait pas de pouvoirs.

On donne aux actes ainsi désavouables le nom latin de *sponsiones*. Ce sont de simples promesses d'individus, lesquelles ne lient aucunement les États.

Il se peut que l'auteur d'une *sponsio* se porte fort pour l'État, répondant du consentement de celui-ci. Il s'oblige ainsi personnellement envers l'autre contractant, ce qui, dans certaines circonstances, pourrait le rendre responsable et l'exposer à des dommages-intérêts ; responsabilité qui, le plus souvent, sera purement illusoire, sinon entièrement dépourvue de sens.

Si la *sponsio* obtient l'approbation de l'État, elle devient un traité. Si tel n'est pas le cas, et qu'elle ait déjà reçu un commencement d'exécution, tout doit être remis dans l'état antérieur.

Ceci a moins d'importance aujourd'hui qu'autrefois, à cause de l'usage constant de la ratification, laquelle, en cas d'excès des pouvoirs ou de violation des instructions, sera simplement refusée.

La différence entre les conventions véritables et les simples *spon-*

(1) Bluntschli, 442.

siones se trouve ainsi, par le fait, réduite considérablement ; d'autant plus qu'ici comme en d'autres matières, le droit des gens est forcément moins précis et moins tranchant que le droit privé, et qu'on n'y distingue guère entre les actes nuls et les actes annulables ou rescindables. La différence subsiste cependant, ainsi qu'on le verra plus loin (1).

Pour une raison d'évidence, les *sponsiones* sont d'une importance particulière dans la guerre, où la ratification n'est pas régulièrement réservée (2).

« On appelle en latin *sponsio* un accord touchant les affaires de l'État, fait par une personne publique, hors des termes de sa commission, et sans ordre ou mandement du souverain. Celui qui traite ainsi pour l'État sans en avoir la commission, promet par cela même de faire en sorte que l'État ou le souverain ratifie l'accord et le tienne pour bien fait » (3). Le mot francisé de sponsion, qu'emploient quelques bons auteurs, n'est point admis par l'Académie, ni même par Littré.

Exemples mémorables, souvent cités. Dans l'antiquité, les fourches caudines, la capitulation de Numance. Au seizième siècle, le traité fait par La Trémouille avec les Suisses, devant Dijon (1513). En 1783, Aranda céda Gibraltar à l'Angleterre, contrairement à ses instructions, mais en vertu d'une vue juste de la situation : c'était un *sponsio*. Un autre exemple est fourni par l'armistice de Tauroggen, conclu le 30 décembre 1811 par le général York, neutralisant au profit de la Russie le corps d'armée prussien qu'il commandait.

Sauf autorisation formelle, un chef militaire n'a pas le droit de conclure des préliminaires de paix, ni même, s'il n'est pas commandant en chef, un armistice ; s'il le fait, ce ne peut être qu'une *sponsio*.

Lorsqu'en 1813, les alliés rejetèrent la capitulation de Dresde, on offrit au maréchal de Saint-Cyr de le laisser rentrer dans la place, ce qu'il refusa.

La *sponsio*, à Rome, était une convention faite *injussu populi*, sans fétiaux ni serments, mais non sans une réminiscence de l'offrande ancienne, comme l'indique son nom (*spondere*, σπένδειν, *libare*), et toujours, comme dit Verrius, *interpositis divinis*. La foi n'y est pas moins engagée que dans le *fœdus*, mais c'est seulement la foi du général et de ses *consponsores*. Le peuple n'est pas lié. Il se liera s'il approuve (*ratam habet*) la *sponsio*, soit explicitement, soit implicitement. S'il ne veut pas l'approuver, il abandonne les *sponsores*, lesquels répondent au peuple

(1) Ci-dessous, § 50, 145-146.
(2) Même § 50, 145.
(3) Vattel, II, § 209-213.

étranger par leur personne même, par leur corps, et ainsi la foi romaine reste entière : « populus religione exsolvitur ». L'abandon avait lieu par *deditio* ; c'était un abandon noxal. Le *sponsor* était reconnu coupable d'un délit contre le droit des gens, et le peuple ennemi, auquel il était livré, le punissait à sa guise.

140. Du consentement (1).

Il faut, pour qu'un traité existe, pour qu'il soit obligatoire, l'accord des volontés des parties contractantes, c'est-à-dire en premier lieu, des plénipotentiaires, auteurs immédiats du traité. La volonté des chefs d'États est manifestée par les plénipotentiaires, agissant conformément à leur mandat ; elle se manifeste ordinairement encore d'une manière directe et expresse par la ratification.

Le consentement doit être réel, vrai ; donné en pleine connaissance de cause, sans erreur. Il n'y a pas lieu de distinguer, ainsi qu'on le fait en droit privé, entre l'erreur essentielle, exclusive du consentement, et l'erreur concomitante, donnant lieu peut-être à des rectifications ou modifications. Lorsqu'il s'agit des États, lesquels n'ont aucun juge au-dessus d'eux, toute erreur est essentielle, et toute convention entachée d'erreur est frappée de nullité.

Il faut que le consentement soit libre, non extorqué par violence ou contrainte, ni surpris par dol. La violence et le dol sont, comme en droit privé, des vices du consentement, et le traité peut être attaqué par la partie dont le consentement est vicié. Mais comme il n'y a pas de juge entre les États, comme chaque État est son propre juge, la distinction entre le traité nul de plein droit et le traité dont la validité peut être contestée est dépourvue de portée pratique.

On a demandé si une nation vaincue, mais non subjuguée, qui a subi la loi du vainqueur, peut légitimement invoquer la contrainte pour se proclamer déliée des engagements onéreux auxquels elle a souscrit dans le traité de paix. La réponse ne saurait être que négative, car cette contrainte politique n'est pas une contrainte juri-

(1) Pradier-Fodéré, t. II, 1069-1079. — Martens, t. I, § 108.

dique, qualifiée pour vicier le consentement. S'il en était autrement, quelle sécurité les traités de paix pourraient-ils offrir? La paix engendrerait la guerre, et le vainqueur préférerait la subjugation, toutes les fois qu'elle lui semblerait réalisable, à un traité qu'il jugerait illusoire (1).

L'idée de revanche est et doit rester étrangère au droit. Peu importe que la défaite ait eu lieu dans une guerre juste ou dans une guerre injuste. Tout belligérant prétend que sa guerre est juste, et il n'existe ici-bas ni juge ni critère absolu (2).

Pas plus qu'une guerre, d'autres violences licites, des actes de rétorsion, des représailles ne vicient le consentement (3).

Mais le consentement serait vicié, si les plénipotentiaires d'un État, ou l'un d'eux, avaient été terrorisés par des gens armés envahissant ou cernant la salle des délibérations, par de mauvais traitements, des menaces de séquestration, de mort. Toujours d'ailleurs, comme en droit civil, il faut une violence suffisamment grave, de nature à impressionner et à influencer un homme raisonnable et ferme : « metus qui in homine constantissimo cadit ».

Le consentement donné par un plénipotentiaire en état d'ivresse, serait nul.

Ulpien, L. 5, *Quod metus causa*, au Digeste, 4, 2, : « Metum accipiendum Labeo dicit non quemlibet timorem, sed majoris malitatis. » Gaius, L. 6, même titre : « Metum autem non vani hominis, sed qui merito et qui in homine constantissimo cadat, ad hoc Edictum pertinere dicemus ». — Ulpien, L. 9, pr., même titre : « Metum autem praesentem accipere debemus, non suspicionem inferendi ejus ».

Bluntschli : « On admet qu'un État conserve sa libre volonté, lors même qu'il est forcé, par sa faiblesse ou la nécessité, de consentir au traité que lui dicte un autre État plus puissant ». Bluntschli ajoute : « Ceci s'applique spécialement aux traités de paix ». — « Le fait que le vainqueur était beaucoup plus puissant que le vaincu, et l'inégalité des conditions de la lutte n'entraînent pas la nullité du traité ; la contrainte ou la violence envers le plénipotentiaire chargé par l'une des parties belligérantes de négocier la paix ont au contraire pour consé-

(1) Ci-dessous, § 70, 223 ; § 71, 224, I, 226, II.

(2) Ci-dessous, § 61, 176, I.

(3) Ci-dessous, § 60, 172-174.

quence la nullité des engagements contractés par celui-ci »(1).—« All treaties which terminate a war, frequently are, or may be, in a great measure, the effect of the force exerced by the victor over the vanquished or may be the result of a menace of the more powerful to the weaker State. But treaties concluded in consequence of these circumstances can not be held null and invalid (2) ».

Un exemple célèbre et souvent cité de traité conclu par un roi captif est fourni par le traité de Madrid du 14 janvier 1526. François Ier déposa d'avance une protestation secrète entre les mains de l'archevêque d'Embrun ; puis il voulut abdiquer en faveur de son fils en se réservant le postliminium; puis il protesta secrètement devant les plénipotentiaires français contre la signature qu'il allait donner par force et contrainte, déclarant le futur traité nul et de nul effet ; enfin il signa, jura de ratifier dès son arrivée dans la première ville française, et donna comme otages ses deux fils premiers-nés. Sitôt qu'il eût mis le pied sur le sol de France, on put voir qu'il avait dupé Charles-Quint, lequel d'ailleurs l'avait mérité. François n'avait évidemment pas sa liberté morale; malade, une plus longue captivité l'aurait tué. Cependant sa conduite aurait pu être plus chevaleresque.

On a prétendu qu'à Ryswyck, le plénipotentiaire wurtembergeois, lequel n'était autre que le célèbre juriste Kulpis, était ivre ; c'est, paraît-il, une calomnie. Le cas s'est d'ailleurs présenté dans d'autres occurrences ; il se présentait plus souvent autrefois qu'aujourd'hui. M. Pradier-Fodéré trouve que Bluntschli, en le mentionnant, fait une supposition plaisante et que sa conclusion est naïve.

141. De l'objet des traités (3).

I. *L'objet doit être possible et licite.*

L'objet du traité doit être possible, physiquement, juridiquement.

Il doit être licite, autorisé par le droit et par la loi morale,

Dans ces limites, des intérêts de toute nature, tant de droit privé que de droit public, font l'objet de conventions entre les États.

Serait nul pour impossibilité de l'objet le traité par lequel un État promettrait quelque chose qui ne serait pas *in rerum natura,* ou qui serait incompatible avec les principes mêmes du droit, par exem-

(1) Bluntschli, 408,409, 704.
(2) Phillimore, V, ch. 6, § 49.
(3) Pradier-Fodéré, t. II, 1080, 1081, 1083 (cause). — Martens, t. I, § 109.

ple, de rendre le contractant souverain d'une partie de la haute mer (1), ou d'exclure un pavillon d'un cours d'eau international (2). L'impossibilité juridique est, aussi bien que l'impossibilité physique, une impossibilité matérielle.

Serait nulle, comme ayant un objet illicite, une convention par laquelle un État promettrait ou permettrait de faire ou de laisser faire la traite (3) ou la contrebande (4), ou de laisser exercer la piraterie (5). Il faut dire de même, hors le cas de guerre et d'alliance militaire, d'un traité qui aurait pour objet la spoliation ou l'écrasement d'un État tiers, ou l'anéantissement de son commerce.

Le principe : « Privatorum conventio juri publico non derogat (6) » s'applique, *mutandis mutatis*, aux conventions entre États et aux préceptes du droit des gens comme aux conventions entre particuliers et au droit public interne. De même cet autre principe que l'obligation sur une cause illicite ne saurait avoir d'effet (7).

Celse, L. 185, *De R. J.*, 50, 17 : « Impossibilium nulla obligatio est. » — § 1, aux Institutes, *De inutilibus stipulationibus*, 3, 19 : « Si quis rem, quae in rerum natura non est aut esse non potest, dari stipulatus fuerit..., inutilis erit stipulatio ». § 2. — Paul, L. 27, § 4, *De pactis*, 2, 14 : « Pacta, quae turpem causam continent, non sunt observanda ».

Par la convention de Vienne, du 15 décembre 1805, Napoléon cédait à la Prusse en toute souveraineté l'électorat de Hanovre, qui appartenait au roi d'Angleterre et était occupé par l'armée française. L'objet de cette disposition était illicite, puisqu'il s'agissait d'une spoliation; en outre, Napoléon disposait de ce qu'il n'avait pas, la simple occupation n'étant pas la souveraineté.

Lorsqu'un traité se trouve en contradiction complète avec un traité existant, conclu avec un État tiers, lequel prévaudra ? Les principes généraux du droit exigent que ce soit le plus ancien, le plus récent ne pouvant entrer en vigueur, puisque son objet est illicite. La partie qui, de bonne foi et dans une ignorance excusable, a cru consentir une convention valable, a droit, s'il y a lieu, à une

(1) Ci-dessus, § 17, 46.
(2) Ci-dessus, § 14, 43.
(3) Ci-dessus, § 29, 81.
(4) Ci-dessus, § 19, 50.
(5) Ci-dessus, § 18, 48.
(6) Ulpien, L. 45, § 1, *De R. J.*, 50, 17.
(7) Code civil, 1131, 1133.

indemnité, laquelle aura le caractère de dommages-intérêts négatifs. Si les deux parties savaient que l'objet était illicite, aucune n'est trompée ; aucune n'a donc le droit de se plaindre de l'autre, ni par conséquent d'exiger d'elle une indemnité.

Si la contradiction n'était que partielle, la clause nouvelle qui est incompatible avec le traité antérieur, serait seule tenue pour non écrite.

Telle est la théorie. On ne saurait affirmer que la pratique s'y conforme d'une façon constante et absolue. Les circonstances de fait ont ici une influence décisive, à raison notamment de l'absence de juge.

Vattel pose les règles suivantes, qu'il rattache à l'interprétation des traités (1) : « 1° Dans tous les cas où ce qui est seulement permis se trouve incompatible avec ce qui est prescrit, ce dernier l'emporte. 2° La loi ou le traité qui permet, doit céder à la loi ou au traité qui défend. 3° Toutes choses d'ailleurs égales, la loi ou le traité qui ordonne cède à la loi ou traité qui défend. 4° Si le conflit se trouve entre deux lois affirmatives aussi, et conclues entre les mêmes personnes ou les mêmes États, le dernier en date l'emporte sur le plus ancien. S'il y a collision entre deux traités faits avec deux États différents, le plus ancien l'emporte. 5° De deux lois ou de deux conventions, toutes choses d'ailleurs égales, on doit préférer celle qui est la moins générale et qui approche le plus de l'affaire dont il s'agit. 6° Ce qui ne souffre point de délai doit être préféré à ce qui peut se faire en un autre temps. 7° Quand deux devoirs se trouvent en concurrence, le plus considérable, celui qui comprend un plus haut degré d'honnêteté et d'utilité, mérite la préférence. 8° Si nous ne pouvons nous acquitter en même temps de deux choses promises à la même personne, c'est à elle de choisir celle que nous devons accomplir... Si nous ne pouvons nous informer de sa volonté, nous devons présumer qu'elle veut la plus importante et la préférer. Et dans le doute, nous devons faire celle à laquelle nous sommes le plus fortement obligés. 9° S'il arrive qu'un traité confirmé par serment se trouve en conflit avec un traité non juré, toutes choses d'ailleurs égales, le premier l'emporte. 10° Toutes choses d'ailleurs égales, ce qui est imposé sous une peine l'emporte sur ce qui n'en est point accompagné, et ce qui porte une plus grande peine sur ce qui en porte une moindre ».

(1) V. livre II, § 311-323, *De la collision des traités*. — Ci-dessous, § 54, 157.

On a vu quelles matières peuvent faire l'objet de traités conclus par les États mi-souverains et par les membres d'un État fédératif (1). Ces États n'ont qu'une souveraineté incomplète, soit qu'ils n'en aient jamais eu d'autre, ou qu'ils aient renoncé à certains éléments essentiels de leur souveraineté.

Il en est autrement des États protégés, dans l'acception primitive du mot, et des États à neutralité conventionnelle permanente. Les uns et les autres possèdent leur souveraineté pleine et entière ; ils ne sont en conséquence, en ce qui concerne les objets sur lesquels ils contractent, soumis à aucune restriction, si ce n'est à celles qui découlent des règles générales qui viennent d'être énoncées.

L'État protégé conclura valablement tous les traités qui ne sont pas incompatibles avec le traité de protection (2).

L'État à neutralité permanente (3) s'abstiendra de faire des traités qui l'engageraient à sortir de sa neutralité. Il ne conclura donc pas de traité de garantie l'obligeant à garantir un autre État, car cela l'entraînerait à prendre parti dans les différends de cet État. Il conclura des alliances défensives, non pas telles qu'il y prendrait l'engagement de défendre son allié, mais bien des alliances où l'allié s'obligera à le défendre. Il ne conclura pas d'alliance offensive pure et simple, mais rien ne paraît s'opposer, en doctrine, à la conclusion d'une alliance offensive conditionnelle, pourvu que la condition suppose la neutralité violée ou menacée d'une violation imminente par une puissance tierce. Si lui-même voulait faire une guerre offensive, on ne pourrait certes pas lui interdire de se procurer des alliés. Peut-il conclure des unions douanières? L'affirmative, en théorie, semble évidente ; pourtant les puissances se sont prononcées en fait pour la négative.

Ces divers points sont controversés. On tend à diminuer les États neutres, à les réduire à l'impuissance. On oublie que la neutralité permanente est une situation exceptionnelle, qui doit être interpré-

(1) Ci-dessus, 138.
(2) Ci-dessus, § 4, 19.
(3) Ci-dessus, § 7.

tée de façon limitative. La souveraineté l'emporte avec toutes ses conséquences, dans le doute et à défaut de dispositions précises, sur les restrictions que l'on voudrait déduire, au moyen d'une interprétation extensive, de la neutralité même. « In dubio pro libertate (1) ».

Quand il fut question, assez vaguement, de faire entrer la Belgique dans le Zollverein, la France a fait savoir qu'elle considérerait ce fait comme impliquant renonciation à la neutralité. Même opposition de la part des autres puissances aux projets d'union douanière avec la France (1836-1843).

Le Luxembourg faisait partie du Zollverein en 1867, et la déclaration de neutralité n'a pas amené sa sortie. A la conférence de Londres, le baron de Tornaco, qui représentait le Luxembourg, demandait qu'un article spécial consacrât le droit du grand-duché de contracter des traités de commerce et des unions douanières. Le plénipotentiaire prussien déclara que la neutralisation ne devait modifier en rien les rapports existants, ni diminuer les droits de souveraineté du grand-duché en matière commerciale et économique. Les plénipotentiaires anglais, français et russe déclarèrent qu'il ne s'agissait ici que d'une « neutralité essentiellement militaire ». Le grand-duché a cédé à l'Allemagne l'exploitation d'une de ses lignes de chemins de fer, le Guillaume-Luxembourg, en suite du traité de Francfort entre la France et l'Allemagne, article additionnel 1. — Il faut consulter, pour la neutralité luxembourgeoise, l'exposé fait par l'écrivain le plus autorisé, M. Eyschen, dans son *Droit public du Luxembourg*, cité au § 7. M. Eyschen estime, à raison des circonstances qui ont amené la neutralisation du Luxembourg, que le grand-duché ne pourrait pas conclure d'alliance pour la protection spéciale de son intégrité territoriale.

M. Geffcken, qui a traité de la neutralité avec un grand soin et une connaissance approfondie des faits historiques et diplomatiques, dit à ce sujet : « L'État neutralisé ne peut conclure généralement aucune alliance offensive ; il ne peut conclure une alliance défensive que tout au plus pour fortifier sa neutralité, jamais pour la défense d'un autre État. Il ne peut donc pas participer à la garantie de la neutralité d'un autre État, parce que la défense de celui-ci pourrait l'impliquer dans une guerre... Il peut former une union douanière avec ses voisins, remettre à des étrangers l'exploitation de ses chemins de fer (2) ».

(1) Sur l'erreur qui consiste à confondre la neutralité avec la pacification, voyez ci-dessous, § 61, 177, II. Comparez ci-dessus, § 7.

(2) Au tome IV du Manuel de Holtzendorff, § 136.

Cosignataire du traité de Londres concernant le Luxembourg, la Belgique n'a pas pris part à la garantie collective de la neutralité du grand-duché. On lit à l'article 2 de ce traité : « Les Hautes Parties contractantes s'engagent à respecter le principe de neutralité stipulé par le présent article. Ce principe est et demeure placé sous la sanction de la garantie collective des puissances signataires du présent traité, à l'exception de la Belgique, *qui est elle-même un État neutre* ».

II. *Détermination de l'objet.*

L'objet de la convention doit être suffisamment déterminé pour qu'une obligation puisse en découler, ce qui souvent sera question de fait. On verra plus loin les divisions des traités relatives à l'étendue de l'objet et à sa détermination (1).

III. *Stipulation et promesse* pro tertio. *Promesse* se effecturum.

En droit des gens comme en droit privé, la promesse du fait d'un tiers est nulle, ainsi que la stipulation pour un tiers.

Mais un État peut se porter fort pour un autre État. En le faisant, il s'engage à obtenir de celui-ci l'acte commissif ou omissif voulu, et à défaut à indemniser le contractant. C'est la promesse *se effecturum*, qu'un État peut faire aussi bien qu'un particulier (2).

§ 3, aux Institutes, *De inutilibus stipulationibus*, 3, 19 : « Si quis alium daturum facturumve quid spoponderit, non obligatur, veluti si spondeat, Titium quinque aureos daturum. Quodsi effecturum se, ut Titius daret, spoponderit, obligatur. § 4 : Si quis alii, quam cujus juri subjectus sit, stipuletur, nihil agit... § 20 : Sed si quis stipuletur alii, cum ejus interesset, placuit valere... § 21 : Versa vice qui alium facturum promisit, videtur in ea esse causa, ut non teneatur, nisi pœnam ipse promiserit. »—Ulpien, L. 38, § 17, *De V. O.*,45, 1 : « Alteri stipulari nemo potest...— Inventæ sunt enim hujusmodi obligationes ad hoc, ut unusquisque adquirat quod sua interest : ceterum ut alii detur, nihil interest mea. Plane si velim hoc facere, pœnam stipulari conveniet, ut, si ita factum non sit, ut comprehensum est, committetur stipulatio etiam ei, cujus nihil interest : pœnam enim cum stipulatur quis, non illud inspicitur, quid intersit, sed quæ sit quantitas quæque condicio

(1) Ci-dessous, § 53, 153.

(2) Ci-dessus, 139, III. Voyez en outre, ci-dessous, § 51, 149.

stipulationis. » — Paul, L. 11, *De O. et A.*, 44, 7 : « Quæcumque gerimus, cum ex nostro contractu originem trahunt, nisi ex nostra persona obligationis initium sumant, inanem actum nostrum efficiunt : et ideo neque emere, vendere, contrahere, ut alter suo nomine recte agat, possumus ».

Code civil, 1119 : « On ne peut en général s'engager ni stipuler en son propre nom que pour soi-même. — 1120 : Néanmoins on peut se porter fort pour un tiers en promettant le fait de celui-ci : sauf l'indemnité contre celui qui s'est porté fort ou qui a promis de faire ratifier, si le tiers refuse de tenir l'engagement. — 1121 : On peut pareillement stipuler au profit d'un tiers, lorsque telle est la condition d'une stipulation que l'on fait pour soi-même ou d'une donation que l'on fait à un autre. Celui qui a fait cette stipulation ne peut plus la révoquer, si le tiers a déclaré vouloir en profiter. »

Traité de Prague, entre l'Autriche et la France, du 23 août 1866, art. 5 : « Seine Majestæt der Kaiser von Oesterreich übertrægt auf Seine Majestæt den Kœnig von Preussen alle Seine im Wiener Frieden vom 30 october 1864 erworbenen Rechte auf die Herzogthümer Holstein und Schleswig mit der Maassgabe, dass die Bevœlkerungen der nœrdlichen Distrikte von Schleswig, wenn sie durch freie Abstimmung den Wunsch zu erkennen geben, mit Dænemark vereinigt zu verden, an Dænemark abgetreten werden sollen. »

Cette disposition n'a pu créer un droit en faveur du Danemark lequel n'était point partie au contrat. Mais l'empereur d'Autriche, stipulant pour le Danemark, stipulait-il en faveur d'un tiers ? On ne voit pas quel intérêt l'Autriche pouvait avoir à la cession éventuellement prévue. Si elle en avait un dans le principe, elle a renoncé à s'en prévaloir, par le traité de Vienne du 11 octobre 1878 (1). Les populations du Sleswig-Nord ne sont pas prises en considération, puisque le droit des gens est le droit entre États, et qu'elles ne constituent pas un État.

Convention entre le Danemark, la France, la Grande-Bretagne et la Russie, pour l'accession du roi Georges Ier au trône de Grèce, du 13 juillet 1863, art. 12 : « Les trois cours, dès à présent, travailleront à ce que le prince Guillaume de Danemark soit reconnu comme roi de Grèce par tous les souverains avec lesquels elles sont en relations. Art. 14 : le roi de Danemark se réserve d'employer tous les moyens propres à faciliter le départ du roi Georges Ier pour ses États le plus tôt possible.

(1) Comparez ci-dessus, § 12, 40, IV, et ci-dessous, § 55, 158.

142. De la forme des traités (1).

I. *Forme orale, forme écrite. Langue.*

Aucune forme n'est prescrite pour l'accord des volontés d'une manière générale et absolue.

Les parties peuvent exprimer cet accord de vive voix, par geste, par signe. Certains signes d'acquiescement ou d'affirmation valent la parole : une poignée de main, une inclination de tête. Les signes et signaux, usités à la guerre et sur mer, établissent aussi l'accord d'une façon convenue et indubitable (2).

Cependant la force des choses fait qu'ordinairement, presque toujours, notamment entre plénipotentiaires, les traités sont conclus par écrit. La forme écrite est susceptible de diversités. Elle peut consister dans un échange de lettres, ainsi de lettres identiques entre souverains ; dans la signature de protocoles communs ; en déclarations émises de part et d'autre. Le plus souvent, un acte solennel est dressé en autant d'exemplaires qu'il y a de parties contractantes, chacun revêtu des signatures des plénipotentiaires.

La forme écrite a, sauf intention contraire, le caractère d'une condition constitutive de l'accord des volontés. Celui-ci n'est donc parfait, *in dubio*, que lorsque toutes les signatures ont été apposées sur l'acte définitif.

Les traités sont rédigés, ou bien exclusivement en français, ou bien dans les langues des diverses puissances contractantes, et, en outre, en une langue tierce, qui est généralement le français. C'est alors la rédaction en cette langue tierce qui est considérée comme le texte original et reconnue comme faisant foi (3).

A Rome, c'était par stipulation, comme en droit privé, que l'accord se manifestait. Mais les exigences formalistes du droit privé ne pouvaient être observées rigoureusement.

(1) Gessner, au tome II de Holtzendorff, § 7. — Pradier-Fodéré, t. II, 1084, 1099. — Martens, t. I, § 112. — Hartmann, § 46-47.

(2) Ci-dessus, § 18, 47, IV. Ci-dessous, § 63, 190, 193 ; § 66, 206 ; § 69, 218.

(3) Comparez ci-dessus, § 47, 131.

Gaius, 3, 93 : « Sed haec quidem verborum obligatio : Dari spondes ? Spondeo, propria civium Romanorum est ; ceterae vero juris gentium sunt, itaque inter omnes homines, sive cives romanos, sive peregrinos valent. 94. Unde dicitur uno casu hoc verbo peregrinum quoque obligari posse, veluti si Imperator noster principem alicujus perigrini populi de pace ita interroget : Pacem futuram spondes ? vel ipse eodem modo interrogetur : quod nimium subtiliter dictum est, quia si quid adversus pactionem fiat, non ex stipulatu agitur, sed jure belli res vindicatur. » Gaius veut dire que le formalisme du droit privé, avec ses conséquences de procédure, ne doit pas être applicable tel quel aux relations d'État à État, où la violation des conventions amène la guerre et l'application du droit de la guerre. Les traités, ceux de paix et d'alliance surtout, étaient conclus en termes prescrits par le rituel, dans une cérémonie religieuse, avec serments, sacrifices, imprécations par les fétiaux. On voit encore les fétiauxcoopérer à la conclusion des traités du temps de Varron et de Cicéron ; l'empereur Claude, amateur d'archaïsmes, se plut à conclure une alliance au forum, avec un sacrifice et les paroles du rituel. Suétone, *Claude*, 25 : « Cum regibus foedus in foro icit, porca caesa, ac vetere fetialium praefatione adhibita ». Des termes solennels très anciens sont donnés par Tite-Live (1, 24), dans le récit du traité entre Rome et Albe la Longue.

La forme écrite s'impose dans la plupart des cas, naturellement et par la force même des choses. Ainsi en particulier, dans les traités générateurs du droit des gens (1) et, en général, dans tous les traités où une certaine solennité est nécessaire, ou qui contiennent ou impliquent la cession de l'exercice de droits souverains. « Attendu que si aucune loi ne prescrit une forme spéciale pour les conventions entre États indépendants, il n'en est pas moins contraire aux usages internationaux de contracter verbalement des obligations de cette nature ; que l'adoption de la forme écrite s'impose particulièrement dans les rapports avec le gouvernement de nations peu civilisées, qui souvent n'attachent la force obligatoire qu'aux promesses faites en une forme solennelle ou par écrit... » (2). En citant ces assertions contenues dans une sentence arbitrale, concernant une affaire où le sultan de Zanzibar était impliqué M. Rolin-Jaequemyns ajoute : « Il faut réagir contre la tendance des agents consulaires des nations civilisées à se prévaloir de simples promesses verbales, inspirées ou arrachées aux chefs de gouvernements semi-barbares, dans des audiences où les conversations se font par voie d'interprètes »... Lui-même pose un principe plus général,

(1) Ci-dessus, § 2, 7 ; ci-dessous, § 53, 153.

(2) Sentence arbitrale du baron Lambermont entre l'Allemagne et l'Angleterre, concernant l'île de Lamu. Ci-après, 144.

dont la justesse est incontestable : « Dans les rapports internationaux avec les gouvernements semi-barbares, il n'y a lieu de considérer comme définitivement conclus que les traités constatés par des documents écrits, ou passés en une forme solennelle, reconnue par les lois ou les traditions constantes du contractant semi-barbare comme imprimant un caractère obligatoire aux actes (1) ».

Catherine et Joseph II ont conclu des conventions importantes par échange de lettres (2). Comme exemple de conclusion orale, on peut citer l'alliance de Pierre Ier avec l'électeur Frédéric III en 1697 : « Pierre le Grand et l'électeur de Brandebourg, dans l'entrevue de Pillau, se promirent solennellement de s'entr'aider de toutes leurs forces, si l'occasion s'en présentait, contre tous leurs ennemis et particulièrement contre la Suède. Ensuite, s'étant donné la main, les deux souverains s'embrassèrent et consacrèrent leur engagement par un serment (3) ».

II. *Rédaction des traités.*

On distingue, dans l'instrument du traité, diverses parties.

D'abord l'exorde ou préambule, *introitus*, que précède habituellement, dans les traités d'importance majeure, l'invocation de la Divinité. Le préambule énonce les motifs du traité, les noms et titres des chefs d'États contractants et de leurs plénipotentiaires, avec la justification de la qualité de ceux-ci.

Suivent les stipulations mêmes du traité ; s'il y a lieu, en une série d'articles numérotés.

Puis des dispositions diverses, qui peuvent concerner notamment la durée du traité, sa dénonciation et sa prorogation éventuelles, des modifications éventuelles, la confirmation de traités antérieurs; la clause de ratification, qui forme ordinairement une condition suspensive mise au traité ; l'indication du nombre de doubles expédiés, du lieu et de la date de la conclusion, etc.

Enfin les signatures des plénipotentiaires, accompagnées de leurs sceaux. Dans l'ordre des signatures, comme dans l'énumération contenue au préambule, on observe les règles de l'alternat (4). L'or-

(1) Rolin-Jaequemyns, R. D. I., t. XXII, p. 350-351.

(2) Martens, *Recueil des traités de la Russie*, t. II, n. 36.

(3) Martens, t. I, § 111. — Comparez ci-dessous, § 52, 151.

(4) Ci-dessus, § 9, 29.

dre est, en général, l'ordre alphabétique des États, en français, à moins que tous les États contractants n'aient la même langue, autre que le français. La place la plus honorable pour la signature est la plus élevée de la droite héraldique, c'est-à-dire à la gauche du lecteur. Chaque État figure à la place d'honneur et en premier dans l'exemplaire qui lui est destiné.

Une formule ordinaire de l'invocation est : « Au nom de la Très Sainte Trinité». Quand un État musulman est partie contractante, il ne saurait être question de la Trinité ; on met alors une autre formule : « Au nom de Dieu tout-puissant ». Le traité de 1865 avec le Maroc porte : « Au nom de Dieu unique. Il n'y a de force et de puissance qu'en Dieu ». L'invocation est omise dans les traités conclus avec les États hors chrétienté qui ne sont pas musulmans. On représente parfois l'invocation de la Divinité comme étant tombée en désuétude. C'est une erreur. Tant l'acte de Berlin de 1885 que celui de Bruxelles de 1890 sont précédés des mots : « Au nom de Dieu tout-puissant ». L'affirmation d'irréligion n'est pas encore à la mode en droit des gens. Jadis, surtout dans les traités de paix, l'*introïtus* était long, verbeux, pompeux : « In nomine Sacrosanctae Trinitatis, Patris, Filii et Spiritus Sancti ! Notum sit universis, etc. ». Traité de Münster : « Notum sit universis et singulis, quorum interest aut quomodolibet interesse potest ». On rappelait les horreurs de la guerre, on proclamait la paix solennellement.

Un préambule qui contient un exposé des motifs, se trouve, par exemple, dans la déclaration de Saint-Pétersbourg relative à l'interdiction des balles explosibles, du 11 décembre 1868.

Traité de commerce franco-belge, du 1er mai 1861, art. 40 : « Les Hautes Parties contractantes se réservent la faculté d'introduire d'un commun accord dans ce traité toutes les modifications qui ne seraient pas en opposition avec son esprit et ses principes, et dont l'utilité serait démontrée par l'expérience ».

Tout ceci n'est nullement absolu. Il arrive, par exemple, que l'ensemble des stipulations proprement dites est mis dans des annexes, le traité principal se bornant à y renvoyer, en constatant l'accord intervenu, et en disposant ce qui concerne les ratifications, la force exécutoire, la durée du traité.

La convention sanitaire de Dresde, du 15 avril 1893, a deux annexes, lesquelles contiennent tout le règlement sanitaire international qui forme le contenu même du traité.— C'est la convention et les annexes qui constituent le traité. « Les pièces ci-annexées ont la même valeur que si elles étaient incorporées dans la convention ».

143. Des divers articles des traités. — Articles et actes additionnels; articles séparés, secrets.

On distingue, selon les dispositions qu'ils contiennent, des articles principaux et des articles accessoires ou secondaires.

Il y a des articles connexes, lesquels sont, par leur contenu ou par la volonté des parties, liés les uns aux autres, de manière à suivre le même sort.

Il y a des articles additionnels, complémentaires ou supplémentaires, quelquefois insérés dans un protocole final, ou protocole de clôture. On fait aussi des conventions additionnelles ou supplémentaires, qui sont annexées au traité principal et y sont mentionnées avec l'observation qu'elles ont même vigueur que lui. Les actes et articles additionnels sont souvent de date postérieure à celle du traité (1).

Il y a des articles séparés, lesquels sont secondaires s'ils ne contiennent que des dispositions d'exécution ou des dispositions explicatives, mais qui peuvent aussi être principaux et très importants; tels sont les articles séparés et secrets.

Le secret paraît indiqué, lorsque les États contractants ou l'un d'eux craignent de blesser un État tiers, d'éveiller sa méfiance, ou qu'ils redoutent l'opposition, le mécontentement de leurs sujets. Les mêmes motifs engagent à garder le secret sur l'ensemble d'un traité (2).

L'article 118 de l'acte du congrès de Vienne déclare que seize traités annexés à l'acte sont considérés comme parties intégrantes des arrangements du congrès, entre autres le traité additionnel relatif à Cracovie entre l'Autriche, la Prusse et la Russie, l'acte sur la constitution de l'Allemagne (*Deutsche Bundes-Acte*), la déclaration des puissances sur les affaires de la Confédération suisse, notamment sur la neutralité suisse, et l'acte d'accession de la diète helvétique ; le protocole sur les

(1) Comparez ci-dessous, § 71, 225, III.

(2) Comparez ci-dessous, § 50, 148.

cessions faites par le roi de Sardaigne au canton de Genève, la déclaration des puissances sur l'abolition de la traite des nègres, les règlements pour la libre navigation des cours d'eau internationaux. Lorsqu'en 1846 les trois puissances signataires du traité relatif à Cracovie, sus-mentionné, décidèrent l'incorporation de Cracovie à l'Autriche, la France et l'Angleterre protestèrent et l'Autriche répondit que le traité avait été présenté au congrès de Vienne simplement pour enregistrement.

Au traité de Paris de 1856 sont ajoutées trois annexes : la convention concernant les détroits, celle concernant les îles d'Aland, et le traité russo-turc sur les navires légers. On y ajoute, en outre, la déclaration du 16 avril concernant le droit maritime. L'article 14 du traité dispose que le traité russo-turc ne pourra être ni abrogé ni modifié sans le consentement des puissances contractantes au traité principal.

Le traité de paix de Francfort du 10 mai 1871 est suivi de trois actes additionnels du même jour ; d'une convention additionnelle du 12 octobre, d'une convention additionnelle et de deux protocoles du 11 décembre de la même année, etc. ; plus de cent conventions diverses s'y rattachent.

Traité de la Haye, 1795, entre la France et les Provinces-Unies : « Les présents sept articles secrets font partie intégrante du traité arrêté entre les deux républiques. Ils auront la même force et seront aussi ponctuellement exécutés que s'ils étaient formellement insérés dans le traité patent. » — L'histoire connaît aussi des articles *secrétissimes*, ce qui semble indiquer que le simple secret n'est pas toujours suffisamment sacré. Ainsi, dans le traité de 1741, entre la Russie et l'Angleterre, on voit : « Article séparé et secrétissime..... Cet article séparé et secrétissime aura la même force et vigueur comme s'il était inséré de mot à mot dans le traité signé ce jourd'hui, et sera approuvé et ratifié en même temps que le traité principal ».

Constitution belge, art. 68 : «.. Dans aucun cas, les articles secrets d'un traité ne peuvent être destructifs des articles patents ».

144. Des pourparlers et arrangements préparatoires, et du pacte *de contrahendo*.

En règle générale, tant que l'on est dans la période des négociations, et alors même que sur certains points l'accord des volontés serait établi et constaté par protocole, chaque partie est encore libre de se retirer. Les principes du droit privé concernant la formation et la préparation de l'accord sont applicables ici, parce qu'ils sont fondés sur la nature des choses et sur la raison ; la volonté commune, réelle, « id quod actum est », devant d'ailleurs toujours l'emporter sur la volonté simplement apparente, et les parties étant présumées vouloir se lier le moins possible.

Les propositions ou offres, tant qu'elles ne sont pas acceptées, n'engagent pas celui qui les a faites. L'acceptation tardive est sans effet, et l'acceptation est tardive aussitôt que la proposition a été retirée, soit expressément, soit implicitement, par exemple par le fait d'une offre nouvelle, incompatible avec la première.

La constatation par écrit de l'état des négociations et des points sur lesquels l'accord est ou paraît être établi, peut n'avoir d'autre valeur que celle d'un aide-mémoire, sans caractère obligatoire aucun, et c'est ce qu'on présume dans le doute. Mais l'intention commune peut être que dès à présent l'on ne puisse plus se départir des points consignés par écrit, les autres restant réservés, ou la rédaction définitive devant encore être arrêtée ; il existe en pareil cas un véritable engagement préparatoire ou préliminaire, obligeant les signataires, et donnant d'ores et déjà lieu à ratification. Tel peut être, par exemple, le caractère des préliminaires de paix (1).

Le traité préparatoire peut être aussi un pacte *de contrahendo*, c'est-à-dire un engagement par lequel les parties ou l'une d'elles s'obligent à conclure un traité. Il faut, en vertu des principes généraux, que les éléments du traité soient précisés d'une façon suffisante, ce qui sera question de fait. Le pacte peut donner à la partie qui en exige sans succès l'exécution, le droit de réclamer des dommages-intérêts, selon l'analogie du droit civil.

Arbitrage concernant l'île de Lamu, sentence de M. le baron Lambermont, du 17 août 1889 : ... « Attendu que les termes dont se serait servi le sultan, pris dans leur sens naturel, impliqueraient l'intention de conclure une convention ; que l'accord des volontés aurait dû se manifester par la promesse expresse de l'une des parties, jointe à l'acceptation de l'autre, et que cet accord des volontés aurait dû porter sur les éléments essentiels qui constituent l'objet de la convention ;... que, dans les paroles attribuées au sultan, telles qu'elles sont résumées

(1) Ci-dessous, § 71, 224, II.

par le mémoire allemand, et reproduites par la lettre du consul général d'Allemagne du 16 novembre 1888, les conditions essentielles du contrat à intervenir ne se trouvent pas déterminées... (1) ».

§ 50. — De la ratification des traités, et de leur publication (2).

145. Notion, portée et forme de la ratification. I. Notion de la ratification, et pourquoi la ratification est réservée. II. Clause réservant la ratification. III. Portée et effet de la ratification. IV. Qui ratifie. V. L'acte de ratification. — 146. Du refus de ratification, et de la ratification imparfaite. I. Refus. II. Ratification imparfaite. — 147. Échange des ratifications. — 148. Publication des traités.

145. Notion, portée et forme de la ratification.

I. *Notion de la ratification, et pourquoi la ratification est réservée.*

Si le traité était conclu directement, sans l'intervention de plénipotentiaires, entre souverains, surtout entre souverains absolus, sa force obligatoire résulterait immédiatement, sans autre, de l'accord de leurs volontés (3).

De nos jours, ce cas est exceptionnel. Les traités sont faits par l'entremise de mandataires, de plénipotentiaires.

Or, en vertu d'une coutume bien établie, le traité conclu et signé, dans la forme voulue, par les plénipotentiaires des États contractants, agissant dans les limites de leurs pouvoirs et conformément à leurs instructions, n'est point encore définitif, obligatoire, exécu-

(1) R. D. I., t. XXII, p. 348-360. Ci-dessous, § 59, 168, I.

(2) Wurm, *Die Ratification der Staatsverträge*, dans la *Deutsche Vierteljahrschrift*. 1845. Étude qui a fait date. — Wegmann, *Die Ratification der Staatsverträge*. 1892. — Bulmerincq, dans le *Rechtslexicon* de Holtzendorff, au mot *Ratification*. — Gessner, § 6. — Pradier-Fodéré, t. II, 1100-1119.— Calvo, t. III, 1627-1636, 1643.— Martens, t. I, § 104-107. — Chrétien, 319-329. — Wicquefort, *L'Ambassadeur*, 2, 15 : De la ratification. 1680. — L'histoire de l'acte général de Bruxelles, du 2 juin 1890, offre de l'intérêt au point de vue de la théorie de la ratification. Rolin-Jaequemyns, *Note sur les ratifications de l'acte général de la conférence de Bruxelles*, R. D. I., t. XXIV, p. 296-212. 1892.

(3) Selon ce qui est dit § 49, 139, I, et conformément au droit public interne des divers pays.

toire. Pour le devenir, il doit être ratifié, c'est-à-dire approuvé, confirmé par les chefs d'États, représentants légaux des puissances contractantes, et, s'il y a lieu, par les chambres législatives.

Il est en effet d'usage constant que lors de la conclusion du traité la ratification soit réservée. Et même si elle n'est pas insérée expressément dans le traité, la réserve doit être sous-entendue; l'intention de subordonner la validité du traité à la ratification de part et d'autre est présumée. Les traités sont conclus sous la condition de ratification, résultant de cette réserve expresse ou tacite.

Il convient cependant d'excepter de ce principe certaines conventions, qui ont été mentionnées déjà comme pouvant être conclues par des fonctionnaires militaires ou civils, en vertu d'une délégation tacite des chefs d'États, et dont l'effet ne saurait, en général, être retardé. Ce sont principalement des conventions entre belligérants : cartels, capitulations, suspensions d'armes ; et aussi des arrangements relatifs à des matières administratives, pris par des autorités publiques dans les limites de leur compétence (1).

Ratifier, provenant d'un mot de basse latinité, *ratificare*, équivaut à *ratum facere*, *ratum habere*, *ratum ducere*, expressions qui toutes signifient approuver, confirmer. La ratification est la confirmation de ce qui a été fait ou promis. En grec *βεβαῖον ἔχειν*, *firmum habere*, *firmare*.

Sous le régime consulaire, le sénat romain votait les traités et le peuple les approuvait. Le plus souvent le traité se faisait à Rome même, où les États étrangers envoyaient leurs plénipotentiaires. Quand le sénat envoyait à l'étranger des députations, celles-ci revenaient lui faire rapport. Les fétiaux n'étaient que les exécuteurs de la volonté du peuple, en leur qualité de « nuntii publici populi Romani ». Nous voyons donc, alors déjà, le souverain, c'est-à-dire le peuple, ratifier.

Après que les comices eurent cessé d'être convoqués, l'empereur était le représentant de la souveraineté populaire. Le sénatus-consulte de l'an 69, *de imperio Vespasiani*, porte : « Fœdusve cum quibus volet facere liceat ita, uti licuit Divo Augusto ». Pour les relations, tant pacifiques que guerrières, avec les États étrangers indépendants, le sénat n'est plus autre chose, désormais, qu'une sorte d'office de publication, toutes les fois que la volonté impériale ne lui assigne pas accidentelle-

(1) Ci-dessus, § 49, 139, II; ci-dessous, § 67, 207-209.

ment un rôle plus important, ce qui n'avait guère lieu que pour la forme. C'est ainsi, par exemple, que le traité conclu, en l'an 102, par Trajan avec Décébale, imposa à celui-ci l'obligation d'envoyer des ambassadeurs demander la ratification du sénat. Très souvent, l'empereur négociait directement, en personne, avec les rois ennemis ou avec leurs envoyés ; il est clair qu'alors une ratification était superflue. Mais elle était nécessaire toutes les fois que des plénipotentiaires traitaient au nom de l'empereur. Quand donc on cite les traités de Justinien avec Cosroès, roi des Perses, de 540 et de 561, ce ne peut être comme les premiers où il y ait eu ratification, mais comme exemples, et surtout celui de 561, de ratification expressément réservée et d'une mention de lettres de ratification. Je vois d'ailleurs la ratification réservée dans le traité de 536 entre Justinien et Théodat, et je crois la voir aussi dans la trêve de 506 entre Anastase et Cabade (1).

Polybe, au deuxième siècle avant notre ère, se sert du mot βεβαίων en parlant du vote du peuple.

Les anciens maîtres du droit des gens, Gentil, Grotius, Pufendorf, s'en tenaient aux règles du droit privé, selon le droit romain moderne, et considéraient le traité dûment conclu, par des plénipotentiaires restés dans les limites de leur mandat, comme obligatoire pour les États, lesquels ne pouvaient honorablement refuser de le ratifier. La ratification, dans cette doctrine, ne serait guère, le plus souvent, qu'une formalité, sauf dans le cas où le traité aurait été conclu par des personnes non autorisées ou excédant leurs pouvoirs. Cette doctrine se retrouve encore, plus ou moins atténuée, chez quelques modernes. C'est ainsi que selon Bluntschli, « lorsque les représentants des États ont reçu les pouvoirs nécessaires pour conclure définitivement le traité, la signature du protocole ou du document spécial dans lequel le traité a été consigné, oblige définitivement les parties contractantes (2) ». Il faut sans doute, ici comme partout et toujours, faire prévaloir la volonté des parties : « id quod actum est ».

Le développement du régime parlementaire, et du régime constitutionnel en général, a sans doute déterminé, au moins en grande partie, l'évolution qui s'est opérée sur ce point dans la pratique du droit des gens, et, non sans quelque exagération, dans la théorie.

D'où provient la coutume de prévoir et de réserver les ratifications, ainsi que la conscience de leur nécessité ? Un publiciste éminent répond avec une parfaite justesse : « Les intérêts qui sont en jeu dans le règlement des affaires internationales, sont trop im-

(1) Barbeyrac, *Histoire des anciens traités*, t. II, p. 178 et s., 168 et s., 136.

(2) Bluntschli, 419, note.

portants et trop complexes pour qu'on les puisse abandonner au jugement de plénipotentiaires, même des plus habiles et des plus consciencieux. Les plénipotentiaires peuvent se tromper ; la nation ne saurait s'exposer aux dangers qui naîtraient de leur erreur. Et il faut qu'encore après la clôture des négociations, le souverain soit mis à même d'en soumettre le résultat à un dernier examen, afin de reconnaître si ce résultat répond bien au but proposé. L'affirmation est manifestée par la ratification » (1).

Tout le monde, ou peu s'en faut, est d'accord, aujourd'hui, pour reconnaître que, sauf en des cas particuliers ou exceptionnels, le traité ne devient pas définitif avant ratification de part et d'autre. C'est le concours des volontés directement exprimées des chefs d'États (et s'il y a lieu des chambres législatives, selon les diverses constitutions nationales) qui lui donne force exécutoire. En règle générale, le concours des volontés est manifesté par l'échange des ratifications, et c'est, en conséquence, le moment de l'échange des ratifications que l'on indique comme étant le moment même où s'établit ce concours, et à partir duquel le traité est définitif.

Mais on n'est plus d'accord lorsqu'il s'agit de formuler cette doctrine. Plusieurs auteurs amoindrissent la tâche et l'œuvre des plénipotentiaires qui font le traité, et placent la conclusion même du traité dans sa ratification ou plutôt dans l'échange des ratifications. D'après eux, le traité n'est pas conclu par les plénipotentiaires qui le signent, mais bien par les chefs d'États et éventuellement les parlements qui le ratifient ; les ratifications, ou leur échange (2), constituant la conclusion même du traité.

Il ne faut sans doute pas attacher trop d'importance à la construction juridique d'une situation qui, en fait, n'est pas douteuse. Cependant des doutes peuvent naître d'une conception incorrecte, et d'ailleurs il convient, en droit des gens, de ne pas dogmatiser en l'air et à vide, mais au contraire de rester toujours le plus près possible de la pratique et de la manière de voir de ceux qui la font. Or, je ne pense pas que les hommes d'État, les souverains, les diplomates envisagent l'opération de l'échange des ratifications comme étant la conclusion même du traité. Et si le traité n'est conclu qu'au moment de l'échange, pourquoi la ratification ne peut-elle avoir lieu qu'en bloc, ainsi qu'on le verra plus loin, et pourquoi des changements aux dispositions du traité sont-ils déclarés inadmissibles ? On ne comprendrait guère, semble-t-il, dans ce système, l'insertion de la clause de réserve des ratifications dans le

(1) Geffcken, sur Heffter, § 87.

(2) Ci-après, 147.

traité même, dont elle fait partie intégrante, ni le fait que le traité porte la date de sa signature par les plénipotentiaires, et non celle de la ratification ou de l'échange. On a vu d'ailleurs que la ratification peut avoir lieu tacitement, par l'exécution, et qu'elle peut être déclarée superflue. On aurait donc ainsi, à ce point de vue, deux espèces nouvelles de traités, signés par les plénipotentiaires : les uns seraient effectivement conclus par eux, les autres, quoique faits aussi par eux, ne seraient conclus que par les chefs d'États, éventuellement avec le concours des parlements.

Tout ceci paraît quelque peu arbitraire, et contraire à la fois à la réalité des faits et à l'*elegantia juris*.

J'ajoute qu'il peut fort bien arriver qu'un traité soit ratifié de part et d'autre sans que les ratifications soient échangées ; que cette opération soit retardée, le consentement étant d'ailleurs dûment établi. Il n'est pas douteux, qu'en pareil cas le traité peut être d'ores et déjà définitif. L'échange des ratifications ne saurait donc donner pour la conclusion une base sûre et constante. C'est la signature qui fournit cette base, et c'est pour cela que le traité en porte la date.

Il se peut, sans doute, que la constitution d'un État exige pour la conclusion même des traités par cet État l'action directe du chef de l'État avec la coopération d'un ou de plusieurs corps politiques, en excluant la conclusion par plénipotentiaires. C'est une prescription de droit interne ; le consentement des nations ne l'a pas consacrée, jusqu'à présent, comme principe du droit des gens.

Je crois que la formule que j'ai donnée répond mieux à la vérité. Les plénipotentiaires, agissant dans les limites de leur mandat, font le traité, ils le concluent par leur signature ; il est désormais fait, parfait, achevé, et s'il est approuvé, il le sera tel quel, sans modification. Mais ce n'est, jusqu'à l'approbation, qu'un traité conditionnel. La condition, mise sous la forme de réserve de ratification, c'est l'approbation ou la confirmation par le mandant. L'événement de cette condition transforme le traité conditionnel en un traité définitif.

Wicquefort écrivait en 1680 : «... Bien que la ratification ne soit pas une partie essentielle du traité, ni même de la fonction de l'ambassadeur, il semble pourtant qu'elle soit devenue une dépendance nécessaire de l'un et de l'autre, puisque c'est par elle que le traité reçoit sa dernière perfection, et que sans elle on ne peut pas s'assurer qu'il sera exécuté. Ce qui est une des raisons pourquoi la publication des traités ne se fait qu'après que les ratifications ont été échangées, quoiqu'en cela on ne soit pas toujours fort exact, pour la raison que je viens de marquer, que la ratification n'est pas de l'essence du traité, et n'en fait pas partie. »

Aux termes de la constitution allemande de 1871, art. 11, « si les traités avec les États étrangers concernent des objets qui, d'après l'art. 4, appartiennent au domaine de la législation de l'empire, le consentement (*Zustimmung*) du conseil fédéral est nécessaire pour leur conclusion (*Abschluss*), et l'approbation (*Genehmigung*) du Reichstag pour leur validité (*Gültigkeit*). »

Il arrive que dans un cas particulier, où l'action doit être rapide, les États contractants tombent d'accord pour rendre une convention exécutoire sans attendre les ratifications ; ou encore qu'ils l'exécutent réellement, sur le champ, sans qu'elle soit ratifiée et sans accord formel préalable, l'exécution constituant évidemment, dans ce cas, une ratification tacite, et la meilleure possible. Quand les États agiront-ils ainsi ? Question, soit de politique, soit aussi de droit public interne ou général, et qui n'intéresse le droit des gens que d'une manière indirecte.

Comme exemple de traité déclaré exécutoire sans attendre les ratifications, on peut citer le traité de Londres du 15 juillet 1840, relatif aux affaires d'Égypte. Motif : la situation de la Turquie ensuite des succès de Mehemet-Ali.

Il est superflu de faire remarquer que l'accomplissement unilatéral des clauses d'un traité, tenant lieu de ratification, peut avoir de graves inconvénients pour l'État qui procède ainsi, lorsque l'autre État n'agit pas de même. Exemple, le traité anglo-chinois de 1876, restreignant le commerce de l'opium et accordant aux Anglais en échange divers droits et privilèges. La Chine commença à l'exécuter sans attendre la ratification de la Grande-Bretagne, laquelle, après un certain temps, la refusa.

Il y a d'ailleurs des traités qui, par leur nature même, sont susceptibles d'être exécutés unilatéralement, sans inconvénient, dès avant les ratifications, lesquelles ne sont point par là rendues superflues. Telles sont par exemple des conventions relatives à l'administration sanitaire, comme la convention de Dresde du 15 avril 1893. Plusieurs États ont déclaré, au jour de la signature, qu'ils n'attendraient pas les délais de ratification pour appliquer, en ce qui les concernait, les dispositions de la convention.

J'ai supposé, dans ce qui précède, des plénipotentiaires agissant dans les limites de leur mandat, et par conséquent un traité correctement conclu, dans toutes ses dispositions. C'est à ce cas que s'applique la définition que j'ai donnée de la ratification.

S'il en était différemment, si l'on se trouvait en présence d'une simple *sponsio* ou promesse, alors la ratification intervenue aurait le caractère plus prononcé d'une véritable *rati habitio* de droit civil ; son effet serait de suppléer le mandat qui fait défaut ou est outre-passé ; en application du principe : « Rati habitio mandato æquiparatur ».

On est ainsi conduit à distinguer deux sortes de ratification : celle qui approuve l'acte régulier d'un mandataire, et celle qui régularise un acte irrégulier en tout ou en partie, en remplaçant ou en complétant *ex post* un mandat inexistant ou incomplet.

C'est la première qui est la ratification normale, et c'est elle qui est supposée dans tout ce paragraphe.

II. *Clause réservant la ratification.*

La clause de ratification est insérée dans le traité, ordinairement en ces termes ou en termes analogues : « Le présent traité sera ratifié, et les ratifications seront échangées à..., dans un délai de..., ou plus tôt si faire se peut ». Les signataires du traité se promettent ainsi réciproquement que leurs mandants ratifieront. Ce ne peut être évidemment, de leur part, qu'un engagement *se effecturos*. Inutile de dire qu'en cas de non-réussite, cet engagement, pris dans l'exercice et les limites de leur mandat, ne pourrait les obliger à payer des dommages-intérêts (1).

Mais il en résulte que, sauf circonstances majeures et exceptionnelles ou nouvelles, un plénipotentiaire n'agirait pas d'une façon loyale si, après avoir mis sa signature sous un traité, il déconseillait à son souverain de le ratifier. D'autre part, sans doute, le devoir du citoyen envers son pays doit l'emporter sur toute autre considération.

Traité général pour le rachat des droits du Sund, du 14 mars 1857, art. 8 : « Le présent traité sera ratifié, et les ratifications en seront échangées à Copenhague avant le 1er avril 1857, ou aussitôt que possible après l'expiration de ce terme ». — Traité d'amitié, de commerce et de navigation entre l'Autriche et la Perse, du 17 mai 1857, art. 16 : Le

(1) Comparez ci-dessus, § 49, 141, III.

présent traité restera en vigueur pendant vingt-cinq années à compter du jour de l'échange des ratifications... Les ratifications de Leurs Majestés, les deux augustes souverains, seront échangées à Paris ou à Constantinople dans l'espace de six mois ou plus tôt si faire se peut. — Traité d'amitié entre la Chine et la Russie, signé à Tien-Tsin le 13 juin 1858, art. 12 : «... Le présent traité est dès aujourd'hui confirmé par S. M. le bogdokhan de Daïtzin, et après qu'il aura été confirmé par S. M. l'empereur de toutes les Russies, aura lieu à Péking l'échange des ratifications, dans l'espace d'une année, ou plus tôt si les circonstances le permettent ». — Traité pour faire cesser les droits de souveraineté du roi de Prusse sur la principauté de Neufchâtel, du 26 mai 1857, art. 8 : « Le présent traité sera ratifié et les ratifications en seront échangées dans le délai de vingt et un jours, ou plus tôt si faire se peut. L'échange aura lieu à Paris ». — Convention de Vienne, pour la cession de la Vénétie à la France, art. 6 : « La présente convention sera ratifiée, et les ratifications en seront échangées à Vienne, dans le plus bref délai possible ». — Traité de Washington, entre les États-Unis et la Grande-Bretagne, du 8 mai 1871, art. 43 : « The present treaty shall be duly ratified by Her Britannic Majesty and by the President of the United States of America, by and with the advice and consent of the Senate thereof, and the ratifications shall be exchanged either at London or at Washington within six months from the date hereof, or earlier if possible ». — Traité de Paris, du 30 mars 1856, art. 34 : « Le présent traité sera ratifié, et les ratifications en seront échangées à Paris, dans l'espace de quatre semaines, ou plus tôt si faire se peut ».— Traité de San Stefano, du 3 mars 1878, art. 29. Ci-dessous, § 71, 224, II ; 225, I. — Préliminaires de paix, signés à Versailles, le 26 février 1871, art. 10 : « Les présentes seront immédiatement soumises à la ratification de S. M. l'empereur d'Allemagne et de l'Assemblée nationale française siégeant à Bordeaux ». — Traité de paix de Francfort, du 10 mai 1871, art. 18 : « Les ratifications du présent traité, par S. M. l'empereur d'Allemagne, d'un côté, et de l'autre par l'Assemblée nationale et par le chef du pouvoir exécutif de la République française, seront échangées à Francfort dans le délai de dix jours, ou plus tôt si faire se peut ». — Traité de Berlin, du 13 juillet 1878, art. 64 : « Le présent traité sera ratifié, et les ratifications en seront échangées à Berlin dans un délai de trois semaines, ou plus tôt, si faire se peut ». — Acte général de la conférence de Berlin, du 26 février 1885, art. 38 : « Le présent acte général sera ratifié dans un délai qui sera le plus court possible et qui, en aucun cas, ne pourra excéder un an. Il entrera en vigueur pour chaque puissance à partir de la date où elle l'aura ratifié. En attendant, les puissances signataires du présent acte général s'obligent à n'adopter aucune mesure qui serait contraire aux dispositions dudit acte ».

III. *Portée et effet de la ratification.*

Selon ce qui précède, la ratification est l'approbation, par l'organe ou les organes de l'État à ce qualifiés, du traité conclu par les plénipotentiaires, correctement, dans l'exercice et dans les limites de leur mandat. Les plénipotentiaires n'ont fait qu'un traité conditionnel, éventuel ; la ratification le rend présent et actuel.

La ratification ne peut être partielle ; elle doit porter sur toutes les stipulations du traité. Elle ne peut le modifier. Elle doit être absolue, et pure et simple. Une ratification conditionnelle équivaudrait à un refus (1).

La ratification n'a pas, par elle-même, effet rétroactif. A moins donc que cet effet ne lui soit donné par la volonté des États contractants, ce n'est qu'à partir de la ratification, ou de tel autre moment voulu par les parties, que le traité est exécutoire.

Cependant il porte la date du jour où il a été conclu par les plénipotentiaires.

Des mesures transitoires peuvent être prescrites.

On dit souvent que la ratification a effet rétroactif ; c'est une erreur, qui se rattache à une exagération de l'importance de la date. L'efficacité se traduit en faits, et l'on ne suppose pas que des faits accomplis ne le sont pas, ou que des faits qui n'ont pas eu lieu sont accomplis. Pour réaliser pareil résultat, il faut que la volonté en soit manifestée. Très souvent, le traité contient l'indication du moment à partir duquel, la ratification donnée, il sera exécutoire. Ce moment varie aussi selon la nature du traité.

Acte général de la conférence de Berlin, du 26 février 1885, art. 38 : « Le présent acte général sera ratifié dans un délai qui sera le plus court possible et qui, en aucun cas, ne pourra excéder un an. Il entrera en vigueur, pour chaque puissance, à partir de la date où elle l'aura ratifié. En attendant les puissances signataires du présent acte s'obligent à n'adopter aucune mesure qui serait contraire aux dispositions dudit acte ». — Convention de la Haye, du 6 mai 1882, art. 39 : « La présente convention sera mise à exécution à partir du jour dont les hautes parties contractantes conviendront ». — Traité d'extradition entre la Belgique et la Grande-Bretagne du 20 mai 1876, art. 15 : « Le présent traité entrera en vigueur dix jours après sa publication dans

(1) Ci-après, 146, I.

les formes prescrites par la législation des pays respectifs ». — Convention d'extradition entre l'Autriche et le Monténégro, du 23 septembre 1872, art. 4 : « Cet arrangement sera mis en exécution aussitôt qu'il aura été approuvé de part et d'autre ». — Convention d'extradition entre la Belgique et les États-Unis, du 19 mars 1874, art. 8 : « La présente convention entrera en vigueur vingt jours après le jour de l'échange des ratifications ». — Traité d'amitié, de commerce et d'établissement entre le Danemark et la Suisse, signé à Paris le 18 février 1875, art. 10 : « Le présent traité restera en vigueur pendant dix ans à compter du jour de l'échange des ratifications... ». — Traité de Turin du 24 mars 1860, art. 7 : « Pour la Sardaigne, le présent traité sera exécutoire aussitôt que la sanction législative nécessaire aura été donnée par le parlement ». — Convention relative au droit de protection au Maroc, du 3 juillet 1880, art. 18 : «...Par consentement exceptionnel des Hautes Parties contractantes, les dispositions de la présente convention entreront en vigueur à partir du jour de la signature à Madrid ».— Acte général de Bruxelles, du 2 juillet 1890 : « Le présent acte général entrera en vigueur dans toutes les possessions des puissances contractantes le soixantième jour à partir de celui où aura été dressé le protocole de dépôt... »

IV. *Qui ratifie.*

Le droit public interne de chaque pays détermine quel est l'organe ou pouvoir qui ratifie ; c'est naturellement celui qui est qualifié pour faire les traités, c'est-à-dire le chef de l'État, avec ou sans le concours de la représentation nationale.

Le pouvoir de ratifier peut, dans certains cas exceptionnels, être délégué à des fonctionnaires inférieurs.

Constitution belge, art. 68 : « Les traités de commerce etc., n'ont d'effet qu'après avoir reçu l'assentiment des chambres ». *Supra*, 138-139. — Loi constitutionnelle française du 16 juillet 1875, art. 8 : « Le président de la République française négocie et ratifie les traités... Les traités de paix, de commerce, les traités qui engagent les finances de l'État, ceux qui sont relatifs à des personnes et au droit de propriété des Français à l'étranger, ne sont définitifs qu'après avoir été votés par les deux Chambres ». — En Suisse, les traités sont conclus par le conseil fédéral et approuvés par l'assemblée fédérale. Art. 85 de la constitution (affaires de la compétence des deux conseils)... « 5° Les alliances et les traités avec les États étrangers... »

Le pouvoir de ratifier a été délégué par la Russie au gouverneur général du Turkestan, par la reine de la Grande-Bretagne, impératrice des Indes au vice-roi des Indes, pour les relations conventionnelles avec des États asiatiques.

V. *L'acte de ratification.*

Les termes de l'acte de ratification varient de pays à pays. Le texte du traité doit, en bonne règle, y être reproduit *in extenso*.

Parfois, et à tort, on se borne à transcrire l'intitulé, le préambule, le premier et le dernier article, la date de la signature, les noms des plénipotentiaires.

Au moyen âge, et encore dans les temps modernes, les ratifications avaient lieu avec certaines solennités religieuses et des serments (1).

« Aujourd'hui l'acte de ratification consiste en un écrit, signé par le souverain et scellé de son sceau, par lequel il approuve le contenu du traité conclu en son nom par le ministre, et promet de l'exécuter de bonne foi dans tous ses points » (2).

La formule employée peut être plus ou moins solennelle. Actuellement, la simplicité prévaut.

Les instruments contenant les ratifications, surtout si le traité y est transcrit *in extenso*, sont souvent calligraphiés, et reliés élégamment, même avec luxe : pratique louable, comme toutes celles qui tendent à rehausser la dignité des rapports entre les États.

146. Du refus de ratification, et de la ratification imparfaite.

I. *Refus.*

La réserve de ratification a pour but de permettre aux gouvernements, et dans certains cas aux parlements, d'examiner le résultat des négociations, le mérite du traité conclu, et en général toutes les circonstances qui s'y rapportent, y compris la question de savoir si les plénipotentiaires se sont exactement conformés à leur mandat, c'est-à-dire à leurs pleins pouvoirs et surtout à leurs instructions (3). Si l'examen montre que tel n'est pas le cas, ou si le

(1) Comparez ci-dessous, § 52, 151.

(2) Ch. de Martens, *Guide diplomatique*, t. II, p. 187. Ch. de Martens donne diverses formules de ratification.

(3) Ci-dessus, § 49, 139, I et III.

traité paraît nuisible, dangereux, ou inutile comme devenu sans objet, par suite de changement des circonstances, *rebus aliter stantibus* (1), la ratification sera refusée.

La faculté de refus découle du but même de la réserve de ratification, et de sa nécessité, reconnue par le consentement des nations. On ne conteste plus cette faculté. Il en était autrement jadis ; les anciens *internationalistes*, croyant que les plénipotentiaires obligeaient toujours leurs États, pourvu qu'ils restassent dans les limites de leur mandat, déniaient, si tel était le cas, aux gouvernements le droit de les désapprouver.

Il serait d'ailleurs impossible, aujourd'hui, d'imposer à un gouvernement l'obligation de ratifier un traité contre lequel la représentation nationale se serait prononcée.

Mais le refus ne peut être arbitraire ; il ne doit avoir lieu que pour justes et bons motifs.

La puissance refusante le justifiera, en indiquant les motifs à son cocontractant. Ceci découle du droit au respect.

Un refus injuste pourrait, le cas échéant, provoquer une demande d'indemnité, représentant l'intérêt négatif.

La ratification refusée, les choses restent *in statu quo*.

Le traité prévoit ordinairement un délai, dans lequel la ratification doit avoir lieu. Si, l'un des gouvernements ayant ratifié, l'autre laisse passer le délai, il devra des explications.

Pour les délais, voir les exemples donnés ci-dessus, 145, II.

Les anciens auteurs n'admettaient pas le refus de ratification, quand les plénipotentiaires n'avaient pas outrepassé les limites de leurs pouvoirs, et alors même qu'ils ne se seraient pas conformés à leurs instructions secrètes. Grotius : ...« Accidere potest, ut nos obliget qui praepositus est agendo contra voluntatem nostram sibi soli significatam : quia hic distincti sunt actus volendi. Unus quo nos obligamus ratum habituros quicquid ille in tali negotiorum genere fecerit ; alter, quo illum nobis obligamus, ut non agat nisi ex praescripto, sibi non aliis cognito. Quod notandum est ad ea quae legati promittunt pro regibus ex vi instrumenti procuratorii excedendo arcana mandata (2) ». —

(1) Comparez ci-dessous, § 55, 159.

(2) Grotius, II, c. 11, § 12.

Voici ce que dit Wicquefort (1) : « Comme les lois civiles obligent le particulier à ratifier ce que son mandataire a fait en vertu de sa procuration, ainsi le droit des gens oblige le prince à ratifier ce que son ministre a fait en vertu de son pouvoir : surtout si le pouvoir est plein et absolu, sans clause et sans condition qui le limite ou le restreigne ». Wicquefort tenait donc l'État pour obligé de ratifier, toutes les fois que le plénipotentiaire n'avait pas outrepassé son mandat ostensible, auquel cas le souverain doit, selon lui, le désavouer hautement. Cette doctrine s'appuyait de la teneur formelle des pleins pouvoirs, où, d'après Wicquefort, l'on voyait d'ordinaire ces termes : « Nous promettons en foi et parole de roi (ou de prince) et sous l'obligation et hypothèque de tous nos biens présents et à venir, de tenir pour bon, ferme et stable, et d'accomplir tout ce qui aura été stipulé, accordé et convenu par nos plénipotentiaires, et d'en faire expédier nos lettres de ratification dans le temps dans lequel ils se seront obligés de les fournir ». — Bynkershoek (2) écrivait encore, cinquante ans plus tard : « Si legatus publicus mandatum, quod forte speciale est, vel arcanum, quod semper est speciale, ad amussim secutus, foedera et pacta ineat, justi principis esse ea probare, et nisi probaverit malae fidei reum esse, simulque legatum exponere ludibrio ». Il ajoute : « Sin autem mandatum excesserit, vel foederibus et pactis nova quaedam sint inserta, de quibus nihil mandatum erat, optimo jure poterit princeps vel differre ratihabitionem, vel plane negare ». Et tel était encore le sentiment de G. F. de Martens : ... « Ce que promet un mandataire, ministre, etc., en restant dans les bornes du pouvoir qui lui a été donné, et sur la foi duquel la nation étrangère est entrée en négociation avec lui, est obligatoire pour l'État qui l'a autorisé, quand même il se serait écarté des règles de son instruction secrète » (3).

D'autre part, M. Guizot a soutenu, en 1841, une thèse évidemment exagérée, lorsqu'il a déclaré que chaque gouvernement était libre d'accorder ou de ne pas accorder sa sanction à un traité signé par ses plénipotentiaires, *absolument selon son bon plaisir et sans avoir à motiver son refus par aucune raison plausible* (4).

Albéric Gentil blâme les Florentins, de ce qu'ils ne se tenaient pour liés par les conventions de leurs plénipotentiaires qu'après approbation donnée par les citoyens : « Legati florentini obligant se et civitatem ex mandato. At ait civitas postea, illud de mandato ita fieri apud eos ex more : verum nihil esse antea ratum, quam magna probasset factum concio civitatis ».

(1) Wicquefort, *L'Ambassadeur*, 2, 15. 1680.

(2) Bynkershoek, *Quaestiones juris publici*, 2, 7. 1737.

(3) G. F. de Martens, § 48. Comparez ci-dessus, § 36, 100, III et IV.

(4) Martens, t. I, § 107. — Guizot, *Mémoires pour servir à l'histoire de mon temps*, t. VI, ch. 36.

Les exemples de traités non ratifiés sont nombreux. Wicquefort en cite plusieurs, avec blâme. La France a refusé de ratifier le traité du 20 décembre 1841, concernant la répression de la traite. Le traité de Constantinople du 26 mai 1887 a été ratifié par la Grande-Bretagne, et la Porte a refusé sa ratification. Le traité de Livadia entre la Russie et la Chine, de 1879, ratifié par la Russie, ne l'a pas été par la Chine (1).

En 1867 un traité a été conclu entre le Danemark et les États-Unis, par lequel le Danemark déclare vendre aux États-Unis les îles de Saint-Thomas et de Saint-Jean. Il est resté non ratifié par les États-Unis, et ces îles continuent à appartenir au Danemark.

Lorsque deux États sont unis par union réelle, c'est l'union qui forme la personne du droit des gens, et c'est elle qui est partie contractante. Il se peut que l'approbation du parlement soit nécessaire dans l'un des pays et pas dans l'autre. Il peut arriver que l'un ratifie, et l'autre pas, le parlement refusant son approbation. Le traité sera-t-il, en conséquence, mis en vigueur dans l'un et non dans l'autre? Si les parties, en négociant et en concluant, ont prévu et accepté cette éventualité, il n'y a aucune raison pour ne pas l'admettre. Mais, dans le doute, on dira plutôt que le traité est rejeté dans les deux pays unis, et qu'il est ainsi de nul effet, ne liant point le cocontractant. Car celui-ci, en consentant le traité, doit avoir supposé que la personne internationale, qui est l'union, s'engageait vis-à-vis de lui dans son ensemble et tout entière (2).

Il arrive que les corps législatifs, lorsque leur approbation est requise, ne l'accordent qu'à condition d'apporter des changements au traité, de supprimer certaines dispositions, d'en ajouter d'autres. Ceci n'est point une approbation imparfaite ou incomplète: c'est un refus, auquel est jointe l'invitation adressée au gouvernement de faire à l'autre État des offres nouvelles. Il se peut que le gouvernement ayant donné suite à cette invitation, l'État cocontractant consente aux changements proposés dans ces offres, et que le traité soit en conséquence modifié. En pareil cas, l'acte même

(1) Martens, R. D. I., t. XII, p. 612-618. 1880.— Autres exemples, Martens, t. I, § 107.

(2) Ci-dessus, § 5, 21, et § 49, 138, II.

demeure entier et intact, et les modifications sont consignées en des déclarations spéciales ou en des articles additionnels.

On cite comme exemples de ratification avec modifications, le traité franco-américain du 30 septembre 1800, le traité anglo-américain de 1824. Dans l'un et l'autre cas, le sénat des États-Unis a exigé des changements. Les cocontractants y ont consenti, non sans quelque difficulté.

II. *Ratification imparfaite.*

Si le gouvernement d'un pays où l'approbation du parlement est requise, ratifie sans l'avoir obtenue, cette ratification est imparfaite. L'autre État, qui a ratifié correctement, est fondé à exiger l'exécution, et au besoin à user de représailles. En effet, il ne saurait être appelé ni même autorisé à contrôler la légalité des agissements de son contractant. La maxime d'Ulpien, rappelée ci-dessus (1), si l'on peut l'appliquer aux négociations et à la conclusion du traité, ne s'applique certainement en aucune façon à ce qui suit cette conclusion.

Toutefois, l'État qui a ratifié correctement, agira de manière courtoise si, après explication, il s'abstient d'insister.

Ce principe, que le contractant est fondé à exiger l'exécution quand même la ratification est imparfaite, montre à toute évidence que le traité est conclu par les plénipotentiaires et non pas par les pouvoirs ratifiants ; sinon, le traité imparfaitement ratifié ne serait pas un traité, et le cocontractant n'aurait en aucune façon le droit d'en exiger l'accomplissement.

Un cas souvent cité s'est produit en 1831. La France s'était engagée à payer aux États-Unis une somme de vingt-cinq millions ; le gouvernement français avait ratifié sans attendre l'approbation des chambres, qui ne l'accordèrent pas. Le gouvernement américain insista pour le payement d'une première traite, faite par lui sur le ministre des finances de France avant d'avoir eu connaissance du rejet ; il menaça même de représailles. Mais les chambres françaises, après meilleure information, revinrent sur leur vote.

147. Échange des ratifications. Dépôt tenant lieu d'échange.

Quand toutes les puissances contractantes ont ratifié, on procède

(1) Comparez § 49, 139, I.

à l'échange des ratifications, cérémonie qui a lieu généralement au ministère des affaires étrangères du pays où le traité a été conclu. Les plénipotentiaires produisent les actes de ratification, que l'on collationne soigneusement. S'ils sont trouvés exacts, l'échange a lieu, et protocole en est dressé.

Au lieu d'opérer un échange véritable, on peut se borner à déposer, après la collation, les actes de ratification au ministère des affaires étrangères, dans les archives duquel ils sont conservés. Il est dressé protocole de ce dépôt, lequel est déclaré tenir lieu d'échange.

Procès-verbal constatant l'échange d'actes de ratification (1) : « Les soussignés s'étant réunis à l'effet de procéder à l'échange des actes de ratification de la convention... conclue le... entre les royaumes de... et de..., ont produit les instruments des dites ratifications, lesquels ont été lus de part et d'autre et trouvés exacts et concordants ; en conséquence, ils ont procédé à leur échange et ont dressé le présent procès-verbal, auquel ils ont apposé le cachet de leurs armes. »

Le procédé du dépôt, plus simple et moins coûteux, paraît devenir de plus en plus usuel lorsqu'il y a plusieurs États contractants.

Acte général de Berlin, 1885, article 38 : « Chaque puissance adressera sa ratification au gouvernement de l'empire d'Allemagne, par les soins de qui il en sera donné avis à toutes les autres puissances signataires du présent acte général. Les ratifications de toutes les puissances resteront déposées dans les archives du gouvernement de l'empire d'Allemagne. Lorsque toutes les ratifications auront été produites, il sera dressé acte du dépôt dans un protocole qui sera signé par les représentants de toutes les puissances ayant pris part à la conférence de Berlin et dont une copie certifiée sera adressée à toutes ces puissances...» Le protocole de dépôt est du 18 avril 1886. — Même disposition dans l'acte de Bruxelles, article 99.

148. Publication des traités (2).

Après l'échange ou le dépôt des ratifications, le traité est publié dans chacun des États contractants, selon la forme prescrite par le

(1) Ch. de Martens, *Guide diplomatique*, t. III, p. 292.

(2) Gessner, § 20. — Calvo, t. III, 1648. — Pradier-Fodéré, t. II, 1120. — Meier, *Ueber den Abschluss der Staatsvertræge*, p. 329.

droit interne. La publication est obligatoire pour le gouvernement, lequel est tenu de faire tout ce qui est en son pouvoir pour assurer l'exécution de la convention qu'il a signée et ratifiée. C'est seulement après que le traité a été rendu public, qu'il est possible d'exiger (s'il y a lieu) des particuliers qu'ils le connaissent, le respectent et l'observent comme ils observent les lois.

Dans les pays où la coopération du parlement est requise pour certains traités, ces traités sont publiés dans la forme prescrite pour la publication des lois, et avec la loi contenant l'approbation.

On dit de préférence en pareil cas, que le traité est promulgué, ce mot désignant la publication solennelle des lois. Souvent les mots de publication et de promulgation sont employés indifféremment.

Les traités romains étaient conservés, en original ou en copie, au temple de la *Fides publica* (*populi romani*), près du temple de Jupiter Capitolin, dieu de la foi et du droit, ou aussi sur le Quirinal, dans le sanctuaire de *Dius Fidius*, l'ancienne divinité sabine, identique à Jupiter. C'est là qu'on voyait le bouclier de bois recouvert de cuir sur lequel était inscrit le traité de Tarquin l'Ancien avec Gabies.

Dans la trêve de cent ans, conclue en 453 entre Maximin et les Blemyens et Nubiens, il fut stipulé que le traité serait écrit, et affiché dans le temple d'Isis à Phylæ.

L'Institut de droit international, dans sa session de Bruxelles, en 1885, a formulé le vœu « que les gouvernements des divers États veuillent bien prendre soin de faire recueillir et publier dans des collections particulières, soit officiellement, soit en encourageant et favorisant les entreprises d'hommes compétents, les traités et actes internationaux conclus et faits par eux, dont la publication ne serait pas interdite par des raisons d'État ou par des convenances politiques ». L'initiative de ce vœu est due à M. de Martitz, et date de 1883. L'Institut s'est occupé de la question en 1887, 1888 et 1891, et en cette dernière année, dans la session de Hambourg, en suite d'une communication du département de justice et police de la Confédération suisse, il adopta la résolution suivante : « L'Institut émet le vœu qu'une Union internationale soit formée, au moyen d'un traité auquel seraient invités à adhérer tous les États civilisés, en vue d'une publication aussi universelle, aussi prompte et aussi uniforme que possible, des traités et conventions entre les États faisant partie de l'Union ». Un avant-projet de convention et de règlement d'exécution, rédigé par M. de Martens, a été discuté et adopté avec très peu de modifications dans la session de Genève, le 7 septembre 1892. Le gouvernement suisse a jugé que le projet de l'Institut devait être soumis aux autres puissances.

Une première conférence a eu lieu, à Berne, sur convocation du conseil fédéral, du 25 septembre au 3 octobre 1894. Quatorze États y ont pris part. Aucun vote n'est intervenu. L'utilité du projet et même sa véritable portée n'ont pas encore été bien saisies, semble-t-il, par tous les États. La Belgique, avec l'assentiment de la Suisse, a pris en 1895 l'initiative de démarches nouvelles (1).

Tous les traités ne sont pas susceptibles de publicité. Il y a des traités secrets comme il y a des articles secrets. Il est évident que les citoyens, ne les connaissant pas, ne pourraient être liés par leurs dispositions. Généralement, d'ailleurs, celles-ci ne les concernent pas.

Le régime constitutionnel est défavorable aux articles secrets, et leur valeur est, dans nombre de cas, fort problématique.

Le secret d'un traité est commandé, d'ordinaire, par les exigences de la politique (2).

Un moment arrive tôt ou tard où il est opportun de le faire cesser, et de rendre le traité public, soit officiellement, soit officieusement par la voie de la presse.

Traité d'alliance entre l'Allemagne et l'Autriche-Hongrie, du 7 octobre 1879, art. 3 : « Le présent traité, conformément à son caractère pacifique et afin d'éviter toute fausse interprétation, sera tenu secret par les deux hautes parties contractantes, et ne pourra être communiqué à une tierce puissance qu'après une entente entre les deux parties et dans la mesure convenue entre elles. Les deux hautes parties contractantes, se fondant sur les sentiments exprimés par l'empereur Alexandre dans l'entrevue d'Alexandrowo, nourrissent l'espoir que les armements de la Russie ne prendront pas un caractère menaçant pour elles, et déclarent en conséquence n'avoir pour le moment aucun motif de communiquer le présent traité. Si toutefois, contre leur attente, cet espoir était déçu, les deux hautes parties contractantes regarderaient comme un devoir de loyauté de faire connaître, tout au moins confidentiellement, à l'empereur Alexandre, qu'elles devaient considérer une agression contre l'une d'elles comme dirigée contre toutes les deux. »

Le traité de 1879 a été publié simultanément par le *Reichsanzeiger*,

(1) A. D. I., t. XII, p. 226-257. — Descamps, *L'Union internationale pour la publication des traités*. 1895.

(2) Ci-dessus, § 49, 143, II.

de Berlin, et par la *Wienerzeitung und Abendpost*, de Vienne, le 2 février 1888. Il avait été communiqué confidentiellement à l'empereur de Russie lors des événements de Bulgarie, en septembre 1886.

§ 51. Participation d'États tiers (1).

149. En général. — 150. Accession. Adhésion.

149. En général.

Le traité n'a d'effet qu'entre les parties contractantes. C'est aux États qui l'ont fait qu'il doit tenir lieu de loi. Pour les États tiers, c'est chose étrangère, « res inter alios acta, quæ neque prodest, neque nocet ».

Telle est la théorie, conforme aux principes généraux du droit. Dans le fait, le traité peut toucher les tiers de très près, et plus les liens entre les États se multiplieront, plus il en sera ainsi. Aujourd'hui déjà il est permis de dire que presque rien de ce qui peut se décider entre certains membres de la famille des nations, n'est entièrement indifférent aux autres.

La stipulation pour autrui est nulle, comme la promesse du fait d'autrui (2). Mais il se peut qu'un État contracte au nom d'un tiers, en qualité de mandataire, ou de gérant d'affaires ; en pareils cas, les principes du droit privé concernant ce contrat et ce quasi-contrat sont applicables par analogie, ainsi que le principe : « Rati habitio mandato aequiparatur ». Il peut arriver qu'une puissance en fasse comprendre une autre, son alliée, dans un traité de paix. Un État peut faire une *sponsio* pour un autre, ou se porter fort pour lui (3).

Code Napoléon, 1165 : « Les conventions n'ont d'effet qu'entre les parties contractantes ; elles ne nuisent point au tiers, et elles ne lui profitent que dans le cas prévu par l'art. 1121 » (4).

(1) Martens, t. I, § 110. — Pradier-Fodéré, t. II, 1127-1131, 114-1150. — Calvo, t. III, 1621-1626.

(2) Ci-dessus, § 49, 141, III.

(3) Ci-dessus, § 49, 139, III, et 141, III.

(4) Ci-dessus, § 49, 141, III.

Le titre 60 du livre VII du Code de Justinien a pour titre : « Inter alios acta vel judicata aliis non nocere. » La loi première, de Dioclétien et Maximien (293), dit : « Inter alios res gestas aliis non posse facere praejudicium, saepe constitutum est ».

« La convention ne profite ni ne nuit à des tiers, à l'exception des cas suivants : lorsqu'il y a mandat ; — lorsque le tiers, par suite de rapports de protection, se trouve d'une manière conditionnelle ou relative dans la dépendance de l'une ou de plusieurs des parties contractantes ; — lorsqu'il a été stipulé au profit du tiers ce qu'il a le droit d'exiger en vertu d'un titre précédent, lequel acquiert par là un accroissement de force ; — enfin dans le cas où une tierce adhésion a été réservée, comme la condition d'une stipulation qu'on faisait pour soi-même, condition comprise implicitement dans toute sorte de convention passée au nom d'autrui. Dans ce dernier cas la validité du traité est suspendue jusqu'au moment où le tiers aura déclaré son intention d'en profiter. Jusque-là l'engagement peut être révoqué, à moins qu'on ne soit convenu d'attendre cette déclaration » (1).

La Prusse a consenti plusieurs traités, notamment d'amitié, de commerce, de navigation, au nom des États du Zollverein et même au nom d'États allemands qui n'en faisaient pas encore partie. Ainsi le traité avec la Chine de 1861, avec le Siam de 1862, avec le Japon de 1869.

Napoléon a fait comprendre dans la paix de Presbourg (1805), ses alliés, la Bavière, le Wurtemberg, Bade et la République batave, et dans le traité de Tilsitt (1807) les États de la Confédération du Rhin, Naples, la Hollande.

Les États contractants ont souvent intérêt à faire participer d'autres États à leur convention, pour en assurer les effets en les généralisant, ou pour obtenir le concours et l'aide des autres États, ou parce qu'ils redoutent une opposition de leur part. On réserve à cet effet leur concours, ainsi qu'il sera dit plus loin (2).

Un État peut garantir un traité conclu entre d'autres États (3).

Un État peut être mêlé d'une façon plus ou moins directe à la négociation et à la conclusion d'un traité entre d'autres États, en suite du fait qu'il leur a prêté ses bons offices ou sa médiation. Il sera parlé de ces cas à propos des différends entre États (4).

Il arrive enfin qu'un État tiers s'oppose à la conclusion d'un traité et prétend être entendu dans les négociations. Cette opposition n'est

(1) Heffter, § 83.
(2) Ci-après, 150.
(3) Ci-après, § 52, 152.
(4) Ci-dessous, § 58, 165-167.

justifiée que si des droits acquis, appartenant à l'État tiers, sont lésés ou menacés par le traité projeté ; autrement, elle porterait atteinte à l'indépendance des États, et constituerait une intervention injuste, non pas seulement dans les relations extérieures des autres États, mais dans leurs affaires intérieures (1).

Ainsi ont fait l'Autriche-Hongrie et la Grande-Bretagne à l'égard des négociations entre la Turquie et la Russie après les préliminaires de paix de San Stefano. Ces deux puissances se fondaient sur la paix de Paris de 1856 ; le préambule de ce traité parle des « garanties efficaces et réciproques de l'indépendance et de l'intégrité de l'empire ottoman », et l'art. 7 dit que les puissances contractantes « s'engagent chacune de son côté à respecter l'indépendance et l'intégrité territoriale de l'empire ottoman, garantissent en commun la stricte observation de cet engagement, et considèreront en conséquence tout acte de nature à y porter atteinte comme une question d'intérêt général ».

150. Accession, adhésion.

Le traité peut réserver, permettre ou provoquer le concours subséquent de puissances tierces. Ce concours a lieu par accession ou par adhésion.

Il y a accession, lorsque l'État tiers se joint aux États contractants et entre dans leur relation contractuelle en qualité de partie principale, au même titre qu'eux, ayant les mêmes droits qu'eux et les mêmes obligations.

L'adhésion est moins complète. Elle peut ne porter que sur certaines dispositions du traité. L'État adhérent ne devient pas partie principale au traité ; il s'oblige seulement à n'en point entraver l'exécution. Une adhésion peut se transformer dans la suite en accession.

L'accession et l'adhésion ont lieu par traité.

La déclaration de volonté de l'État tiers est acceptée par les États contractants. Le traité est reproduit *in extenso* dans l'acte d'accession ou d'adhésion.

Dans la convention particulière du 15 août 1761, entre l'Espagne et

(1) Ci-dessus, § 31, 86, II-III, et § 25, 62 ; comparez § 58, 165.

la France, on convint d'inviter le roi de Portugal à accéder, « n'étant pas juste qu'il reste spectateur tranquille des démêlés des deux cours avec l'Angleterre, et qu'il continue d'ouvrir ses ports et d'enrichir les ennemis des deux souverains, pendant qu'ils se sacrifient pour l'avantage commun de toutes les nations maritimes ».

A la neutralité armée de 1780, il y eut d'abord adhésion, puis accession. « Un grand nombre de puissances commencèrent par y adhérer, en reconnaissant que les principes de la neutralité armée s'accordaient aussi bien avec leurs intérêts qu'avec le droit des peuples civilisés ; mais ensuite, sur la proposition de Catherine, les mêmes puissances conclurent avec la Russie des traités et des conventions, et s'engagèrent à défendre au moyen de toutes leurs forces de terre ou de mer les principes contenus dans la déclaration : c'était donc une accession à l'acte de Catherine » (1).

Aux traités de Vienne : accession des diverses puissances qui avaient été réunies au congrès, ainsi que des princes et des villes libres qui avaient pris part aux arrangements y consignés, en vertu de l'art. 119 de l'acte du 9 juin 1815, lequel avait été signé par l'Autriche, l'Espagne, la France, la Grande-Bretagne, le Portugal, la Prusse, la Russie et la Suède.

Les États accèdent aux Unions internationales (2).

Déclaration de Paris du 16 avril 1856 : « ...Les gouvernements des plénipotentiaires soussignés s'engagent à porter cette déclaration à la connaissance des États qui n'ont pas été appelés à participer au congrès de Paris, et à les inviter à y accéder... La présente déclaration n'est et ne sera obligatoire qu'entre les puissances qui y ont ou qui y auront accédé ». — Acte général de Berlin, 1885, art. 37 : « Les puissances qui n'auront pas signé le présent acte général, pourront adhérer à ses dispositions par un acte séparé. L'adhésion de chaque puissance est notifiée par la voie diplomatique au gouvernement de l'empire d'Allemagne, et par celui-ci à tous les États signataires ou adhérents. Elle emporte de plein droit l'acceptation de toutes les obligations et l'admission à tous les avantages stipulés par le présent acte général ». — Convention concernant le rétablissement de la paix avec le Paraguay, conclue entre la République Argentine et le Brésil, signée le 15 novembre 1872, art. 11 : « Le Brésil et la République Argentine, au moyen de notes dont la remise sera simultanée, inviteront la République orientale, vu sa qualité d'alliée, à donner son assentiment à la présente convention ».

Lors de la signature de la convention sanitaire de Dresde, du 15 avril 1893, les représentants de plusieurs puissances, qui avaient pris part à

(1) Martens, t. I, § 110. Neutralité armée, ci-dessous, § 68, 210.

(2) Ci-dessus, § 29-30. Ci-dessous, § 53, 155, III.

la conférence, n'étaient pas en mesure de signer. « La conférence décide que le protocole d'adhésion à la convention pour les puissances dont les représentants ne peuvent y apposer leur signature, restera ouvert pendant un espace de trois mois ». Ici le mot d'adhésion est employé dans un sens qui n'est pas le sens technique ; il ne s'agit pas de puissances tierces. Le procès-verbal continue : « Il est entendu d'un commun accord que les pays qui n'ont pas pris part à la conférence pourront, sur leur demande, accéder, dans les formes habituelles, à la convention et à ses annexes ».

Il arrive assez souvent qu'une adhésion est qualifiée d'accession et *vice versa*. Le langage de plusieurs traités récents est inexact. L'essentiel est naturellement, ici comme ailleurs, de savoir « quid actum sit ». Dans la convention monétaire latine de 1865, il était parlé d'accession. L'acte additionnel à celle de 1885 mentionne l'adhésion de la Belgique. Voir aussi l'acte général de Berlin, cité plus haut.

La Belgique a adhéré au traité de Paris de 1856, par déclaration du 6 juin 1856. La plupart des autres États ont également adhéré. M. de Martens dit que ce furent des adhésions et non des accessions, « parce qu'il ne fut pas conclu avec les divers États de traités particuliers (1) ».

Convention de la Haye du 6 mai 1882, article additionnel : « Le gouvernement de S. M. le roi de Suède et de Norvège aura la faculté d'adhérer à la présente convention, pour la Suède et pour la Norvège, soit ensemble soit séparément. Cette adhésion sera notifiée au gouvernement des Pays-Bas et par celui-ci aux autres gouvernements signataires ».

Il existe une accession purement solennelle et de convenance, destinée à rehausser le traité, à lui donner une dignité plus grande. Cette accession,qu'on appelle aussi approbation,n'a guère d'importance juridique, il n'en naît ni droits ni devoirs. Il est certain toutefois que la puissance qui donne son approbation, ne pourra désormais alléguer son ignorance.

La déclaration du congrès de Vienne, concernant l'abolition de la raite, du 8 février 1815, a été « portée à la connaissance de l'Europe et de toutes les nations civilisées de la terre » ; les puissances contractantes ont invité « tous les autres gouvernements à les appuyer de leur suffrage dans une cause dont le triomphe final sera un des plus beaux monuments du siècle qui l'a embrassée et qui l'aura si glorieusement terminée ».

(1) Ci-dessous, § 63, 186, IV.

§ 52. — Des moyens d'assurer l'exécution des traités (1).

151. En général. — 152. De la garantie, et des traités de garantie. I. Notion, et principes généraux. II. De la garantie collective.

151. Des moyens d'assurer l'exécution des traités, en général.

Pour assurer l'exécution des engagements conventionnels, on a jadis employé divers moyens religieux, surtout le serment, dont le pape déliait, même par avance. On se faisait aussi donner des otages, des cautions, des garants, des gages mobiliers et immobiliers. On stipulait des pénalités.

Aujourd'hui, grâce à l'autorité et à la détermination qu'ont acquises les principes du droit des gens, ces moyens ont pu tomber presqu'entièrement en désuétude, dans les relations pacifiques entre les États appartenant à la Société des nations. Ils sont utiles encore, parfois nécessaires, lorsque l'on contracte avec des nations étrangères à notre civilisation. La clause pénale peut rendre service lorsqu'il y a stipulation ou promesse pour autrui (2). Les otages et des analogues d'otages sont encore d'un emploi fréquent à la guerre (3).

Dans les traités des anciens, où l'on faisait coopérer directement la Divinité, le serment avec sacrifices, offrandes, imprécations, était essentiel. On le voit constamment usité durant toute la période impériale de Rome, et encore sous Justinien, même avec cojureurs. Dans son alliance avec les Gépides, et à la demande des ambassadeurs de ce peuple germanique, Justinien fit jurer à douze sénateurs l'exécution de ses engagements, que d'ailleurs il ne tint pas. En 540, Bélisaire refusa de jurer, ainsi que le demandaient les Goths, le traité négocié à Ravenne avec Vitigès, et en empêcha ainsi la conclusion.

Traité de Strasbourg, de 842. L'alliance entre Louis et Charles le Chauve fut corroborée par serment. Les rois jurèrent publiquement, Louis en langue romane, Charles en allemand. Les armées jurèrent

(1) Geffcken, Manuel de Holtzendorff, t. III, § 25.— Calvo, t. III, 1638-1642. — Pradier-Fodéré, t. II, 1156-1169. — Martens, t. I, § 114. — Chrétien, 356-362.

(2) Ci-dessus, § 49, 141, III.

(3) Ci-dessous, § 64, 197.

ensuite de contraindre leurs rois à tenir leur parole sous la forme suivante : « Si Louis », déclare un chef de l'armée welche, « observe le serment qu'il jure à son frère Charles, et que Charles, mon seigneur, de son côté ne le tienne pas, si je ne l'y puis ramener, ni moi ni aucun autre que j'y puisse ramener ne lui serons aucunement en aide contre Louis. ». — Traité de Paris, entre Philippe le Bel et Henri, roi des Romains, 25 juin 1310 : « Avons icelles alliances et toutes les choses devant dictes ez noms de nos seigneurs les rois dessus dicts et pour eux faictes, traictées, ordonnées et accordées, faisons, traitons, ordonnons et accordons, et par le pouvoir et par l'autorité que nous avons d'iceux, louons et approuvons, et icelles et chacune d'elles promettons pour eux et en leur nom par notre foy baillée corporamment les uns aux autres, et jurons ez âmes d'eux sur saincts Évangiles à tenir, garder à toujours, perpétuellement entretenir et accomplir, loyaument et fermement, sans venir à l'encontre par quelconque manière que ce soit en tout ni en partie ». — François Ier jura le traité de Madrid, après avoir pris ses précautions ; Léon X et Clément VII le délièrent. On voit encore le serment au XVIIe siècle, par exemple aux traités de Westphalie, au traité des Pyrénées, à Ryswyck ; au traité oral entre l'électeur de Brandebourg et le tsar en 1697 ; en 1777 enfin, l'alliance franco-suisse fut corroborée par un serment solennel dans l'église de Saint-Ours à Soleure.

On peut voir un reste de l'ancien serment dans l'invocation initiale de la Divinité ; c'est en tout cas un reste du caractère religieux des traités. Grotius dit encore : « Apud omnes populos et omni aevo circa pollicitationes, promissa et contractus maxima semper vis fuit jurisjurandi » (1).

Les otages, *obsides*, étaient aussi d'usage constant dans l'antiquité. Pour corroborer la paix de Caudium, le général romain en donna six cents. Les otages étaient généralement de haute naissance. Les rois étrangers donnaient leurs enfants, et continuellement, sous l'empire, des fils, des frères, des neveux de rois résidaient à Rome en cette qualité. Des otages sont donnés aussi de part et d'autre, ainsi dans le traité de paix de Marc Aurèle avec les Marcomans (175).

On cite comme contenant un dernier exemple d'otages en Europe, le traité d'Aix-la-Chapelle, de 1748. Les Anglais restituaient à la France l'île royale dite Cap Breton, en Amérique. Comme il n'était pas possible, vu la distance des pays, que cette restitution eût lieu dans le même délai que les restitutions faites par la France, le roi de la Grande-Bretagne s'engagea à « faire passer auprès du roi de France, aussitôt après l'échange des ratifications, deux personnes de rang et de condition, qui y demeureront en ôtage jusqu'à ce qu'on aura appris la restitution du

(1) Grotius, II, c. 13, § 1.

Cap Breton et de toutes les conquêtes que les armes ou les sujets du roi d'Angleterre auront ou pourront avoir faites, avant ou après la signature des préliminaires, dans les Indes orientales ou occidentales ». — Lord Sussex et lord Cathcart, envoyés comme otages, furent remis en liberté en juillet 1749. On remarqua que ces seigneurs firent figure à la ville et à la cour, plutôt comme des ambassadeurs que comme des prisonniers.

Anciennement, et encore au XVIe siècle, l'État qui contractait un engagement, en donnait des garants. Des vassaux du souverain engageaient leur personne pour la parole de leur seigneur, et c'est ce que firent déjà, au traité de Strasbourg, mentionné plus haut, les armées de Louis et de Charles. Ces garants avaient beaucoup de rapport avec les otages, *obsides*, mais sont cependant différents. Ce sont des cautions, comme leur nom l'indique. *Wëren*, en ancien haut allemand, a le sens de cautionner. On les appelait aussi pleiges (ce qui signifie cautions), conservateurs de la paix, gardiens de la trêve, etc.

Un usage fréquent, au moyen âge, était celui de l'otage, dans le sens d'*obstagium*, c'est-à-dire une sorte d'emprisonnement ou de confinement volontaire, soit du débiteur principal soit aussi des garants, lesquels s'engageaient à séjourner en un certain lieu jusqu'à l'exécution du traité.

Le mot otage, dans ses deux sens, de chose et de personne, est formé de *obsidaticum*, dérivé de *obsidatus* (dérivé lui-même de *obses*), lequel signifie gage ; *obsidere* signifie occuper, posséder.

Le gage immobilier, avec possession territoriale, sert à garantir le payement d'une dette, soit comme gage proprement dit, soit comme antichrèse, avec cette clause que le créancier se payera sur les revenus du territoire engagé (1). Un territoire peut aussi être hypothéqué, l'État débiteur gardant l'exercice de la souveraineté. Les principes du droit privé en cette matière ne sont applicables entre les États que d'une façon incomplète, vu l'absence de juge ; surtout le principe que le créancier ne peut, à défaut de paiement, disposer du gage (2), est sans application. « La chose donnée en nantissement devient de plein droit la propriété de l'État créancier, si les obligations qu'elle servait à garantir, ne sont pas remplies ; dans le même cas le créancier a le droit de s'emparer de la chose hypothéquée (3) ».

(1) Ci-dessus, § 12, 40, II.
(2) Code civil, 2078.
(3) Pradier-Fodéré, t. II, 1165.

En fait de gage mobilier, on cite les joyaux de la couronne de Pologne engagés jadis à la Prusse.

Pour les gages immobiliers, comparez ci-dessus, § 12, 40, III.

De nos jours, certains revenus d'un État sont affectés à la sûreté du remboursement d'un emprunt ou du payement des coupons en faveur des créanciers de cet État. Ces créanciers sont des particuliers, mais l'affectation est soumise au contrôle des États. « Les garanties financières consistent dans l'affectation de telle ou telle source des revenus de l'État à la garantie d'une dette, ou bien dans le dépôt de titres ou de valeurs représentant la somme due, ou encore dans la promesse que font, soit un gouvernement, soit des maisons de banque particulières, de rembourser cette somme dans le cas où elle ne serait pas payée (1) ».

Les moyens usités actuellement sont l'occupation de territoire que l'on appelle quelquefois la garantie territoriale ou réelle, et la garantie proprement dite, ou garantie verbale.

L'occupation de territoire est surtout en usage pour assurer l'exécution des clauses d'un traité de paix. C'est une forme adoucie du gage immobilier. Ses modalités dépendent de la volonté des parties contractantes (2).

152. De la garantie, et des traités de garantie (3).

I. *Notion et principes généraux.*

Un ou plusieurs États peuvent assumer la garantie d'un traité, ou d'une clause de traité, dans ce traité même, ou dans un acte de garantie, convention complémentaire, accessoire du traité garanti.

L'acte de garantie peut être lui-même un traité principal, destiné à assurer une situation, un état de choses, qui n'est pas nécessairement conventionnel. Et ce traité de garantie peut être conclu,

(1) Pradier-Fodéré, t. II, 1169.

(2) Ci-dessous, § 71, 227.

(3) Geffcken, au Manuel de Holtzendorff, § 25-31 : *Garantieverträge.* 1887. — Berner, dans le *Staatswörterbuch* de Bluntschli, t. IV : *Völkerrechtliche Garantie.* — Ancienne monographie : Neyron, *Essai historique et politique sur les garanties.* 1779. — Ompteda en cite une dizaine, Kamptz six. — Milovanovitch, *Des traités de garantie en droit international.* 1889. (Thèse de doctorat de Paris.) — Pradier-Fodéré, t. II, 969-1000, 1008-1019. — Martens, t. I, § 114.

non seulement dans l'intérêt de la puissance garantie, mais aussi dans l'intérêt du garant, ou plutôt des garants, car c'est surtout lorsqu'il y a plusieurs États garants qu'il présentera ce caractère.

On garantit une paix, une alliance, un emprunt, le paiement de coupons d'intérêts. On garantit l'indépendance d'un État, son intégrité territoriale, sa neutralité, sa constitution, la dynastie régnante, l'ordre de succession au trône.

Deux ou plusieurs États peuvent se donner leur garantie réciproquement.

Garantie, dans un sens large et non technique, signifie tout ce qui rend une chose sûre, ce qui protège, ce qui préserve, et c'est dans ce sens que le préambule du traité de Paris du 30 mars 1856 parle d'assurer « par des garanties efficaces et réciproques l'indépendance et l'intégrité de l'empire ottoman ».

La garantie, *sensu stricto*, est un engagement par lequel un État se rend garant, ou répondant, du fait d'un autre. On verra plus loin quelle est et peut être la portée de cet engagement.

La caution fait plus que le simple garant. Elle promet d'exécuter éventuellement elle-même l'obligation, de payer la dette en lieu et place du débiteur. Le cautionnement est une garantie, et la caution est un garant ; mais tout garant n'est pas une caution.

Au moyen-âge, ainsi qu'on l'a vu plus haut, ces notions étaient souvent confondues. Les vassaux d'un souverain s'engageaient pour lui, plutôt en qualité de cautions, et ceci était conforme à l'esprit du rapport féodal. La garantie proprement dite convient mieux à l'indépendance des États ; elle s'est développée dans les temps modernes.

On cite comme ancien exemple de garantie d'un traité de paix et d'alliance par un État, la garantie par l'Angleterre du traité de Blois (1505), entre Louis XII et Ferdinand d'Aragon. Les deux rois convinrent de demander au roi d'Angleterre d'être conservateur du traité. Ces garanties sont fréquentes surtout à partir du traité de Westphalie ; au XVIIIe siècle elles sont habituelles.

Le traité de Wesphalie a été garanti par presque toutes les puissances. Le traité de Vienne est, d'après l'expression d'un membre du parlement anglais, cité par M. Geffcken, un amoncellement de garanties : « a congeries of treaties of guarantee ».

Traité de Paris du 30 mars 1856 ; préambule et art. 7. Ci-dessus, § 51, 149. Les négociations relatives à la paix de Paris de 1856 sont particulièrement instructives pour la garantie envisagée comme droit des garants. Memorandum du 28 décembre 1854 (Martens, N. R. G., t. XV, p. 632).

Memorandum français du 26 mars 1855 (Conférences de Vienne, protocole VI, supplément).

Traité de Casr-Saïd, du 12 mai 1881, art. 4 : « Le gouvernement de la République française se porte garant de l'exécution des traités actuellement existants entre le gouvernement de la Régence et les diverses puissances européennes ».

Divers exemples de garantie de l'intégrité territoriale, de l'indépendance, de la neutralité, ont été donnés à propos de la souveraineté (1), et de la neutralité (2). Par traité du 20 avril 1854, l'Autriche et la Prusse se sont garanti mutuellement l'intégrité de ceux de leurs territoires qui ne faisaient pas partie de la Confédération germanique, pendant la durée de la guerre. Dans l'art. 17 du traité de Vienne, la possession de la province de Saxe est garantie à la Prusse par l'Autriche, la France, la Grande-Bretagne et la Russie.

L'emprunt grec de 1832-1833 était garanti par la France, la Grande-Bretagne, la Russie ; l'emprunt ottoman de 1855 le fut par la France et la Grande-Bretagne.

Les six grandes puissances ont garanti l'emprunt égyptien de 1885.

Traité de Londres, entre la France et la Grande-Bretagne, pour le maintien de l'indépendance et de la neutralité de la Belgique, 11 août 1870 : « S. M. la reine, et S. M. l'empereur, désirant, dans le moment actuel, consigner dans un acte solennel leur détermination bien arrêtée de maintenir l'indépendance et la neutralité de la Belgique telles qu'elles sont établies par l'art. VII du traité signé à Londres le 19 avril 1839 entre la Belgique et les Pays-Bas, lequel article a été déclaré par le traité quintuple de 1839, avoir la même force et la même valeur que s'il était textuellement inséré dans ledit quintuple traité, leurs dites Majestés ont résolu de conclure entre elles un traité séparé qui, sans infirmer et sans affaiblir les conditions du quintuple traité sus-mentionné, serait un acte subsidiaire et accessoire à l'autre... Art. 1er : S. M. l'empereur des Français ayant déclaré, etc., S. M. la reine du Royaume-Uni de la Grande-Bretagne et d'Irlande déclare, de son côté, que si, pendant ces hostilités, les armées de la Confédération de l'Allemagne du Nord et de ses alliés venaient à violer la dite neutralité, elle serait prête à coopérer avec S. M. Impériale pour la défense de cette même neutralité, de la manière qui pourra être concertée mutuellement, en employant pour cet objet ses forces navales et militaires, dans le but d'assurer et de maintenir, de concert avec S. M. Impériale, en ce moment et plus tard, l'indépendance et la neutralité de la Belgique... ». — Traité du 9 août de la même année, entre la Grande-Bretagne et la Prusse.

La garantie de la constitution, amenant une intervention dans les

(1) Ci-dessus, § 3, 12.

(2) Ci-dessus, § 7, 25.

affaires intérieures de l'État garanti, est dangereuse pour cet État (1); elle peut cependant être nécessaire dans une situation politique et sociale donnée.

La constitution polonaise de 1773 avait trois bons garants, l'Autriche, la Prusse et la Russie, lesquels se sont partagé la Pologne. La constitution de l'empire romain d'Allemagne, telle qu'elle résultait du traité de Westphalie, était garantie par la France et la Suède. La France, la Sardaigne et Berne ont garanti la constitution génevoise de 1738 et l'édit de 1782 ; leur intervention produisit l'effet le plus pénible. L'Autriche a fait garantir sa pragmatique sanction.

L'Angleterre s'est fait garantir que la succession à son trône n'échoira jamais à un catholique, par la France, l'Espagne, l'Autriche, dans les traités conclus avec ces États à Utrecht (1713), et par les Pays-Bas dans le traité de la barrière, de la même année ; des traités subséquents ont répété et confirmé cette garantie.

Les exemples de garantie réciproque sont nombreux. L'exécution du traité d'Aix-la-Chapelle, de 1748, fut garantie par toutes les puissances contractantes et intéressées, réciproquement. La France et la Russie se sont garanti réciproquement le traité de Tilsit (1807). L'Autriche et la Russie le traité de Münchengrætz (1833).

La garantie de la dynastie et celle de l'indépendance se combinent parfois avec celle de la constitution. Par traité du 7 mai 1832, la France, la Grande-Bretagne et la Russie ont garanti l'indépendance de la Grèce comme État monarchique, sous la souveraineté du prince Othon de Bavière. De même, sous le roi Georges, par la convention de Londres du 13 juillet 1863. Art. 3 : « La Grèce, sous la souveraineté du prince Guillaume de Danemark et la garantie des trois cours, formera un État monarchique, indépendant, constitutionnel. Art. 11 :... Il est bien entendu que les trois puissances surveilleront ensemble l'exécution de l'engagement pris par le gouvernement grec au mois de juin 1860 sur les représentations des trois cours ».

Il ne faut pas confondre avec la garantie de la constitution d'un État indépendant, par un ou plusieurs autres États, la garantie des constitutions de membres d'une confédération ou d'un État fédératif par la confédération ou par l'État fédératif. Art. 60 de l'acte de la Confédération germanique du 20 juin 1815. — Art. 5 de la constitution fédérale suisse (1874) : « La Confédération garantit aux cantons leur territoire, leur souveraineté dans les limites fixées par l'art. 3, leur constitution, la liberté et les droits du peuple, les droits constitutionnels des citoyens, ainsi que les droits et les attributions que le peuple a confiées aux autorités. » — En effet, la Confédération n'est pas un État étranger

(1) Comparez ci-dessus, § 31, 86, II.

à l'égard des cantons. Aussi cette garantie ne s'exerce-t-elle pas par une intervention, mais par une exécution.

L'acte de garantie oblige l'État garant à prêter son assistance à l'État vis-à-vis duquel il assume la garantie, en cas de violation du droit garanti. Cette assistance se produira d'abord par une intervention diplomatique, puis par des actes qui pourront aboutir à la guerre ; d'où résulte que les États à neutralité permanente doivent s'abstenir de se porter garants (1). La garantie peut être limitée, l'aide due par le garant précisée, la procédure à suivre en cas de violation prévue plus ou moins minutieusement.

Les conditions dans lesquelles la garantie doit s'exercer, dépendent de la volonté des parties, de « id quod actum est » ; volonté manifestée surtout, mais non pas exclusivement, par les termes mêmes du traité, l'esprit devant toujours l'emporter sur la lettre. Tel est le cas, en particulier, de la question de savoir si le garant doit attendre, pour agir, l'appel de l'État garanti, ou s'il peut agir spontanément. Il le pourra toutes les fois que la garantie est donnée aussi dans son propre intérêt. Quand, au contraire, la garantie offre un caractère purement accessoire, étant donnée dans l'intérêt exclusif de l'État garanti, l'État garant n'agira, sauf intention contraire, que sur réquisition de cet État, lequel peut renoncer à invoquer la garantie. Et si, par exception, la garantie était donnée uniquement dans l'intérêt du garant, celui-ci pourrait certainement renoncer à l'exercer.

Traité de Londres du 11 mai 1867, concernant la neutralisation du Luxembourg. La Belgique, qui était l'une des puissances contractantes, n'a pas participé à la garantie. Art. 2 : ci-dessus, § 49, 141, I.

La garantie ne se présume pas. On ne la déduira donc ni d'une médiation, ni d'une accession, ni de l'engagement de respecter le territoire, l'indépendance ou la neutralité d'un État. Une alliance peut amener un résultat analogue à celui de la garantie, sans cepen-

(1) Ci-dessus, § 7, 25 ; § 49, 141, I. Ci-dessous, § 68, 213, IV.

dant contenir une garantie ; mais le traité de garantie contient, par le fait, une alliance éventuelle (1).

En vertu du même principe, les obligations du garant seront interprétées d'une manière plutôt restrictive. On ne lui imposera pas, dans le doute, les devoirs et la responsabilité d'une caution. La garantie de l'intégrité territoriale ne s'étend pas aux possessions postérieurement acquises. La garantie assurée envers et contre tous ne concerne pas l'insurrection, mais seulement l'ennemi du dehors. La garantie d'un traité n'implique pas celle d'un traité antérieur qui s'y trouve confirmé ; elle n'a pas d'effet rétroactif (2). Mais lorsque le traité garanti, ayant été annulé par la guerre, est rétabli, la garantie renaît de plein droit (3).

M. Geffcken (4) traite en détail et avec des exemples nombreux, d'une façon très instructive, des formes de la garantie. Il ne voit pas une garantie proprement dite de l'intégrité du territoire suédois dans le traité du 21 novembre 1855, par lequel la France et la Grande-Bretagne promirent à la Suède un secours militaire suffisant dans le but de résister aux prétentions ou aux agressions de la Russie ; ni dans le traité anglo-turc du 4 juin 1878. Le prince Gortchakow fit remarquer, à la conférence de Vienne, dans la séance du 19 avril 1855, que la teneur, à laquelle il consentait : « les puissances contractantes....... s'engagent mutuellement à respecter l'indépendance et l'intégrité du territoire ottoman comme formant une condition essentielle de l'équilibre général », ne contenait pas une garantie territoriale.

L'article 10 de l'acte de Berlin (1885) ne contient pas garantie de la neutralité du Congo. L'article 12 de la paix de Teschen (1779) porte que « les traités de Westphalie et tous les traités conclus depuis entre Leurs Majestés Impériale et Prussienne sont expressément renouvelés et confirmés par le présent traité de paix » ; la Russie, garante du traité de Teschen, se prétendait à tort garante des traités de Westphalie. La paix d'Hubertsbourg (1763) rétablit le traité de Dresde de 1745, qui avait été garanti par l'empire ; bien que la paix d'Hubertsbourg ne fût pas garantie par l'empire, la garantie impériale se trouva renaître.

L'Angleterre avait garanti, en 1720, à la couronne danoise le duché de Sleswig « envers et contre tous » : elle n'a pas jugé devoir intervenir lors du soulèvement de 1848. Les puissances garantes de l'indépen-

(1) Alliances, ci-dessous, § 53, 155, II ; § 61, 178.

(2) Confirmation des traités, § 56, 162, I.

(3) Rétablissement, même n°, II.

(4) Geffcken, § 29.

dance de la Grèce, « État monarchique sous la souveraineté du prince Othon de Bavière », n'ont pas protégé ce dernier contre ses sujets en 1862. La garantie donnée à l'intégrité et à l'indépendance de la Turquie n'a pas été considérée en 1876 comme mise en jeu par la guerre de Serbie, État vassal insurgé contre son suzerain.

Dans l'appréciation des questions de fait qui se présentent fréquemment à propos de la garantie, il convient de n'oublier jamais qu'à l'impossible nul n'est tenu, et que, pour l'État garant, le devoir de sa propre conservation prime tout autre devoir. Non seulement on ne saurait exiger d'un État qu'il se sacrifie pour un autre, mais l'héroïsme du dévouement, louable, parfois peut-être sublime, chez un particulier, n'est point permis au chef d'un État au détriment de la nation dont les destinées lui sont confiées.

Toutefois il ne faut pas perdre de vue, non plus, que la fidélité aux engagements constitue un élément de force morale qu'un gouvernement soucieux de la dignité et du bon renom de son pays ne sacrifiera pas facilement aux calculs mesquins d'une politique d'égoïsme et de lâcheté.

Beau passage de Vattel, qu'il ne faut pas prendre trop à la lettre : « Quand un État voisin est injustement attaqué par un ennemi puissant, qui menace de l'opprimer, si vous pouvez le défendre sans vous exposer à un grand danger, il n'est pas douteux que vous ne deviez le faire. N'objectez pas qu'il n'est pas permis à un souverain d'exposer la vie de ses soldats pour le salut d'un étranger avec qui il n'aura contracté aucune alliance défensive. Il peut lui-même se trouver dans le cas d'avoir besoin de secours ; et par conséquent, mettre en vigueur cet esprit d'assistance mutuelle, c'est travailler au salut de sa propre nation » (1). On a souvent cité un mot du grand Frédéric, qui vivait au milieu d'une foule de garanties : « Toutes les garanties de mon temps sont comme l'ouvrage de filigrane, plus propre à satisfaire les yeux qu'à être de quelque utilité » (2). Et M. Gladstone a prêté à lord Palmerston une doctrine qu'il résumait en ces termes : « It was a familiar phrase of lord Palmerston, that while a guarantee gave a right of interference, it did not constitute itself an obligation to interfere (3) ».

La garantie cesse, et le garant est délié de son obligation, lorsque l'État garanti contrevient aux devoirs qui lui incombent à raison de

(1) Vattel, II, § 4.

(2) Frédéric, *Histoire de mon temps*, t. I, ch. 9.

(3) Geffcken, § 30.

la garantie ou de son objet. Par exemple, si l'État neutre sort de sa neutralité, les garants de cette neutralité ne sont évidemment plus tenus de la protéger, ni de la respecter.

Durant la guerre franco-allemande, le Luxembourg a laissé violer sa neutralité de diverses façons ; par circulaire du 3 décembre 1870, M. de Bismarck a notifié aux signataires du traité de 1867 que son gouvernement ne se considérait plus dorénavant comme limité dans ses mesures militaires par les égards dus à la neutralité luxembourgeoise.

On a voulu statuer certaines obligations positives de l'État garanti envers les États garants. Les traités peuvent en établir ; mais à part ces devoirs conventionnels, il n'est guère possible de lui en imposer d'une façon générale. Il est permis seulement de constater que les garants qui donnent leur garantie soit dans l'intérêt unique de l'État garanti, soit même aussi dans leur propre intérêt, rendent un service à cet État, et surtout, le cas de la garantie échéant, lui rendront service ; et qu'en conséquence, tant en vertu des principes généraux et de la morale internationale, que dans son propre intérêt, il doit leur témoigner les égards qui sont dus à tous les États, et même de grands égards.

II. *De la garantie collective.*

La garantie est collective, conjointe, solidaire, lorsqu'elle est promise, pour un même traité ou pour une même situation, par deux ou plusieurs États ; peu importe qu'elle soit ou ne soit pas désignée par un de ces noms expressément.

Chacun des États garants est obligé, par là, à une prestation indivisible, qui est la garantie. Il a le droit, évidemment, de s'entendre avec ses cogarants en vue d'une action commune ; si l'entente ne s'établit pas, il est tenu seul de la prestation entière. Si donc les garants sont d'accord, ils agiront en commun ; l'un d'eux pourra être chargé d'agir au nom de tous. S'ils ne sont pas d'accord, chacun d'eux n'en est pas moins tenu individuellement et pourra, ou devra agir seul, indépendamment des autres.

L'action indépendante est voulue et prévue en termes exprès lorsque la garantie est déclarée à la fois collective et séparée. La même volonté est présumée dans tous les autres cas. Car s'il fallait unanimité et unité d'action, la garantie collective serait plus faible que la garantie simple, et souvent même, par le fait, elle serait illusoire. Si, dans un cas particulier, un État garant prétendait que l'intention a été d'exclure l'action séparée, et d'exiger une entente unanime entre les garants, ce serait à lui d'en fournir la preuve, parce que cette intention serait contraire au but originaire de la garantie, qui est d'assurer et de fortifier le droit garanti.

Ulpien, L. 3, § 1, au Digeste, *De duobus reis*, 45,2 : « Ubi duo rei facti sunt, potest vel ab uno eorum solidum peti : hoc est enim duorum reorum, ut unusquisque eorum in solidum sit obligatus, possitque ab alterutro peti ».

Dans l'article 2 du traité de Paris du 15 avril 1856, entre l'Autriche, la France et la Grande-Bretagne, les puissances contractantes garantissent l'indépendance et l'intégrité de l'empire ottoman conjointement et séparément, et déclarent que la violation du traité de paix du 30 mars 1856 sera *casus belli*.

On a vu, sous le chiffre I, plusieurs exemples de garantie collective. La plupart des garanties sont collectives.

La question de l'action commune ou séparée des garants collectifs a été agitée à propos du Luxembourg en 1867. Lord Stanley, secrétaire d'État pour les affaires étrangères, émit, dans la chambre des communes, l'opinion que la garantie collective est moins onéreuse pour les garants que la garantie individuelle : aucun des garants, dit-il, n'est obligé d'agir séparément ; par conséquent, si l'un d'eux refuse d'agir pour protéger le droit garanti, les autres sont libres d'en faire autant ; il ajoutait qu'évidemment pareille garantie a plutôt le caractère d'une sanction morale donnée aux arrangements qu'elle doit protéger que celui d'un engagement éventuel à faire la guerre pour les défendre ; « sans doute, elle nous donnerait le droit de faire la guerre, mais elle ne nous en imposerait pas l'obligation. » Lord Derby, chef du cabinet, soutint la même thèse à la chambre des lords quelques jours après. Cette thèse est erronée, et fut d'ailleurs combattue avec énergie dans le parlement (1).

(1) Geffcken, § 29, p. 97-102.

§ 53. — Des diverses espèces de traités.

153. En général. — 154. Traités de disposition et traités d'association. I. Traités de disposition. II. Traités d'association. — 155. Traités politiques et traités économiques. I. Traités politiques. II. Des alliances politiques en particulier. III. Traités économiques.

153. Des diverses espèces de traités, en général (1).

Il ne doit être question, ici, que des traités entre États ; la classification ne comprendra donc ni les conventions entre États et particuliers, ni les traités purement dynastiques ou purement personnels, ni les concordats (2).

Les points de vue selon lesquels les traités peuvent être classés, sont multiples. Les distinctions que l'on établit sont en partie stériles et oiseuses, en partie dépourvues de précision, les dénominations souvent impropres.

En fait de distinctions qui ont perdu toute raison d'être, je me borne à citer celle qu'on a faite jadis entre les traités régulatoires, conformes au droit des gens naturel, « quae idem constituunt quod est juris naturalis », et les traités constitutifs, « quae juri naturali aliquid adjiciunt » (3).

Nombre d'autres distinctions sont déjà connues ou s'expliquent d'elles-mêmes. Telles sont celles qui donnent lieu aux espèces suivantes :

Traités principaux et traités accessoires ; traités ou actes additionnels, complémentaires (4) ;

Traités définitifs et traités préliminaires, lesquels ou bien déterminent d'ores et déjà des points essentiels du futur traité, ou bien établissent un ordre de choses provisoire, ou bien sont des pactes *de contrahendo* (5) ;

(1) Calvo, t. III, 1579-1615. — Pradier-Fodéré, t. II, 897-1055. — Martens, t. I, § 112. — Chrétien, 385-414.

(2) Ci-dessus, § 48, 135, II-III.

(3) Grotius, II, c. 15, § 5.

(4) Ci-dessus, § 49, 143.

(5) Même, § 144 ; § 71, 224, II.

Traités temporaires, conclus pour un temps limité ; traités faits pour un temps indéterminé, ou même expressément à perpétuité, et dits perpétuels (1) ;

Traités unilatéraux, qui ne créent d'obligation que d'un seul côté ; traités bilatéraux ou synallagmatiques, créant des obligations de part et d'autre ;

Traités égaux, traités inégaux et impliquant dépendance ou infériorité de l'une des parties ;

Traités purs et simples, traités conditionnels ou éventuels ;

Traités secrets ; traités non secrets, que l'on publie dès qu'ils sont ratifiés (2).

Au point de vue des États contractants, on distingue les traités généraux ou collectifs, parmi lesquels il en est qui ont un caractère universel, et les traités particuliers, conclus entre deux États, sans que l'accession ou l'adhésion d'États tiers y soit prévue expressément ou implicitement. Les traités constituant les Unions internationales sont des traités collectifs (3).

Au point de vue des représentants des nations qui font les traités, on a distingué les traités conclus entre les souverains, que l'on a appelés traités entre États dans un sens étroit, de ceux qui sont faits par des représentants d'ordre secondaire, notamment par des chefs militaires (4).

Au point de vue de l'objet, on peut distinguer à l'infini.

Quelques espèces sont particulièrement importantes.

Il faut faire une classe à part des traités qui sont envisagés

(1) Comparez ci-dessous, § 55, 159.

(2) Ci-dessus, § 49, 143 ; § 50, 148.

(3) Ci-dessus, § 30, 83-85 ; § 29, 74, 75, 77, 78, 81 ; § 27, 65. — Lavollée, *Les Unions internationales*, dans la *Revue d'histoire diplomatique*, t. I. 1887. — Moynier, *Les bureaux internationaux des Unions universelles*. 1892. — Descamps, *Les offices internationaux et leur avenir*. 1894. — Meili, *Die internationalen Unionen über das Recht der Weltverkehrsanstalten und des geistigen Eigenthums*, 1889. — Engelhardt, *Histoire du droit fluvial conventionnel*, § 42. 1889.

(4) Bluntschli appelle les premiers *Staatsverträge*, les autres *Aemterverträge*. Ci-dessous, § 67 : Conventions entre belligérants ; ci-dessus, § 49, 139, II ; § 50, 145, I.

comme des sources du droit des gens, où les États apparaissent en qualité de législateurs, posant des principes juridiques, des préceptes de droit (1).

D'autres espèces sont :

Les traités d'amitié, d'établissement, d'amitié et d'établissement, qui se combinent parfois avec des traités de commerce ou avec des conventions consulaires (2) ; les traités de juridiction, d'aide en matière judiciaire, d'extradition (3) ; les traités de commerce, de navigation, de commerce et de navigation (4); les traités de garantie ; les conventions consulaires et les capitulations (5) ;

Les traités douaniers ;

Les conventions monétaires (6) ;

Les traités concernant les chemins de fer, les postes, les télégraphes, les téléphones (7) ;

Les conventions qui ont trait à la guerre : telles que les conventions entre belligérants, et celles qui sont faites en temps de paix en vue de la guerre, comme la convention de Genève de 1864, celle de Saint-Pétersbourg de 1868, et aussi comme les traités de neutralité de pays entiers, ou de neutralisation de parties du territoire (8) ;

Les traités de paix (9).

Deux divisions générales ont une valeur prépondérante, tant pour la pratique que pour la théorie:

C'est d'abord la division en traités de disposition et traités d'association.

C'est ensuite la division des traités selon qu'ils concernent ou bien les intérêts économiques, sociaux, moraux des États, ou bien leurs intérêts politiques. On peut nommer ceux de la première espèce, d'après leur objet principal, traités économiques, et ceux de la seconde espèce traités politiques.

(1) Ci-dessus, § 2, 7.
(2) Ci-dessus, § 24, 60.
(3) § 28, 68-72.
(4) § 29, 80, II.
(5) § 41, 118, II, 119 ; § 43, 124, I.
(6) § 29, 78-79.
(7) § 30, 83-85.
(8) Ci-dessous, § 67 ; § 63, 187-188.
(9) Ci-dessous, § 71, 224, II, 225.

Un seul et même traité peut contenir des clauses de nature dispositive et des clauses d'association, ou des clauses économiques et des clauses politiques. Pareils traités ont un caractère double ou mixte. Bien qu'en règle générale les traités soient indivisibles, une division pourra dans des circonstances données s'opérer, certaines clauses subsistant ou devant subsister toujours, alors que d'autres seront éteintes ou dénonçables (1).

Certains traités sont mixtes par leur nature même, ainsi qu'on le verra ci-après (2).

M. Pradier-Fodéré distingue, selon l'objet, les traités généraux et les traités spéciaux. Dans les premiers, il range les traités de paix, d'union politique, d'alliance, de garantie et de protection, de neutralité, de cession de territoire, de commerce, d'union douanière. Dans les traités spéciaux, les concordats, les traités de limites, les traités qui constatent, régularisent ou constituent des servitudes, des traités de navigation maritime ou fluviale, les conventions consulaires, capitulations et traités de juridiction, les conventions relatives à la propriété littéraire et artistique, les conventions relatives à la propriété industrielle, les traités d'extradition, les conventions relatives à l'exécution des jugements et à l'assistance judiciaire, les conventions monétaires, les conventions postales, les conventions télégraphiques, les conventions relatives aux chemins de fer; enfin une quantité d'autres, car on conçoit que le nombre en est illimité (3).

154. Traités de disposition et traités d'association.

I. *Traités de disposition.*

J'appelle ainsi ceux qui contiennent des dispositions impératives, des stipulations définitives, des décisions concernant des droits, des aliénations, des situations. Ils ont généralement pour objet un acte unique : la concession ou la détermination d'un droit, la renonciation à un droit, la prestation d'une chose. Ils sont exécutés par l'accomplissement de cet acte, et l'état de choses ainsi créé reste définitif.

Tels sont les traités concernant le territoire, et contenant des ces-

(1) Ci-dessous, § 54, 157 ; § 55, 158-160.

(2) Ci-après, 154, II.

(3) V. notamment, Pradier-Fodéré, t. II, 1055.

sions territoriales, par vente, échange, donation (1), des constitutions d'hypothèques, de gages, de servitudes (2), la fixation de limites (3); les compromis, transactions, renonciations (4) ; les traités constitutifs ou récognitifs d'États, ou établissant une protection, une mi-souveraineté. la neutralité permanente (5). Tels sont enfin les traités de paix (6).

L'expression : traités de disposition, me paraît marquer le caractère des conventions de cette catégorie avec une clarté suffisante ; si elle n'est pas entièrement satisfaisante, d'autres dénominations employées ou proposées le sont, me semble-t-il, encore moins.

On a nommé ces traités transitoires; or, transitoire signifie qui ne dure pas, qui est intérimaire, et ces traités créent précisément une situation définitive. On a proposé : traités à effets immédiats ou traités immédiats, ce qui vaut certainement mieux ; cependant il ne me semble pas que l'idée éveillée par cette désignation soit bien l'idée juste.

Vattel (II, § 153) désigne plus spécialement par les noms de paction, accord ou convention, « les pactes qui ont pour objet des affaires transitoires ». « Ils s'accomplissent par un acte unique, et non point par des prestations réitérées. Ces pactes se consomment dans leur exécution, une fois pour toutes ». Vattel oppose aux pactions, accords ou conventions, les traités « qui reçoivent une exécution successive, dont la durée égale celle du traité ».

II. *Traités d'association.*

Les traités d'association établissent entre les États contractants une série d'obligations, un ensemble de relations continues, de telle sorte que ces États deviennent en une certaine mesure associés, collègues, collaborateurs à une entreprise ou œuvre commune. L'exécution a lieu d'une façon continue, par actes successifs.

Ce sont les alliances, *fœdera*, au sens large du mot, comprenant les alliances économiques aussi bien que les alliances politiques, tandis que les alliances politiques seules sont appelées alliances dans l'acception ordinaire et étroite (7).

(1) Ci-dessus, § 12, 40, I, IV ; § 13, 41, I.
(2) Ci-dessus, § 23, 57, V, 58.
(3) Ci-dessus, § 11, 37.
(4) Ci-dessous, § 57, 164 ; § 59, 168-169.
(5) Ci-dessus, § 3, 9-11 ; § 4, 17, 19 ; § 7.
(6) Ci-dessous, § 71, 224-225.
(7) Ci-après, 155, II.

Les traités économiques (1) sont des traités d'association. De même les conventions consulaires et celles qui règlent la situation et les droits des agents diplomatiques.

Les traités de garantie doivent aussi être classés dans cette catégorie ; ils participent cependant de la nature des traités de disposition. Cette nature prévaut dans les traités créant la neutralité.

Le pacte fédéral et le traité constitutif de l'union réelle sont des traités constitutifs d'États et en même temps, dans une mesure éminente, des traités d'association.

Le terme : traité d'association, n'est pas absolument satisfaisant. On a proposé de dire traités à effets successifs, ou traités successifs, par opposition aux traités immédiats ou à effet immédiat ; ce qui satisfait moins encore.

155. Traités politiques et traités économiques.

I. *Traités politiques.*

Les traités politiques ont pour objet les intérêts politiques : la guerre et la paix, la diplomatie et la politique nationale, la souveraineté, l'honneur, la puissance des États, la population, le territoire, l'armée. Les traités de disposition sont des traités politiques, ainsi que nombre de traités d'association, tels que les traités de garantie, les conventions relatives aux agents diplomatiques et consulaires, les alliances dans le sens étroit du mot, les traités de neutralité.

« On peut ranger parmi les traités politiques, par exemple, tous ceux qui concernent les possessions territoriales des États, les servitudes internationales, les droits et les obligations de la navigation en pleine mer, tous les traités de paix, etc. » (2).

II. *Des alliances politiques, en particulier* (3).

Ce qui caractérise l'alliance, *sensu stricto*, c'est qu'elle suppose

(1) Ci-après, 155, III.

(2) Martens, endroit cité.

(3) Sur les alliances politiques : Geffcken, au tome III de Holtzen-

chez les contractants l'intention d'une action politique commune.

Cette action peut être aussi diverse, aussi multiple que les intérêts politiques des nations. Elle peut tendre à la conservation de droits acquis, au maintien d'une situation existante, aussi bien qu'à la création d'une situation nouvelle et de rapports nouveaux.

Le mot d'alliance, usité déjà au XIIe siècle, vient d'*alligantia*, mot de basse latinité, indiquant le fait de l'attachement.

L'importance historique et humanitaire des alliances est immense, inappréciable. C'est par elles que l'isolement des hordes prend fin, que leur hostilité primitive fait place à des rapports d'amitié, qu'un horizon s'ouvre aux nations et qu'il s'élargit. Elles sont restreintes d'abord aux diverses tribus ou aux diverses cités d'une même race. Les États de l'Inde s'alliaient entre eux, et le sanscrit n'a pas moins de seize mots pour désigner le traité d'alliance. Les Grecs aussi n'ont longtemps formé d'alliances qu'entre eux ; les formes, les espèces, les dénominations de leurs traités montrent une théorie déjà développée. L'histoire de la Grèce est l'histoire des alliances et des ligues des peuples grecs ; dans les dernières ligues, l'alliance allait jusqu'à la confédération (1). Le traité d'alliance offensive et défensive a une importance spéciale ; c'est la symmachie, qui a pour but la guerre faite en commun ; on cite comme la plus ancienne, celle des Éléens et des Héréens, faite vers l'an 500 avant notre ère, pour cent ans. La première alliance entre Grecs et non Grecs date de la guerre du Péloponèse ; c'est celle des Lacédémoniens avec les Perses, contre Athènes (412 avant J.-C.).

On trouve les alliances dans l'histoire romaine dès les plus anciens temps. Sous le régime consulaire, l'Italie comptait plus de cent alliances ou ligues différentes, où toujours le peuple romain était l'un des alliés, généralement privilégié ; peu à peu les *fœdera æqua* et surtout les *fœdera non æqua* s'étendirent sur les trois continents. C'est par son système excellent d'alliances, autant que par la force de son glaive, que Rome a pu communiquer sa haute culture à la multitude de peuples dont l'ensemble a, durant des siècles, formé l'*orbis romanus*, et qu'elle a fait vivre côte à côte, en paix et en prospérité, dans leurs vieilles patries et selon leurs coutumes et lois nationales, « les habitants des solitudes hyperboréennes et ceux des déserts tropicaux, les fils des antiques civilisations de l'Égypte et de l'Asie, les Sémites monothéistes et les philosophes de la Grèce, les montagnards celtes des Alpes et les

dorff, § 33-37 (*Bündnissverträge*), avec de copieuses et précieuses données historiques. — Pradier-Fodéré, t. II, 934-968.

(1) Ci-dessus, § 6, 22.

Bataves, navigateurs et pêcheurs (1) ». Plus encore que Thucydide, Tite-Live est rempli de traités d'alliance.

Diverses variétés d'alliances furent conclues, dès le milieu du moyen âge, entre les princes chrétiens, et même entre chrétiens et infidèles, ce qui cependant était réprouvé aussi bien chez les musulmans que chez les chrétiens. On sait le scandale que causèrent, au XVIe siècle, les traités de François Ier avec le sultan (2).

L'État souverain est seul capable de contracter des alliances politiques.

Les États qui sont membres d'une confédération, étant restés souverains, peuvent, dans la mesure compatible avec le pacte fédéral, s'allier entre eux et avec des puissances étrangères, double faculté inadmissible dans l'État fédératif.

L'État à neutralité permanente est, incontestablement, capable de contracter des alliances. Mais, ainsi qu'il a été dit plus haut (3), il s'abstiendra de celles qui pourraient l'obliger à manquer aux devoirs de sa neutralité.

Le traité du 16 avril 1877, par lequel la Roumanie accorda le passage à l'armée russe, était une alliance. En la concluant, la Roumanie affirmait sa volonté de cesser d'être vassale de la Turquie et se posait par le fait en État souverain (4).

L'acte de la Confédération germanique, art. 11, al. 3, portait que les États conservaient le droit de conclure des alliances (*Bündnisse*) de toute nature ; mais qu'ils s'engageaient à ne pas contracter de liens (*Verbindungen*) qui menaceraient la sécurité de la Confédération ou d'États confédérés (5).

Constitution des États-Unis, art. I, section 10, 1 : « Aucun des États ne pourra conclure de traité, d'alliance, ni de confédération ». — Constitution de l'empire allemand, IV, 11 : « L'empereur représente l'empire dans les relations internationales.... conclut les alliances et autres conventions avec les États étrangers ».

En Suisse, la légalité du *Sonderbund* (1843-1847) a pu être défendue, sinon selon l'esprit, du moins selon la lettre du pacte fédéral ; pareille alliance est impossible sous le régime actuel de l'État fédératif. — Constitution fédérale, art. 7 : « Toute alliance particulière et tout

(1) Holtzendorff, *Introduction au droit des gens*, § 37.

(2) Ci-dessus, § 1, 2, II.

(3) Ci-dessus, § 49, 141, I.

(4) Ci-dessus, § 4, 17 ; § 49, 141, I.

(5) Voir, sur le sens de cette disposition, Geffcken, § 34.

traité d'une nature politique entre cantons sont interdits.... » Art. 8 : « La Confédération a seule le droit... de faire avec les États étrangers des alliances et des traités... »

Les alliances sont générales ou limitées, indéterminées ou déterminées, égales ou inégales. Des prestations, principalement celle d'une assistance, d'un secours ou concours, sont promises soit de part et d'autre, soit d'un seul côté.

Le cas en vue duquel la prestation est promise, est appelé *casus fœderis*. C'est aux États contractants à juger de son existence, question souvent difficile. Il est essentiel de préciser le cas le plus possible dans le traité.

Il importe de tenir compte, pour l'alliance, des considérations énoncées ci-dessus à propos de la garantie (1). Il faut observer la parole donnée, se montrer allié loyal, sur qui l'on puisse compter ; mais le droit de conservation prime toujours, et à l'impossible nul n'est tenu.

Des alliances spécialement importantes sont celles qui sont faites pour la guerre (2).

L'alliance peut avoir pour objet non une simple action commune dans une ou plusieurs directions déterminées, mais une véritable association des destinées politiques des États alliés, association générale et tellement intime qu'elle peut donner naissance à une confédération d'États. Telle fut l'alliance perpétuelle de 1291, origine de la Confédération suisse.

L'alliance n'est cependant pas une confédération. Elle forme moins encore un État fédératif. La confédération, tout en étant issue de l'alliance, s'en distingue tant par sa généralité que par le fait qu'elle contient un ou plusieurs éléments économiques, et surtout par sa perpétuité. Elle forme elle-même un État composé. Quant à l'État fédératif, il se distingue de l'alliance d'une façon beaucoup plus radicale ; le lien fédéral n'a plus de caractère international, il

(1) Ci-dessus, § 52, 152, I.

(2) Ci-dessous, § 61, 178.

appartient au droit public interne ; il n'est pas manifesté par un pacte, mais par une constitution (1).

Les traités conclus en vue de la suppression de la traite sont des alliances.

Un exemple d'alliance, mais de nature tellement vague, qu'elle en était frappée d'impuissance et de stérilité, est fourni par la Sainte Alliance. L'article 1er du traité du 26 septembre 1815 porte que les trois souverains se prêteront « *en toute occasion et en tout lieu* assistance, aide et secours ». Gentz a caractérisé la Sainte Alliance avec sévérité et sagacité : « C'est une décoration de théâtre, imaginée peut-être dans un esprit de dévotion mal entendue et surtout bien mal exprimée, peut-être aussi dans un simple mouvement de vanité, conçue par un des principaux acteurs sur la scène du monde et secondée par la complaisance ou la bonhomie de ses associés. Si elle peut servir, comme plusieurs hommes honnètes et éclairés paraissent le croire, à cimenter la paix générale, elle vaudra mieux que tant de farces de notre temps qui n'ont produit que le malheur du monde. Mais dans tous les cas elle sera bientôt oubliée et ne figurera un jour que comme un monument de la bizarrerie des hommes et des princes dans le code diplomatique du XIXe siècle ».

Le pacte de famille (1761), que la Convention a considéré comme purement dynastique, était une alliance entre les États où régnaient les Bourbons (2).

Traité du 7 octobre 1879 entre l'Allemagne et l'Autriche-Hongrie, art. 1er : « Si, contre toute attente et contrairement au désir sincère des deux Hautes Parties contractantes, l'un des deux empires était attaqué par la Russie, les deux contractants sont tenus de se prêter réciproquement assistance avec la totalité de leurs forces militaires et, en conséquence, de ne conclure la paix que conjointement et de commun accord.— Art. 2 : Si l'une des deux Hautes Parties contractantes était attaquée par une autre puissance, la seconde des deux Parties contractantes s'engage par le présent acte, non seulement à ne pas prêter assistance à l'agresseur, mais aussi à observer vis-à-vis de l'autre contractant une neutralité bienveillante. Si toutefois dans le cas précité, l'agresseur était soutenu par la Russie d'une façon quelconque, soit par une coopération active, soit par des mesures militaires menaçantes pour la Partie attaquée, dans ce cas, l'obligation de l'assistance réciproque avec toutes les forces militaires, obligation stipulée à l'art. 1er, serait immédiatement applicable, et dès ce moment les opérations de guerre des deux Hautes Parties contractantes seraient conduites conjointement jusqu'à la conclusion de la paix commune ».

(1) Ci-dessus, § 6, 22-24.

(2) Ci-dessus, § 48, 135, I-II.

Par l'alliance du 1er août 1291, les hommes de Schwytz, d'Uri et de Nidwalden jurèrent de « se prêter mutuellement secours de conseil et d'action, de bras et de biens, au dedans et au dehors des vallées, contre quiconque ferait à eux ou à l'un d'eux tort, injure ou violence » ; ils jurèrent aussi « de n'accepter aucun juge qui aurait acheté sa charge ou qui ne serait pas enfant des vallées » ; ils réglèrent encore la manière dont la justice devait être rendue, et promettaient « de recourir, en cas de dissentiment, à l'arbitrage des plus sages, dont les confédérés feraient respecter la décision. » Et les *conjurés* déclarèrent ce pacte fait dans l'intérêt commun, pour durer, s'il plait à Dieu, à perpétuité ». Dans ce pacte, la réglementation commune de la justice établit l'association dans un des éléments essentiels de l'administration des États. Dans la suite, l'union s'est de plus en plus étendue et resserrée. A côté des cantons, qui étaient confédérés, l'ancienne Suisse avait des alliés, villes et pays, avec des nuances diverses. Ces alliances étaient aussi perpétuelles, mais les caractères d'universalité relative et d'administration commune partielle leur faisaient défaut. Ceux de ces alliés sont devenus peu à peu des cantons, dont le territoire était contigu à celui des cantons ou y était enclavé, tandis que Rottweil, trop éloigné, et Mulhouse, excentrique, ont perdu ou sacrifié leur alliance helvétique.

L'histoire récente nous montre l'État fédératif sortant directement d'une alliance faite en vue de sa formation. Par traité du 18 août 1866, seize gouvernements allemands ont conclu une alliance offensive et défensive pour le maintien de l'indépendance et de l'intégrité, ainsi que de la sécurité intérieure et extérieure de leurs États, dont ils se garantissaient la possession réciproquement. Le traité dit ensuite, art. 2: « Les buts de l'alliance (*die Zwecke des Bündnisses*) seront assurés définitivement par une constitution fédérale (*Bundesverfassung*), sur la base des principes fondamentaux tracés par la Prusse le 10 juin 1866, avec la coopération d'un parlement qui sera convoqué en commun ». La constitution, élaborée en exécution de cette alliance, obtint force de loi dans les divers États contractants, et entra en vigueur le 1er juillet 1867. Dès lors la Confédération de l'Allemagne du Nord, État fédératif, était fondée en exécution et en remplacement de l'alliance du 18 août 1866. Les autres États allemands, Bade, Hesse, Bavière, Wurtemberg, accédèrent à la confédération par traités du 15 et du 23 novembre 1870. La loi de promulgation de la constitution de l'empire allemand, du 16 avril 1871, déclare en son art. 1er que ladite constitution remplace la constitution de 1867 et les traités de 1870.

III. *Traités économiques.*

En opposition aux traités politiques, on peut former un groupe de tous les traités qui ont pour objet l'avancement des intérêts économiques, sociaux, moraux, intellectuels des nations, envisagées soit dans leur ensemble, soit dans les diverses classes qui les composent, soit dans les individus. Ces traités peuvent être désignés comme traités non politiques, ou comme traités économiques et sociaux, sociaux, économiques. Cette dernière dénomination est justifiée par le fait qu'ils concernent essentiellement l'économie et l'administration de la Société des nations. Ils contiennent et règlent le droit administratif international.

Ce sont les traités d'établissement ; les traités concernant la religion et les affaires ecclésiastiques ; les traités d'humanité, concernant l'amélioration du sort des blessés, la suppression de la traite, le rapatriement des indigents ; les traités concernant les sciences, les lettres, les arts ; les traités concernant l'administration de la justice, c'est-à-dire le droit international privé, commercial et pénal, l'aide en matière judiciaire, les commissions rogatoires, l'exécution des jugements, le bénéfice du pauvre, la juridiction non contentieuse, l'extradition, l'arrestation des déserteurs ; les traités concernant la salubrité publique ; les mesures à prendre en commun contre les épidémies, les contagions et les épizooties, la désinfection des chemins de fer et des champs de bataille, la police des cabarets flottants, l'assistance des médecins et sages-femmes dans les districts de frontière ; les traités concernant l'agriculture, l'horticulture, la viticulture ; les traités concernant l'industrie, la propriété industrielle, les brevets, marques de fabrique et modèles, la pêche, la police de la navigation, les ouvriers et les coolies, les poids et mesures, les monnaies, la douane et les péages ; les traités de commerce et de navigation ; les traités concernant la poste, le télégraphe, le téléphone, les chemins de fer : la construction et l'exploitation des chemins de fer internationaux, la construction de tunnels à frais communs, la jonction aux frontières, les stations internationales, les relations entre États limitrophes, les subsides pécuniaires, l'unité technique, le droit international privé en matière de transports, la protection pénale internationale des voies ferrées ; les traités concernant les fleuves, rivières, canaux internationaux. On voit que les traités constitutifs des Unions sont des traités économiques (1).

La dénomination de traités économiques est préférable à celle de traités sociaux, laquelle est de nature à provoquer un malentendu, les traités sociaux pouvant être confondus avec les traités d'association. La langue allemande, plus riche et plus souple, les appelle *Verkehrsverträge.*

« Les traités sociaux ont pour objet la satisfaction des intérêts sociaux et des aspirations intellectuelles aussi bien des nations entières que des classes de la société et des individus (2) ».

Les traités économiques pourvoient aux intérêts généraux de la Société des nations. Leur nombre augmente sans cesse. Aujourd'hui déjà, ils sont innombrables, tandis que les traités politiques se font plus rares. L'antiquité et le moyen âge connaissaient surtout les traités de paix et les alliances politiques. Si quelques peuples navigateurs ont conclu dès la haute antiquité des traités de commerce fort rudimentaires, ceux-ci n'eurent plus de raison d'être alors que l'immense empire de Rome réalisait dans son sein la liberté commerciale, et pour d'autres motifs ils ne pouvaient être fréquents au moyen âge, ni même dans les temps modernes avant le présent siècle.

L'avenir appartient aux traités économiques, lesquels d'ailleurs, par la force des choses, acquièrent eux-mêmes une importance politique, plus considérable de jour en jour.

Le Zollverein a puissamment contribué à l'unification politique de l'Allemagne. Les traités de commerce libre-échangistes rapprochent les peuples, les traités protectionnistes les éloignent et les divisent. La politique douanière de la France lui a momentanément aliéné la Suisse, qui a conclu aussitôt des traités avec l'Allemagne, l'Autriche et l'Italie. Entre l'Allemagne, l'Italie et la Suisse, les conventions relatives au Saint-Gothard ont également eu une portée politique incontestable. Le dernier traité de commerce russo-allemand a été un événement politique, et tel fut aussi, en 1895, le caractère de la dénonciation par la France du traité italo-tunisien de 1868. Si la guerre pouvait un jour devenir chose impossible et inouïe au sein de la Société des nations, on le devrait surtout au réseau bienfaisant des traités économiques.

(1) Ci-dessus, 154, II, et 153, p. 107.

(2) Martens, endroit cité.

§ 54. — De l'effet des traités, et de leur interprétation (1).

156. Effet. — 157. Interprétation des traités.

156. Effet des traités.

Le traité fait loi entre les parties contractantes. Pour les nations comme pour les particuliers, « pacta sunt servanda » (2).

Toutes les conventions entre États sont de bonne foi. Comme les conventions de bonne foi du droit privé, elles obligent les parties contractantes, non seulement à ce qui s'y trouve exprimé, mais encore à toutes les suites que le droit et l'équité, la loyauté, l'usage y attachent. Ainsi, l'accomplissement de la lettre d'un article ne suffit pas, si l'on prend d'autre part des mesures contraires à l'esprit de cet article.

Les traités doivent être exécutés dans toutes leurs clauses. Au point de vue de la force obligatoire, il n'y a pas lieu de distinguer des clauses essentielles et moins essentielles : toutes les clauses valables ont une égale valeur (3).

« ... Principum, quorum contractus omnes sunt bonae fidei. Est omnis principalis tractatio ex bono et aequo : omnis consuetudinum et institutorum gentium : ut recepta interpretum est sententia. Fides exuberantior requiritur in contractibus principum, ut ipse ait Baldus (4) ».

Exemple souvent cité de mauvaise foi dans l'exécution : En vertu du traité anglo-français d'Utrecht (11 avril 1714), Dunkerque fut rasé, mais on fortifia le Moerdijk.

Liant l'État, les traités obligent le peuple entier, les régnicoles, les habitants du territoire, dans la même mesure que les lois mêmes de l'État. Il est clair qu'il faut, pour que cette obligation soit efficace et réalisée, que les traités soient publiés. Un article secret, un

(1) Calvo, t. III, 1649-1660. — Pradier-Fodéré, t. II, 1151-1155, 1170, 1189-1190. — Martens, t. I, § 113.— Chrétien, 351-353.

(2) Ci-dessus, § 48, 135, V.

(3) Comparez ci-dessous, § 55, 160, II.

(4) Gentil, *De jure belli*, 3, 14.

traité secret, sont communiqués aux autorités appelées à en tenir compte.

On a vu plus haut à partir de quel moment les traités deviennent obligatoires, exécutoires (1).

Les traités obligent l'État, comme tel. Que le gouvernement change, que la constitution soit remplacée par une autre, que par exemple la monarchie fasse place à la république ou la république à la monarchie, les traités existants ne subissent, par ces faits, aucune atteinte. L'État reste, et c'est l'État qui est lié (2).

Protocole 19 de Londres du 19 février 1831 : « C'est un principe d'un ordre supérieur, que les traités ne perdent pas leur caractère obligatoire, quels que soient les changements qui interviennent dans l'organisation intérieure des peuples ».

« Lors de la première et de la seconde révolution d'Angleterre (en 1649 et en 1688), ni le peuple anglais, ni le protecteur Cromwell, ni Guillaume d'Orange ne répudièrent les engagements résultant pour eux des traités conclus par Charles Ier et en général par la dynastie des Stuarts. De leur côté les Stuarts, restaurés en la personne de Charles II (1660), reconnurent la validité des traités conclus par Cromwell. La révolution française de 1789 renversa tout l'ancien état de choses en France. Néanmoins l'Assemblée nationale de 1790 ne se considéra nullement comme affranchie des engagements résultant pour la France des traités internationaux conclus par Louis XVI et par ses prédécesseurs... Il est vrai que ce principe rencontra de violents contradicteurs dans l'Assemblée nationale de 1792 et parmi les meneurs de la Convention, qui déclarèrent que les traités conclus par les *tyrans* ne liaient pas la France. Les puissances européennes virent avec raison dans la violation de ces traités une atteinte portée à leurs droits et elles s'allièrent pour combattre l'ennemi commun par les armes. De même, quand Lamartine, étant ministre des affaires étrangères de la deuxième république française (en 1848), publia une déclaration dans laquelle il niait, en termes pompeux, le caractère obligatoire des traités de Vienne, les grandes puissances protestèrent énergiquement contre cette déclaration, en démontrant que ces traités ne pouvaient être abrogés que par l'accord général des États qui les avaient signés » (3).

Il n'est question ici que des traités entre États, traités publics proprement dits. Quant aux traités purement personnels et aux traités dynas-

(1) Ci-dessus, § 50, 145, I-III.
(2) Ci-dessus, § 3, 13, I.
(3) Martens, t. I, § 65.

tiques, ils prennent fin par la mort, l'abdication, la dépossession des souverains ou l'extinction des dynasties qu'ils concernent.

On cite comme exemple, mais à tort, le pacte de famille du 15 août 1761, entre l'Espagne et la France, lequel avait pour but « de rendre permanents et indivisibles, tant pour les deux rois alors régnants que pour leurs descendants et successeurs, les devoirs qui sont une suite naturelle de la parenté et de l'amitié ». — « Les deux rois se garantissent mutuellement tous leurs États et possessions, en telle partie du monde que ce soit, suivant l'état actuel où elles seront en tel moment où l'une et l'autre couronne se trouveront en paix avec toutes les autres puissances ». En 1790, lors du différend avec la Grande-Bretagne au sujet de Nootka, l'Espagne demanda à la France de faire cause commune avec elle en exécution du pacte de famille. L'Assemblée nationale constituante examina jusqu'à quel point ce pacte était obligatoire pour la nation et se prononça négativement le 24 août 1790. C'était une erreur et une faute.

Il est clair que les traités qui dépendent de l'existence d'un monarque déterminé, ne sont plus obligatoires après la mort de ce monarque. En 1535, le sultan et le roi François Ier de France conclurent une capitulation qui ne devait être valable que durant « la vie des monarques » qui l'avaient signée. Louis XIV conclut avec Jacques II un traité par lequel il s'engageait à lui fournir des troupes et de l'argent pour lutter contre le peuple anglais jusqu'au jour où Jacques serait remonté sur le trône d'Angleterre. Ce traité n'engageait que les deux souverains personnellement. Les traités conclus entre Napoléon III et l'empereur du Mexique Maximilien eurent également ce caractère personnel (1).

Il résulte du principe énoncé ci-dessus que les traités régulièrement faits par un usurpateur devront être respectés par le souverain restauré. L'usurpateur, qui avait le pouvoir actuel et représentait l'État, a lié l'État. Il en serait autrement, cela va sans dire, des conventions passées par un chef d'insurgés, car un chef d'insurgés ne représente pas l'État et ne lie pas l'État. Les Bourbons n'ont pu se soustraire à l'effet des traités conclus par Napoléon, Charles II a reconnu ceux de Cromwell ; mais il n'en pouvait être de même des actes souscrits par un Kosciuszko, un Manin, un Kossuth (2).

M. de Martens continue en ces termes :

(1) Martens, endroit cité.

(2) Comparez ci-dessus, § 33, 90, I et IV ; § 48, 139. Ci-dessous, § 70, 223, III.

« On comprendra, d'après ce qui précède, l'exacte portée des *interrègnes* en ce qui concerne la situation internationale des États. Une dynastie qui remonte sur le trône, est obligée d'accepter les engagements internationaux régulièrement conclus pendant l'interrègne, pourvu que le gouvernement intérimaire ait fait preuve d'une certaine vitalité. Un usurpateur, maître du pouvoir en fait, est considéré comme le représentant légal du pays. Les actes internationaux qu'il a conclus au nom de l'État, sont obligatoires pour le gouvernement légitime le jour où celui-ci revient au pouvoir... Au contraire, le gouvernement légal n'est pas lié par les actes internationaux provenant du chef d'une insurrection qui n'a pas abouti à la constitution d'un État indépendant ».

157. Interprétation des traités (1).

Les principes de l'interprétation des traités sont, en somme, et *mutandis mutatis*, ceux de l'interprétation des conventions entre particuliers, principes de bon sens et d'expérience, formulés déjà par les Prudents de Rome.

Il faut avant tout constater la commune intention des parties : « id quod actum est ». Mais il n'y a pas de juge au-dessus des nations pour la reconnaître et la proclamer. Peut-être recourra-t-on à l'arbitrage : la clause compromissoire, trop vantée comme panacée infaillible, est insérée utilement dans maints traités (2). A défaut d'arbitre, chacun des États s'efforcera de faire prévaloir son opinion quant au sens des dispositions douteuses, par notes, mémoires, memorandums, parfois par des avis et consultations de jurisconsultes autorisés ou d'autres spécialistes. L'interprétation authentique, sur laquelle les parties se sont mises d'accord, sera, s'il y a lieu, constatée par une convention explicative ou additionnelle.

Il importe, pour reconnaître la commune intention des parties, de savoir quelle législation, quel droit elles ont dû considérer com-

(1) Les anciens auteurs sont ici très développés. La consolidation des principes du droit des gens permet aujourd'hui d'être bref.

Grotius, II, c. 16 : *De interpretatione*. — Vattel, II, § 262-322, *De l'interprétation des traités*. — Gessner, au tome III de Holtzendorff, § 23. — Calvo, t. III, 1649-1660. — Martens, t. I, § 115. — Pradier-Fodéré, t. II, 1171-1190. — Chrétien, 354-355.

(2) Ci-dessous, § 59, 168, II.

me droit en vigueur, comme le droit servant de base, dans les négociations qui ont donné naissance au traité ; si, par exemple, c'est le droit romain, ou le Code Napoléon, ou si chacune d'elles a eu en vue un droit différent. Dans le doute, il est permis de présumer le droit romain, en sa qualité de droit universel, mais cela dépendra toujours des pays en cause. Il importe aussi de tenir compte de ce qui a été dit ci-dessus touchant l'analogie du droit privé appliquée au droit public (1).

Ce que dit Grotius du droit romain est toujours juste : « Illud vero non admittam, quod quibusdam placuit, contractus regum et populorum quantum fieri potest interpretandos ex jure romano : nisi appareat inter quosdam populos jus illud civile in his, quae juris sunt gentium, etiam pro jure gentium receptum esse. Quod temere praesumendum non est (2) ». Mais il ne faut pas oublier non plus ce qu'en dit Bynkershoek (3).

Le sens des expressions employées dans le traité se déterminera d'après la grammaire et l'usage. L'usage est en premier lieu l'usage vulgaire ; ensuite l'usage spécial adopté dans le traité, pris dans son ensemble plutôt que dans l'article même ou la disposition dont il s'agit.

S'il y a désaccord quant à l'usage, on s'en tiendra plutôt à celui du pays qui s'oblige.

Lorsque le sens d'une disposition résulte d'une façon claire et précise des termes employés, il n'y a pas lieu de rechercher un sens différent.

Si les termes sont susceptibles de deux ou plusieurs sens également probables au point de vue linguistique, on s'en tiendra à l'acception en vertu de laquelle la clause ou le traité est valable, de préférence à celle selon laquelle ils ne le seraient pas.

On est présumé s'engager de la façon la moins onéreuse et renoncer le moins possible. En cas de prestations de valeurs différentes, c'est plutôt sur celle de valeur moindre que l'on admettra l'accord.

(1) Ci-dessus, § 2, 5, IV.
(2) Grotius, II, c. 16, § 31.
(3) Ci-dessus, § 2, 5, I.

Une déclaration obscure s'interprète en général contre celui qui l'a faite. « En toute occasion où quelqu'un a pu et dû manifester son intention, on prend pour vrai contre lui ce qu'il a suffisamment déclaré » (1).

Ulpien, L. 34, au Digeste, *De R. J.*, 50, 17 : « Semper in stipulationibus et in ceteris contractibus id sequimur, quod actum est : aut si non pareat, quid actum est, erit consequens, ut id sequamur, quod in regione, in qua actum est, frequentatur : quid ergo, si neque regionis mos appareat, quia varius fuit ? Ad id quod minimum est, redigenda summa est ». — Papinien, L. 39, *De pactis*, 2, 14 : « Veteribus placet, pactionem obscuram vel ambiguam venditori et qui locavit nocere, in quorum fuit potestate legem apertius conscribere ». — Paul, L. 21, *De C. E.*, 18, 1 : « Labeo scripsit, obscuritatem pacti nocere potius debere venditori, qui id dixerit, quam emtori, quia potuit re integra apertius dicere ». — Ulpien, L. 38, § 18, *De V. O.*, 45, 1 : « In stipulationibus cum quaeritur, quid actum sit, verba contra stipulatorem interpretanda sunt ». — Code civil, 1602 : « Le vendeur est tenu d'expliquer clairement ce à quoi il s'oblige. Tout pacte obscur ou ambigu s'interprète contre le vendeur ». — Ulpien, L. 9, *De R. J.* : « Semper in obscuris quod minimum est sequimur ». — Gaius, L. 56, même titre : « Semper in dubiis benigniora praeferenda sunt ». — Julien, L. 67, même titre : « Quotiens idem sermo duas sententias exprimit, ea potissimum excipiatur (accipietur ?), quae rei gerendae aptior est ». — Mécien, L. 96, même titre : « In ambiguis orationibus maxime sententia spectanda est ejus, qui eas protulisset ». — Paul, L. 114, même titre : « In obscuris inspici solere, quod verisimilius est aut quod plerumque fieri solet. »

« In dubio autem sensu magis est ut contra eum fiat interpretatio qui conditiones elocutus est, sicut contra venditorem fit interpretatio. Habet enim quod sibi imputet qui non apertius locutus est : alter autem quod plures sensus recipiebat id suo jure accipere potuit in partem sibi utiliorem » (2). — « En cas de doute, l'interprétation se fait contre celui qui a donné la loi dans le traité. Car, c'est lui, en quelque façon, qui l'a dicté ; c'est sa faute s'il ne s'est pas énoncé plus clairement ; et en étendant ou resserrant la signification des termes dans le sens qui lui est le moins favorable, ou on ne lui fait aucun tort, ou on ne lui fait que celui auquel il a bien voulu s'exposer ; mais par une interprétation contraire, on risquerait de tourner des termes vagues ou ambigus en pièges pour le plus faible contractant, qui a été obligé de recevoir ce que le plus fort a dicté » (3).

Exemples de l'application des règles ci-dessus (4). Interprétation

(1) Vattel, II, § 266.
(2) Grotius, III, c. 20, § 26.
(3) Vattel, IV, § 32.
(4) Geffcken, sur Heffter, § 95.

grammaticale : lorsque le traité s'énonce au futur, il n'y a pas lieu de l'entendre du passé ou du présent. Par le traité de 1850, dit traité Clayton-Bulwer, la Grande-Bretagne et les États-Unis ont pris l'engagement réciproque qu'ils n'assumeront ni n'exerceront à l'avenir aucune souveraineté dans l'Amérique centrale : « that neither will... assume or exercise any dominion over Nicaragua, Costa-Rica, the Mosquito coast or any part of Central America ; nor will either make use of any protection which either affords etc. ». Les Anglais ont soutenu que ce futur ne les obligeait nullement pour le présent, et ont par conséquent entendu conserver leur protectorat sur les Mosquitos et leur souveraineté de Ruaton et des iles de la Baie. Mais les Américains ont affirmé que le traité exclut ce protectorat et cette souveraineté, et ils maintiennent que « under the Clayton-Bulwer treaty neither party has a lawful right of protectorship over the Indians of the Mosquito coast ». L'affaire s'est arrangée à l'amiable (1). — Interprétation d'un mot, conforme, dans le doute, à l'usage du pays qui s'oblige. L'article 14 du traité de paix austro-italien, du 3 octobre 1866, mentionne les habitants du territoire cédé ; or ce mot a un sens technique officiel différent en Autriche et en Italie ; en Autriche, l'habitant est celui qui a un domicile légal, en Italie c'est le simple résident. L'Autriche cédant un territoire qui lui appartenait au moment du traité, on a pris le mot dans le sens autrichien.

Il est superflu d'ajouter que les traités antérieurs sont de précieux et souvent d'indispensables auxiliaires pour l'interprétation des traités existants sur les mêmes objets ou conclus par les mêmes États, — que l'histoire est ici comme ailleurs un guide nécessaire, — enfin que la bonne foi dominant toute cette matière, les traités doivent être interprétés non pas exclusivement selon leur lettre, mais selon leur esprit.

(1) Comparez Wharton, *Digest*, § 150 *f.*, t. II, p. 184-243, t. III, § 295. — T. J. Lawrence, *Essays on International law*, p. 98-102. 1885.

§ 55. — Fin de la validité des traités (1).

158. Abrogation par le commun accord des parties. Renonciation. — 159. Résiliation par la volonté de l'une des parties. Clause *rebus sic stantibus*, expresse, tacite. — 160. Autres causes d'extinction. I. Impossibilité survenue. II. Inexécution. III. Échéance du terme final, de la clause résolutoire. Obtention du but. Exécution. IV. Effet de la guerre survenue entre les États contractants. V. Extinction ou démembrement de l'un des États contractants.

158. Abrogation des traités par le commun accord des parties. Renonciation.

Le traité peut cesser, en tout ou en partie, d'être obligatoire par la volonté concordante des États contractants. Ceux-ci en effet sont libres d'abroger soit le traité entier, soit telle de ses clauses, pourvu que les droits (non les simples intérêts) d'États tiers n'en soient pas lésés (2).

C'est dans ce mode d'abrogation que rentre la renonciation de la partie créancière, lorsque cette renonciation est acceptée par l'État obligé, ce qu'il est permis de présumer dans le doute.

Exemple d'abrogation conventionnelle : Traité austro-prussien de Vienne, du 11 octobre 1878, abrogeant l'art. 5 du traité de Prague. Art. 1er : « La disposition contenue dans le traité conclu à Prague le 23 août 1866..., selon laquelle une modalité est ajoutée au transfert fait à S. M. le roi de Prusse, des droits acquis par S. M. l'empereur d'Autriche en vertu du traité de paix de Vienne du 30 octobre 1864, sur les duchés de Holstein et de Sleswig, est supprimée, de telle sorte que les mots : « avec la modalité que les populations des districts septentrionaux du Sleswig, si elles donnent par libre suffrage à reconnaitre le désir d'être réunies au Danemark, doivent être cédées au Danemark », sont désormais sans valeur (3). »

(1) Anciennes monographies de Dresch (1808), de Tröltszch (1809). — Gessner, au t. III de Holtzendorff, § 24. — Calvo, t. III, 1662-1665, 1668-1669. — Pradier-Fodéré, t. II, 1200-1218. — Martens, t. I, § 116. — Chrétien, 365-380.

(2) Ci-dessus, § 49, 141, I.

(3) Sur l'abrogation de l'art. 5 du traité de Prague, Holtzendorff, R. D. I., t. X, p. 580-586.

Traité de Londres du 13 mars 1871, pour revision de certaines dispositions du traité de Paris. Ci-dessus, § 18, 47, V, et ci-dessous, 159.

La prescription extinctive, institution du droit positif, est étrangère au droit des gens. Mais en matière de droits contractuels comme en matière de droits réels et de souveraineté territoriale, la puissance qui, pendant un laps de temps prolongé, néglige de faire valoir ses droits, doit être considérée comme y ayant renoncé, et le droit des gens n'a pas pour mission de les faire revivre (1).

159. Résiliation par la volonté de l'une des parties. Clause *rebus sic stantibus*, expresse et tacite (2).

Le traité peut-il être résilié par la volonté de l'un des États contractants ?

La dénonciation unilatérale est fréquemment prévue dans le traité même, et la faculté de renoncer réservée.

Si tel n'est pas le cas, on doit poser les principes suivants, en tenant toujours compte de la volonté commune des parties lors de la conclusion :

Lorsque le traité a été conclu pour un temps déterminé, la dénonciation unilatérale ne saurait avoir d'effet avant que ce temps soit écoulé.

Lorsque le traité a été conclu en vue d'un but spécial, d'une action positive, déterminée, la dénonciation unilatérale ne doit pas avoir lieu avant que ce but soit atteint. Une dénonciation intempestive motiverait une demande de dommages-intérêts.

On est d'accord, en somme, sur ces points. On l'est moins sur les principes à suivre dans d'autres hypothèses. Il y a controverse, en particulier, sur la question de la dénonciation dans les traités qui établissent entre les États contractants des rapports continus et

(1) Ci-dessus, § 13, 41, I.

(2) Ancienne dissertation de H. Coccéji. 1722. — Paternostro, R. D. I., t. XXIII, p. 188-193. — Travers Twiss, t. XXV, même Revue, p. 213-229. — Rolin-Jaequemyns, même Revue, t. XIX, p. 37-49 : *Suppression de la franchise du port de Batoum*, 1887.

permanents, tant économiques que politiques ; tels que les traités de commerce, de navigation, d'établissement, les conventions postales, télégraphiques, de chemins de fer, les Unions monétaires et autres, les alliances.

La plupart des traités de cette nature sont conclus expressément pour un certain temps, ou renferment une clause autorisant la dénonciation dans un délai donné, à l'expiration duquel il y aura renouvellement tacite pour un temps déterminé ou indéterminé (1). Mais qu'en sera-t-il, s'il n'y a pas de terme prévu, ou si le renouvellement a lieu sans indication d'un nouveau délai?

La réponse découle des considérations suivantes :

Les traités dont il s'agit sont généralement, sinon exclusivement, ceux que j'ai nommés traités d'association (2).

Les relations qu'ils créent entre les États contractants, sont analogues à celles qui résultent entre particuliers du contrat de société, et aussi des contrats de louage de choses et de services, et du mandat. Or c'est un principe aujourd'hui généralement reconnu, et que le droit civil moderne a emprunté au droit romain, qu'on ne peut engager ses services à perpétuité, qu'il n'existe pas de mandat perpétuel, non plus que de louage perpétuel, de choses ou de services, ni de société *in æternum,* indissoluble la vie durant. Si des particuliers ne peuvent s'enchaîner ainsi pour leur vie entière, les nations le pourraient-elles davantage? Et comme les nations ne meurent pas, le lien pour elles serait plus perpétuel encore que pour les individus? Ceci ne saurait être. Une nation qui veut rester une nation (3), ne peut se dépouiller à tout jamais de sa liberté. Autrement, les traités, au lieu de favoriser la vie des États, l'entraveraient, l'étoufferaient. Ils seraient destructifs du droit de conservation, lequel comprend le droit de se développer et de s'épanouir (4).

Donc, en vertu des droits essentiels des États, du droit de conser-

(1) Ci-dessous, § 56, 161.

(2) Ci-dessus, § 53, 154, II.

(3) Sur la question de savoir si et dans quelle mesure une nation peut renoncer à son existence, voyez ci-dessus, § 19, 49, II.

(4) Ci-dessus, § 20, 52.

vation et aussi du droit d'indépendance, ces traités seront toujours résiliables par la volonté unilatérale de chacun des contractants, et l'on doit poser en principe qu'un État ne renonce jamais définitivement à cette faculté, laquelle reste toujours et nécessairement réservée, alors même que la réserve n'est pas formulée en termes exprès.

Ceci n'est point une dérogation au principe de la sainteté des traités. C'est l'application, à la volonté commune des États contractants, d'un principe supérieur, du principe que la liberté est inaliénable.

Il va sans dire, du reste, qu'en des cas pareils la dénonciation aura lieu tout autrement que lorsqu'elle est prévue expressément par le traité même.

L'État qui désire se libérer d'une obligation nuisible à son développement légitime et normal, doit, en donnant ses motifs, prier son cocontractant de consentir, moyennant justes compensations, à l'abrogation du traité ou de la clause qui la lui impose.

Il se peut que l'État ainsi sollicité consente, avec ou même sans compensation, et qu'il y ait alors abrogation par consentement mutuel. Ainsi se trouve sauvegardé le principe en vertu duquel il ne saurait appartenir à l'un des États contractants de se délier lui-même de l'obligation contractée, l'accord étant nécessaire pour supprimer ou changer l'une des stipulations. Le consentement peut même être tacite, et résulter du silence gardé sur une déclaration, qui ne soulève aucune protestation ni réserve.

Il se peut que l'État requis refuse de délier son cocontractant. Comme il n'existe pas, ici-bas, de juge sur les nations, l'État requérant se verra dans la nécessité de se délier lui-même, ce qu'il ne fera pas sans justifier sa conduite par des notes et des memorandums. On fera peut-être un compromis, si la matière s'y prête, c'est-à-dire s'il s'agit de questions juridiques, ce qui ne sera pas le cas le plus fréquent (1). Peut-être l'État requis et refusant cherchera-

(1) Ci-dessous, § 59, 168, IV.

t-il à contraindre l'autre État d'exécuter le traité, au moyen de représailles (1). Peut-être le différend aboutira-t-il à la guerre.

On dit souvent que les traités de cette espèce contiennent implicitement la clause *rebus sic stantibus*, indiquant que la volonté n'existe qu'en vue de l'état de choses actuel, et qu'il y a, de par cette volonté même, consentement à la résiliation si cet état de choses vient à cesser. On a même formulé la règle générale : « Conventio omnis intelligitur rebus sic stantibus ». Cette manière de concevoir la résiliation unilatérale n'est pas entièrement exacte. Elle est tout au moins trop générale et trop absolue. Elle repose sur une fiction, et si on l'adoptait sans réserve, on arriverait à des résultats contraires à la vérité ; il faudrait notamment, en cas de changement de l'état des choses, admettre une résiliation de plein droit.

Il va sans dire que rien n'empêche d'insérer dans n'importe quel traité une clause expresse : *rebus sic stantibus*.

Que cette clause soit expresse ou tacite, ce sera toujours l'État demandant la résiliation qui devra prouver le changement survenu. Libre à l'autre de ne pas se laisser convaincre.

La durée du traité, ainsi que la faculté de dénoncer, est ordinairement prévue et réglée dans les traités de commerce, d'établissement, de navigation, dans les conventions postales, télégraphiques, monétaires, dans les alliances. — Traité d'alliance des républiques de l'Amérique centrale et de l'Amérique du Sud, conclu à Lima, le 10 juin 1865 : « L'alliance est fondée pour une période provisoire de quinze années. A la fin de ladite période, chacune des républiques alliées aura le droit de déclarer la fin de l'alliance, en annonçant douze mois à l'avance son intention d'en faire cesser les effets ». — Convention monétaire de Paris, 1865 : « La présente convention restera en vigueur jusqu'au 1er janvier 1880. Si, un an avant ce terme, elle n'a pas été dénoncée, elle demeurera obligatoire de plein droit pendant une nouvelle période de quinze années, et ainsi de suite de quinze ans en quinze ans, à défaut de dénonciation ».

Dans son immortel traité *De officiis*, Cicéron pose pour les individus des règles qui peuvent s'appliquer aux États, dans la famille des nations : « Nec promissa igitur servanda sunt ea, quae sunt iis, quibus

(1) Ci-dessous, § 60, 173.

promiseris, inutilia : nec si plus tibi noceant, quam illi prosint. contra officium est, majus anteponi minori... (1) ».

Le code de la Convention, projet de Cambacérès, présenté à la Convention nationale le 9 août 1793, portait à propos du louage la disposition suivante : « Nul ne peut engager ses services à perpétuité ; cette stipulation, contraire à la liberté naturelle des hommes, n'est point avouée par la loi ». — Code civil, art. 1780 : « On ne peut engager ses services qu'à temps ou pour une entreprise déterminée ».

Vattel : « Comment le changement survenu dans l'état des choses peut former une exception : S'il est certain et manifeste que la considération de l'état présent des choses est entrée dans la raison qui a donné lieu à la promesse, que la promesse a été faite en considération, en conséquence de cet état des choses, elle dépend de la conservation des choses dans le même état. Cela est évident, puisque la promesse n'a été faite que sur cette supposition..... Mais il faut être très réservé dans l'usage de la présente règle ; ce serait en abuser honteusement que de s'autoriser de tout changement survenu dans l'état des choses pour se dégager d'une promesse : il n'y en aurait aucune sur laquelle on pût faire fond (2) ». Grotius : « Solet et hoc disputari, an promissa in se habeant tacitam conditionem : « si res maneant quo sunt loco ». Quod negandum est, nisi apertissime pateat statum rerum praesentem in unica illa quam diximus ratione inclusum esse (3) ».

Exemples de *res mutatae* : un traité suppose que la population d'un État est catholique, elle a passé au protestantisme ; qu'un pays chrétien fait partie d'un État musulman, il en est détaché ; qu'un État est monarchique, il est devenu république ; ou vice versa.

Les exemples donnés par les anciens auteurs se rapportent à des traités politiques, les seuls ou à peu près les seuls importants autrefois. « Un prince électif, se voyant sans enfants, a promis à un allié de faire en sorte qu'il soit désigné pour son successeur ; il lui naît un fils : qui doutera que la promesse ne soit anéantie par cet événement ? Celui qui, se voyant en paix, a promis du secours à un allié, ne lui en doit point lorsqu'il a besoin de toutes ses forces pour la défense de ses propres États. Les alliés d'un prince peu formidable, qui lui auraient promis une assistance fidèle et constante pour son agrandissement, pour lui faire obtenir un État voisin, par élection ou par mariage, seraient très fondés à lui refuser toute aide et tout secours, à se liguer même contre lui, au moment qu'ils le verraient parvenu au point de menacer la liberté de l'Europe entière (4) ».

En octobre 1870, la Russie a dénoncé les dispositions du traité de Paris de 1856, concernant la neutralité de la Mer Noire et la limita-

(1) *De officiis*, 1, 10, § 32.
(2) Vattel, II, § 296.
(3) Grotius, II, c. 16, § 25.
(4) Vattel, à l'endroit cité.

tion de la marine militaire russe. Le protocole du 17 janvier 1871 dit que les puissances reconnaissent que c'est un principe essentiel du droit des gens qu'aucune d'elles ne peut se délier des engagements d'un traité ni en modifier les stipulations si ce n'est à la suite de l'assentiment des parties contractantes au moyen d'une entente amicale. Lord Granville dit dans sa note du 10 novembre 1870 : « L'essence des traités étant qu'une des puissances lie l'autre et par là restreint sa propre liberté d'action, ce serait, d'après cette théorie et cette conduite, remettre à l'appréciation individuelle de chacune des parties contractantes de soumettre de nouveau à son contrôle tout le contenu du traité et d'être liée seulement aussi longtemps qu'il lui plaira ». — Par le traité de Londres du 13 mars 1871, les puissances ont accédé au désir de la Russie (1).

En 1886, la Russie a dénoncé l'article 59 du traité de Berlin, conçu en ces termes : « S. M. l'empereur de Russie déclare que son intention est d'ériger Batoum en port franc, essentiellement commercial. » Ukase du 23 juin-5 juillet 1886, memorandum, note. « L'art. 59, dit la Russie, occupe dans le traité de Berlin une place tout à fait à part : il n'est pas, comme les autres, le produit d'un accord collectif, mais il se borne à enregistrer une déclaration libre et spontanée faite au nom du souverain par ses plénipotentiaires. Les circonstances dans lesquelles s'est faite l'institution du port franc, ont entièrement changé... » La Grande-Bretagne a protesté (2).

En 1864, la Prusse a dénoncé le traité de Londres sur la succession au trône du Danemark. La dépêche du 15 mai 1864 invoque le changement des circonstances.

Il a déjà été question des dangers que présente, pour les États-Unis, l'immigration chinoise, et des mesures prises pour les prévenir. Motivant le véto qu'il opposait au bill anti-chinois, le président s'est exprimé en ces termes : « Une nation n'est autorisée à répudier les obligations imposées par un traité que si elles sont en conflit avec des intérêts supérieurs. Et même alors, tous les moyens raisonnablement possibles de modifier et changer ces obligations par agrément mutuel doivent être épuisés avant que l'on puisse recourir au droit extrême de refuser de les remplir... Ces règles ont gouverné les États-Unis dans leurs relations avec les autres puissances, comme membre de la famille des nations. Je suis persuadé que si le congrès peut comprendre que l'acte viole la foi jurée envers la Chine, il sera d'accord avec moi pour rejeter ce mode spécial de réglementer l'immigration chinoise, et pour en rechercher un autre qui réponde aux intentions du peuple des États-Unis sans léser les droits de la Chine (3) ».

(1) Ci-dessus, § 18, 47, V.

(2) Rolin-Jaequemyns, R. D. I., t. XIX, p. 37-49. 1887.

(3) Calvo, t. III, 1660. Comparez ci-dessus, § 20, 52, II.

Il est d'autres espèces de traités où une dénonciation unilatérale, à moins d'être prévue expressément, n'est point admise, parce que ces traités sont destinés précisément à créer un état définitif, pour autant qu'on peut en ce bas monde parler de définitif. Ces traités non susceptibles d'être dénoncés sont surtout des traités de disposition. Tout particulièrement les traités de paix et les traités de limites. Les traités de paix sont, de leur nature même, conclus à perpétuité, et c'est ce qui les distingue des trèves (1). Si l'on y pouvait suppléer la clause *rebus sic stantibus*, le vainqueur y verrait avec raison si peu de sûreté qu'il préférerait exploiter ses succès jusqu'au bout et qu'on verrait les guerres dégénérer en guerres de subjugation et d'extermination.

Ce serait cependant une erreur de croire que tous les traités de disposition soient indénonçables. Il faut accorder la faculté de dénonciation pour les traités constitutifs de certaines servitudes, comme aussi pour ceux qui créent la neutralité permanente. Les raisons tirées du droit de conservation, que j'ai indiquées ci-dessus, se font valoir ici très énergiquement. Si le droit de conservation l'exige, un État à neutralité permanente et conventionnelle peut dénoncer sa neutralité, naturellement à ses périls et risques, et l'État, dont le territoire est grevé d'une servitude qui l'épuise ou l'atrophie, doit pouvoir s'en affranchir.

Au sujet de la dénonciation de la neutralité permanente, M. Hilty pose le principe que cette dénonciation doit être faite en temps utile, c'est-à-dire durant la paix (2). Il est souhaitable sans doute que pareilles dénonciations aient lieu de la manière la plus correcte possible, et selon les règles de la courtoisie et de la bonne foi. Mais je ne pense pas que l'obligation positive et spéciale statuée par M. Hilty doive être tenue pour un principe du droit des gens.

A ce point de vue de la résiliation unilatérale, les traités sont divisibles. Ils peuvent être maintenus en partie et dénoncés ou résiliés en partie.

(1) Ci-dessous, § 67, 209, et § 71, 226, I.

(2) *Die Neutralität der Schweiz in ihrer heutigen Auffassung*, p. 69. 1889. Ci-dessus, § 7.

Il a été parlé plus haut des concordats (1). Le Saint-Siège a pour principe de les résilier dès que l'intérêt de l'Église le commande. L'État concordataire est certainement autorisé à faire de même lorsqu'il estime que tel est son intérêt.

160. Autres causes d'extinction des traités.

I. *Impossibilité survenue* (2).

Le traité cesse d'être obligatoire, quand l'exécution en est devenue impossible. A l'impossible nul n'est tenu.

L'impossibilité est physique ou juridique.

Si elle provenait d'un fait commissif ou omissif de la partie non exécutante, celle-ci serait tenue d'indemniser son cocontractant. Mais il n'existe aucune obligation d'indemniser, si l'impossibilité résulte uniquement de circonstances indépendantes de la volonté de l'État débiteur : « Casus a nullo praestatur ».

§ 2 *I.*, *De inutilibus stipulationibus*, 3, 19 : « ... Licet initio utiliter res in stipulatum deducta sit, si postea in earum qua causa, de quibus supra dictum est, sine facto promissoris devenerit, extinguitur stipulatio ». — Ulpien, L. 23, *De R. J.*, 50, 17 : « ... Animalium vero casus mortesque, quae sine culpa accidunt, fugae servorum qui custodiri non solent, rapinae, tumultus, incendia, aquarum magnitudines, impetus praedonum a nullo praestantur ».

Exemples d'impossibilité physique d'exécution :

Un droit de pêche a été concédé : la pêche est définitivement anéantie. Un droit de péage sur une rivière a été stipulé : la rivière, ensablée, cesse d'être navigable. Une convention a été formée pour l'entretien d'un phare : le terrain qui le porte est submergé définitivement.

Impossibilité juridique : trois États ont formé une triple alliance défensive ; la guerre éclate entre deux d'entre eux. Le troisième est délié, libre à présent de rester neutre ou d'aider celui qu'il voudra. Vattel pense qu'il devra, d'abord, offrir ses bons offices aux deux autres pour les réconcilier ; c'est sans doute ce qui par le fait arrivera (3). M. Arntz donne une solution différente ; selon cet auteur si judicieux, le troisième État devra s'abstenir de porter secours tant à l'un qu'à l'autre ; il voit là une exécution tout au moins approximative (4). Je ne suis pas de cet

(1) Ci-dessus, § 48, 135, III.

(2) Comparez ci-dessus, § 49, 141, I.

(3) Vattel, III, § 93.

(4) *Programme*, p. 123.

avis. Le principe de la liberté doit dominer dès que le traité cesse d'être applicable, et il n'existe pas d'accomplissement approximatif d'une obligation, pas plus en droit public qu'en droit privé. — En 1866, la Confédération germanique a été dissoute par la guerre. Pour le grand-duché de Luxembourg aussi, le pacte fédéral a pris fin.

La dissolution de la Confédération germanique a invalidé divers traités. Paix de Prague, du 23 août 1866, art. 13 : « Tous les traités et conventions conclus avant la guerre entre les Hautes Parties contractantes sont remis en vigueur par le présent traité, pour autant qu'ils ne doivent pas perdre leur effet, en vertu de leur nature même, par la dissolution de la Confédération germanique... »

II. *Inexécution.*

L'inexécution du traité de la part de l'un des États contractants donne à l'autre État le droit de le tenir pour résilié, et d'exiger, s'il y a lieu, des dommages-intérêts.

L'indivisibilité reprend ici le dessus. Si l'une quelconque des clauses, même celle qui semble la moins importante, est violée, il n'y a plus de sûreté quant aux autres. On peut dire que chaque clause forme comme une condition de toutes les clauses. Il n'y a pas lieu de distinguer entre articles principaux et accessoires, connexes et non connexes. Ces distinctions n'ont rien à faire ici, où il s'agit de sécurité, de confiance.

Tous les articles ont, à ce point de vue, la même valeur. Ils constituent un ensemble indivisible.

Tout ceci sauf dispositions contraires, en vertu de la commune volonté des États contractants, exprimée ou résultant de la nature des choses, et dans les limites de la bonne foi ; sous réserve aussi de ce qui sera dit plus loin concernant le traité de paix (1). Il se peut que l'inexécution soit excusée parce qu'elle est reconnue involontaire, ou parce qu'à l'impossible nul n'est tenu. Il arrive aussi qu'un article est déclaré séparable et indépendant des autres articles, de telle sorte que sa violation n'influe pas sur l'ensemble du traité; sans préjudice, bien entendu, de dommages-intérêts éventuels.

(1) Ci-dessous, § 71, 227.

Lorsque, par dépêche du 16 mai 1864, la Prusse a dénoncé le traité de Londres concernant la succession au trône de la monarchie danoise, elle a invoqué, outre le changement des circonstances, l'inexécution des obligations contractées par le Danemark. — En 1889, à la suite de l'affaire Wohlgemuth, une divergence s'est manifestée entre l'Allemagne et la Suisse à propos de l'article 2 du traité d'établissement de 1876, que l'Allemagne interprétait plus strictement que la Suisse. Dans sa dépêche du 26 juin 1889, M. de Bismarck dit : « Nous aurions, en présence de la non-exécution reconnue par M. Droz, le droit de considérer le traité dès à présent comme caduc ; mais nous préférons dénoncer ».

En 1894, l'Italie a refusé obstinément d'exécuter l'article 14 du traité de commerce italo-suisse de 1892 ; la Suisse aurait pu, si elle avait voulu, déclarer ce traité résilié, sans attendre le terme de dénonciation.

Georges Fréd. de Martens était d'avis que la rupture d'articles accessoires ne fait pas tomber les articles principaux (1). Ceci est conforme à la règle que le principal ne suit pas l'accessoire. Mais ce qui doit dominer ici, c'est la nécessité d'une sécurité absolue, d'une confiance justifiée dans l'accomplissement de toutes les clauses. Il faudrait, pour que la distinction pût être faite, manifestation d'une intention telle des parties ; on pourrait entendre ainsi, par exemple, un traité où chaque article serait signé séparément, comme celui de 1772 entre le Danemark et la Suède.

Grotius : « Si pars una foedus violaverit, poterit altera a foedere discedere : nam capita foederis singula conditionis vim habent... Sed hoc ita verum est, ni aliter convenerit : quod fieri interdum solet ne ob quasvis offensas a foedere discedere liceat (2) ». On ne peut envisager comme autant de traités particuliers et indépendants les divers articles d'un même traité. Quoiqu'on ne voie point de liaison immédiate entre quelques-uns de ces articles, ils sont tous liés par ce rapport commun que les contractants les passent en vue les uns des autres, par manière de compensation. Je n'aurais peut-être jamais passé cet article, si mon allié n'en eût accordé un autre, qui par sa matière n'y a nul rapport. Tout ce qui est compris dans un même traité, a donc la force et la nature de promesses réciproques, à moins qu'il n'en soit formellement excepté » (3).

Des mesures particulières peuvent être prescrites dans le traité même pour le cas d'inexécution. Ainsi dans le traité de commerce et de navigation de Salvador avec le Zollverein allemand, du 13 juin 1870, art.32 : « Dans le cas où l'une des parties contractantes aurait à se plaindre de la violation d'un article du traité, elle devra adresser à l'autre partie un exposé des faits avec la demande de réparation, en fournis-

(1) *Droit des gens*, § 59.
(2) L. II, c. 15, § 15.
(3) Vattel, II, § 202.

sant les preuves et documents nécessaires à l'appui, et elle ne pourra autoriser aucune mesure de rétorsion (*Wiedervergeltung*) ni se livrer à aucun acte d'hostilité, tant que satisfaction ne lui serait pas refusée ou retardée sans motif (1) ».

III. *Échéance du terme final, de la clause résolutoire. Obtention du but. Exécution.*

Le traité prend fin par l'échéance du terme final, par celle de la clause résolutoire, et lorsque le but en vue duquel il a été fait, est atteint.

Il peut prendre fin aussi par l'accomplissement de l'obligation qu'il impose : *solutio, satisfactio*. Mais dans la plupart des traités de disposition, la prestation étant accomplie, l'effet en doit subsister et subsiste, et c'est précisément là un trait caractéristique de cette catégorie de traités (2).

Ainsi un traité de limites : la limite fixée, marquée, documentée, sépare désormais les deux pays d'une manière définitive et permanente. Un traité de cession de territoire : une fois la cession et prise de possession opérées, le territoire cédé appartient définitivement à l'État acquéreur. Un traité pour la construction d'un canal à travers le territoire d'un État étranger : le canal achevé doit subsister.

Le contraire a lieu dans d'autres cas. Par exemple, si l'objet du traité était la dation, une fois pour toutes, d'une somme d'argent ; par le payement, l'obligation est éteinte, et le traité, ayant rempli son but, a pris fin.

IV. *Effet de la guerre survenue entre les États contractants* (3).

La guerre venant à éclater entre deux États doit mettre fin à ceux des traités existant entre eux qui supposent l'état de paix. Tels sont les traités d'amitié, d'alliance, et la plupart des traités qui concernent l'objet même du différend, cause de la guerre.

En revanche, la guerre laisse subsister, et cela est évident, les traités qui ont trait précisément à l'état de guerre et entrent

(1) Comparez ci-dessous, § 71, 227.

(2) Ci-dessus, § 53, 154, I.

(3) Lueder, au t. IV, du Manuel de Holtzendorff, § 86. — Kirchenheim, au même tome, § 177. — Calvo, t. IV, 1931. — Pradier-Fodéré, t. II, 909-910 ; t. VI, 2704. — Martens, t. III, § 109.

pratiquement en vigueur, deviennent actuels, quand cet état commence. Tels sont, par exemple, ceux qui concernent les lois mêmes de la guerre, la neutralité de certains territoires, la protection assurée à certains établissements, la situation des sujets des États belligérants en pays ennemi, le commerce des belligérants durant la guerre. Elle laisse subsister encore ceux d'entre les traités économiques qui ne supposent pas nécessairement l'état de paix. Ainsi les traités d'extradition, et les traités collectifs, conclus entre plusieurs États et auxquels les belligérants sont parties, les Unions postales, télégraphiques, littéraires et artistiques, monétaires, etc. De même ceux qui concernent le droit privé, parce que, ainsi qu'on le verra plus loin (1), les particuliers restent en dehors de la guerre; telles sont les conventions relatives aux successions, aux tutelles, aux faillites.

Même les traités de commerce et de navigation et les traités douaniers ne sont pas nécessairement invalidés par le fait que les États contractants se font la guerre. L'intention de les maintenir, au moins partiellement, n'est nullement inadmissible.

La pratique est, en cette matière, plus rigoureuse que la doctrine moderne, laquelle tend à maintenir les rapports conventionnels le plus possible et autant qu'il est compatible avec le but de la guerre et ses nécessités.

La doctrine ancienne considérait les traités comme généralement éteints par une guerre éclatant entre les parties contractantes. Selon Vattel, « les traités faits avec une nation sont rompus ou annulés par la guerre..., soit parce qu'ils supposent tacitement l'état de paix, soit parce que chacun pouvant dépouiller son ennemi de ce qui lui appartient, lui ôte les droits qu'il lui avait donnés par les traités (2) ». Telle est encore l'opinion de Phillimore.

Aujourd'hui, c'est plutôt le contraire qui pourrait être érigé en règle, savoir le maintien des traités, leur extinction étant considérée comme l'exception. « En règle générale, dit M. de Martens, la guerre ne fait cesser que les obligations ayant un caractère politique ». La volonté des contractants, « id quod actum est ». doit toujours prédominer. « La validité des traités, dit Bluntschli, ne dépend pas nécessaire-

(1) Ci-dessous, § 63, 186, I; § 62, 183.

(2) Vattel, III, § 175.

ment du maintien de la paix ; elle ne cesse pas de plein droit lorsque la guerre vient à éclater entre les États contractants ». Bluntschli revient plus tard sur ce point, et précise : « Les traités ne perdent leur efficacité, en temps de guerre, que si leur exécution est incompatible avec la guerre elle-même... Pourquoi annulerait-on les traités relatifs à la fixation des frontières, à l'entretien des digues, au libre établissement des habitants, au droit de succession ou aux tutelles, lorsque ces traités ne sont pas en cause et peuvent être exécutés malgré la guerre » (1) ?— Domin-Petrushevecz, dans son projet de code, art. 108 : « Ni les traités des États entre eux et les droits et devoirs en résultant, ni ceux de leurs sujets ne sont éteints en cas de guerre survenante. Ils restent en vigueur, et même les traités dont la guerre modifie l'exercice ou qu'elle fait cesser pendant le temps de sa durée, sont ravivés *ipso facto* au retour de la paix, si une convention expresse ne les a abolis ».

Il va sans dire que la guerre ne met fin ni à la déclaration de Paris de 1856, ni à celles de Genève de 1864, de Saint-Pétersbourg de 1868, qui développent précisément leurs effets en temps de guerre.

La question de l'extinction des traités par l'effet de la guerre a été agitée dans une cause célèbre entre la Grande-Bretagne et les États-Unis, au commencement de notre siècle. Le traité de Versailles de 1783 reconnaissait aux citoyens des États-Unis des droits de pêche sur les bancs de Terre-Neuve et dans l'Amérique britannique : golfe Saint-Laurent, Nouvelle Écosse, etc. Le traité de Gand, de 1814, n'en fait pas mention. Les États-Unis, représentés par J. Q. Adams, soutenaient que les dispositions de 1783 étaient toujours en vigueur. La Grande-Bretagne, au contraire, les déclarait abrogées par la guerre. Dans la correspondance y relative, Adams affirmait, comme un fait n'ayant même pas besoin d'être prouvé : « that this treaty vas not, in its general provisions, one of those which, by the common understanding and usage of civilized nations, are considered as annulled by a subsequent war between the same parties ». Comme motif, il alléguait le caractère particulier du traité de 1783, contenant reconnaissance de l'indépendance américaine, fait supérieur et antérieur : « the very words of the treaty attested that the sovereignty and independence of the United States were not considered as grants from His Majesty ; they were taken and expressed as existing before the treaty was made, and as there only first formally recognized by Great Britain ». — De son côté, le comte Bathurst déclarait : « Great Britain knews of no exception to the rule, that all treaties are put an end to by a subsequent war between the same parties... » Ceci fut absolument contesté dans la réplique américaine : « The position... appeared to the American minis-

(1) Bluntschli, 461, 538.

ter not only novel, but unwarranted by any of the received authorities upon the law of nations ; unsanctioned by the practice and usages of sovereign States ; suited, in its tendency, to multiply the incitements to war, and to weaken the ties of peace between independent nations ; and not easily reconciled with the admission that treaties not unusually contain, together with articles of a temporary character, liable to revocation, recognitions and acknowledgments in the nature of perpetual obligation (1) ». Le différend fut aplani en 1818 ; les droits de pêche des États-Unis furent reconnus, dans certaines limites géographiquement déterminées.

Diverses notes du prince de Bismarck expriment la croyance à l'extinction générale des traités.

Les anciens traités de commerce contiennent parfois des clauses statuant expressément que le traité, à certains égards ou dans certaines de ses dispositions, restera en vigueur, soit pendant un temps déterminé, soit indéfiniment, malgré la guerre survenant entre les parties contractantes (2). Ceci s'applique surtout au séjour dans le territoire des sujets de l'adversaire, et à leurs biens, spécialement à leurs navires et cargaisons. Les traités les plus récents ne contiennent pas de dispositions prévoyant le cas de guerre, ce qui se rattache évidemment au fait que, de nos jours, la propriété privée est respectée généralement dans la guerre sur terre, et que l'on accorde ordinairement aux navires un délai pour quitter les ports (3).

Traité de Paris, 1856, art. 32 : « Jusqu'à ce que les traités ou conventions qui existaient avant la guerre entre les puissances belligérantes, aient été ou renouvelés ou remplacés par des actes nouveaux, le commerce d'importation ou d'exportation aura lieu réciproquement sur le pied des règlements en vigueur avant la guerre ». Traité de Francfort, du 12 mai 1871, art. 11 : « Les traités de commerce avec les différents États de l'Allemagne ayant été annulés par la guerre, le gouvernement allemand et le gouvernement français prendront pour base de leurs relations commerciales le régime du traitement réciproque sur le pied de la nation la plus favorisée. Sont compris dans cette règle les droits d'entrée et de sortie, le transit, les formalités douanières, l'admission et le traitement des sujets des deux nations ainsi que de leurs agents... Les traités de navigation, ainsi que la convention relative au service international des chemins de fer dans ses rapports avec la douane, et la convention pour la garantie réciproque de la propriété des œuvres d'esprit et d'art, seront remis en vigueur... »

(1) Wheaton, § 269-274.

(2) Melle, au t. III du Manuel de Holtzendorff, § 48.

(3) Ci-dessous, § 62, 182, II et III ; § 65, 201.

L'effet d'un traité peut, durant la guerre, être suspendu, alors même que le traité n'est point invalidé. En effet, dans l'état de guerre, les traités dont l'exécution serait incompatible avec l'action militaire, ou nuirait à cette action, ne doivent pas être exécutés, parce qu'entre les belligérants la guerre prime tout ; et par la force même des choses, il en sera de même de divers autres traités, que la guerre n'invalide pas, mais dont elle empêche l'application.

La guerre terminée, le traité suspendu recommence à sortir ses effets de plein droit, sans autre ; tandis que ceux que la guerre a supprimés ne recouvrent leur vigueur que s'ils sont rétablis, ainsi qu'il sera dit plus loin (1).

« Il faut bien distinguer la validité des traités de leur exécution. La guerre peut souvent empêcher d'assurer l'exécution du traité... Dans ce sens la guerre suspend l'exécution d'un grand nombre de traités, et on est souvent forcé, après le rétablissement de la paix, de régler à nouveau toutes ces questions. Comme ce fait s'est plusieurs fois rencontré, on a cru pouvoir poser la règle générale que la guerre suspend l'exécution des traités. Mais cette règle va trop loin » (2).

V. *Extinction ou démembrement de l'un des États contractants.*

On a vu plus haut (3) dans quelle mesure l'extinction de l'État entraîne l'extinction des traités conclus par lui.

En général, lorsqu'un État est incorporé ou partagé, ses relations conventionnelles de droit privé subsistent, ainsi que celles de droit public qui ont un caractère réel, affectant le territoire. Un traité de cette nature prendrait fin, cependant, si par l'incorporation il devenait sans objet ou sans intérêt, ou si une confusion était opérée, le même État se trouvant à la fois débiteur et créancier, ou souverain du territoire qui est grevé d'une servitude à son profit.

Les autres relations conventionnelles, généralement celles qui résultent de traités d'association, sont éteintes (4).

(1) Ci-après, § 56, 162, II. Comparez § 62, 183, I, et § 71, 226, I.

(2) Bluntschli, 538. Ajoutez 718. Ci-dessous, § 71, 226, I.

(3) Ci-dessus, § 3, 15, I et II.

(4) Ci-dessus, § 53, 154, II.

Lorsque l'État est réuni à un autre de manière à ne perdre qu'une partie de son existence propre, devenant membre d'une union réelle, d'une confédération d'États, d'un État fédératif, ses traités d'association ne sont éteints que si, par la réunion, ils se trouvent avoir perdu leur objet ou leur intérêt, ou s'ils sont contraires à la constitution ou au pacte fédéral. Quant à ceux qui subsistent, il peut y avoir lieu à dénonciation, de part ou d'autre, les circonstances étant évidemment changées (1).

Si un État devient le protégé d'un autre, dans le sens propre du mot, sa personnalité subsistant, ses traités doivent subsister aussi (2). S'il en est d'incompatibles avec le rapport protectionnel, les cocontractants pourront s'opposer à la protection, tout au moins refuser de la reconnaître.

Ceci s'applique *a fortiori* au protectorat du suzerain. L'État qui acquiert le protectorat devra se mettre d'accord, à cet égard, avec les puissances intéressées (3).

Traité de Casr-Saïd, du 12 mai 1881, art. 4. Ci-dessus, § 52, 152, I. Traité de Tananarive (non maintenu) du 1er octobre 1895, art. 6 : « ... Le gouvernement de la République française n'assume aucune responsabilité à raison des engagements, dettes ou concessions que le gouvernement de S. M. la reine de Madagascar a pu souscrire avant la signature du présent traité ».

Si un État disparaissait entièrement, sans successeur, il est évident que ses droits et obligations conventionnels s'éteindraient avec lui. Tel serait le cas, s'il y avait disparition par catastrophe physique, fait rare, mais possible, et qu'il faut prévoir.

Il a été parlé précédemment de l'effet produit sur les traités par le passage d'une portion du territoire d'un État à un autre État (4).

(1) Ci-dessus, 159.
(2) Ci-dessus, § 4, 19.
(3) Même §, 17.
(4) Ci-dessus, § 12, 40, V.

§ 56. — Du renouvellement, de la confirmation, et du rétablissement des traités (1).

161. Renouvellement, ou prorogation. — 162. Confirmation et rétablissement. I. Confirmation. II. Rétablissement.

161. Renouvellement, ou prorogation des traités.

Quand un traité a été conclu pour un temps déterminé, les parties contractantes peuvent, avant l'expiration du délai, prolonger la validité du traité au delà du terme, soit derechef pour un temps déterminé, soit pour un temps indéfini. C'est là ce qu'on appelle le renouvellement ou la prorogation (prolongation) du traité.

Ce renouvellement équivaut à la conclusion d'un traité nouveau ; il a lieu soit dans un traité solennel, soit par un échange de notes, de lettres, de déclarations identiques. Il est souvent prévu dans le traité même, lequel peut prescrire un renouvellement tacite. Il peut porter, soit sur l'ensemble du traité, soit sur certaines de ses dispositions.

Proroger, selon Littré, c'est prolonger le temps pris ou donné pour une chose. Selon M. Pradier-Fodéré, « la prorogation est un renouvellement qui n'a trait qu'à la durée de la force obligatoire d'un traité pour un temps limité : proroger un traité, c'est, avant qu'il n'expire, prolonger le temps pendant lequel on était convenu que ce traité produirait ses effets ».

Déclaration franco-portugaise du 25 novembre 1879 : « Le gouvernement de la République française et le gouvernement de S. M. le roi du Portugal et des Algarves, prévoyant le cas où les relations commerciales et maritimes entre les deux puissances n'auraient pas été réglées par un nouvel arrangement avant le 31 décembre 1879, époque à laquelle le traité de commerce et de navigation du 11 juillet 1866 entre la France et le Portugal doit cesser d'être en vigueur, et désirant assurer aux industriels et aux négociants des deux pays un délai suffisant pour terminer les opérations en cours d'exécution, sont convenus de

(1) G. F. de Martens, *Ueber die Erneuerung der Verträge in den Friedensschlüssen der europäischen Mächte*. 1797. — Calvo, t. III, 1637, 1666, 1669. — Pradier-Fodéré, t. II, 1191-1199.

proroger de nouveau le traité de commerce et de navigation du 11 juillet 1866, pour une période dont le terme est d'un commun accord fixé à six mois... ».

Convention monétaire de Paris, 1865, art. 14 : « La présente convention restera en vigueur jusqu'au 1er janvier 1880. Si, un an avant ce terme, elle n'a pas été dénoncée, elle demeurera obligatoire de plein droit pendant une nouvelle période de quinze années, et ainsi de suite, de quinze ans en quinze ans, à défaut de dénonciation ». Convention monétaire du 6 novembre 1885, art. 13 : « La présente convention restera en vigueur jusqu'au 1er janvier 1891. Si, un an avant ce terme, elle n'a pas été dénoncée, elle sera prorogée de plein droit, d'année en année, par voie de tacite reconduction, et continuera d'être obligatoire pendant une année à partir du 1er janvier qui suivra la dénonciation ».

L'expression de tacite reconduction est impropre. Les traités, en cette matière comme en d'autres, laissent parfois à désirer au point de vue de la terminologie. L'essentiel est de savoir « quid actum est ».

162. Confirmation et rétablissement des traités.

I. *Confirmation.*

Lorsqu'un doute s'est élevé, ou est prévu, touchant la validité ou l'extinction d'un traité ou d'un article de traité, on le confirme expressément, par un traité nouveau. Tel est le cas, par exemple, lorsque plusieurs traités sont conclus successivement sur un même objet ; ou lorsque l'un des États contractants a subi des transformations telles que l'on puisse douter de la permanence de la validité de traités antérieurs (1).

La confirmation se fait souvent dans un traité de paix ; on la combine aussi, dans une seule et même clause, avec le rétablissement et le renouvellement. Elle peut revêtir la forme d'une clause portant que « le traité ancien est censé faire partie du présent traité comme s'il y était inséré mot à mot ». La portée de cette clause ne doit pas être exagérée ; en vertu des principes connus, elle n'a d'effet qu'entre les parties contractantes, et ne saurait, à moins de volonté contraire manifestée, obliger ou autoriser pour l'ancien traité les garants du nouveau (2).

(1) Ci-dessus, § 3, 13 et § 55, 159 et 160, V.

(2) Ci-dessus, § 52, 152, I.

La paix de Westphalie, celle d'Utrecht ont été confirmées par les traités importants qui les ont suivies, jusqu'à (et non compris) celui de Lunéville (1801).

Par l'article 12 du traité de Teschen, entre la Prusse et l'Autriche (1779), sont confirmés les traités de Westphalie, de Breslau, de Berlin, de Dresde et d'Hubertsbourg. La Russie et la France ont garanti le traité de Teschen ; mais la garantie de la Russie n'a point été par là étendue *ex post* au traité de Westphalie.

Traité de Zurich du 10 novembre 1859, art. 17 : « Tous les traités et conventions conclus entre S. M. l'empereur d'Autriche et S. M. le roi de Sardaigne, qui étaient en vigueur avant le 1er avril 1859, sont confirmés en tant qu'il n'y est pas dérogé par le présent traité. Toutefois les deux Hautes Parties contractantes s'engagent à soumettre, dans le terme d'une année, ces traités et conventions à une revision générale, afin d'y apporter d'un commun accord les modifications qui seront jugées conformes à l'intérêt des deux pays. En attendant, ces traités et conventions sont étendus au territoire nouvellement acquis par S. M. le roi de Sardaigne. » Traité de Berlin, 1878, art. 63 : « Le traité de Paris du 30 mars 1856, ainsi que le traité de Londres du 13 mars 1871, sont maintenus dans toutes leurs dispositions qui ne sont pas abrogées ou modifiées par les stipulations qui précèdent ».

Il arrive fréquemment que les mots de confirmation et de renouvellement et aussi de rétablissement sont cumulés, afin d'éviter toute incertitude. Convention entre la France et le Paraguay, du 9 août 1862 : « Le traité du 4 mars 1853... est renouvelé et confirmé de commun accord, et toutes ses stipulations sont remises en vigueur et force, comme si le susdit traité était inséré verbalement dans la présente convention ». Traité de Casr-Saïd, du 12 mai 1881, art. 1 : « Les traités de paix, d'amitié et de commerce, et toutes autres conventions existant actuellement entre la République française et S. A. le bey de Tunis, sont expressément confirmés et renouvelés ».

II. *Rétablissement des traités.*

Un traité éteint peut être rétabli, c'est-à-dire remis en vigueur. Tel est le cas après une guerre, lorsque les relations conventionnelles entre les belligérants, qui sont éteintes, sont restaurées en tout ou en partie. Les traités de paix énumèrent parfois les traités qui sont rétablis, ou ceux qui ne le sont pas ; ou bien une commission est chargée de procéder à ce travail, dont le résultat est consigné dans une convention additionnelle (1).

(1) Ci-dessous, § 71, 225, II.

Il n'y a pas lieu de présumer un rétablissement tacite. En conséquence, la partie qui affirme le rétablissement d'un traité éteint par la guerre, en doit fournir la preuve au moyen d'actes publics concluants.

Le traité est rétabli entièrement, tel quel, avec toutes ses clauses.

Il a été parlé plus haut de la garantie en cas de rétablissement (1).

Paix de Vienne, du 3 octobre 1866, entre l'Autriche et l'Italie, art. 20 : « Les traités et conventions qui ont été confirmés par l'art. 17 du traité de paix signé à Zurich..., rentreront provisoirement en vigueur pour une année, et seront étendus à tous les territoires du royaume d'Italie... Toutefois les deux Hautes Parties contractantes s'engagent à soumettre dans le terme d'une année ces traités et conventions à une revision générale, afin d'y apporter d'un commun accord les modifications qui seront jugées conformes à l'intérêt de leur pays. » — Paix de Prague, du 23 août 1866, art. 13. Ci-dessus, § 55, 160, I. — Paix de Francfort, du 10 mai 1871, art. 11 : « ...Les traités de navigation, ainsi que la convention relative au service international des chemins de fer dans ses rapports avec la douane, et la convention pour la garantie réciproque des œuvres d'art et d'esprit seront remis en vigueur... » — Convention additionnelle de Francfort, du 11 décembre 1871, art. 18 : « Les Hautes Parties contractantes sont convenues de remettre en vigueur les différents traités et conventions existant entre les États allemands et la France antérieurement à la guerre. »

Rétablissement provisoire. Traité de Paris de 1856, art. 32. Ci-dessus, § 55, 160, IV.

(1) Ci-dessus, § 52, 152, I.

LIVRE VIII

DES DIFFÉRENDS ENTRE ÉTATS

ET

DES MANIÈRES D'Y METTRE FIN

Bellum autem ita suscipiatur, ut nihil aliud nisi pax quaesita videatur.

CICÉRON.

Pacem debet habere voluntas, bellum necessitas.

SAINT-AUGUSTIN.

Ex necessitate introductum bellum, quae est quia inter summos principes populosque liberos judicium civile et inermis disceptatio esse non potest, qui judicem scilicet non habent et superiorem.

ALBÉRIC GENTIL.

Non est inter artificia bellum, imo res est tam horrenda, ut eam nisi summa necessitas aut vera charitas honestam efficere nequeat.

GROTIUS.

LIVRE VIII

DES DIFFÉRENDS ENTRE ÉTATS, ET DES MANIÈRES D'Y METTRE FIN.

§ 57. — Observations préliminaires (1).

163. Causes et prétextes des différends entre États. — 164. Des moyens de mettre fin aux différends. Moyens amiables et moyens de contrainte. Les négociations. La guerre, *ultima ratio*.

163. Causes et prétextes des différends entre États.

Les différends internationaux naissent de violations vraies ou prétendues des droits ou des intérêts des États ; violations directes, lorsqu'elles ont lieu de gouvernement à gouvernement ; indirectes, lorsqu'elles sont opérées, soit par un gouvernement au préjudice d'un particulier, sujet étranger, dont la cause, prise en main par son gouvernement, devient affaire d'État, soit au préjudice d'un État par un particulier étranger, des actes duquel son gouvernement répond.

On distingue les différends juridiques, provoqués par la violation d'un droit, et les différends politiques,provoqués par la violation d'intérêts. Cette distinction n'est point superflue (2), mais il n'en faut pas exagérer l'importance. Une simple lésion d'intérêts passera fréquemment pour violation d'un droit. Les États, comme

(1) Bulmerincq, dans le Manuel de Holtzendorff, t. IV, § 1-6.— Martens, t. III, § 101-103. — Monographie de Kaltenborn : *Zur Revision der Lehre von den internationalen Rechtsmitteln*. Revue de Tubingue, 1861.

(2) Comparez § 59, 168, I, III-IV.

les individus, confondent volontiers leur droit avec leur intérêt, et l'absence de juge est favorable à cette confusion, que le droit de conservation autorise.

Souvent aussi, ce qui paraît la cause immédiate du différend n'en est que le prétexte. Les événements qui font naître les conflits internationaux ne sont guère autre chose actuellement que des manifestations plus ou moins fortuites d'une cause plus profonde, de l'antagonisme de deux ou plusieurs nations; antagonisme qui peut être d'ordre moral, par exemple religieux, mais qui plus habituellement est d'ordre économique, matériel, et résulte en somme d'un conflit d'intérêts. Rarement, aujourd'hui, les cabinets veulent les guerres, plus rarement encore les princes. Ce sont les peuples qui les veulent, ou plutôt des groupes remuants et bruyants, entraînés par les *politiciens*, qui souvent sont eux-mêmes les instruments plus ou moins volontaires des spéculateurs. Les gouvernements, conscients de leur responsabilité, cherchent à contenir les foules surexcitées, mais ils n'y réussissent pas toujours; parfois la menace de l'insurrection les contraint à faire la guerre. Il est désirable pour la paix du monde que les gouvernements soient forts; leur faiblesse constitue un danger de guerre permanent. Un autre danger, c'est la prédominance, dans plusieurs pays, des masses peu cultivées, aux vues bornées, aux préjugés étroits, quotidiennement empoisonnées par des écrivains sans conscience, qui les flattent et les exploitent.

Plus la solidarité des intérêts s'accroîtra dans la Société des nations et moins les guerres seront fréquentes, parce que leurs causes tendront à disparaître. Or, il est incontestable que cette solidarité augmente de jour en jour, grâce aux immenses progrès des sciences dites exactes ou positives, à la vapeur, à l'électricité, et en dépit des éléments de recul, dont l'un des plus redoutables est l'importance exagérée que l'on prête à la conception ethnographique de la race aux dépens de la notion politique et juridique de l'État, organisme perfectionné, supérieur aux races (1).

(1) Comparez § 3, 9, I; § 1, 2, I; § 19, 51.

La situation présente et le péril présent sont caractérisés en termes intéressants par un stratège illustre : « Ce n'est plus, en général, l'ambition des princes, mais bien les dispositions des peuples, le malaise résultant de la situation intérieure, les menées des partis, celles surtout de leurs chefs, qui compromettront la paix. La résolution si grave de déclarer la guerre sera prise plus facilement par une assemblée, où la responsabilité pleine et entière des mesures votées n'incombera pas à tel ou tel de ses membres, que par un homme seul, quelque haut placé qu'il puisse être, et l'on trouvera moins rarement un chef d'État pacifique qu'une représentation nationale composée uniquement de sages. Les grandes guerres modernes ont pris naissance contre le gré des souverains, qui ne les désiraient pas. De nos jours, la Bourse a pris une influence telle que, pour la défense de ses intérêts, elle peut faire entrer les armées en campagne. Le Mexique et l'Égypte out vu apparaître des armées européennes, venues pour donner satisfaction aux réclamations de la haute finance. L'essentiel, actuellement, n'est pas qu'un État possède les moyens voulus pour faire la guerre, mais que ceux qui sont à sa tête soient assez forts pour l'empêcher (1). » Le comte de Moltke s'est encore prononcé en termes analogues au Reichstag, en mai 1890 : « Le temps des guerres de cabinet est passé, les guerres actuelles sont des guerres nationales. Le danger part des peuples. Des menaces viennent de l'extérieur, par certaines aspirations de races, par les questions de nationalité, qui peuvent engager des gouvernements faibles à faire la guerre. Les gouvernements faibles présentent un danger de guerre perpétuel, tandis qu'un gouvernement fort est un bienfait inappréciable... En ce moment sans doute, tant à l'orient qu'à l'occident, les gouvernements et la majorité des populations veulent la paix. Mais ce ne sont pas eux qui décident : ce sont les partis, qui s'emparent de la direction des masses... »

Pour comprendre la nécessité d'une force suffisante chez les gouvernements, il suffit de songer aux nombreux dangers de conflit que nous voyons surgir à tout instant et que les journaux contribuent si puissamment à envenimer : au pangermanisme et au panslavisme, à l'irrédentisme italien, à l'ex-ligue des patriotes, au protectionnisme économique et social, aux rivalités intéressées entre nationaux et étrangers, surtout parmi les ouvriers, aux procès d'espionnage, aux incidents qui se produisent sans cesse : incidents de frontière (Schnæbelé, Raon-l'Étape), incident consulaire de Florence, incident Chadourne, événements de la Nouvelle-Orléans, d'Aigues-Mortes ; et surtout au péril continuel qui résulte du chauvinisme intéressé, souvent factice, des politiciens et des rhéteurs, déformateurs de l'esprit public.

(1) Comte de Moltke, *La guerre de* 1870, préface. 7e édition française, 1891.

Le partage de l'Afrique, grâce aux ambitions et aux tendances envahissantes des politiciens coloniaux, peut d'un moment à l'autre altérer les relations entre la France, l'Angleterre, l'Allemagne, l'Italie.

Outre les incidents, il y a les *questions*, que les journalistes imaginent pour les besoins de leur métier. Au point de vue du droit des gens, il n'y a question que lorsqu'il y a doute juridique fondé. Pour la presse, la question est un sujet de polémique, d'*interview*, de nouvelles à sensation, et souvent de mensonges lucratifs.

164. Les moyens de mettre fin aux différends. Moyens amiables et moyens de contrainte. Les négociations. La guerre, *ultima ratio* (1).

Puisqu'il n'existe pas, ici-bas, de juge entre les États, chaque État a le droit, comme il en a l'obligation, de se faire justice lui-même. Il est son propre juge, et l'exécuteur de sa propre sentence.

Le droit de l'État dicte le devoir du gouvernement. Quels que soient les bienfaits de la paix, il faut qu'un gouvernement sache au besoin faire la guerre.

Mais la guerre n'est que le moyen extrême, *ultima ratio*. Pour qu'il soit permis d'y recourir, il faut que les autres moyens d'obtenir justice et satisfaction, ou bien soient épuisés, ou bien soient manifestement impraticables. Ces autres moyens sont de nature diverse. Il en est d'amiables ; il en est de plus ou moins violents, qui sont des moyens de contrainte.

Le premier des moyens amiables, est celui des négociations directes entre les États en différend.

Le résultat immédiat en peut être que l'un des États renonce à sa prétention, jugée par lui-même excessive ou mal fondée, irréalisable, inopportune. Si, par exemple, il demandait à être libéré d'une obligation conventionnelle, devenue selon lui trop onéreuse, il retirera ou ajournera sa réclamation, la reconnaissant prématurée ou dépourvue de chances de réussite. Peut-être aussi l'autre État consentira-t-il à renoncer à l'exercice de son droit, parce que les négociations lui ont montré que les autres puissances ne l'appuyeraient

(1) Calvo, t. III, 1670-1681. — Pradier-Fodéré, t. IV, 2553-2649.

pas ou que cette renonciation n'entraînera pas pour lui-même des inconvénients majeurs. Peut-être le différend provenait-il d'un malentendu, que les négociations ont dissipé. Est-il besoin de dire qu'il n'y a ni faiblesse ni honte à confesser qu'on s'est fourvoyé, à changer d'avis sur information meilleure, à se désister, à faire des concessions amiables? Pour un État comme pour un particulier, il est plus honorable d'avouer ses torts que d'y persévérer (1). Quelquefois, sans même être convaincu, le plus sage cédera; s'il y a lieu, en déclarant ne céder que pour gain de paix, et en maintenant son droit par une réserve ou protestation.

Il se peut aussi que les négociations amènent une transaction, par laquelle chacun des États en conflit abandonne une partie de ses prétentions.

Il se peut enfin que les négociations aboutissent à un compromis (2).

Les négociations sont quelquefois introduites par l'intervention d'une tierce puissance, surtout par les bons offices d'une puissance amie. Elles peuvent être conduites par un médiateur désintéressé (3).

Elles ont lieu, conformément à ce qui a été dit plus haut, soit par correspondance, soit par échange de vues oral, dans des congrès ou conférences ou autrement, entre souverains, entre plénipotentiaires, entre ministres et agents, lesquels peuvent n'être pas des diplomates de profession, et n'être même pas revêtus, pour la circonstance, du caractère diplomatique (4); soit au moyen de commissions formées par les États en conflit, composées de spécialistes, et auxquelles est conférée la mission d'élaborer le projet d'entente que les gouvernements adopteront (5).

Des différends sur des questions de peu d'importance, de rang, de préséance, d'étiquette, par exemple, pourraient encore être vi-

(1) Pour les excuses et réparations, notamment pour violation du droit au respect, ci-dessus, § 19, 50. Comparez § 48, 136, II.

(2) Ci-dessous, § 59, 168, I.

(3) Ci-après, § 58, 165-167.

(4) Ci-dessus, § 45-47; § 44, 125, 127.

(5) Ci-dessus, § 44, 128, I.

dés par le sort : expédient empirique et nullement juridique, qui souvent a rendu service.

Grotius, II, c. 23, § 6-9 : «... Tres autem sunt modi quibus vitari possit ne controversiae in bellum erumpant. Primum est colloquium... Alterum est inter eos qui communem judicem nullum habent, compromissum... Tertia ratio est per sortem ».

On a souvent appliqué le sort pour des questions de partage de successions. En 1608, l'empereur recommandait à la diète de trancher par le sort les conflits de préséance.

Les moyens de contrainte qui ne sont pas encore la guerre, quoiqu'ils puissent y ressembler fort, sont la rétorsion, les représailles, le blocus en temps de paix (1).

Si le différend n'a pas la cause profonde dont j'ai parlé, les moyens pacifiques, soit violents, soit amiables, suffiront à le terminer. Sinon, la guerre sera différée peut-être, mais un moment viendra où elle ne manquera pas d'éclater.

La guerre est un duel entre nations. On a vu jadis des duels entre princes ; ils n'auraient aucun sens aujourd'hui.

François Ier a provoqué Charles-Quint en 1528, mais ce n'était pas sérieux. Au commencement du XVIIe siècle, Charles IX de Suède a provoqué Chrétien IV de Danemark. Gustave IV a provoqué Napoléon.

Grotius, II, c. 23, § 10 : « Sortis autem affine quid est certamen singulare, cujus usus non videtur omnino repudiandus, si duo, quorum controversiae alioqui totos populos gravissimis malis sint impliciturae, inter se parati sint armis decernere. Videtur enim id, si non ab ipsis recte fieri, certe a civitatibus posse acceptari, ut minus malum ».

La guerre est vieille comme le monde. On la rencontre toujours et partout, dans la nature et dans l'histoire. Dans l'état actuel de l'humanité, un peuple qui ne mettrait jamais l'épée à la main, qui déclarerait ne vouloir jamais dégaîner, ne vivrait pas et ne mériterait pas de vivre. En faut-il conclure que la guerre nous est imposée à perpétuité, qu'elle est inévitable à tout jamais ? Je crois qu'il est permis de répondre avec un homme d'État distingué, d'un esprit sérieux et net, nullement optimiste : « La paix perpétuelle

(1) Ci-dessous, § 60, 172-174.

est impraticable, mais indéfiniment approximable » (1). La disparition complète de la guerre n'est point à prévoir, et d'ailleurs la paix perpétuelle n'est pas l'idéal suprême de la civilisation. Mais il est permis d'espérer que, dans le sein de notre Société des nations, les luttes armées deviendront de moins en moins fréquentes. Ce résultat sera dû à la solidarité croissante des peuples, principalement sur le terrain des intérêts matériels, combinée avec la généralisation d'une culture supérieure ayant pour base la morale chrétienne, la justice et la charité.

Les chrétiens des premiers siècles condamnaient la guerre, ainsi que toute violence. Cela devait changer, avec le triomphe de la religion nouvelle ; toujours cependant l'Église a manifesté son caractère pacifique ; constamment, durant le moyen âge, on la voit s'efforcer de faire prévaloir les solutions amiables. En même temps, diverses sociétés et confréries, des sectes qualifiées d'hérétiques, des précurseurs, des réformateurs prêchaient la paix, maudissaient la guerre, lui contestaient toute légitimité. Les *humanistes* de la Renaissance avaient aussi des tendances pacifiques ; ainsi le noble groupe dont faisaient partie Érasme et Thomas More. Peu à peu l'idée de la paix permanente, perpétuelle, prend corps (2) ; on la voit dans la *Monarchie du Messie* de Campanella ; elle se précise et se développe dans les projets de fédération d'États dont j'ai parlé à propos de la Société des nations (3). Il faut citer, parmi les plus célèbres, le plan de l'abbé de Saint-Pierre (4) ; il faut mentionner aussi l'esquisse philosophique, souvent mal comprise, de Kant (5). Beaucoup d'auteurs et d'orateurs, de valeur très diverse, ont depuis lors fait la guerre à la guerre, les uns pour des raisons économiques, en vue du bien-être matériel, d'autres pour des motifs religieux, philanthropiques, humanitaires. On fait valoir fort justement

(1) M. de Parieu, dans les *Principes de la science politique*, publiés en 1870.

(2) Dans son livre sur les *Origines du Droit international*, M. Nys consacre un chapitre aux *Irénistes* (p. 388-399) ; ce nom est employé par l'abbé de Saint-Pierre (Charles-Irénée Castel de Saint-Pierre) dans une lettre à sir Hans Sloane, pour désigner ceux qui croient à la possibilité de la paix perpétuelle.

(3) Ci-dessus, § 1, 2, I.

(4) *Projet de paix perpétuelle*. 1713.

(5) *Ueber den ewigen Frieden*. 1784. *Zum ewigen Frieden*. 1795.—Sur la littérature de la paix perpétuelle au XVIIe et au XVIIIe siècle, voyez Kamptz, § 100. V. aussi Lueder, au tome IV du Manuel de Holtzendorff, § 54-57, avec de nombreuses indications bibliographiques.

le danger que les guerres font courir à la moralité publique, comme écoles de brutalité, de cruauté et d'autres vices, et à la race, à sa conservation, à sa perpétuation. Les anarchistes, les socialistes, les courtisans des masses ignorantes affichent un cosmopolitisme indifférent, hostile même à la notion de la patrie, et condamnent la guerre à ce point de vue. A côté d'apôtres respectables, auxquels on peut reprocher tout au plus leurs illusions et leur optimisme, on trouve, dans cette armée de la paix, des gens de valeur infiniment moindre. M. Lueder affirme que, jusqu'à présent, aucun homme d'État ayant pratiqué les grandes affaires n'a fait entrer l'abolition de la guerre en ligne de compte au nombre des données réalisables.

Cela n'empêche nullement, est-il besoin de le dire, que les publicistes et les juristes les plus autorisés, d'accord avec les hommes politiques les plus respectables, ont recommandé de chercher avant tout la solution pacifique des différends, et de ne recourir à la guerre qu'à la dernière extrémité. C'est ce qu'a fait déjà Grotius, qui vante le compromis, dans un passage célèbre : « Maxime autem christiani reges et civitates tenentur hanc inire viam ad arma vitanda (1) ». Et Rachel, professeur et diplomate, termine sa dissertation *De jure gentium*, en déclarant désirable que, par consentement des nations, un collège de fétiaux soit institué, aux décisions duquel les États se soumettraient lorsque des différends surgiraient entre eux : « Eximium studium bonamque mentem profitentur, qui gentibus, civitatibus, principibus hoc consilium jam antehac commendarunt, ut ipsorum arbitratu collegium aliquod fetialium communi conventione constituatur, in quo controversiae inter gentes ortae primo omnium cognoscantur, disceptentur et judicentur, neque bello nisi extrema necessitas viam aperiat, sicut illud in eos demum suscipiatur, qui forte judicatum facere nolint, aliisve modis hujus collegii auctoritati ac decretis contumaciam suam objiciant (2) ».

Les questions relatives à l'abolition de la guerre, à l'organisation d'une république des États-Unis de l'Europe ou du monde, à la solution pacifique des différends internationaux, par médiation, par arbitrage, à l'institution d'un tribunal international, à la confection d'un code international, etc., ont été constamment agitées, surtout depuis une soixantaine d'années, en Europe et en Amérique. Des associations se sont formées à cet effet ; des congrès se sont tenus, où l'on a prononcé de beaux discours ; des démarches ont été faites auprès des gouvernements ; et dans les parlements des résolutions ont été votées, recommandant l'arbitrage et la clause compromissoire (3). On constate qu'en général les gouvernements, en Europe tout au moins, restent assez froids, et que leurs réponses sont plutôt évasives quand elles ne sont pas

(1) Grotius, II, c. 23, § 8.

(2) Rachel, *De jure gentium*, 119-121. 1676.

(3) Ci-dessous, § 59, 168, I et II.

positivement négatives ; que dans les congrès, où l'on s'enthousiasme pour la paix universelle et immédiate, on paraît cependant faire certaines réserves et excepter quelque point particulièrement sensible, quelque question délicate que l'on voudrait vider par une bonne guerre préalable. La société la plus sérieuse, dans cet ordre d'idées, à raison de sa composition, est sans doute la conférence interparlementaire, organisée depuis quelques années par des membres des divers parlements de l'Europe. Plusieurs habitués de ces congrès s'imaginent, de bonne foi, qu'ils font œuvre utile et qu'ils travaillent vraiment à empêcher la guerre. Par le fait, la plupart des questions sur lesquelles on compromet, sont telles qu'on ne ferait jamais, dans l'état actuel de notre civilisation, la guerre à leur propos (1).

Il est naturel que les mêmes personnes, dans les mêmes assemblées, prônent aussi le désarmement plus ou moins général. Il serait oiseux de pronostiquer en vue d'un avenir lointain ; pour le temps présent et prochain, on est en droit d'affirmer que les armements, tels qu'ils existent dans presque tous les États de l'Europe, constituent une assurance et une garantie efficaces de la sécurité de ces États, et même, en dépit des premières apparences, de leur prospérité (2).

En face des tendances pacifiques et de leurs manifestations plus ou moins exagérées, plus ou moins utopistes, plus ou moins sincères, il est permis de constater que, d'autre part, des hommes de grande autorité en des genres très divers ont montré que la guerre n'est pas uniquement, dans l'ordre universel, un fléau néfaste, une inutile monstruosité. On peut citer, dans ce sens, Saint-Augustin, dont l'Église, si essentiellement pacifique, a consacré le sentiment, et qui, sur ce point aussi, a combattu le manichéisme ; puis Dante, Luther, le chancelier Bacon, Leibniz, Montesquieu, et nombre d'autres écrivains, penseurs, remueurs d'idées, philosophes, qui se sont prononcés non seulement pour la légitimité de la guerre, mais même pour l'influence bienfaisante qu'elle est susceptible d'exercer. « Wars, dit Bacon, are no massacres and confusions, but they are the highest trial of right, when princes and States, that acknowledge no superior on earth, shall put themselves upon the justice of God for the deciding of their controversies by such success as it shall please Him to give to either side (3) ». — « Lorsqu'on veut la paix, dit Trendelenburg, mais que la guerre est inévitable, celle-ci a une portée morale sans égale... Entreprise en

(1) Ci-dessous, § 59, 168, IV.

(2) En faveur du désarmement : Rolin-Jaequemyns, R. D. I., t. XIX, p. 398-407 ; Lorimer, même volume, p. 472-478 ; Kamarowsky, *ibidem*, p. 479-486. 1887.

(3) *Certain observations upon a libell*, dans les Œuvres de Bacon, éd. Montagu, t. V, p. 385.

bonne conscience, une telle guerre, même si l'issue en est incertaine, avive la force nationale, nourrit l'amour de la patrie, renouvelle ce qui, dans le cours des temps, était devenu suranné et vermoulu ». — Et Proudhon écrivait en 1861 : « La guerre sans haine ni injure, entre deux nations généreuses, pour une question d'État inévitable et de toute autre manière insoluble,... voilà ce qui me semble, à moi, l'idéal de la vertu humaine ».

On peut rappeler aussi que la guerre a été, à diverses époques, un élément civilisateur d'une valeur immense : il suffit de songer aux conquêtes d'Alexandre et à celles des Romains (1).

On s'est demandé, enfin, quelles seraient les conséquences d'un état de choses où la guerre serait supprimée entièrement. C'est ce qu'a fait, déjà en 1779, un publiciste allemand, Embser, qui a soutenu, contre la thèse de Rousseau, dans un écrit énergique : *Abgœtterey unseres philosophischen Jahrhunderts, erster Abgott, ewiger Friede,* que la paix perpétuelle serait aussi nuisible que la guerre continuelle (2). Tel est aussi l'avis des hommes de guerre, ce qui n'a rien de surprenant. Le comte de Moltke, dans une lettre à Bluntschli, que j'ai traduite sur manuscrit et publiée, encore inédite, dans la *Revue de droit international* (3), a proclamé la nécessité de la guerre en termes qui ont fait sensation, et qu'on a d'ailleurs plus d'une fois défigurés : « La paix perpétuelle est un rêve, et ce n'est même pas un beau rêve (4). La guerre est un élément de l'ordre universel établi par Dieu. Les plus nobles vertus de l'homme s'y développent : le courage et le renoncement, la fidélité au devoir et l'esprit de sacrifice ; le soldat donne sa vie. Sans la guerre, le monde croupirait et se perdrait dans le matérialisme. » Un académicien distingué a émis récemment des idées analogues. « Je crois avec Darwin, dit M. de Vogüé, que la lutte violente est une loi de nature qui régit tous les êtres... Si, par impossible, une fraction de la société humaine, mettons tout l'Occident civilisé, parvenait à suspendre l'effet de cette loi, des races plus instinctives se chargeraient de l'appliquer contre nous. Ces races donneraient raison à la nature contre la raison humaine : elles réussiraient, parce que la certitude de la paix, je ne dis pas la paix, engendrerait avant un demi-siècle une corruption et une décadence plus destructives de l'homme que la pire des guerres. » On peut comparer aussi les pages très instruc-

(1) M. Brocher de la Fléchère a consacré à l'*Enfantement du droit par la guerre* un volume hautement instructif. T. II des *Révolutions du droit*. 1882.

(2) Nys, citant Gabinus de Wal, R. D. I., t. XXV, p. 54. — Kamptz, § 101.

(3) R. D. I., t. XIII, p. 79-82. 1881.

(4) G. F. de Martens, dans sa préface de 1795, avait caractérisé en bons termes « le projet de paix perpétuelle, fruit d'anciennes théories, qui n'est tout au plus qu'un beau songe dont on peut se bercer agréablement en des moments de loisir ».

tives où un savant éminent, d'une rare universalité, M. Alphonse de Candolle, a traité du sort probable de l'Europe dans l'hypothèse d'un état de choses exclusivement pacifique (1). — M. Lueder, le meilleur spécialiste moderne en fait de lois de la guerre, s'était servi presque des mêmes termes que le comte de Moltke, trois mois avant celui-ci, dans une conférence faite à Berlin en 1880, sur les droits et les limites de l'humanité dans la guerre.

Il ne doit être question, dans ce livre, que des différends entre États, c'est-à-dire entre États indépendants. Lorsque des différends surgissent à l'intérieur d'un État composé, ils sont aplanis par les moyens que prescrit la loi qui régit l'union, par le pacte fédéral, par la constitution fédérale : procédure austrégale ou arbitrale, cour suprême, etc. (2). Ceci n'est plus du ressort du droit des gens, mais appartient au droit public général et interne.

Constitution des États-Unis d'Amérique, art. III, section 2. — Constitution suisse, art. 110, 113. — Constitution de l'empire allemand, art. 76-77. — Le tribunal austrégal, issu de l'ancienne pratique des États allemands, avait été créé par décision de la diète germanique, du 3 août 1820 ; il jugeait les différends entre membres de la Confédération (3).

(1) A. de Candolle, *Histoire de la science et des savants*, édition de 1885, p. 173-175.

(2) Ci-dessus, § 6 ; ci-dessous, § 61, 177, II-III. Dans la confédération d'États, la guerre entre membres de la confédération est une guerre proprement dite, internationale ; dans l'état fédératif, c'est une guerre civile.

(3) Leonhardi, *Das Austrägalverfahren des deutschen Bundes*. 1838.

CHAPITRE PREMIER

Moyens amiables de terminer les différends entre États.

§ 58. — INTERVENTION DE PUISSANCES TIERCES.

165. De l'intervention amicale, en général (1).

Lorsqu'un conflit s'est élevé entre deux puissances, toute puissance tierce, à défaut d'obligations conventionnelles particulières, a le droit évident de prendre parti contre l'une et pour l'autre, de s'allier avec celle ci, de l'aider diplomatiquement comme elle peut l'aider militairement.

Cette intervention est parfaitement légitime, à la différence de l'intervention dans les affaires intérieures des États, qui est, en principe et sauf un très petit nombre de cas, injuste (2).

L'État intervenant s'ingère dans le litige et dans les affaires qui s'y rattachent. Il le fait, soit à la demande de l'une des parties ou des deux, soit en vertu d'un engagement qu'il a pris, soit même uniquement dans son propre intérêt, afin d'empêcher ou d'arrêter une guerre qui lui serait ou lui est préjudiciable, ou parce que le différend même lui cause un dommage, soit enfin dans le pur intérêt de la paix et par amitié pour les adversaires ou pour l'un d'eux. Il agira d'une façon plus ou moins énergique, selon les circonstan-

(1) Bulmerincq, Manuel de Holtzendorff, t. IV, § 5-16.— Geffcken, même tome, § 38-47. — Martens, t. I, § 76 ; t. II, § 103-104 ; t. III, § 103.— Pradier-Foderé, t. VI, 2587-2592.

(2) Ci-dessus, § 31.

ces et selon ses convenances. Peut-être son action, toute bienveillante au début, l'amènera-t-elle à mettre des troupes sur pied, et se transformera-t-elle en action militaire. L'intervention amicale peut ainsi devenir hostile ; les moyens de persuasion feront place alors aux moyens de contrainte (1).

L'intervention s'exerce, soit pour empêcher une guerre d'éclater, soit pour rétablir la paix, et c'est là peut-être le cas le plus important (2).

On a voulu statuer un devoir général d'intervention en vue de maintenir ou de rétablir la paix, lequel incomberait, soit à tous les États de la Société des nations en vertu de la communauté internationale, soit aux États qui, dans le différend, sont impartiaux et neutres et veulent le rester, en suite du fait que les neutres sont amis des deux parties. On reconnaitrait ainsi une neutralité volontaire existant même avant qu'il y ait guerre, ce qui est en désaccord avec la nature de la neutralité.

Par le fait, on pense surtout aux États à neutralité permanente. Pareille obligation d'intervention, générale et indépendante de stipulations spéciales, n'est pas reconnue par le droit des gens actuel, fort heureusement pour les neutres, auxquels elle ferait une situation aussi périlleuse qu'onéreuse (3). Tout au plus pourrait-on, dans un cas donné, la classer parmi les devoirs moraux d'assistance, les offices d'humanité, mentionnés au commencement de cet ouvrage (4).

L'intervention amicale était appelée autrefois *interpositio* ou *pacificatio*. Le pape était le pacificateur par excellence.

166. Les bons offices (5).

La puissance amie qui prête ses bons offices, s'efforce de mettre les États entre lesquels existe un conflit, à même de nouer ou de renouer, par son entremise, des négociations qui seraient difficilement entamées ou reprises par la voie directe, aucun de ces États ne pouvant ou ne voulant faire les premières avances. La puissance amie cherche à constituer des bases utiles de négociation et

(1) Comparez ci-après, 167.
(2) Ci-dessous, § 71, 224, III.
(3) Ci-dessous, § 68, 210.
(4) Ci-dessus, § 1, 4.
(5) Bulmerincq, Manuel de Holtzendorff, t. IV, § 7. — Martens, t. III, § 103 ; t. I, § 111. — Pradier-Fodéré, t. II, 1132-1136 ; t. VI, 2588-2589.

à provoquer une entente sur ces bases. Elle donne des conseils, fait et transmet des propositions, suggère des réponses. Une fois les bases posées et les négociations entamées grâce à ses soins, son intervention s'arrête. Les négociations se poursuivent sans elle, du moins sans qu'elle y participe directement.

Tel est le caractère régulier des bons offices. L'application aux cas particuliers présente des nuances multiples. La limite entre les bons offices et la médiation n'est pas toujours facile à tracer. Ces notions sont élastiques. Les documents officiels, usant de termes impropres, les ont parfois confondues, soit entre elles, soit même avec la notion toute différente de l'arbitrage.

Les bons offices sont offerts, ou demandés. Offre et demande peuvent être spontanées. Il arrive aussi que par suite d'un traité la puissance amie soit obligée de les offrir, ou de les prêter ; ou que les États en conflit soient tenus de les requérir. Le droit général de les offrir spontanément découle de la liberté des États et de leur droit de conservation. On ne peut affirmer l'existence d'une obligation générale de toute nation de les prêter dès qu'elle en est requise ; pareille obligation ne serait en aucun cas autre chose qu'un simple devoir de courtoisie ou de morale internationale (1).

« Les États civilisés, dit M. de Bulmerincq, doivent être les gardiens de la paix, *conservatores pacis*, au sens moderne du mot. Cet emploi n'est plus conféré, comme autrefois, à des personnes déterminées ; tout État civilisé, membre de la communauté du droit international, est appelé à le remplir... — Les bons offices requis par le droit des gens ne constituent point un service d'ami qui puisse être à volonté rendu ou refusé, mais bien un devoir, imposé par la communauté internationale ». Cette manière d'envisager les bons offices n'est pas encore admise généralement, et il faut s'en féliciter. Le savant publiciste prenait pour *lex lata* ce qui n'est pas même *lex ferenda*.

Protocole de Paris, n° 23, du 14 avril 1856 : « MM. les plénipotentiaires n'hésitent pas à exprimer, au nom de leurs gouvernements, le vœu que les États entre lesquels s'élèverait un dissentiment sérieux, avant d'en appeler aux armes, eussent recours, en tant que les circonstances l'admettraient, aux bons offices d'une puissance amie ». Une députation anglaise, composée de MM. Hindley, Sturge et Richard, avait

(1) Ci-dessus, § 1, 4.

provoqué, par une démarche auprès de lord Clarendon, la motion qui a donné naissance à cette déclaration. Les plénipotentiaires exprimèrent en outre l'espoir « que les gouvernements qui n'ont pas pris part au congrès, adhéreraient à la pensée qui avait inspiré le vœu inséré dans ce protocole ». Dans sa teneur vague et effacée, l'article ne signifie pas grand'chose. Robert de Mohl a pu le qualifier, fort justement, de platonique.

Une application de cette disposition a été faite, cependant, en 1867, à propos du Luxembourg. La Grande-Bretagne offrit ses bons offices à la France et à la Prusse. Il en résulta la conférence de Londres et le traité du 11 mai 1867. La Grande-Bretagne offrit encore ses bons offices en 1870, mais on les refusa. En diverses circonstances, la Russie a prêté ses bons offices à l'Autriche et à la Prusse. — Convention de Berlin, 26 février 1885, art. 8 : « Pour tous les cas où des difficultés relatives à l'application des principes établis par la présente déclaration viendraient à surgir, les gouvernements intéressés pourront convenir de faire appel aux bons offices de la commission internationale, en lui déférant l'examen des faits qui auront donné lieu à ces difficultés ». Art. 1er, § 3 ; art. 11.

167. La médiation (1).

La tâche de la puissance médiatrice est plus importante et plus active que celle de la puissance qui simplement prête ses bons offices.

Le médiateur s'interpose entre les États en conflit ; il prend part aux négociations, et même il les dirige. C'est par son intermédiaire que sont échangées les déclarations des parties. Il s'efforce de moyenner un arrangement amiable ; s'il y a guerre, d'amener la paix, sans toutefois avoir qualité pour l'imposer. Les États en conflit restent libres de ne pas accepter ses conseils. Son action s'exerce soit par des négociations d'État à État, soit dans des congrès ou conférences où le rôle principal lui est dévolu.

La médiation est, comme les bons offices, offerte ou demandée spontanément, ou bien due ou imposée en vertu d'obligations conventionnelles. A défaut de telles obligations, l'État requis est libre

(1) Bulmerincq, § 8, et au *Rechtslexicon* de Holtzendorff, au mot *Vermittelung*. — Calvo, t. III, 1682-1705. — Pradier-Fodéré, t. II, 1137-1143, t. VI, 2588-2599. — Martens, t. III, §.103.

de refuser sa médiation, et l'État auquel elle est offerte est libre de la décliner. Mais une puissance garante ne peut refuser sa médiation si l'État garanti la sollicite.

La médiation peut être collective, exercée par plusieurs États.

Les fonctions du médiateur expirent par le fait que les négociations ont abouti; ou qu'elles ont échoué.

Dans le premier cas, il est dressé un acte de médiation, c'est-à-dire un traité constatant l'heureuse issue de la médiation et contenant l'arrangement intervenu. Le médiateur n'est point garant de ce traité, s'il n'en a pas assumé positivement la garantie. Sa seule qualité de médiateur ne lui donne pas le droit d'en exiger l'exécution.

Obligation conventionnelle de recourir à une médiation. Traité de Paris, 1856, art. 8 : « S'il survenait, entre la Sublime Porte et l'une ou plusieurs des autres puissances signataires, un dissentiment qui menaçât le maintien de leurs relations, la Sublime Porte et chacune de ces puissances, avant de recourir à l'emploi de la force, mettront les autres parties contractantes en mesure de prévenir cette extrémité par leur action médiatrice ». — Convention de Berlin, 1885, art. 12 : « Dans le cas où un dissentiment sérieux, ayant pris naissance au sujet ou dans les limites des territoires mentionnés à l'art. 2 et placés sous le régime de la liberté commerciale, viendrait à s'élever entre des puissances signataires du présent acte ou des puissances qui y adhéreraient par la suite, ces puissances s'engagent, avant d'en appeler aux armes, à recourir à la médiation d'une ou plusieurs puissances amies ».

Traité de Yedo entre les États-Unis et le Japon, du 29 juillet 1858, art. 2 : « The president of the United States, at the request of the Japanese government, will act as a friendly mediator in such matters of difference as may arise between the government of Japan and any European power ».

On a désigné le principe de ces obligations sous le nom de « principe de la médiation internationale préalable pacifique ». Le troisième adjectif est de trop.

Au moyen âge, les papes ont été les médiateurs par excellence; comme tels, ils ont empêché des guerres, et contribué à maints traités de paix. Le pape était médiateur entre la France et l'empereur à Münster, Venise l'était à Osnabrück entre la France et la Suède. Le pape et l'Angleterre étaient médiateurs à Nimègue. La Suède fut médiatrice à Ryswyck. La Russie à Teschen. La France à Versailles en 1785. La Grande-Bretagne l'a été maintes fois, entre autres en 1825, pour l'indépendance du Brésil, entre cette ancienne colonie et le Portugal, et en 1874, par son ministre à Péking, entre la Chine et le Japon, pour l'affaire de Formose. En 1866, Napoléon III se posa spontanément en médiateur entre l'Autriche d'une part, la Prusse et l'Italie de l'autre ; il contribua aux préliminaires de Nicolsbourg. Il fit de même en 1856, dans le conflit entre la Prusse et la Suisse, pour Neuchâtel. En 1878, la paix de San Stefano mécontentant et inquiétant l'Europe, et la Grande-Bretagne protestant ainsi que l'Autriche-Hongrie, le prince de Bismarck intervint et fit jouer à l'Allemagne, avec plein succès, le rôle d'un « honnête courtier ».

Une récente et mémorable médiation papale, que l'on a quelquefois, à tort, qualifiée d'arbitrage, est celle qui a eu lieu dans l'affaire des Carolines (1). Le 25 août 1885, après des pourparlers qui avaient duré près de trois semaines, le pavillon allemand était arboré sur l'île Yab. Le 31 août, l'Allemagne accepta un arbitrage. Le 4 septembre, un vif mécontentement se manifesta à Madrid ; la légation allemande fut insultée. Le 25 septembre, l'Allemagne proposa, au lieu d'un arbitrage, la médiation du pape. L'Espagne l'accepta. Dans la note du 22 octobre, Léon XIII formula une proposition, laquelle, acceptée par l'empereur d'Allemagne et par le roi d'Espagne, a servi de base au protocole qui fut signé à Rome par les représentants de l'Allemagne et de l'Espagne auprès du Saint-Siège, le 17 décembre 1885.

Si les exemples de médiation offerte et acceptée sont innombrables, les exemples de refus ne manquent pas. La Suède a refusé en 1643 la médiation du Danemark ; la Porte en 1827 celle de la France, de la Grande-Bretagne et de la Russie ; elle fut bien obligée de l'accepter après Navarin. L'Autriche a décliné, en 1848, la médiation anglaise.

Le droit des gens ne connaît pas de médiation armée. On s'est servi de cette expression pour désigner l'intervention militaire mentionnée ci-dessus, au numéro 165. C'est sans aucune raison juridique qu'en 1859 on a parlé de l'éventualité d'une médiation armée de la Prusse.

Il arrive que le nom et la forme d'une médiation couvrent une intervention amiable dans les affaires intérieures d'un État. Telle fut la médiation de Napoléon en Suisse, qui aboutit à l'acte de médiation du 19 février 1803 (2).

(1) Soderini, *La mediazione di Leone XIII nel conflitto ispagno-tedesco sulle isole Caroline*. 1886. — Bulmerincq, au § 8 cité, insiste sur le caractère politique du recours à la médiation papale, dont l'importance juridique a été fort exagérée. Dans la question même, l'Allemagne avait raison.

(2) Ci-dessus, § 31, 86, I.

§ 59. — L'ARBITRAGE (1).

168. Arbitrage, compromis, clause compromissoire.

I. *Arbitrage et compromis.*

L'arbitrage, entre États comme entre particuliers, suppose l'existence d'un compromis, c'est-à-dire d'une convention par laquelle les parties s'engagent l'une envers l'autre à soumettre leur différend à un arbitre, ou à un tribunal arbitral ou commission arbitrale, dont elles promettent d'accepter la décision.

(1) Ouvrages cités plus haut : Bulmerincq, au Manuel de Holtzendorff, t. IV, § 9-16 ; Lueder, § 56 du même volume. — Calvo, t. III, 1706-1806. — Pradier-Fodéré, t. VI, 2602-2631. — Martens, t. III, § 104.—Nys, *Origines du droit international*, p. 52-61. —Les ouvrages spéciaux traitant de l'arbitrage sont nombreux depuis quelques années,en France surtout. Je n'en cite que quelques-uns. — Rouard de Card,*L'arbitrage international dans le passé, le présent, l'avenir*. (1876) 1877. *Les destinées de l'arbitrage international depuis la sentence rendue par le tribunal de Genève*. 1892. — Rolin-Jaequemyns, *De l'arbitrage comme moyn d'accommoder les différends entre nations*. 1883. — Kamarowsky, trad. par Serge de Westman, *Le tribunal international*. 1887. — Ferdinand Dreyfus, *L'arbitrage international*. 1892. — Michel Revon, *L'arbitrage international*. 1892 (ouvrage couronné). — A. Mérignhac, *Traité théorique et pratique de l'arbitrage international*. 1895. — Al. Corsi, *Arbitrati internazionali*. 1894. — Ed. Descamps, *Essai sur l'organisation de l'arbitrage international*, R. D. I., t. XXVIII. 1896. — La littérature ancienne est très pauvre, ce qui n'a rien d'étonnant. C'est pourquoi l'on continue à citer la dissertation inaugurale d'un jeune Suisse, Abraham Haldimand, lors même que les arbitrages entre États n'y sont traités qu'incidemment : *De modo componendi controversias inter aequales, et potissimum arbitris compromissariis*. Leyde, 1738. Outre cette brochure, Ompteda ne cite que deux ou trois ouvrages ayant trait aux *modi componendi gentium controversias*, et Kamptz n'y ajoute rien.

Différence entre l'arbitrage et la médiation. Ulpien, L. 13, § 2, *De receptis*, 4, 8 : « Recepisse autem arbitrium videtur, ut Pedius libro nono dicit, qui judicis partes suscepit finemque se sua sententia controversiis impositurum pollicetur. Quod si, inquit, hactenus intervenit, ut experiretur, an consilio suo vel auctoritate discuti litem paterentur, non videtur arbitrium recepisse ».

Différence entre l'arbitrage, *arbitrium*, et l'arbitration. L'arbitration, *arbitratio*, est une expertise. « L'arbitre doit toujours décider une contestation entre les parties. Si, par exemple, on n'est pas d'accord sur la question de savoir quelle convention est intervenue entre les parties ou quelles obligations découlent de la convention, les deux parties affirment qu'un certain contenu du traité a été voulu en commun, mais chacune d'elles affirme un contenu différent ; en tant que la concordance des volontés n'est pas clairement établie, chaque partie se réfère à une règle juridique qui lui est favorable : ainsi quant au temps ou au lieu de l'accomplissement de l'obligation, quant à la monnaie dans laquelle le paiement doit être fait, etc. — L'*arbitrateur* ou taxateur (*Schätzer*) doit, par son prononcé, fixer un point que les parties n'ont pas fixé, mais ont laissé ouvert, soit au moment de la conclusion, soit au moment de l'exécution de la convention, et cela à dessein et dans l'intention de le faire fixer plus tard par un tiers : ainsi le montant d'un prix d'achat, de parts sociales, d'un droit d'emmagasinage, la qualité d'un ouvrage, la solvabilité d'une caution, l'étendue d'un dommage, la qualité et la quantité de marchandises livrées, etc. L'arbitrateur doit compléter la fixation que les contractants ont laissée incomplète, en leur lieu et place, et en entrant, pour ainsi dire, dans leur esprit. Or, en de telles fixations, la règle est que les parties contractantes attendent de l'arbitrateur un prononcé équitable, c'est-à-dire conforme à l'état des choses, et que, si cette attente est trompée, si l'arbitrateur ne fait pas la fixation en *vir bonus*, il y a réduction par le juge *ad viri boni arbitrium*... La ligne de démarcation peut, dans tel cas particulier, être difficile à tracer (1) ». —Proculus, L. 76, *Pro socio*, 17,2 :... « Arbitrorum enim genera sunt duo, unum ejusmodi,ut sive aequum sit sive iniquum, parere debeamus (quod observatur, cum ex compromisso ad arbitrium itum est), alterum ejusmodi, ut ad boni viri arbitrium redigi debeat,etsi nominatim persona sit comprehensa, cujus arbitratu fiat ... ».

L'arbitrage était fréquent dans l'antiquité ; Rome, souvent médiatrice, était souvent aussi arbitre. On y recourait volontiers, au moyen âge. Dans les temps modernes, à partir du XVIe siècle, les exemples s'en font rares. On en cite quelques-uns au XVIIe. Au XVIIIe, il y en a moins encore, si bien que Klüber a pu dire, sans trop exagérer, en 1819, que durant des siècles l'arbitrage international avait été négligé presque entière-

(1) Goldschmidt, R. D. I., t. VI, p. 425-427. 1874.

ment, et demander : « Pourquoi n'en revient-on pas aux arbitres ? ». On y est revenu. L'arbitrage est fort à la mode aujourd'hui. De plus en plus l'habitude paraît se prendre de recourir d'emblée, dès la première difficulté, à cette voie de procédure, au lieu de chercher à moyenner un arrangement par négociation directe, d'État à État. Il n'est pas certain que ce soit de tout point un progrès. « Publicistes, jurisconsultes et législateurs éprouvent aujourd'hui un engouement exagéré pour l'arbitrage. On réclame l'insertion de la clause compromissoire dans tous les traités et en toutes les matières. Les gouvernements, il est vrai, font la sourde oreille ; peut-être n'ont-ils pas toujours tort » (1). Cet engouement est surtout le fait des publicistes et journalistes, des orateurs de congrès philanthropiques ou prétendus tels. Les jurisconsultes, les hommes d'État se tiennent sur la réserve. Quant aux législateurs, aux membres des parlements, on sait que, grâce au suffrage universel ou quasi-universel, ils forment une société assez mêlée et que leur autorité morale et intellectuelle est souvent contestable.

Quantité d'exemples anciens d'arbitrage sont donnés par M. Kamarowsky et par M. Nys dans les ouvrages cités. Voici, classés par matières, quelques cas récents, offrant de l'importance ou de l'intérêt ; plusieurs d'entre eux sont célèbres et seront mentionnés plus d'une fois.

Questions de souveraineté territoriale, de territoire, de limites.— Entre la Grande-Bretagne et le Portugal, à propos de l'île de Bulama, une des îles Brissago, près de la côte de Sénégambie, 1869-1870 ; décidée contre la Grande-Bretagne par le président des États-Unis. — Entre la Grande-Bretagne et le Portugal, concernant la baie de Delagoa, ou Lourenço Marquez, 1875 ; décidée contre la Grande-Bretagne par le président de la République française. — Entre la Grande-Bretagne et les États-Unis, au sujet de la frontière nord-est ; compromis du 29 septembre 1827, sentence arbitrale du 10 janvier 1831, rejetée par les deux parties ; l'arbitre était le roi des Pays-Bas. — Entre la Grande-Bretagne et les États-Unis, à propos de l'archipel de San-Juan ou de Haro, dont la souveraineté était réclamée par chacun des deux États, ensuite du manque de précision des termes du traité de limites de 1846 ; 1871-1872 ; arbitre l'empereur d'Allemagne, sentence défavorable à la Grande-Bretagne.— Entre l'Italie et la Suisse, au sujet de l'alpe Cravaïrola ; surarbitre le ministre des États-Unis à Rome, 1873-1875.— Entre Costa-Rica et Nicaragua, règlement de limites; arbitre le président des États-Unis, 1886-1888. — Entre Costa-Rica et la Colombie, limites ; arbitre le gouvernement espagnol, 1888. — Entre la Colombie et Vénézuéla ; arbitre la reine-régente d'Espagne, sentence de mai 1891. — Entre la France et les Pays-Bas, au sujet des limites de la Guyane française et

(1) Chrétien, *Droit international codifié* de Fiore, préface. 1890.

de Surinam ; arbitre le tsar ; sentence du 25 mai 1891, fixant la limite. — Entre la Grande-Bretagne et les États-Unis ; question de mer territoriale et de mer libre, pêche du phoque dans la mer de Behring ; compromis 29 février 1892 ; commission arbitrale siégeant à Paris sous la présidence du baron de Courcel ; sentence du 15 août 1893, favorable à la Grande-Bretagne (1). — En 1893, dans la contestation concernant les limites du royaume de Siam et de l'Indo-Chine française, le Siam a proposé un arbitrage, que la France a refusé. — Contestation franco-brésilienne, 1895 ; arbitre le président de la Confédération suisse.

Questions de saisie de navires, de marchandises, de valeurs. — Entre la France et la Grande-Bretagne, 1843, saisie de navire sur la côte de Portendik (Sénégal) ; arbitre, le roi de Prusse. — Entre le Chili et les États-Unis ; affaire du *Macedonian*, 1821 ; arbitre, le roi des Belges, sentence du 15 mai 1863. — Entre le Japon et le Pérou, affaire du *Maria-Luz*, 1873 ; arbitre, l'empereur de Russie.— Entre la France et le Nicaragua ; affaire du *Phare*, 1879-1880 ; arbitre, la cour de cassation française, arrêt rendu toutes chambres réunies, le 29 juillet 1880. — Entre le Danemark et les États-Unis, affaire du *Ben Franklin* et de la *Catherine Augusta* (1854-1855) ; compromis de 1888, arbitre sir Edmond Monson, ministre d'Angleterre à Athènes ; sentence du 22 janvier 1890 (2).

Questions des droits et devoirs des neutres. — Entre les États-Unis et le Portugal, affaire de l'*Armstrong*, 1814 ; sentence arbitrale 1852 ; arbitre le président de la République française. — Entre les États-Unis et la Grande-Bretagne, affaire de l'*Alabama* ; compromis à Washington le 8 mai 1871 ; arbitrage à Genève ; sentence rendue le 14 septembre 1872, contre la Grande-Bretagne (3).

Questions de violences et d'abus d'autorité commis au préjudice d'étrangers. — Entre la Grande-Bretagne et le Brésil, affaire des officiers de la *Forte*, 1863 ; arbitre le roi des Belges. — Entre la Grande-Bretagne et le Pérou, affaire White, 1864 ; arbitre le sénat de Hambourg. — Entre les États-Unis et Haïti, affaire Pelletier et Lazarus, 1884 ; arbitre un citoyen des États-Unis, ancien juge à la cour suprême. — Entre l'Angleterre et les Pays-Bas, affaire du Costa-Rica-Packet, 1894-1896 ; arbitre, nommé par le gouvernement russe, M. de Martens.

Questions de dommages-intérêts à la suite de guerre. — France et

(1) Ci-dessus, § 10, 33, III ; § 18,47, II. Ci-après, III. — Geffcken, R. D. I., t. XXII, p.229-233 (1890), t.XXIII, p. 236-242 (1891). — Barclay, *La question des pêcheries dans la mer de Behring*, R. D. I., t. XXV, p. 417-465. 1893.

(2) Rolin-Jaequemyns, R. D. I., t. XXII, p. 360-365.

(3) Ci-après, III. — Ci-dessous, § 68, 213, 215, III.

Mexique, après le traité de Vera-Cruz 1839 ; arbitre la reine de la Grande-Bretagne, sentence 1er août 1844.

Dommages-intérêts à la suite de déprédations commises par des Indiens. — Grande-Bretagne et Mexique. Compromis du 4 juillet 1868 ; surarbitre M. Lieber, puis sir Ed. Thornton. Sentence du 16 avril 1874.

Droits de pêche, servitudes y relatives.— Entre la France et la Grande-Bretagne, concernant les pêcheries de Terre-Neuve. Traités d'Utrecht 1713, de Paris 1763, de Versailles 1783, de Paris 1814, 1815, 1857. *Modus vivendi* 1890. Compromis du 11 mars 1891. — Pêcheries de la mer de Behring, voyez plus haut, à propos des questions de souveraineté territoriale. — Entre la Grande-Bretagne et les États-Unis, compromis de Washington, du 8 mai 1871 ; sentence rendue à Halifax le 23 novembre 1877, non acceptée par les États-Unis.

Question de concession ou d'affermage d'administration et d'impôts. — Affaire de l'île de Lamu (Zanzibar), entre l'Allemagne (compagnie allemande de Witu) et la Grande-Bretagne (East-Africa-Company) ; arbitre, le baron Lambermont, ministre d'État du roi des Belges ; sentence arbitrale du 17 août 1889 (1).

Questions d'interprétation de traités. — Entre la Grande-Bretagne et les États-Unis, 1822 : article 1er du traité de Gand du 24 décembre 1814 ; arbitre le tsar ; sentence du 22 avril 1822. — Entre Costa-Rica et Nicaragua, sur le traité du 15 avril 1858 ; arbitre le président des États-Unis ; sentence 1888. — Entre la Grande-Bretagne et Nicaragua, sur le traité du 28 janvier 1860 ; arbitre l'empereur d'Autriche ; sentence 1881. — En 1894, la Suisse a proposé à l'Italie un arbitrage touchant l'interprétation du traité de commerce de 1892, en vertu de la clause compromissoire contenue dans ce traité ; l'Italie a refusé.

II. *Clause compromissoire. Traités compromissoires. Traités d'arbitrage permanent* (2).

Quelquefois, fréquemment même depuis quelques années, le compromis est conclu en vertu d'une clause compromissoire, insérée dans les traités, par laquelle les parties contractantes prennent l'engagement réciproque de recourir à un arbitrage en cas de contestation sur le contenu, l'interprétation, l'exécution du traité. Cette clause peut être plus ou moins large, plus ou moins explicite, pré-

(1) R. D. I., t. XXI, p. 354-361 ; t. XXII, p. 349-360.

(2) Pradier-Fodéré, *La question de l'arbitrage devant la conférence internationale américaine de Washington*, R. D. I., t. XXII, p. 537-555.— Emile Arnaud, *Les traités d'arbitrage permanent entre peuples*. 1895. — M. Descamps, *Essai* cité p. 166, énumère plusieurs traités ou clauses d'arbitrage permanent, actuellement en vigueur.

ciser les conditions que devra remplir le compromis. Le compromis même ne s'y trouve en général pas encore.

« Indiquée d'une façon vague dans quelques traités de date déjà ancienne, dit M. de Card (1892), cette stipulation n'est devenue d'un usage fréquent que dans ces vingt dernières années ».

M. de Card cite plusieurs exemples de clauses compromissoires insérées dans des traités de commerce et de navigation, dans des conventions consulaires et d'établissement, dans des conventions relatives au service international des postes, et dans des conventions relatives à la délimitation de territoires.

Convention du 9 octobre 1874, fondant l'Union générale des postes, art. 16 : « En cas de dissentiment entre deux ou plusieurs membres de l'Union postale, la question en litige devra être réglée par jugement arbitral ; à cet effet, chacune des administrations en cause choisira un autre membre de l'Union, qui ne soit pas intéressé dans l'affaire. La décision des arbitres sera donnée à la majorité absolue des voix. En cas de partage des voix, les arbitres choisiront, pour trancher le différend, une autre administration, également désintéressée dans le litige ». — Traité de commerce, du 22 mars 1894, entre la Suisse et la Norvège. « Art. 7 : Dans le cas où un différend sur l'interprétation ou l'application du présent traité s'élèverait entre les Hautes Parties contractantes et ne pourrait pas être réglé à l'amiable par voie de correspondance diplomatique, celles-ci conviennent de le soumettre au jugement d'un tribunal arbitral dont elles s'engagent à respecter et à exécuter loyalement les décisions. Le tribunal arbitral sera composé de trois membres. Chacune des deux parties contractantes en désignera un, choisi en dehors de ses nationaux et des habitants du pays. Ces deux arbitres nommeront le troisième. S'ils ne peuvent s'entendre pour ce choix, le troisième arbitre sera nommé par un gouvernement désigné par les deux arbitres ou, à défaut d'entente, par le sort ».

Dans l'acte de Berlin du 26 février 1885, art. 12, les puissances, après s'être engagées, avant d'en appeler aux armes, à recourir à la médiation d'une ou de plusieurs puissances amies, se réservent, pour le même cas, « le recours facultatif à l'arbitrage ». La demande de médiation est donc obligatoire et l'arbitrage facultatif.

L'Institut de droit international a pris à Zurich, en 1877, la résolution suivante : « L'Institut de droit international recommande avec instance d'insérer dans les futurs traités internationaux une clause compromissoire, stipulant le recours à la voie de l'arbitrage en cas de contestation sur l'interprétation et l'application de ces traités ». Cette résolution fut prise sur la proposition de M. Bluntschli et en suite d'une lettre de M. Mancini, alors ministre de la justice et des grâces du royaume d'Italie, où je relève ces lignes : « J'espère que, dans le plus grand nombre des traités de commerce et de navigation qui forment en ce moment l'objet de négociations entre l'Italie et les gouvernements étrangers, il sera possible d'introduire une clause compromissoire... Tous mes efforts seront consacrés à faire accepter ce système ».

L'Italie, grâce à l'influence et aux efforts de M. Mancini, a fait insérer la clause compromissoire dans nombre de traités récents où elle est partie ; pour l'Italie, la clause devient de style.

Les motions en faveur de l'arbitrage qui ont été faites et votées dans divers parlements, contiennent généralement l'expression du désir de voir insérer dans les traités la clause compromissoire. Ainsi la motion Couvreur et Thonissen, dans la chambre des représentants du royaume de Belgique, 1875 : « Le gouvernement, chaque fois qu'il jugera pouvoir le faire sans inconvénient, s'efforcera, en négociant des traités, de faire admettre que les différends qui pourraient surgir quant à leur exécution, seront soumis à une décision d'arbitres ».

On conclut aussi des traités compromissoires généraux ou traités d'arbitrage permanent, par lesquels les États contractants s'engagent à soumettre à des arbitres les contestations de toute nature qui pourront s'élever entre eux.

« Assez rares jusqu'en 1882, dit M. de Card, ces traités deviennent nombreux à partir de cette époque. Le mouvement commence parmi les républiques de l'Amérique centrale, il gagne bientôt les États de l'Amérique du Nord et de l'Amérique du Sud, et même se communique à l'Europe. Des pactes se forment qui vont unir tantôt les États américains entre eux, tantôt ceux-ci avec les États européens ». M. de Card en cite plusieurs. Leur multiplicité même peut faire douter de leur valeur, et l'histoire récente de l'Amérique espagnole justifie le doute. La « grande conférence des nations américaines » de 1890, a fait à Washington un superbe traité d'arbitrage, qu'une dizaine d'États ont signé, avec une plume d'or, le 28 avril 1890, en y joignant une « recommandation aux puissances européennes », conçue en ces termes : « Cette conférence ayant recommandé l'arbitrage pour l'arrangement des différends entre les républiques américaines, elle demande la permission d'exprimer le désir que les controverses entre lesdites républiques et les nations de l'Europe puissent être terminées de la même manière amicale... » La vieille Europe, que l'expérience a rendue quelque peu sceptique, n'a guère pris au sérieux cette modeste invitation.

Un traité est projeté, depuis une quinzaine d'années, entre la Suisse et les États-Unis d'Amérique. Le texte proposé par le conseil fédéral, du 24 juillet 1883, mérite d'être reproduit : « 1° Les deux États contractants s'engagent à soumettre à un tribunal arbitral toutes les difficultés qui pourraient naître entre eux pendant la durée du présent traité, quels que puissent être la cause, la nature ou l'objet de ces difficultés. 2° Le tribunal arbitral sera composé de trois personnes. Chacun des États désignera l'un des arbitres. Il le choisira parmi les personnes qui ne sont ni les ressortissants de l'État, ni les habitants de son territoire. Les deux arbitres choisiront eux-mêmes leur surarbitre. S'ils ne peuvent s'entendre sur ce choix, le surarbitre sera nommé par un gouvernement neutre. Ce gouvernement sera lui-même désigné par les deux arbitres ou, à défaut d'entente, par le sort. 3° Le tribunal arbitral, réuni par les soins du surarbitre, fera rédiger un compromis, qui fixera l'objet du litige, la composition du tribunal et la durée des pouvoirs de ce dernier ; ce compromis sera signé par les représentants des parties et par les arbitres. 4° Les arbitres détermineront leur procédure. Ils useront, pour éclairer leur justice, de tous les moyens d'information qu'ils jugeront nécessaires, les parties s'engageant à les mettre à leur disposition. Leur sentence sera communiquée aux parties. Elle sera exécutoire de plein droit, un mois après cette communication. 5° Chacun des États contractants s'engage à observer et à exécuter loyalement la sentence arbitrale. 6° Le présent traité est fait pour la durée de trente années à partir de l'échange des ratifications. S'il n'est pas dénoncé avant le commencement de la 30e année, il sera renouvelé pour une nouvelle période de 30 ans, et ainsi de suite ». Les États-Unis et la Suisse ne sont probablement pas exposés à se faire jamais la guerre ; néanmoins la communication du projet ci-dessus est, sauf erreur, restée sans réponse jusqu'à ce jour. Le traité d'amitié, d'établissement et de commerce entre la Suisse et l'État du Congo, du 16 novembre 1889, contient, à l'article 13, une clause d'arbitrage permanent.

La conférence interparlementaire qui a siégé à Bruxelles en 1895, a voté des résolutions concernant la création d'une cour permanente d'arbitrage, et un projet de règlement qui cherche à concilier avec la réalisation d'une certaine universalité de l'arbitrage, le maintien de l'indépendance des États. Ce projet a été communiqué aux gouvernements, avec l'*Essai* de M. Descamps, président de la conférence.

Le traité de Guadalupe-Hidalgo du 2 février 1848, de paix, amitié, limites, entre les États-Unis d'Amérique et le Mexique, contient une clause compromissoire d'une nature particulière, à l'art. 21 : « En cas de différend, les gouvernements se promettent l'un à l'autre de faire les efforts les plus sincères et les plus empressés pour régler ce différend et pour maintenir l'état de paix et d'amitié dans lequel se placent à présent les deux États, en usant dans ce but de représentations réciproques et de négociations pacifiques. Et si par ces moyens ils ne parviennent pas à un arrangement, le recours pour cette raison à des représailles, à une agression ou à des hostilités d'aucune sorte ne devra pas avoir lieu par une république contre l'autre avant que le gouvernement de celle qui se croira lésée, ait mûrement réfléchi, dans un esprit de paix et de bon voisinage, s'il ne vaudrait pas mieux que ce différend fût réglé par l'arbitrage de commissaires nommés de part et d'autre ou par celui d'une nation amie. Et dans le cas où ce mode de procéder sera proposé par l'une des parties, l'autre devra y accéder, à moins qu'elle ne le juge incompatible avec la nature du différend ou les circonstances de l'affaire (1) ».

III. *Éléments du compromis.*

Le compromis entre États doit contenir l'indication du litige et des prétentions qui sont en présence, et la désignation de l'arbitre ou des arbitres.

Il peut contenir la désignation de l'endroit et du temps où le jugement arbitral aura lieu et où la sentence sera rendue, ainsi que la détermination de la procédure qui sera suivie, et des principes selon lesquels le litige sera jugé : principes du droit des gens positif ou naturel, équité, principes généraux du droit, ou encore prescrire l'application d'une législation particulière, telle que le code Napoléon ; il peut établir certaines règles positives, sur lesquelles les États en conflit déclarent être dès à présent d'accord.

Il peut conférer ou dénier à l'arbitre la qualité d'amiable compositeur, c'est-à-dire lui donner ou lui refuser le pouvoir d'accommoder le différend au mieux. On admet, dans le doute, que l'arbitre n'a pas cette qualité. Car les États, comme les particuliers, sont présumés renoncer à leurs droits le moins possible. L'arbitre est libre de suggérer une transaction, mais il n'a pas mission de l'imposer, tandis que sa sentence, disant droit entre les parties, leur est, de par leur propre consentement, imposée.

En cas de silence ou d'obscurité du compromis, l'arbitre n'est pas juge de sa propre compétence. En effet, il n'est qu'un mandataire, et n'a d'autres pouvoirs que ceux qui lui sont conférés par la volonté des États parties au compromis. Il devra donc, le cas échéant, demander à ceux-ci de préciser le compromis ou de le compléter.

(1) Calvo, t. III, 1734. Comparez § 55, 160, II et § 71, 227.

Dans la sentence qu'il rendit en 1334, entre le roi de Bohême et plusieurs princes allemands, d'une part, et le duc de Brabant, d'autre part, Philippe de Valois se déclare « nommé et élu juge, traiteur et amiable compositeur entre hauts hommes, nos chers amis, etc. (1) ».

Le compromis anglo-portugais concernant la baie de Delagoa portait que « si l'arbitre ne pouvait décider entièrement en faveur de l'une des deux réclamations, il serait prié de donner telle décision qui, selon lui, offrirait une solution équitable de la difficulté ». C'était une extension de la mission ordinaire des arbitres. Une autre extension, ou plutôt une mission spéciale, étrangère à l'arbitrage proprement dit, a été donnée par le compromis anglo-américain du 29 février 1892 aux arbitres chargés de juger le différend relatif à la mer de Behring, savoir de déterminer éventuellement les règlements qu'il serait nécessaire de prendre en commun « en dehors des limites juridictionnelles des gouvernements respectifs, et les eaux sur lesquelles ces règlements devraient porter (2) ».

Par convention du 28 avril 1890, la tâche assumée par le tsar d'arbitrer entre la France et les Pays-Bas dans la question de limites en Guyane, a été modifiée en ce sens que l'arbitre « était éventuellement autorisé, comme solution intermédiaire, à adopter et à déterminer une autre limite, passant par le territoire contesté ». — Ce rôle de l'arbitre est conforme à celui qu'à Rome le juge, *arbiter*, avait dans l'action *finium regundorum*, action divisoire. M. Rolin-Jaequemyns ne considère pas l'introduction de cette clause dans les compromis internationaux comme un précédent utile et recommandable. On sait que l'adjudication n'est pas un mode d'acquisition reçu en droit international (3).

Quand le compromis porte que l'arbitre jugera selon les principes généraux du droit, de quel droit s'agit-il ? Avant tout, la réponse se déduira de la volonté reconnaissable des parties ; à défaut de volonté reconnaissable, il y aura lieu d'appliquer le droit romain, droit général, commun aux différents peuples de la communauté internationale. « Qui jus romanum audit, dit Bynkershoek, vocem fere omnium gentium videtur audire ». Phillimore n'exagère que fort peu lorsqu'il dit : « The Roman law may in truth be said to be the most valuable of all aids to a correct and full knowledge of international jurisprudence, of which it is indeed, historically speaking, the actual basis (4) ».

Règlement de l'Institut de droit international (1875), art. 18 : « Le tribunal arbitral juge selon les principes du droit international, à moins

(1) Nys, *Origines du droit international*, p. 53.

(2) Renault, *Une nouvelle mission donnée aux arbitres dans les litiges nternationaux*. R. G. D. I. P., t. I, p. 445.

(3) Ci-dessus, § 12, 38, I. — Rolin-Jaequemyns, R.D.I., t. XXIII, p. 83-86.

(4) Comparez ci-dessus, § 2, 5, I et IV ; § 54, 147.

que le compromis ne lui impose des règles différentes ou ne remette la décision à la libre appréciation des arbitres ».

Un compromis particulièrement instructif est celui qui fut conclu entre la Grande-Bretagne et les États-Unis d'Amérique, par le traité de Washington du 8 mai 1871, en vue de régler amicalement les divergences nées de la conduite de l'Angleterre durant la guerre de sécession, notamment à l'occasion des actes commis par les croiseurs sudistes, qui ont donné naissance aux réclamations désignées sous le nom de réclamations de l'Alabama (*Alabama claims*) : « Afin d'écarter et d'arranger toutes plaintes et réclamations de la part des États-Unis, et de pourvoir au prompt règlement de telles réclamations qui ne sont pas admises par le gouvernement de S. M. britannique, les Hautes Parties contractantes conviennent que toutes lesdites réclamations, résultant (*growing out*) des actes commis par les navires susmentionnés et connus sous la désignation générale de « *The Alabama claims* », seront déférées à un tribunal arbitral, lequel sera composé de cinq arbitres à désigner de la façon suivante... ». Le traité prescrit le mode de désignation des arbitres, prévoit les cas de mort, absence, incapacité de l'un d'eux, puis il continue en ces termes : « Les arbitres se réuniront à Genève, en Suisse, au jour le plus prochain qui conviendra après leur nomination, et ils procèderont impartialement et soigneusement à l'examen et à la décision de toutes les questions qui leur seront soumises... Toutes les questions que le tribunal examinera, y compris le jugement final, seront décidées par la majorité de tous les arbitres. Chacune des Hautes Parties contractantes devra aussi nommer une personne qui assistera le tribunal en qualité de son agent pour la représenter généralement dans toutes les affaires en rapport avec l'arbitrage ». A l'art. 6, le traité pose trois règles sur les devoirs des neutres, lesquelles sont connues sous le nom de *Règles de Washington* (1) : « Dans la décision de toutes les questions soumises aux arbitres, ceux-ci doivent se gouverner selon les trois règles suivantes, que les Hautes Parties contractantes s'accordent à adopter comme règles devant être tenues pour applicables au présent cas, et selon tels principes du droit international, non incompatibles avec ces règles, que les arbitres reconnaîtront comme applicables au cas ».

Le compromis anglo-américain du 29 février 1892, concernant la mer territoriale et la pêche du phoque, est remarquable à plus d'un titre (2). L'art. 6 formule exactement les questions à trancher : « En vue de la décision des questions soumises aux arbitres, il est convenu que les cinq points suivants leur seront posés, afin que leur sentence comporte une décision distincte sur chacun de ces dits cinq points, savoir : 1.

(1) Ci-dessous, § 68, 215, III.
(2) Ci-dessus, I ; § 10, 33, III ; § 18, 47, II.

Quelle juridiction, dans la mer connue aujourd'hui sous le nom de mer de Behring, et quels droits exclusifs dans les pêcheries de phoques, la Russie a-t-elle revendiqués et exercés avant et jusqu'à l'époque de la cession d'Alaska aux États-Unis ? — 2. Jusqu'à quel point ces revendications de juridiction, au point de vue des pêcheries, furent-elles reconnues et concédées par la Grande-Bretagne ? — 3. La partie d'eau actuellement connue sous le nom de mer de Behring était-elle comprise dans l'expression « Océan Pacifique », telle qu'elle est employée dans le traité de 1825 avenu entre la Grande-Bretagne et la Russie ; et la Russie a-t-elle possédé et exercé, après ledit traité, des droits dans la mer de Behring, et quels ont été ces droits ? — 4. Tous les droits de la Russie, au point de vue de la juridiction et des pêcheries de phoques dans la mer de Behring, à l'est de la limite d'eau, établis par le traité avenu entre les États-Unis et la Russie le 30 mars 1867, ne sont-ils pas dévolus intacts aux États-Unis, aux termes de ce traité ? — 5. Les États-Unis ont-ils un droit quelconque et, le cas échéant, quel droit, de protection ou de propriété sur les phoques fréquentant les îles des États-Unis dans la mer de Behring, lorsque ces phoques se trouvent en dehors de la limite ordinaire de trois milles ? » — Un *modus vivendi* durant l'arbitrage, avec prévision du résultat que l'arbitrage pourrait avoir, a été prescrit par convention du 18 avril 1892.

Pêcheries de Terre-Neuve (1). Arrangement aux fins d'arbitrage entre la France et la Grande-Bretagne, signé à Londres le 11 mars 1891 : « Le gouvernement de la République française et le gouvernement de Sa Majesté britannique ayant résolu de soumettre à une commission arbitrale la solution de certaines difficultés survenues sur la partie des côtes de Terre-Neuve comprise entre le cap Saint-Jean et le cap Raye, en passant par le Nord, sont tombés d'accord sur les dispositions suivantes : — 1. La commission arbitrale jugera et tranchera toutes les questions de principe qui lui seront soumises par l'un ou l'autre gouvernement ou par leurs délégués, concernant la pêche du homard et sa préparation, sur la partie susdite des côtes de Terre-Neuve. — 2. Les deux gouvernements s'engagent, chacun en ce qui le concerne, à exécuter les décisions de la commission arbitrale. — 3. Le *modus vivendi* de 1890, relatif à la pêche du homard et à sa préparation, est renouvelé purement et simplement pour la saison de pêche de 1891. — 4. Une fois que les questions relatives à la pêche du homard et à sa préparation auront été tranchées par la commission, elle pourra être saisie d'autres questions subsidiaires relatives aux pêcheries de la partie susdite des côtes de Terre-Neuve et sur le texte desquelles les deux gouvernements seront préalablement tombés d'accord. — 5. La commission arbitrale sera composée : 1° de trois spécialistes ou jurisconsultes dési-

(1) Ci-dessus, § 23, 58, III.

gnés d'un commun accord par les deux gouvernements; 2° de deux délégués de chaque pays, qui seront les intermédiaires autorisés entre leurs gouvernements et les autres arbitres. — 6. La commission arbitrale ainsi formée de sept membres statuera à la majorité des voix et sans appel. — 7. Elle se réunira aussitôt que faire se pourra ». Un autre arrangement du même jour complète le premier en nommant les trois arbitres désignés d'un commun accord, et ajoute: « Les frais généraux de l'arbitrage et les honoraires des trois arbitres seront supportés par moitié par les deux gouvernements. Il est bien entendu que la commission, sauf dans le cas prévu par l'art. 4, écartera de ses discussions les questions qui lui seront soumises (*which may be submitted to it*) et qui ne seraient pas relatives à la pêche du homard et à sa préparation. Il est également entendu que le gouvernement de la République (de S. M. britannique) réserve expressément, avant la mise à exécution de l'arrangement précité, l'approbation des chambres françaises (du parlement britannique) ».

IV. *Conditions requises pour la validité du compromis.*

Le compromis, pour être valable, doit réaliser les diverses conditions requises pour la validité des conventions en général (1). Ceci concerne en particulier son objet, c'est-à-dire le litige. Il est évident que deux États ne sauraient compromettre efficacement sur des point où des États tiers seraient directement et juridiquement intéressés. Des litiges de toute espèce peuvent d'ailleurs faire l'objet d'un compromis. Si, par exemple, deux États s'accordaient pour soumettre à un tribunal arbitral une question politique, ils seraient certes bien libres de le faire. C'est cependant ici le lieu de constater qu'en règle générale l'arbitrage n'est un moyen approprié que pour la solution des contestations juridiques, et que l'on n'y saurait recourir utilement pour les conflits de nature politique. « Les questions politiques, de nature complexe, où des questions de nationalité, d'égalité de droits, de suprématie constituent soit le fond même, soit la cause latente, mais réelle, du différend, ces contestations, disons-nous, qui par leur nature même sont moins des questions de droit que des questions de puissance, se soustrairont toujours à ce mode

(1) Ci-dessus, § 49.

de règlement. Jamais des États en possession de quelque force de résistance ne s'inclineront devant un juge lorsqu'il s'agira de leurs intérêts suprêmes ou réputés tels. Les efforts les mieux intentionnés viendront forcément échouer contre les intérêts qu'ils suscitent (1) ». Par contestation juridique il faut entendre toute contestation susceptible d'être décidée par les principes du droit. Ainsi l'on compromettra sur des questions concernant la propriété de l'État, le territoire, les frontières ; concernant des indemnités réclamées pour violation des droits et devoirs de la neutralité, pour violation des droits des ressortissants étrangers ; concernant l'interprétation et l'exécution des traités, les privilèges diplomatiques ou consulaires, les droits de navigation, etc.

M. Goldschmidt continue en ces termes : « Aucun tribunal arbitral n'aurait pu prévenir les luttes séculaires entre l'Angleterre et la France au sujet des prétentions anglaises sur des parties du territoire français, ni les luttes de la France et de la maison d'Autriche et d'Espagne pour la prépondérance en Italie, ni celles des Hollandais et des Espagnols, ni la guerre de trente ans, ni les guerres entre l'Autriche et l'Italie, l'Autriche et la Prusse, l'Allemagne et la France, ni la grande guerre d'Amérique. Ni Louis XIV, ni Napoléon Ier, n'auraient consenti jamais à soumettre à des arbitres leurs prétentions à la domination du monde ».

Après avoir, dans l'ouvrage indiqué ci-dessus et qui date de 1892, examiné divers cas d'arbitrage récents, M. de Card en fait le résumé, et y joint une observation instructive, bonne à méditer pour les partisans de l'arbitrage universel : « Les contestations qui ont fait l'objet de compromis peuvent être classées de la façon suivante : cinq relatives à une délimitation de frontières, deux relatives à la possession de territoires, cinq à la saisie d'un navire ou à la confiscation d'une cargaison, trois à des actes violents et arbitraires commis au préjudice de sujets étrangers, une relative à des droits de navigation, deux relatives à des droits de pêche, une relative à la liquidation d'un compte. Nous voyons, d'après ce tableau, que toutes se rapportaient à des intérêts purement matériels et n'avaient qu'une importance secondaire : aucune ne mettait directement en jeu la souveraineté et l'indépendance d'un État (2) ».

Règlement de l'Institut de droit international, pour la procédure

(1) Goldschmidt, R. D. I., t. VI, p. 423. Comparez Trendelenburg, *Lücken im Völkerrecht*, p. 21.

(2) Comparez ci-dessus, I, p. 168-170.

arbitrale internationale (1875), art. 1er : « Le compromis est conclu par traité international valable... — 16 : Ni les parties ni les arbitres ne peuvent d'office mettre en cause d'autres États ou des tierces personnes quelconques, sauf autorisation spéciale exprimée dans le compromis et consentement préalable du tiers. L'intervention spontanée d'un tiers n'est admissible qu'avec le consentement des parties qui ont conclu le compromis ».

V. *Qui peut être arbitre.*

On choisit pour arbitre un État, c'est-à-dire le gouvernement de cet État ; un chef d'État, souverain, président, soit en sa qualité de chef d'État, soit à titre personnel. Il est naturel que le gouvernement ou chef d'État, nommé arbitre, ne fasse pas lui-même, en personne, les études et travaux que l'arbitrage nécessite ; il fait préparer les éléments de sa sentence par une ou plusieurs personnes qui ont sa confiance. Ce n'est point là, sauf volonté contraire des parties, une délégation de son mandat ; il reste toujours libre de s'approprier ou de rejeter le résultat du travail de ses aides ; s'il se l'approprie, il en est seul responsable. Il se peut que les parties, en le nommant, lui aient donné le pouvoir de déléguer son mandat.

On choisit aussi un corps ou collège, tel qu'un tribunal, une faculté de droit.

On choisit même un ou plusieurs particuliers.

Il va sans dire que les États compromettants sont libres de former le tribunal arbitral comme ils l'entendent. Ils peuvent nommer un seul arbitre ou plusieurs ; ils peuvent constituer un tribunal ou une commission où eux-mêmes sont représentés.

Tout dépendra de leur volonté, manifestée tant dans le compromis même qu'en des arrangements qui le suivent et le complètent, pris par les parties soit entre elles, soit avec l'arbitre ou les arbitres. On ne concevrait guère cependant une commission arbitrale exclusivement composée de leurs propres ressortissants. Pareille commission, même si elle était appelée arbitrale, ne serait pas un tribunal arbitral proprement dit, car ses membres ne pourraient être placés en dehors et, à certains égards et en quelque mesure, au-dessus de leurs gouvernements. Ce ne sera donc qu'une commission de spécialistes, chargés de préparer en commun pour leurs gouvernements un projet de solution que ceux-ci seront libres d'adopter ou de rejeter. On concevrait, à la vérité, que les États renonçassent par avance, l'un en faveur de l'autre, au droit de rejet. On ne présumera pas cette renonciation. Toutes les fois donc qu'il n'y aura pas preuve d'une intention telle, la commission composée exclusivement de nationaux des États en conflit sera simplement une commission mixte, et non une commission arbitrale (1). Mais si la commission mixte est organisée de telle sorte qu'en cas de dissentiment les membres nommeront un surarbitre pris en dehors des nations en différend, et si cette éventualité se réalise, on a bien, même sans qu'il en porte le nom, un tribunal arbitral, et par conséquent un arbitrage.

Au moyen âge les papes furent souvent, même habituellement, arbitres. Il semble qu'aujourd'hui les puissances catholiques devraient reprendre l'habitude de s'adresser à cet effet au Saint-Siège ; ce serait lui conférer une noble tâche, qu'il serait, par les forces morales et intellectuelles dont il dispose, particulièrement apte à remplir. « Les fonctions d'arbitre, dit Heffter, paraissent naturelles et dignes du chef d'une Église universelle, quand les parties les lui défèrent afin de conserver la paix ».

On choisissait souvent aussi des souverains, des princes ; on nommait arbitres des évêques, des parlements, des conseillers, des facultés de droit, ainsi celle de Bologne. Dans notre siècle, des arbitrages ont été confiés au roi des Pays-Bas, au roi des Belges, au roi de Prusse, à l'empereur allemand, au tsar, au conseil fédéral suisse, au président du tribunal fédéral, au gouvernement espagnol, au président des États-Unis, au président de la République française, à la cour de cassation française, au baron Lambermont, ministre d'Etat, secrétaire général du ministère des affaires étrangères de Belgique, à des diplomates, à des jurisconsultes (M: de Martens). Arbitrage de l'Alabama : le tribunal était formé de cinq arbitres, désignés chacun par une puissance, savoir, outre les parties en litige, par le Brésil, l'Italie et la Suisse.

Exemple de délégation autorisée par les parties : compromis du 11 avril 1839 entre les États-Unis et le Mexique; le roi de Prusse est nommé arbitre, et les États compromettants ajoutent que, les actes

(1) Ci-dessus, § 44, 128, I, et § 57, 164.

étant si volumineux que l'on ne saurait attendre de lui un examen personnel, le roi désignera une personne comme arbitre pour agir en son lieu et place, laquelle sera rémunérée par les deux parties. — Règlement de l'Institut, art. 11 : « Aucun arbitre n'est autorisé sans le consentement des parties à se nommer un substitut ».

169. Le *receptum arbitri*.

Entre les États compromettants, d'une part, et l'arbitre ou les arbitres désignés, d'autre part, intervient la convention d'arbitrage *sensu stricto*, ou *receptum arbitri*, convention par laquelle l'arbitre accepte la mission qui lui est conférée, et s'engage à juger le différend. L'offre et l'acceptation se font au moyen de communications diplomatiques.

Il se peut qu'en suite d'engagements antérieurs, l'État ou le souverain désigné soit obligé d'accepter la mission qui lui est conférée ; sauf ce cas, il est naturellement libre de la refuser. Il n'existe, en effet, aucune obligation générale d'acceptation. Il n'y a pas lieu de statuer des excusations, si ce n'est pour autoriser l'arbitre à se déporter d'un arbitrage déjà accepté ou même commencé.

Le déport, ou désistement, est licite pour cause d'impossibilité ou de grave difficulté survenue. Il paraît s'imposer dans le cas d'une brouille entre l'État arbitre, ou dont le chef est arbitre, et l'un des États compromettants, car la commune confiance, fondement premier du compromis, fait désormais défaut ; une situation se trouve créée, dans laquelle le compromis n'aurait certainement pas pris et pas pu prendre naissance.

Ulpien, L. 13, § 2, *De receptis*, 4, 8. Ci-dessus, 168, 1.

M. de Bulmerincq croit que les États et les souverains sont généralement obligés de se charger des arbitrages qui leur sont déférés, et il ne leur accorde point d'excuses, parce que, dit-il, « les gouvernements et les souverains délèguent une personne déterminée pour accomplir la tâche arbitrale ». J'ai déjà dit que ceci n'est point exact. Quant aux particuliers désignés comme arbitres, le même auteur leur permet de décliner ce mandat à raison de faits qui en rendent l'accomplissement impossible, tels qu'un âge avancé, une maladie, un voyage indispensable et urgent, des occupations absorbantes de fonctions ou de profession (1). M. de Bulmerincq suppose donc, même pour des particuliers, une obligation générale d'accepter, qui serait ici encore moins justifiée que chez les États ou chefs d'États, car pour ceux-ci, on pourrait à la rigueur déduire une obligation pareille de la participation à la communauté internationale. On ne le fait pas, et on a raison. Dans tout ceci, l'excellent auteur, entraîné par sa prédilection pour les systèmes, expose des principes qui ne sont pas en vigueur, et qui ne doivent pas être mis en vigueur. L'indépendance des États et même leur droit de conservation s'opposent à toute obligation générale en cette matière. Il peut, il doit presque, d'un arbitrage, résulter des froissements, des mécontentements auxquels l'État n'est nullement tenu de s'exposer, et auxquels le gouvernement ne doit pas l'exposer à la légère, par un sentiment d'internationalisme honorable, mais exagéré.

Il se peut toutefois que, dans certaines circonstances, l'acceptation du mandat d'arbitre constitue pour un État un office de morale internationale (2).

Règlement de l'Institut de droit international, art. 4 : « Seront capables d'être nommés arbitres internationaux les souverains et chefs de gouvernements sans aucune restriction, et toutes les personnes qui ont la capacité d'exercer les fonctions d'arbitre d'après la loi commune de leur pays. — 6 : La déclaration d'acceptation de l'office d'arbitre a lieu par écrit... » Art. 5 et 7 : ci-après, 171. — 19 : « Le tribunal arbitral ne peut refuser de prononcer sous le prétexte qu'il n'est pas suffisamment éclairé, soit sur les faits, soit sur les principes juridiques qu'il doit appliquer. Il doit décider chacun des points en litige. »

170. Procédure et sentence arbitrales.

La procédure peut être prescrite dans le compromis, d'une façon plus ou moins explicite et détaillée. Sinon, l'arbitre ou les arbitres la détermineront à leur guise.

A défaut de volonté contraire, la décision arbitrale est prise, s'il y a plusieurs arbitres, à la majorité des voix. A moins que le compromis n'ait prévu une seconde instance ou une revision, la sentence est définitive et sans appel (3).

Si un délai est fixé pour le jugement, la sentence rendue après l'expiration du délai est nulle ou sujette à être annulée.

(1) Au tome IV de Holtzendorff, § 9.

(2) Ci-dessus, § 1, 4.

(3) Comparez ci-après, 171.

Les parties n'ont d'ailleurs aucun moyen de contrainte envers l'arbitre ou le tribunal arbitral.

Un modèle de procédure à suivre a été fourni par l'Institut de droit international, qui dès la première année de son existence a mis à l'étude la question de la procédure arbitrale internationale. M. Goldschmidt présenta dans la session de Genève(1874) un projet complet, détaillé et soigneusement motivé,dont plusieurs articles sont transcrits ci-dessus, et dont j'avais fait la rédaction française; ce projet fut discuté dans deux sessions,à Genève et à La Haye,et adopté.Dans la session de Zurich (1877) on l'a complété, sur la proposition de M. Bluntschli,en recommandant la clause compromissoire,et l'addition à cette clause de la disposition suivante : « Si les États contractants ne sont pas tombés d'accord préalablement sur d'autres dispositions touchant la procédure à suivre devant le tribunal arbitral,il y a lieu d'appliquer le règlement consacré par l'Institut, dans sa session de La Haye, le 28 août 1875. » Le règlement a été communiqué par le bureau de l'Institut aux ministères des affaires étrangères des divers pays. Les articles 2, 3, 9, 10, 12-15, 20-24 ont spécialement trait à la procédure. En 1895, le marquis Corsi a présenté à l'Association pour la réforme et la codification du droit des gens, siégeant à Bruxelles, un projet de règlement pour les arbitrages internationaux, qui modifie sur plusieurs points celui de l'Institut. L'Association a mis cette question à l'étude, sur proposition faite par le marquis Corsi dès 1892.

Règlement de l'Institut, art. 20 : « Le prononcé de la décision définitive doit avoir lieu dans le délai fixé par le compromis ou par une convention subséquente... — 21. Toute décision, définitive ou provisoire, sera prise à la majorité de tous les arbitres nommés,même dans le cas où l'un ou quelques-uns des arbitres refuseraient d'y prendre part. — 22. Si le tribunal arbitral ne trouve fondées les prétentions d'aucune des parties, il doit le déclarer, et s'il n'est limité sous ce rapport par le compromis, établir l'état réel du droit relatif aux parties en litige. — 23. La sentence arbitrale doit être rédigée par écrit, et contenir un exposé des motifs, sauf dispense stipulée par le compromis. Elle doit être signée par chacun des membres du tribunal arbitral. Si une minorité refuse de signer, la signature de la majorité suffit, avec déclaration écrite que la minorité a refusé de signer ».

Les parties se sont engagées à se conformer à la sentence rendue ; elle leur est imposée par le compromis même ; elle doit être exécutée. Mais comment l'État qui a obtenu gain de cause, contraindra-t-il l'autre à l'exécuter? Des moyens indirects de contrainte peuvent être stipulés. Il faudra bien, finalement, recourir aux armes. L'arbitrage ne saurait supprimer la guerre.

Règlement de l'Institut, art. 25 : « La sentence dûment prononcée décide, dans les limites de sa portée, la contestation entre les parties ».

« En 1176, les rois d'Aragon et de Navarre soumettent à l'appréciation du roi d'Angleterre une contestation qui vient de surgir entre eux. Les deux adversaires remettent comme gage de leur soumission à la sentence arbitrale quatre châteaux-forts, et des plénipotentiaires sont chargés de se rendre auprès du monarque anglais pour prendre connaissance de sa décision ; trente jours sont accordés aux parties pour comparaître ; le délai écoulé, le défaillant sera dépouillé des citadelles engagées (1) ».

L'État contre lequel la sentence a été rendue, peut avoir de justes motifs d'en refuser l'exécution. Il fera valoir que le compromis était nul ou éteint, que l'arbitre s'est trompé ou s'est laissé corrompre ; que la sentence a été surprise par dol, qu'elle est injuste matériellement ; enfin, et c'est le cas le plus fréquent, que l'arbitre a excédé ses pouvoirs ou ne s'est pas conformé aux prescriptions du compromis.

Il est évident, d'ailleurs, que jamais un gouvernement ne pourrait être obligé d'obtempérer à une sentence qui porterait atteinte à l'indépendance, à l'honneur ou à l'intégrité de l'État ; il serait un gardien infidèle de ces trésors nationaux s'il les sacrifiait au respect de la décision d'un tiers. Il a eu tort peut-être de consentir au compromis, il aurait encore plus tort s'il en acceptait les conséquences funestes pour son pays. Et ceci montre bien à quel point il est nécessaire de distinguer entre les différends juridiques et politiques, entre les droits et intérêts plutôt matériels et ceux qui sont d'ordre supérieur, et combien justifiée est la règle d'après laquelle les différends juridiques doivent seuls être soumis à l'arbitrage.

Un exemple célèbre de refus d'obtempérer à la sentence, est celui de l'arbitrage anglo-américain concernant la frontière entre les États-Unis et les possessions anglaises. Le roi des Pays-Bas était arbitre, en vertu

(1) Nys, *Origines du droit international*, p. 52.

de la convention du 29 décembre 1827. Il devait déterminer la frontière. Dans sa sentence, du 10 janvier 1831, il indiquait un tracé nouveau des recherches à faire à l'effet de le déterminer. Cette sentence ne fut pas acceptée. On allégua aussi que le compromis était fait sur la personne du roi des Pays-Bas, et que Guillaume n'était plus roi de l'ancien royaume des Pays-Bas depuis la séparation de la Belgique. — Autre exemple : la sentence d'Halifax, du 23 novembre 1877, non acceptée par les États-Unis, sous prétexte que les arbitres n'avaient pas été unanimes. L'Angleterre a maintenu le principe juste. Note de lord Salisbury, du 7 novembre 1878.— La sentence de sir E. Thornton, rendue à Washington le 16 avril 1874 en faveur des États-Unis, et à laquelle le Mexique a obtempéré, a été attaquée plus tard par ce dernier État, qui en a demandé la revision, pour faits de faux témoignages et tromperies reconnues après coup. Aucun recours n'ayant été prévu dans le compromis, l'arbitre a repoussé la demande du Mexique.

Règlement de l'Institut, art. 27 : « La sentence arbitrale est nulle en cas de compromis nul, ou d'excès de pouvoir, ou de corruption prouvée d'un des arbitres, ou d'erreur matérielle ».

Ulpien, L. 21, § 7, *De receptis*, 4, 8 : « Non debent autem obtemperare litigatores, si arbiter aliquid non honestum jusserit ». — Paul, L. 32, § 14, même titre : « Cum quidam arbiter ex aliis causis inimicus manifeste apparuisset, testationibus etiam conventus,ne sententiam diceret, (et) nihilominus nullo cogente dicere perseverasset, libello cujusdam id querentis imperator Antoninus subscripsit posse eum uti doli mali exceptione. Et idem, cum a judice consuleretur, apud quem poena petebatur, rescripsit, etiamsi appellari non potest, doli mali exceptionem in pœnae petitione obstaturam. Per hanc ergo exceptionem quaedam appellandi species est, cum liceat retractare de sententia arbitri ».

La prétention des Pays-Bas de soumettre aux États-Généraux la sentence que rendrait le tsar dans l'arbitrage concernant la Guyane (1888-1891), n'était pas justifiée en droit. C'est avec raison que le tsar a refusé d'y accéder. C'est pour conclure le compromis que le gouvernement doit, s'il y a lieu, s'assurer du consentement de la représentation nationale.

171. Extinction du compromis et du *receptum arbitri*.

La prononciation de la sentence met fin au compromis, au *receptum*, à l'arbitrage tout entier. L'exécution n'est point l'affaire de l'arbitre. Et du moment qu'il a rendu sa sentence, il n'y peut plus rien changer. Il a terminé ses fonctions, accompli sa tâche ; il n'est plus arbitre.

Telle est la règle du droit strict, conforme aux principes en vigueur en droit privé, c'est-à-dire en droit romain. Elle suppose que la sentence a été rendue correctement et complètement, selon les termes et l'esprit du compromis. Mais l'absence d'un juge entre nations, la souveraineté des États, l'importance majeure des affaires soumises à l'arbitrage international, toutes ces circonstances doivent tempérer l'application de la règle.

On permettra donc à l'arbitre de compléter une sentence qui,par suite d'erreur, n'a porté que sur certaines des difficultés qu'il devait résoudre toutes ensemble ; ceci d'ailleurs était autorisé par les jurisconsultes de Rome. Il sera même permis, contrairement à l'avis de ceux-ci, de rectifier une sentence erronée, si les parties sont d'accord ; sinon, la partie lésée par l'erreur aura un juste motif de ne pas accepter la sentence.

Comparez Paul, L. 19, § 2, et Gaius, L. 20, *De receptis*, 4, 8. — Ulpien, L. 21 pr., même titre : « Quid tamen si de pluribus controversiis sumptus est nihil sibi communibus, et de una sententiam dixit, de aliis nondum, numquid desiit esse arbiter? Videamus igitur, an in prima controversia possit mutare sententiam, de qua jam dixerat. Et multum interest, de omnibus simul ut dicat sententiam compromissum est, an non : nam si de omnibus poterit mutare (nondum enim dixit sententiam) : quodsi et (ut ?) separatim, quasi plura sunt compromissa, et ideo quantum ad illam controversiam pertinet, arbiter esse desierat ».
Règlement de l'Institut, art. 24 : « La sentence, avec les motifs, s'ils sont exposés, est notifiée à chaque partie... Même si elle n'a été signifiée qu'au représentant ou au fondé de pouvoirs d'une seule partie, la sentence ne peut plus être changée par le tribunal arbitral. Il a néanmoins le droit, tant que les délais du compromis ne sont pas expirés, de corriger de simples fautes d'écriture ou de calcul, lors même qu'aucune des parties n'en ferait la demande, et de compléter la sentence sur des points litigieux non décidés, sur la proposition d'une partie et après audition de la partie adverse. Une interprétation de la sentence notifiée n'est admissible que si les deux parties la requièrent. 19 : ...Si le compromis ne prescrit pas la décision définitive simultanée de tous les points, le tribunal peut, en décidant définitivement certains points, réserver les autres pour une procédure ultérieure ».

Le compromis et le *receptum* prennent encore fin par la volonté commune des parties, celles-ci tombant d'accord pour les résilier ;

par transaction ou par renonciation ; par l'expiration du terme fixé pour la sentence ; par la mort ou l'incapacité de l'arbitre ou de l'un des arbitres ; par l'extinction de l'obligation qui fait l'objet du litige.

Lorsqu'un État ou un chef d'État est arbitre, il importe essentiellement de déterminer l'intention des parties. Je suppose, par exemple, que la France ou le gouvernement français ait été nommé arbitre en janvier 1848. La révolution de février 1848 n'aurait pas amené nécessairement l'extinction du compromis, comme c'eût été le cas si l'arbitre avait été le roi des Français, ou Louis-Philippe, roi des Français. Si l'arbitre avait été Louis-Philippe, en sa qualité personnelle, et non en qualité de roi des Français, le compromis ne se serait pas non plus éteint de plein droit.

Règlement de l'Institut, art. 5 : « Si les parties ont valablement compromis sur des arbitres individuellement déterminés, l'incapacité ou la récusation valable, fût-ce d'un seul de ces arbitres, infirme le compromis entier, pour autant que les parties ne peuvent se mettre d'accord sur un autre arbitre capable. — 7. Si un arbitre refuse l'office arbitral, ou s'il se départit après l'avoir accepté, ou s'il meurt, ou s'il tombe en état de démence, ou s'il est valablement récusé pour cause d'incapacité aux termes de l'article 4, il y a lieu à l'application des dispositions de l'article 5 ».

CHAPITRE II

Moyens de contrainte, autres que la guerre.

§ 60.

172. La rétorsion. — 173. Les représailles. — 174. Le blocus pacifique.

172. La rétorsion (1).

Un État à l'égard duquel un autre État a pris une mesure qui, tout en étant légale et licite, est discourtoise, rigoureuse, dommageable, peut prendre à son tour, à l'égard de celui-ci, des mesures ayant le même caractère, afin de l'amener à composition. Ce moyen de contrainte s'appelle la rétorsion.

La rétorsion est provoquée par des actes législatifs, administratifs, judiciaires. Il ne suffit pas d'une simple divergence de législation ; car les États sont libres de légiférer comme ils l'entendent, même si les étrangers en pâtissent, et « qui jure suo utitur neminem lædit ».

Il faut, pour que la rétorsion soit justifiée, que l'acte qui la provoque soit contraire, non pas au droit, mais à l'équité, ou à la courtoisie, ou à la morale internationale (2) ; qu'il constitue à l'é-

(1) Ompteda, § 287, cite six dissertations anciennes relatives à la rétorsion en droit des gens, entre autres une de Textor, *De retorsionis jure*, 1687. Kamptz, § 269, en cite près de trente, dont plusieurs sont dues à des civilistes (Stryck, Leyser), et qui ne paraissent pas toutes concerner le droit des gens. — Monographies plus récentes : Wurm, dans le dictionnaire de Rotteck, au mot *Völkerrechtliche Selbsthülfe* (1843). — Berner, dans le Dictionnaire de Bluntschli, au mot *Repressalie, Retorsion*. — Bulmerincq, Manuel de Holtzendorff, t. IV, § 17-19. — Calvo, t. III, 1807. — Pradier-Fodéré, t. VI, 2634-2636. — Martens, t. III, § 105.

(2) Ci-dessus, § 1, 4.

gard de l'État étranger une dureté, une rigueur nuisible. Cette notion, peu définie, comprend des choses très diverses.

Le but de la rétorsion est de faire cesser l'état de choses dommageable, et ceci en trace la limite.

La rétorsion est une sorte de talion. Il n'est nullement nécessaire, cependant, que les mesures de rétorsion soient précisément identiques à celles qui les ont provoquées.

La rétorsion est ordonnée par l'autorité suprême de l'État, laquelle a le droit de déclarer la guerre (1).

Tousles États, les mi-souverains aussi bien que les souverains, ont le droit d'user de rétorsion.

La rétorsion peut affecter les intérêts économiques de l'État ou ses intérêts juridiques. Les actes de rétorsion ont trait, par exemple, au droit qui régit les étrangers, aux passeports, finances et permis de séjour qui sont exigés d'eux, à leurs droits successoraux, à leur faculté d'ester en justice, à leur traitement dans les faillites ; aux douanes et tarifs; aux droits imposés à la navigation, à l'accès des ports, à l'utilisation des établissements qui s'y trouvent.

L'amitié qui doit régner entre les États de la Société des nations interdit de recourir d'emblée aux mesures de rétorsion. Elles doivent être précédées de négociations, et ne peuvent être prises que si celles-ci ont échoué.

La rétorsion constitue une application du principe célèbre du préteur Octave, maintenu dans l'Édit perpétuel en ces termes : « Quod quisque juris in alterum statuerit, ut ipse eodem jure utatur », qui forment la rubrique du titre 2, au second livre du Digeste. Ulpien, L. 1 de ce titre : « Hoc edictum summam habet aequitatem, et sine cujusquam indignatione justa : quis enim aspernabitur, idem jus sibi dici, quod ipse aliis dixit vel dici effecit? » Ceci est le talion. La rétorsion en est une forme affaiblie et généralisée. Le talion est, d'après l'Académie, la punition par laquelle on traite un coupable de la même manière qu'il a traité ou voulu traiter les autres, et la rétorsion est « l'emploi que l'on fait contre son adversaire des arguments, des raisons et des preuves dont il s'est servi ». Le sens juridique du mot n'est pas encore admis à l'Académie. Littré donne la définition juridique, mais trop étroite : « sorte

(1) Ci-dessous, § 62, 181.

de représaille qui consiste à établir à l'égard des étrangers résidant chez nous, ou ayant des rapports avec nous, la même législation que le gouvernement de ces mêmes étrangers établit dans son pays à l'égard de nos nationaux ». En employant la rétorsion, l'on répond à un procédé défavorable par un procédé également défavorable. La rétorsion est comprise dans les représailles, ce mot pris dans une acception large, non technique.

On peut citer, en fait de cas célèbres de rétorsion : le décret français du 16 août 1793, concernant les propriétés espagnoles en France ; l'*Order in council* anglais du 8 janvier 1807, acte de rétorsion dirigé contre le système continental ; le bill américain de 1887, contre le Canada, concernant les pêcheries, motivé par la conduite discourtoise des autorités canadiennes. Dans toutes les guerres de tarifs il y a des rétorsions. Un exemple tout récent est fourni par les mesures prises en Suisse à la suite de la politique protectionniste de la France et du rejet par la chambre française, en 1892, de l'arrangement commercial franco-suisse (1892-1895).

173. Les représailles (1).

On appelle représailles, dans le sens étroit et technique de ce mot, un moyen de contrainte employé par un État et consistant à faire à un autre État un dommage, un tort, une violence, afin de faire cesser et réparer une injure, c'est-à-dire une injustice, dont cet État se rend ou s'est rendu coupable, soit envers l'État même, soit envers un de ses sujets.

L'injure que les représailles ont pour but de faire cesser et de faire réparer, peut être commise tantdans la justice proprement

(1) Ompteda cite plus de quarante dissertations sur les représailles, dont onze antérieures à Grotius ; Kamptz en cite une quinzaine. Des traités célèbres ont été écrits, entre autres, au XIVe siècle par Bartole et Jean de Legnano, au XVe par Martin de Lodi et Jean-Jacques Cani. Grotius traite des représailles au ch. 2 de son livre III : *Quo modo jure gentium bona subditorum pro debito imperantium obligentur, ubi de repressaliis.* — Bynkershoek, *Quæstiones juris publici*, 1, 24 : *De repressaliis non nulla.* — Mas-Latrie, *Du droit de marque et du droit de représailles.* 1867. — Wurm, dans le lexique de Rotteck : *Völkerrechtliche Selbsthülfe.* — Bulmerincq, dans le *Rechtslexicon* de Holtzendorff : *Repressalien*, et au t. IV du Manuel, § 20-37. — Perels (trad. par Arendt), *Droit maritime international*, § 28-30. — Nys, *Origines du droit international*, p. 62-77. — Calvo, t. III, 1808-1831. — Pradier-Fodéré, t. VI, 2637-2647. — Martens, t. III, § 105. — Pour les représailles dans la guerre, voyez ci-dessous, § 63, 195.

dite que dans l'administration ou même la législation; elle consiste surtout en un déni ou en un retard de justice : *denegatio vel protractio justitiæ.* C'est par le caractère injuste, illégal de l'acte qui les provoque et de l'acte qui les constitue, que les représailles se distinguent, en principe, de la rétorsion.

Comme la rétorsion, les représailles sont exercées et ordonnées par l'autorité suprême (1).

L'acte peut, de part ou d'autre,être commissif, consistant en une injustice active et positive, ou omissif, consistant dans un refus de faire droit, d'accorder ce qui est dû.

On distingue, en conséquence, les représailles négatives, qui consistent dans le refus d'accomplir une obligation envers l'État coupable, par exemple de restituer une chose, de payer une somme due, et les représailles positives qui consistent en des mesures actives prises soit contre l'État coupable, soit aussi contre ses sujets ou leurs biens. On ne saurait nier que cet exercice des représailles contre des particuliers ne soit, dans l'état actuel du droit des gens et eu égard au principe fondamental reçu dans la guerre, tout au moins sur terre (2), une inconséquence destinée à disparaître.C'est un legs du moyen âge. Le principe juridique juste a été formulé, il y a dix-sept siècles, par Ulpien : « Si quid universitati debetur, singulis non debetur ; nec quod debet universitas, singuli debent (3) ».

On dit aussi représaille, au singulier, mais le pluriel est plus usité. Les représailles, le mot même l'indique, avaient autrefois une portée plus restreinte. *Ripresaglia,* en italien, signifie reprise, *ripreso.* C'est primitivement le fait ou le droit de reprendre une chose qui a été enlevée et dont la restitution est refusée. Puis c'est plus spécialement le fait ou le droit d'enlever une chose ou une personne, ou des choses ou des personnes, en retour ou revanche d'une chose prise ou non rendue. Selon Littré, c'est tout ce qui se fait contre l'ennemi (*sic*), pour tirer satisfaction de quelque tort, de quelque injure, de quelque dommage. Ceci comprend donc aussi la rétorsion. — Grotius n'appelait re-

(1) Ci-dessous, § 62, 181.
(2) Ci-dessous, § 63, 186, I.
(3) Ulpien, L. 7, § 1, au Digeste, *Quod cujuscumque universitatis,* 3, 4.

présailles que la saisie : « Alia executionis violentae species est ἐνεχυρασμὸς, sive pignoratio inter populos diversos, quod jus repressaliarum vocant recentiores jurisconsulti, et Galli etiam, ubi a rege impetrari id solet, litteras marcae. Locum autem habet, ut aiunt jurisconsulti, ubi jus denegatur (1) ». Ainsi la première édition de 1625. Plus tard, Grotius a inséré avant « et Galli » : Saxones et Angli *Withernamium.* C'est la traduction allemande de reprise : *Wiedernahme.* Aujourd'hui les Anglais disent *reprisals.* — Bynkershoek : « Repressaliarum nomen servo, quia nullum aliud magis aptum occurrit quod rem ipsam significet. Alii utuntur voce pignorationis, alii clarigationis, sed neutrum convenire satis est manifestum. Operam ludunt qui rem apud Romanos incognitam latino vocabulo conantur exprimere (2) ».

L'androlepsie, prise d'hommes, était usitée chez les Grecs. Les Romains ne connaissaient pas les représailles en temps de paix. La *rerum repetitio*, la *clarigatio*, « res raptas clara voce repetere », acte des fétiaux, prélude de la guerre, n'a point de rapport avec nos représailles. L'origine des représailles, comme moyen de contrainte, est surtout germanique et médiévale. Le souverain, au moyen âge, accordait à des particuliers, en temps de paix, le droit de reprendre, même par la force, leur bien ou l'équivalent de leur bien, soit sur un étranger qui le leur avait pris, soit sur les concitoyens de cet étranger, lorsqu'ils n'avaient pu obtenir justice des autorités de son pays. Cette concession avait lieu par l'octroi de lettres de représailles ou de marque (marche), lesquelles donnaient la permission de courir sur l'adversaire et de le piller : « Facultas a principe subdito data, qui injuria affectum sive spoliatum ab alterius principis subdito queritur, de qua jus ei denegatur (3) ». Il sera parlé encore des lettres de marque à propos des corsaires ; l'institution des lettres de marque et la course ont des origines communes (4). Marche signifiant frontière, les lettres de marche ou de marque seraient celles qui donnent le pouvoir de faire incursion sur le territoire d'un autre État ; d'autre part, Littré cite un texte du XIVe siècle où marquer signifie piller, rançonner.

Dès le commencement du XVIIe siècle ou la fin du XVIe, Albéric Gentil déclarait dans une consultation célèbre : « Dico esse odiosissimum hoc jus litterarum markae, quod merito divinissimus noster rex abominatur : per quod geretur latrocinium serius quam bellum : contra inermes et innoxios mercatores et alios ab aciebus longe positos (5) ».

D'usage fréquent en France à la fin du XVIIe siècle, reconnues et réglées par l'ordonnance de 1681, les représailles exercées par les par-

(1) Grotius, III, c. 2, § 4.

(2) Bynkershoek, *Quaestiones juris publici*, I, 24.

(3) Du Cange, au mot *marcha*.

(4) Ci-dessous, § 63, 186, IV.

(5) Nys, *Origines du droit international*, p. 77.

ticuliers n'ont été que peu usitées depuis lors. Encore en 1786, cependant, le traité de commerce franco-anglais admettait la délivrance de lettres de représailles en cas de déni de justice. En 1793, un décret de la convention autorisa un capitaine marseillais, créancier de deux négociants gênois, à saisir ce qu'il trouvera appartenir en France aux dits négociants, et à défaut aux autres habitants de la ville de Gênes, jusqu'à concurrence du montant de ses créances, intérêts et frais accessoires, et à en poursuivre la main-levée par devant les juges du lieu de la saisie. C'est, dit-on, le dernier cas authentique de lettres de représailles délivrées, en France, à des particuliers. Elles n'ont jamais été abolies formellement. Aujourd'hui, on applique ici aussi le principe du droit romain, énoncé par Paul, à la loi 176, *De Regulis Juris*, 50, 17 : « Non est singulis concedendum quod per magistratum publice possit fieri, ne occasio sit majoris tumultus faciendi. » C'est à ce principe général d'ordre et de bonne administration, et non à une interdiction des représailles, comme certains auteurs ont paru le croire, qu'il y a lieu de rapporter la constitution d'Arcadius et Honorius *ad provinciales et ad proconsules*, de 395, qui forme la loi 1 au Code, *De exsecutoribus et exactoribus*, 12, 60, ainsi que celle d'Honorius et Théodose, de 422, qui forme la loi 4 du même titre, et la Novelle 134 de Justinien, de l'an 556.

Il n'est permis de recourir aux représailles qu'après avoir cherché vainement à obtenir justice par les voies légales et les moyens amiables.

Bynkershoek : « Is ordo est, ne repressaliae concedantur nisi palam denegata justitia... Ne quis autem temere de justitia denegata conqueratur, variis gentium pactis prospectum est. »

En vertu de l'article 7 de la paix d'Andrinople (1829), la Russie avait le droit, en cas de violation des dispositions du traité, de procéder immédiatement à des représailles.

Les actes qui sont habituellement, encore aujourd'hui, tenus pour autorisés à titre de représailles, sans qu'il y ait guerre, sont principalement les suivants :

La saisie et mise sous séquestre de biens appartenant soit à l'État coupable ou responsable, soit à ses nationaux, et se trouvant dans le territoire de l'État lésé. Ainsi la saisie de navires de guerre ou de commerce dans les eaux territoriales, ports et rades de l'État lésé ; on appelle cette saisie embargo. On met l'embargo sur un navire de commerce, ordinairement, en lui enlevant ses lettres de mer.

On peut aussi, à titre de représailles, capturer des navires de guerre ou de commerce dans la haute mer, ou dans les eaux territoriales de l'État coupable ; mais non dans les eaux territoriales de puissances tierces.

Si le conflit se résout pacifiquement, les choses séquestrées seront restituées. Si au contraire il aboutit à la guerre, les choses séquestrées seront prises et confisquées dans la mesure qui résulte des principes énoncés ci-dessous concernant la propriété publique et la propriété privée dans la guerre de terre et de mer ; les navires marchands seront soumis au droit des prises (1).

L'embargo ou saisie des navires marchands dans les ports est un cas d'arrêt de prince ou de roi, expression ancienne qui s'applique aux divers cas où l'autorité supérieure empêche un navire de prendre la mer. Le mot d'embargo est un mot espagnol qui signifie simplement séquestration ou saisie ; *embargar* signifie séquestrer. Il y a d'autres cas d'arrêt de prince et d'embargo. Ainsi par mesure de politique économique, et par mesure de police, notamment de police sanitaire : c'est ce qu'on appelle l'embargo civil ou de droit public interne, par opposition à l'embargo international. Ainsi encore dans la guerre ou au commencement de la guerre : autres cas d'embargo international (2).

Plusieurs auteurs traitent de l'embargo comme d'un moyen de contrainte spécial, et confondent les divers cas où l'embargo est mis. On a pris aussi l'expression générale d'arrêt de prince ou arrêt de roi pour la désignation d'un moyen spécial. Enfin l'on a voulu traiter ici du droit d'angarie, dont le caractère est tout autre et qui appartient essentiellement au droit de la guerre (3).

On peut citer comme exemple récent de saisie de navires de guerre, celle de deux corvettes haïtiennes, qui fut opérée en 1872, dans le port même de Port-au-Prince, par la corvette allemande *Vineta*. L'indemnité réclamée par l'Allemagne ayant été payée, les corvettes haïtiennes furent rendues. Un autre exemple, souvent cité inexactement, de capture de navires est le suivant : Cromwell donna au cardinal Mazarin trois jours pour indemniser un sujet anglais d'une prise illégale ; le délai passé sans réparation, il fit capturer des navires français, les vendit, paya le lésé, et mit l'excédent à la disposition du cardinal. Autre exemple récent : capture par l'Angleterre en 1861, de navires de commerce brésiliens pour obtenir dédommagement au sujet d'un navire échoué et

(1) Ci-dessous, § 63, 187 ; § 65 ; § 66, 204, 206.

(2) Comparez, § 62, 182, III.

(3) Ci-dessous, § 65, 203, et ci-dessus, § 20, 53.

pillé. Un exemple fameux de saisie de choses autres que des navires est celui de l'emprunt silésien. Frédéric le Grand fit saisir en 1753 les fonds des emprunts silésiens appartenant à des créanciers anglais pour obtenir la restitution de navires prussiens pris par l'Angleterre. Le moyen réussit : la Grande-Bretagne indemnisa les lésés en 1756.

Autres mesures de représailles. On retire aux sujets de l'État coupable des droits avantageux qui leur avaient été concédés. On leur interdit l'accès du territoire, à leurs navires l'entrée des ports. On les expulse. On les prend comme otages ; on les met en prison, notamment des fonctionnaires ; cette saisie d'hommes, *androlepsie*, ne peut plus aujourd'hui être pratiquée sur les agents diplomatiques, qui sont inviolables, ainsi que leurs biens, mais ce principe n'a pas toujours été observé.

On refuse d'exécuter les traités, on les dénonce en dehors des cas prévus de dénonciation. Ceci ne saurait évidemment avoir lieu au préjudice d'États tiers.

D'autres mesures peuvent être prises, plus violentes encore, pour nuire à l'État et à ses ressortissants. On bloque, ainsi qu'il sera dit à l'article suivant, on bombarde, on incendie, on détruit. On occupe militairement une place, un port ; on met la main sur les douanes et on en perçoit les droits.

Ce ne sont là que des exemples; cette énumération n'est point limitative.

On ajoute parfois l'interruption des relations postales, télégraphiques, téléphoniques, commerciales. Mais ce moyen ne serait guère possible que dans des circonstances spéciales, et il ferait plus de mal que de bien à l'État même qui voudrait l'employer. D'ailleurs, pareille interruption ne serait plus compatible avec les Unions internationales, ni avec l'état actuel du commerce entre pays de la Société des nations.

Exemples d'androlepsie : Phélippeaux, ministre de France, arrêté par la Savoie en 1703. M. d'Alopéus, ministre de Russie en Suède, en 1810, lors de l'invasion de la Finlande. En 1740, Frédéric le Grand retint prisonniers deux Russes jusqu'à libération du baron Stackelberg. — La république de Gênes condamna à mort par contumace Morini, ministre de Louis XIII et confisqua ses biens.

Bombardement et incendie des arsenaux de Fou-Tcheou par les

Français en 1884 (1). — En avril 1895, l'Angleterre exigeait du Nicaragua le payement d'une indemnité de 15.000 livres sterling pour arrestation d'un vice-consul et d'autres sujets britanniques. Le Nicaragua refusant, l'Angleterre occupa Corinto et se mit en mesure de percevoir les droits de douane ; le Nicaragua s'exécuta.

Des représailles célèbres sont celles que l'Angleterre a exercées en 1850 contre la Grèce, pour la réclamation d'indemnité pécuniaire d'un sujet britannique, de Gibraltar, nommé Pacifico, dont les propriétés avaient été endommagées dans une émeute. L'amiral anglais devant Athènes commença par un blocus, puis mit l'embargo sur les navires marchands grecs et saisit ceux qu'il trouva en mer. Ce procédé a soulevé de vives discussions en Angleterre même. Le gouvernement grec soutint que Pacifico n'avait pas demandé réparation par les voies légales, auquel cas il l'eût obtenue ; qu'il n'y avait donc pas déni de justice.

Où est la limite en deçà de laquelle il y a représailles, guerre au-delà ? Question de fait, que l'on ne peut pas, dans l'état actuel du droit des gens, résoudre par des règles absolues. Sous prétexte de représailles, de véritables actes de guerre sont perpétrés, et même de guerre féroce. Il importe de maintenir que s'il y a des actes de représailles, le droit des gens ne connaît pas un état de représailles : il connaît seulement un état de guerre. Il ne faut jamais perdre de vue le principe que l'on exprime par les adages : « Plus est in re quam in simulatione», et «Plus valet quod agitur quam quod simulate concipitur». C'est le fait qu'il faut considérer, le nom importe peu. Quand on ordonnait, ainsi qu'on le faisait jadis, des représailles générales, c'était la guerre qu'on décrétait. Et les représailles exercées réciproquement et continuées de part et d'autre deviennent la guerre, ou plutôt elles sont déjà la guerre.

La proclamation anglaise du 27 mars 1854 était une déclaration de guerre à la Russie. « Her Majesty having determined to afford active assistance to her ally, the sultan of the Ottoman Empire, for the protection of his dominion, against the encroachement and improvoked aggression of his Imperial Majesty the Emperor of all the Russias, Her Majesty is therefore pleased, by and with the advice of Her Privy Council, to order, and it is hereby ordered, that general Reprisals be granted against the ships, vessels, and goods of the Emperor of all the

(1) Geffcken, R. D. I., t. XVII, p. 145-151.

Russias, and of His subjects or otherss inhabiting within any of His countries, territories, or dominions, so that Her Majestys fleets and ships shall and may lawfully seize all ships, vessels and goods etc. ».

174. Le blocus pacifique (1).

Le blocus est une mesure de guerre, et c'est à propos de la guerre qu'il en sera traité (2). Mais depuis environ trois quarts de siècle, les États l'ont employé en temps de paix, comme moyen de contrainte, soit coercitif, soit préventif. Des objections théoriques sérieuses sont opposables à cette pratique moderne, qui dans la paix introduit subrepticement la guerre; elles se résument en cette considération que le blocus cause un dommage sensible aux États tiers, non intéressés dans le conflit, et à leurs sujets. Mais si la doctrine proteste, la politique agit, et il n'est guère possible aujourd'hui de dénier au blocus le caractère d'une institution du droit des gens actuel.

On cite comme premier blocus pacifique celui de 1827; les flottes combinées de l'Angleterre, de la France et de la Russie bloquèrent les côtes turques. En 1831, la France bloqua divers points de la côte portugaise. En 1833, la France et l'Angleterre bloquèrent les ports hollandais. En 1838, la France bloqua les ports méridionaux et durant dix ans, de concert avec l'Angleterre, les ports et rades de la République argentine. En 1850, l'Angleterre bloqua, par mesures de représailles, le Pirée et les autres ports de la Grèce (3). La Sardaigne bloqua Messine et Gaète en 1860 ; ce blocus devint blocus de guerre. Les grandes puissances firent mine en 1880 de bloquer la côte turque, en faisant stationner leurs flottes devant Dulcigno. La France a bloqué les ports et rades de Formose en 1884. Les grandes puissances, sauf la France, ont bloqué en 1886 les ports de Grèce, mais n'ont saisi que les navires grecs. Enfin, en novembre 1888, l'Allemagne et la Grande-Bretagne, pour mettre fin à la traite et aux violences et déprédations des marchands d'esclaves, ont bloqué Zanzibar; mais ce blocus n'était pas dirigé contre Zan-

(1) Bulmerincq, au Manuel de Holtzendorff, t. IV, § 36-37. *Le blocus pacifique et la propriété privée*, J. D. P., 1884, p. 569-583. — Fauchille, *Du blocus maritime*, p. 37-67. 1882. — Perels, trad. Arendt, *Droit maritime international*, § 30.—R. D. I., t. XIX, p. 245-252. 1887. — Geffcken, même volume, p. 377-383. — Calvo, t. III, 1832-1859. — Pradier-Fodéré, t. VI, 2648 ; t. V, 2483-2489. — Martens, t. III, § 105.

(2) Ci-dessous, § 63, 194.

(3) Affaire Pacifico ; ci-dessus, 173.

zibar même, il avait plutôt le caractère d'une mesure de police maritime prise contre les marchands d'esclaves (1).

Le réel et grave inconvénient signalé plus haut a été atténué, dans un cas récent (1886), par le fait que l'accès des ports bloqués n'a été interdit qu'aux navires du pays contre lequel était dirigé le blocus (2). La doctrine paraît disposée à admettre le blocus pacifique avec ce tempérament. Ainsi réduit, ce ne serait plus qu'un cas particulier de représailles, comme l'embargo.

Déjà en 1848, par un arrêt du 1er mars, rendu par le conseil d'État français en qualité de cour suprême des prises, cette haute autorité a déclaré illégitime la confiscation, dans un blocus pacifique, de navires et de biens appartenant à des ressortissants d'États tiers.

Tout blocus doit être effectif et notifié. Les navires capturés pour violation de blocus sont mis sous séquestre, pour être restitués avec leur cargaison après que satisfaction aura été obtenue. Ils seront restitués sans indemnité. C'est à l'État contre lequel le blocus a été dirigé qu'incombe l'obligation d'indemniser, s'il y a lieu, les propriétaires. Si la guerre éclate, les navires marchands seront soumis au droit des prises (3).

Nombre de théoriciens se sont prononcés contre le blocus pacifique. Ainsi M. Geffcken, dans le contre-rapport présenté en 1887 à l'Institut de droit international, dans la session de Heidelberg; le rapporteur, M. Perels, a défendu la légitimité du blocus. L'Institut a voté la résolution suivante: « L'établissement d'un blocus en dehors de l'état de guerre, ne doit être considéré comme permis par le droit des gens que sous les conditions suivantes: 1° Les navires de pavillon étranger peuvent entrer librement malgré le blocus; 2° le blocus pacifique doit être déclaré et notifié officiellement, et maintenu par une force suffisante; 3° les navires de la puissance bloquée qui ne respectent pas un pareil blocus, peuvent être séquestrés. Le blocus ayant cessé, ils doivent être restitués avec leurs cargaisons à leurs propriétaires, mais sans dédommagement à aucun titre ».

(1) Rolin-Jaequemyns, R. D. I., t. XXI, p. 199-208.

(2) Nationalité des navires, ci-dessus, § 18, 47, I.

(3) Ci-dessus, § 66, 206.

CHAPITRE III

La guerre.

SECTION I. — La guerre et les lois de la guerre.

§ 61. — Notions générales (1).

175. Définition de la guerre. — 176. Des diverses espèces ou divisions de la guerre. I. Guerre juste, guerre injuste. Guerre offensive, guerre défensive. II. Guerre juridique, politique. Guerre publique, privée. Guerre principale, auxiliaire ; grande guerre, petite guerre. Guerre internationale, civile. III. Guerre continentale, guerre maritime. — 177. Le droit de guerre. I. Qui a le droit de guerre. II. Le droit de guerre des États mi-souverains. Le droit de guerre dans les États composés. États à neutralité permanente. Le Saint-Siège. III. La guerre civile. — 178. Les belligérants. Parties principales, parties accessoires ou auxiliaires. Alliés. — 179. Le théâtre de la guerre. — 180. La cause de la guerre et le but de la guerre.

175. Définition de la guerre.

La guerre est la lutte à main armée entre États, moyen extrême de contrainte, par lequel la volonté hostile de l'adversaire doit être domptée et soumise.

(1) La bibliographie du droit de la guerre est d'une richesse prodigieuse. Elle remonte jusqu'à l'antiquité grecque et romaine, puis au moyen âge. Je renvoie, pour les principaux auteurs du XIVe au XVIIe siècle, à ma *Note sur la littérature du droit des gens avant Grotius* (1883), au § 85 de l'*Introduction au droit des gens* (1889) ; surtout aux études de M. Nys, *Le droit de la guerre et les précurseurs de Grotius* (1882), et R.D.I., t. XXVII, p.587-593 (1895). Une mention spéciale est due à quelques auteurs distingués : François de Vitoria, Dominique de Soto, François Suarez, Pierre Belli, Balthazar, Ayala, et surtout Albéric Gentil, dont les *Libri tres de jure belli*, de 1598, ont été réédités en 1877 par M. Holland. Grotius a publié en 1625 son livre *De jure belli ac pacis*, qui devait primitivement ne traiter que de la guerre. Après lui,

Il n'est permis d'y recourir qu'après avoir épuisé les moyens exposés aux chapitres précédents ou s'être assuré de leur inefficacité.

La guerre étant une lutte, suppose des voies de fait, des actes de violence de part et d'autre. Sans voies de fait, pas de guerre. S'il n'y a de voies de fait que d'un seul côté, pas de guerre non plus ; peut-être y aura-t-il représailles, peut-être violence contraire au droit des gens, injuste, criminelle. Les effets de la guerre, en pareil cas, ne se produiront pas ; il ne sera question ni de belligérants et de leurs droits, ni de neutres et de leurs devoirs.

Quelle que soit la lésion qui en a fourni la cause ou le prétexte, qu'elle soit réelle ou fictive, futile ou grave, toujours la guerre a le même caractère et produit les mêmes effets, de fait et de droit. Je suppose en général, dans le présent chapitre, un tort à redresser, une injure à réparer, et j'ai dit qu'en faisant la guerre, les États se

au XVIIe et au XVIIIe siècle, des monographies se succèdent rapidement, sur la justice et l'injustice de la guerre, la distinction de la guerre en offensive et défensive, la déclaration de guerre, la raison ou nécessité de guerre, les ruses de guerre, la foi dans la guerre, les prisonniers de guerre, les otages, le butin, la conquête, les armistices, la neutralité, le passage des territoires neutres, le commerce des neutres, etc. Ompteda les cite par douzaines. De tous les auteurs qui les ont écrites, le meilleur et le plus célèbre est sans contredit Bynkershoek, dont les *Quaestiones juris publici* (livre I, *De rebus bellicis*) sont parues en 1737 ; Duponceau a traduit le livre Ier en anglais, sous le titre : *Laws of war* (1810).

Des très nombreux ouvrages modernes sur l'ensemble du droit de la guerre, je ne puis mentionner que quelques-uns. — Travers Twiss, *The rights and duties of Nations in time of war*. 1863, 1875 ; trad. française 1889. — Halleck, *Elements of international law, and laws of war*. 1866. Nouvelle édition par sir Sherston Baker, 1878. — Lueder, *Krieg und Kriegsrecht*, et *Das Landeskriegsrecht*, au tome IV du Manuel de Holtzendorff. 1889. — Geffcken, *Das Seekriegsrecht* et *Die Neutralität*, au même tome. — M. Perels a traité du droit de la guerre maritime dans la seconde partie de son *Droit maritime international*, traduction d'Arendt, 1884. — Plusieurs militaires ont écrit sur la guerre et ses lois, dans un autre esprit que les jurisconsultes, et surtout que les philanthropes de profession. Ainsi le célèbre tacticien Clausewitz (1780-1831), dont le livre *Vom Kriege* a été réédité en 1883 avec notes de Scherff, et le général Jules de Hartmann, *Kritische Versuche*, 1878.— Le *Précis des lois de la guerre sur terre* de M. Jules Guelle (1884) est à la fois d'un militaire et d'un juriste.

rendent justice à eux-mêmes. C'est le cas le plus fréquent, on peut le considérer comme le cas normal. Mais ce n'est point indispensable. La guerre serait une pure guerre de conquête, brutale et avouée pour telle, entreprise même sans l'ombre d'un prétexte, que les règles n'en seraient pas moins les mêmes.

La guerre est une lutte entre États. Il n'y a plus de guerres privées. Les adversaires, les ennemis de part et d'autre, sont des États, non des particuliers (1).

Guerre, *werra*, mot de basse latinité, n'est autre que le mot haut allemand *werra*, anglais *war*, qui marque l'embrouillement, le pêle-mêle (*wirren*). Le latin *bellum*, dérivé de *duo* et identique à *duellum*, indique l'opposition des deux adversaires. Le vieux mot germanique *Urlog*, que le néerlandais a conservé (*Oorlog*), a le sens abstrait d'un jugement d'où dépend le sort des nations ; c'est le plus beau des termes qui désignent la guerre et le plus suggestif ; il nous montre, chez les Germains, la vieille croyance que Dieu donne la victoire et que la guerre est un jugement de Dieu, la suprême ordalie des peuples ; comme l'a dit le grand chancelier Bacon : « war... the highest trial of right ».

Pour Vattel, « la guerre est cet état dans lequel on poursuit son droit par la force ». Grotius définit la guerre simplement « status per vim certantium ». Gentil : « Publicorum armorum justa contentio ». Bynkershoek, plus longuement : « Bellum est eorum, qui suae potestatis sunt, juris sui persequendi ergo, concertatio per vim vel dolum ».

176. Des diverses espèces ou divisions de la guerre (2).

I. *Guerre juste, guerre injuste. Guerre offensive, guerre défensive.*

De tout temps certaines guerres ont été qualifiées de justes, d'autres d'injustes. Les fétiaux romains prononçaient sur la justice de la guerre ; ils déclaraient « bellum justum et pium esse ». Mais quelle guerre est juste ? C'est, dit-on, celle dont le but est légitime, et l'on ajoute que si, ce but atteint, on la continue, elle dégénère en guerre injuste. Ceci n'offre aucune base sûre, car le but de la guerre se transforme et s'étend par la guerre même (3). La distinc-

(1) Ci-après, 177.

(2) Lueder, § 57-59.— Calvo, t. IV, 1868-1898, — Pradier-Fodéré, t. VI, 2653-2670.

(3) Ci-après, 180.

tion de la guerre juste et de la guerre injuste est juridiquement sans valeur, tout en pouvant avoir une haute portée morale et par là même politique.

Quelque importance que doive attacher un belligérant au fait d'avoir pour lui l'opinion publique des nations et les sympathies des gens de bien, aucune différence n'existe entre les lois de la guerre injuste et celles de la guerre juste, et les effets de l'une et de l'autre sont identiques. D'ailleurs chacun des belligérants prétend que sa cause est la bonne cause, il le croit même, et peut-être chacun a-t-il quelque peu raison ; et qui en sera juge ?

On dit parfois que la guerre défensive est seule juste, et l'on condamne ainsi la guerre offensive. Cette division des guerres en offensives et défensives, importante au point de vue de la stratégie, de la politique et de l'histoire, n'a qu'une portée restreinte en droit, et ne concerne guère que la théorie des alliances (1). Elle n'a qu'un rapport indirect avec la justice de la guerre. L'État lésé qui recourt aux armes après avoir essayé vainement des autres moyens d'obtenir satisfaction, n'entreprend-il pas une guerre juste ? Souvent l'auteur réel de l'offense saura rester sur la défensive et pousser son adversaire à bout. Généralement, l'État qui attaque se dit offensé. L'agresseur véritable est le provocateur, c'est-à-dire celui qui, le sachant et le voulant, rend la guerre inévitable. Ainsi la guerre offensive au point de vue militaire sera fréquemment défensive au point de vue juridique. Aussitôt que la guerre est certaine, la question de l'offensive matérielle n'est plus qu'une question de stratégie, de politique, d'administration, de hasard peut-être, indifférente en droit. Plus indifférente encore est la question de savoir lequel des adversaires a fait une déclaration de guerre (2).

En 1756, Frédéric II avait la preuve de la coalition formée contre lui ; il envahit la Saxe très légitimement. La Sardaigne en 1859, comme l'Italie en 1866, était l'agresseur au point de vue juridique, tandis que l'Autriche était l'agresseur militaire.

Le départ exact des responsabilités, dans la guerre de 1870-1871, se

1. Ci-dessus, § 53, 155, II.

2. Ci-dessus, § 62, 181.

fait lentement par des publications tardives, dont la véracité doit être contrôlée ; l'histoire dira jusqu'à quel point la France fut vraiment l'agresseur juridique ; la guerre était voulue, sinon par l'empereur, du moins par son entourage dirigeant ; le corps législatif exprima son avis conforme dans la séance du 15 juillet, par 245 voix contre dix, et le peuple y donna son adhésion dans les rues de Paris par des acclamations bruyantes. L'empereur déclara la guerre en toute forme le 19 juillet, et prit l'offensive militaire en mitraillant Saarbrücken le 2 août.

Lorsque les Romains parlaient de *bellum justum et injustum*, ils entendaient ces mots dans le sens de légal, de conforme au droit reçu, comme ils disaient : *justae nuptiae*, *justum testamentum*, etc., plutôt que dans le sens absolu de moralement juste. Souvent les deux notions se confondent, et c'est ce que l'on constate dans plusieurs assertions célèbres de Cicéron (1).

La question de la justice de la guerre a joué jadis un rôle immense. Elle remplit le moyen âge. Les docteurs de l'Église qui ne condamnaient pas toutes les guerres, permettaient la guerre juste.

Grotius, II, c. 1, § 1 : « Causa justa belli suscipiendi nulla esse alia potest nisi injuria : « Iniquitas partis adversae justa bella ingerit », inquit Augustinus... Sic in romano fetiali carmine : Ego vos testor, populum illum injustum esse, neque jus persolvere ».

Bluntschli, 515 : « La guerre est juste, lorsque le droit international autorise le recours aux armes ; injuste lorsqu'elle est contraire aux principes de ce droit. — 516. Sont regardées comme causes légitimes de guerre pour l'État qui en est la victime ou qui en est sérieusement menacé, la violation grave des droits d'un État, la dépossession violente, enfin les atteintes portées aux bases sur lesquelles reposent l'ordre et le droit dans l'humanité. — 517. Il faut considérer comme causes légitimes de guerre, non seulement les atteintes portées à des droits historiques et acquis, mais aussi les obstacles injustement apportés à la formation et au développement du droit nouveau. — 518. L'intérêt de l'État ne peut à lui seul justifier la guerre ». On ne peut qu'approuver, en général, ces propositions de l'illustre publiciste suisse. Toutefois la mention de « la formation et du développement du droit nouveau », en allemand « *der nothwendigen neuen Rechtsbildung und der fortschreitenden Rechtsentwicklung* », ne doit pas être admise sans réserves. Bluntschli ajoute à ce sujet : « Il me paraît que le droit d'un peuple de recourir au besoin aux armes pour se donner la constitution qu'il réclame, pour développer ses qualités naturelles, pour remplir sa mission..., est bien plus naturel, plus important, plus sacré que les manuscrits poudreux constatant les droits d'une

1. Voir les textes transcrits ci-dessous, § 62, 181.

dynastie ». Bluntschli pensait évidemment, lorsqu'il écrivait ces lignes en 1868, aux conquêtes récentes de la Sardaigne en Italie, de la Prusse en Allemagne.

II. *Guerre juridique, politique. Guerre principale, guerre auxiliaire. Grande guerre, petite guerre. Guerre internationale, guerre civile.*

Une autre division, également insignifiante au point de vue juridique, tout en offrant de l'intérêt à l'historien et à l'homme d'État, est celle en guerres juridiques et en guerres politiques. On cite comme juridiques les guerres d'exécution et de succession ; parmi les politiques on distingue les guerres d'unification ou d'unité, d'indépendance et d'émancipation, de suprématie ou d'hégémonie, de conquête, de colonisation et civilisation, d'équilibre, d'intervention ou d'intercession ; les guerres commerciales, les guerres économiques ; les guerres de religion, de nationalité, de revanche, les guerres populaires ou nationales, les guerres dynastiques, les guerres de cabinet : autant de dénominations qu'il n'est pas besoin d'expliquer, quoique plusieurs n'aient pas un sens exactement défini.

On distingue encore la guerre principale et la guerre auxiliaire, la grande et la petite guerre. Ces notions sont essentiellement militaires. « La grande guerre, la guerre principale, est faite par les armées et flottes ennemies, tandis que la petite guerre est faite d'une manière relativement indépendante par des corps francs ou des sous-divisions détachées, opérant séparément du corps principal (1) ».

On distingue la guerre proprement dite, qui est la guerre entre États ou guerre internationale, et la guerre civile. La guerre dont s'occupe le droit des gens est essentiellement la guerre entre États. Envisagée en elle-même, la guerre civile n'est pas une guerre du droit des gens ; le gouvernement se trouve en présence d'insurgés,

(1) Bluntschli, R. D. I., t. XIII, p. 658. — Boguslawski, *Der kleine Krieg und seine Bedeutung für die Gegenwart*. 1881.

qu'il traite en rebelles, c'est-à-dire en criminels, tout en étant libre, s'il le veut, de les traiter comme des belligérants. J'y reviendrai plus loin (1).

Plusieurs auteurs tiennent, à tort, à donner de la guerre une définition qui puisse comprendre la guerre civile.

III. *Guerre continentale, guerre maritime* (2).

Une seule division des guerres est importante en droit, c'est celle en guerre sur terre et guerre sur mer. Les règles de chacune de ces espèces sont différentes, en partie. La guerre maritime est caractérisée par des rigueurs auxquelles on a renoncé dans la guerre continentale. Le théâtre en est autre : ce n'est pas seulement le territoire maritime de chacun des belligérants, c'est encore et surtout la haute mer, qui n'appartient à aucun État. Autre est aussi le principal instrument de combat, autres sont les forces qui se trouvent en présence ; autres les moyens dont les belligérants peuvent user. La guerre maritime est restée barbare au point de vue de la propriété des particuliers, qui est en butte aux attaques de l'ennemi comme celle de l'État.

Il n'y a pas sur mer, comme il y a sur terre, des territoires, pays, villes, forts que l'ennemi puisse prendre et occuper ; d'où la nécessité pour lui de s'en tenir à ce qu'il peut saisir et ruiner, aux navires marchands de l'ennemi, à son commerce. Une civilisation relative de la guerre continentale a été possible parce que, sur terre, plusieurs puissances se tenaient et se tiennent en échec mutuellement. Il n'en a pas été de même sur mer. Les puissances maritimes sont en petit nombre ; elles font ce qu'elles veulent. Généralement même, une seule puissance a été prépondérante sur mer ; elle a pu étendre ses prétentions, sans résistance efficace des autres.

« La guerre maritime consiste à détruire les flottes ennemies, les ouvrages de fortifications, les arsenaux et établissements maritimes et

(1) Ci-après, 177, III.

(2) Geffcken, au tome IV du Manuel de Holtzendorff, § 121.

militaires qui se trouvent sur le territoire de l'adversaire, à opérer des débarquements, à défendre et à protéger les côtes nationales. Elle a aussi pour objet de détruire le commerce maritime de la nation ennemie. Son but est l'abaissement de la puissance navale de l'adversaire au sens le plus étendu du mot (1) ».

177. Le droit de guerre (2).

I. *Qui a le droit de guerre.*

Les États seuls ont le droit de guerre, *jus belli,* actif et passif, soit qu'ils prennent l'offensive ou qu'ils restent sur la défensive. Il n'y a plus de guerres entre particuliers ; il n'y a pas de guerre entre un État d'une part et des particuliers d'autre part. Si un État se trouve dans le cas de procéder violemment contre des particuliers, tels que des pirates ou des flibustiers, il ne leur fait pas la guerre et n'est point tenu de suivre à leur égard les lois de la guerre. Il ne les traite point en ennemis : il les châtie en malfaiteurs.

Pomponius, L. 118, *De V. S.*, 50, 16 : « Hostes hi sunt, qui nobis aut quibus nos publice bellum decrevimus ; ceteri latrones aut praedones sunt ». Comparez Cicéron, *Philippiques*, IV, 6 ; ci-dessus, § 3, 9, I.

Le traitement infligé en 1888 par l'amiral français Obry à l'aventurier russe Atchinoff est absolument justifié. Les officiers de Schill, en 1809, ont été fusillés, et tel aurait été le sort de Garibaldi et de ses officiers en 1860, si l'on avait pu et surtout voulu suivre le droit rigoureux. Il faut mettre dans la même catégorie les flibustiers américains, de 1815 à 1860 ; Walker fut justement exécuté en cette dernière année dans le Honduras.

La République sud-africaine, en janvier 1896, a usé, fort sagement, d'indulgence à l'égard du Dr Jameson et de ses principaux complices, en les remettant, pour jugement, à la Grande-Bretagne.

Bluntschli dit, en son article 512, qu'on reconnaît la qualité de belligérants aux partis armés qui, sans avoir reçu d'un État déjà existant le droit de combattre les armes à la main, se sont organisés militairement, et combattent de bonne foi en lieu et place d'État pour un *principe de droit public*. M. Lueder combat avec raison cette affirmation *de lege lata,* mais il accorde qu'un développement du droit

(1) Bonfils, 1268.

(2) Lueder, § 60-64. — Pradier-Fodéré, t. VI, 2656-2660. — Martens, t. III, § 108. — Rettich, *Zur Theorie und Geschichte des Rechts zum Kriege*. 1888.

positif dans le sens de la doctrine de Bluntschli serait conforme aux idées actuelles. Je pense que cette doctrine, si jamais elle était admise, ne constituerait nullement un progrès, mais au contraire un pas de recul bien caractérisé.

La société moderne est revenue à la notion romaine de la guerre, qui n'a lieu qu'entre États. La guerre privée, née de la *faida* ou *fehde*, comme fruit du système pénal germanique et du morcellement médiéval de la souveraineté, n'a disparu entièrement qu'au XVIe siècle, grâce aux efforts de l'Église, des princes et des légistes. Charlemagne l'avait combattue sans succès. L'Eglise proclama la trêve de Dieu dès le XIe siècle ; les rois et princes enjoignirent la paix du roi, le Landfrieden, les villes le Stadtfrieden, l'empereur, en 1495, la paix impériale perpétuelle, qui ne sortit tout son effet en Allemagne qu'un demi-siècle après ; tandis que la Kings-peace était de droit commun en Angleterre dès la fin du XIIIe siècle (1).

En France, le droit de guerre particulière, qui n'appartenait qu'aux gentilshommes, aboli d'une manière générale par les ordonnances de 1361, 1367, 1413, disparut au XVe siècle.

En même temps, les jurisconsultes faisaient prévaloir théoriquement la conception romaine : l'État, le souverain a seul le droit de guerre. Le souverain, c'est surtout, de droit, l'empereur, c'est aussi le pape ; ce sont les rois d'Espagne, de France, d'Angleterre, d'Écosse ; ce sont encore d'autres princes, par usage ou usurpation. C'est, selon Victoria, la *res publica perfecta*, c'est-à-dire la communauté indépendante, souveraine. La définition que Grotius donne de la guerre, n'exclut pas les guerres privées, mais bien celle de Gentil (2).

Les associations, les corporations n'ont pas plus le droit de guerre que les individus. Les États peuvent le leur octroyer ou transférer par délégation ; ils peuvent l'accorder de même, dans un but d'évidente utilité, aux gouverneurs de provinces lointaines.

La ligue hanséatique, association de villes formée dans un but commercial, et qui n'a jamais été un État, a fait, au moyen âge et encore au XVIe siècle, des guerres parfois victorieuses. Les privilèges accordés à la compagnie anglaise des Indes (1660-1773), comprenaient le droit de guerre.

(1) Nys, *Origines du droit international*, p. 78-94.

(2) Ci-dessus, 175. Gentil, *De jure belli*, 1, 2 : « Et publica esse arma utrinque debent ».

II. *Le droit de guerre des États mi-souverains. Le droit de guerre dans les États composés. États à neutralité permanente. Le Saint-Siège.*

C'est essentiellement à l'État souverain qu'appartient le droit de guerre. En principe, l'État mi-souverain ne doit pas l'avoir, puisque la pleine indépendance lui manque au point de vue des relations extérieures. Pourtant, tout dépend ici du traité qui a créé la mi-souveraineté et les relations entre le vassal et le suzerain. C'est aussi par ces relations que se décide la question de savoir si la guerre du vassal contre le suzerain est une guerre ou une rébellion. Dans le doute, le caractère de guerre doit prévaloir, la souveraineté étant la règle, et la relation de suzeraineté ne donnant pas naissance à un État composé (1).

Le Transvaal a le droit de guerre actif et passif. L'Égypte a guerroyé librement en Afrique. Quant à la Bulgarie, que la Serbie attaquait, elle a reconnu elle-même,dans sa dépêche à la Sublime Porte du 16 novembre 1885, « qu'en raison de son état de vasselage, elle n'avait pas le droit de déclarer la guerre à ses voisins ». M. Rolin-Jaequemyns estime que cette déclaration et d'autres de la même époque sacrifiaient les véritables droits de la Bulgarie ; selon lui « la Bulgarie a le droit actif et passif de guerre. La Serbie s'est donc donné un mal inutile en s'ingéniant à forger des prétextes pour pouvoir entrer en guerre contre sa voisine sans déclarer la guerre à la Porte, ou sans passer par l'intermédiaire de celle-ci. Tous les actes préliminaires aux hostilités : sommations, ultimatums, déclaration de guerre, etc., pouvaient sans irrégularité être adressés directement au gouvernement bulgare (2) ».

Dans l'État fédératif, c'est au pouvoir central seul que le droit de guerre appartient. Les États ne l'ont pas, ni contre l'étranger, ni entre eux. Une guerre entre eux serait une guerre civile, et telle fut la guerre de sécession américaine (1861-1865).

Il en est autrement dans la confédération d'États. Alors même que le pacte fédéral interdit la guerre entre États confédérés, cette guerre, illicite, contraire au pacte, est bien une guerre véritable,

(1) Ci-dessus, § 3, 16 ; § 4, 17.

(2) R. D. I., t. XVIII, p. 522. 1886.

internationale ; ce sont des États souverains qui sont en présence, et non pas seulement des parties d'un même sujet du droit des gens.

En ce qui concerne le droit de guerre contre l'étranger, le pacte peut le reconnaître à la confédération seule, ou aux États, ou à la confédération et aux États.

Constitution des États-Unis (1787), art. 1, section 8 : « Le congrès aura le pouvoir... de déclarer la guerre, d'accorder des lettres de marque et de représailles et de faire des règlements touchant les prises sur terre et sur mer ». — Constitution fédérale suisse (1874), art. 8 : « La Confédération a seule le droit de déclarer la guerre et de conclure la paix ». — Constitution de l'empire allemand (1871), art. 11 : « L'empereur représente l'empire dans les relations internationales, déclare la guerre et fait la paix au nom de l'empire ... — Pour déclarer la guerre au nom de l'empire, le consentement du conseil fédéral est nécessaire, à moins qu'une attaque ne soit dirigée contre le territoire ou les côtes de la confédération ». — L'acte fédéral du 8 juin 1815, art. 11, prévoit à côté des guerres faites par les États contre des puissances étrangères, la guerre faite par la Confédération germanique (*Bundeskrieg*), et contient la disposition suivante : « Les membres de la Confédération s'engagent à ne se faire mutuellement la guerre sous aucun prétexte... (1) ».

La guerre d'Allemagne en 1866, était une guerre entre États ; la Confédération germanique, d'ailleurs déclarée dissoute par la Prusse, était une confédération d'États. La guerre du Sonderbund, en 1847, était aussi une véritable guerre.

Dans l'union personnelle, chacun des États a le droit de guerre indépendamment de l'autre ; ils pourraient même guerroyer l'un contre l'autre. Ceci serait impossible dans l'union réelle, puisque les États unis réellement forment ensemble une seule et même personne du droit des gens ; une guerre entre eux serait une guerre civile, à moins qu'elle n'ait été précédée d'une dénonciation valable de l'union (2).

Une guerre entre les deux moitiés de la monarchie austro-hongroise, ou entre la Suède et la Norvège serait guerre civile. La reconnaissance des deux parties comme belligérantes, s'imposerait évidemment aux

(1) Comparez ci-dessus, § 56, 164.

(2) Ci-dessus, § 5, 20-21. Ci-après, III.

puissances tierces ; il serait difficile, en effet, de considérer l'un des pays comme insurgé contre l'autre.

On aurait eu quelque peine à concevoir, sous le régime de l'union, une guerre du Luxembourg seul contre la Hollande ; mais il aurait fort bien pu être impliqué dans une guerre entre la Hollande et la Confédération germanique, comme le Hanovre dans une guerre anglo-allemande. Le Sleswig-Holstein a fait, en 1848, la guerre au Danemark. La Confédération l'a faite à partir de 1850 ; le Holstein était membre de la Confédération et personnellement uni au Danemark.

Sauf restrictions particulières, exprimées ou implicites, les États à neutralité permanente ont, au même titre que les autres États souverains, le droit de guerre, tant actif que passif. Il est vrai qu'une guerre offensive entreprise par un État neutre peut lui faire perdre le bénéfice de la neutralité ; il en subira les conséquences, qui seront peut-être funestes, même à son indépendance. Mais on ne saurait lui reprocher, s'il entre en guerre, non pour un tiers, mais pour son propre compte, de manquer à son devoir de neutre.

Nul ne songe d'ailleurs à lui contester le droit de se défendre, et de défendre sa neutralité, les armes à la main ; bien plus, la défense armée peut constituer pour lui un devoir positif (1).

La neutralité consiste dans le fait de rester en dehors des guerres entre États tiers, de ne prendre part ni pour l'un des adversaires, ni pour l'autre. La neutralité conventionnelle n'implique nullement cette autre obligation, infiniment plus grave, de ne pas recourir aux armes en cas de lésion de ses propres droits ou intérêts. L'État à neutralité perpétuelle et conventionnelle, en consentant à cette neutralité, ne renonce point à faire la guerre pour son propre compte. Pareille renonciation, qui ne saurait en aucun cas se présumer, serait une diminution tellement grave de la souveraineté qu'elle transformerait presque, par le fait, l'État qui s'y prêterait en un État mi-souverain ; tout au moins constituerait-elle pour lui un danger permanent, l'exposant impunément à toutes les violations de son droit au respect et de son droit général de conservation, enfin de son indépendance. Ce serait une véritable déchéance.

« Les États neutres ne renoncent pas à leur droit de faire la guerre. Mais tant qu'ils restent neutres, ils s'abstiennent de toute participation à celle-ci. — Ce principe s'applique également aux États dont la neutralité est dite perpétuelle. Renoncer à son droit de faire la guerre,

(1) Ci-dessus, § 7 ; ci-dessous, § 68, 213-215.

ce serait pour un État renoncer à sa virilité, à son droit de défendre et de faire respecter sa constitution les armes à la main ; ce serait au fond renoncer à avoir une existence indépendante. Mais la neutralité perpétuelle a cependant cette conséquence qu'elle implique une renonciation, pour autant qu'elle existe, à toute part active aux guerres des autres États. L'État perpétuellement neutre peut, tant par son exemple que par sa participation pacifique aux progrès internationaux des diverses branches de l'activité humaine, exercer une réelle influence sur les autres États, mais il n'est pas appelé à faire de la grande politique extérieure à l'aide de moyens militaires (1) ».

L'idée que l'État à neutralité permanente s'interdit la guerre offensive, est fort répandue ; elle est exprimée même par un juge aussi compétent que M. Geffcken (2). Elle n'en est pas moins erronée, et se rattache à la tendance déjà signalée qui consiste à poser en règle générale ce qui ne peut être qu'une particularité, une singularité propre à l'un ou à l'autre des États neutralisés.

Nul ne doute que la Suisse et la Belgique ne puissent, ne doivent se défendre les armes à la main. Voudrait-on leur refuser le droit de prendre l'offensive ? J'ai parlé de la division des guerres en offensives et défensives ; elle n'a pas grande importance en droit, et tout le monde est d'accord que l'une découle de l'autre ; l'État qui prévoit une attaque, peut et doit, s'il en a le moyen et si c'est utile, prendre les devants. En Suisse, l'opinion générale est que rien ne doit restreindre le droit absolu de la Confédération de déclarer la guerre, conformément à l'article 8 de la constitution, et par le fait, en 1860, une guerre contre la France, pour la possession de la Savoie, ne manquait pas de partisans (3). « La neutralité supposant toujours un état de guerre entre deux autres nations, il s'entend que la Suisse n'est nullement empêchée de déclarer la guerre à un État voisin pour un différend la concernant. Et sans doute aussi, étant un État indépendant, la Suisse aurait le droit, si elle le jugeait convenable, de renoncer entièrement au principe de la neutralité... (4) » En Belgique, l'opinion générale est plutôt pour l'abstention de toute offensive. Il est permis de se demander si cela serait possible en toute éventualité. Protocole du 19 février 1831 : « Les vues de conquête sont incompatibles avec la neutralité de la Belgique ».

(1) Bluntschli, 743.

(2) Geffcken, au tome IV de Holtzendorff, § 136.

(3) Comparez Schweizer, *Geschichte der schweizerischen Neutralität*, p. 909-934, 92-94 (1895). — M. Hilty, dans son étude sur la neutralité suisse (1889), estime que les États à neutralité permanente renoncent aux guerres offensives, mais il leur reconnaît le droit de dénoncer leur neutralité.

(4) Blumer-Morel, *Bundesstaatsrecht*, t. III, p. 386, 1887.

La situation du grand-duché de Luxembourg est toute spéciale, à raison du désarmement imposé à cet État. On lui a, par le fait, rendu impossible non seulement l'offensive, mais aussi la défensive (1).

Le Saint-Siège, malgré la souveraineté reconnue au pape, n'étant pas un État, ne saurait avoir le droit de guerre.

III. *La guerre civile* (2).

Si des insurgés ont su s'organiser en forme d'État, s'ils ont une volonté collective, s'ils sont maîtres d'une partie du territoire, qu'ils défendent et maintiennent contre les forces du gouvernement (3), alors les États étrangers, qui assistent à cette lutte intestine, sont autorisés à considérer, en ce qui la concerne, l'État qu'elle déchire, comme étant divisé, au moins momentanément, et à ne plus y voir un gouvernement aux prises avec des rebelles, mais bien deux gouvernements, et comme deux États en présence et en guerre l'un contre l'autre ; ils peuvent ainsi reconnaître aux insurgés le caractère de belligérants. S'ils le font, et seulement pour ceux qui le font, la guerre civile est assimilée à la guerre entre États et traitée selon les règles qui seront exposées au présent chapitre.

Le gouvernement du pays qui est en proie à la guerre civile, ne peut empêcher cette reconnaissance des insurgés comme belligérants. Mais il n'est point obligé d'en tenir compte. Il persistera donc, si cela lui convient, à ne voir en eux que des rebelles et à les traiter en rebelles.

La reconnaissance de la qualité de belligérant n'est pas une intervention (4).

Ulpien, L. 21, § 1, *De captivis*, 49, 15 : « In civilibus dissensionibus, quamvis saepe per eas res publica laedatur, non tamen in exitium reipublicae contenditur : qui in alterutras partes discedent, vice hostium non sunt eorum, inter quos jura captivitatium aut postliminiorum fuerint. Et ideo captos et venumdatos posteaque manumissos placuit super-

(1) Ci-dessus, § 7.

(2) Wiesse, *Reglas de derecho internacional aplicables à las guerras civiles*. 1893. — Bemis, *The recognition of rebell belligerency*. 1865.

(3) Comparez, § 3, 9, I.

(4) Ci-dessus, § 31.

vacuo repetere a principe ingenuitatem, quam nulla captivitate amiserant ».

La reconnaissance du caractère de belligérant repose sur le principe de la non-immixtion et du caractère de fait, d'après lequel un État est représenté par le pouvoir actuel, sans que les autres États aient à juger de la légitimité de ce pouvoir. La situation est telle qu'ils voient en quelque sorte devant eux deux États et les reconnaissent en une certaine mesure tous les deux *quoad bellum*. « The character of belligerency, a dit Canning, is not so much a principle as a fact ».

M. Brocher de la Fléchère dit fort justement : « La qualité de belligérant est une faveur, un crédit accordé à quelqu'un à charge de retour. On l'attribue à ceux qui inspirent confiance ».

Le gouvernement américain a traité les sécessionnistes (1860-1865) en ennemis, non en criminels ; c'était de sage politique. La France et la Grande-Bretagne les ont reconnus comme belligérants. La France a refusé, en 1881, la qualité de belligérants au parti chilien de la junte congressiste. L'Angleterre ne l'a pas reconnue en 1895 au gouvernement hova, qui d'ailleurs ne le demandait point.

178. Les belligérants. Parties belligérantes principales, parties accessoires ou auxiliaires. Les alliés (1).

On distingue les parties belligérantes principales et les parties belligérantes accessoires.

La partie accessoire, appelée de préférence auxiliaire, fournit à un belligérant principal une aide particulière et limitée ; par exemple un corps de troupes d'une force déterminée, ou des subsides. Ou bien elle met à sa disposition un port, une place, un dépôt de charbons. Ou encore elle lui permet de traverser son territoire.

On nomme alliés, dans le sens étroit du mot et en opposition aux simples auxiliaires, les États qui font cause commune, en se fournissant mutuellement une aide illimitée, et qui sont tous, à titre égal, parties principales. Il n'est point nécessaire que cette participation remonte à l'origine même de la guerre. Celle-ci peut fort bien avoir été entreprise par un seul État, et l'alliance ne s'être

(1) Lueder, § 63-64. — Geffcken, au tome III du même Manuel, § 34-36. — Calvo, t. IV, 2004-2032. — Pradier-Fodéré, t. VI, 2721-2722 ; t. II, 934-968.

faite qu'ensuite. Rien n'empêche qu'un auxiliaire ne devienne allié.

La terminologie n'est d'ailleurs pas toujours observée rigoureusement, et l'adversaire traite en ennemi l'auxiliaire aussi bien que l'allié.

Vattel appelle société de guerre « l'alliance intime et complète dans laquelle on s'engage à faire cause commune ». Il y oppose l'engagement de la partie accessoire, qui est « la promesse d'un secours déterminé (1) ».

Exemples d'alliés : les alliés contre la France dans les guerres du premier empire ; la France et l'Angleterre en 1853, et aussi la Sardaigne ; l'Autriche et la Prusse en 1863 ; la Confédération de l'Allemagne du Nord, la Bavière, le Wurtemberg, Bade en 1870.

Exemple d'auxiliaires : la Roumanie auxiliaire de la Russie, en vertu du traité du 16 avril 1877.

Le traité d'alliance, entre le belligérant et son allié ou son auxiliaire (2), détermine les obligations de part et d'autre ; il peut régler tout ce qui concerne la participation aux opérations de guerre, aux pertes, aux débours, aux indemnités, etc. On suivra, dans les cas douteux, l'analogie du contrat de société.

Le traité peut aussi prévoir ce qui concerne la paix, accorder à l'allié ou à l'auxiliaire le droit de la faire séparément (3). Enfin et surtout, le traité, s'il est conclu avant la guerre, détermine le *casus fœderis*.

On demande si l'allié, ou l'auxiliaire sera traité en ennemi par la partie adverse avant la survenance du *casus fœderis*. C'est en fait une question d'opportunité et de politique. En droit, l'affirmative n'est pas douteuse : le droit du belligérant menacé par l'alliance est incontestable, et découle du droit même de conservation. Le belligérant menacé peut sommer d'ores et déjà l'allié ou l'auxiliaire de son adversaire de renoncer à l'alliance, à défaut de quoi il verra en lui un ennemi et agira en conséquence.

Il n'y a pas lieu de distinguer si l'allié ou l'auxiliaire a promis

(1) Vattel, III, § 80.
(2) Comparez § 53, 155, II.
(3) Ci-dessous, § 71, 224, III.

son concours à l'adversaire pour la guerre présente, ou bien en vue d'une autre guerre. Du moment que l'alliance existe, l'allié ou l'auxiliaire de mon ennemi est mon ennemi, alors même que le *casus fœderis* supposerait un autre litige ou même un autre adversaire.

On a soutenu le contraire jadis, ce qui se rattache à la doctrine ancienne de la neutralité, moins absolue que la doctrine actuelle : « Si une alliance défensive n'a point été faite particulièrement contre moi, ni conclue dans le temps que je me préparais ouvertement à la guerre ou que je l'avais déjà commencée, et si les alliés y ont simplement stipulé que chacun d'eux fournira un secours déterminé à celui qui sera attaqué, je ne puis exiger qu'ils manquent à un traité solennel, que l'on a sans doute pu conclure sans me faire injure ; les secours qu'ils fournissent à mon ennemi sont une dette qu'ils payent ; ils ne me font point injure en l'acquittant ; et par conséquent ils ne me donnent aucun juste sujet de leur faire la guerre (1) ».

Des conventions particulières peuvent intervenir entre alliés, concernant la participation au butin et les questions naissant de l'exercice du droit des prises (2).

Exemple : convention de Paris entre la France et la Grande-Bretagne, du 22 février 1860, relative aux prises opérées pendant la guerre contre la Chine, et au butin pris par les armées de terre.

179. Le théâtre de la guerre (3).

La guerre a pour théâtre naturel les territoires des belligérants, ainsi que la pleine mer. Le territoire neutre y doit rester étranger (4).

La guerre peut être localisée par convention, soit pour toute la campagne, soit momentanément par suite d'armistice. Des parties de la mer, non territoriales, peuvent être par convention soustraites aux opérations de guerre (5).

Localisation conventionnelle du théâtre de la guerre. Convention anglo-française du 12 octobre 1832, art. 8 : « Si le 15 novembre il se trouvait encore des troupes hollandaises sur le territoire belge, un corps français entrera en Belgique, dans le but de forcer les troupes

(1) Vattel, III, § 101.

(2) Ci-dessous, § 64, 198, et § 66, 204.

(3) Lueder, § 88. — Perels, trad. Arendt, *Droit maritime international*, § 33. — Pradier-Fodéré, t. IV, 2733.

(4) Ci-dessous, § 68, 214-215.

(5) Ci-dessus, § 18, 47, V.

hollandaises à évacuer ledit territoire... 4. Si la mesure indiquée dans l'article précédent devient nécessaire, son objet se bornera à l'expulsion des troupes hollandaises de la citadelle d'Anvers et des forts et lieux qui en dépendent ; et S. M. le roi des Français... s'engage expressément à ne faire occuper aucune des places fortifiées de la Belgique par les troupes françaises... ; et lorsque la citadelle d'Anvers, les forts et lieux qui en dépendent, se seront rendus ou auront été évacués par les troupes hollandaises, ils seront aussitôt remis aux autorités militaires du roi des Belges, et les troupes françaises se retireront immédiatement sur le territoire français ».— Convention franco-belge du 10 novembre 1832, art. 16 : « L'armée belge ne dirigera aucune agression contre la Hollande, sur quelque point que ce puisse être. 7. S'il arrivait que les Hollandais prissent l'initiative des hostilités contre la Belgique, l'armée française et l'armée belge agiraient de concert pour repousser cette agression. Dans cette hypothèse, les deux généraux en chef pourront arrêter dès à présent le plan d'opérations combinées que ladite agression rendrait nécessaire de mettre à exécution ; ils auront soin d'ailleurs de ne jamais perdre de vue, dans cet arrangement, que leurs opérations ayant pour but l'affranchissement du territoire belge, ces opérations ne sauraient dans aucun cas prendre le caractère d'une guerre offensive contre le territoire hollandais ».

Armistice du 28 janvier 1871, art. 1er : ... « Les opérations militaires sur le terrain des départements du Doubs, du Jura et de la Côte-d'Or, ainsi que le siège de Belfort, se continueront indépendamment de l'armistice, jusqu'au moment où on se sera mis d'accord sur la ligne de démarcation, dont le tracé à travers les trois départements mentionnés a été réservé à une entente ultérieure ».

Divers traités entre les États riverains, ou certains d'entre eux, tels que la paix de Roeskilde (1658), les traités russo-suédois de 1759, russo-danois de 1780, russo-prussien de 1781, ont déclaré la Mer Baltique fermée aux faits de guerre. Dans la paix de Roeskilde (1658), le Danemark et la Suède s'étaient engagés à n'y point laisser pénétrer des navires de guerre étrangers. Cet engagement fut renouvelé plus tard, avec le concours de la Russie. Un article séparé de la convention de Copenhague, du 9 juillet 1780, portait que « la Russie et le Danemark, également intéressés à veiller à la sûreté et à la tranquillité de la Mer Baltique, continueront à soutenir que c'est une mer fermée où toutes les nations doivent et peuvent naviguer en paix, et qu'ils maintiendront aussi la tranquillité de la Mer du Nord dans leurs parages ». Cette convention, à laquelle adhérèrent plusieurs puissances, a bien pu constituer la Mer Baltique en un état de neutralité effective pendant la guerre d'alors. On se demande s'il en serait de même aujourd'hui.

Pour que pareille fermeture fût efficace, il faudrait évidemment, en premier lieu, que toutes les puissances riveraines fussent d'accord ;

elles formeraient ainsi une ligue, résolue à s'opposer, éventuellement par la force, à toute tentative des belligérants de se livrer, dans la Baltique, à des opérations de guerre. Pour que la fermeture fût légitime, il faudrait d'abord, évidemment encore, qu'aucune des puissances riveraines ne fût belligérante ou auxiliaire ou alliée de l'un des belligérants, que la ligue fût vraiment une ligue de neutres ; sinon, ce serait en réalité une alliance faite avec le belligérant co-riverain contre l'autre belligérant. Il faudrait, en outre, en droit strict, le consentement des puissances belligérantes, car le principe de la liberté de la mer est incompatible avec un pouvoir exclusif de disposition que certaines puissances voudraient s'arroger sur la haute mer, au détriment des autres (1).

On peut parfaitement supposer, dans une guerre, par exemple, entre l'Angleterre et les États-Unis, que le Danemark, la Suède-Norvège, l'Allemagne et la Russie se mettent d'accord pour interdire toute hostilité dans les eaux de la Baltique. Ces États pourraient bien probablement, sans trop de peine, faire respecter cette prohibition, contre le gré des belligérants. Mais ceux-ci seraient fondés à protester et à se plaindre. Il faudrait donc obtenir d'eux qu'ils reconnaissent la prohibition, ce qu'ils ne refuseraient probablement pas de faire. — Si la Prusse, la Suède et le Danemark avaient en 1854 déclaré fermer la Baltique aux opérations de guerre, ils se seraient rendus alliés de la Russie. Si la Russie, la Suède et le Danemark avaient pris la même résolution en 1870, ces puissances se seraient rendues alliées de la Prusse.

Plusieurs auteurs estiment que la fermeture aux hostilités d'une mer libre, par la volonté des riverains, est légitime et par conséquent obligatoire pour les belligérants. Cette solution n'est pas conforme au principe fondamental de la liberté de la mer. Des motifs d'utilité pourraient néanmoins la faire admettre ; en pareil cas la mer devrait rester ouverte à tous les pavillons, aussi par conséquent aux belligérants, et les hostilités seules y seraient interdites.

Le Danube, des Portes de fer à la mer, le canal de Suez et ses abords, sont neutralisés par convention (2).

« En 1870, lorsque la nouvelle de la déclaration de guerre entre l'Allemagne et la France arriva par voie privée à Nagasaki, le commandant du navire de guerre français le *Dupleix* fit au commandant de la corvette allemande *Hertha* la proposition de s'entendre, pour neutraliser, en cas de guerre, les eaux de la Chine et du Japon. Le commandant allemand accepta. On partait de l'idée que, dans ces stations lointaines, les puissances européennes avaient, conjointement avec les États-Unis d'Amérique, une mission civilisatrice ; qu'en conséquence leurs intérêts étaient solidaires et reléguaient à l'arrière-plan leurs discus-

(1) Ci-dessus, § 17, 46.

(2) Ci-dessus, § 16, 45.

sions particulières » (1). Le projet n'aboutit pas, en suite du refus du gouvernement français.

180. La cause de la guerre et le but de la guerre (2).

La cause de la guerre, ou son prétexte, est le différend qui l'a provoquée. On a vu quels peuvent être les différends entre États, et qu'ils se ramènent à la lésion des droits ou prétentions et des intérêts de l'un des belligérants par l'autre (3).

Le but immédiat et naturel de la guerre, c'est de faire cesser l'injure, la lésion, et d'en effacer les traces, de forcer l'État coupable à réparer le dommage causé, à donner au lésé pleine satisfaction à tous égards, et à lui fournir les garanties nécessaires en vue de l'avenir. Pour atteindre ce but, il faut terrasser l'adversaire, dompter sa volonté hostile.

Mais ce but n'est pas nécessairement le seul à la réalisation duquel un belligérant puisse prétendre.

Le fait même qu'une nation lésée a dû prendre les armes pour se faire justice, peut avoir donné naissance à des prétentions nouvelles et légitimes. Et ces prétentions légitimes sont susceptibles de se développer au cours de la guerre, de prendre une direction nouvelle, non prévue. Un agrandissement peut être reconnu nécessaire, auquel on ne songeait point dans le début. On peut se décider à en finir entièrement avec l'État ennemi, à l'écraser et le subjuguer, alors qu'à l'ouverture des hostilités, et plus tard encore, on avait nourri l'espoir et le désir d'aboutir à une paix honorable, offrant des garanties suffisantes. La nation qui donne sujet à la guerre, qui en est le véritable auteur, doit savoir que désormais, et par son fait, son existence même est en jeu.

« La guerre est un moyen si terrible d'obtenir justice, qu'elle entraine après elle une foule d'effets et de conséquences qui sont absolument indépendants de l'objet primitif du litige. Elle entraine des sacrifices en hommes et en argent qui dépassent souvent beaucoup la valeur du

(1) Perels, § 33, p. 191.

(2) Lueder, § 67, § 89. — Bluntschli, 516-520, 536.

(3) Ci-dessus, § 57, 163.

droit contesté. Elle surexcite les passions populaires et réveille les antiques haines nationales ; elle met en question l'avenir tout entier des belligérants. On combat non seulement pour un droit, mais aussi pour des intérêts politiques. La guerre amène au jour des forces longtemps contenues, longtemps cachées, dont il faut tenir compte. Ainsi la guerre est un élément déterminant du développement historique des peuples, et les États en sortent transformés. C'est pourquoi le but de la guerre n'est pas aussi exactement limité que la cause de la guerre. Il s'augmente d'autres éléments que la guerre même ajoute au but primitif (1) ».

§ 62. — Le commencement de la guerre (2).

181. Déclaration de guerre et proclamation de la guerre. — 182. Mesures préliminaires. I. Mesures générales. II. Mesures concernant les personnes. III. Mesures concernant les biens. — 183. Effets du commencement de la guerre. I. Quant aux belligérants. II. Quant aux neutres. — 184. Commencement des hostilités.

181. Déclaration de guerre et proclamation de la guerre.

Les constitutions des divers États contiennent des dispositions désignant l'organe qui déclare la guerre (3). Dans les États monarchiques, c'est le souverain.

Loi constitutionnelle autrichienne sur l'exercice du pouvoir gouvernemental et exécutif, du 21 décembre 1867, art. 5 : « L'empereur a le commandement supérieur de la force armée ; il déclare la guerre et fait la paix ». — Statut fondamental du royaume d'Italie, art. 5 : « (Le roi) est le chef suprême de l'Etat, commande toutes les forces de terre et de mer, déclare la guerre, fait les traités de paix ». — Constitution belge, art. 68 : « Le roi commande les forces de terre et de mer, déclare la guerre, fait les traités de paix ».— Constitution des Pays-Bas, art. 56 : « Le roi déclare la guerre. Il en donne immédiate-

(1) Bluntschli, 536.

(2) Maurice, *Hostilities without declaration of war*, 1700-1870. — Féraud-Giraud, *Des hostilités sans déclaration de guerre*, R. D. I., t. XVII. 1885. — Marc Dufraisse, *Histoire du droit de guerre et de paix de* 1789 *à* 1815. 1867. — De Sainte-Croix, *La déclaration de guerre, ses effets immédiats*. 1892. — Lueder, au Manuel de Holtzendorff, t. IV, § 82-87 (nombreuses indications bibliographiques). — Calvo, t. IV, 1899-1931. — Pradier-Fodéré, t. VI, 2671-2720. — Martens, t. III, § 109.

(3) Ci-dessus, § 61, 177. Comparez § 33, 90, I, et 91 ; § 49, 139, I.

ment connaissance aux deux chambres des États-Généraux et leur fait en même temps les communications qu'il juge compatibles avec les intérêts et la sûreté de l'État ».

Loi constitutionnelle française du 16 juillet 1875, art. 9 : « Le président de la République ne peut déclarer la guerre sans l'assentiment préalable des deux chambres ». Constitution fédérale suisse (1874), art. 85 : « Les affaires de la compétence des deux conseils sont notamment les suivantes : .....6) Les mesures pour la sûreté extérieure, ainsi que pour le maintien de l'indépendance et de la neutralité de la Suisse ; les déclarations de guerre et la conclusion de la paix ».

Le mot : déclarer, désigne l'acte décisif qui fait passer de l'état de paix à l'état de guerre. La déclaration de guerre n'est plus ce qu'elle était autrefois, une notification solennelle, un défi, une *clarigatio* : la guerre est déclarée par simple note, sans aucune formalité. Il n'est même pas besoin d'une notification quelconque. On est en guerre par le simple fait d'actes de violence militaire, ordonnés par l'autorité suprême à ce qualifiée, exercés de part et d'autre : *ex vi mutua*.

Ainsi par l'entrée de l'armée sur le territoire de l'adversaire, pourvu toutefois que celui-ci fasse ou entende faire résistance ; car s'il ne devait pas faire résistance du tout, il n'y aurait pas de guerre et il pourrait y avoir conquête sans guerre. Mais non par la simple rupture des relations diplomatiques, le rappel du ministre, le renvoi des passeports.

Autrefois pareille ouverture des hostilités sans déclaration ou dénonciation préalable faite en due forme à l'adversaire même, était jugée incompatible avec les règles de la guerre juste, et sans vouloir revenir à l'exigence d'un défi solennel, on ne saurait approuver sans réserve le relâchement qui s'est produit dans la pratique, sur ce point, depuis deux ou trois siècles. Il est utile, en effet, que l'on sache d'une façon certaine et positive à quel moment l'état de paix a cessé et l'état de guerre commencé ; cette question de date est même de première importance, tant pour les sujets des États belligérants que pour les neutres.

Il y a lieu de considérer comme équivalant, dans son effet, à une notification faite à l'adversaire un manifeste ou proclamation, adressé par le souverain qui commence la guerre, soit à son propre peuple, soit aux peuples étrangers, ou à tous les peuples, proclamation ou manifeste qui annonce la guerre et souvent entreprend de la justifier.

On accorde le même effet à des dépêches ou notes circulaires, et à d'autres publications officielles.

Enfin, l'on admet, et l'usage en est très fréquent aujourd'hui, la déclaration de guerre éventuelle, sous forme d'ultimatum. L'ultimatum est la proposition dernière, celle dont le refus doit entraîner la rupture définitive, c'est-à-dire la guerre. Il consiste ordinairement en une note présentée au ministre des affaires étrangères par l'agent diplomatique de l'État adverse, énonçant la proposition dernière brièvement et nettement, et demandant réponse dans un délai ordinairement très bref, en ajoutant qu'une réponse évasive, ou négative, ou tardive, ou l'absence de réponse, sera interprétée comme indiquant que l'État auquel la note est adressée, veut la guerre. C'est une déclaration de guerre conditionnelle ; la brièveté du délai fait souvent qu'elle se distingue fort peu d'une déclaration pure et simple.

La déclaration de guerre pourrait, sans être un ultimatum, être faite à terme, un moment étant fixé à partir duquel le déclarant se considérera en état de guerre. Il va sans dire que le terme n'est en aucune façon obligatoire pour l'adversaire.

Tout ce qui précède doit s'entendre de la guerre dite offensive. Il serait absurde, en effet, d'exiger une déclaration de l'État qui se voit attaqué.

En somme et pour conclure, il faut dire que si un acte de notification ou un acte équivalent, marquant clairement le commencement de la guerre, est désirable, cet acte n'est point nécessaire dans l'état actuel du droit.

Il ne faut pas oublier que de nos jours, et dans l'intérieur de la Société des nations, une surprise d'un État par un autre, au moyen d'un coup de main brutal, d'une attaque opérée à l'improviste, n'est guère concevable. Avant qu'un différend n'amène la guerre, les ministres et les agents diplomatiques, les journaux, les parlements l'ont discuté dans tous les sens ; l'opinion publique a travaillé. Quand enfin la guerre éclate, le télégraphe en porte en un instant la nouvelle partout ; les particuliers sont à même de prendre sans retard les mesures nécessaires pour la sauvegarde de leurs intérêts.

Ceci s'applique aux rapports entre États membres de la Société des nations. Vis-à-vis des États de civilisation différente ou inférieure, les Européens procèdent volontiers par surprise, coups de main, coups de force.

Un écrivain, cité par M. Pradier-Fodéré, caractérise assez bien la marche suivie habituellement entre États civilisés, laquelle permet « de passer de la paix à la guerre avec convenance, dignité, correction » : « Les traités de paix et d'alliance durent aussi longtemps que les intérêts momentanés qui leur ont donné naissance. Dès qu'ils changent, on assiste aux évolutions ordinaires en pareil cas : la puissance amie de la veille devient l'ennemie du lendemain ; les États s'éloignent, se rapprochent, se groupent les uns avec les autres dans des proportions différentes, qui varient de jour en jour. C'est à préparer ces changements d'attitude que s'emploie avantageusement l'office de la diplomatie ; elle fournit des prétextes. Par les formes de la procédure diplomatique, elle légitime les actes quelconques : elle conduit graduellement à des résultats qui ne paraissent plus étonnants, grâce à l'enchaînement des écrits qui ont précédé. Une prétention se produit sous la forme d'une plainte ; la plainte se change en grief ; on passe du mémorandum à la circulaire, au manifeste, à l'ultimatum et au canon. Tout cela s'est accompli en peu de temps, et l'on est resté dans les règles (1) ».

Les Romains apportaient à la déclaration et au commencement de la guerre l'esprit religieux et consciencieux qu'ils mettaient partout. Je me borne à mentionner la *clarigatio*, « rerum raptarum clara voce repetitio », et les belles formules des fétiaux. Cicéron donne le principe de la guerre juste, c'est-à-dire surtout correcte et légale : « Ac belli quidem æquitas sanctissime fetiali populi Romani jure prescripta est. Ex quo colligi potest, nullum bellum esse justum, nisi quod aut rebus repetitis geratur, aut denuntiatum ante sit et indictum (2) ». Ailleurs, il attribue le règlement de la déclaration à Tullus Hostilius : « Constituitque jus quo bella indicerentur : quod per se justissime inventum sanxit fetiali religione, ut omne bellum, quod denuntiatum indictumque non esset,

(1) Pradier-Fodéré, t. III, 1230. *Droit diplomatique*, t. I, p. 11-12.

(2) Cicéron, *De officiis*, I, II.

id injustum esse atque impium judicaretur (1) ». Ailleurs encore,selon Saint-Augustin : « Nullum bellum suscipi a civitate optima,nisi aut pro fide aut pro salute (2) ». Isidore de Séville paraphrase Cicéron : « Justum bellum est quod ex praedicto geritur de rebus repetitis, aut propulsandorum hostium causa. Injustum bellum est quod de furore, non de legitima ratione initur. De quo in *Re publica* dicit Cicero : « Illa injusta bella sunt, quae sunt sine causa suscepta. Nam extra ulciscendi, aut propulsandorum hostium causa, bellum justum geri nullum potest ». Et hoc idem Tullius paucis interjectis subdidit : Nullum bellum justum habetur, nisi denuntiatum, nisi indictum, nisi de repetitis rebus (3) ». Gratien a mis dans son Décret le texte d'Isidore, en modifiant deux mots. C. 23, qu. 2, c. 1 : « Justum est bellum, quod ex edicto geritur de rebus repetendis, aut propulsandorum hostium causa (4) ».

Au moyen âge, la guerre était précédée d'un défi solennel, *diffidatio*, et ceci s'est continué jusqu'aux temps modernes. On cite comme l'un des derniers exemples d'un tel défi, la déclaration de guerre faite par Louis XIII au cardinal-infant, gouverneur des Pays-Bas, en 1635. Un héraut d'armes français, sous le titre d'Alençon, revêtu de sa cotte d'armes et de sa toque, un bâton semé de fleurs de lys à la main, et précédé d'un trompette, entra à cheval dans Bruxelles, demanda audience du cardinal; n'étant pas reçu, il jeta au milieu du peuple, sur la Grand'place, une copie de la déclaration qu'il était chargé de faire. « Il sortit ensuite de la ville, et étant arrivé à un village sur la frontière, il planta un poteau sur le grand chemin, à environ cent pas de l'église, auquel poteau il attacha autant de la déclaration qu'il avait fait à Bruxelles, et en avertit le mayeur et le peuple, le trompette du roi faisant dans le même temps les demandes usitées. Le héraut vint rendre compte de sa commission au roi, et le roi fit publier dans toutes ses provinces et enregistrer dans tous ses parlements la déclaration des causes de la guerre (5) ».Une procédure analogue fut suivie par la Suède à Copenhague en 1657. Moussine-Pouschkine, envoyé russe à Londres, décrit comme suit la déclaration de la guerre par l'Angleterre à la France en 1778 : « Un héraut,entouré de la garde à cheval du roi, donne lecture de la déclaration de guerre au son des trompettes et des tim-

(1) *De Republica*, 2, 17.

(2) Saint-Augustin, *De civitate Dei*, 22, 6. Comparez ci-dessus, § 19, 49, II, et § 20, 52-53.

(3) Isidore, *Étymologies*, 18, 1.

(4) Voir sur ce point Nys, *Origines du droit international*, p. 100. Je ne suis pas sûr que la substitution d'*edictum* à *praedictum* ait la portée que M. Nys lui attribue. *Praedictum* est synonyme de *edictum*. Tite-Live, 23, 19. Comparez ci-dessus, § 61, 177, I, la définition de l'ennemi par Pomponius : « decrevimus ».

(5) Réal, cité par M. Nys, *Origines du droit international*, p. 182.

bales devant le palais de Saint-James, où le roi se tient dans l'embrasure d'une fenêtre ouverte, le chapeau sur la tête et l'épée à la main ; cette épée, comme le temple de Janus restait ouvert jusqu'à la paix chez les Romains, reste à l'église, hors du fourreau, jusqu'à la fin des hostilités (1) ».

Aujourd'hui les déclarations de guerre sont publiées dans la *Gazette de Londres*.

Il a été parlé des manifestes et de l'ultimatum au § 46, 134.

Une déclaration de guerre proprement dite est-elle exigée par le droit des gens ? M. Féraud-Giraud, dans l'étude citée p. 220, fait l'exposé des avis des principaux auteurs,et mentionne un grand nombre d'exemples historiques, dans le sens de l'affirmative comme dans le sens de la négative.

En fait de partisans d'une déclaration formelle à l'ennemi, on peut nommer, outre M. Féraud-Giraud lui-même, Ayala et Gentil, Grotius et Pufendorf, Zouch, Barbeyrac, Burlamaqui, Vattel, Heffter, Field, Bulmerincq, Bluntschli. Ce dernier dit, à l'article 522 de son *Droit international codifié*: « On attache en général de nos jours moins d'importance à ces formalités ; la clarté du droit en souffre, mais les hommes d'État et les généraux s'en trouvent mieux ». — « Des cas isolés, dit Heffter, où l'on s'est dispensé d'une déclaration préalable, ne constituent point une règle de nature à être toujours invoquée par les belligérants... Le jour où les nations, sans avis préalable et régulier, auront à redouter le fléau de la guerre, la bonne foi disparaîtra pour faire place à un système d'isolement et de crainte mutuelle ». On peut répondre qu'il y a ici plus que des simples cas particuliers, qu'il y a désuétude véritable.

La doctrine, plus réaliste, qui repousse la nécessité d'une déclaration de guerre, s'appuie sur des autorités imposantes et sur une foule de faits historiques qui mettent la *lex lata*, l'usage, hors de toute contestation. On peut la trouver déjà chez Grotius lui-même, qui, tout en exigeant une déclaration pour la guerre correcte,*solemnis*, juste, classe la guerre sans déclaration parmi les *bella minus solemnia*, ou *injusta*, dans le sens romain du mot (2). Elle est soutenue d'une façon positive et avec force par Bynkershoek : « Potest bellum incipere ab indictione, et etiam potest a vi mutua », mais il ajoute : « Attamen majoris animi principes populique, ut vi manifesta honestius et gloriosius vincant, bella, nisi indicta, non facile gerunt (3) ». Elle est soutenue également, non sans diverses nuances, par Heineccius, par G. F. de Martens, Klueber, Phillimore, F. de Martens, Lueder et nombre d'autres.

(1) Martens, *Recueil des traités et conventions conclus par la Russie*, t. IX (X), p. 290.

(2) Grotius, I, c. 3, § 4.

(3) Bynkershoek, *Quaestiones juris publici*, 1, 2.

L'Angleterre l'a souvent mise en pratique. Le grand Frédéric en a profité pour envahir la Silésie, la Saxe, la Bohême. La France s'est dispensée de déclaration au siècle dernier, mais elle y est revenue en 1792 et 1793 ; depuis lors sa pratique a varié.

Il est évident que tout en posant le desideratum d'une déclaration de guerre, on ne saurait nier les faits matériels et patents, ni, lorsqu'on est en guerre, feindre qu'on est en paix. La France était en guerre avec la Chine alors que l'amiral Courbet disait qu'on était « en état de représailles ». « Du moment qu'un fait existe et qu'il est notoire, du moment où l'état de guerre est certain, il faut bien reconnaître ce qui existe et ne pas se refuser à admettre des réalités incontestables. Et c'est ainsi que la cour de cassation de France a reconnu, par son arrêt du 28 novembre 1834, que les citoyens étaient soumis vis-à-vis de leur pays aux devoirs que leur impose l'état de guerre, cet état n'eût-il pas été déclaré, s'il est certain et notoire (1) ».

Il est difficile de nier qu'il y ait eu guerre, en juillet-août 1893, entre la France et le Siam.

Un rapide aperçu des principales guerres récentes montrera l'application des systèmes divers.

La dernière guerre franco-allemande a été déclarée le 19 juillet 1870, à 1 heure de l'après-midi, sous la forme d'une note remise à Berlin au ministère des affaires étrangères par le chargé d'affaires de France, note se terminant par ces mots : « Le gouvernement français a jugé qu'il avait le devoir de pourvoir sans retard à la défense de sa dignité et de ses intérêts lésés, et, décidé à prendre dans ce but toutes les mesures commandées par la situation qui lui est créée, il se considère dès à présent comme étant en état de guerre avec la Prusse ». Le lendemain, le duc de Gramont, ministre des affaires étrangères, rendit compte au sénat de cet acte « accompli conformément aux règles d'usage ». Il ajouta que la déclaration s'appliquait aussi aux alliés de la Prusse. Le 21, il adressa une dépêche circulaire aux représentants de la France en divers pays. Le 23, l'empereur lança une proclamation « aux Français ». — D'autre part, déjà le 19, à onze heures du matin, le roi de Prusse, inaugurant la session du Reichstag, avait mentionné dans son discours du trône l'imminence de la guerre, et dès l'ouverture de la première séance, à 2 heures, le comte de Bismarck annonça que le chargé d'affaires de France venait de lui remettre la déclaration de guerre. Le même jour, une dépêche circulaire communiquait ce fait aux agents de la Confédération de l'Allemagne du Nord auprès des diverses cours.

En 1854, la déclaration de guerre de la France à la Russie fut communiquée par le ministre d'État aux grands corps de l'État ; le discours, à la chambre et au sénat, se terminait par ces mots : « Le ca-

(1) Féraud-Giraud, R. D. I., t. XVII, p. 38.

binet de Saint-Pétersbourg ayant décidé qu'il ne répondrait pas à la communication précédente, l'empereur me charge de vous faire connaître cette résolution, qui constitue la Russie avec nous dans un état de guerre dont la responsabilité appartient tout entière à cette puissance ».

En 1859, un ultimatum autrichien somma la Sardaigne de mettre son armée sur le pied de paix et de licencier ses volontaires. L'ultimatum, qui fut remis à Turin le 23 avril, portait la date du 19, et disait que le porteur avait l'ordre d'attendre la réponse trois jours. Le 28 avril, manifeste de l'empereur d'Autriche : « à mes peuples », leur annonçant qu'il a donné l'ordre à son armée d'entrer en Sardaigne. Le 3 mai, manifeste de l'empereur Napoléon III au peuple français : « L'Autriche, en faisant entrer son armée sur le territoire du roi de Sardaigne, nous déclare la guerre. Elle viole ainsi les traités, la justice, et menace nos frontières... »

Guerre dano-allemande de 1864. — Le 16 janvier, les ministres de Prusse et d'Autriche à Copenhague somment le gouvernement danois de retirer dans les quarante-huit heures la constitution imposée au Sleswig-Holstein le 18 novembre 1863. « Sinon, les deux puissances seraient dans le cas de prendre en gage le duché de Sleswig, et les ministres demanderaient leurs passeports ». Le gouvernement danois répondit négativement le 18 janvier. L'Autriche et la Prusse jugèrent superflu, après la note du 16, de déclarer encore la guerre en due forme ; leurs armées prirent position sur la frontière danoise ; le commandant en chef notifia le 31 au général danois qu'il avait ordre d'occuper le duché, et lui demanda s'il était prêt à l'évacuer. La frontière fut franchie le 1er février.

Guerre de 1866, de la Prusse contre l'Autriche et contre une partie de l'Allemagne, et entre l'Italie et l'Autriche. — Le 15 juin, la Prusse adresse à la Saxe, au Hanovre et à Hesse-Cassel des sommations identiques, mais diversement motivées, avec demande de réponse dans la journée même, et l'avis qu'un retard, aussi bien qu'une réponse évasive, serait envisagé comme refus ; dans ce cas, le roi de Prusse se verrait à son grand regret obligé de considérer l'État refusant comme étant en guerre avec la Prusse, et d'agir en conséquence. Le 16, les armées prussiennes entrèrent en Saxe, en Hesse et dans le Hanovre ; le 16 également, le comte de Bismarck adressa une dépêche circulaire aux représentants de la Prusse à l'étranger. Le 17, manifeste de l'empereur d'Autriche à ses peuples, leur annonçant la guerre contre l'Italie et la Prusse. L'empereur cite « devant le tribunal de l'histoire et de Dieu éternel et tout-puissant ceux qui ont provoqué cette guerre, pour y répondre du mal qu'elle fera aux particuliers, aux familles, aux contrées et aux pays ». 18 juin, manifeste du roi de Prusse à son peuple. 20 juin, manifeste du roi d'Italie aux Italiens, annonçant la guerre contre l'Autriche. 2 juillet, proclamation du roi de Bavière à son peuple.

Guerre de la Serbie et du Monténégro contre la Turquie, 1876. — 28 juin, ultimatum serbe à la Porte. 30 juin, proclamation du prince de Serbie : « à mon cher peuple », annonçant la guerre, et l'alliance du Monténégro. 1er juillet, les armées serbe et monténégrine entrent en Turquie. 3 juillet, remise à Constantinople des déclarations de guerre de la Serbie et du Monténégro. 5 juillet, réponse de la Porte.

Guerre de la Russie et de la Roumanie contre la Turquie, 1877-1878. — 24 avril 1877, manifeste du tsar, ordre aux troupes de franchir les frontières turques, dépêche circulaire aux agents russes à l'étranger. La Roumanie ayant accordé le passage à l'armée russe, les Turcs font des actes d'hostilité contre la Roumanie. Le 5 mai, le prince de Roumanie déclare au sénat qu'en présence de l'attitude des Turcs, la Roumanie sera forcée de faire la guerre. 8 mai, l'agent roumain à Constantinople reçoit ses passeports. 11 mai, 21 mai, les chambres roumaines proclament l'indépendance de la principauté. 13 mai, la déclaration de guerre de la Roumanie à la Porte est annoncée aux consuls-généraux des puissances à Bucharest.

Guerre du Pacifique, entre le Chili d'une part, et le Pérou et la Bolivie, d'autre part, 1878-1883, commencée sans déclaration préalable par une attaque soudaine du Chili (1).

Guerre franco-chinoise, 1884-1885. — En août 1884, le gouvernement français affirmait que l'on n'était pas en état de guerre, mais « en état de représailles ». En fait, on était en guerre, et la Grande-Bretagne prit les mesures conformes à sa neutralité. Une note française du 6 février déclara enfin revendiquer le plein et entier exercice des droits reconnus aux belligérants par la loi internationale (2).

Guerre entre la Serbie et la Bulgarie, 1885 (3). — Le 14 novembre, à 10 h. du matin, le chargé d'affaires de Grèce à Sofia remit au gouvernement bulgare la déclaration de guerre de la Serbie, annonçant l'ouverture des hostilités pour le même jour, à 6 h. du matin. Dès 6 h. du matin, en effet, l'armée serbe avait envahi, sur trois points à la fois, le territoire bulgare.

182. Mesures préliminaires.

I. *Mesures générales.*

L'état de guerre existe à partir de la déclaration ou des actes ou faits équivalents.

(1) Pradier-Fodéré, R. D. I., t. XVI, p. 510-523.

(2) Geffcken, R. D. I., t. XVII, p. 145-151.

(3) Rolin-Jaequemyns, R. D. I., t. XVIII, p. 512 s.

A ce moment, diverses mesures sont prises, plus ou moins habituellement, plus ou moins nécessairement, par chacune des puissances belligérantes. Il en est d'un caractère général, d'autres concernent les personnes des sujets des belligérants, d'autres leurs biens. La plupart de ces mesures sont du ressort de la politique ou du droit interne plutôt que du droit des gens.

Des manifestes, proclamations, dépêches circulaires, mémoires justificatifs, sont adressés aux peuples, aux agents diplomatiques, aux puissances tierces, les informant de l'état de guerre et de ses conséquences (1).

Chacun des belligérants rappelle sa légation accréditée chez l'ennemi, et rend à l'agent diplomatique de l'ennemi ses passeports. Les consuls, de part et d'autre, reçoivent de leurs gouvernements l'ordre de cesser leurs fonctions; d'ailleurs l'exequatur leur est retiré. Les intérêts des nationaux restés en pays ennemi sont confiés au représentant d'une puissance amie (2).

Les dispositions du code pénal militaire concernant l'état de guerre entrent en vigueur. Il se peut que l'on proclame ce qu'on appelle la loi martiale, c'est-à-dire un code spécial, différent du code militaire ordinaire, prescrivant l'emploi de la force armée en divers cas où il n'est pas admis régulièrement, et frappant de punitions généralement rigoureuses divers actes qualifiés d'infractions aux lois de la guerre (3).

II. *Mesures concernant les personnes.*

Il arrive qu'au début d'une guerre les États belligérants rappellent leurs sujets résidant à l'étranger par lettres ou édits avocatoires, faisant revenir de tout pays ceux qui sont astreints au service militaire, et parfois tous leurs nationaux qui se trouvent en pays

(1) Comparez ci-dessus, 181, et § 47, 134, 133, II.

(2) Ci-dessus, § 40, 116, 117; § 41, 121.

(3) Pour la loi martiale proclamée par le chef de l'armée d'occupation dans un pays ennemi occupé, ci-dessous, § 64, 197.

ennemi. Ils interdisent aussi à leurs nationaux de se rendre en pays ennemi (1).

Diverses mesures concernent les sujets de l'ennemi séjournant dans le territoire (2). On peut les retenir, surtout ceux qui sont astreints au service militaire, ce qui a pris une importance majeure à raison du service obligatoire et général qui existe dans la plupart des pays. On peut les interner en des régions ou villes déterminées. Ou bien, au contraire, on les expulse, en leur accordant un bref délai pour mettre ordre à leurs affaires.

Ces rigueurs frappant des particuliers inoffensifs sont justement critiquées de nos jours, et l'usage en devient de plus en plus rare ; elles sont peu conformes à l'esprit de la guerre moderne (3). Elles sont licites cependant, justifiées par le droit de conservation, à condition de n'être pas inhumaines.

En 1755, les Anglais furent expulsés de France. En 1803, tous les Anglais âgés de 18 à 60 ans qui se trouvaient en France, furent déclarés prisonniers de guerre ; beaucoup ne furent libérés qu'en 1814; cette mesure fut d'ailleurs présentée comme représailles pour la capture de navires français par les Anglais.

Pendant la guerre de Crimée, les Russes habitant l'Angleterre et la France purent y rester.

En 1868, la Turquie menaça d'expulsion les Grecs résidant dans l'empire ottoman.

En 1870, les Français purent rester en Allemagne. — Les Allemands furent d'abord retenus en France, puis expulsés. Le ministre de l'intérieur, M. Chevreau, a déclaré le 12 août au corps législatif: « Au début de la guerre, le gouvernement avait jugé bon d'empêcher les Allemands qui sont en France, de sortir du pays, pour qu'ils ne puissent pas aller s'incorporer dans les armées ennemies. Les circonstances devenant graves, et la présence de ces étrangers pouvant être très nuisible à la défense nationale, nous avons levé cette interdiction, et depuis deux jours nous prenons des mesures pour procéder à leur sortie... ». — Arrêté du gouverneur de Paris, du 28 août 1870 : « Tout individu non naturalisé français et appartenant à l'un des pays actuellement en guerre avec la France, est tenu de quitter Paris et le département de la Seine dans un délai de trois jours, et de sortir de France

(1) Comparez ci-dessus, § 20, 52, II.

(2) Comparez § 23, 57, I ; § 24, 60, I, 61, I.

(3) Ci-dessous, § 63, 185, I et II.

ou de se retirer dans un des départements situés au delà de la Loire ». Les motifs indiqués sont corrects : intérêt de la défense nationale, et aussi garantie de la sécurité des personnes appartenant par leur nationalité aux pays en guerre avec la France. Cependant les mesures prises furent critiquées en France même.

L'ukase du 12 mai 1877 a permis expressément aux sujets de la Porte, dans l'empire russe, d'y continuer leur séjour et leurs occupations paisibles, sous la protection des lois. En 1879, les Chiliens furent expulsés de Bolivie, et leurs biens confisqués.

Les anciens traités de commerce stipulaient soit le droit de rester sans être inquiété, soit un délai raisonnable pour sortir.

L'État belligérant peut aussi, par lettres inhibitoires ou déhortatoires, interdire à ses sujets certains rapports ou même tous rapports avec le pays ennemi : le commerce en général ou tel commerce déterminé, l'importation, l'exportation, les assurances, etc. Des dispenses sont accordées par concession de licences, générales ou spéciales. L'interdiction du commerce avec un belligérant s'étend, dans le doute, à ses alliés.

Aujourd'hui cette interdiction, tout en étant légitime, est exceptionnelle. Le principe est que le commerce est libre. L'interdiction sera donc interprétée d'une manière plutôt restrictive (1).

Elle est prononcée soit au début de la guerre, soit durant la guerre, à tout instant, dès que le belligérant le juge conforme à ses intérêts, avec délai pour le règlement des affaires en cours.

Il va sans dire que, même sans interdiction expresse, les nationaux doivent s'abstenir de toute affaire commerciale ou industrielle qui pourrait profiter à l'ennemi. Ils seraient coupables et punissables, par exemple, s'ils participaient à un emprunt destiné à lui permettre de prolonger la guerre (2). Ceci est du ressort du droit interne.

Bynkershoek pose en principe que l'interdiction du commerce résulte du fait même de la guerre, mais il admet des exceptions en vertu de permission, de licences. « Ex natura belli commercia inter hostes cessare, non est dubitandum. Et quid valebunt commercia, si, ut constat,

(1) Comparez ci-dessus, § 29, 80.
(2) Comparez ci-dessous, § 68, 213, II.

bona hostium, quae apud nos inveniuntur, vel ad nos adferuntur, fisco cedant?... Sed omnino cessant commercia ; unde et in belli indictionibus plerumque mutuis commerciis interdicitur... Quamvis autem nulla specialis sit commerciorum prohibitio, ipso tamen jure belli commercia esse vetita, ipsae indictiones bellorum satis declarant... Utilitas vero mercantium, et quod alter populus alterius rebus indigeat, fere jus belli, quod ad commercia, subegit. Hinc in quoque bello aliter atque aliter commercia permittuntur vetanturque, prout e re sua subditorumque suorum esse censent principes (1) ».

Aujourd'hui, la faculté de commercer est la règle. Ceci est conforme à la nature de la guerre moderne, et aussi à celle du commerce, qui de son essence est cosmopolite ; d'accord aussi avec le fait que les intérêts matériels et financiers des nations sont de nos jours de plus en plus enchevêtrés et confondus.

Durant la guerre de Crimée, le commerce ne fut interdit entre les belligérants que d'une manière mitigée. Les sujets britanniques purent trafiquer par navires neutres avec les ports russes non bloqués, naturellement en marchandises autres que la contrebande de guerre. — L'Angleterre et la France n'ont pas interdit le commerce de leurs ressortissants avec la Chine, en 1860.

En 1854, l'Angleterre a déclaré punissable la négociation des valeurs russes émises durant la guerre.

En 1871, un banquier berlinois qui avait participé à l'emprunt Morgan, a été condamné pour trahison.

III. *Mesures concernant les biens.*

On ne confisque plus, de nos jours, les biens des sujets de l'État ennemi, situés ou trouvés dans le territoire, ni les créances de cet État ou de ses sujets contre des nationaux. Le belligérant qui prendrait de telles mesures, provoquerait sur le champ des mesures de rétorsion ou de représailles qui seraient désastreuses pour lui. Le respect de la propriété privée, durant la guerre, est un principe acquis, à l'exception, toutefois, de celle qui flotte sur mer (2).

Il se peut que, pour des motifs économiques, afin d'empêcher l'exportation du numéraire, les poursuites exercées contre un national, par un créancier sujet de l'État ennemi, soient suspendues

(1) Bynkershoek, *Quaestiones juris publici*, 1, 3.

(2) Ci-dessous, § 65-66.

momentanément. En pareil cas, la prescription est également suspendue.

Des délais de grâce ou moratoires sont accordés (1).

Au moyen âge, il était de règle, en divers pays, que les actions, créances et tous droits incorporels des sujets de l'ennemi contre des nationaux du belligérant étaient confisqués au profit de celui-ci. « En Angleterre, ce semble avoir été une règle bien établie... Vers la fin du XVe siècle, la guerre éclata entre Pise et Florence. Pise força ceux de ses sujets qui étaient débiteurs de citoyens florentins, de verser dans le trésor pisan le montant de la dette. La paix faite, un créancier florentin poursuivit le paiement de sa créance. Philippe Décius, qui fut arbitre de la contestation, admit la validité du paiement (2) ».

Bynkershoek, généralement rigoureux, se prononce pour la confiscation de tous les biens ; mais il constate que l'usage s'est introduit, en ce qui concerne les immeubles, de ne confisquer que leur revenu. Il admet notamment la confiscation des créances des ennemis sur l'État ou les sujets (3).

Vattel admet la confiscation des revenus des immeubles. Il recommande la modération en ce qui concerne les créances. Si le droit rigoureux autorise leur confiscation, « l'avantage et la sûreté du commerce ont engagé tous les souverains d'Europe à se relâcher de cette rigueur. Et dès que cet usage est généralement reçu, celui qui y porterait atteinte violerait la foi publique ; car les étrangers n'ont confié à ses sujets que dans la ferme persuasion que l'usage général serait observé (4) ».

Dans les guerres de la Révolution, il y eut confiscation générale par la France de toutes les valeurs mobilières et immobilières appartenant aux sujets ennemis. Il y eut restitution en vertu de l'article 19 de la paix de Paris (30 mai 1814). En 1807, le Danemark confisqua les créances d'Anglais contre des sujets danois ; la cour suprême anglaise déclara ce procédé contraire au droit des gens.

Story admettait encore la confiscation des créances. Mais la *court of common pleas* a déclaré : « According to modern international law, the confiscation of private debt is illegal and invalid ». La pratique américaine est ici rigoureuse et arriérée. Les Sudistes américains ont confisqué toutes les propriétés tant mobilières qu'immobilières des ressortis-

(1) On peut voir, à titre d'exemples, certaines questions qu'a fait naître la loi moratoire française du 13 août 1870 : *Journal du droit international privé*, t. I, p. 100, 126, 139 s., 149 s., 185-191, 209-214 ; Asser, éd. Rivier, *Éléments de droit international privé*, 106.

(2) Nys, *Origines du droit international*, p. 196.

(3) *Quaestiones juris publici*, I, 7.

(4) Vattel, III, § 76-77.

sants du Nord sur leur territoire. Ce procédé a été qualifié par l'Angleterre « an act unusual as it was injust ». La cour suprême des États-Unis déclara, de son côté, légitime la confiscation du coton appartenant à des particuliers du Sud (1). La Bolivie, en 1879, a confisqué les biens des Chiliens en Bolivie.

Actuellement, les créances des citoyens ennemis sur l'État, les fonds publics sont respectés comme les créances sur les particuliers et même mieux. « Confisquer la créance d'un ennemi, née d'un emprunt de l'État, c'est nuire au crédit de l'État lui-même pour l'avenir (2) ». « L'État, dit déjà Vattel, ne touche pas même aux sommes qu'il doit aux ennemis ; partout, les fonds confiés au public sont exempts de confiscation et de saisie en cas de guerre ».

Autrefois, le belligérant mettait l'embargo sur les navires des sujets ennemis qui se trouvaient dans ses ports ; aujourd'hui, on leur fixe un délai pour se mettre en sûreté, eux et leurs cargaisons (3).

Le belligérant peut d'ailleurs, si son intérêt l'exige, empêcher des navires de tout pays de sortir de ses ports.

Tel est le cas, par exemple, lorsque certaines circonstances, des opérations militaires ou autres, doivent être tenues secrètes. C'est un cas d'arrêt de prince, parfaitement légitime (4). L'État, maître de son territoire et par conséquent de ses ports, est libre de les fermer, tant au début de la guerre qu'au cours de la guerre, et d'en interdire non seulement la sortie, mais aussi l'entrée ; il a le droit de contraindre les neutres à respecter cette interdiction.

Le délai, qui était ordinairement, jadis, de six semaines, tend à se raccourcir. En 1870, la France accorda aux navires allemands trente jours ; la Porte donna, en 1877, cinq jours aux navires russes.

« Au début de la guerre de 1870, une ordonnance du commandant de la station navale allemande dans la Baltique prononça la fermeture du port de Kiel. Cette mesure ne tarda pas à être levée ; dès le 28 septembre 1870, on la remplaça par certaines entraves qui furent apportées à l'entrée dans le port, pour répondre d'un côté aux exigences de

(1) Wheaton, éd. Boyd, § 346 b.

(2) Bonfils, 1058.

(3) Geffcken, au tome IV de Holtzendorff, § 126, 2. — Bulmerincq, même tome, § 35.

(4) Ci-dessus, § 60, 173. — Perels, *Droit maritime international*, § 52.

l'état de guerre, et de l'autre à celles de la sécurité de la navigation, qui était menacée par la pose des torpilles » (1).

Il va sans dire que la fermeture, par un État, de ses propres ports diffère totalement du blocus, dont il sera traité plus loin (2).

183. Effets du commencement de la guerre (3).

I. *Quant aux belligérants.*

De ce qui vient d'être dit, il résulte que l'entrée en guerre a des conséquences nombreuses et dont la portée dépasse les limites du droit public.

En premier lieu pour les États belligérants.

La guerre exerce une influence immédiate sur l'activité de leurs agents diplomatiques et de leurs consuls (4) ; sur les traités qui existent entre eux (5) ; sur leur commerce, notamment maritime ; sur la navigation, les chemins de fer, les transports, les assurances ; sur l'administration de la justice civile et pénale (6).

Si l'on compare l'état de choses régulier aujourd'hui, dans notre Société des nations, avec ce qui s'y pratiquait encore il y a moins de cent ans, il est impossible de ne pas reconnaître que de grands progrès ont été réalisés. En règle générale, et sous réserve des mesures facultatives mentionnées au numéro précédent, et qui découlent du droit de conservation, les sujets de l'État ennemi continuent à résider paisiblement dans le territoire ; ils y vaquent à leurs affaires sous la protection des lois, comme les autres étrangers, et le cours de l'administration de la justice territoriale n'est point interrompu à leur détriment.

Ceci est une conséquence du principe essentiel qui domine la guerre moderne. La guerre, aujourd'hui, a lieu entre les États, et

(1) Perels, trad. Arendt, à l'endroit cité.

(2) Ci-dessous, § 63, 194.

(3) Lueder, § 86-87. — Bynkershoek, *Quaestiones juris publici*, I, c. 3 : *De statu belli inter hostes* ; c. 9 : *De statu belli inter non hostes*. — Massé, t. I, § 137-147, 3e éd. 1874.

(4) Ci-dessus, 182, I ; § 40, 116-117 ; § 41, 121, III.

(5) Ci-dessus, § 55, 160, IV.

(6) Ci-dessus, 182, III.

non pas entre les populations. Les particuliers, sujets de l'ennemi, ne sont pas des ennemis (1).

C'est encore une conséquence de la solidarité qui entremêle et confond les intérêts de tous les pays et de leurs citoyens, solidarité qui s'accroît sans cesse, grâce au développement de la communauté internationale et aux admirables progrès scientifiques qui caractérisent l'époque présente.

II. *Quant aux neutres.*

La liberté d'action des États neutres et leurs intérêts sont nécessairement atteints par la guerre, mais ils ne doivent l'être que le moins possible. Leur liberté commerciale, en particulier, doit autant que possible rester intacte et entière. Mais les belligérants ont, de leur côté, le droit de se prémunir contre le tort que le commerce des neutres peut leur causer. Tel est le double principe, dont les applications seront exposées plus loin (2).

Les sujets d'États neutres qui sont sur le territoire d'un État belligérant, font partie de la population de cet État et en partagent, sauf exception, le sort. Ils ne sauraient prétendre à un traitement spécial. Ceci concerne surtout ceux qui sont établis sur le territoire et y possèdent des biens-fonds (3).

Grotius, après avoir parlé de la « licentia laedendi » qui justifie les hostilités, ajoute : « Late autem patet hoc jus licentiae, nam primum non eos tantum comprehendit, qui actu ipso arma gerunt aut qui bella moventis subditi sunt, sed omnes etiam qui intra fines sunt hostiles: quod apertum fit ex ipsa formula apud Livium : « Hostis sit ille quique intra praesidia ejus sunt »... — Qui autem vere subditi sunt hostium, ex causa scilicet permanente, eos offendere ubique locorum jure hoc gentium licet... (4) » — « Quiconque s'établit dans un pays autre que le sien, accepte volontairement, d'avance, la chance de tous les périls auxquels ce pays peut être exposé, et comme il participe aux avantages des indigènes, il doit se résigner également à participer à leurs calamités. La guerre, extérieure ou civile, entre bien évidemment dans

(1) Ci-dessous, § 63, 185, I, 186, I.

(2) Ci-dessous, § 68 et § 69.

(3) Ci-dessous, § 63, 186, I ; § 65, 202-203.

(4) Grotius, III, c. 4, § 6-8.

la catégorie de ces chances, dont les effets, déplorables sans doute, mais souvent indépendants de la volonté des hommes, frappent le coupable et l'innocent (1) ».

184. Commencement des hostilités.

Quand commenceront les hostilités? C'est une question de fait, plutôt que de droit.

Si la déclaration a lieu sous forme d'ultimatum, il faut qu'un délai raisonnable, *modicum tempus*, permette d'obtempérer à la sommation. On a vu qu'ordinairement l'ultimatum fixe un délai. Cela ne signifie point que l'État qui a posé l'ultimatum, s'interdise de commencer les hostilités avant l'expiration du délai fixé. Il est clair, en effet, que si la réponse négative est donnée plus tôt, les hostilités peuvent éclater tout de suite; que des faits concluants équivalent à une réponse négative; enfin que l'on ne doit pas se laisser gagner de vitesse par l'adversaire. Mais la bonne foi est de rigueur, en ceci comme en tout.

Répétons qu'aujourd'hui, dans l'état actuel de notre civilisation, une véritable surprise, brutale et contraire au droit des gens, est à peu près impossible (2).

M. Field, dans son projet de code, voudrait laisser s'écouler un délai de 60 jours entre la publication de la déclaration de guerre, avec motifs, et les premiers actes d'hostilité; très chevaleresque, surtout de la part d'un Américain, mais peu pratique.

Guerre de 1866 : 15 juin, ultimatum de la Prusse à la Saxe, au Hanovre, à Hesse-Cassel, avec demande de réponse le jour même; 16 juin, commencement des hostilités. 1870 : 19 juillet, déclaration de guerre de la France, à Berlin; 2 août, bombardement de Saarbrücken. 1876 : 28 juin, ultimatum serbe; 1er juillet, commencement des hostilités; 3 juillet, remise à Constantinople de la déclaration de guerre de la Serbie.

(1) Note du chancelier de l'empire de Russie à l'ambassadeur russe à Londres, du 21 avril 1850, citée par Perels, p. 172.

(2) Ci-dessus, 181, et § 57, 164.

§ 63. — LES LOIS DE LA GUERRE (1).

185. Les lois de la guerre et la nécessité de guerre. I. Lois ou usages de la guerre. II. La nécessité de guerre. — 186. La force armée. I. La guerre, relation d'État à État, lutte entre les forces armées. Les populations paisibles. II. La force armée. Troupes régulières et irrégulières. Combattants et non combattants. III. Les volontaires. IV. Les corsaires, la course. — 187. Moyens licites et moyens illicites de nuire à l'ennemi. — 188. Les blessés, les malades, les morts. I. Blessés et malades. II. Les morts. — 189. Les prisonniers de guerre. — 190. Les parlementaires. — 191. Les courriers militaires. — 192. Guides, messagers, éclaireurs, espions. I. Guides et messagers. II. Les éclaireurs. III. Les espions. — 193. Siéges et bombardements. — 194. Le blocus. I. Notions générales. II. Effectivité du blocus. III. Déclaration du blocus et notifications. IV. Fin du blocus. — 195. Les représailles dans la guerre.

185. Les lois de la guerre et la nécessité de guerre.

I. *Lois ou usages de la guerre.*

On donne le nom de lois de la guerre aux usages de la guerre, c'est-à-dire aux règles que les États de la Société des nations ont

(1) *Instructions for the government of Armies of the United States in the field.* 1862-1863. — *Projet d'une déclaration internationale concernant les lois et coutumes de la guerre*, discuté dans la conférence de Bruxelles (1874). — *Manuel des lois de la guerre sur terre*, publié par l'Institut de droit international. 1880. — Lueder, § 51-53, § 65-81, § 90-111. Les paragraphes 70-81 contiennent une histoire critique des mesures prises pour rendre la guerre plus humaine et pour en codifier les lois. Les paragraphes 67-68 contiennent l'histoire des lois de la guerre. — Calvo, t. IV, 2053-2265. — Pradier-Fodéré, t. IV, 2723-2794. — Martens, t. III, § 110-111. — Nys, *Le droit de la guerre et les précurseurs de Grotius.* 1882. *Origines du droit international*, p. 188-263. — Triepel, *Die neusten Fortschritte auf dem Gebiete des Kriegsrechts.* Zeitschrift für Litteratur und Geschichte der Staatswissenschaften, t. II. 1894. — On trouve des analyses de plusieurs ouvrages relatifs à la guerre franco-allemande de 1870-1871, faites surtout par M. Rolin-Jaequemyns, dans les premiers tomes de la *Revue de droit international.* — Ompteda cite une vingtaine de monographies anciennes, *De jure belli*, *De ratione belli*, *Temperamentum vastationis bellicae*, *Quid in hostem liceat*, *An Mars exlex*, etc., outre quantité de dissertations sur des questions spéciales.

coutume d'observer, plus ou moins strictement, lorsqu'ils se font la guerre.

De très ancienne date, en effet, les nations civilisées, de races supérieures, ont jugé nécessaire, dans leurs guerres, de suivre certaines règles et d'user de ménagements envers l'ennemi. Les sauvages s'entredétruisent. Les civilisés ne le font qu'exceptionnellement, et même alors ils ne considèrent pas tous les moyens de destruction comme licites.

Les lois de la guerre étaient dures dans l'antiquité gréco-romaine ; elles le furent davantage à certaines époques du moyen âge et des temps modernes.

Les progrès en ce domaine sont de date récente. Napoléon nous paraît d'une rigueur extrême, les hauts faits des armées de Louis XIV nous révoltent. Mais l'homme est cruel de nature. Quand nous avons en face de nous des adversaires de civilisation moindre ou différente, nous croyons tout permis ; on a même pu voir, il y a peu d'années, un État chrétien faire à d'autres États chrétiens une guerre de barbares, en des régions où la science du droit des gens passe pour être en quelque estime (1).

Le respect de l'humanité dans la guerre vient surtout d'en haut, de souverains éclairés, d'hommes d'État philanthropes. La foule demi-lettrée ou même lettrée ne conçoit pas encore la guerre sans violences effrénées, sans férocité, et cette idée arriérée est parfois exprimée avec cynisme ou naïveté dans la presse quotidienne.

Il importe d'ailleurs de ne pas exagérer la valeur pratique des règles qui sont exposées ci-après. L'Institut de droit international ayant constaté, à propos d'un essai de codification, que l'adoucissement graduel des mœurs doit se refléter dans la manière de conduire la guerre, le premier stratège de notre temps a écrit à ce sujet ces lignes significatives : « Je crois que l'adoucissement des mœurs est seul en état de mener au but, lequel ne saurait être atteint au moyen d'un droit de la guerre codifié. Le succès ne peut venir que de l'éducation religieuse et morale des individus et du sentiment d'honneur, du sens de justice des chefs, qui s'imposent eux-mêmes la loi et s'y conforment autant que le permettent les circonstances anormales de la guerre (2) ».

Le but de chaque belligérant est la victoire. La violence nécessaire pour l'obtention de ce but est, en général, permise ; celle que

(1) Pradier-Fodéré, *La guerre du Pacifique*, R. D. I., t. XVI, p. 510-523. 1884.

(2) Voyez R. D. I., t. XIII, p. 80.

ce but ne nécessite pas, est illicite. La violence, dans la guerre, est donc limitable. Or, du moment que la possibilité d'une limitation est donnée, cette limitation est un devoir et une nécessité (1). Tel est le principe sur lequel sont fondées les lois de la guerre.

La limitation de la violence dans la guerre était bien connue de l'antiquité. Les lois de la guerre faisaient l'objet d'études et d'écrits. Polybe mentionne « οἱ τοῦ πολέμου νόμοι καὶ τὰ τούτου δίκαια » (2), et Tite-Live parle des « belli jura, quae ut facere ita pati sit fas » (3). Cicéron dit de Démétrius de Phalère qu'il introduisit la philosophie dans l'armée et la mêlée (4). Les Aryens de l'Inde aussi et les Perses faisaient des guerres civilisées, tandis que les guerres du peuple d'Israël, selon les récits bibliques, étaient des guerres d'extermination, des guerres atroces.

On trouve, dès le moyen âge, en divers pays, des règlements militaires. L'Angleterre se distingue sur ce point : la discipline y était forte et bonne, la manière de faire la guerre s'en ressentait. En Espagne, le droit de la guerre subit l'influence des Arabes, dont les règles de guerre, relativement humaines, ont de bonne heure été rédigées. Les légistes et les canonistes, en Espagne, en Italie, en France, recherchent ce qui est permis, ce qui ne l'est pas; les ouvrages, les dissertations *de re militari, de bello*, se multiplient au XVe, au XVIe, et dans les premières années du XVIIe siècle (5).

La guerre civile des États-Unis a provoqué une codification nationale des lois de la guerre. Les *Instructions for the government of armies of the United States in the field*, rédigées par Lieber, furent soumises à l'examen d'une commission d'officiers et approuvées par le président Lincoln ; elles contiennent en 158 articles des prescriptions raisonnées et détaillées, avec définitions et applications. Elles ont grandement servi aux travaux ultérieurs, de la conférence de Bruxelles et de l'Institut de droit international. — Le noble tsar Alexandre II a pris, quelques années plus tard, l'initiative d'une codification internationale. Un premier projet, rédigé par M. F. de Martens, fut discuté par une conférence réunie à Bruxelles du 27 juillet au 27 août 1874. Le résultat forme la

(1) Comparez R. D. I., t. XXIII, p. 631. 1891.

(2) Polybe, *Histoires*, V, 9, 11. Polybe, né vers 210, est mort vers l'an 127 avant notre ère. — Scala, *Die Studien des Polybios*. 1890. R. D. I., t. XXII, p. 526.

(3) Tite-Live, II, 12, XXXI, 30.

(4) Cicéron, *De legibus*, 3, 6. — Démétrius, disciple de Théophraste, né vers le milieu du IVe siècle avant notre ère, est mort après l'an 283.

(5) Nys, *Origines du droit international*, p. 204-215, 243-254. *Le droit de la guerre et les précurseurs de Grotius*. 1882. *L'Arbre des batailles* d'Honoré Bonet. 1883. — Ma *Note sur la littérature du droit des gens avant Grotius*, p. 36-50. 1883.

déclaration de Bruxelles, qu'aucun traité n'a sanctionnée, qui est ainsi restée à l'état de projet, mais dont la valeur est cependant considérable, à raison de la composition de la conférence, à laquelle prirent part des officiers supérieurs, des diplomates, des juristes et publicistes tels que M. de Martens et Bluntschli. — Le Manuel de l'Institut de droit international n'est qu'un travail privé, voté en 1880 à Oxford. Mais il a reçu, dans plusieurs États, une sanction officielle ou quasi-officielle, de la part des gouvernements et des chefs d'armée; on l'a traduit, même en chinois; on l'a introduit dans les écoles militaires, distribué aux soldats, tel quel ou avec des modifications, additions, etc.; on l'a aussi imité, et en somme son succès est de bon aloi. Il s'est inspiré du projet de déclaration de Bruxelles, dont il forme en quelque sorte une revision tant au point de vue juridique qu'à celui de la forme. Le principal auteur en est M. Gustave Moynier; parmi les autres membres de l'Institut qui y ont coopéré, il faut citer Bluntschli, Hall, MM. Den Beer Poortugael, de Martens. J'ai mentionné les lettres échangées, vers la fin de 1880, entre Bluntschli et le comte de Moltke. L'illustre feld-maréchal a porté sur le Manuel un jugement partiellement favorable : « Je reconnais volontiers que le Manuel, en des articles clairs et précis, tient plus de compte des nécessités de la guerre que ne l'ont fait des essais antérieurs. Cependant la reconnaissance même, par les gouvernements, des règles qui s'y trouvent formulées, ne suffira pas pour en assurer l'exécution. Certaines exigences du Manuel pourraient bien être irréalisables... D'autres exigences prêteraient à la critique, si l'intercalation des mots : « si les circonstances le permettent », « s'il se peut », « si possible », « s'il y a nécessité », ne leur donnait une élasticité sans laquelle l'inexorable réalité briserait le lien qu'elles lui imposent. Je crois qu'à la guerre, où tout doit être pris individuellement, les seuls articles qui se montreront efficaces sont ceux qui s'adressent essentiellement aux chefs. Telles sont les prescriptions du Manuel touchant les blessés, les malades, les médecins et le matériel sanitaire ».

III. *La nécessité de guerre* (1).

Dictées par l'humanité et l'intérêt bien entendu, les lois de la guerre restent subordonnées au droit essentiel de conservation.

(1) Ompteda, § 300, et Kamptz, § 282, citent plusieurs dissertations anciennes. — Strube, *Dissertation sur la raison de guerre et le droit de bienséance*. 1740. Publiée aussi en latin et en allemand. — Lueder, § 65-66. — Comparez Westlake, *Études sur les principes du droit international*, trad. Nys, p. 257-266. 1895.

Dans la guerre, l'existence de l'État belligérant est en jeu. Il faut qu'il terrasse son adversaire, pour n'être pas terrassé. Le chef militaire a reçu de son gouvernement le mandat de vaincre ; il est tenu de faire son possible pour vaincre. Ses soldats lui sont confiés ; il en répond. Les égards pour l'ennemi et pour les soldats ennemis ne viennent qu'ensuite. Sans doute le chef doit être humain, généreux ; mais il ne lui est pas permis de l'être aux dépens de ses soldats et de son pays. De là, pour lui, l'autorisation et même l'obligation de déroger, s'il le faut, aux lois de la guerre, en vertu de la nécessité ou raison de guerre.

La nécessité de guerre peut excuser des rigueurs que les lois de la guerre condamnent. Elle prime les lois de la guerre.

Mais cette prévalence de la nécessité n'a jamais qu'un caractère exceptionnel, comme l'excuse de nécessité, dont elle est une application (1).

186. La force armée. Les corsaires.

I. *La guerre, relation d'État à État, lutte entre les forces armées. Les populations paisibles.*

La lutte entre États, qui constitue la guerre, a lieu au moyen des forces armées des belligérants. La force armée de l'un des belligérants est appelée à se mesurer avec la force armée de l'autre. La population qui ne fait pas partie de la force armée, reste étrangère à la lutte. Elle ne combat pas, on ne la combat pas. Les habitants paisibles sont laissés et tenus en dehors des hostilités.

Ce principe est d'importance capitale. Toute la manière d'envisager et de régler la guerre en subit l'influence. Il n'est pas absolument nouveau ; dans l'antiquité, au moyen âge même, quelques esprits d'élite ont pu l'entrevoir ou le reconnaître. C'est Jean-Jacques Rousseau qui le premier l'a proclamé en termes nets et précis : « La guerre n'est point une relation d'homme à homme,

(1) Ci-dessus, § 20, 53. Applications consacrées par les lois mêmes de la guerre de l'excuse de nécessité : droit d'angarie, ci-dessous § 65, 203 ; réquisitions, même paragraphe, 202, I.

mais une relation d'État à État, dans laquelle les particuliers ne sont ennemis qu'accidentellement, non point comme hommes, ni même comme citoyens, mais comme soldats (1) ».

Une quarantaine d'années après le *Contrat social,* Portalis, installant le conseil des prises, adoptait, en en modifiant l'expression, le principe de Rousseau : « C'est le rapport des choses, et non des personnes, qui constitue la guerre ; elle est une relation d'État à État, et non d'individu à individu ». Aujourd'hui, ce principe est acquis. Il garantit aux populations paisibles des avantages précieux, et leur impose aussi des devoirs.

En effet, l'immunité des habitants paisibles est subordonnée à une condition naturelle et légitime.

Pour pouvoir prétendre à être laissés en dehors des hostilités, il faut qu'ils s'abstiennent eux-mêmes d'y prendre part, qu'ils demeurent vraiment paisibles ; hormis bien entendu le cas de légitime défense. Sinon, la force armée de l'adversaire procédera contre eux rigoureusement et, au lieu de les traiter en soldats, les punira comme des malfaiteurs.

D'ailleurs, et cela encore va de soi, les populations, même paisibles et même à l'abri des faits de guerre proprement dits, sont toujours atteintes par la guerre ; elles en supportent les charges, qui pèsent lourdement sur le pays ; elles sont, elles aussi, en état de guerre, mais c'est l'état de guerre passif (2), tandis que la force armée est en état de guerre actif. Et il n'est point injuste, surtout dans nos pays constitutionnels de l'Occident, que les populations subissent, dans la mesure mitigée actuelle, les maux de la guerre. Grâce, en effet, au parlementarisme et au suffrage universel ou quasi-universel, il est permis de dire que tous les citoyens, dans leur ensemble, sont responsables de la politique de leur État, d'où la guerre est résultée.

Pour résumer, on peut formuler cette double proposition :

(1) *Contrat social.* 1762.
(2) Comparez ci-dessus, § 62, 183, I, et ci-après, 193-195, § 64-65.

Il est interdit à la force armée d'un État belligérant de maltraiter, en pays ennemi, les populations inoffensives.

Il est interdit aux personnes qui ne font pas partie de la force armée de se livrer, envers l'ennemi, à des actes d'hostilité.

Le respect des habitants paisibles du pays ennemi a été proclamé au troisième concile de Saint-Jean de Latran (1179), par le grand pape Alexandre III, qui avait été professeur de droit à Bologne. Cap. 2, X, *De treuga et pace*, 1, 33 : « Innovamus autem, ut presbyteri, clerici, monachi, conversi, peregrini, mercatores, rustici, euntes et redeuntes, et in agricultura existentes, et animalia, quibus arant et quae semina portant ad agrum, congrua securitate laetentur ». On remarquera la mention, dans cette liste, des animaux, fortune du campagnard.

Les canonistes, vers la fin du moyen âge, tenaient cette constitution pour abolie, par désuétude. Tel était notamment l'avis du célèbre Nicolas de Tudeschis (mort en 1453), dont l'autorité scientifique était immense, qui enseigna aux universités de Sienne, de Parme, de Bologne, fut archevêque de Palerme, et prit part au concile de Bâle en qualité de légat du roi de Castille.

Un vaillant homme de guerre s'est montré plus humain que la plupart des juristes et des théologiens d'alors. Duguesclin, expirant, suppliait ses capitaines de ne point oublier ce qu'il leur avait mille fois répété, « qu'en quelque pays qu'ils fissent la guerre, les gens d'Église, les femmes, les enfants et le pauvre peuple n'étaient point leurs ennemis (1) ». C'était en 1380 ; peu d'années après, Honoré Bonet, le savant prieur de Sélonet, examinait, dans son *Arbre des Batailles* (2), nombre de questions relatives à l'immunité de diverses personnes et classes de personnes ; il concluait que, « prélats, chapelains, diacres, et aussi convers, ermites, pèlerins et toutes gens de sainte Église doivent être en sûreté », de même « bons marchands, laboureurs des terres, bergers des champs ».

Mais ces idées humaines, émises par des voix isolées au quatorzième siècle, n'ont plus cours aux siècles suivants. La guerre s'y fait contre tous. On prend, on tue, on rançonne femmes et enfants, marchands et laboureurs. Les meilleurs théoriciens le constatent, comme chose naturelle, à peine blâmable. Ayala dit : « Porro in bello non solum viri, sed etiam mulieres capi possunt... Sed nec pueri in bello tuti sunt, et capi possunt ». Quant aux prêtres et moines, marchands et paysans, il rappelle le canon de Saint-Jean de Latran, transcrit ci-dessus, et il

(1) Nys, *L'Arbre des Batailles d'Honoré Bonet*, p. XXV.

(2) Composé entre 1384 et 1387. Voir surtout, dans l'*Arbre des Batailles*, la 4e partie, chap. XLVIII, C-CII.

ajoute : « sed hoc contrario usu abrogatum esse dicit Panormitanus ». Il restreint cependant l'assertion du célèbre canoniste, en ce sens qu'il n'admet pas l'abrogation quant aux gens d'Église (1).

L'humanité cependant trouve en ce même XVIe siècle quelques défenseurs.

Le noble théologien François de Vitoria part du commandement de Dieu : « Insontem et justum non occides », ainsi que de considérations diverses, du fondement même de la guerre juste, réparation d'une injure, et du principe que l'innocent ne doit pas être puni pour le fait du coupable, pour établir qu'on doit épargner les femmes, les enfants, les agriculteurs, les gens d'Église, etc. : « ...Etiam in bello contra Turcos non licet interficere infantes. Patet, quia sunt innocentes. Imo nec feminas. Patet, quia quantum ad bellum spectat, praesumuntur innocentes, nisi forte constaret de aliqua femina, quod esset in culpa. Imo etiam videtur judicium de innoxiis agricolis apud Christianos, imo de alia gente togata et pacifica, quia omnes praesumuntur innocentes, nisi contrarium constaret (2) ».

Albéric Gentil, qui traite longuement, et avec un grand luxe de citations et d'exemples, des femmes, des enfants, des vieillards, des laboureurs, etc., spécialement à propos des marchands et des étrangers, dit qu'il lui importe peu que le canon du Latran soit abrogé ou non, en tout ou en partie. Il se prononce pour l'immunité de ces classes de personnes, bien entendu si elles ne se rendent pas elles-mêmes coupables de voies de fait (3).

La même doctrine avait été soutenue par Belli, une trentaine d'années auparavant (4), d'une façon fort nette, conformément au canon du concile, auquel il ajoutait les enfants, en rappelant les mots que Tite-Live place dans la bouche de Camille : « Arma habemus non adversus eam aetatem cui etiam captis urbibus parcitur, sed adversus armatos (5) ».

Grotius consacre un chapitre au « tempérament par rapport au droit de tuer dans une guerre juste ». Il invoque l'histoire de l'antiquité dans une mesure plus large encore que Gentil, et il conclut qu'il faut

(1) Ayala, *De jure et officiis bellicis*, I, 5, 25. 1582.

(2) Vitoria, *De Indis relectio posterior*, 35-36. Vitoria est mort en 1546.

(3) Gentil, *De jure belli*, II, 21, *De pueris et feminis*. 22, *De agricolis, mercatoribus, peregrinis, aliis similibus*.

(4) La première édition du grand traité de Gentil est de 1598 ; la *commentatio secunda*, d'où est sorti le livre II, avait été imprimée à Londres en 1589. Le traité de Belli, *De re militari et bello*, publié en 1563, fut composé vers 1558.

(5) Tite-Live, 5, 27. — Sur Belli et son avis en cette matière, Mulas, *Pierino Belli da Alba, precursore di Grozio*, 1878, p. 45 et 83. — R.D.I., t. X, p. 274.

toujours épargner les enfants, les femmes, à moins qu'elles ne se soient livrées elles-mêmes à des voies de fait graves, et les vieillards; de même les laboureurs, les marchands, les gens d'Église et les personnes qui s'appliquent aux études des lettres, « études honnêtes et utiles au genre humain (1) ».

Zouch s'occupe des femmes, des enfants et des prêtres dans la seconde partie de son ouvrage, contenant les matières controversées; selon sa coutume, il ne se prononce pas expressément et se borne à citer des faits historiques et les opinions d'auteurs, ici surtout de Gentil, auquel il paraît adhérer (2).

Vattel pose en règle que « tous les sujets des deux États qui se font la guerre, sont ennemis ». — « Quand le conducteur de l'État, le souverain, déclare la guerre à un autre souverain, on entend que la nation entière déclare la guerre à une autre nation. Car le souverain représente la nation, et agit au nom de la société entière; et les nations n'ont affaire les unes aux autres qu'en corps, dans leur qualité de nations. Ces deux nations sont donc ennemies, et tous les sujets de l'une sont ennemis de tous les sujets de l'autre. L'usage est ici conforme aux principes ». — « Puisque les femmes et les enfants sont sujets de l'État et membres de la nation, ils doivent être comptés au nombre des ennemis ». — « Tout ce qui appartient à la nation ennemie, à l'État, au souverain, aux sujets de tout âge et de tout sexe, tout cela est au nombre des choses appartenantes à l'ennemi » (3). Mais Vattel ajoute que cela ne veut point dire qu'il soit permis de traiter les femmes et les enfants comme les hommes qui portent les armes ou qui sont capables de les porter. Les femmes et les enfants « sont des ennemis qui n'opposent aucune résistance, et par conséquent on n'a aucun droit de les maltraiter en leur personne... Il n'est point aujourd'hui de nation un peu civilisée qui ne reconnaisse cette maxime de justice et d'humanité. Mais si les femmes veulent être absolument épargnées, elles doivent se tenir dans les fonctions de leur sexe... Aussi la loi militaire des Suisses, qui défend de maltraiter les femmes, excepte-t-elle formellement celles qui auront commis des actes d'hostilité ». — « Il en est de même des ministres publics de la religion, des gens de lettres et autres personnes, dont le genre de vie est fort éloigné du métier des armes... Aujourd'hui la guerre se fait par les troupes réglées; le peuple, les paysans, les bourgeois ne s'en mêlent point, et pour l'ordinaire ils n'ont rien à craindre du fer de l'ennemi. Pourvu que les habitants se soumettent à celui qui est maître du pays, qu'ils payent les contributions imposées et qu'ils s'abstiennent de toute hostilité, ils vivent en sûreté comme s'ils étaient amis » (4). Vattel faisait imprimer ces lignes

(1) Grotius, III, c. 9-12.
(2) *Jus inter gentes*, 2e partie, section 10, n° 15.
(3) Vattel, III, § 70-74.
(4) Vattel, III, § 145-147.

quatre ans avant la publication du *Contrat social*. Si son principe juridique est différent, même opposé, l'état de choses qu'il constate et qui a été consacré officiellement par le traité prusso-américain de 1785, est en somme et en fait l'état actuel, que le Manuel de l'Institut de droit international exprime en ces termes (art. 1, art. 7) : « L'état de guerre ne comporte des actes de violence qu'entre les forces armées des États belligérants. Les personnes qui ne font pas partie d'une force armée belligérante, doivent s'abstenir de tels actes. — Il est interdit de maltraiter les populations inoffensives ».

L'honneur d'avoir consacré les premiers, par un traité solennel, le principe énoncé par J.-J. Rousseau, appartient à deux États jeunes, dont l'un avait pour chef un roi philosophe, peu scrupuleux d'ailleurs, et qui affectait à l'occasion de se gausser du droit des gens, et dont l'autre avait pour « representative man » le philosophe et philanthrope Benjamin Franklin. Le traité de 1785, entre les États-Unis d'Amérique et la Prusse, dit en son article 23 : « S'il survient une guerre entre les parties contractantes..., les femmes et les enfants, les gens de lettres de toutes les facultés, les cultivateurs, artisans, manufacturiers et pêcheurs, qui ne sont point armés et qui habitent les villes, villages ou places qui ne sont pas fortifiés, et, en général, tous ceux dont la vocation tend à la subsistance et à l'avantage du genre humain, auront la liberté de cultiver leurs professions respectives et ne seront point molestés en leurs personnes, ni leurs maisons ni leurs biens incendiés ou autrement détruits, ni leurs champs ravagés par les armées de l'ennemi au pouvoir duquel ils pourraient tomber par les événements de la guerre ».

Le roi de Prusse, Guillaume Ier, entrant sur le territoire français, a déclaré dans sa célèbre proclamation du 11 août 1880 : « Je fais la guerre aux soldats et non aux citoyens français. Ceux-ci continueront, par conséquent, à jouir d'une entière sécurité pour leurs personnes et leurs biens, aussi longtemps qu'ils ne me priveront pas eux-mêmes, par des entreprises hostiles contre les troupes allemandes, du droit de leur accorder ma protection ».

On doit citer aussi l'ordre du jour du grand-duc Nicolas, du 12 avril 1877 : « Les habitants paisibles, quelle que soit leur religion ou leur nationalité, doivent être respectés par vous, ainsi que leurs biens. On ne prendra rien sans payer. Personne ne se permettra d'agir arbitrairement ».

II. *La force armée. Troupes régulières et irrégulières. Combattants et non-combattants* (1).

On entend par force armée les troupes de l'État. Elles comprennent des éléments divers, réguliers et irréguliers.

D'abord, l'armée proprement dite de terre et de mer : l'élite et la réserve, la *landwehr*, l'armée territoriale, la flotte ; peu importe que l'armée soit permanente ou qu'elle soit composée de milices. Puis, la garde civique ou nationale, tant sédentaire que mobile. Puis encore le *landsturm*, la levée en masse, organisée légalement de manière à former un élément régulier de l'armée.

Enfin, des troupes irrégulières, ainsi qu'on le verra ci-après.

Ce sont là les soldats, au moyen desquels les États exercent leur droit de guerre. Tenus d'obéir aux lois de la guerre, les soldats ont le droit d'être traités en conformité de ces lois.

On peut être soldat sans être combattant. Les aumôniers, les agents administratifs, les employés de l'intendance, les cantiniers et vivandiers ne prennent point part aux combats, ce qui naturellement ne les empêche pas de se défendre s'ils sont attaqués ; on ne doit pas les tuer ni les blesser intentionnellement. Ils font partie de la force armée, et jouissent, comme les combattants, des avantages qui lui appartiennent. On les fait prisonniers, et on les garde comme tels, aussi longtemps que les intérêts de la guerre l'exigent.

Les membres du personnel sanitaire font aussi partie de la force armée, en qualité de non-combattants. Ils sont l'objet d'une protection spéciale (2).

La force armée sur mer consiste essentiellement dans la flotte,

(1) La question de la composition de la force armée a été traitée par M. Grenander, dans la *Revue pratique du droit français*, en 1882, sous ce titre. *Sur les conditions nécessaires, selon le droit des gens, pour avoir en guerre le droit d'être considéré et traité comme soldat.* — Lieber, *On guerillas and guerilla parties*, 1862. — Rolin-Jaequemyns, R.D.I., t. II, p. 660-666, t. III, p. 308-311. — Guelle, 2e partie, tit. I, chap. 1 : *Des belligérants.* — Lueder, § 91-94. — Sur la force armée maritime : Perels, § 34. — Geffcken, § 122 (Histoire des flottes).

(2) Ci-après, 188.

navires et équipages. La flotte appartient à l'État, c'est sa force navale ; tout navire appartenant à l'État, commandé et armé militairement, ayant pavillon de guerre et flamme, est navire de guerre. Les navires appartenant à des particuliers, frétés par l'État pour le service exclusif de sa marine militaire, notamment pour les transports, et commandés par des officiers de la marine militaire, sont assimilés aux navires de guerre, et ont comme ceux-ci le droit de porter le pavillon de guerre et la flamme (1).

Les courriers militaires appartiennent également à l'armée (2).

De même les aéronautes voyageant ouvertement. Les aéronautes peuvent être des éclaireurs, des guides, des messagers (3). On tire sur l'aérostat ennemi pour l'obliger à atterrir, et ceux qui le montent sont faits prisonniers de guerre.

Sous la première République, les Français se servirent de ballons captifs, entre autres au siège de Mayence ; de même les Russes en 1812 ; on en usa dans la guerre civile américaine. Napoléon Ier dédaignait ce moyen, qui n'acquit de l'importance, politique et militaire, qu'en 1870-1871.

L'aéronaute peut être un espion (4) ; le fait même qu'il est dans les airs au lieu d'être sur terre, est sans importance. De toute façon, l'on peut tirer sur lui pour le faire descendre. On peut aussi user de stratagème pour le faire atterrir, afin de le fouiller et de le faire prisonnier. On a évidemment le droit de se défendre contre tout inconvénient et danger provenant de lui.

Les correspondants de journaux sont aujourd'hui des personnages d'importance. On est libre naturellement de ne les point tolérer. Pris par l'ennemi, ils n'ont aucun droit au traitement du soldat, mais on les traite en général avec courtoisie.

En revanche, le traitement militaire est dû, comme un minimum d'égards, aux personnes de distinction, diplomates, hauts fonctionnaires de la cour et de l'État, qui suivent l'armée en leur qualité officielle. On l'accorde aussi à leur suite.

L'État répondant des actes de son armée, la composition de celle-

(1) Ci-dessus, § 18, 47, 1.
(2) Ci-après, 191.
(3) Ci-après, 192, I-II.
(4) Ci-après, 192, III.

ci paraît être affaire intérieure, indifférente au point de vue international. Peu doit importer, semble-t-il, de quels éléments elle est formée, qu'elle comprenne, par exemple, des éléments féroces, étrangers à notre civilisation chrétienne, difficiles à contenir autrement que par une discipline de fer; libre à l'adversaire, si ces sauvages commettent des actes contraires aux lois de la guerre, d'user contre eux de représailles. Il n'en est pas moins vrai qu'il est choquant de voir des sauvages ou demi-sauvages, qui n'ont pas la conception d'une guerre sans barbarie, employés par un État civilisé contre un autre État civilisé. Des restrictions devraient être statuées, qui ne l'ont pas été jusqu'aujourd'hui. Donnant lieu à des représailles, l'emploi de sauvages ne peut qu'aggraver les maux de la guerre.

Lorsqu'au siècle dernier, les Anglais utilisèrent des Indiens de l'Amérique du Nord, Chatham protesta, avec indignation; aujourd'hui l'on n'a plus, semble-t-il, pareils scrupules, et l'on aurait employé les cipayes, en 1878, si la guerre avait éclaté. L'emploi, par la France, de troupes africaines, critiqué en 1859, a donné lieu en 1870 à des réclamations. Circulaire allemande du 9 janvier 1871. Réponse de M. de Chaudordy, du 25 janvier. Il est probable que les sottes vanteries de certains journaux ont fait croire à plus de férocité, chez les Turcos, qu'il n'y en avait en réalité. Heffter condamne « l'emploi de troupiers sauvages qui ne connaissent pas les lois de l'honneur militaire et de l'humanité en guerre ». Il est à remarquer qu'au commencement de ce siècle, on critiquait de même l'emploi des Cosaques et de troupes asiatiques par la Russie.

Aucune différence n'est faite, au point de vue du droit des gens, entre les troupes nationales et les troupes étrangères, mercenaires; non plus qu'entre les soldats qui sont incorporés dans l'armée en vertu de la loi et ceux qui y sont entrés volontairement. Les armées de certains pays ne sont pas exclusivement nationales; des étrangers y servent, par goût des armes, par métier; la situation de ces étrangers ne diffère pas de celle des nationaux.

La question des troupes étrangères et des soldats étrangers est moins importante aujourd'hui qu'autrefois, par suite du caractère national que le service militaire a revêtu à peu près partout. Jadis, lorsque des Suisses servaient dans les armées de divers pays en vertu de capitulations, celles-ci réglaient divers points importants, quant à la présence de corps suisses chez l'un et chez l'autre des belligérants, quant à leur rappel éventuel, etc. C'est ainsi que, d'après les articles généraux neuchâtelois, les Neuchâtelois pouvaient servir contre le roi de Prusse, si celui-ci faisait la guerre comme roi de Prusse et non comme prince de Neuchâtel.

Il va sans dire que si un mercenaire ou volontaire combattant contre sa propre patrie est fait prisonnier, il sera traité et puni selon le droit interne de celle-ci.

III. *Troupes irrégulières, volontaires.*

Les corps francs font partie de la force armée, à condition qu'ils soient autorisés par l'État et organisés militairement sous des chefs responsables ; qu'ils soient revêtus d'uniformes, tout au moins de signes distinctifs fixes et reconnaissables à distance ; qu'ils portent les armes ouvertement, et qu'ils combattent loyalement.

La levée en masse, faite spontanément, par patriotisme, dans un pays non encore occupé (1), pour repousser l'invasion, doit être soumise à ces mêmes conditions. Cette notion de levée en masse a perdu beaucoup de son importance depuis la création d'un *landsturm* légal en Allemagne et en Suisse, la transformation des armées en armées nationales, et l'introduction dans la plupart des pays du service obligatoire et universel.

Les questions concernant les corps francs ont été agitées à diverses reprises, à la suite des guerres et durant les guerres.

Ainsi dans les guerres du premier empire français en Espagne et en Portugal ; ainsi en 1870 et 1871, à propos des francs-tireurs. La conférence de Bruxelles les a examinées avec soin. Les conditions qui viennent d'être indiquées sont généralement admises aujourd'hui. L'autorisation de l'État n'est pas nécessairement expresse, elle peut être implicite, résultant de l'organisation militaire sous un chef responsable envers l'État, officier ou fonctionnaire ; toutefois on ne la présume pas : elle doit être prouvée. — Déclaration de Bruxelles, article 9 : « Les lois, les droits et les devoirs de la guerre ne s'appliquent pas seulement à l'armée, mais encore aux milices et aux corps de volontaires réunissant les conditions suivantes : 1° d'avoir à leur tête une personne responsable pour ses subordonnés ; 2° d'avoir un signe distinctif fixe et reconnaissable à distance ; 3° de porter les armes ouvertement, et

(1) Non encore occupé : § 64, 196-197.

4° de se conformer dans leurs opérations aux lois et coutumes de la guerre. Dans les pays où les milices constituent l'armée ou en font partie, elles sont comprises sous la dénomination d'armée ». Et à l'article 10 : « La population d'un territoire non occupé qui, à l'approche de l'ennemi, prend spontanément les armes pour combattre les troupes d'invasion sans avoir eu le temps de s'organiser conformément à l'art. 9, sera considérée comme belligérante, si elle respecte les lois et coutumes de la guerre ». Cet article ne se trouvait pas dans le projet primitif, soumis aux délibérations de la conférence. Les représentants de plusieurs pays, notamment de petits pays, attirèrent l'attention sur les nécessités de leur défense nationale, et sur la levée en masse des populations, dont le patriotisme devait être respecté. Le colonel Hammer, délégué de la Suisse, proposa, au nom de son gouvernement, d'accorder les droits des belligérants « aux populations qui se lèvent en masse pour la défense de la patrie ». Les délégués se montrèrent généralement sympathiques à cette proposition, à laquelle le baron Jomini, délégué russe et président de la conférence, donna la forme dans laquelle elle fut admise définitivement sauf de légères modifications. Le comte de Moltke dit au sujet de cette disposition, telle qu'elle est reproduite dans le Manuel de l'Institut : « Jamais article appris par cœur ne persuadera aux soldats qu'ils doivent voir un ennemi régulier dans la population non organisée qui prend les armes spontanément (ainsi de son propre mouvement) et met leur vie en péril à tout instant du jour et de la nuit ». Il est probable qu'aujourd'hui la proposition n'en serait plus faite. Pour la Suisse et l'Allemagne, elle serait actuellement sans objet.

En effet, le *landsturm* a été organisé complètement dans l'empire allemand par une loi du 12 février 1875, et en Suisse par une loi du 4 décembre 1886 ; dès lors, il fait partie de l'armée régulière.

Des organisations analogues existeront sans doute partout avant longtemps.

Les articles 9 et 10 du projet de Bruxelles sont reproduits en substance à l'article 2 du Manuel des lois de la guerre de l'Institut de droit international, conçu en ces termes : « La force armée d'un État comprend : 1° l'armée proprement dite, y compris les milices ; 2° les gardes nationales, landstourm, corps francs et autres corps qui réunissent les trois conditions suivantes : *a*) être sous la direction d'un chef responsable ; *b*) avoir un uniforme ou un signe distinctif, fixe et reconnaissable à distance, porté par les personnes qui font partie du corps ; *c*) porter les armes ouvertement ; 3° les équipages des navires et autres embarcations de guerre ; 4° les habitants du territoire non occupé, qui, à l'approche de l'ennemi, prennent les armes spontanément et ouvertement pour combattre les troupes d'invasion, même s'ils n'ont pas eu le temps de s'organiser. » — C'est ce 4° qu'il convient de supprimer, comme l'article 10 du projet de Bruxelles.

IV. *Les corsaires. La course* (1).

Une espèce particulière de volontaires est, et surtout était autrefois, employée dans la guerre de mer. Ce sont les corsaires.

Les gouvernements commissionnent des particuliers, en leur donnant des lettres de commission ou de marque, pour faire la course, c'est-à-dire pour armer des navires en guerre, sous le pavillon de l'État, et courir sus aux navires ennemis. Le navire ainsi armé est un corsaire ; on donne aussi ce nom aux hommes qui forment l'équipage, au capitaine, enfin à l'armateur. Celui-ci n'est pas à la solde de l'État qui le commissionne ; il travaille à ses propres frais et à ses risques et périls ; une part de la prise et du butin forme sa rémunération (2).

Les corsaires sont placés, comme la flotte, sous le commandement et la juridiction de l'autorité supérieure maritime de l'État. Ils font partie de la marine militaire ; ils en portent le pavillon. Ils sont régis par les lois et ordonnances de la marine militaire, ainsi que par des lois et ordonnances qui les concernent spécialement. L'État qui les emploie en est responsable.

M. Perels définit la course maritime : « une entreprise faite par des particuliers sous l'autorité d'une puissance belligérante, et qui, au moyen de navires armés en conséquence, a pour but de causer du dommage au commerce ennemi, et de s'opposer à l'exercice du commerce interdit aux neutres ». D'après les dictionnaires de l'Académie et de Littré, la course maritime est une expédition de corsaire ; faire la course, c'est le fait de particuliers qui arment en guerre des bâtiments et sont autorisés à courir sur les navires marchands ennemis ;

(1) Le meilleur ouvrage ancien sur la course est l'*Essai sur les Armateurs* (*Versuch über Kaper*) de G. F. de Martens, publié en français, puis en allemand en 1795. Il traite aussi du droit des prises, ainsi que l'on verra ci-dessous, § 66, 206, I et VIII. — Kaltenborn, *Geschichte der Kaperei im Seekriege*, dans les *Neue Jahrbücher* de Pölitz et Bülau, t. II. 1849. — Nys, *La guerre maritime*. 1881.— Perels, § 34 cité.— Geffcken, t. IV de Holtzendorff, § 122-124.

(2) Butin, § 66, 204. — Prise, même paragraphe, 206.

« on appelle aussi courses des actes d'hostilité faits en courant les mers ».

La distinction entre corsaire et pirate n'était pas aussi nette autrefois qu'aujourd'hui ; les États barbaresques commettaient sous le nom de course des actes de piraterie. Le mot d'armateur a été employé aussi pour désigner le capitaine corsaire et même le navire. Le nom allemand et hollandais de câpre, *Kaper*, a été donné surtout aux petits corsaires. Les lettres de marque sont plutôt nommées commission, ou lettres de commission, quand elles sont délivrées pour autoriser la course ; données à des particuliers en temps de paix, c'étaient des lettres de représailles.

Depuis les guerres du premier empire français, les puissances européennes n'ont plus fait usage de la course, et celles qui ont pris part au congrès de Paris, les cinq grandes puissances d'alors, la Sardaigne et la Turquie l'ont abolie entre elles par la déclaration du 16 avril 1856, conçue en ces termes :

« La course est et demeure abolie... Les gouvernements des plénipotentiaires soussignés s'engagent à porter cette déclaration à la connaissance des États qui n'ont pas été appelés à participer au congrès de Paris, et à les inviter à y accéder... La présente déclaration n'est et ne sera obligatoire qu'entre les puissances qui y ont ou qui y auront adhéré ».

Tous les États maritimes ont adhéré ou accédé, à l'exception des États-Unis d'Amérique, de l'Espagne, du Mexique, de deux ou trois autres États de l'Amérique latine.

La course reste donc permise, comme moyen de guerre parfaitement légitime, non seulement entre les États sus-mentionnés, mais aussi entre eux et ceux qui ont fait la déclaration de Paris ou qui y ont accédé. Ceux-ci, en effet, ne se sont nullement interdit la course d'une manière absolue, mais seulement entre eux.

La course se rattache, historiquement, aux anciennes lettres de représailles ou de marque. Elle avait lieu jadis non seulement dans la guerre, mais encore en temps de paix et pour exercer des représailles.

Elle est sortie, au moyen âge, de l'ancien droit de guerre privée, *Faustrecht*, selon lequel chacun se rendait justice à soi-même : état de choses qui devait, « dès qu'il s'agissait de guerre maritime, mener à la plus affreuse piraterie. Celle-ci s'exerçait sur toutes les mers (1) ». Un grand progrès fut réalisé lorsque, au XIIIe siècle, les souverains, en vertu de trêves et de traités, commencèrent à délivrer à leurs sujets des lettres de marque ou de représailles, patentes spéciales, qui seules les autorisaient « à se livrer à des représailles sur les marchandises et les navires des nationaux de l'État du coupable, jusqu'à concurrence d'une somme déterminée ». Un nouveau progrès a lieu, lorsque vers la fin du même siècle, le roi Alphonse III « engage les villes maritimes d'Aragon à s'assurer que les corsaires ne pillent pas leurs concitoyens, n'attaquent pas l'ennemi en temps de trêve ou dans les ports neutres et ramènent leurs prises au port d'armement ; le roi prévoit le cas de prises illégales, ordonne éventuellement la restitution du navire ou de la cargaison ». « Au XIVe siècle, la course est déjà si bien organisée en Aragon et en Castille que des compagnies se forment pour l'exercer ; un décret de Pierre III d'Aragon exige de chaque armateur une caution et leur impose le serment d'observer les instructions sur la matière. Une réglementation identique s'observe en Italie, où les autorités des différentes villes maritimes exercent un contrôle sur les corsaires. Le Nord suit peu à peu cet exemple. On le constate déjà dans les guerres des Flamands et des Frisons (1327-1347) ; il est stipulé que tous les corsaires seront munis d'une commission. Un siècle plus tard, l'armement en course dépend, dans tous les États européens, d'une autorisation que le prince ou son délégué peuvent seuls accorder ». Quand les marines d'État furent organisées, les corsaires ne furent point supprimés ; au contraire, on les encouragea de toute façon. « Les guerres qui ont désolé le commencement de l'époque moderne étaient avant tout commerciales, et quand la politique de chaque État avait en vue d'affaiblir ou de détruire le négoce des autres nations, l'assistance d'hommes que la cupidité poussait à commettre tous les excès, semblait trop précieuse pour qu'on y renonçât. Pendant deux siècles la piraterie légale infesta les mers, et les pratiques de la guerre maritime subirent un recul plutôt qu'elles ne progressèrent ».

Dès le XVIIe siècle cependant, il arriva que des belligérants s'engageaient réciproquement à ne pas armer en course. C'est ainsi que le traité prusso-américain de 1785 porte qu'en cas de guerre les deux puissances s'engagent à n'accorder aucune commission à des vaisseaux armés en course. Des voix se firent entendre, contestant soit la légi-

(1) Nys, *La guerre maritime*, p. 22-31. — Toutes les citations qui suivent sont, sauf indication contraire, empruntées à M. Nys. — Ci-dessus, § 60, 173.

timité de la course, soit son utilité : ainsi Mably en 1748, Galiani en 1782. En 1792, un ancien capitaine de vaisseau dans la marine royale, M. de Kersaint, présentait à l'Assemblée législative un projet de décret des comités diplomatiques, portant abolition de la course, défendant la capture de tout bâtiment marchand ennemi à moins qu'il ne fût armé en guerre, introduisant un système nouveau pour indemniser les citoyens français des dommages que leur infligeraient les armateurs ennemis, et engageant le roi « à préparer auprès des nations, par la voie des ambassadeurs, la suppression absolue de la course dans la guerre sur mer et à assurer, dans tout ce qui pourra dépendre de la nation française, la liberté de la navigation et du commerce, lien réciproque des peuples et leur commune ressource ». Le projet de décret était éloquemment motivé ; la course était dépeinte comme un usage qui entraîne la violation des propriétés et du droit des gens, comme une menace pour les nations belligérantes et les nations en paix, et il était fait appel au devoir de l'Assemblée de prévenir et d'affaiblir les malheurs inséparables de la guerre.

Dans la discussion, presque tous les orateurs condamnèrent la course. Sur la proposition de Vergniaud, compétent en sa qualité d'avocat à Bordeaux, l'Assemblée vota un décret invitant le pouvoir exécutif à négocier avec les puissances étrangères pour faire supprimer les armements en course et pour assurer la liberté du commerce (1).

En suite de ce décret, qui fait honneur à l'Assemblée législative, le marquis de Chambonas, ministre des affaires étrangères, chargea les agents diplomatiques français d'entamer des négociations avec tous les gouvernements pour les déterminer à supprimer la course d'un commun accord. Hambourg adhéra pleinement, Lübeck et Brême firent une réponse évasive, tandis que le Danemark, le Portugal, la Toscane, les Deux Siciles, la république de Gênes témoignaient leur satisfaction. L'Espagne répondit qu'elle se mettrait d'accord avec l'Angleterre, et l'Angleterre ne répondit rien. Toutes relations diplomatiques étaient interrompues entre la France et la Russie. L'Autriche s'était montrée favorable à l'abolition, mais elle était alors, comme la Prusse, en guerre avec la France.

« Quant aux États-Unis, Jefferson, alors secrétaire d'État, tout en applaudissant à la mesure proposée, fit valoir que son pays poursuivait l'adoption d'autres principes tendant aussi à diminuer les occasions et les calamités de la guerre, c'est-à-dire le respect de la propriété privée, et demanda d'entrer en négociation sur tous les points à la fois ». Par le fait, la proposition Kersaint, le décret de Vergniaud, la circulaire de Chambonas restèrent lettre morte. Quelques mois plus tard, la Convention déclara la guerre à l'Angleterre, et dans cette guerre, continuée

(1) *Moniteur universel*, nos du 31 mai et du 1er juin 1792.

par le Directoire, l'ancienne sauvagerie fut plus que jamais en honneur. Il en devait être de même sous l'empire.

Ce fut seulement sous le régime de la Restauration et de la Sainte-Alliance que les armements en course disparurent des guerres européennes, et ce fut de nouveau la France qui donna le bon exemple, en 1823, dans la guerre d'Espagne.

« Les autres gouvernements l'imitèrent généralement, et il sembla qu'il n'y eût rien que de fort naturel dans l'abandon des lettres de marque, que la France et l'Angleterre annoncèrent au début de la guerre de Crimée ». Deux ans après, l'usage nouveau fut solennellement confirmé par la déclaration de Paris.

Comme en 1792, les États-Unis objectèrent, par note de M. Marcy, secrétaire d'État des affaires étrangères, du 28 juillet 1856, que la course leur paraissait indispensable, « tant que la capture des navires de commerce appartenant à des ressortissants de l'État ennemi, et des marchandises autres que les marchandises de contrebande chargées sur ces navires, n'aurait pas été prohibée » (1).

La France, la Prusse, la Russie, la Sardaigne étaient disposées à accéder à cette réforme, à laquelle la Grande-Bretagne se refusa péremptoirement. Des négociations furent ouvertes sur la proposition de M. Marcy entre les États-Unis et la France ; l'avènement de M. Buchanan à la présidence les arrêta.

Bientôt éclata la rébellion, puis la guerre civile, et Jefferson Davis, président des États confédérés, annonça l'armement de corsaires. Alors, en avril 1861, le secrétaire d'État des affaires étrangères lança une circulaire aux agents accrédités en Europe pour leur donner ordre de reprendre immédiatement les négociations relatives à l'accession à la déclaration de Paris. « Le gouvernement américain restait fidèle à l'opinion exprimée en 1856, mais il jugeait prudent d'assurer dès à présent à l'humanité le bienfait moindre offert par le congrès de Paris, plutôt que de voir ajourner indéfiniment l'espérance de réaliser l'autre progrès dans son entier... » Il ne put être donné suite à ces ouvertures, à raison de la guerre civile elle-même, et de l'attitude prise par la France et la Grande-Bretagne à l'égard des sécessionnistes, qui furent reconnus belligérants. Depuis lors, les choses en sont restées au même point.

Dans la guerre de 1879, des lettres de marque ont été délivrées par le Pérou et la Bolivie contre le Chili.

L'Institut de droit international, réuni à Turin en 1882, a pris la résolution suivante :

« § 2. La course est interdite. — § 3. L'armement en course demeure

(1) Comparez ci-dessous, § 66.

permis à titre de rétorsion contre les belligérants qui ne respectent pas le principe du § 2. En ce cas, il est interdit de délivrer des commissions à des étrangers ».

Il n'est point sûr que la course, selon l'expression de la déclaration de Paris, « demeure abolie ». Elle a encore, ou de nouveau, en Europe même, des partisans qui pensent que l'attitude des États-Unis est seule logique, et que, dans l'état présent du droit de la guerre sur mer, les nations continentales, la France en particulier, ont eu tort de renoncer à ce moyen de guerre au détriment de la défense nationale. Cette opinion est celle non seulement de militaires et de marins, mais encore de publicistes et de jurisconsultes de valeur. Des observations très dignes d'attention furent présentées, peu d'années après la déclaration de Paris, à l'Académie des sciences morales et politiques par M. Ch. Giraud, qui estimait « qu'en souscrivant l'abolition de la course maritime, la France a joué un jeu de dupe (1) ». Selon M. Hautefeuille, l'abolition de la course a enlevé à tous les peuples la seule arme à l'aide de laquelle ils pouvaient encore lutter contre la formidable puissance maritime de l'Angleterre (2).— « Nous sommes convaincu, dit M. Bonfils, que la course réapparaîtra dans l'avenir ; car elle est une des conditions de la lutte pour la vie entre peuples maritimes d'inégale force ; sa réapparition est fatale (3) ».

« Le droit de capture et la course sont des institutions étroitement liées dans leurs résultats. La propriété privée de l'ennemi sur mer est directement atteinte par l'une et par l'autre. Leur but est le même : la confiscation, la ruine du commerce maritime de l'ennemi, souvent le lucre, qui est toujours le seul mobile du corsaire ; de sorte qu'on a pu dire, même en parlant de ce droit exercé par les navires de guerre, qu'il constituait une piraterie privilégiée. Précédemment, et presque toujours jusqu'en 1854, on confondait les deux choses en traitant la matière, et même dans ces derniers temps on ne s'est pas attaché suffisamment à les distinguer (4).

Il ne faut pas confondre avec les corsaires des navires qui augmentent la flotte par contribution volontaire de particuliers, étant incorporés dans la flotte au même titre que les autres navires, soumis entièrement à la discipline, et commandés par des officiers de la flotte.

(1) Comptes rendus de l'Académie des sciences morales et politiques, 1860, 1861, 1867.

(2) Hautefeuille, *Questions de droit maritime international*, IX. 1868. — Comparez R. D. I., t. VII, p.698.—L'amiral Aube, *Un nouveau droit maritime international*. 1875.

(3) Bonfils, 1395.

(4) Perels, trad. Arendt, *Droit maritime international*, p. 219.

Telle était la marine volontaire, *Seewehr*, que la Prusse voulut organiser par ordonnance du 24 juillet 1870. La France en contesta la légitimité, en suite de l'abolition de la course par la déclaration de Paris, dans une note du 20 août 1870. La légitimité fut reconnue par les légistes de la couronne d'Angleterre.

Telle était aussi la marine volontaire projetée par la Russie en 1878. « Tous les États maritimes encouragent leurs sociétés de navigation à construire des paquebots susceptibles d'être transformés en croiseurs de guerre (1) ».

Le corsaire doit n'avoir de lettres de marque que d'un seul État ; elles peuvent être données contre plusieurs. En règle générale, un État ne commissionne que ses nationaux ou des nationaux de ses alliés. Un navire commissionné par un État étranger pourrait même être considéré comme pirate ; de même un navire qui serait commissionné par deux ou plusieurs États à la fois, surtout si c'étaient les deux parties belligérantes. De même, évidemment, un navire qui ferait la course sans lettres ou avec des lettres périmées (2).

La commission est strictement personnelle, donnée pour un temps déterminé, et toujours révocable. Les navires de guerre ont toujours le droit d'arrêter le corsaire, et de vérifier ses lettres de commission.

La course n'a lieu qu'en pleine mer et dans les mers territoriales des belligérants. Exercée dans les fleuves de l'ennemi, elle peut être punie comme crime analogue à la piraterie.

Lois françaises sur la course, du 22 mai 1803 et du 10 avril 1825 : « Tout capitaine convaincu d'avoir fait la course sous plusieurs pavillons sera, ainsi que ses fauteurs et ses complices, poursuivi et jugé comme pirate ». Ordonnance sur la marine de 1681 : « Défendons à tous nos sujets de prendre commission d'aucuns rois, princes ou États étrangers, pour armer des vaisseaux en guerre et courir la mer sous leur bannière, si ce n'est par notre permission, à peine d'être traités comme pirates ».

(1) M. Th. Funck-Brentano, R. G. D. I. P., t. I. 1894. — De Boeck, *De la propriété privée ennemie sous pavillon ennemi*, 211. 1882.

(2) Comparez ci-dessus, § 18, 48.

187. Moyens licites et moyens illicites de nuire à l'ennemi (1).

L'ennemi, c'est l'État belligérant, et non sa population.

C'est donc l'État qu'il faut terrasser, et qu'il importe, à cet effet, d'affaiblir, afin que sa volonté hostile soit domptée et soumise, et cela le plus tôt possible, car la guerre, calamité désastreuse pour les belligérants et pour les neutres, ne doit pas se prolonger plus qu'il n'est indispensable.

Cet affaiblissement, but immédiat des hostilités, n'est point limité aux forces militaires de l'ennemi, à ses soldats, à ses forteresses. « Il faut attaquer toutes les ressources du gouvernement ennemi, ses finances, ses chemins de fer, ses approvisionnements, même son prestige (2) ». Ceci n'est nullement contraire à la notion moderne de la guerre, relation d'État à État ; c'en est plutôt une conséquence naturelle et légitime.

Les moyens de nuire à l'ennemi qui sont appropriés à ce but, sans le dépasser, sont licites. Les moyens impropres, ou qui dépassent le but, sont illicites.

Les forces armées des belligérants sont tenues d'observer avec loyauté les conventions faites en vue de la guerre (3) et celles qui sont conclues durant la guerre (4). Elles doivent se conformer aux usages ou lois de la guerre. Il est évident, enfin, que les actes interdits par la religion, la morale, l'honneur, tant militaire que simplement humain, ne sauraient leur être permis. Je puis, encore ici, citer le comte de Moltke : « Le plus grand bienfait, dans la guerre, c'est qu'elle soit terminée promptement. Il doit être permis, en vue de ce but, d'user de tous les moyens, à l'exception de ceux qui sont positivement condamnables (*verwerflich*) ».

Toute déloyauté est condamnable. On rejettera donc la trahison,

(1) Lueder, § 95-97, § 110, § 114.— Mohl, *Staatsrecht, Völkerrecht und Politik*, t. I. 1860. — Perels, § 35. — Buzzati, *L'offesa e la diffesa nella guerra, secondo i moderni ritrovati*. 1888.

(2) Moltke, R. D. I., t. XIII, p.81.

(3) Ci-après, 188, et ailleurs.

(4) Ci-dessous, § 67.

la perfidie. Les ruses de guerre sont permises ; vieux moyens avérés et notoires, d'usage quotidien, dont tout militaire, s'il connaît son métier, doit soupçonner l'emploi et qu'il doit savoir déjouer. Où est la limite ? Beaucoup dépendra du caractère des chefs, de leur hardiesse, de leur conscience plus ou moins délicate, de leur esprit plus ou moins chevaleresque et plus ou moins ingénieux. Pour être un bon chef, il ne suffit pas d'être brave. Il faut être habile, prudent, expérimenté. Sur nombre de points, d'ailleurs, l'usage est fixé ; les profanes ont peut-être le droit de le trouver capricieux. Il est interdit de se servir d'un drapeau parlementaire faux ; il est licite, au moins dans certaines occurrences, d'arborer un faux pavillon ou le drapeau même de l'adversaire. Permis de revêtir des uniformes ennemis, pourvu que ce ne soit ni durant le combat ni tout de suite avant (1). Permis, naturellement, de dresser des embuscades, de simuler une retraite, d'user de trompe-l'œil pour faire croire que les forces dont on dispose sont plus considérables qu'elles ne le sont en réalité. Permis même de propager des nouvelles mensongères par des dépêches supposées ou de faux transfuges.

L'assassinat est un crime. Le poison, sous n'importe quelle forme, est réprouvé.

Toute tuerie inutile est interdite. Ne pas faire quartier n'est permis qu'à titre de représailles, et même alors c'est une rigueur blâmable. On ne tire pas sur le navire ennemi qui baisse pavillon.

Toute cruauté inutile est interdite. De là les restrictions apportées à l'emploi de certains projectiles par la déclaration de Saint-Pétersbourg, du 11 décembre 1868, restrictions de minime valeur, car ces projectiles sont hors d'usage, et la moindre torpille, d'emploi licite, a des effets autrement terribles ; les balles de petit calibre, réglementaires aujourd'hui, sont, dit-on, plus cruelles encore. Il est défendu, pour le même motif, de mutiler les soldats ennemis.

On condamne l'emploi, comme chiens de guerre, de certains bouledogues qui sont de vraies bêtes féroces ; mais nullement tout

(1) Voyez cependant ci-après, projet de Bruxelles, article 13.

emploi de chiens de guerre, car ces animaux peuvent rendre des services utiles et sans aucune inhumanité, en suivant des pistes, en trouvant des blessés, en portant des dépêches, des munitions.

L'atrocité des guerres de la haute antiquité, entre autres de celles que faisaient les Israëlites, est suffisamment connue. Les Romains ont régularisé, tempéré, humanisé. Ils admettent encore, en principe, que chaque partie belligérante a le droit de nuire à l'autre par tous les moyens: de massacrer les populations, de s'emparer de leurs biens. Mais à la différence de leurs ennemis, ils condamnent la perfidie, prescrivent le respect de la foi jurée, de la parole donnée, réprouvent l'emploi du poison. En fait, ils distinguent nettement les moyens licites des moyens illicites. Mieux vaut être vaincu, disait Scaurus, que de vaincre en mal faisant: « Vinci satius est quam malo more vincere (1) ».

Ces progrès ne survécurent pas à l'empire d'occident. Pour y revenir, il a fallu près de quinze siècles. « Au moyen âge, dit M. Nys (2), la guerre est empreinte d'un caractère d'indicible cruauté ; les adversaires se font le plus de mal possible ; l'anéantissement de l'ennemi est le but final des hostilités. De là des actes inouïs de barbarie ; de là l'usage d'armes empoisonnées ; de là la mutilation des prisonniers, la dévastation, le sac et la destruction des villes ; de là le recours à la trahison et à la perfidie... Il suffit d'ouvrir les écrits de l'époque pour comprendre à quel point la situation était réellement sombre et effrayante. Moralistes, poètes, jurisconsultes, hommes d'État, guerriers, peuvent être invoqués comme autant de véridiques témoins ; tous déposent d'une manière uniforme ». Le célèbre juriste Balde (mort en 1400) pose la règle : « Hostis bene interficitur ubique ». Vers la fin du seizième siècle, César de Nostredame décrit les maux de la guerre : « grande effusion de sang humain, infinis brûlements de villes, renversements de châteaux, places et forteresses désolées de fond en comble, violences et destructions d'églises, profanations d'autels, pollutions de sanctuaires, rapines, larcins de choses sacrées, ravissements de femmes, veuves, vestales, vengeances sanguinaires et diaboliques, rançonnements cruels, meurtres horribles, homicides ordinaires et mille autres maux exécrables et sans nombre ». Pourtant l'esprit de chevalerie engageait à ne pas violer la foi jurée, et l'Église cherchait à humaniser la guerre, au moins entre chrétiens, car vis-à-vis des infidèles, tout était permis. On cite les mesures de Rome contre les armes de tir : les flèches, les projectiles lancés par les machines. Innocent III (1198-1216), dans une décrétale célèbre, prononce l'anathème contre les *balistarii* et les archers (3). Qu'au-

(1) Salluste, *Jugurtha*, c. 46.

(2) Nys, *Origines du droit international*, p. 188 s.

(3) C. un. X, *De sagittariis*, 5, 15.

rait dit le grand pape de nos engins perfectionnés ? On se servait, non fréquemment, il est vrai, d'armes empoisonnées; on empoisonnait les puits. Balde approuve le poison, Albéric Gentil le condamne pour plusieurs motifs, ainsi que les incantations magiques (1). Le poison était usité en Italie et en Espagne, entre autres sous la forme de l'infection syphilitique, moyen recommandé en 1870 par un journaliste ingénieux qui s'imaginait peut-être l'avoir inventé. « Hispani valeant, dit Gentil, qui obsessi Neapoli a Gallis, nocte egredientes, puteos hostibus venenabant; nec satis hoc, pistores apud Gallos corruperunt, qui gypsum pani admiscerent. Etiam gnari morbi ejus, mox gallici nuncupati, et etiam contagionis ejusdem, clam scorta, et ea formosissima, de urbe miserunt et quibus inficeretur exercitus gallicus. Sic Fallopius, clarissimus medicus, cujus pater illic militavit ». Ceci se passait au début du XVIe siècle. En 1542, l'auteur français du *Guidon des gens de guerre*, traité de l'art militaire, Michel d'Amboise, admet parfaitement que l'on puisse « gaster, infester, intoxiquer et empoisonner les eaux des ennemis (2) ».

Grotius distingue ce qui est permis par le droit naturel de ce qui l'est par le droit des gens, et constate que ce qui est permis ne doit pas toujours être approuvé. Il distingue aussi la guerre juste de la guerre injuste et permet plus dans la guerre juste. En vertu du droit des gens, peuvent être tués dans la guerre juste tous ceux « qui intra fines hostium sunt », les sujets de l'ennemi partout, ainsi que les transfuges ; même les femmes et les enfants, et les prisonniers, et ceux qui se rendent, si on n'accepte pas leur soumission, et ceux qui se sont rendus sans condition, et les otages. Mais il ne s'ensuit pas qu'on agisse bien en agissant ainsi. D'autre part, le droit des gens interdit le poison. « Quem interficere licet cum gladio an veneno interimas nihil interest, si jus naturae respicias...At jus gentium, si non omnium, certe meliorum jam olim est, ne hostem veneno interficere liceat : qui consensus ortus est ex respectu communis utilitatis, ne pericula in bellis, quae crebra esse coeperant, nimium intenderentur...Quare qui licitum volunt hostem veneno occidere, ut ex Vegetio Baldus, respiciunt merum naturae jus, illud autem, quod a gentium voluntate ortum trahit, praetervident ». Est-il permis selon le droit des gens de faire assassiner un chef ou roi ennemi ? Grotius distingue. « Omnino discrimen adhibendum est, inter percussores qui fidem expressam vel tacitam violant, ut subditi in regem, vasalli in seniorem, milites in eum cui militant...,an vero nulla teneantur fide ». Dans ce dernier cas, il est permis de recourir à l'assassin, pas dans le premier (3).

(1) Alb. Gentil, *De jure belli*, 2, 6 : chapitre fort intéressant et instructif.

(2) Nys, p. 220-221.

(3) Grotius, III, c. 4, § 6, § 19 ; c. 1, § 6 : An dolo uti in bello liceat, et §§ suivants.

Encore au siècle dernier, Bynkerskoek, logicien redoutable, estimait tous les moyens bons : « Omnis vis in bello justa est, si me audias, et ideo juxta cum liceat hostem opprimere, etiam inermem, cum liceat veneno, cum liceat percussore immisso, et igne factitio, quem tu habes et ille forte non habet ; denique cum liceat, ut imo verbo dicam, quomodocumque libuerit (1) ».

Instructions américaines, 17 : « La guerre ne se fait pas seulement par les armes. Il est conforme à nos lois de prendre par la famine l'ennemi, armé ou désarmé, dans le but de le soumettre plus promptement. Les nécessités militaires n'autorisent pas à commettre des actes de cruauté, c'est-à-dire à infliger des souffrances pour le seul plaisir de faire souffrir ou pour exercer une vengeance ; ni à estropier ou blesser un ennemi en dehors du combat ; ni à lui faire subir des tortures pour en extorquer des renseignements. Elles ne permettent en aucun cas de faire usage de poison, ni de dévaster de gaîté de cœur un district ennemi. Elles admettent la ruse, mais condamnent la perfidie ; en général, la guerre n'implique aucun acte d'hostilité de nature à rendre, sans nécessité, le retour à la paix plus difficile. — 148. Les lois de la guerre ne permettent pas de proclamer qu'un individu faisant partie de l'armée belligérante, ni un citoyen ou sujet de l'État ennemi est mis hors la loi et peut être tué sans jugement par le premier qui le prendra, pas plus que les lois modernes ne permettent en temps de paix cette sorte de mise hors la loi internationale ; elles réprouvent au contraire ce mode de procéder. Les plus sévères représailles suivraient un meurtre commis en vertu d'une proclamation pareille, de quelque autorité qu'elle puisse émaner. Les nations civilisées voient avec horreur les récompenses offertes en vue de pousser à l'assassinat d'un ennemi, et les condamnent comme un retour à la barbarie ».

Projet de Bruxelles, art. 12 : Les lois de la guerre ne reconnaissent pas aux belligérants un pouvoir illimité quant au choix des moyens de nuire à l'ennemi. — 13. D'après ce principe sont notamment interdits : *a*) L'emploi du poison ou d'armes empoisonnées ; *b*) le meurtre par trahison d'individus appartenant à la nation ou à l'armée ennemie ; *c*) le meurtre d'un ennemi qui, ayant mis bas les armes ou n'ayant plus les moyens de se défendre, s'est rendu à discrétion ; *d*) la déclaration qu'il ne sera pas fait de quartier ; *e*) l'emploi d'armes, de projectiles ou de matières propres à causer des maux superflus, ainsi que l'usage des projectiles prohibés par la Déclaration de St-Pétersbourg de 1868 ; *f*) l'abus du pavillon parlementaire, du pavillon national ou des insignes militaires et de l'uniforme de l'ennemi, ainsi que des signes distinctifs de la convention de Genève ; *g*) toute destruction ou saisie de propriétés ennemies qui ne serait pas impérieuse-

(1) *Quaestiones juris publici*, l. 1.

ment commandée par la nécessité de guerre. — 14. Les ruses de guerre et l'emploi des moyens nécessaires pour se procurer des renseignements sur l'ennemi et sur le terrain (sauf les dispositions de l'article 36) sont considérés comme licites.

L'article 36 porte que la population d'un territoire occupé ne peut être forcée de prendre part aux opérations militaires contre son propre pays.

Manuel de l'Institut : 3. Toute force armée belligérante est tenue de se conformer aux lois de la guerre. — 4. Les lois ne reconnaissent pas aux belligérants une liberté illimitée quant aux moyens de nuire à l'ennemi. Ils doivent s'abstenir notamment de toute rigueur inutile, ainsi que de toute action déloyale, injuste ou tyrannique. — 8. Il est interdit : *a*) de faire usage de poison, sous quelque forme que ce soit ; *b*) d'attenter traîtreusement à la vie d'un ennemi, par exemple en soudoyant des assassins ou en feignant de se rendre ; *c*) d'attaquer l'ennemi en dissimulant les signes distinctifs de la force armée ; *d*) d'user indûment du pavillon national, des insignes militaires ou de l'uniforme de l'ennemi, du pavillon parlementaire, ainsi que des signes tutélaires prescrits par la convention de Genève. — 9. Il est interdit : *a*) d'employer des armes, des projectiles ou des matières propres à causer des souffrances superflues ou à aggraver les blessures ; *b*) de mutiler ou de tuer un ennemi qui s'est rendu à discrétion ou qui est hors de combat, et de déclarer d'avance qu'on ne fera pas de quartier, même si l'on n'en réclame pas pour soi-même.

Il est permis de s'approprier les biens de l'État ennemi : numéraire, valeurs, choses mobilières quelconques ; la prise de butin est parfaitement licite. Il en sera traité à propos de l'occupation du territoire ennemi et de la guerre de mer (1).

Il n'est pas permis, en général, dans la guerre continentale, de s'emparer de la propriété privée (2).

La dévastation, la destruction, l'incendie de propriétés, maisons, récoltes, appartenant à des particuliers ou même à l'État, ne sont licites qu'à titre de représailles, ou en vertu de la nécessité de guerre, soit pour le salut de la troupe, soit pour mener à bien une opération militaire. Il est donc permis de détruire, de démolir, de raser des maisons, des plantations, de défaire des ponts, des routes, des chemins de fer, des télégraphes, lorsque c'est nécessaire pour la

(1) Ci-dessous, § 64, 198 ; § 66, 204.

(2) Ci-dessous, § 65, 201-203.

guerre, et principalement ici l'utile se confondra souvent avec le nécessaire. Il va sans dire que les dévastations causées forcément par les travaux d'attaque et de défense, par les reconnaissances, les marches, les combats, ne sauraient être coupables. Ce qui est coupable, c'est la destruction ou dévastation inutile, même de propriétés de l'État. Le droit, que j'ai constaté tout à l'heure, d'affaiblir l'État par tous les moyens, et aussi au point de vue de ses finances, ce droit ne suffirait pas, à lui seul, pour autoriser des dévastations qui n'auraient pas un autre but déterminé. C'est qu'ici l'intérêt de l'État touche directement à celui des particuliers, et que la perte inutile de richesses nuit à tout le monde, et non à l'État seul.

Aux yeux des Romains, l'état de guerre donnait immédiatement le droit de prendre ou de détruire tout ce qui appartenait à l'adversaire, au peuple et aux particuliers ennemis.« Bello capta... ejus fiunt qui primus eorum possessionem nactus est(1) ».Tite-Live met dans la bouche des envoyés athéniens, se plaignant de Philippe V de Macédoine (an 200 avant notre ère), des paroles instructives : « Deploraverunt vastationem populationemque miserabilem agrorum ; neque id se queri, quod hostilia ab hoste passi forent ; esse enim quaedam belli jura, quae ut facere, ita pati sit fas : sata exuri, dirui tecta, praedas hominum pecorumque agi, misera magis quam indigna patienti esse : verum enim vero id se queri, quod is, qui Romanos alienigenas et barbaras vocet, adeo omnia simul divina humanaque jura, ut priore populatione cum infernis deis, secunda cum superi bellum nefarium gesserit (2) »... « Sata exuri, dirui tecta, praedas hominum pecorumque agi » : il en fut ainsi jusqu'aux temps modernes, on en a vu déjà des témoignages, entre autres celui de Nostredame. Catinat, qui avait été avocat avant d'embrasser la carrière des armes, où il se montra humain malgré les ordres de Louvois et contrairement à ce que fit Mélac, écrivait en 1696 au ministre du duc de Savoie : « Si Son Altesse royale n'accepte pas des conditions si raisonnables et si avantageuses, Sa Majesté a résolu d'exterminer entièrement le pays, avec brûlement de bâtiments, consommation des blés, coupement des bois, des vignes, des arbres fruitiers, dans toute l'étendue où il pourra porter ses armes ». C'était évidemment le style de l'ultimatum.

Précisément les atrocités commises par les armées de Louis XIV dans le Palatinat inspirèrent un anonyme, qui publia en 1690, sous

(1) Paul. L. 1, § 1, *De A. v. A. P.*, 41, 2.

(2) Tite-Live, 31, 30.

le nom significatif de *Justinus Gentilis* et avec Strasbourg comme indication de lieu,un traité *De eo quod in bello licet.* « Il fait remarquer que depuis longtemps le droit des gens distingue entre l'ennemi proprement dit, qui prend part à la lutte, et les personnes inoffensives. Il accuse les Français d'avoir méconnu ce principe en massacrant et brûlant des enfants, en outrageant des femmes, en assassinant des prêtres. Ils ont en outre brûlé des villes et des villages, ravagé des champs et des forêts, sans distinguer ce qui pouvait ou non servir à la guerre. Il soutient la nécessité d'une pareille distinction,commandée par la religion et par la justice. Il se plaint que les Français aient tiré à bombes et à boulets rouges sur des villes dont ils n'avaient pas besoin, qu'ils n'entendaient pas occuper, et propose d'interdire par traités internationaux ces bombardements, qui nuisent aux habitants paisibles, sans exercer aucune influence sur la marche de la guerre. Il proteste d'ailleurs contre l'idée de rendre aux Français le mal pour le mal, et conseille à ses compatriotes, les Allemands, de respecter toujours trois maximes. D'abord, tout ce qui est permis par le droit de la guerre extérieur et traditionnel, ne l'est pas par la conscience ; tel peut être absous devant le tribunal des hommes, et condamné par le tribunal de Dieu. Ensuite les violences de la guerre doivent en tout temps s'arrêter aux limites de la nécessité ; celui qui dépasse ces limites, commet une injustice et en est responsable. En troisième lieu, nous ne devons pas, à la guerre, nous demander quelle peine mérite l'ennemi, mais quel est notre propre devoir ; or notre devoir est de tenir notre colère en bride, et de nous montrer modérés, généreux et magnanimes. Justin Gentil considère encore comme licite de s'emparer des choses de l'ennemi, si l'on peut les emporter sans les altérer, mais il n'admet pas qu'on les détruise sans nécessité. Il proteste résolument contre l'enlèvement des monuments et des objets d'art des villes, églises et palais, et considère la destruction inutile de ces objets comme un crime contre la postérité (1) ».

Ce qui est dit ci-dessus, s'applique aussi aux câbles télégraphiques sous-marins appartenant à l'ennemi ou aux sujets de l'ennemi. Leur destruction sera le plus souvent utile,donc permise. Mais un belligérant n'aurait aucun droit sur un câble unissant deux territoires neutres, ou faisant communiquer le territoire de son adversaire avec un territoire neutre, sauf le cas de blocus, et sans doute aussi le cas de nécessité, la raison de guerre (2).

(1) Bluntschli, R. D. I., t. X, p. 63-64. *Justinus Gentilis* est un pseudonyme. L'auteur n'était probablement pas strasbourgeois.

(2) Renault, R. D. I., t. XII, p. 25. 275. 1880.

Dans ses résolutions au sujet de la protection internationale des câbles sous-marins (1), l'Institut de droit international s'est contenté de dire « qu'il est à désirer, quand les communications télégraphiques doivent cesser par suite de l'état de guerre, que l'on se borne aux mesures strictement nécessaires pour empêcher l'usage du câble, et qu'il soit mis fin à ces mesures et que les conséquences en soient réparées aussitôt que le permettra la cessation des hostilités ». L'article 15 de la convention du 14 mars 1884 est ainsi conçu : « Il est bien entendu que les stipulations de la présente convention ne portent aucune atteinte à la liberté d'action des belligérants ». Au moment de signer, lord Lyons a déclaré, au nom du gouvernement britannique : « Le gouvernement de S. M. entend l'article 15 en ce sens qu'en temps de guerre un belligérant signataire de la convention sera libre d'agir, à l'égard des câbles sous-marins, comme si la convention n'existait pas. « Une déclaration dans un sens analogue a été également faite par M. Léopold Orban, plénipotentiaire belge.

Il est interdit d'engager les officiers et soldats ennemis à trahir, à manquer à leur parole, à déserter.

Mais on considère comme licite de tirer parti d'un soulèvement populaire, de le favoriser, même de le provoquer. Ce sera souvent, toujours peut-être, une question de fait.

La France en 1859, la Prusse en 1866 ont songé à tirer parti des griefs des Hongrois contre l'Autriche. Note du comte de Rechberg, du 24 août 1859. La France voulait à ce moment révolutionner la Hongrie; Kossuth demandait un chiffre fixe de troupes françaises comme minimum. « Il y a eu, dit M. de Martens, des guerres dirigées contre l'empire ottoman et dont le but avéré n'était nullement l'affranchissement des populations chrétiennes. Néanmoins les agresseurs ont tiré parti des sentiments de ces populations en les excitant à la révolte, sauf à les abandonner, au moment de la signature de la paix, à la colère et à la merci des musulmans. C'était commettre un véritable crime à l'égard de ces chrétiens ».

188. Les blessés, les malades, les morts (2).

I. *Blessés et malades.*

Depuis fort longtemps, on a fait des conventions concernant les blessés, réglant les soins à leur donner, la protection spéciale que

(1) Ci-dessus, § 30, 84.

(2) Lueder, *La convention de Ge-*

méritent les soldats mis hors de combat après avoir fait leur devoir (1). L'humanité n'est pas ici seule en jeu ; l'intérêt bien entendu commande aux chefs d'adoucir le plus possible le sort de leurs hommes en ménageant ceux de l'ennemi.

Toutefois c'est seulement depuis une trentaine d'années que des mesures générales ont été arrêtées par une convention collective, à laquelle tous les États civilisés ont participé ou accédé, en vue d'assurer un traitement humain et la sécurité aux militaires blessés, à quelque partie belligérante qu'ils appartiennent. Cette convention, conclue à Genève le 22 août 1864, est, comme la déclaration de Paris de 1856, comme celle de Saint-Pétersbourg de 1868, un traité générateur du droit des gens (2).

En vertu de la convention de Genève, les militaires blessés ou malades des deux parties belligérantes sont recueillis et soignés avec une sollicitude égale.

Les ambulances et les hôpitaux militaires, aussi longtemps qu'il s'y trouve des malades ou des blessés, sont reconnus comme inviolables, entourés d'une protection que la convention désigne sous le nom de neutralité (3). Ils doivent être protégés et respectés par les belligérants ; leur personnel, exerçant ses fonctions, participe à cette protection.

Les principes posés par la convention de Genève ont été développés et précisés par des conférences subséquentes ; on les a généralement observés, en la mesure possible, dans les guerres récentes. Leur application se combine avec la poursuite du but de la guerre, lequel d'ailleurs doit toujours primer en cas de conflit. Les hommes

nève. 1876. En allemand et en français. Cet ouvrage a obtenu un prix fondé par l'impératrice Augusta, qui s'est intéressée d'une façon très active à l'amélioration du sort des blessés. — Moynier, *Étude sur la convention de Genève*. 1870. *La Croix-Rouge, son passé et son avenir*. 1882. *De quelques faits relatifs à la convention de Genève*, R. D. I., t. XVIII. 1886. La *littérature* de la convention de Genève est abondante. On trouve de nombreuses indications chez Lueder, Manuel de Holtzendorff, t. IV, § 74-79, § 98-103. — Gurlt, *Zur Geschichte der internationalen und freiwilligen Krankenpflege im Kriege*. 1873 ; 2e éd. 1893.

(1) Conventions entre belligérants, ci-dessous, § 67, 207.

(2) Ci-dessus, § 2, 7.

(3) Comparez ci-dessus, § 7.

de guerre apprécient mainte question autrement que les philanthropes, et, dans la guerre, l'appréciation des hommes de guerre doit nécessairement prévaloir.

De 1581 à 1864, on a compté plus de trois cents conventions sur ce même objet de la protection accordée aux blessés. Ces conventions anciennes, dont plusieurs ont trait à la marine, sont souvent très détaillées, et surpassent parfois la convention de Genève en précision et en humanité. Il faut mentionner, entre autres, la convention franco-prussienne de 1759, prescrivant que les médecins, chirurgiens, apothicaires servant dans les hôpitaux et armées, ne seront point sujets à être faits prisonniers de guerre et seront renvoyés le plus tôt possible. La neutralisation ou inviolabilité des ambulances était stipulée au XVIIIe siècle; Wasserfuhr, professeur à Gœttingue, réclamait, déjà en 1820, une entente internationale à ce sujet. Il n'a pas manqué non plus, surtout au XVIIIe siècle, de philanthropes qui se sont prononcés hautement pour la cause de l'humanité.

Mais on avait plus ou moins oublié tout cela, lorsque, cent ans après le traité de 1759, un effort décisif fut fait d'abord par de simples particuliers suisses, puis par le gouvernement de la Confédération, effort qui a été couronné d'un légitime succès.

La première impulsion est due à M. Henri Dunant, de Genève, qui visita en 1859 les champs de bataille de la Haute-Italie, et consigna dans un livre intitulé *Un Souvenir de Solferino* (1862), exempt de prétentions littéraires, mais éloquent par le fait, les sentiments de pitié profonde que la vue et le sort des blessés lui avaient inspirés. La Société génevoise d'utilité publique, et en particulier son président, M. Gustave Moynier, l'appuyèrent, s'associèrent à son œuvre, et la continuèrent. Le but que M. Dunant et le bureau de la Société d'utilité publique eurent d'abord en vue, était la formation, dans les divers pays, de sociétés de secours aux militaires blessés. Mais il s'y joignit, grâce à une haute suggestion venue de Berlin, une autre idée, qui est l'idée principale, l'idée juridique : celle de l'inviolabilité ou neutralité du personnel sanitaire. Le gouvernement suisse, prenant l'œuvre en main, adressa, le 6 juin 1864, une circulaire à tous les États européens, aux États-Unis d'Amérique, au Mexique et au Brésil, les invitant à une conférence internationale, qui se réunit à Genève le 8 août. Le gouvernement français appuya l'initiative de la Suisse. Un projet élaboré par le comité de Genève fut soumis aux délibérations et leur servit de base. La convention relative au traitement des militaires blessés sur les champs de bataille et aux ambulances, fut signée le 22 août par les représentants de douze États européens. Les ratifications furent échangées le 22 juin 1865. Tous les autres États d'Europe ont accédé ; en outre la plupart des États américains, l'État du Congo, la Perse, le Japon, le Siam.

Des articles additionnels ont été votés à Genève le 20 octobre 1868, mais n'ont jusqu'à présent pas été ratifiés. Ils concernent en partie la marine, la guerre sur mer (1). Des conférences pour la revision et le développement de la convention ont encore eu lieu à Genève en 1884, à Carlsruhe en 1887, à Rome en 1892.

D'après l'article 7 de la convention, « un drapeau distinctif et uniforme sera adopté par les hôpitaux, les ambulances et les évacuations. Il devra être, en toute circonstance, accompagné du drapeau national. Un brassard sera également admis pour le personnel neutralisé ; mais la délivrance sera laissée à l'autorité militaire. Le drapeau et le brassard porteront croix rouge sur fond blanc ».

La croix rouge sur fond blanc est la croix fédérale de la Suisse, initiatrice de la convention, avec interversion de couleurs. Des sociétés de secours aux blessés ont été fondées en divers pays, auxquelles on a donné le nom de sociétés de la Croix-Rouge. L'œuvre entière, dont l'importance va croissant, a pris le nom d'Œuvre de la Croix-Rouge.

Les meilleures choses peuvent engendrer des abus et tel a été le cas de la Croix-Rouge, dont le signe et le nom ont été usurpés, exploités. Comment y parer et y remédier ? Cette question a été mise au concours en 1889 par le comité international de la Croix-Rouge. Le premier prix a été conféré à M. Buzzati (2).

Les dispositions de la convention de Genève sont reproduites en substance dans le projet de Bruxelles et dans le Manuel de l'Institut de droit international.

Manuel de l'Institut, 10 : « Les militaires blessés ou malades doivent être recueillis et soignés, à quelque nation qu'ils appartiennent. — 11. Les commandants en chef ont la faculté de remettre immédiatement aux avant-postes ennemis les militaires ennemis, blessés pendant le combat, lorsque les circonstances le permettent et du consentement des deux parties. — 12. Les évacuations, avec le personnel qui les dirige, sont couvertes par la neutralité. — 13. Le personnel des hôpitaux et des ambulances, comprenant l'intendance, les services de santé, d'administration et de transport des blessés, ainsi que les aumôniers et les membres et agents des sociétés de secours dûment autorisés à seconder le personnel sanitaire officiel, est considéré comme neutre lorsqu'il fonctionne, et tant qu'il reste des blessés à relever ou à secourir. — 14.

(1) L'extension à la guerre maritime du principe de la convention de Genève a été recommandée notamment par M. Ferguson, dans un mémoire couronné : *The Red Cross Alliance at sea*. 1872. — Houette, capitaine de frégate, *De l'extension des principes de la convention de Genève aux victimes des guerres maritimes*. 1892.

(2) Buzzati, *De l'emploi abusif du signe et du nom de la Croix-Rouge*. 1890.

Le personnel désigné dans l'article précédent doit continuer, après l'occupation par l'ennemi, à donner, dans la mesure des besoins, des soins aux malades et aux blessés de l'ambulance ou de l'hôpital qu'il dessert. — 15. Lorsque ce personnel demande à se retirer, le commandant des troupes occupantes fixe le moment de son départ, qu'il ne peut toutefois différer que pour une courte durée, en cas de nécessité militaire. — 16. Des dispositions doivent être prises pour assurer, s'il se peut, au personnel neutralisé, tombé entre les mains de l'ennemi, la jouissance d'un traitement convenable. — 17. Le personnel sanitaire neutralisé doit porter un brassard blanc à la croix rouge, dont la délivrance appartient exclusivement à l'autorité militaire. — 18. Les généraux des puissances belligérantes doivent faire appel à l'humanité des habitants et les engager à secourir les blessés, en leur signalant les avantages qui en résulteront pour eux-mêmes (art. 36 et 59). Ils doivent considérer comme inviolables ceux qui répondent à cet appel ».

L'article 36 reconnaît la neutralité aux bâtiments ou parties de bâtiments particuliers dans lesquels des malades ou des blessés sont recueillis et soignés. D'après l'article 59, dans la répartition des charges relatives au logement des troupes et aux contributions de guerre, il est tenu compte aux habitants du zèle charitable déployé par eux envers les blessés.

L'Institut de droit international a élaboré en 1895 un projet de convention complémentaire destiné à procurer à la convention de Genève une sanction. Selon l'art. 3 de ce projet, « l'État belligérant qui se plaindrait d'une violation de la convention de Genève par des ressortissants de l'autre État belligérant, a le droit de demander, par l'entremise d'un État neutre, qu'une enquête ait lieu ; l'État mis en cause est obligé de faire cette enquête par ses autorités, d'en communiquer le résultat à l'État neutre qui a servi d'intermédiaire, et de provoquer, s'il y a lieu, la punition des coupables conformément aux lois pénales ». L'Institut a de plus émis le vœu « que les puissances signataires de la convention de Genève reconnaissent l'existence et l'autorité d'un comité international de la Croix-Rouge, dont les membres pourraient, sur la demande de l'État belligérant accusé, être délégués par celui-ci afin de prendre part à une enquête sur le théâtre de la guerre, sous les auspices des autorités nationales compétentes (1) ».

II. *Les morts.*

Il est interdit de dépouiller et de mutiler les morts restés sur le champ de bataille.

(1) Comparez Moynier, *Considérations sur la sanction pénale à donner à la convention de Genève.* 1892. — Brusa, *Di una sanzione penale alla convenzione ginevrina.* 1896.

C'est textuellement l'art. 19 du Manuel de l'Institut de droit international. Art. 20 : « Les morts ne doivent jamais être inhumés avant que l'on ait recueilli, sur leurs personnes, tous les indices, tels que livrets, numéros, etc., propres à établir leur identité. Les indications ainsi recueillies sur des morts ennemis, sont communiquées à leur armée ou à leur gouvernement ».

189. Les prisonniers de guerre (1).

Les soldats qui tombent au pouvoir de l'ennemi, sont prisonniers de guerre. Ceci constitue un privilège des soldats.

Certaines personnes, lors même qu'elles ne portent pas les armes, leur sont assimilées sur ce point : les souverains, les chefs d'États, et tant le chef d'un État belligérant ou allié, qu'un chef d'État qui serait au service civil d'un belligérant ou de son allié ; les membres de la famille du chef de l'État belligérant ou allié ; les ministres, hauts fonctionnaires et autres personnages importants par leur action sur la guerre (2).

Les hommes de l'équipage de navires marchands ennemis, déclarés de bonne prise, sont aussi faits prisonniers. Ceci est généralement limité à ceux qui sont sujets de l'ennemi (3).

On ménage aujourd'hui le souverain ennemi et les membres de sa famille. On évite de tirer sur eux, et s'ils sont pris, on leur accorde un traitement conforme à leur rang. Dans l'antiquité, au contraire, les princes captifs étaient souvent humiliés et maltraités, parfois cruellement. Il en fut de même au moyen âge, avec mainte diversité. Une amélioration partielle résulta de la chevalerie, du sentiment de la commune appartenance à une caste supérieure. Richard-Cœur-de-Lion était étroitement détenu à Dürrenstein et à Trifels ; mais les Anglais traitèrent royalement le roi Jean. En revanche, la captivité de François Ier à Madrid fut très dure. Dans toutes les guerres de notre siècle, les souverains captifs ont été traités avec les honneurs dus à leur rang. Ceci est vrai non seulement de Napoléon Ier à l'île d'Elbe et même à

(1) Eichelmann, *Ueber die Kriegsgefangenschaft*. 1878. — Kasparek, dans la Revue de Grünhut, t. IX. — Lueder, § 105-108. — Martens, t. II, § 113. — Ed. Romberg, *Des belligérants et des prisonniers de guerre*. 1894. Avec un projet de convention internationale. R. D. I., t. XXVI, p. 564-566.

(2) Ci-dessus, 186, II.

(3) Ci-dessous, § 66, 204, 206, III.

Sainte-Hélène, et de Napoléon III à Wilhelmshœhe, mais encore de chefs plus ou moins barbares, Schamyl, Abd-el-Kader, et, très au-dessous d'eux, de Cettiwayo, chef des Zoulous, et de Behanzin, roi du Dahomey.

La captivité de guerre, jadis synonyme d'esclavage, n'est plus, de nos jours, qu'une séquestration temporaire destinée à empêcher le prisonnier de prendre part aux hostilités.

Les prisonniers de guerre sont au pouvoir du gouvernement, et non du soldat ou du chef qui les a pris. Ils sont soumis aux dispositions qui régissent l'armée ; s'ils y désobéissent, on les punit, mais la captivité est d'ailleurs dépourvue de tout caractère pénal. Le gouvernement les entretient, ordinairement sur le même pied que ses propres militaires. Afin de recouvrer en partie les frais d'entretien, on fait travailler les sous-officiers et les soldats, mais non à des travaux ayant un caractère pénal ou impliquant une participation aux hostilités.

Les prisonniers sont désarmés. Ils ne perdent point la propriété des choses qui sont à eux ; les armes même et les objets d'équipement, à eux appartenant, leur doivent, en bonne règle, être restitués à leur libération (1).

La captivité ne porte aucun préjudice à leur capacité civile. Ils restent capables de tester, de disposer de toute façon de leur patrimoine, de contracter des obligations. Les empêchements qui peuvent se produire sont purement de fait, et disparaissent d'eux-mêmes au retour de la liberté.

Dans les guerres de l'antiquité, la population entière, si elle n'était pas massacrée, comme c'était le cas chez les Assyriens, les Phéniciens, les Égyptiens, les Juifs, était réduite en esclavage. Les soldats, tout au moins, étaient massacrés, et ce fut un double progrès, dû en partie aux Romains, quand on en fit des esclaves, et quand la population non militaire fut simplement assujettie et non plus captive. Autre progrès romain : le prisonnier, esclave, appartient à l'État et non au soldat ou au chef capteur. Pomponius voyait l'origine du mot *servus* dans le fait que le soldat ennemi, au lieu d'être tué, était conservé comme esclave : « Servorum appellatio ex eo fluxit, quod imperatores nostri

(1) Comparez cependant ci-dessous, § 65, 201, I et II.

captivos vendere, ac per hoc servare nec occidere solent (1) ». Étymologie caractéristique, mais erronée : *servus* signifie proprement le gardien, celui qui conserve, et non pas celui qui est conservé. Du reste, les Romains eux-mêmes revenaient parfois à l'ancienne et cruelle pratique, à titre d'exception, de punition, ou pour donner plus d'éclat aux triomphes.

L'esclavage paraissait tellement inséparable de la captivité, que le Romain captif de l'ennemi perdait sa liberté tout comme le soldat ennemi prisonnier de Rome ; il était donc réduit à l'état de chose, incapable de n'importe quels droits, et s'il mourait chez l'ennemi, il mourait incapable. Ceci fut mitigé, pour le testament fait avant la captivité, par la *fictio legis Corneliae* ; du reste, dès que le captif rentrait sur le territoire de Rome ou d'un allié, il était réintégré dans tous ses droits en vertu du *jus postliminii*, « quo hi, qui ab hostibus capti sunt, si reversi fuerint, omnia pristina jura recipiunt (2) ».

Recul au moyen âge et jusque dans les temps modernes, ici comme ailleurs. Le massacre redevient régulier, notamment après un siège, lorsque la place s'est bien défendue ; ceci encore au XVIIe siècle, à Magdebourg en 1631, à Heidelberg en 1622 et en 1693. Le prisonnier est esclave, non pas de l'État, mais de celui qui l'a pris, ou de son chef ; celui-ci en fait ce qu'il veut, le vend, le tue ; accepte une rançon ou la refuse et garde son captif indéfiniment, selon son bon plaisir. Ce n'est qu'au XVIe siècle que l'on commence à distinguer la captivité de l'esclavage, et l'idée romaine que le prisonnier est prisonnier de l'État, n'a reparu qu'après la guerre de trente ans (3). Bynkershoek admet encore le massacre, et Vattel enseigne que la capture de la population tout entière n'est pas contraire au droit des gens (4).

Le traité entre la Prusse et les États-Unis d'Amérique, de 1785, représente un grand progrès. Mais neuf ans après, en 1794, la Convention rendait le décret célèbre en vertu duquel « toutes les troupes ennemies, dans les places françaises, qui ne se rendraient pas dans les vingt-quatre heures, seront mises mort ; aucun quartier ne sera a c-cordé ». Et Bonaparte, en 1799, faisait à Jaffa fusiller deux mille Arnautes. En 1812, la Russie envoya les prisonniers français en Sibérie.

Le droit des gens actuel a organisé la captivité de guerre dans l'esprit de la guerre moderne, où les États sont ennemis et non pas les particuliers.

Instructions américaines, 49, 51, 53, 56. 72 : « L'argent et les autres

(1) L. 239, au Digeste, *De V. S.*, 50, 16.

(2) Gaius, 1, 129. Ulpien, 10, 4 ; 23, 5. Paul, 2, 25, 1 ; 4, 8, 22.— Titre du Digeste, 49, 15, *De captivis et de postliminio et redemptis ab hostibus*. — Ci-dessous, § 64, 199.

(3) Comparez Nys, *Origines du droit international*, p. 236-251.

(4) Bynkershoek, *Quaestiones juris publici*, 1, c. 3 ; Vattel, III, § 148.

valeurs ou objets de prix trouvés sur la personne d'un prisonnier, tels que montres ou bijoux, aussi bien que ceux de ses vêtements qui ne sont pas d'ordonnance, sont considérés par les armées américaines comme la propriété privée du prisonnier, et l'en dépouiller est interdit comme un acte déshonorant...— 73.Tout officier qui est pris,doit remettre son épée. Elle peut lui être rendue, dans certains cas, par le commandant, en témoignage d'admiration pour la bravoure dont il a fait preuve, ou de reconnaissance pour l'humanité avec laquelle il a traité les prisonniers avant d'être pris. L'officier prisonnier auquel on a rendu son épée,ne peut la porter durant sa captivité.— 74.Le prisonnier de guerre, étant un ennemi public, est prisonnier du gouvernement et non de celui qui l'a capturé...— 75. Les prisonniers de guerre peuvent être internés ou emprisonnés, selon qu'il est jugé nécessaire pour empêcher leur évasion ; mais on ne doit leur faire subir volontairement aucun mauvais traitement et aucun outrage. Leur internement et la manière de les traiter peuvent varier pendant leur captivité, selon que le réclament les mesures de sûreté contre eux ». — Projet de Bruxelles, 23 : « Les prisonniers de guerre sont des ennemis légaux et désarmés. Ils sont au pouvoir du gouvernement ennemi, mais non des individus ou des corps qui les ont capturés. Ils doivent être traités avec humanité. Tout acte d'insubordination autorise à leur égard les mesures de rigueur nécessaires. Tout ce qui leur appartient personnellement, les armes exceptées, reste leur propriété ».— Manuel de l'Institut, 61 : « Les prisonniers de guerre sont au pouvoir du gouvernement ennemi, mais non des individus ou des corps qui les ont capturés.— 62. Ils sont soumis aux lois et règlements en vigueur dans l'armée ennemie.— 63. Ils doivent être traités avec humanité.— 64.Tout ce qui leur appartient personnellement, les armes exceptées, reste leur propriété. — 66. Les prisonniers peuvent être assujettis à l'internement dans une ville, une forteresse, un camp ou une localité quelconque, avec obligation de ne pas s'éloigner au delà de certaines limites déterminées, mais ils ne peuvent être enfermés que par mesure de sûreté indispensable. — 69. Le gouvernement au pouvoir duquel se trouvent des prisonniers, est chargé de leur entretien. A défaut d'une entente sur ce point entre les parties belligérantes, les prisonniers sont traités pour la nourriture et l'habillement, sur le même pied de paix que les troupes du gouvernement qui les a capturés.— 70. Les prisonniers ne peuvent être astreints d'aucune manière à prendre une part quelconque aux opérations de guerre, ni contraints à des révélations sur leur pays ou sur leur armée.— 71. Ils peuvent être employés à des travaux publics qui n'aient pas un rapport direct avec les opérations sur le théâtre de la guerre qui ne soient pas exténuants, et ne soient humiliants ni pour leur grade militaire, s'ils appartiennent à l'armée, ni pour leur position officielle ou sociale, s'ils n'en font pas partie.— 72. Dans le cas où ils sont autorisés à prendre part aux travaux de l'industrie privée, leur salaire peut être perçu par l'autorité qui les détient, laquelle doit alors l'employer à améliorer leur position, ou le leur remettre au moment de leur libération, sous déduction, s'il y a lieu, des frais de leur entretien ».

On a souvent accordé aux officiers prisonniers, durant la guerre, une liberté plus grande que ne le comporte le régime général des prisonniers, et même une liberté presque complète, moyennant leur parole d'honneur, donnée librement et par écrit, de ne pas quitter la place, la ville, le pays, ou de s'abstenir, dans la présente guerre, de toute action dirigée contre le belligérant, ou de toute action militaire, le manquement à la parole donnée entraînant la punition de l'officier, le cas échéant même la peine de mort. Certains États interdisent à leurs officiers de donner cette parole d'honneur et de s'assurer les avantages qu'elle procure. Ils font bien, l'expérience l'a démontré ; l'officier qui donne sa parole, se voit placé entre son honneur qui lui commande de la tenir, et son patriotisme qui lui reproche son inaction comme une lâcheté, comme un abandon de la patrie en détresse.

En dehors du cas de parole donnée, le prisonnier qui s'est échappé et qu'on reprend, n'est pas puni. Il fallait le mieux garder. S'il est repris avant d'avoir opéré son évasion, on fera en sorte qu'il ne puisse renouveler sa tentative.

La concession de la liberté, complète ou partielle, sur parole donnée, est d'usage ancien. Au moyen âge, elle était fréquente ; la parole n'était pas toujours tenue. Froissart donne des exemples de respect et de violation. On faisait aussi promettre au prisonnier que « recous ou non recous » il demeurerait prisonnier. Au XVe et au XVIe siècle, des juristes se demandent si la parole doit être tenue, et répondent que les promesses faites au préjudice de l'État n'obligent pas (1).

Durant la guerre franco-allemande, les Allemands faisaient promettre aux officiers, après diverses variations, qu'ils n'agiraient en rien contre l'intérêt de l'Allemagne. On a relevé des abus. Un décret du ministre de la guerre français, du 13 novembre 1870, promettait une gratification aux officiers qui s'échapperaient, et encourageait ainsi le manque de parole ; c'est avec raison que les dépêches circulaires

(1) Nys, *Origines*, p. 247-248.

allemandes du 14 décembre 1870 et du 9 janvier 1871 s'en sont plaintes (1). Une évasion qui a fait du bruit, est celle du général Ducrot, à Pont-à-Mousson, en septembre 1870.

Un officier peut être laissé libre sans qu'on lui demande sa parole. Tel fut le cas du général Raoul, au début même de la guerre franco-allemande.

Projet de Bruxelles, 31 : « Les prisonniers de guerre peuvent être mis en liberté sur parole si les lois de leur pays les y autorisent, et, en pareil cas, ils sont obligés sous la garantie de leur honneur personnel, de remplir scrupuleusement, tant vis-à-vis de leur propre gouvernement que vis-à-vis de celui qui les a faits prisonniers, les engagements qu'ils auraient contractés. Dans le même cas, leur propre gouvernement ne doit ni exiger ni accepter d'eux aucun service contraire à la parole donnée. — 32. Un prisonnier ne peut pas être contraint d'accepter sa liberté sur parole ; de même le gouvernement ennemi n'est pas obligé d'accéder à la demande du prisonnier réclamant sa mise en liberté sur parole. — 33. Tout prisonnier de guerre, libéré sur parole et repris portant les armes contre le gouvernement envers lequel il s'est engagé d'honneur, peut être privé des droits de prisonnier de guerre et traduit devant les tribunaux.— 28... Contre un prisonnier de guerre en fuite il est permis, après sommation, de faire usage des armes. Repris, il est passible de peines disciplinaires ou soumis à une surveillance plus sévère. Si, après avoir réussi à s'échapper, il est de nouveau fait prisonnier, il n'est passible d'aucune peine pour sa fuite antérieure ». — Manuel de l'Institut, 67 : « Tout acte d'insubordination autorise (à l'égard des prisonniers de guerre) les mesures de rigueur nécessaires. 68..... Si le fugitif ressaisi et capturé de nouveau avait donné sa parole de ne pas s'évader, il peut être privé des droits de prisonnier de guerre ».

Le rachat n'est plus en usage.

On fait, à la paix, des conventions touchant la libération des prisonniers (2). Durant la guerre, on fait des cartels d'échange (3), où l'on ne comprend ni les transfuges, ni les déserteurs ; en effet, les livrer à leur État serait une cruauté, et souvent une sottise.

Les rançons et les échanges étaient pratiqués en Grèce et à Rome. Au moyen âge, on exigeait des sommes exorbitantes ; la rançon du roi Jean finit par produire trois millions d'écus. Honoré Bonet, dans son *Arbre des Batailles*, veut que ce soit « finance raisonnable et courtoise » ; sinon le capteur n'est pas gentilhomme, mais est « tirant et

(1) Rolin-Jaequemyns, R. D. I., t. III, p. 325, 343.

(2) Ci-dessous, § 71, 225, II et III.

(3) Ci-dessous, § 67, 207.

non courtois ». L'usage de rendre la liberté à tous les prisonniers, à la fin de la guerre, sans exiger de rançon, date du milieu du XVIIe siècle (1).

Instructions américaines, 74 : « ...Aucune rançon ne peut être payée par un prisonnier de guerre, soit à l'individu qui l'a capturé, soit au commandant. Le gouvernement seul relâche les prisonniers d'après les règles que lui-même a prescrites ».

Projet de Bruxelles, 30 : « L'échange des prisonniers de guerre est réglé par une entente mutuelle entre les parties belligérantes ». — Manuel de l'Institut, 73 : « La captivité des prisonniers de guerre cesse de droit par la conclusion de la paix, mais leur libération est réglée d'un commun accord entre les belligérants. — 74. Elle cesse aussi de droit pour les prisonniers blessés ou malades qui, après guérison, sont reconnus incapables de servir de nouveau. Le capteur doit alors les renvoyer dans leur pays. — 75. Les prisonniers peuvent encore être relâchés en vertu d'un cartel d'échange convenu entre les parties belligérantes ».

190. Les parlementaires (2).

Les parlementaires, officiers généralement intelligents et distingués, sont inviolables. Ils doivent s'approcher avec les signes d'usage, tels que le drapeau blanc ; lorsqu'ils s'en vont, on leur donne le temps nécessaire et une escorte.

On n'est nullement tenu de les recevoir, ni d'interrompre à cet effet le combat.

Si l'on ne veut pas recevoir un parlementaire, on le lui notifie ; s'il persiste à s'avancer, il ne saurait prétendre à l'inviolabilité, car il n'est plus un parlementaire, mais un simple militaire ennemi, que l'on prend comme les autres. Il en est de même de celui qui se conduit d'une façon déloyale, et abuse de sa situation privilégiée pour observer ou espionner. Le parlementaire peut même être retenu temporairement, sans avoir commis d'abus, s'il a pu connaître des faits que l'on a intérêt à cacher. Des précautions minutieuses sont prises pour rendre tout abus impossible et pour empêcher qu'un préjudice soit causé par son fait.

(1) Nys, *Origines*, p. 242-246.

(2) Lueder, § 104.

Projet de Bruxelles, 43 : Est considéré comme parlementaire l'individu autorisé par l'un des belligérants à entrer en pourparlers avec l'autre, et se présentant avec le drapeau blanc, accompagné d'un trompette (clairon ou tambour), ou aussi d'un porte-drapeau. Il aura droit à l'inviolabilité ainsi que le trompette (clairon ou tambour) et le porte-drapeau qui l'accompagnent. — 45. Le parlementaire perd ces droits d'inviolabilité, s'il est prouvé d'une manière positive et irrécusable qu'il a profité de sa position privilégiée pour provoquer ou commettre un acte de trahison ». — Manuel de l'Institut, 27 : « Est considéré comme parlementaire, et a droit à l'inviolabilité, l'individu autorisé par l'un des belligérants à entrer en pourparlers avec l'autre, et se présentant avec un drapeau blanc. — 28. Il peut être accompagné d'un clairon ou d'un tambour, d'un porte-drapeau, et même, s'il y a lieu, d'un guide et d'un interprète, qui ont droit aussi à l'inviolabilité. — 29. Le chef auquel un parlementaire est expédié, n'est pas obligé de le recevoir en toutes circonstances. — 30. Le chef qui reçoit un parlementaire a le droit de prendre toutes les mesures nécessaires pour que la présence de cet ennemi dans les lignes ne lui cause pas de préjudice. — 31. Si un parlementaire abuse de la confiance qu'on lui accorde, on peut le retenir temporairement, et s'il est prouvé qu'il a profité de sa position privilégiée pour provoquer une trahison, il perd son droit à l'inviolabilité ».

191. Les courriers militaires.

Les courriers, dont l'office est de transmettre les correspondances entre le commandant en chef et ses subordonnés, et entre ceux-ci, font partie de la force armée ; ils peuvent être pris, leurs dépêches saisies.

Mais si un courrier militaire est employé à des négociations entre les belligérants, il revêt alors le caractère de courrier diplomatique et devient, en conséquence, inviolable, ainsi que sa valise (1).

192. Guides, messagers, éclaireurs, espions (2).

I. *Guides et messagers.*

Un guide peut être d'espèces très différentes et son traitement varie en conséquence.

Si c'est un soldat ennemi, connaissant le pays, peut-être parce

(1) Comparez ci-dessus, § 35, 99.

(2) Lueder, § 111.

qu'il l'a habité, on le traite en soldat, on le fait prisonnier, et sa qualité de guide n'aggrave aucunement sa situation.

Si c'est un homme du pays, qui montre à l'ennemi le chemin, il peut se rendre par là coupable de trahison et s'expose alors à être puni selon la loi du pays, notamment selon la loi martiale. Tel sera le cas lorsqu'il s'est offert volontairement, par cupidité, par lâcheté, ou par un autre sentiment mauvais. Mais non s'il a été contraint par menaces et violence ; en pareil cas il doit rester impuni.

Ce qui est dit des guides, s'applique aussi d'une manière générale aux messagers de l'ennemi, autres que les courriers. Le fait seul qu'un soldat ennemi s'est déguisé pour porter des dépêches, n'autorise point à le traiter en espion. Le messager non soldat est arrêté et ses dépêches sont interceptées ; il sera puni, s'il y a lieu, conformément à la loi.

Instructions américaines, 93 : « Toute armée en campagne a besoin de guides, et elle les prend d'autorité si elle ne peut s'en procurer autrement.— 94. Nul ne peut être puni s'il n'a servi de guide à l'ennemi qu'à la suite de violence et de contrainte.— 95. Le citoyen d'un district envahi qui sert volontairement de guide à l'ennemi, ou offre de lui en servir,est considéré comme traître et puni de mort.— 97.Les guides qui sont convaincus d'avoir sciemment égaré les troupes, peuvent être punis de mort.— 99.Les messagers qui,armés et revêtus de l'uniforme national, transportent des dépêches écrites ou verbales, d'un corps de troupes ou d'une place assiégée à un autre corps de troupes ou au gouvernement, et sont capturés sur le territoire occupé par l'ennemi en remplissant leur mission, sont traités comme prisonniers de guerre. S'ils ne sont pas en uniforme et ne sont pas militaires, les circonstances qui ont accompagné la capture, détermineront les dispositions à prendre à leur égard.— 100.Le messager ou autre agent qui tente de s'introduire furtivement sur le territoire occupé par l'ennemi, pour servir de quelque manière que ce soit les intérêts de l'autre belligérant, n'a aucun droit, s'il est pris, aux privilèges des prisonniers de guerre. Il sera traité selon les circonstances dans lesquelles il aura été capturé. »

Projet de Bruxelles, 22 : « ... Ne doivent pas être considérés comme espions, s'ils sont capturés par l'ennemi : les militaires (et aussi les non-militaires accomplissant ouvertement leur mission) chargés de transmettre des dépêches destinées soit à leur propre armée, soit à l'armée ennemie. A cette catégorie appartiennent également, s'ils sont capturés, les individus envoyés en ballon pour transmettre les dépêches, et en général pour transmettre les communications entre les différentes parties d'une armée ou d'un territoire ».— Manuel de l'Institut, 24 : « (On ne doit pas considérer comme espions)... les messagers porteurs de dépêches officielles, accomplissant ouvertement leur mission... »

II. *Les éclaireurs.*

Les éclaireurs sont des soldats qui vont à la découverte. Ils observent et s'informent, ouvertement, loyalement. Pris, ils sont traités comme tous les soldats.

Les personnes qui font le service d'éclaireurs sans faire partie de l'armée, ne peuvent prétendre à être traitées en soldats, mais elles ne sont pas non plus traitées en espions.

Le fait de s'être servi d'un aérostat est indifférent (1).

Projet de Bruxelles, 22 : « Les militaires non déguisés qui ont pénétré dans la zone d'opérations de l'armée ennemie, à l'effet de recueillir des informations, ne sont pas considérés comme espions ». — Manuel de l'Institut, 24 : « On ne doit pas considérer comme espions les individus appartenant à l'une des forces armées belligérantes et non déguisés, qui ont pénétré dans la zone d'observation de l'ennemi..., et les aéronautes ».

Les instructions américaines traitent positivement l'éclaireur en espion lorsqu'il est déguisé.Art.83 : « Les éclaireurs (*scouts*),ou les soldats isolés, qui, soit déguisés sous les habits des habitants du pays, soit sous l'uniforme de l'armée de leur ennemi, sont employés à prendre des informations, s'ils sont surpris aux aguets dans les lignes ou autour des lignes de l'armée, sont traités en espions et mis à mort ».

III. *Les espions.*

Les espions agissent en cachette, en usant de prétextes mensongers, afin de surprendre des secrets. Leur emploi est absolument licite. On ne saurait s'en passer.

Autrefois on les mettait à mort sans autre forme de procès. Aujourd'hui on les juge. La punition est sévère, non point à cause de la gravité intrinsèque du méfait, laquelle est minime, mais en raison du danger que l'espionnage fait courir, et pour effrayer. Il

(1) Ci-dessus, 186, II.

n'importe guère que l'espion ait agi par dévouement patriotique ou en vertu de motifs moins honorables. Le danger étant le même, le châtiment l'est aussi. Le fait d'avoir reçu de l'argent n'est point caractéristique de l'espionnage.

La tentative d'espionnage est punie comme le délit commis. Le recel de l'espion, le fait de l'avoir protégé, favorisé, est assimilé à l'espionnage.

Peu importe que l'observation ou l'investigation ait lieu sur terre ou par aérostat. La question de savoir si un aéronaute est espion est une question de fait, à laquelle on ne peut donner une réponse générale.

L'espionnage militaire se pratique même en temps de paix, toutes les fois que l'espion cherche à surprendre principalement des secrets militaires (1).

L'exemption générale des aéronautes prescrite par le projet de Bruxelles (art. 22, al. 3), et par le Manuel de l'Institut (art. 21), n'est pas justifiée. Tout ce qu'on peut dire, c'est que la notion de l'espionnage leur sera rarement applicable.

Instructions américaines, 88 : « Est considéré comme espion l'individu qui, secrètement, sous un déguisement ou sous un faux prétexte, cherche à se procurer des informations qu'il se propose de communiquer à l'ennemi. L'espion pourra être pendu, qu'il ait réussi ou non à obtenir les informations qu'il cherchait, ou à les transmettre à l'ennemi.— 102. De même que la loi pénale, les lois de la guerre n'établissent pas de différences de sexe en ce qui concerne l'espionnage, la rebellion et la trahison en temps de guerre.— 103. Les espions, les traîtres, les rebelles ne sont pas échangés conformément au droit commun de la guerre. L'échange de ces individus exige un cartel spécial... » — Projet de Bruxelles, 19 : « Ne peut être considéré comme espion que l'individu qui, agissant clandestinement ou sous de faux prétextes, recueille ou cherche à recueillir des informations dans les localités occupées par l'ennemi, avec l'intention de les communiquer à la partie adverse.— 20. L'espion pris sur le fait sera jugé et traité d'après les lois en vigueur dans l'armée qui l'a saisi.— 21. L'espion qui rejoint l'armée à laquelle il appartient, et qui est capturé plus tard par l'ennemi, est traité comme prisonnier de guerre et n'encourt aucune responsabilité pour ses actes antérieurs ». — Manuel de l'Institut, 23 : « Les indivi-

(1) Pour l'espionnage politique, voyez ci-dessus, § 44, 126.

dus capturés comme espions ne peuvent exiger d'être traités comme des prisonniers de guerre. — 25. Aucun individu accusé d'espionnage ne doit être puni avant que l'autorité judiciaire ait prononcé sur son sort. — 26. L'espion qui réussit à sortir du territoire occupé par l'ennemi n'encourt, s'il tombe plus tard au pouvoir de cet ennemi, aucune responsabilité pour ses actes antérieurs ».

On cite, à propos de l'espionnage, et souvent à faux, le cas célèbre du major André (1780). Jean André, fils d'un protestant français réfugié en Angleterre, d'une famille considérée, brave officier et qui donnait les plus belles espérances, fut chargé par son chef de s'aboucher avec le général américain Arnold, qui voulait livrer aux Anglais Westpoint. Par suite d'un concours fatal de circonstances, il fut arrêté au moment où, vêtu en bourgeois et muni de faux papiers, il rejoignait par terre l'armée anglaise, et Washington le fit pendre comme espion. Son crime réel devait être, au point de vue américain, d'avoir négocié la trahison d'un officier américain; l'espionnage, cependant, qui n'avait point été son but, résultait du fait qu'on le trouva porteur de divers documents sur l'armée américaine et sur les fortifications de Westpoint. Sa condamnation était conforme aux lois de la guerre, mais l'Angleterre n'a pas eu tort de voir en lui une victime du devoir militaire et de lui rendre des hommages qui étaient en quelque mesure une réparation.

Il y a dans la plupart des pays des lois sur l'espionnage (1). Un exemple intéressant d'espionnage militaire en temps de paix est celui de deux officiers français condamnés en Allemagne en 1893, graciés en 1894, à l'occasion de l'assassinat du président Carnot.

193. Sièges et bombardements (2).

Quelles places peuvent, selon les lois de la guerre, être bombardées?

La réponse découle des principes posés ci-dessus. Toutes les fois qu'une place est défendue, et à plus forte raison si elle est fortifiée et défendue, le bombardement est une opération de guerre ordinaire et légitime. Aucun doute n'existe à ce sujet.

Lorsqu'une place n'est pas défendue, la destruction par bombardement n'est licite que si la nécessité militaire le commande.

Le bombardement d'un port exclusivement commercial ne serait justifié qu'en des cas exceptionnels. Il y a lieu d'appliquer ici les

(1) Ci-dessus, § 20, 52, IV.

(2) Lueder, § 109.

règles données plus haut touchant les destructions et dévastations (1).

Il est désirable, pour autant que le permet l'intérêt militaire, que le bombardement soit annoncé d'avance, afin que les assiégés puissent prendre les mesures de précaution nécessaires, en particulier mettre à l'abri les trésors artistiques et scientifiques. C'est l'intention de bombarder que l'on doit faire connaître, et non le moment précis où l'on commencera. En effet, quelque dur que cela paraisse, il est incontesté que l'attente et l'inquiétude qui en résulte chez la population, font partie de l'action des assiégeants. Le bombardement doit influencer le moral des habitants, et les pousser à demander au commandant assiégé la reddition de la place (2).

Le chef assiégé doit rendre reconnaissables au moyen de signes extérieurs, suffisamment visibles de loin, les édifices qui servent au culte, à la charité, à la science, aux arts, tels que les églises, les hospices, les bibliothèques, les musées. L'assiégeant est tenu d'épargner ces édifices. Mais les assiégés ne pourraient, sous le couvert de leur destination ordinaire, les utiliser pour la guerre. Si l'on y mettait des provisions, des munitions, des troupes, si l'on y établissait des postes d'observation, les obus cesseraient immédiatement de les ménager.

Tant que la place n'est pas investie entièrement, que toutes les communications ne sont pas coupées, l'assiégeant ne saurait, sans inhumanité, refuser de laisser sortir des malades, des vieillards, des enfants, des femmes. Plus tard, il n'encourrait aucun blâme en refusant ; car il irait contre le but même de l'investissement s'il consentait à une diminution du nombre des bouches inutiles. Des exceptions sont toujours admissibles, par faveur spéciale, par humanité.

Il se peut que le commandant de la place assiégée interdise les sorties autorisées par le commandant du siège, de peur que la situation intérieure ne soit divulguée.

(1) N° 187.

(2) Comparez, au point de vue des populations paisibles et de leur responsabilité, ce qui est dit ci-dessus 186, I.

Les habitants sujets d'Etats neutres ne peuvent pas plus exiger de sortir de la place investie que les nationaux.

Bombardements célèbres : Copenhague en 1807, Delhi en 1857, Alexandrie en 1882, par les Anglais ; Rome, par les Français, en 1849; Strasbourg et Paris, par les Allemands, dans la dernière guerre franco-allemande ; Paris ensuite, par les troupes françaises.

Les bombardements de Strasbourg et de Paris ont donné lieu à de vives discussions.

Le projet de Bruxelles et le Manuel de l'Institut posent en règle que l'on ne doit pas bombarder les places non défendues. Mais ceci est toujours subordonné à la disposition plus générale, en vertu de laquelle il est permis de détruire des localités, etc., lorsque cela est commandé par une impérieuse nécessité de guerre. Le bombardement de Kehl en 1870 était justifié, celui de Saarbrücken, démonstration inutile, ne l'était pas.

On ne peut poser en règle absolue qu'il faille annoncer le bombardement d'avance. Ni qu'il faille tirer seulement sur les fortifications; au contraire fortifications et ville forment un tout inséparable. Cette opinion, soutenue par M.Lueder,est aussi celle du général de Hartmann. La présence de trésors scientifiques ou artistiques dans une forteresse n'est point et ne saurait être un motif de ne pas bombarder. Les Français ont bombardé Rome, les Anglais Delhi. Du reste, on ne le soutient plus, on ne l'a peut-être jamais soutenu sérieusement. Les Français ont bombardé Paris après les Allemands. Ce qui est vrai, c'est que l'assiégé doit mettre le plus possible à l'abri ses trésors scientifiques et artistiques, et que l'assiégeant civilisé ne doit pas les détruire à dessein, et par pur vandalisme. Le bibliothécaire de Strasbourg, en 1870, n'a pas pris les mesures nécessaires pour sauver la précieuse bibliothèque qui lui était confiée ; à Paris toutes les mesures ont été prises avec une entente et un soin parfaits.

Projet de Bruxelles, 15 : « Les places fortes peuvent seules être assiégées. Des villes, agglomérations d'habitations ou villages ouverts qui ne sont pas défendus, ne peuvent être attaqués ni bombardés. — 16. Mais si une ville ou place de guerre, agglomération d'habitations ou village, est défendu, le commandant des troupes assaillantes, avant d'entreprendre le bombardement, et sauf l'attaque de vive force, devra faire tout ce qui dépend de lui pour en avertir les autorités. — 17. En pareil cas, toutes les mesures nécessaires doivent être prises pour épargner, autant qu'il est possible, les édifices consacrés aux cultes, aux arts, aux sciences et à la bienfaisance, les hôpitaux et les lieux de rassemblement de malades et de blessés, à condition qu'ils ne soient pas employés en même temps à un but militaire. Le devoir des assiégés est de désigner ces édifices par des signes visibles spéciaux à indiquer d'avance à l'assiégeant ». — Manuel de l'Institut, 32 : « Il est interdit... *b*) de détruire des propriétés publiques ou privées si cette destruction n'est pas commandée par une impérieuse nécessité de guerre ; *c*) d'attaquer et de bombarder des localités qui ne sont pas défendues ». 33-34. — Instructions américaines, 18 : « Quand le commandant d'une place assiégée en fait sortir les non-combattants, pour ménager ses approvisionnements, il est permis à l'assiégeant, quoique ce soit une mesure extrême, de contraindre les expulsés à rentrer dans la place, afin d'en hâter la reddition. — 19. Le commandant des assiégeants, toutes les fois qu'il le peut, informe les assiégés de son intention de bombarder la place, afin que les non-combattants, et spécialement les femmes et les enfants, puissent chercher un abri avant l'ouverture du bombardement. Toutefois, ce n'est pas enfreindre les lois de la guerre que d'omettre cette formalité. La surprise peut être commandée par la nécessité ».

Note de M. de Bismarck à M. Kern, ministre de Suisse, du 17 février 1871 : « La dénonciation préalable du bombardement n'est point exigée par les principes du droit des gens ou reconnue comme obligatoire par les usages militaires ».

Au siège de Lerida, en 1809, Soult fit rentrer de force quelques milliers de femmes et d'enfants que le commandant de la place avait chassés. Don Carlos voulut faire de même au siège de Pampelune. A Strasbourg, en 1870, sur la demande de la Suisse, les assiégeants ont permis la sortie de femmes et d'enfants.

Il est de l'essence du siège et de l'investissement que toute communication soit coupée entre les assiégés et le monde extérieur. Au cas, sûrement très rare, où des agents diplomatiques de puissances neutres se seraient laissé enfermer dans la place investie, ils n'auraient nullement le droit d'exiger de correspondre librement avec leurs gouvernements.

L'intérêt de la guerre prime les égards que l'État assiégeant doit aux agents étrangers accrédités auprès de son adversaire (1).

La question a été discutée entre M. de Bismarck et les agents diplomatiques restés dans Paris, durant le siège (1870-1871). Les agents demandaient de pouvoir librement correspondre avec leurs gouvernements. M. de Bismarck leur concédait l'envoi d'un courrier par semaine, à la condition que les dépêches fussent ouvertes et ne traitassent d'aucun sujet touchant la guerre. Les agents refusèrent, leur position d'agents diplomatiques et leurs obligations envers leurs gouvernements ne leur

(1) Ci-dessus, § 39, 114, II.

permettant pas, disaient-ils, d'accepter la condition de n'envoyer que des dépêches ouvertes.

M. de Bismarck écrivit, le 18 octobre 1870, au nonce :

« Lorsque la continuation du siège de Paris fut rendue inévitable par le refus d'un armistice par le gouvernement français, le gouvernement du roi prévint de son propre mouvement, par une note circulaire du secrétaire d'État M. de Thile, en date du 26 septembre dernier, les agents des puissances neutres accrédités à Berlin, que la liberté des communications avec Paris n'existait plus qu'autant que les événements militaires le permettaient... Les représentants du pouvoir actuel ont cru convenable d'établir le siège de leur gouvernement au milieu des fortifications de Paris et de choisir cette ville et ses environs comme théâtre de la guerre. Si les membres du corps diplomatique, accrédités auprès d'un gouvernement antérieur, se sont décidés à partager avec le gouvernement de la défense nationale les inconvénients inséparables du séjour dans une forteresse assiégée, ce n'est pas le gouvernement du roi qui en porte la responsabilité. Quelle que soit notre confiance que Messieurs les signataires de la lettre du 6 octobre sauraient personnellement se conformer, dans les communications adressées à leurs gouvernements, aux obligations que leur présence dans une forteresse assiégée, selon les règles du droit de la guerre, peut imposer à des agents diplomatiques, il faut cependant tenir compte de la possibilité que l'importance de certains faits pourrait leur échapper au point de vue militaire. Il est évident d'ailleurs qu'ils se trouveraient hors d'état de nous fournir la même garantie pour les messagers qu'ils croiraient devoir employer et que nous serions obligés de laisser passer et repasser à travers nos lignes. Il a été créé à Paris un état de choses auquel l'histoire moderne, sous le point de vue du droit international, n'offre aucune analogie précise. Un gouvernement en guerre avec une puissance qui ne l'a pas encore reconnu, s'est enfermé dans une forteresse assiégée et s'y trouve entouré d'une partie des diplomates accrédités auprès du gouvernement à la place duquel s'est mis le gouvernement de la défense nationale. En face d'une situation aussi irrégulière, il sera difficile d'établir sur la base du droit des gens des règles exemptes de controverse sous tous les points de vue (1) ».

194. Le blocus (2).

I. *Notion et généralités*.

Une place maritime est bloquée lorsque l'accès en est fermé com-

(1) Comparez Kern, *Souvenirs politiques*, p. 271-311. 1887.

(2) Geffcken, au Manuel de Holtzendorff, t. IV, § 164-166. — Mar-

plètement par l'ennemi, au moyen de navires de guerre, ou à la fois de navires de guerre et de troupes de terre.

Les navires de l'État sont seuls qualifiés pour bloquer ; une fermeture par corsaires ne serait pas reconnue comme blocus.

Toutes les relations de la place bloquée avec l'extérieur doivent être coupées entièrement par le blocus, tout commerce doit être rendu impossible. Telle est la règle. Mais rien n'empêche de décréter un blocus moins rigoureux, interdisant par exemple aux neutres l'entrée du port bloqué, et non la sortie, ou *vice versa* ; ou permettant l'entrée et la sortie de navires d'État, et empêchant seulement celles des navires de commerce.

Le blocus est une mesure de guerre aussi licite que l'investissement d'une place non maritime.

Il n'y a point lieu de chercher à le justifier artificiellement, par exemple au moyen d'une prétendue appropriation ou conquête, par les navires bloquants, de la portion de mer environnant la place bloquée : idée erronée, qui pourrait avoir en pratique des conséquences fâcheuses (1).

Le blocus, mesure de guerre, est exercé régulièrement par l'ennemi. Exceptionnellement, un État peut bloquer ses propres ports ou rivages, s'ils sont, en fait, au pouvoir de l'ennemi.

M. Fauchille définit le blocus : « une mesure de guerre qui consiste à cerner un port ou une portion de côte, au moyen de forces navales permanentes, de façon à empêcher toute communication, et principalement tout commerce avec le dehors par la voie de mer ».

Le mot de blocus n'est autre que l'allemand *Blockhaus*, signifiant une sorte de fort ou fortin. On disait, au XVIe siècle, un siège de blocus, pour désigner un siège où l'assiégeant construit des forts pour couper la communication de l'assiégé. Bloquer signifie proprement assiéger. Le droit actuel du blocus maritime n'a pu se développer qu'avec les progrès de l'artillerie et les principes de la guerre moderne, spécia-

tens, t. III, § 124. — Fauchille, *Du blocus maritime*. 1882. — Perels, § 48-51. — Brocher de la Fléchère, R. D. I., t. V, p. 574-577. 1873.

(1) Hautefeuille, *Droits et devoirs des nations neutres*, t. II, p. 178 s. — Fauchille, p. 27-31. — Sur l'idée d'une appropriation ou conquête, de portions de la mer, comparez ci-dessus, § 17, 46.

lement en ce qui concerne le commerce. « La question du droit de blocus », dit M. Hautefeuille, « est l'une de celles qui ont fait le plus de progrès pendant le XIXe siècle ». D'autre part le blocus doit diminuer en importance à mesure que les communications par terre deviennent plus nombreuses et plus rapides (1).

Durant la guerre de sécession, les navires de guerre neutres eurent libre accès à la côte bloquée par les États-Unis.

Le gouvernement français, par décret du 13 décembre 1870, notifia aux puissances neutres la mise en état de blocus, par les forces navales françaises, des ports de Rouen, Dieppe et Fécamp et de tous ceux qui tomberaient encore entre les mains des Allemands (2).

Le blocus s'exerce contre une place maritime, un port, militaire ou de commerce, fortifié ou non ; on bloque aussi l'embouchure d'un fleuve, une côte ou portion de côte. Un détroit peut être bloqué s'il aboutit à une mer ou portion de mer fermée, appartenant à l'ennemi, ou au belligérant bloquant et à l'ennemi. Le détroit qui unit deux mers libres doit rester libre (3).

On a voulu à tort limiter le blocus aux places fortifiées, aux ports militaires. On méconnaît ainsi complètement la nature et le but du blocus, qui doit précisément, en première ligne, couper le commerce des places bloquées. Napoléon mentait solennellement lorsqu'il affirmait, dans son décret du 21 novembre 1806 : « Le droit de blocus, d'après la raison et l'usage de tous les peuples policés, n'est applicable qu'aux places fortes ».

La déclaration russe de neutralité armée (1780) parle de ports bloqués ; la déclaration de Paris de 1856 du littoral de l'ennemi.

De vastes étendues de côtes, des espaces immenses ont été déclarés bloqués. Pareils blocus, étant dépourvus de la condition essentielle requise aujourd'hui, qui est l'effectivité (4), ne sont plus, actuellement, de véritables blocus dans le sens technique du mot, obligatoires pour les neutres. C'est ainsi qu'en 1861, le gouvernement des États-Unis a prétendu bloquer toute la côte, de la baie de Chesapeake au Rio Grande; qu'en 1877, la Turquie a déclaré mettre en état de blocus la côte de la Mer Noire, de Trébizonde aux bouches du Danube ; et qu'en 1891, dans l'insurrection du Chili, le président Balmaceda a fermé par décret tous les ports, tombés au pouvoir des insurgés, au nord de Caldera.— Par l'*order in council* du 16 mai 1806, la Grande-Bretagne a déclaré en état de blocus tous les ports et tous les fleuves de Brest aux bouches de l'Elbe.

(1) Fauchille, p. 2-12.
(2) Perels, § 52.
(3) Ci-dessus, § 10, 33, IV, et § 17.
(4) Ci-après, II.

Napoléon répondit par le décret de Berlin, du 21 novembre 1806 : les Iles britanniques sont déclarées en état de blocus ; tout commerce et toute correspondance avec elles sont interdits ; toute marchandise provenant d'une fabrique anglaise, ou arrivant des colonies anglaises, est confisquée, etc. Réplique de l'Angleterre : *orders in council* du 7 janvier et du 11 novembre 1807 ; sont déclarés en état de blocus toutes les places et tous les ports de la métropole et des colonies des ennemis de l'Angleterre, et les places et ports des pays d'Europe qui, sans être en guerre avec elle, fermeraient leurs ports au pavillon anglais, etc. — Le 17 décembre 1807, décret de Milan, en vertu duquel sera déclaré de bonne prise tout bâtiment qui se sera laissé visiter par un navire anglais ou conduire en Angleterre, ou qui aura payé un droit quelconque au gouvernement anglais, ou qui aura eu une relation quelconque avec l'ennemi, sa métropole et ses colonies ou des pays occupés par ses troupes. L'ensemble des dispositions des décrets de Berlin et de Milan forme ce que l'on appelle le blocus continental (1).

La Russie, qui avait bloqué les Dardanelles en 1828, n'a bloqué ni les Dardanelles ni le Bosphore en 1877 ; l'article 24 du traité de San Stefano porte : « Le Bosphore et les Dardanelles resteront ouverts, en temps de guerre comme en temps de paix, aux navires marchands des États neutres, arrivant des ports russes ou en destination de ces ports ... »

En vertu de la convention de Constantinople de 1888, le canal de Suez ne peut être bloqué (2).

L'embouchure d'un fleuve international peut-elle être bloquée (3)?

La liberté de la navigation, assurée sur le cours d'eau international à tous les pavillons, n'est point en elle-même un obstacle, puisque la mer aussi est libre. L'empêchement proviendra du fait que le fleuve appartient aux États qu'il traverse, si l'un de ces États est neutre (4).

S'il y avait condominat (5), il est évident que le fleuve serait entièrement soustrait au blocus, puisque le territoire neutre doit rester à l'abri de la guerre. Si, comme c'est le cas ordinairement, les parts sont divises, il faut au moins que celle du neutre reste libre. Si donc le cours d'eau n'appartient à l'ennemi que par un de

(1) De Boeck, *De la propriété privée ennemie sous pavillon ennemi*, p. 83-92. 1882.

(2) Ci-dessus, § 10, 33, IV, et § 17-18 ; ci-dessous, § 68, 215, I.

(3) Fauchille, p. 172-182.

(4) Ci-dessous, § 68, 213, IV, 215, I.

(5) Ci-dessus, § 10, 35.

ses côtés, le passage de l'autre côté doit être laissé libre. Si le cours d'eau conduit à un territoire neutre situé en amont, on doit laisser passer les navires neutres qui se dirigent vers ce territoire ou en viennent. Si l'embouchure même appartient à un neutre ou à des neutres, le blocus est évidemment impossible.

Je crois cette solution moyenne plus juste que la doctrine absolue, selon laquelle, « les embouchures d'un fleuve international ne seraient susceptibles de blocus qu'autant que le bloquant se trouverait en guerre avec tous les riverains de ce fleuve », et « si un seul d'entre ceux-ci était neutre, fût-il situé à la partie extrême de l'amont navigable, le blocus des embouchures serait illégitime (1) ». M. Engelhardt ajoute d'ailleurs avec pleine raison qu' « il ne saurait exister aucun doute sur le droit d'un belligérant de bloquer un port ennemi situé dans l'intérieur des terres, s'il peut gagner ce port sans avoir à passer par une autre section neutre ». Et ceci atténue considérablement ce qu'il y a de trop absolu, selon moi, dans les termes reproduits ci-dessus.

La Bavière et le Wurtemberg ont protesté en 1854 contre la fermeture du Danube. L'Autriche-Hongrie ne s'est pas opposée au blocus de la région inférieure du Danube en 1877. En 1870, le vice-amiral français n'a pas étendu aux bouches de l'Ems, en partie hollandaises, le blocus des côtes allemandes de la mer du Nord. En 1805, l'Escaut étant bloqué et la Hollande belligérante, un navire, le *Frau Ilsabe*, fut pris, mais relâché, sa destination étant Anvers, neutre.

On a employé figurément le terme de blocus (blocus par pierres), pour désigner le fait de guerre qui consiste à barrer un port, une embouchure, etc., en y coulant des pierres, des navires chargés de pierres ou d'autres obstacles. Ce fait, malgré le caractère odieux qu'il peut revêtir, n'est point illicite, pour autant du moins que les droits des neutres n'en sont pas atteints, ce qui serait le cas, par exemple, si le dommage causé devait être permanent, irrémédiable. Si même les droits des neutres étaient lésés, si par exemple le fleuve rendu impraticable était international, le fait pourrait être excusé par la nécessité de guerre, actuelle ou imminente ; hors ce cas, il constituerait une atteinte grave aux droits de toutes les nations (2).

(1) Engelhardt, R. D. I., t. XVIII, p. 161-162. 1886.

(2) Fauchille, p. 143-145.

Les Américains, en 1861, ont fermé ainsi, en y coulant des navires chargés de pierres, deux ports, entre autres celui de Charlestown. L'Angleterre a protesté, et Jefferson Davis a qualifié ce procédé d'odieuse barbarie.

Les Russes, en 1877, ont fermé la bouche de Sulina.

Il a été parlé plus haut du blocus pacifique (1).

II. *Effectivité du blocus.*

Le blocus a pour but principal de couper les communications commerciales de la place bloquée. Il est interdit à tous navires en général, et surtout aux navires de commerce, d'entrer dans le port bloqué et d'en sortir. On verra plus loin quelles conséquences a la violation du blocus pour les navires neutres et leur cargaison (2).

La force armée, de terre ou de mer, qui opère le blocus, doit être suffisante pour que l'accès de la place soit impossible, ou tout au moins très difficile et dangereux. Il faut, à cet effet, que les navires de guerre de l'État bloquant, en nombre suffisant, soient stationnés devant la place bloquée, ou qu'ils croisent dans sa proximité immédiate. C'est ce que l'on exprime en disant que le blocus doit être réel, effectif. Sinon, il ne sera pas reconnu comme blocus valable selon le droit des gens, et les neutres ne seront pas tenus de le respecter. Un blocus effectif peut aussi être établi par d'autres moyens, selon la configuration des lieux ; par exemple à l'aide de batteries côtières, de torpilles.

Cette condition de l'effectivité est de date relativement récente. Il était admis, autrefois, qu'une simple déclaration du belligérant suffisait pour créer l'état de blocus. C'était le blocus fictif, non réel, que l'on appelle aussi blocus sur papier, blocus de cabinet, blocus anglais. Il est superflu d'insister sur le tort que pareils blocus causaient aux neutres : tout commerce avec le belligérant bloqué leur était ainsi, par le fait, interdit. Or, les neutres ont le droit positif d'être atteints le moins possible par les actes de guerre, à charge,

(1) Ci-dessus, § 60, 174. | (2) Ci-dessous, § 69, 221.

bien entendu, de ne s'y point immiscer (1). Le développement des principes de la neutralité devait amener la restriction du droit de blocus, la suppression du blocus fictif. Aussi la condition d'effectivité a-t-elle été stipulée dans divers traités du XVIIIe siècle. La Russie l'a posée en règle dans sa déclaration de 1780 (2), et le congrès de Paris l'a proclamée en 1856. Aujourd'hui la doctrine ne la conteste plus, lors même que la pratique ne s'y conforme pas toujours.

« Admettre la légitimité des blocus fictifs, ce serait faire peser tout le poids de la guerre sur les nations restées en paix, et conserver tous les avantages de l'état pacifique au belligérant qui, cependant, devrait surtout souffrir des hostilités qu'il a provoquées. Avec un pareil système, celui-ci n'aurait nul besoin d'équiper des flottes nombreuses. Son commerce ne souffrirait même point de la guerre, car ses sujets pourraient facilement rester en rapports commerciaux avec l'adversaire... Les neutres, obligés d'obéir à la déclaration de blocus, devraient au contraire cesser toutes relations avec la nation ennemie...

« Les blocus fictifs n'exigeant de la part du belligérant aucune dépense, aucune force pour leur établissement et leur maintien, celui-ci s'en servira fréquemment comme moyen de guerre et n'hésitera pas à les étendre sur de très vastes espaces. De plus, si on autorise les blocus fictifs, il faut admettre comme complément nécessaire de ce procédé ce qu'on appelle le droit de prévention et le droit de suite, c'est-à-dire considérer comme confiscable tout navire neutre qui a mis à la voile pour un lieu déclaré bloqué ou qui est rencontré en pleine mer venant de ce lieu ; au contraire, si on déclare obligatoires seulement les blocus effectifs, maintenus par une force navale, il faut reconnaître aux neutres le droit de vérifier eux-mêmes l'état des choses, et on ne doit autoriser leur confiscation qu'autant que le blocus est encore maintenu en fait lorsqu'ils arrivent auprès de la place bloquée et qu'autant qu'ils cherchent à ce moment à forcer la ligne de blocus.

« Nous arrivons ainsi à constater ce fait, que les blocus fictifs, à la différence des blocus effectifs, causent aux neutres des dommages beaucoup plus considérables qu'aux belligérants. Les autoriser, cela revient donc à permettre aux nations en guerre d'user de moyens directs contre les neutres (3) ».

(1) Ci-dessous, § 68, 213 ; § 69, 216, I.

(2) Ci-dessous, § 68, 210, II.

(3) Fauchille, p. 75-78. — M. Fauchille fait, p. 78-128, l'histoire très intéressante des blocus fictifs et de l'effectivité.

Le blocus fictif a été pratiqué par les Anglais contre l'Écosse et contre la France déjà au XIVe siècle, par l'interdiction faite aux neutres de tout commerce avec l'ennemi ; la Suède, les Pays-Bas l'ont pratiqué au XVIe. Plus tard, c'est l'Angleterre qui l'a surtout employé ; l'Espagne aussi.

Déclaration russe du 28 février,10 mars, 1780,art. 4 : « Que pour déterminer ce qui caractérise un port bloqué, on n'accorde cette dénomination qu'à celui où il y a par la disposition de la puissance qui l'attaque avec des vaisseaux arrêtés et suffisamment proches, un danger évident d'entrer ».

L'article 3 du second acte de neutralité armée, du 16 décembre 1800, reproduit cette disposition. Mais la convention anglo-russe du 17 juin 1801, acceptée par le Danemark le 23 octobre de la même année et par la Suède le 30 mars 1802, la modifie en « vaisseaux arrêtés *ou* suffisamment proches », ce qui rend le blocus par croisière obligatoire pour les neutres. Le comte Panine ne paraît pas s'être rendu compte de la gravité de ce changement (1).

Le blocus fictif a été pratiqué sur une grande échelle, tant par la France que par l'Angleterre, dans les guerres maritimes des premières années de notre siècle. Il suffit de rappeler les monstruosités du blocus continental. L'Angleterre persévéra dans cette pratique jusqu'au milieu du présent siècle ; l'Amérique du Sud, l'Espagne firent de même. L'alliance franco-anglaise fut ici bienfaisante. La déclaration franco-anglaise du 28 mars 1854 garantit aux neutres l'effectivité. Enfin la déclaration de Paris, du 16 avril 1856, porte en son article 4 : « Les blocus, pour être obligatoires, doivent être effectifs, c'est-à-dire maintenus par une force suffisante pour interdire réellement l'accès du littoral ennemi ». On a vu au numéro 186, IV, quelles sont les puissances qui n'ont pas cru pouvoir adhérer à la déclaration de Paris.

L'Institut de droit international, réuni à Turin, en 1882, a pris, sur le rapport de M. de Bulmerincq, la résolution suivante : « Le blocus déclaré et notifié est effectif lorsqu'il existe un danger imminent pour l'entrée ou la sortie du port bloqué, à cause d'un nombre suffisant de navires de guerre stationnés ou ne s'écartant que momentanément de leur station (2) ».

Les conditions de l'effectivité sont indiquées, dans les traités et aussi dans le règlement de l'Institut,d'une façon assez vague.On a voulu préciser. « Le but d'un blocus est d'interdire toute communication avec le port bloqué. Un blocus ne saurait donc exister réellement et efficacement que si l'entrée et la sortie de la place se trouvent être matériel-

(1) Voir au sujet de ce changement, Martens, *Recueil des traités de la Russie*, t. XI, p. 26. 1895.

(2) Règlement du droit des prises, art. 34.

lement impossibles... Supposons des navires nationaux devant la côte ennemie et séparés par une distance au plus égale à la portée de la vue ; nous aurons ainsi une ligne bloquante qu'aucun navire ne pourra franchir sans être aperçu. Mais ceci ne suffit pas ; il faut encore que le belligérant puisse arrêter les navires qu'il aperçoit ; aussi, nous ajouterons : il est nécessaire que les bâtiments bloquants ne soient pas éloignés l'un de l'autre par une étendue de mer supérieure à la portée du canon, de telle façon qu'ils puissent tirer sur tout navire qui essayerait de pénétrer ou de sortir du port... On peut même admettre un éloignement d'une double portée de canon, puisque chacun des navires peut avec son artillerie dominer la mer de tous les côtés... » Outre l'escadre stationnaire, M. Fauchille exige encore une escadre volante, chargée de notifier le blocus aux navires survenants et de les visiter. Si l'escadre stationnaire est rendue superflue par l'emploi d'autres moyens (batteries côtières, torpilles), l'escadre volante est toujours nécessaire pour le but indiqué (1).

III. *Déclaration du blocus, et notifications.*

Le pouvoir de déclarer le blocus appartient à l'autorité suprême qui déclare la guerre (2). Il est exercé par le gouvernement de fait « qui actu regit », et, dans la guerre civile, par le gouvernement insurrectionnel reconnu belligérant (3). Il peut faire l'objet d'une délégation, même tacite (4).

Pour que les neutres soient astreints à respecter le blocus, il faut que la déclaration leur en soit notifiée. Cette notification, faite de gouvernement à gouvernement par voie diplomatique, doit contenir l'indication exacte de l'étendue du blocus, par longitude et latitude, du moment précis où il doit commencer, et des délais accordés aux navires marchands pour décharger, recharger, sortir des places bloquées. C'est ce qu'on appelle la notification générale. Le gouvernement neutre, par le fait qu'il la reçoit, reconnaît la légitimité du blocus, et s'engage à le respecter.

En outre, le blocus doit être notifié par le commandant du blocus aux autorités et aux consuls des places bloquées.

Enfin, selon la théorie la plus rigoureuse, qui doit être préférée,

(1) Fauchille, p. 129-143.
(2) Ci-dessus, § 62, 181.
(3) Ci-dessus, § 61, 177, I, III, 178.
(4) § 62, 181 cité.

étant la moins défavorable aux neutres, notification spéciale doit être faite encore à chaque navire qui se présente sur la ligne du blocus, toutes les fois du moins qu'il y a lieu d'admettre que ce navire n'a pas connaissance du blocus.

Deuxième neutralité armée, du 16 décembre 1800 : « Que tout bâtiment naviguant vers un port bloqué ne pourra être regardé d'avoir contrevenu à la présente convention, que lorsqu'après avoir été averti par le commandant du blocus de l'état du port, il tâchera d'y pénétrer par la force ou la ruse ».

L'Institut de droit international n'a pas admis, dans son règlement du droit des prises, l'exigence de la notification spéciale.

Art. 36 : « La déclaration du blocus doit déterminer non seulement les limites du blocus par leur latitude et longitude et le moment précis où le blocus commencera, mais encore, éventuellement, le délai qui peut être accordé aux navires de commerce pour décharger, recharger et sortir du port.— 37. Le commandant du blocus doit, en outre, notifier la déclaration du blocus aux autorités et aux consuls du lieu bloqué. Les mêmes formalités seront remplies lors du rétablissement d'un blocus qui a cessé d'être effectif, et lorsque le blocus sera étendu à des points nouveaux ».

IV. *Fin du blocus.*

Le blocus est levé par une interruption, résultant de l'éloignement des navires bloquants, soit volontaire, soit en suite d'une attaque de l'ennemi. Dès lors il n'est plus obligatoire pour les neutres, et il ne saurait plus être question d'une violation du blocus. Cet effet résulte, de plein droit, du fait même de l'interruption. On a soutenu le contraire ; on a dit que le blocus, ayant été déclaré et notifié, doit être considéré comme subsistant, tant que la cessation n'en a pas également été notifiée. Mais cette doctrine, affirmée par la Grande-Bretagne et les États-Unis, paraît incompatible avec le principe reconnu de l'effectivité.

Le blocus n'est point levé par le seul fait d'un éloignement momentané, motivé par des circonstances accidentelles ou de force majeure, par exemple le gros temps.

Règlement des prises de l'Institut de droit international (1), art. 38 :

(1) Ci-dessous, § 66, 206, I.

« Si les navires bloquants s'éloignent de leur station pour un motif autre que le mauvais temps constaté, le blocus est considéré comme levé ; il doit alors être de nouveau déclaré et notifié ».

195. Les représailles dans la guerre (1).

Les représailles dans la guerre sont légitimes comme elles le sont dans la paix (2), lorsque l'ennemi, ou la population du pays ennemi, recourt à des moyens de nuire interdits par le droit des gens. La nécessité, l'utilité en donnent la raison d'être et la mesure. Elles ont, par la force même des choses, le caractère d'une vengeance, d'une satisfaction accordée aux soldats, et d'un châtiment destiné à impressionner vivement, à effrayer les adversaires. Elles sont ordinairement rigoureuses ; elles ne devraient jamais être inhumaines.

Propositions russes à la conférence de Bruxelles, de 1874 : « Les représailles ne seront autorisées qu'en des cas exceptionnels, quand les usages de la guerre seront ouvertement violés. Elles seront exercées aussi humainement que possible. Elles seront proportionnées à la gravité de l'infraction, et ne pourront avoir lieu que sur l'ordre du commandant en chef ». La Russie a suivi ces principes dans la guerre de 1877, mais la conférence ne les a pas adoptés, et le projet de Bruxelles garde le silence sur cet objet (3).

Manuel de l'Institut, art. 85 : « Les représailles sont formellement interdites dans le cas où le dommage dont on a lieu de se plaindre a été réparé. — 86. Dans les cas graves où des représailles apparaissent comme une nécessité impérieuse, leur mode d'exercice et leur étendue ne doivent jamais dépasser le degré de l'infraction commise par l'ennemi. Elles ne peuvent s'exercer qu'avec l'autorisation du commandant en chef. Elles doivent respecter, dans tous les cas, les lois de l'humanité et de la morale ». — Instructions américaines, 27 : « Les lois actuelles de la guerre ne peuvent pas empêcher les représailles... Il n'existe souvent, vis-à-vis d'un ennemi cruel, pas d'autres moyens d'empêcher la répétition de barbares outrages ».

La guerre franco-allemande offre divers exemples instructifs (4).

A titre de représailles pour la capture et l'internement, à Clermont,

(1) Lueder, § 96. — Martens, t. III, § 121.

(2) Comparez ci-dessus, § 60, 173.

(3) Protocole de la conférence, XVI.

(4) Rolin-Jaequemyns, R. D. I., t. III, p. 338-339, 311-320, t. II, p. 666-670.

de quarante capitaines de la marine marchande prussienne, quarante notables de Dijon, de Gray et de Vesoul furent arrêtés les 2 et 3 décembre 1870 et emmenés à Brême, où on les traita comme les officiers prisonniers de guerre, avec cette différence qu'il ne leur fut alloué aucune indemnité.

Menaces excessives de représailles : « Toute attaque faite par surprise aurait pour conséquence l'incendie du lieu ». — « En cas de contravention au présent ordre, les maisons dans lesquelles des armes auront été trouvées, seront incendiées, et les propriétaires en demeureront responsables ».

§ 64. — OCCUPATION MILITAIRE DU TERRITOIRE ENNEMI (1).

196. Caractère de l'occupation militaire. — 197. Droits et obligations de l'occupant. — 198. Effets de l'occupation en ce qui concerne la propriété publique. I. Propriété mobilière de l'État. II. Des impôts, et des créances de l'État sur des particuliers. III. Immeubles de l'État. IV. Postes, chemins de fer, bateaux, établissements télégraphiques et téléphoniques. V. Choses appartenant à la religion et à la bienfaisance ; choses scientifiques, artistiques. — 199. Fin de l'occupation. *Postliminium*. — 200. Droits de la puissance tierce qui a mis fin à l'occupation.

196. Caractère de l'occupation militaire.

L'occupation du territoire ennemi par l'armée d'un belligérant donne naissance à des relations juridiques entre les chefs militaires et le gouvernement de ce belligérant, d'une part, et les autorités et habitants du territoire occupé, d'autre part.

(1) Platon de Waxel, *L'armée d'invasion et la population*. 1874. — La guerre franco-allemande a donné naissance, en cette matière aussi, à de nombreux écrits, articles, etc. — Rolin-Jaequemyns, R. D. I., t. II, p. 666-671 ; t. III, p. 311-327. — Lœning, *L'administration du gouvernement général de l'Alsace-Lorraine durant la guerre de* 1870-1871. R. D. I., t. IV, p. 622-650 ; t. V. p. 69-136. — Calvo, t. IV, 2166-2198. — Martens, t. III, § 117-120. — Lueder, § 112-118. Beaucoup de détails, quantité de faits relatifs à la guerre de 1870-1871. Souvent M. Lueder combat des allégations très répandues concernant ces faits de guerre, contenues chez les auteurs français, reproduites par M. Calvo. — Corsi, *L'occupazione militare in tempo di guerra*, 2e éd. 1886. — Heimburger, *Der Erwerb der Gebietshoheit*, p. 125. 1888. — Féraud-Giraud, *Recours à raison des dommages causés par la guerre*. France judiciaire, 1881.

Deux pouvoirs suprêmes ne peuvent coexister simultanément sur un seul et même territoire. Le pouvoir suprême de l'État envahi disparaît, dans le territoire occupé, devant la force de l'envahisseur. Celui-ci détient le pouvoir, il est seul en état de l'exercer. Et tandis que le souverain territorial l'exerçait dans l'intérêt du pays et de la population, l'envahisseur occupant l'exerce dans son propre intérêt, spécialement en vue de la réussite de la guerre.

Tant que dure la guerre, l'occupation ne saurait être que provisoire, et cela lors même que l'État occupant serait d'ores et déjà résolu à ne jamais évacuer le territoire occupé. Car l'issue de la guerre est incertaine, et jusqu'à la dernière heure la fortune des armes peut changer. D'où résulte une différence radicale entre cette occupation et la prise de possession définitive en cas de conquête ou d'annexion en suite de cession. Il importe aussi de ne pas confondre l'occupation durant la guerre avec l'occupation militaire non hostile, destinée à garantir l'exécution des clauses du traité de paix (1).

L'occupation s'étend à toutes les parties du territoire dont l'armée ennemie est réellement et matériellement maîtresse, mais pas au delà. La possession doit toujours être effective ; une occupation fictive n'existe pas, n'est pas reconnue en droit des gens.

Le mot d'occupation, que l'on a vu désigner un mode originaire d'acquisition du territoire (2), a, dans le droit de la guerre, deux acceptions bien distinctes. Selon l'une, peu usitée en français, c'est l'appropriation des choses de l'État ennemi, la prise de butin, *occupatio bellica*; il en sera parlé au numéro 198, I, et au § 66, 204 et 205. Selon l'autre, c'est le fait de l'armée d'un belligérant qui envahit le territoire de son adversaire et s'y établit ; c'est l'*occupatio militaris*, appelée aussi *occupatio bellica transitoria*, parce qu'elle est essentiellement transitoire et provisoire. C'est d'elle que traite ce paragraphe.

Manuel de l'Institut, art. 6 : « Aucun territoire envahi n'est considéré comme conquis avant la fin de la guerre ; jusqu'à ce moment l'occupant n'y exerce qu'un pouvoir de fait, essentiellement provisoire. — 41. Un territoire est considéré comme occupé, lorsque, à la suite de

(1) Ci-dessus, § 52,151 ; ci-dessous, § 71, 227.

(2) Ci-dessus, § 12, 39.

son invasion par des forces ennemies, l'État dont il relève a cessé, en fait, d'y exercer une autorité régulière et que l'État envahisseur se trouve être seul à même d'y maintenir l'ordre. Les limites dans lesquelles ce fait se produit, déterminent l'étendue et la durée de l'occupation ». — Projet de Bruxelles, art. 1er : « Un territoire est considéré comme occupé lorsqu'il se trouve placé de fait sous l'autorité de l'armée ennemie. L'occupation ne s'étend qu'aux territoires où cette autorité est établie et en mesure de s'exercer ».

L'occupant exerce le pouvoir dans son propre intérêt. On donne parfois une règle différente, plus favorable en apparence au pays occupé. On dit que l'occupant ne saurait avoir plus de droit dans l'administration de ce pays que n'en a l'État territorial ; mais on ajoute que ceci est susceptible d'être modifié par l'inexorable nécessité militaire (1). C'est alors l'arbitraire, et l'idée même n'est pas correcte. Le principe que nul ne peut transférer à autrui plus de droit qu'il n'en a lui-même, n'a rien à voir ici. Ce n'est pas d'un transfert qu'il s'agit, mais d'une prise de possession hostile par un belligérant qui poursuit avant tout et surtout la victoire. Ce but donne la mesure des droits de l'occupant. Mais en vertu du caractère de la guerre selon le droit des gens actuel, le pays et la population doivent être ménagés autant que ce but le comporte.

197. Droits et obligations de l'occupant.

L'occupant doit notifier l'occupation aux habitants du pays, en les instruisant des obligations qu'elle leur impose. Il leur fera comprendre que son autorité remplace désormais l'autorité suprême légale, et qu'ils lui doivent obéissance comme à celle-ci. Il proclamera sa propre loi martiale, punissant rigoureusement les complots, la résistance, la rébellion, la trahison, les offenses, injures, voies de fait envers son autorité, son armée, ses fonctionnaires (2).

Mainte action peut être ainsi déclarée coupable et punissable, qui avant l'invasion était permise, excusable, louable même, comme manifestation d'un patriotisme digne de respect alors même qu'il se serait fourvoyé.

Ceci découle des obligations qui incombent aux populations paisibles et forment le corrélatif de la protection que leur accorde le droit des gens actuel (3).

(1) Comparez Martens, t. III, § 117.
(2) Comparez ci-dessus, § 62, 182, I.
(3) Ci-dessus, § 63, 186, I.

La proclamation de la loi martiale n'est pas une mise en vigueur de cette loi, qui est en vigueur de plein droit par le seul fait de l'occupation ; mais il faut, naturellement, que les habitants soient informés de ses dispositions, et c'est pour ce motif que l'occupant doit la proclamer.

Toutes les mesures commandées par le droit de conservation et par la légitime défense peuvent être prises par l'occupant pour déjouer les complots et pour les prévenir. La prise d'otages est licite, et c'est à tort que certains auteurs la disent tombée en désuétude ; mais, par la force des choses, elle est pratiquée surtout dans les guerres contre des peuples non ou autrement civilisés.

Le soin de la sécurité des troupes d'occupation et des fonctionnaires civils domine tout ; elle doit être garantie absolument contre les attentats. Une rigueur juste et conséquente sera plus humaine, souvent, qu'un laisser aller débonnaire entrecoupé de représailles.

Instructions américaines : « 1. Une place, un district, une contrée occupés par l'ennemi, sont placés, par le seul fait de l'occupation, sous l'empire de la loi martiale de l'armée envahissante ou occupante. Il n'est pas nécessaire qu'une proclamation ou tout autre avertissement public ait fait ou n'ait pas fait savoir aux habitants qu'ils sont régis par cette loi. La loi martiale est l'effet immédiat et direct, la conséquence spontanée de l'occupation... — La seule présence d'une armée ennemie entraine la mise en vigueur de la loi martiale de cette armée. — 3. La loi martiale, en pays ennemi, consiste dans la suspension, au profit de l'autorité militaire de l'armée occupante, des lois criminelles et civiles, de l'administration et du gouvernement du pays auquel appartient la ville ou le territoire occupés, et dans la substitution en leur lieu et place du gouvernement et de l'autorité militaires, même en ce qui concerne le droit d'édicter des lois générales, en tant que les nécessités militaires exigent cette suspension, cette substitution et cette faculté de légiférer. Le commandant en chef de l'armée occupante peut déclarer que la législation civile ou pénale continuera d'être appliquée, soit en partie, soit en totalité, comme en temps de paix, à moins que l'autorité militaire supérieure n'en ordonne autrement. — 7. La loi martiale s'étend aux propriétés et aux personnes, sans distinction entre les sujets de l'ennemi et les autres étrangers ». — Projet de Bruxelles, art. 2 : « L'autorité du pouvoir légal étant suspendue et ayant passé de fait entre les mains de l'occupant, celui-ci prendra toutes les mesures qui dépendent de lui en vue de rétablir et d'assurer, autant qu'il est possible, l'ordre et la vie publique ». — Manuel de l'Institut, art. 42 : « Il est du devoir de l'autorité militaire occupante d'informer le plus tôt possible les habitants des pouvoirs qu'elle exerce, ainsi que de l'étendue territoriale de l'occupation ».

La prise d'otages est prévue aux articles 54 et 55 des Instructions américaines, mais avec l'observation que « les otages sont rares à l'époque actuelle ».

Si les chefs de l'armée d'occupation ont lieu de craindre que, dans le pays occupé, des chemins de fer ne soient minés, pourront-ils, sur les parcours particulièrement exposés, prendre des personnages notables de la contrée et les contraindre à faire, avec les soldats, le trajet soupçonné dangereux ? Cette mesure, qui offre quelque analogie avec la prise d'otages, et que les Allemands ont pratiquée en 1870, a paru révoltante. Plusieurs auteurs l'ont déclarée contraire au droit des gens. Je ne suis point de leur avis. C'est une mesure préservatrice, dont le but est d'empêcher la perpétration d'un crime odieux, qui ne manquerait pas d'attirer sur la localité des représailles terribles. Ce but a été pleinement atteint, dans la guerre franco-allemande ; l'effet a été immédiat, tandis que d'autres mesures, moins rigoureuses, prises auparavant, s'étaient montrées inefficaces. Il ne faut pas oublier que le premier devoir du chef, en pareilles conjonctures, est de protéger les soldats qui lui sont confiés et dont il répond. Tout le reste est accessoire pour lui, spécialement l'agrément ou la commodité des notables de la contrée.

Parmi les mesures adoptées par les Allemands à l'époque néfaste dont je parle, il en est sans doute que leurs apologistes n'ont pu justifier. Il faut d'ailleurs se méfier des rapports souvent inexacts, quelquefois même inventés de toutes pièces, auxquels on a trop souvent ajouté foi. La guerre est, en elle-même et inévitablement, une calamité telle que toutes les horreurs y semblent croyables et probables ; les sentiments des spectateurs, qui ne sauraient rester indifférents, se surexcitant, les imaginations sont frappées, et l'on se trouve porté naturellement à exagérer les duretés trop réelles qu'elle entraîne. D'autre part, les soldats, les officiers mêmes perdent aisément de vue la limite qui sépare ce qui est permis de ce qui est défendu.

En cas d'attentats contre les personnes ou contre le matériel de l'armée, les communes où ces faits coupables se sont commis, sont rendues responsables. Rien de plus juste, et l'on ne peut trouver mauvais que cette responsabilité soit rendue effective, et réalisée rigoureusement. Mais il est arrivé que l'on a rendu responsable la commune d'origine du coupable, comme telle, et ceci n'est pas juste, car aucun lien de complicité ni de tolérance présumée ne rattache cette commune au délit de son ressortissant. Dans une circonstance tristement fameuse, trois habitants d'un village, désignés par leurs concitoyens sur l'ordre d'un officier allemand, ont été fusillés tout à fait arbitrairement. Ceci a été très justement flétri comme un crime, car il n'est jamais permis de frapper de propos délibéré des innocents (1).

Les mesures de rigueur doivent être envisagées comme punitions. Elles dégénèrent facilement en représailles ; la limite est difficile à tracer (2).

En principe, l'occupation laisse entières et intactes les institutions publiques, la législation, l'administration de la justice, et même toute l'administration, laquelle doit, autant que faire se peut, continuer à fonctionner. L'occupant a le droit de suspendre des lois et ordonnances existantes et d'en édicter de nouvelles, si sa sécurité et l'intérêt de la guerre l'exigent. Généralement, et sauf ce qui résulte de la loi martiale, il n'aura pas lieu d'abroger ni de modifier les lois civiles et pénales, non plus que les lois communales ou municipales ni les lois douanières. Mais il sera dans le cas de suspendre ou de modifier certaines lois administratives, par exemple celles qui concernent la conscription et les impôts, dont il interdira la perception pour l'État envahi, en l'ordonnant pour lui-même ; ainsi que les lois sur la presse. La suspension de la liberté de la presse sera fréquemment très justifiée.

Le personnel de l'administration est autant que possible maintenu à son poste, s'il ne le quitte pas volontairement. Les fonctionnaires du pays envahi obéiront avant tout à leur gouvernement, lequel leur enjoindra peut-être de se retirer devant l'ennemi. A défaut d'ordres ou d'instructions, il paraît naturel que les fonctionnaires politiques, organes du gouvernement, se retirent, tandis que les fonctionnaires et employés purement administratifs agiront bien s'ils ne désertent pas leurs postes.

L'occupant n'entravera pas sans nécessité l'administration de la justice. Les magistrats auxquels elle est confiée, ont le devoir de ne la point abandonner, s'ils peuvent en concilier l'exercice avec leur fidélité envers l'État qui les a nommés, avec leur patriotisme,

(1) Rolin-Jaequemyns, R. D. I., t. V, p. 279-282. 1873. *Gazette des tribunaux*, 13-14, 23 janvier 1873.

(2) Ci-dessus, § 63, 195.

avec leur conscience. Les tribunaux continueront donc à siéger. En cas de conflit, s'ils refusent de rendre la justice sous le régime ennemi, ou s'ils exercent une action que l'occupant estime nuisible ou dangereuse, ils seront remplacés par des tribunaux militaires, parce qu'il importe que le cours de la justice ne soit pas interrompu.

Projet de Bruxelles, art. 3 : « (L'occupant) maintiendra les lois qui étaient en vigueur dans le pays en temps de paix, et ne les modifiera, ne les suspendra ou ne les remplacera que s'il y a nécessité. — 4. Les fonctionnaires de tout ordre qui consentiraient, sur son invitation, à continuer leurs fonctions, jouiront de sa protection. Ils ne seront révoqués ou punis disciplinairement que s'ils manquent aux obligations acceptées par eux, et livrés à la justice que s'ils les trahissent ».

Manuel de l'Institut, art. 44 (concordant avec l'art. 3 du projet de Bruxelles). — Art. 45 : « Les fonctionnaires et employés civils de tout ordre qui consentent à continuer leurs fonctions, jouissent de la protection de l'occupant. Ils sont toujours révocables et ont toujours le droit de se démettre de leur charge. Ils ne doivent être punis disciplinairement que s'ils manquent aux obligations librement consenties par eux, livrés à la justice que s'ils les trahissent. — 46. En cas d'urgence, l'occupant peut exiger le concours des habitants, afin de pourvoir aux nécessités de l'administration locale ».

D'après la distinction établie plus haut, les préfets, sous-préfets, gouverneurs, commissaires d'arrondissement, etc., doivent se retirer ; ils seront en tout cas plus difficilement maintenus. Leur adhésion à l'occupation ennemie ressemblerait fort à une trahison. Il en est tout différemment des autorités municipales et communales, maires, bourgmestres, syndics, adjoints, échevins, etc. ; agents de police, percepteurs, etc.

En 1866, lors de l'invasion de l'armée prussienne en Bohême, tous les fonctionnaires reçurent du gouvernement autrichien l'ordre d'abandonner le territoire qui allait être envahi.

Le 13 août 1870, la conscription fut abolie dans les départements français occupés ; défense fut faite sous peines très rigoureuses aux habitants d'aller rejoindre l'armée française.

Des conflits se produisent facilement à propos de l'administration de la justice. Tel fut le cas en 1870, à Nancy, à Laon, à Versailles. La cour de Nancy refusa de rendre la justice au nom de l'empereur Napoléon III, puis au nom des hautes puissances allemandes occupant l'Alsace-Lorraine. Le tribunal de Laon refusa de rendre la justice au nom de la loi ; peut-être aurait-il dû consentir à cette formule impersonnelle. Il est certain que tant que la guerre n'est pas terminée, c'est au nom de l'État qui est toujours et malgré l'occupation le souverain territorial du pays occupé, que la justice devrait être rendue ; mais on comprend que les Allemands n'aient pas consenti à laisser prononcer au nom de la République française qu'ils ne reconnaissaient pas encore.

Le droit des gens actuel ne permet pas d'obliger ni même d'engager les habitants du territoire occupé à commettre des actes ayant un caractère d'hostilité contre l'État envahi. On ne les contraindra pas à prendre part à la guerre, ni directement ni indirectement. On ne leur demandera pas de prêter hommage à l'envahisseur, de lui jurer fidélité, au mépris de leur attachement moral et même légal au pays qui, malgré l'occupation, est encore et toujours leur patrie.

Mais l'occupant les empêchera légitimement d'aller grossir l'armée ennemie, et même d'émigrer dans les parties non encore envahies du pays. Il pourra, si le but militaire et l'intérêt de l'armée d'occupation l'exigent, leur imposer des travaux et des corvées, et les forcer à les exécuter.

Projet de Bruxelles, art. 36 : « La population du territoire occupé ne peut être forcée de prendre part aux opérations militaires contre son propre pays. — 37. La population de territoires occupés ne peut être contrainte de prêter serment à la puissance ennemie. — 38. L'honneur et les droits de la famille, la vie et la propriété des individus, ainsi que leurs convictions religieuses et l'exercice de leur culte doivent être respectés ». — Manuel de l'Institut, art. 48 : « Les habitants d'un territoire occupé, qui ne se soumettent pas aux ordres de l'occupant, peuvent y être contraints. L'occupant ne peut, toutefois, contraindre les habitants à l'aider dans ses travaux d'attaque et de défense, ni à prendre part aux opérations militaires contre leur propre pays ».

198. Effets de l'occupation en ce qui concerne la propriété et la fortune publique (1).

Aujourd'hui, la propriété des particuliers, dans la guerre sur terre, est inviolable, de même que la propriété communale (2) ;

(1) Rouard de Card, *La guerre continentale et la propriété*. 1877.

(2) Ci-dessous, § 65, 201, I.

sauf ce qui sera dit des réquisitions et contributions (1) et des choses qui servent à la guerre (2). Quant à la propriété de l'État, le sort en est déterminé par les principes qui vont être exposés.

I. *Propriété mobilière de l'État.*

La propriété mobilière de l'État envahi est butin légitime. L'envahisseur s'empare de tout ce qui appartient à l'État ; des caisses publiques, des caisses de guerre, de l'argent et des valeurs trouvées dans les établissements financiers ou industriels de l'État, tels, par exemple, qu'une banque d'État (3) ; du matériel de guerre, des dépôts d'armes, de munitions, des magasins d'approvisionnements. Tout cela est acquis à l'État occupant, à aussi juste titre que ce qui est pris sur un champ de bataille ou abandonné par une armée en déroute ; conformément à l'adage romain : « Bello parta cedunt rei publicae ».

Les soldats qui ont fait la capture reçoivent quelquefois des récompenses ; ceci est affaire d'ordre intérieur.

Projet de Bruxelles, art. 6 : « L'armée qui occupe un territoire, ne pourra saisir que le numéraire, les fonds et les valeurs exigibles appartenant en propre à l'État, les dépôts d'armes, moyens de transports, magasins et approvisionnements, et en général toute propriété mobilière de l'État de nature à servir aux opérations de la guerre ». — Manuel de l'Institut, art. 50 : « L'occupant ne peut saisir que le numéraire, les fonds et les valeurs exigibles ou négociables appartenant en propre à l'État, les dépôts d'armes, approvisionnements et, en général, les propriétés mobilières de l'État, de nature à servir aux opérations de la guerre ».

II. *Des impôts, et des créances de l'État sur des particuliers.*

Les impôts, dans les contrées occupées, sont perçus par l'occupant. Il doit les employer, en premier lieu, à l'administration du pays : conséquence de l'inviolabilité de la propriété privée dans la guerre sur terre, non moins que du caractère essentiellement pro-

(1) Même §, 202.
(2) Même §, 201, II.
(3) Ci-dessous, § 65, 201, I.

visoire de l'occupation. Le paiement fait à l'occupant libère les contribuables envers leur État.

Projet de Bruxelles, art. 5 : « L'armée d'occupation ne prélèvera que les impôts, redevances, droits et péages déjà établis au profit de l'État, ou leur équivalent s'il est impossible de les encaisser, et, autant que possible, dans la forme et suivant les usages existants. Elle les emploiera à pourvoir aux frais de l'administration du pays dans la mesure où le gouvernement légal y était obligé ». — Manuel de l'Institut, art. 57 : « L'occupant ne peut prélever, en fait de redevances et d'impôts, que ceux déjà établis au profit de l'État. Il les emploie à pourvoir aux frais de l'administration du pays, dans la mesure où le gouvernement légal y était obligé ».

Par ordonnances d'octobre et décembre 1870, et de janvier 1871, les puissances occupantes ont réglé la perception des impôts.

L'occupant a-t-il le droit d'exiger le paiement des créances que l'État envahi a contre des particuliers habitant le territoire occupé ?

Si elles sont échues au moment de l'invasion, il n'est pas douteux que l'occupant est autorisé à les faire valoir ; c'est de l'argent qu'il fait rentrer et qui lui appartient, et le débiteur se libère en les payant.

La réponse doit être également affirmative pour les créances qui ne deviennent exigibles que durant l'occupation. C'est encore, comme dans le premier cas, de l'argent à lui que l'occupant fait rentrer, avec effet libératoire pour le débiteur.

Quant aux créances non encore exigibles, l'occupant ne peut ni en exiger le paiement, puisque le débiteur ne saurait être dépouillé du bénéfice du terme, ni les céder efficacement, puisque son pouvoir est essentiellement transitoire, ni, pour le même motif, libérer le débiteur à l'égard de l'État créancier, par pacte rémissoire ou par acceptation de paiements anticipés.

Même la libération par pacte rémissoire du débiteur dont la dette est ou devient exigible, ne sera pas opposable à l'État créancier, après l'évacuation. L'occupant avait bien le droit de percevoir l'argent dû, mais non celui d'éteindre la dette autrement. On doit dire de même de la cession des créances exigibles, si le cessionnaire n'a pas fait rentrer la somme due pendant l'occupation, celle-ci ayant pris fin, l'État reprend son droit contre le débiteur, qui se libérera en payant à lui et ne se libérerait point s'il payait au cessionnaire.

Il va de soi que l'occupant a le droit d'interdire au débiteur de l'État, dans le territoire occupé, de payer à l'État durant l'occupation.

Il y a controverse touchant les créances qui deviennent exigibles durant l'occupation.

La raison de douter découle de la nature même du droit d'obligation, lien de droit entre le créancier et le débiteur ; le fait de l'occupation ne constitue point une cession tacite de l'État envahi à l'occupant ; celui-ci est simplement détenteur d'un titre, et n'a pu devenir par là créancier ni cessionnaire du créancier. Mais c'est là un point de vue du droit privé, qui n'est pas applicable en cette matière de droit public. C'est comme exerçant les droits de l'État, pouvoir suprême, en vertu de son occupation, que l'occupant fait rentrer les créances exigibles et s'approprie les sommes payées.

« Par suite de l'occupation du territoire ennemi, l'autorité politique indigène est suspendue, et son exercice passe, provisoirement et sous les réserves mentionnées plus haut, à la force armée occupante. En vertu de cette autorité temporaire, fondée sur le droit des gens, l'ennemi prétend à tous les droits qui appartiennent au gouvernement. Il entre dans tous les droits, tant publics que privés, de ce dernier. Mais comme l'occupation cesse avec la paix, les dispositions prises par l'occupant prennent fin du même coup, à moins que par le traité de paix il n'acquière les territoires occupés. Tous ses actes n'ont qu'un caractère provisoire et ne peuvent entraîner d'effets durables. Appliqués aux créances, ces principes conduisent aux corollaires suivants : 1° L'ennemi peut défendre dans le territoire occupé tout paiement ou toute prestation au pouvoir indigène. 2° L'ennemi peut recouvrer les créances, pour autant qu'elles soient ou deviennent exigibles pendant la durée de l'occupation. Après la paix, le gouvernement indigène ne peut plus réclamer un nouveau paiement. Conformément à ces règles, le gouvernement allemand a exigé le paiement des créances privées du gouvernement français à mesure qu'elles sont devenues exigibles. 3° Toutefois la poursuite de ces créances ne peut avoir lieu que dans les limites du territoire occupé. Là où s'arrête l'occupation, expire le droit de l'occupant. 4° Par contre, l'occupant ne jouit pas d'un droit absolu de disposition sur la créance ; il ne peut ni l'éteindre par l'acceptation de paiements anticipés, ou par voie de renonciation gratuite, ni l'aliéner. L'État qui, après la paix, rentre en possession des provinces occupées, n'est pas tenu de reconnaître de tels actes (1) ».

L'autorité allemande a, dans les départements occupés, exigé le paiement des créances privées du gouvernement français au fur et à mesure qu'elles devenaient exigibles. — Ordonnance du 26 novembre 1870 : « Les personnes qui sont encore redevables de certaines sommes du chef d'acquisitions par elles faites, en 1870 ou pendant les années antérieures, de bois provenant des forêts domaniales du gouvernement général de l'Alsace, sont informées que ces sommes doivent être payées aux caisses allemandes établies dans les districts prénommés ». L'ordonnance du 29 août 1870 a interdit dans le territoire occupé tout paiement ou toute prestation à l'État français.

III. *Immeubles de l'État.*

L'occupation est transitoire, le sol demeure. L'occupant ne devient pas propriétaire des immeubles qui font partie du domaine de l'État ; il n'en a que la jouissance, avec les droits et obligations d'un usufruitier. Il doit user et jouir *salva rei substantia.* Les fruits naturels et civils lui sont acquis. Son exploitation doit être l'exploitation normale, conforme aux usages, lois et règlements, et non une dévastation (2) ; les forêts, en particulier, seront exploitées selon les règles de l'aménagement, sans coupes abusives.

Projet de Bruxelles, art. 7 : « L'État occupant ne se considérera que comme administrateur et usufruitier des édifices publics, immeubles, forêts et exploitations agricoles appartenant à l'État ennemi et se trouvant dans le pays occupé. Il devra sauvegarder le fonds de ces propriétés, et les administrer conformément aux règles de l'usufruit ». — Manuel de l'Institut, art. 52 : « L'occupant ne peut faire que des actes d'administrateur provisoire quant aux immeubles, tels qu'édifices, forêts et exploitations agricoles appartenant à l'État ennemi. Il doit sauvegarder le fonds de ces propriétés et veiller à leur entretien ». — Arrêt de la cour de Nancy, du 3 août 1872 : « La vente des biens domaniaux, faite par l'ennemi occupant le territoire pendant la période

(1) Lœning, R. D. I., t. V, p. 105-106. — Comparez Bonfils, 1191, 1192.

(2) Comparez ci-dessus, § 63, 185, II, 187, 195.

d'invasion, est contraire aux règles du droit international, et nulle comme constituant la vente de la chose d'autrui (1) ».

IV. *Postes, chemins de fer, bateaux, établissements télégraphiques et téléphoniques.*

Les postes et chemins de fer de l'État, avec leur matériel, voitures, fourgons, etc., ses télégraphes et téléphones avec leurs câbles, sont saisis. Mais ce n'est qu'une séquestration. Ce n'est pas une appropriation, à raison de la nature immobilière de ces choses, laquelle s'étend au matériel roulant; celui-ci est envisagé comme formant avec le matériel immobilier un tout unique, auquel s'applique le principe: « Superficies solo cedit » (2).

Les bateaux sont assimilés aux autres moyens de transport.

Toutes ces choses, l'occupant les exploite à son profit. Les bénéfices lui appartiennent. Il est maître de cette exploitation, et en use, avant tout, dans son propre intérêt, pour les besoins de la guerre, qui priment les autres. Il a le droit, si les nécessités de la guerre l'exigent, de supprimer entièrement le trafic et le transport des particuliers, de détruire le matériel, etc. Il a le droit, cela va sans dire, d'interrompre entièrement les communications télégraphiques, d'en user pour lui seul, de détruire les télégraphes, etc., selon les besoins de la guerre.

A la paix, il restituera ce qui restera, dans l'état où la guerre l'aura laissé.

Projet de Bruxelles, art. 6: « Le matériel des chemins de fer, les télégraphes de terre, les bateaux à vapeur et autres navires, en dehors des cas régis par la loi maritime, de même que les dépôts d'armes et en général toute espèce de munitions de guerre, quoique appartenant à des sociétés ou à des personnes privées, sont également des moyens

(1) Affaire de la vente de coupes dans les forêts domaniales de la Meuse et de la Meurthe, 24 octobre 1870.— Clunet, R. D. I., t. V, p. 252-254. — Kirchenheim, au tome IV du Manuel de Holtzendorff, § 186. Ci-après, 199.

(2) L. de Stein, R. D. I., t. XVII, p. 332-361, 1885. — Moynier, dans l'A. D. I., t. VIII, p. 179-232; t. IX, p. 256-274. — R. D. I., t. XIX, p. 164-169; t. XX, p. 606. — Buzzati, même tome, p. 383-416, et dans *Offesa e difesa*, p, 183-253. — Lueder, § 118.

de nature à servir aux opérations de guerre et qui ne peuvent pas être laissés à la disposition de l'ennemi. Le matériel des chemins de fer, les télégraphes de terre, de même que les bateaux à vapeur et autres navires sus-mentionnés, seront restitués et les indemnités réglées à la paix ». — Manuel de l'Institut, art. 51 : « Le matériel de transport (chemins de fer, bateaux, etc.), ainsi que les télégraphes de terre et les câbles d'attérissage, peuvent seulement être séquestrés pour l'usage de l'occupant. Leur destruction est interdite, à moins qu'elle ne soit commandée par une nécessité de guerre. Ils sont restitués à la paix dans l'état où ils se trouvent ».

Il est superflu d'insister sur l'importance stratégique des chemins de fer. « Dès qu'une armée pénètre sur le territoire ennemi, ses chefs cherchent immédiatement à s'emparer des voies ferrées, des gares, du matériel, locomotives et wagons, afin d'assurer le transport des troupes et des vivres et de paralyser la défense du territoire envahi (1) ». Cependant, d'après l'opinion que je crois juste, les locomotives et wagons ne peuvent être assimilés au matériel de guerre : ce sont des moyens de transport, servant à la guerre accidentellement, et accessoires de la voie ferrée proprement dite, laquelle est immeuble.

« A l'heure actuelle, toutes les nations militaires ont formé, organisé et exercé, dès le temps de paix, des corps spéciaux d'employés destinés à assurer promptement et efficacement au cours d'une guerre le service des télégraphes et des postes. Ceux-ci sont des auxiliaires précieux pour les armées. Il est donc normal que, dès son entrée en pays ennemi, une armée envahissante cherche à enlever à son adversaire ces voies de communication et à les utiliser à son profit (2) ».

V. *Choses appartenant à la religion et à la bienfaisance ; choses scientifiques, artistiques* (3).

L'occupant est tenu de respecter les églises et temples, les établissements de l'État servant à la bienfaisance et à la charité, ses musées, archives, bibliothèques, et en général ses établissements scientifiques ; les monuments historiques ou artistiques. Les objets de valeur qui s'y trouvent, les trésors scientifiques, les œuvres d'art sont, aujourd'hui, reconnus inviolables (4).

(1) Bonfils, 1184.

(2) Bonfils, 1187.

(3) Lueder, § 115. — Müntz, *Les annexions de collections d'art ou de bibliothèques et leur rôle dans les relations internationales*. Revue d'histoire diplomatique, 1894. — P. de Decker, *Quelques épisodes de l'histoire de l'art en Belgique*. 1883.

(4) Comparez ci-dessus, § 63, 193 (Bombardement).

Cependant l'occupant a le droit d'utiliser les édifices, en les ménageant le plus possible, pour des usages militaires, comme ambulances, magasins, pour le logement des troupes, etc.

Les richesses religieuses, artistiques et scientifiques ont été respectées dans les dernières guerres européennes. Napoléon procédait différemment et se conformait, en cela comme en mainte autre chose, aux usages du moyen âge et à ceux de l'antiquité, déjà stigmatisés par Polybe. Une spoliation célèbre est celle de la bibliothèque palatine, donnée en 1622 au pape Grégoire XV par Maximilien de Bavière, et emportée à Rome en 1623. On sait comment Mummius traita Corinthe. Il y avait des exceptions. Pompée ne voulut rien toucher au temple de Jérusalem, et Cicéron l'en loue : « Cn. Pompeius, captis Hierosolymis, victor ex illo fano nihil attigit ». Il ajoute : « Non credo, religionem et Judaeorum et hostium impedimento praestantissimo imperatori, sed pudorem fuisse (1) ». Marcellus ne voulut pas dépouiller Syracuse de tout ce qui faisait sa beauté : « Qui cum tam praeclaram urbem vi copiisque cepisset, non putavit ad laudem populi romani hoc pertinere, hanc pulchritudinem, ex qua praesertim nihil periculi ostenderetur, delere et exstinguere. Itaque aedificiis omnibus publicis et privatis, sacris et profanis sic pepercit, quasi ad ea defendenda cum exercitu, non expugnanda venisset. In ornatu urbis habuit victoriae rationem, habuit humanitatis. Victoriae putabat esse, multa Romam deportare, quae ornamento Urbi esse possent ; humanitatis, non plane exspoliare urbem, praesertim quam conservare voluisset... — Syracusis autem permulta atque egregia reliquit : Deum vero nullum violavit, nullum attigit (2) ». Albéric Gentil, très instructif en cette matière, déclare : « De aliis rebus non sacris nulla dubitatio est, quin rapi a victore possint (3) ».

Les alliés, en 1815, ont repris une partie de ce qui leur avait été enlevé dans les guerres de la république et de l'empire. Leur conduite est encore aujourd'hui jugée défavorablement en France, comme l'est celle des Français en Allemagne, en Autriche, en Belgique et surtout en Italie. Il ne faut pas perdre de vue que les enlèvements d'œuvres d'arts de ce dernier pays ont eu lieu, au moins en partie, en vertu de conventions en bonne et due forme, consenties par le pape et par d'autres États et souverains italiens (1796, 1797). — Dépèche de Wellington, du 11 septembre 1815.

Hors d'Europe, les armées européennes ne se font pas faute d'emporter ce qu'elles peuvent. En 1860, en Chine, les Français et les Anglais se sont conduits en vandales (4).

(1) Cicéron, *Pro Flacco*, 28, 67.

(2) Cicéron, Seconde Verrine, 4, 54.

(3) Albéric Gentil, *De jure belli*, III, 6 et 7.

(4) Ci-dessous, § 65, 201, I.

Projet de Bruxelles, art. 8 : « Les biens des établissements consacrés aux cultes, à la charité et à l'instruction, aux arts et aux sciences, même appartenant à l'État, seront traités comme la propriété privée. Toute saisie, destruction ou dégradation intentionnelle de semblables établissements, de monuments historiques, d'œuvres d'art ou de science, doit être poursuivie par les autorités compétentes ». — Manuel de l'Institut, 53 : « Les biens des communes et ceux des établissements consacrés aux cultes, à la charité, à l'instruction, aux arts ou aux sciences, sont insaisissables. Toute destruction ou dégradation intentionnelle de semblables établissements, de monuments historiques, d'archives, d'œuvres d'art ou de science, est formellement interdite si elle n'est pas impérieusement commandée par les nécessités de la guerre ».

199. Fin de l'occupation. *Postliminium* (1).

La domination de l'occupant n'est qu'une domination de fait. Elle cesse à l'évacuation. En règle générale, aussitôt que l'envahisseur a quitté le pays, le pouvoir de l'État territorial s'y rétablit de plein droit, dans sa plénitude légale et constitutionnelle. On désigne ce retour de l'ordre de choses antérieur, cette restitution en entier, par le nom de *postliminium* ou *jus postliminii*, en donnant à ce vieux terme latin une signification nouvelle et plus étendue, que certains ont encore exagérée (2).

Dans son sens romain primitif, le mot de *postliminium*, dérivé de *limen* (seuil), était appliqué au citoyen qui, ayant été prisonnier de l'ennemi, avait perdu son droit de cité et même sa liberté, et qui, de retour dans sa patrie, en ayant franchi le seuil, était réintégré dans ses droits. On l'appliquait aussi aux choses. — Paul, L. 19 pr., au Digeste, *De captivis et de postliminio*, 49, 15 : « Postliminium est jus amissae rei recipiendae ab extraneo et in statum pristinum restituendae inter nos ac liberos populos regesque moribus, legibus constitutum ». — Modestin,

(1) Kirchenheim, au Manuel de Holtzendorff, t. IV, § 180-188. — Le sujet du *postliminium* a fait l'objet de nombreuses monographies anciennes. Ompteda en mentionne dix-sept, du XVIIe et du XVIIIe siècle ; Kamptz, plus de vingt. Plusieurs auteurs du XVIe siècle ont commenté le très intéressant titre du Digeste (49, 15) *De captivis et de postliminio*. — Bynkershoek, dans les *Quæstiones juris publici*, 1, c. 15-16. — Steck, dans les *Essais sur plusieurs matières intéressantes du droit des gens*. 1790. — Brockhaus, *Rechtslexikon* de Holtzendorff, v° *Postliminium*.

(2) Ci-dessus, § 63, 189.

L. 4 pr., même titre : « Eos, qui ab hostibus capiuntur vel hostibus deduntur, jure postliminii reverti antiquitus placuit ».

Aujourd'hui, on peut définir le droit de *postliminium* : le droit en vertu duquel des personnes, des choses, des rapports juridiques, des rapports publics, dont l'état a été modifié par une occupation ou par une conquête, sont rétablis dans leur état antérieur, après leur affranchissement du pouvoir de l'ennemi.

Cette définition comprend deux espèces différentes de *postliminium*, selon qu'il a lieu à la suite d'une subjugation, par l'expulsion du conquérant usurpateur, et consiste ainsi dans la restauration d'un État supprimé, ou à la suite d'une simple occupation temporaire, par le départ de l'armée d'invasion. C'est de cette seconde espèce seulement qu'il est question ici. Il sera parlé de la première à l'occasion de la fin de la guerre (1).

Les effets du *postliminium* sont multiples. L'exposition en appartient au droit public général plutôt qu'au droit des gens. Car ce n'est pas tant aux relations entre États que ces effets ont trait, qu'aux rapports juridiques existant à l'intérieur des États.

Le régime ancien est rétabli de plein droit. Les fonctionnaires qui ont refusé de continuer leurs fonctions sous l'occupant et ont été remplacés, rentrent en activité. Les ordonnances de l'occupant, les dispositions organiques, politiques, militaires, prises par lui, ne survivent pas à l'occupation ; comme celle-ci, elles n'ont pu avoir qu'un caractère provisoire ; de plein droit donc, elles perdent leur force obligatoire, et les dispositions légales qu'elles ont abrogées recouvrent la leur. L'État dont le pouvoir est restauré, est libre d'en décider autrement, soit à l'égard des personnes, soit à l'égard des choses. Tout ceci n'offre guère de difficultés.

Les questions relatives aux actes faits par l'occupant sont de nature plus complexe. Il y a des distinctions à faire. On tiendra compte du caractère provisoire de l'occupation, et du fait que l'administration ne pouvait être interrompue, qu'elle devait marcher toujours.

Les actes d'administration que l'occupant a faits et qu'il était en

(1) Ci-dessous, § 70, 223, III.

droit de faire d'une manière définitive, subsistent ; tout au moins ne sont-ils pas supprimés de plein droit.

Ceci s'applique à l'administration de la justice. Les jugements prononcés par les tribunaux extraordinaires ou de guerre, tant civils que répressifs, durant l'occupation, restent généralement, et sauf exceptions, en vigueur après la libération du territoire.

Les contrats légitimement passés par l'occupant, en conformité de ce qui a été dit ci-dessus, doivent également être maintenus ; ils ne pourraient être annulés que moyennant une juste indemnité. Tel sera le cas des ventes et des locations que l'occupant a faites dans l'exercice légitime de son droit d'usufruit sur les immeubles de l'État.

Quant aux contrats qu'il a faits contrairement aux règles énoncées ci-dessus, ils sont annulables et peuvent être écartés même sans indemnité. Par exemple, l'occupant a fait dans les forêts de l'État des coupes notoirement et visiblement dévastatrices ; le particulier qui, dans des conditions pareilles, s'est porté acquéreur, est complice de la déprédation ; les droits qu'il fait valoir en vertu de son contrat ne seront pas respectés ; il y a lieu de lui appliquer le principe connu : « Qui cum alio contrahit, vel est vel debet esse non ignarus conditionis ejus ».

Une réserve formelle est inscrite au protocole de signature de la convention additionnelle de Francfort, du 11 décembre 1871, au sujet des coupes faites dans les forêts de Lorraine, dont il a été parlé (1). « Des aliénations des coupes de bois dans les forêts de l'État ont été consenties durant la guerre, sur territoire français, par les autorités civiles et militaires allemandes. A raison des circonstances au milieu desquelles ont été souscrits les contrats passés à ce sujet, le gouvernement français ne saurait, en ce qui le concerne, reconnaître à ces contrats ni valeur légale ni force obligatoire, et entend repousser toute responsabilité, pécuniaire ou autre, que les tiers intéressés pourraient, de ce chef, vouloir faire peser sur lui ».

200. Droits de la puissance tierce qui a mis fin à l'occupation (2).

En posant la règle du *postliminium*, je n'ai pas distingué les di-

(1) Ci-dessus, p. 311, note 1.

(2) Kirchenheim, au tome IV du

verses manières dont l'occupation peut avoir pris fin. Il n'importe guère, en général, à la suite de quels événements et comment l'affranchissement du territoire s'est opéré : que l'occupant ait évacué volontairement, ou qu'il ait été chassé par les armées de l'État envahi ou de ses alliés, ou par les populations mêmes à la suite d'un soulèvement national.

Il en est autrement lorsque c'est une puissance tierce, non alliée, qui a libéré le territoire, sans intention de le conquérir. L'État qui a procuré l'affranchissement, a le droit de participer au règlement définitif du sort du territoire affranchi, et d'y dire son mot, lequel pourra même être décisif. Le retour de la souveraineté et des relations antérieures ne va donc, dans ce cas, nullement de soi.

La puissance libératrice a du reste droit à une indemnité ; tout au moins au remboursement de ses impenses, selon l'analogie de la gestion d'affaires (1).

On cite habituellement ici le cas de la république de Gênes en 1814. Lord Bentinck, après avoir affranchi Gênes, laissa restaurer l'ancienne constitution républicaine. Le congrès de Vienne n'en a pas tenu compte, et Gênes, du consentement de l'Angleterre, a été donnée à la Sardaigne. Ceci n'a d'autre valeur que celle d'une analogie. Gênes n'était pas seulement occupé, mais avait cessé d'exister comme État depuis 1805. L'exemple des duchés-unis de Sleswig-Holstein ne vaut guère mieux, puisque ces duchés étaient incorporés au Danemark. Il est certain que la Prusse et l'Autriche avaient le droit de ne les restituer à leur souverain légitime que moyennant pleine satisfaction des exigences fondées sur leur gestion utile, et à défaut de souverain reconnu comme légitime, de les garder, ainsi qu'elles l'ont fait (2).

On a voulu statuer un principe particulier pour le cas d'un soulèvement national ; on a dit que « lorsqu'un peuple a repoussé les ennemis sans le concours du gouvernement renversé ou des alliés de ce gouvernement, ce dernier ne peut recouvrer ses droits de souveraineté sans l'assentiment de la population (3) ». Les souvenirs de 1813 et de 1815 expliquent, sans la justifier, la conception qui a dicté cette prétendue règle ; on sait en effet qu'en Allemagne et en Espagne le géné-

Manuel, § 183. — Martens, t. II, § 128. — Heffter, § 188. — Bluntschli, 729.

(1) Ci-dessus, § 48, 136, I.

(2) Comparez Wieding, *Die Prätensionen auf die Herzogthümer, Schleswig-Holstein*, p. 459-460. 1865.

(3) Bluntschli, 730.

reux élan national auquel ces pays ont dû au premier chef de recouvrer leur indépendance, fut suivi bientôt de déceptions douloureuses, et que les peuples de certains petits États rentrés sous le régime paternel de leurs princes ont pu regretter, à divers égards, le joug détesté de l'étranger. Mais on ne saurait déduire de ces faits historiques un prétendu principe de droit public qui produirait de véritables désorganisations territoriales, et viendrait greffer sur une guerre la périlleuse aventure d'une révolution.

§ 65. — La propriété privée dans la guerre sur terre (1).

201. En général. Le principe du respect de la propriété privée.

I. *Le principe et son application.*

La propriété privée est inviolable.

Tel est le principe aujourd'hui reconnu, entre les États de la Société des nations, dans la guerre sur terre. Cette guerre diffère, sur ce point essentiel, de la guerre de mer (2).

Toute dévastation ou destruction non nécessaire ou inutile à la guerre est interdite (3). Il s'en fait cependant, par la force même des choses. Les particuliers dont les propriétés sont dévastées, saccagées, ont-ils un recours contre l'État territorial, pour être indem-

(1) Lueder, Manuel de Holtzendorff, t. IV, § 114-117. — Ouvrage de Grotius, exhumé en 1868 par M. Hamaker, *De jure praedae*. — Benedix, *Dissertatio de praeda*. 1874. — Bluntschli, *Du droit de butin en général, et spécialement du droit de prise maritime*. R. D. I., t. IX et X. 1877-1878. — Rouard de Card, ouvrage cité au § 64. — Vidari, *Del rispetto della proprieta privata fragli Stati in guerra*. 1867. — Calvo, t. IV, 2199-2293. — Martens, t. III, § 120.

(2) Différences de la guerre continentale et de la guerre maritime, ci-dessus, § 61, 176, III.

(3) Ci-dessus, § 63, 187.

nisés? Cette question appartient au droit interne et non au droit des gens ; on y répond en général négativement, mais, en fait, des secours sont alloués, par humanité, et sans que l'État distingue entre les habitants régnicoles et les étrangers.

Le pillage est interdit. Il ne doit même pas être autorisé à titre de représailles. La ville prise d'assaut n'est pas plus maltraitée, aujourd'hui, que celle où l'armée est entrée sans coup férir.

L'occupation militaire n'influe pas, en règle générale, sur la propriété des particuliers. Des ventes, des confiscations de biens meubles ou immeubles appartenant à des particuliers seraient sans valeur juridique et sans effet.

Il faut bien admettre cependant que la nécessité autorisera souvent les soldats à employer et à consommer des choses de propriété privée, pour se loger, s'abriter, se chauffer, se nourrir (1). La discipline la plus rigoureuse est impuissante à prévenir tout abus, surtout si le service de l'intendance laisse à désirer.

Il faut admettre encore que les choses mobilières, — à l'exception toutefois de l'argent, des titres et des bijoux, — que les militaires portent sur eux dans le combat, ainsi que leurs chevaux, peuvent être prises, comme butin, même si elles sont leur propriété particulière. Ces choses appartiennent ordinairement à l'État ; ce sont des armes, des objets d'équipement, donc butin. Celles qui sont au militaire même, par exemple des armes de prix, des chevaux de luxe, servent à la guerre ; l'État ennemi a le droit de s'en emparer, au moins provisoirement, ainsi qu'on le verra plus loin (2). Il se peut qu'il en permette l'abandon, par le chef militaire, aux soldats qui les ont prises ; ceci n'est plus du ressort du droit des gens, mais bien du droit interne. En pareil cas, la propriété du militaire dépouillé n'est pas tenue pour perdue avant que la chose enlevée n'ait été mise en lieu sûr, *intra praesidia* (3) ; si donc il réussit à la reprendre, il n'a jamais cessé d'être propriétaire, et si

(1) Nécessité de guerre, ci-dessus, § 63, 185, II.

(2) Ci-après, II.

(3) *Intra praesidia.* Pomponius, L. 5, § 1, *De captivis et de postliminio*, 49, 15.

un soldat de son armée la reprend, celui-ci est tenu de la lui restituer. Quelques législations assimilent une possession de vingt-quatre heures à la mise en lieu sûr (1).

La propriété communale, tant mobilière qu'immobilière, est propriété privée, partant inviolable comme celle des particuliers.

Pour les anciens, tant Romains que Grecs, l'*occupatio bellica* est un mode naturel d'acquisition de la propriété. Platon, Xénophon, Saint-Clément d'Alexandrie, cités par Grotius (III, c. 6, § 1-2), tous déclarent que la propriété du vaincu passe au vainqueur. Aristote ramène cette acquisition à un consentement tacite universel. La chose de l'ennemi est chose sans maître et doit appartenir à l'occupant. Gaius, L. 5, § *ult.*, *De A. R. D.*, 41, 1 : « Item quae ex hostibus capiuntur, jure gentium statim capientium fiunt ». Et dans les Commentaires, 4, 16 : « Omnium maxime sua esse credebant quae ex hostibus cepissent ». — Paul, L. 1, § 1, *De A. vel A. P.*, 41, 2 : « Item bello capta et insula e mari nata et gemmae, lapilli, margaritae in litoribus inventae ejus fiunt, qui primus eorum possessionem nanctus est ».

Cette conception s'est perpétuée durant le moyen âge jusqu'aux temps récents. Encore Grotius, Bynkershoek, Vattel même la partagent.

Le principe moderne est proclamé, pour les immeubles, par le Code général prussien (I, 9, § 198) : « La propriété immobilière n'est jamais objet de butin ». Il est consacré par le traité si célèbre et si progressif de 1785 entre la Prusse et les États-Unis (art. 23).

Mais l'ancien principe n'est pas mort. On l'applique encore hors de l'Europe. D'après les faits rapportés par M. Pradier-Fodéré (2), les Chiliens ne se sont pas abstenus de pillage et de déprédations de tout genre dans leur guerre contre le Pérou, et l'on sait ce que les Anglais et les Français ont fait en Chine en 1860. « La destruction du palais d'été..., auquel les troupes anglaises et françaises mirent le feu après l'avoir pillé pendant deux jours, demeurera un fait indigne de deux nations européennes que tout le monde considérait, en Orient, comme l'avant-garde de la civilisation et du progrès (3) ».

Projet de Bruxelles, art. 18 : « Une ville prise d'assaut ne doit pas être livrée au pillage des troupes victorieuses. — 38. La propriété privée ne peut être confisquée. — 39. Le pillage est formellement interdit. — 8. Les biens des communes seront traités comme la propriété privée ». — Manuel de l'Institut, 32 : « Il est interdit : *a*) de piller les villes prises d'assaut ; *b*) de détruire les propriétés publiques ou privées, si cette

(1) Comparez la capture des navires dans la guerre maritime, ci-dessous, § 66, 206, V.

(2) A. D. I., t. VII, p. 211-229.

(3) Martens, t. III, § 110.

destruction n'est pas commandée par une impérieuse nécessité de guerre. La propriété privée, individuelle ou collective, doit être respectée et ne peut être confisquée. — 53. Les biens des communes sont insaisissables. »

Le comte de Moltke écrivait en 1880 à M. Bluntschli : « Les gouvernements possèdent deux puissants moyens de prévenir les pires excès : la discipline rigoureuse, maintenue en temps de paix et dont le soldat a pris l'habitude, et la vigilance de l'administration qui pourvoit à la subsistance des troupes en campagne. Si cette vigilance fait défaut, la discipline même ne saurait être maintenue qu'imparfaitement (1) ».

Le principe du respect de la propriété privée a trouvé, dans la guerre de 1870 à 1871, une application instructive concernant les succursales de la Banque de France ; voici une note à ce sujet, émanée de la Banque elle-même (2) : « La première succursale de la Banque de France qui se soit trouvée en contact avec l'ennemi en 1870 est celle de Reims. Après l'entrée des troupes allemandes dans cette ville, un officier de l'intendance se présenta le 4 septembre à la Banque et déclara au directeur que, son encaisse étant la propriété de l'État français, il était dans la nécessité de le saisir. L'erreur des Prussiens résultait de ce que le titre « Banque de France » paraissait indiquer un établissement d'État. Le directeur prouva facilement que la Banque de France était une maison privée, appartenant à des actionnaires, et que sa propriété était sous la sauvegarde du droit des gens. Le prince royal de Prusse, informé de cette situation, rendit aussitôt un ordre déclarant que « les fonds qui se trouvent à la Banque de France ne peuvent être exposés à aucune saisie ou à aucun arrêt tant qu'ils ne sont pas destinés à soutenir l'armée française ». La même jurisprudence a depuis été constamment appliquée. Après la chute de Metz et celle de Strasbourg, les Allemands, sur la preuve que la Banque était propriété privée, n'ont revendiqué aucun droit sur elle et ont restitué six millions dont ils s'étaient emparés à la succursale de Strasbourg. Le traité de Francfort a également stipulé que les succursales de la Banque situées dans les pays cédés à l'Allemagne seraient liquidées par les soins de la Banque et par ses propres agents. Ces précédents établissent formellement qu'en cas d'invasion l'envahisseur est tenu, en vertu des principes du droit des gens, de respecter les propriétés d'une banque d'émission privée, même si elle jouit d'un privilège ».

II. *Des choses qui servent à la guerre.*

En vertu du but et de la nature même de la guerre, et malgré le

(1) R. D. I., t. XIII, p. 81. — Ci-après, 202, I.

(2) Je l'emprunte au *Journal de Genève* (1895).

principe de l'inviolabilité de la propriété privée, l'armée d'invasion s'empare de tout ce qui peut servir à la guerre, ainsi des armes de toute espèce, des magasins, dépôts, manufactures d'armes, de munitions, d'approvisionnements utilisables pour la guerre, appartenant à des communes ou à des particuliers.

Mais, ce n'est point, en règle générale et sauf exception, une confiscation ou appropriation. Ce n'est qu'une séquestration, tout au plus une expropriation. Des bons ou des reçus sont délivrés aux propriétaires, lesquels seront, si le droit interne de l'État envahi le comporte, indemnisés par cet État ; les choses séquestrées leur seront d'ailleurs restituées après la guerre, si faire se peut.

« Les chefs de corps pourront se mettre, sous condition, en possession de toute chose appartenant aux particuliers, lorsqu'elle sera l'objet d'un besoin urgent et immédiat de leurs troupes, notamment de tout ce qui peut être nécessaire pour la sécurité et la défense de l'armée (1) ».

« Pendant la guerre de 1870-1871, le premier soin des Allemands, en arrivant dans une localité, a toujours été de se faire livrer les armes de toute espèce appartenant aux particuliers... Les armes de guerre étaient confisquées. Il était remis reçu des armes de chasse et de luxe (2) ».

« A la suite de la guerre de 1870-1871, malgré l'état embarrassé de ses finances, le gouvernement français a réparti le fonds de secours entre tous les propriétaires atteints, sans distinction de nationalité (3) ».

III. *Des chemins de fer, bateaux, télégraphes, téléphones.*

Parmi les choses qui servent à la guerre, une mention spéciale est due, à raison de leur importance, aux moyens de transport. Les chemins de fer, avec leur matériel, les bateaux, les établissements télégraphiques et téléphoniques, sont pris, même s'ils sont la propriété de particuliers, ou de compagnies.

Ceci encore n'est qu'une séquestration. La guerre finie, ces choses seront restituées, si c'est possible, et dans l'état où elles se trouveront. Si l'occupant continue l'exploitation, il ne peut s'approprier les recettes.

(1) Fiore, *Droit international codifié*, 1066, § 2.

(2) Bonfils, 1206, note.

(3) Bonfils, 1236.

Il peut d'ailleurs, si la nécessité le commande, détruire le matériel, tant roulant qu'immobilier.

La question de l'indemnité que pourront obtenir les propriétaires après la guerre, pour le dommage à eux causé par la perte de l'usage, l'interruption de l'exploitation, les destructions et dégâts, dépend du droit interne. Sauf conventions contraires, l'obligation d'indemniser incombe, non à l'État occupant, mais à l'État envahi.

Manuel de l'Institut, art. 55 : « Les moyens de transport (chemins de fer, bateaux, etc.), les télégraphes, les dépôts d'armes et de munitions de guerre, quoique appartenant à des sociétés ou à des particuliers, peuvent être saisis par l'occupant, mais ils doivent être restitués, si possible, et les indemnités réglées à la paix (1) ».

« En 1870-1871, les Allemands se saisirent en France successivement des chemins de fer de l'Est, du Nord, d'Orléans, de Paris-Lyon-Méditerranée. Ils perçurent les produits procurés par le transport des voyageurs et des marchandises. Ils promirent de tenir un compte exact des recettes, afin de pouvoir, à la conclusion de la paix, restituer les sommes dues à chaque réseau. En exécution de ces promesses, une commission mixte fut, par convention additionnelle au traité de paix, chargée d'opérer la liquidation des droits des compagnies (2) ».

IV. *Des voleurs et des maraudeurs.*

Les bandits qui commettent des vols autour et à la suite des armées, et principalement ceux qui, sur le champ de bataille, dépouillent les morts et les blessés, sont des malfaiteurs, que l'on punit comme tels, souvent de mort, sans autre forme de procès.

La maraude et le maraudage sont des délits militaires (3).

Le délit de maraude est le pillage exercé par des soldats sans permission, le maraudage est le fait d'aller en maraude. Ces mots viennent de *maraud* qu'on trouve au XVe siècle dans Villon, et qui désigne primitivement un pauvre gueux.

(1) Projet de Bruxelles, art. 67. Ci-dessus, § 64, 198, V.

(2) Bonfils, 1186.

(3) Lueder, § 115.

202. Réquisitions et contributions (1).

I. *Les réquisitions.*

Le principe du respect de la propriété privée n'est point incompatible avec la faculté qui est universellement reconnue au belligérant, de frapper de réquisitions le pays envahi, dans le but de satisfaire aux besoins de l'armée, pour son entretien et ses mouvements, et généralement aux besoins de l'occupation et de la guerre. Cette faculté est légitime ; la nécessité la justifie pleinement. La guerre nourrit la guerre.

La réquisition est l'ordre donné par des officiers ou fonctionnaires dûment qualifiés, soit aux communes, soit aux habitants, de fournir des hommes pour des corvées ou services, ou des choses, telles que provisions de diverse nature, victuailles, boissons et cigares, chaussures et vêtements, chevaux et autres moyens de transport ; mais non des sommes d'argent.

Les réquisitions sont perçues directement par l'occupant, ou par l'intermédiaire des autorités locales.

Les objets livrés, ainsi que les corvées, doivent, selon la bonne règle que la pratique ne suit pas toujours, être payés en argent comptant, ou au moyen de bons de réquisition, lesquels sont remboursés à la paix, conformément aux clauses du traité de paix ; à défaut de clauses spéciales, par l'État envahi. Il y a là une sorte d'expropriation forcée.

Les réquisitions sont supportées par les habitants en leur qualité d'habitants : peu importe qu'ils soient régnicoles ou étrangers, appartenant à un État neutre, ou même à l'État de l'armée d'invasion ou à son allié.

Les exigences de l'occupant doivent, autant que possible, être limitées au nécessaire, c'est-à-dire à l'indispensable. Ceci, on le comprend, est fort élastique.

Le droit de réquisition cesse à la paix (2).

(1) Lueder, § 117. — Féraud-Giraud, *Recours à raison des dommages causés par la guerre*. 1882.

(2) Ci-dessous, § 71, 226, III.

La coutume des réquisitions est ancienne, incontestée et fondée sur la force des choses. Le principe du paiement est de date récente. Frédéric le Grand, dans les *Principes généraux de la guerre*, dit que lorsqu'une armée prend ses quartiers d'hiver en pays ennemi, le pays doit fournir au soldat du pain, de la viande, de la bière ; il doit fournir en outre des chevaux, des provisions de guerre et des vivres, et pour ce qui manque payer en argent. M. Marcy, secrétaire du département de la guerre aux Etats-Unis, écrivait en 1846 : « An invading Army has unquestionably the right to draw supplies from the enemy without paying for them, and to make the enemy feel the weight of the war ». — Projet de Bruxelles, art. 40 : « La propriété privée devant être respectée, l'ennemi ne demandera aux communes ou aux habitants que des prestations et des services en rapport avec les nécessités de guerre généralement reconnues, en proportion avec les ressources du pays, et qui n'impliquent pas pour la population l'obligation de prendre part aux opérations de guerre contre leur patrie ». — Manuel de l'Institut, 56 : « Les prestations en nature (réquisitions), réclamées des communes ou des habitants, doivent être en rapport avec les nécessités de guerre généralement reconnues et en proportion avec les ressources du pays... » — Ces derniers mots ont été critiqués, non sans raison, par le comte de Moltke : « Le soldat qui endure des souffrances, des privations, des fatigues, qui court des dangers, ne peut pas ne prendre qu'en proportion des ressources du pays : il faut qu'il prenne tout ce qui est nécessaire à son existence. On n'a pas le droit de lui demander ce qui est surhumain (1) ».

Manuel de l'Institut, article cité : « Les réquisitions ne peuvent être faites qu'avec l'autorisation du commandant dans la localité occupée. — 60. Les prestations en nature, quand elles ne sont pas payées comptant, et les contributions de guerre sont constatées par des quittances. Des mesures doivent être prises pour assurer le caractère sérieux et la régularité de ces quittances ».

Les Anglais ont pratiqué jadis, en France, le système de faire rentrer les réquisitions par l'intermédiaire des autorités locales. Les Allemands, en 1870-1871, les faisaient rentrer directement.

Les habitants frappés de réquisitions, qui sont sujets d'États neutres, seront, cela va sans dire, payés comme les régnicoles. Mais auront-ils droit, en outre, à des indemnités spéciales ? La réponse doit être négative. Ils suivent la fortune du pays où ils se sont établis. En 1870, avis fut donné « que les sujets anglais ayant des biens en France n'avaient pas droit à une protection particulière pour ces biens, ni à être exemptés des contributions militaires auxquelles ils pouvaient être astreints solidairement avec les habitants du lieu de leur résidence ou

(1) Moltke, R. D. I., t. XIII, p. 81.

de la situation de leurs biens ; qu'ils n'avaient non plus, en toute justice, aucune raison de se plaindre des autorités françaises parce que leurs propriétés étaient détruites par une armée d'invasion (1) ».

II. *Les contributions de guerre.*

Les contributions sont des sommes d'argent que l'envahisseur exige des communes ou des particuliers, soit à titre d'équivalent pour des réquisitions non effectuées, ou pour remplacer les impôts, ou enfin et surtout à titre de représailles et de punition, comme amendes, et c'est là ce qui constitue par excellence la contribution de guerre.

Autrefois, les contributions avaient le caractère d'une sorte de rançon, au moyen de laquelle les habitants se préservaient de pillage, de dévastation et d'autres violences actuellement interdites. Aujourd'hui, ce sont essentiellement des exactions, des actes d'hostilité, et l'occupant qui les ordonne n'est pas astreint à la mesure de l'indispensable ou du nécessaire, qu'il doit observer dans les réquisitions. Ce sont des moyens licites de nuire à l'ennemi. On ne peut nier qu'elles dérogent au principe actuellement admis du respect de la propriété privée, et qu'en conséquence elles doivent être restreintes le plus possible. Telle est la tendance, sinon de la pratique, du moins de la doctrine actuelle, manifestée entre autres à la conférence de Bruxelles.

Les contributions qui ont le caractère d'amendes, ne seront, en règle générale, pas remboursées à la paix. En sera-t-il autrement de celles qui n'ont pas ce caractère ? Je ne crois pas qu'on puisse les assimiler entièrement aux réquisitions. Elles constituent un malheur, une catastrophe extraordinaire, tandis que la réquisition est régulière. Il faut dire, pour les contributions comme pour les dévastations, que les communes ou habitants qui en sont frappés, n'ont pas de droit acquis au remboursement, mais que dans la mesure du possible des secours leur seront alloués pour les soulager ; ces secours le seront aussi bien aux sujets d'États étrangers, neutres,

(1) Calvo, t. IV, 2200. — Bonfils, 1217.

qu'aux régnicoles. Ceci est du ressort du droit interne. Les traités de paix contiennent parfois des dispositions à ce sujet, comme au sujet du remboursement des réquisitions.

L'ancien caractère de la contribution était exprimé par le vieux nom allemand, qui n'est guère usité aujourd'hui : *Brandschatzung*, taxe d'incendie.

Bluntschli devance le droit positif lorsqu'il dit : « Le droit international refuse aux armées établies sur territoire ennemi le droit d'exiger des communes ou des particuliers d'autres contributions que celles qui sont absolument indispensables pour subvenir à l'entretien et à l'action de l'armée. Les lois de la guerre n'autorisent pas, en particulier, les réquisitions purement pécuniaires (1) ». Il ajoute : « On n'a pas assez respecté les vrais principes dans plusieurs guerres récentes ; même dans la dernière guerre d'Allemagne, en 1866, les Prussiens ont levé, sans motifs suffisants, des contributions en argent dans quelques-unes des villes qu'ils ont occupées. L'Europe n'admet plus cette façon d'agir ». — En réalité, l'on fait toujours et l'on fera longtemps encore usage des contributions. Celles de Napoléon en Allemagne sont célèbres ; les traces, dans plus d'une ville, n'en sont pas effacées. La Prusse les a pratiquées en 1866, les Allemands en 1870-1871.

Le projet de Bruxelles et le Manuel de l'Institut de droit international ont admis les contributions, mais en tâchant de les limiter et en les mettant en rapport avec les impôts. — Projet de Bruxelles, art. 41 : « L'ennemi prélevant des contributions, soit comme équivalent pour des impôts ou pour des prestations qui devraient être faites en nature, soit à titre d'amende, n'y procédera autant que possible que d'après les règles de la répartition et de l'assiette des impôts en vigueur dans le territoire occupé ». — Manuel de l'Institut, 58 : « L'occupant ne peut prélever des contributions extraordinaires en argent que comme équivalent d'amendes ou d'impôts non payés ou des prestations non livrées en nature. Les contributions en argent ne peuvent être imposées que sur l'ordre et sous la responsabilité du général en chef ou de l'autorité civile supérieure établie dans le territoire occupé, autant que possible d'après les règles de la répartition et de l'assiette des impôts en vigueur ». — 60. Ci-dessus, I.

203. Le droit d'angarie (2).

On appelle ainsi le droit qu'a le belligérant de s'emparer de

(1) Bluntschli, § 654.

(2) Bulmerincq, Manuel de Holtzendorff, t. IV, § 33. — Geffcken, *ibidem*, § 168. — Phillimore (t. III,

choses de tout genre appartenant à des particuliers, notamment de navires, voitures, chariots, pour s'en servir, par exemple pour transporter des troupes, des armes, des munitions, ou pour tout autre usage. Le belligérant qui use de ce droit est tenu d'indemniser le propriétaire; l'indemnité doit, le plus possible, être débattue et fixée par avance.

Le droit d'angarie s'exerce aux dépens des neutres comme aux dépens des particuliers ennemis. C'est même à l'égard des neutres qu'il revêt, surtout dans la guerre maritime, une importance particulière.

Il constitue une application particulière de l'excuse de nécessité (1). L'interprétation en est restrictive, et malgré des affirmations contraires il faut maintenir que, dans le doute et sauf dispositions particulières, c'est un droit de guerre, non applicable à l'état de paix.

Le droit d'angarie exercé par un belligérant aux dépens de ses nationaux ou des habitants de son territoire, n'appartient pas au droit des gens, mais au droit public interne.

« Les belligérants, tout en respectant d'ailleurs la neutralité, la soumettent quelquefois à certaines exigences qui, sans lui porter atteinte, entravent momentanément la liberté des neutres. C'est ce qui a lieu lorsqu'un État belligérant met en réquisition les bâtiments neutres qui se trouvent dans les ports et rades de sa domination, et les oblige à transporter moyennant salaire des armes, des troupes, des munitions : on donne à cette réquisition le nom d'angarie (2) ».

Angarie (*angaria*) est un mot de basse latinité dérivé d'ἄγγαρος, mot grec qui signifie messager ou courrier (ἄγγελος, ange) ; *angaria* désignait une station postale pour le service des dépêches ; on appelait *angarium* le lieu où l'on ferrait les chevaux, et Du Cange en fait dériver notre mot de hangard, qu'on a écrit angar.

Quelques auteurs pensent que le droit d'angarie est tombé en désuétude. Les traités récents qui le mentionnent montrent bien qu'il n'en est rien. Certains en interdisent expressément l'exercice, d'autres stipulent que l'indemnité doit être préalable.

§ 29-30) traite du droit d'angarie comme moyen de contrainte indépendamment de la guerre. — Massé, *Le droit commercial dans ses rapports avec le dr[illegible] des gens et le droit civil*, t. I, livre II, titre I, ch. 2, sect. 2, § 6 : *De l'angarie* (326-331).

(1) Ci-dessus, § 20, 53.

(2) Massé, t. I, 326.

Traité de commerce et de navigation entre l'Espagne et le Zollverein, du 30 mars 1868, art. 5 : « (Les propriétés des sujets de chacune des parties contractantes) ne peuvent être séquestrées, ni leurs navires, cargaisons, marchandises ou effets être retenus pour un usage public quelconque, sans qu'il leur soit accordé préalablement un dédommagement à concerter entre les parties intéressées sur des bases justes et équitables ». — Traité de commerce et de navigation entre l'Allemagne et le Portugal, du 2 mars 1872, art. 2.

Un cas célèbre d'angarie est celui de Duclair, en décembre 1870. Six navires anglais furent coulés à fond pour obstruer la Seine. Note de M. de Bismarck du 25 janvier 1871 (1).

§ 66. — La propriété publique et la propriété privée dans la guerre maritime. Le droit des prises (2).

204. Le butin. Le principe de la violation de la propriété privée. La prise et le droit de prise. — 205. Exceptions au droit de butin et au droit de prise. I. Exceptions au droit de butin. II. Exceptions au principe de la violation de la propriété privée. — 206. Le droit des prises. Arrêt, visite, capture. Reprise. Les tribunaux des prises et la procédure de prise. I. Notion du droit des prises. II. Des choses sujettes à prise. Navires ennemis et marchandises ennemies. III. Des personnes sujettes à capture. IV. Commencement et fin du droit de prise. V. La saisie. Le droit d'arrêt, le droit de visite. VI. Jugement de prise. Tribunal et procédure. VII. La rançon. VIII. La reprise.

(1) R. D. I., t. III, p. 370. 1871.

(2) Cauchy, *Du respect de la propriété privée dans la guerre maritime*. 1866. — Vidari, *Del rispetto della proprieta privata fra gli stati in guerra*. 1867. — De Boeck, *De la propriété privée ennemie sous pavillon ennemi*. 1882. — Klobukowski, *Die Seebeute, oder das feindliche Privategienthum zur see*. 1877. — Lawrence, *The exemption of private property from capture by sea*. 1885. — Geffcken, *La guerre maritime de l'avenir*. R. D. I., t. XX, p. 451-463. 1888. — Études de Gessner, Westlake, Lorimer, Rolin-Jaequemyns, Alb. Rolin, E. de Laveleye, Pierantoni, au tome VII de la Revue, 1875 ; de Bluntschli, aux tomes IX et X. 1877-1878. — Massé, *Le droit commercial dans ses rapports avec le droit des gens*, t. I, art. 153-436.— Twiss, *Les droits des belligérants sur mer depuis la déclaration de Paris*. R. D. I., t. XVI. 1884. — Perels, trad. Arendt, *Droit maritime international*, § 35-37, 57-60. — Geffcken, t. IV du Manuel de Holtzendorff, § 125-127. — Calvo, t. IV, 2294-2410. — Martens, t. II, § 123. — J. Soetbeer, *Sammlung offizieller Actenstücke in Bezug auf Schiffahrt und Handel in Kriegszeiten*. Dans l'introduction, une esquisse du droit maritime international. 1855-1857.

204. Le butin. Le principe de la violation de la propriété privée. La prise et le droit de prise.

Sur mer comme sur terre, la propriété publique ou considérée comme telle d'un belligérant, si l'ennemi s'en empare, est acquise à l'État capteur, à titre de butin de guerre légitime. Ainsi les navires de guerre et les autres navires de l'État, les navires frétés par l'État, même appartenant à des particuliers, et les corsaires ; leurs cargaisons, armements, munitions, caisses, etc. Nulle différence entre ce butin et celui qui est fait dans la guerre sur terre.

Mais en ce qui concerne la propriété privée, il existe entre les deux guerres une différence capitale. Contrairement au principe aujourd'hui reçu dans la guerre continentale, cette propriété, dans la guerre maritime, n'est point inviolable. Le belligérant s'empare légitimement des choses qui appartiennent à des citoyens de l'État ennemi, ou qui ont le caractère de choses de l'ennemi. « Les nations civilisées, qui, sur le continent, épargnent autant que possible les sujets paisibles et les propriétés privées, redevenant sur mer sauvages et barbares, capturent les sujets ennemis, leurs vaisseaux et leurs marchandises, auxquels la guerre est déclarée comme au souverain lui-même » (1).

D'où provient cette divergence de principes ? Pourquoi ce qui est interdit sur terre est-il permis sur mer ? N'est-ce pas une anomalie flagrante, reste d'un état de choses suranné, un anachronisme, explicable peut-être, mais non excusable, par le fait qu'aucune grande guerre maritime n'a eu lieu depuis plus de trois quarts de siècle ?

C'est une anomalie sans doute, sinon un anachronisme, et malgré les voix éloquentes qui la dénoncent et la combattent, il n'est nullement certain que sa disparition soit prochaine.

Tout au moins fait-on valoir des raisons plausibles de la maintenir.

(1) Massé, *Le droit commercial dans ses rapports avec le droit des gens*, t. I, 153.

En ce qui concerne les navires, qui sont capturés, et leurs équipages, qui sont faits prisonniers, on allègue que les marins deviennent en très peu de temps de bons soldats, et qu'il importe en conséquence de les en empêcher en les prenant ; qu'un navire marchand, que l'on ne saurait, dans l'état perfectionné de la marine militaire actuelle, transformer aisément et promptement en un navire de guerre passable, peut toujours rendre d'utiles services comme transport ; qu'il est en outre un éclaireur et un messager dangereux.

Quant aux cargaisons, on fait valoir le tort que leur confiscation fait au commerce de l'ennemi ; en les prenant, on ruine, on anéantit ce commerce. Or, c'est là un moyen d'affaiblir l'ennemi, tout aussi légitime assurément que la destruction de sa flotte et de son armée.

Mais comment concilier la prise des navires et des marchandises appartenant à des particuliers et la captivité des équipages avec ce principe fondamental, admis aujourd'hui, que la guerre se fait d'État à État, et que l'État belligérant ne combat pas les citoyens ou sujets de son adversaire ?

Il faut bien reconnaître que ce principe n'est réalisé que dans la guerre sur terre seulement, et que la guerre sur mer ne l'admet que dans une mesure partielle et incomplète. Mais ceci n'empêche qu'il doit être proclamé comme le principe supérieur aussi sur mer, et la suite en est que les particuliers lésés seront, autant que faire se peut, indemnisés par leurs États. Ce n'est là qu'un palliatif, nullement un remède, aux maux que la lésion leur cause.

Aujourd'hui, malgré les avantages qu'on lui attribue, le vieux moyen de guerre qui consiste dans la violation de la propriété privée, perd évidemment beaucoup de son efficacité. On peut douter qu'il réponde encore à la situation créée par la prodigieuse multiplicité des rapports commerciaux et industriels entre tous les États, et même aux modernes perfectionnements de la guerre et de la navigation.

Il est périlleux de pronostiquer et de prophétiser. Un jour viendra-t-il où l'arme odieuse de la prise maritime sera rejetée, à la fois comme peu efficace et comme dangereuse à manier, et où le respect de la propriété privée sera proclamé sur mer ainsi qu'il l'est sur terre? J'ai dit que cette réforme fut proposée, il y a cent ans, à l'Assemblée législative française. La doctrine continentale paraît de plus en plus disposée à la réclamer. Mieux que les arguments théoriques, les prochaines guerres maritimes démontreront dans quelle mesure et jusqu'à quel point cette doctrine a raison.

M. de Boeck donne une bonne esquisse historique du sort de la propriété privée ennemie dans la guerre maritime, depuis les temps les plus reculés jusqu'à nos jours. Il distingue six périodes, « dont l'importance est en raison inverse de la durée ». La première, caractérisée, selon lui, par l'absence de toute règle, finit en même temps que l'empire romain d'Occident. La deuxième embrasse le moyen âge, prolongé jusqu'en 1498 ; elle voit naître la course et les tribunaux des prises. La troisième s'étend jusqu'aux traités d'Utrecht ; « les guerres maritimes ont un caractère commercial qui les envenime ; non seulement la propriété privée ennemie est poursuivie jusque sous le pavillon neutre, mais encore, dans l'ardeur de la lutte, les belligérants confisquent le navire neutre à bord duquel se trouvent des marchandises ennemies ; c'est l'époque classique des exploits des corsaires ». La quatrième période va des traités d'Utrecht à 1780 : « pour atteindre plus sûrement l'ennemi, on frappe sans merci les neutres ». — La cinquième période, de la neutralité armée à la guerre de Crimée ; progrès considérables à la suite de la neutralité armée, traité prusso-américain de 1785, propositions d'abolir la course et de respecter la propriété privée dans les assemblées parlementaires, réaction et recul déplorable sous la république et l'empire ; puis traités, négociations, travaux scientifiques dans un esprit réformateur. La sixième période commence à la guerre de Crimée ; « à la suite d'une alliance entre deux grandes nations maritimes, un accord général et presque unanime est intervenu sur quelques points essentiels » : déclaration de Paris. « Les efforts du monde civilisé tendent à compléter l'œuvre du congrès de Paris dans le sens de la justice et de l'humanité (1) ».

En 1792, M. de Kersaint, dans sa proposition d'abolir la course, faite à l'Assemblée législative (2), proclamait également le respect de la propriété privée : « Il est défendu aux vaisseaux de guerre de l'État de prendre aucun bâtiment particulier de commerce appartenant à la na-

(1) De Boeck, p. 6, 153. — Comparez Geffcken, § 125.

(2) Ci-dessus, § 63, 186, IV.

tion ennemie à moins qu'il ne soit armé en guerre ». — En 1823, dans son projet relatif aux droits et devoirs des neutres (1), le président Monroe faisait une proposition analogue : « Aucune des parties contractantes n'autorisera des vaisseaux de guerre à capturer ou à détruire lesdits navires (de commerce et de transport), ni n'accordera ou ne publiera aucune commission à aucun vaisseau de particulier armé en course pour lui donner le droit de saisir ou détruire les navires de transport ou d'interrompre leur commerce ».

On a vu plus haut la réponse faite par les États-Unis à la proposition d'accéder à la déclaration de Paris (2).

A l'Italie revient l'honneur d'avoir, la première, consacré légalement l'inviolabilité de la propriété privée, sur mer comme sur terre, moyennant réciprocité, en même temps que la course. L'article 211 du Code italien de la marine marchande est conçu en ces termes : « La capture et la prise des navires marchands d'un État ennemi par les navires de guerre seront abolies par voie de réciprocité à l'égard des États qui adoptent la même mesure envers la marine marchande italienne. La réciprocité devra résulter de lois locales, de conventions diplomatiques ou de déclarations faites par l'ennemi avant le commencement de la guerre (3) ».

Les auteurs anciens, Gentil, Grotius, Bynkershoek, Vattel même, et G. F. de Martens, ne doutaient pas de la légitimité du droit de prise. Mably l'a combattu dans son *Droit public de l'Europe* (1748) ; plusieurs auteurs l'ont suivi depuis la neutralité armée (4), et aujourd'hui la majorité des théoriciens, y compris l'Institut de droit international, sans pouvoir le contester *de lege lata*, plaident pour son abolition. Les Anglais en revanche veulent le maintenir. Les Français sont partagés. Il est permis de prévoir que cette discussion n'offrira longtemps encore qu'un intérêt théorique.

L'Institut de droit international, dans sa session de Turin, en 1882, a posé le principe du respect de la propriété privée, au § 4 de son *Règlement international des prises maritimes* (5) : « La propriété privée est inviolable sous la condition de réciprocité, et sauf les cas prévus au § 23 ». — Le § 23 est conçu en ces termes : « La saisie d'un navire ou d'une cargaison, ennemi ou neutre, n'a lieu que dans les cas suivants : 1° lorsqu'il résulte de la visite que les papiers de bord ne sont pas en ordre ; 2° dans tous les cas de soupçon ; 3° lorsqu'il résulte de la visite, ou de la recherche, que le navire arrêté fait des transports pour le compte et à destination de l'ennemi ; 4° lorsque le navire a été pris en violation de blocus ; 5° lorsque le navire a pris part aux hostilités ou est

(1) Ci-dessous, § 68, 213.
(2) § 63, 186, IV.
(3) De Boeck, 319-328.
(4) Ci-dessous, § 68, 210.
(5) Ci-après, 206, I.

destiné à y prendre part ». — Déjà le 31 août 1875, à la Haye, la résolution suivante, évidemment prématurée en partie, avait été votée par l'Institut : « I. Le principe de l'inviolabilité de la propriété privée ennemie naviguant sous pavillon neutre doit être considéré, dès à présent, comme entré dans le domaine du droit des gens positif. — II. Il est à désirer que le principe de l'inviolabilité de la propriété privée ennemie naviguant sous pavillon ennemi soit universellement accepté dans les termes suivants, empruntés aux déclarations de la Prusse, de l'Autriche et de l'Italie en 1866, et sous la réserve ci-après, *sub* III : « Les navires marchands et leurs cargaisons ne pourront être capturés que s'ils portent de la contrebande de guerre, ou s'ils essaient de violer un blocus effectif et déclaré. » — III. Il est entendu que, conformément aux principes généraux qui doivent régler la guerre sur mer aussi bien que sur terre, la disposition précédente n'est pas applicable aux navires marchands qui, directement ou indirectement, prennent part ou sont destinés à prendre part aux hostilités ». — Des conclusions dans le même sens furent arrêtées à Zurich, le 11 septembre 1877 : « I. La propriété privée neutre ou ennemie naviguant sous pavillon ennemi ou sous pavillon neutre est inviolable. — II. Sont toutefois sujets à saisie les objets destinés à la guerre ou susceptibles d'y être employés immédiatement. Sont également sujets à saisie les navires marchands qui ont pris part ou sont en état de prendre immédiatement part aux hostilités, ou qui ont rompu un blocus effectif et déclaré ».

Il faut mentionner une doctrine intermédiaire, émise *de lege ferenda* par quelques auteurs, tels que Heffter, Bluntschli, Lorimer, M. de Boeck, qui admettent la capture, mais seulement comme séquestration, avec le principe de la restitution après la paix, avec ou sans indemnité. Ce serait, en somme, le même droit que celui qui est donné au belligérant dans la guerre continentale, en ce qui concerne les moyens de transport, chemins de fer, bateaux, appartenant à des particuliers. C'est peut-être là le progrès le plus prochainement réalisable.

On peut voir une application pratique de cette doctrine dans l'article 13 du traité de Vienne, du 30 octobre 1864. Ci-dessous, 205, II.

Le droit en vigueur se résume comme suit :

Toute propriété ennemie sur mer, tant navire que cargaison, est sujette à capture, et cela lors même que le propriétaire n'est pas l'État ennemi, mais un particulier.

La propriété de l'État est butin.

La propriété privée n'est pas qualifiée butin, mais prise (1).

(1) Sur les divers sens de ce mot, ci-dessous, 206, VI.

La capture en est régie par le droit des prises et soumise à la procédure de prise (1).

Le butin légitimement fait, aussitôt qu'il est au pouvoir du belligérant, lui est acquis.

La prise, au contraire, ne lui appartient définitivement qu'en vertu d'une sentence judiciaire.

Le droit de saisir et de faire condamner navires et cargaisons, conformément au principe de la violation de la propriété privée et aux règles du droit des prises, est appelé le droit de prise.

Même la propriété des particuliers sujets ou citoyens d'un État neutre peut être prise, dans divers cas où le neutre est considéré comme se comportant en ennemi (2). Cette appropriation est aussi régie par le droit des prises.

La violation de la propriété privée, sur mer, est donc soumise à des règles juridiques, qui doivent offrir des garanties. Cela même suffit à montrer que la propriété privée ne pourrait, selon les lois de la guerre, être détruite par des moyens de sauvages, pas plus dans la guerre maritime que dans la guerre sur terre. Comme toute cruauté, comme toute dévastation inutile, la destruction inutile de la propriété ennemie, ne répondant pas au but de la guerre ou le dépassant, est interdite.

L'emploi de torpilles, parfaitement licite comme moyen de défense des ports et des côtes, licite aussi dans la bataille navale, contre des navires de guerre, est illicite lorsqu'il s'agit de navires de commerce.

L'utilité qui résulte pour un belligérant de la simple destruction de biens ennemis n'est pas suffisante ; elle est d'ailleurs annulée par la perte économique générale ; sans parler de la tuerie inutile. C'est à ce point de vue qu'il faut se placer pour juger les affirmations un peu naïves de certains officiers ou marins écrivains, concernant l'emploi des torpilleurs, auxquelles d'autres, plus sages, ont dignement répondu. « S'il existait, dit M. de Martens, un gouvernement capable d'autoriser ses torpilleurs à couler bas des navires pendant la nuit,

(1) Droit des prises, ci-après, 206. 207, 218, 221.

(2) Ces cas sont exposés au § 69,

sans avoir constaté leur nationalité, il se trouverait bientôt en état de guerre avec la plupart des autres gouvernements ». « J'ai peine à croire, dit M. Dupin de Saint-André, que les nations européennes soient à la fois assez barbares et assez dénuées de raison pour envoyer contre les navires de commerce des torpilleurs qui ne pourront que les couler, au lieu de les intercepter par des croiseurs qui les amarineront au grand avantage des capteurs et de leur nation (1) ».

Le droit d'angarie est exercé dans la guerre maritime comme dans la guerre continentale.

205. Exceptions au droit de butin et au droit de prise (2).

I. *Exceptions au droit de butin.*

Certains navires, quoique appartenant à l'État ennemi, sont exempts du droit de butin.

Tels sont, par des considérations d'utilité évidente, les bateaux de pilotes, ceux qui desservent les phares, et ceux qu'on appelle navires de cartel, qui portent des parlementaires ou sont destinés à effectuer l'échange de prisonniers ou à d'autres besognes pacifiques, et naviguent sous pavillon parlementaire ou pavillon de trêve.

Des considérations d'ordre supérieur font exempter les navires en voyage d'exploration, en mission scientifique ou religieuse.

Des conventions particulières ont exempté les paquebots faisant le service de messageries. Il n'existe pas encore d'accord général sur ce point. A défaut de convention, chaque belligérant est libre de saisir les paquebots-poste ennemis, peu importe qu'ils fassent le service entre différents points du territoire ennemi ou entre le territoire ennemi et le territoire neutre.

Convention anglo-française du 14 juin 1833, art. 13 : « En cas de guerre entre les deux nations, les paquebots-poste des deux offices continueront leur navigation sans obstacle ni molestation, jusqu'à notification de la cessation de leur service par l'un des deux gouvernements ; auquel cas il leur sera permis de retourner librement sous protection spéciale dans leurs ports respectifs ».

(1) Martens, t. III, § 110. Comparez *Un nouveau droit maritime international* (1875), par l'amiral Aube ; et *Torpilleurs et bâtiments de commerce*, par M. Dupin de Saint-André, dans la *Revue des Deux-Mondes*, 1886.

(2) De Boeck, 190-208.

Les articles additionnels à la convention de Genève, arrêtés en 1868, déclarent exempts les transports de malades et de blessés, les bâtiments hospitaliers et ambulances maritimes ; ils n'ont pas été ratifiés (1).

II. *Exceptions au principe de la violation de la propriété privée.*

Le principe de la violation de la propriété privée sur mer est aussi, et à plus forte raison, susceptible d'exceptions.

D'abord d'exceptions conventionnelles. Les belligérants conviennent, au début ou au cours de la guerre, qu'ils ne feront point de prises.

Une convention mémorable, dans ce sens, et d'importance capitale, a été faite entre la Prusse et l'Amérique du Nord, dans le traité si progressif de 1785 (2). On lit à l'article 23 : « Tous les vaisseaux marchands et commerçants, employés à l'échange des productions de différents endroits, et, par conséquent, destinés à faciliter et à répandre les nécessités, les commodités et les douceurs de la vie, passeront librement et sans être molestés... Et les deux puissances contractantes s'engagent à n'accorder aucunes commissions à des vaisseaux assurés en course, qui les autorisent à prendre ou à détruire ces sortes de vaisseaux marchands ou à interrompre le commerce ».

Les puissances peuvent également renoncer au droit d'appropriation par déclaration unilatérale, et cela soit d'une manière absolue, soit sous réserve de réciprocité, soit encore dans une guerre déterminée : c'est ce qu'ont fait l'Autriche, la Prusse, l'Italie en 1866, la Confédération de l'Allemagne du Nord en 1870. — Traité italo-américain du 26 février 1871, art. 12 : « The High contracting Parties agree that, in the unfortunate event of a war between them, the private property of their respective citizens and subjects, with the exception of contreband of war, shall be exempt from capture or seizure, on the high seas or elsewhere, by the armed vessels or by the military forces of either party ; it being unterstood that this exemption shall not extend to vessels and their cargoes which may attempt to enter a port blockaded by the naval forces of either party ».

Ordonnance autrichienne du 13 mai 1866, prussienne du 19 mai 1866, italienne du 20 juin de la même année. Ordonnance de la Confédération de l'Allemagne du Nord du 18 juillet 1870, retirée le 19 janvier 1871.

(1) Ci-dessus, § 63, 188, I.

(2) Trendelenburg, *Friedrichs des Grossen Verdienst um das Völkerrecht im Seekrieg*, 1886.

Des exceptions sont statuées par l'usage fondé sur des considérations d'humanité.

En vertu d'anciennes coutumes, remontant au moyen âge, non sans de longues intermittences, la pêche côtière est libre. Pourvu que les pêcheurs soient désarmés et inoffensifs, on épargne leurs bateaux, leurs engins, leurs cargaisons de poisson. La grande pêche, en pleine mer, est considérée exclusivement comme une entreprise commerciale ; les bateaux qui s'y livrent ne sont point exempts, à moins de conventions particulières que l'on appelle trêves de pêche ou pêchières.

La pratique de quelques États exempte les navires naufragés, échoués, égarés hors de leur route par suite de gros temps. La doctrine est divisée.

Sont généralement respectés, pour les mêmes motifs que les bâtiments de l'État offrant les mêmes caractères, les navires de particuliers qui servent de navires de cartel, qui naviguent dans l'intérêt de la science, de l'humanité, de la religion, notamment ceux qui appartiennent aux sociétés de missions catholiques ou protestantes, ou sont destinés aux établissements de missionnaires. Enfin les bâtiments employés au service sanitaire, selon les articles additionnels à la convention de Genève, non ratifiés.

L'exemption de la pêche côtière, consacrée par des édits dès le XVIe siècle, n'avait pas été admise dans l'ordonnance de 1681; Louis XVI la rétablit au début de la guerre d'Amérique. Selon la jurisprudence du conseil des prises, les bateaux pêcheurs ne sont pas même pris par représailles. La pratique française a contrasté, encore dans la guerre contre la Russie, avec la dureté, traditionnelle aussi, de l'Angleterre. Les instructions françaises du 31 mars 1854 sont empreintes d'un esprit d'humanité, tandis que la flotte anglaise s'est montrée barbare, tant dans le golfe de Finlande que dans la mer d'Azow. « Vous n'apporterez aucun obstacle à la pêche côtière, même sur les côtes de l'ennemi. Mais vous veillerez à ce que cette faveur, dictée par un intérêt d'humanité, n'entraîne aucun abus préjudiciable aux opérations militaires ou maritimes. » Ceci est reproduit dans les instructions françaises du 25 juillet 1870.

L'exemption en cas de relâche forcée et de naufrage n'est pas admise en France. Ordonnance de 1681, art. 26. Décret du 18 juillet 1854. Les théoriciens du droit des gens sont partagés ; généralement les Anglais et les Français sont d'accord pour ne pas la considérer comme due en droit, et telle paraît bien être *de lege lata* la solution vraie.

Comme exemple d'exemption des bâtiments scientifiques (de l'État ou de particuliers), on cite les expéditions de Bougainville, de La Pérouse, de Cook, au siècle dernier, et dans le présent siècle les voyages de la corvette *Novara* (1857-1859) et des navires chargés de rechercher sir John Franklin (1848-1859).

L'Institut de droit international s'est prononcé avec réserve. Règlement des prises, § 110 : « Aucun navire marchand, ni aucune cargaison appartenant à un particulier, ennemi ou neutre, aucun navire naufragé, échoué ou abandonné, ni aucun bâtiment de pêche ne peuvent être objets de prise et condamnés qu'en vertu d'un jugement des tribunaux des prises et pour des actes publiés par le présent règlement ».

206. Le droit des prises. Arrêt, visite, capture. Reprise. Les tribunaux des prises, et la procédure de prise.

I. *Notion du droit des prises* (1).

On désigne sous le nom de droit des prises l'ensemble des règles juridiques, conventionnelles, coutumières et législatives, selon lesquelles un belligérant s'approprie les navires marchands et les cargaisons appartenant à des particuliers, sujets de l'État ennemi et même d'États neutres.

(1) Grotius a consacré au droit des prises son traité *De jure praedae*, composé en 1604 et 1605, et édité par M. Hamaker en 1868. Anciens traités célèbres : Valin, *Traité des prises, ou principes de la jurisprudence française concernant les prises qui se font sur mer*. 1758-1760. — Abreu y Bertodano, *Tratado juridico-politico sopra presas de mar*. 1746. — Toujours bon : G. F. de Martens, *Essai concernant les armateurs, les prises et surtout les reprises*, mentionné ci-dessus, p. 253.— Pistoye et Duverdy, *Traité des prises maritimes*. 1854-1859. — Katchenowsky, traduit du russe par Pratt, *Prize Law*. 1867. — Paternostro, *Delle prede, delle riprede et dei giudizii relativi*. 1879. — Geffcken, § 126. — Perels, § 53-60. — Calvo, t. V, 3004-3114. — Martens, t. II, § 125-126. — Bulmerincq, dans la *Revue de droit international*, t. X-XIV ; série d'articles intitulés *Le droit des prises maritimes : le droit existant, — Théorie du droit des prises, — Les droits nationaux et un projet de règlement international des prises maritimes*. 1878-1882. — Le droit des prises anglais est résumé officiellement dans le *Manuel of naval Prize Law*, rédigé par M. Holland en 1888 (revision du manuel de Lushington de 1866). — Barboux, *Jurisprudence du conseil des prises pendant la guerre de* 1870-1871.

Ces règles ne s'appliquent pas à la propriété de l'État ennemi, laquelle est butin et soumise au droit de butin.

Elles concernent la saisie ou capture des navires de commerce, de leur cargaison, l'arrêt, la visite et la recherche, les tribunaux des prises, la procédure devant ces tribunaux, le jugement et ses suites.

La source la plus ancienne du droit des prises est le recueil des coutumes et bons usages maritimes en vigueur dans les cours consulaires ou consulats maritimes de la Méditerranée, tant dans la guerre que dans la paix, recueil connu sous le nom de *Consulat de la mer*, souvent imprimé depuis la fin du XVe siècle, et qui paraît avoir été fait à Barcelone, vers l'an 1400. Les premières éditions sont en langue catalane; la plus ancienne traduction italienne est de 1549, une autre plus récente est due à Casaregis (1670-1737) ; il y a des traductions en espagnol, en allemand, en hollandais, en français. L'auteur était peut être greffier du consulat de Barcelone ; il était versé dans la pratique du droit maritime, familier avec la méthode scolastique et casuistique des légistes contemporains. Les usages consignés dans son livre, rapidement propagés, ont supplanté les usages plus anciens d'autres consulats de la mer, de Valence, Gênes, Pise. Ils ont été plus ou moins universellement admis, même en dehors de l'Europe méridionale et de la Méditerranée.

Les sources plus récentes sont extraordinairement riches et variées. Il y a un nombre infini de traités et d'ordonnances, édits, règlements. Je mentionne la célèbre ordonnance française de la marine, de 1681, que Valin a commentée ; les déclarations russes de la première et de la seconde neutralité armée (1780 et 1800) (1) ; la déclaration du congrès de Paris, du 16 avril 1856, à laquelle se rattachent quantité d'actes, lois, ordonnances, règlements, instructions émanés des divers États maritimes. Un groupe législatif est formé par les prescriptions prussiennes, autrichiennes, danoises; un autre par les prescriptions françaises, espagnoles et italiennes ; un troisième par celles de la Grande-Bretagne et des États-Unis. Mais la source principale du droit des prises est la jurisprudence, surtout française et anglaise. Cette dernière est particulièrement riche et complète, et d'une logique remarquable dans sa rigueur, jointe à une casuistique savante et affinée. Elle a été formée par des juristes de premier ordre, tels que les Leoline Jenkins (1623-1685), les Marriott, les Camden, les W. Scott (lord Stowell, 1745-1836), les Lushington. Les États-Unis suivent en général les principes de la jurisprudence anglaise, et ils ont eu des juges tels qu'un Story

(1) Ci-dessous, § 68, 210, II.

(1779-1845) et un Kent (1763-1847). Aussi les ouvrages anglais et américains, comme ceux de Wildman, de Wheaton, de Kent, de Phillimore, de Twiss, de Hall, ont-ils dans cette matière une importance toute spéciale.

L'Institut de droit international, dans sa session de Zurich, en 1877, chargea son bureau de constituer une commission à l'effet de s'occuper: 1° des principes généraux qui pourraient être formulés par traités au sujet du droit à appliquer en matière de prises maritimes; — 2° d'un système d'organisation des tribunaux internationaux des prises, donnant aux particuliers intéressés de l'État neutre ou ennemi de plus amples garanties d'un jugement impartial; — 3° d'une procédure commune à adopter pour le jugement des affaires de prises maritimes. Le rapporteur, M. de Bulmerincq, élabora un vaste *Projet de règlement international des prises maritimes*, qui fut discuté aux sessions plénières de Turin (1882), de Munich (1883), de Heidelberg (1887). Le *Règlement* adopté par l'Institut se trouve dans le *Tableau général de l'Institut*, p. 195-221. Il a été communiqué aux gouvernements avec une lettre exprimant le vœu « que, dans l'avenir, la réforme puisse être plus complète encore et que le tribunal international soit un jour le seul compétent en matière de prises ».

Indépendamment de certaines propositions trop idéalistes, M. de Bulmerincq s'est en une large mesure, dans son consciencieux travail, inspiré du droit existant, soit partout, soit dans divers pays, et cette même tendance conservatrice a constamment inspiré les membres de l'Institut, ce qui donne au règlement une réelle valeur.

Il n'est pas inutile de constater que sir Travers Twiss, M. Westlake, MM. Holland et Hall, Bluntschli et Gessner, M. Perels. M. Marquardsen, M. de Martens, le général den Beer Poortugael, ont pris une part active aux délibérations de l'Institut.

II. *Des choses sujettes à prise. Navires ennemis et marchandises ennemies.*

Le belligérant a le droit de s'emparer de la propriété privée ennemie qui flotte sur mer : navires, et cargaisons ou marchandises.

Est navire ennemi, en règle générale, le navire que ses lettres de mer caractérisent comme tel, et qui navigue sous pavillon ennemi (1).

(1) Comparez ci-dessus, § 18, 47, I.

C'est généralement la qualité ennemie du propriétaire qui détermine celle du navire. Selon la manière de voir anglo-américaine, le fait d'être domicilié dans le territoire ennemi qualifie comme ennemi, et le départ de bonne foi, sans esprit de retour, fait perdre ce caractère hostile, tandis que, selon le système français, la nationalité seule qualifie comme ennemi, quel que soit le domicile; la naturalisation du sujet ennemi en pays neutre, obtenue durant la guerre, n'est pas prise en considération.

La propriété des navires est indivisible. Le neutre copropriétaire suit le sort de l'ennemi.

Les navires appartenant à des sociétés par actions, ou anonymes, ont la nationalité de l'État dans le territoire duquel la société a son siège.

Le principe que la nationalité du propriétaire détermine la qualité ennemie ou non ennemie tant du navire que de la marchandise, est consacré par la jurisprudence du conseil des prises français. Cette jurisprudence s'est même maintenue dans la guerre de 1870 à 1871, en opposition aux instructions contraires données par le ministre de la marine, le 25 juillet 1870, concernant les maisons de commerce : « La nationalité des maisons de commerce doit se déterminer d'après le lieu où elles sont établies ».

Le principe territorial est constamment suivi par l'Angleterre et les États-Unis. C'est le domicile, l'établissement permanent qui décide. Le sujet ennemi fixé dans un pays ami n'est pas considéré comme ennemi, tandis que le sujet d'un État ami ou neutre est traité en ennemi s'il est fixé dans le pays ennemi. Il ne peut échapper aux conséquences de cette situation qu'en se hâtant, au début de la guerre, de changer de domicile, et cela de bonne foi, sans esprit de retour. L'ordre en conseil du 29 mars 1854 déclare ennemis « the ships, vessels and goods, of the Emperor of all the Russias aud of his subjects and others inhabiting within any of his countries, territories or dominions ». Mais, comme l'a dit lord Stowell : « the character, that is gained by residence, ceases by residence. It is an adventitious character, which no longer adheres to him from the moment that he puts himself in motion *bona fide* to quit the country *sine animo revertendi* ». Il se peut qu'un seul et même commerçant ait deux ou plusieurs établissements en différents pays ; il s'agira de déterminer lequel est le principal. Le consul d'un État neutre, s'il fait le commerce dans le pays ennemi où il exerce ses fonctions, est ennemi ; il ne le sera pas, s'il se renferme exclusivement dans l'exercice de ses fonctions officielles.

Arrêt du conseil des prises du 22 décembre 1870, affaire du *Turner* : « Attendu que la propriété du navire, au point de vue de l'exercice du droit de guerre, est absolument indivisible ; qu'ainsi le sujet neutre, copropriétaire d'un navire naviguant sous pavillon ennemi ne peut, si ce navire est capturé, revendiquer contre le capteur sa part de copropriété ; que, supposant même que l'hypothèque pût être considérée comme un démembrement de la propriété, cette hypothèque ne pourrait apporter aucun obstacle à l'exercice absolu du droit de la guerre... ».

La règle générale posée ci-dessus est susceptible de dérogations.

Il se peut qu'un navire flottant sous pavillon ennemi soit en réalité neutre (1). La réalité l'emportera sur l'apparence ; le navire ne sera pas pris.

Si un navire n'a pas de lettres de mer, mais que sa nationalité non ennemie soit établie d'autre part, il ne sera pas pris.

Mais un navire sera pris, comme ennemi, malgré ses papiers, lorsque ceux-ci ne seront pas trouvés en règle et que le capteur prouvera la supercherie. On tiendra compte, en pareil cas, de la nationalité de l'équipage. La vente du navire ennemi et de sa cargaison à un neutre, durant la guerre, ne peut lui enlever de caractère ennemi si elle est opérée en cours de voyage (2).

Si un navire neutre, employé par un belligérant en vertu du droit d'angarie (3), est capturé par l'autre belligérant, sera-t-il déclaré de bonne prise (4) ? La négative s'impose : il y a force majeure, le neutre n'est pas responsable. Cependant, la pratique anglaise est pour l'affirmative.

La Suisse ne permettant pas d'arborer le pavillon helvétique en mer, les navires suisses empruntent des pavillons étrangers (5). La France a reconnu que la nationalité neutre, prouvée, l'emporte sur le pavillon. La *Palme*, navire appartenant à la société des missions de Bâle, naviguait sous pavillon allemand. Le tribunal des prises siégeant à Bordeaux l'avait condamnée (1871). Le conseil d'État a sanctionné le principe juste énoncé ci-dessus et annulé la prise. Motifs : « *a*. La Con-

(1) Ci-dessus, § 18, 47, I.

(2) Ci-dessous, § 69, 216, III : Achat de navires des belligérants par les neutres.

(3) Ci-dessus, § 65, 203.

(4) Ci-après, VI.

(5) Ci-dessus, § 18, 47, I.

fédération suisse interdit d'arborer le pavillon suisse ; il y a donc, pour les Suisses propriétaires de navires, force majeure et obligation d'emprunter un pavillon étranger. *b*. L'équité exige qu'en dérogation au principe des règlements français : que le capteur doit tenir compte des seuls papiers de bord, les neutres soient autorisés à fournir la preuve de leurs droits de propriété. *c*. Cette preuve ayant été fournie, et tous les soupçons de mauvaise foi devant être écartés, la *Palme* est acquittée ». — Il y avait d'ailleurs ici un autre motif encore : le caractère spécial de ce navire, conformément au principe posé ci-dessus (205).

L'amirauté britannique condamne tout navire sous pavillon ennemi, sans distinction. D'autre part, elle condamne tout navire dont le propriétaire est domicilié en pays ennemi, malgré la nationalité neutre du propriétaire et malgré les lettres de mer et le pavillon neutre du navire.

En règle générale, et sauf convention particulière, le port du pavillon n'est permis qu'aux nationaux. Il y a cependant des législations qui l'accordent très facilement aux étrangers ; on cite notamment la Colombie. Si, dans une guerre où la Colombie serait ennemie de l'Angleterre, un navire neutre naviguait sous pavillon colombien, l'amirauté le condamnerait sans autre.

Est ennemie, la cargaison ou marchandise dont le propriétaire est sujet ennemi. Le propriétaire est généralement le destinataire, pour le compte et aux risques duquel la marchandise est embarquée ; il se peut que dans un cas particulier, en vertu du contrat ou de l'usage du pays, ce soit l'expéditeur.

Tel est le principe qui doit déterminer la nationalité de la marchandise. Le droit français s'y tient strictement.

La jurisprudence anglo-américaine va beaucoup plus loin ; elle tient pour ennemie toute marchandise qui est un produit du sol ennemi, ainsi que celle qui est engagée dans un commerce ennemi (1).

La qualité ennemie du sol est déterminée par le fait qu'il est en la possession de l'État ennemi ; la nationalité du propriétaire de l'immeuble producteur est indifférente (2).

Pour la cargaison, comme pour les navires mêmes, on ne peut

(1) De Boeck, 186. — Comparez ci-dessous, § 69, 216, I.

(2) De Boeck, 185.

dire que l'un ou l'autre des systèmes, du français ou de l'anglo-américain, ait pour lui la conscience commune déclarée des nations. Au fond, on se trouve ici en présence de l'antagonisme général entre la nationalité et le domicile ; antagonisme qui se manifeste dans le conflit des lois, notamment en matière d'état et de capacité (1).

Si le premier système est décidément plus simple, le second est peut-être plus rationnel. Le neutre qui habite le pays ennemi, qui en fait le centre et le siège de son activité, contribue à la prospérité de l'ennemi, avec lequel il se solidarise en une certaine mesure (2). Il semble que la tendance actuelle soit favorable au système le plus simple, qui est en même temps le plus libéral, au système français.

Affaire Bentzon, cause célèbre de la guerre anglo-américaine de 1812-1814. Un officier danois, propriétaire dans l'île de Santa-Cruz, s'était retiré en Danemark, lorsque la dite île fut conquise par les Anglais ; les produits de la plantation furent confisqués par les États-Unis. Le sol de Santa-Cruz fut considéré comme sol anglais, et la possession du sol liait le propriétaire au sol. « Le caractère commercial ou politique de M. Bentzon n'est point à considérer. Quoique incorporé, quant à son caractère national, aux intérêts permanents du Danemark, il est incorporé, quant à sa plantation de Santa-Cruz, aux intérêts permanents de Santa-Cruz : si bien que, quoique comme Danois il fût en guerre avec la Grande-Bretagne et ennemi quant à elle, néanmoins, comme propriétaire foncier à Santa-Cruz, il n'est pas ennemi aux yeux des Anglais et peut embarquer ses produits pour l'Angleterre en toute sûreté du côté des croiseurs britanniques... La terre est fixe : quel que soit le domicile du propriétaire, elle est hostile ou amie, selon la condition du pays où elle est située » (3).

« A nos yeux, on n'est pas en droit, nous semble-t-il, d'affirmer que le principe posé par la jurisprudence française, ou celui que suivent la jurisprudence anglaise et la jurisprudence américaine, ait l'autorité d'un principe généralement reconnu ; nous croyons qu'il n'existe pas sur ce point de règle de droit international bien établie, et que, suivant la remarque de M. Calvo, dans les pays qui ont un système complet et codifié de législation écrite, le système français sera plus facilement

(1) Asser-Rivier, *Éléments de droit international privé*, 20-23.

(2) Comparez, § 62, 183, II, § 65, 202-203, divers cas où le neutre résidant dans le pays ennemi est traité comme les nationaux de l'État ennemi.

(3) De Boeck, 185.

admis, tandis que dans les pays où le droit a encore conservé un caractère coutumier, le système anglais et américain sera plutôt suivi » (1). Il est à remarquer que la loi de la nationalité, en matière civile, prévaut dans les pays qui ont le Code Napoléon et des codes imités du Code Napoléon, et que la loi du domicile prévaut en Angleterre, en Amérique, en Allemagne, en Autriche.

III. *Des personnes sujettes à capture.*

Les hommes et officiers, formant l'équipage du navire marchand, qui sont sujets de l'ennemi, sont retenus aux frais de l'État capteur; à partir du jugement déclarant le navire de bonne prise, ils sont prisonniers et traités selon les règles de la captivité de guerre (2).

Les gens formant l'équipage qui appartiennent à des États neutres, sont rapatriés par les soins de leurs consuls ou des autorités de l'État.

Tel est le principe consacré par la disposition certainement équitable et correcte du règlement des prises prussien de 1866, art. 18. Le droit même de l'État capteur de faire prisonnier l'équipage ne saurait être contesté ; il est établi par une pratique générale et constante, et confirmé par les règlements des prises de diverses nations. L'utilité en est évidente (3). Lord Palmerston faisait observer au parlement en 1862 qu'« il serait absurde de laisser des matelots passer librement, sous la gueule des canons de vos navires, à bord des navires marchands qui les transportent sur des vaisseaux de guerre, à bord desquels ils lutteront contre vous ». — « Veuillez considérer de sang froid, dit M. Westlake à l'Institut de droit international, que chaque matelot peut être employé, sans aucun intervalle d'apprentissage préliminaire, à la manœuvre d'un navire de guerre ou de transport ; que dans quelques pays tout matelot est légalement obligé à ce service, et que, probablement en tout pays, il serait requis pour cet objet en cas de nécessité (4) ».

« Il me semble, dit encore M. Westlake, qu'aussi longtemps que la guerre maritime subsistera d'une manière quelconque, le droit de capturer les vaisseaux marchands ennemis, et de faire prisonniers les matelots trouvés à bord, doit être maintenu (5) ».

Napoléon, dans son décret célèbre du 18 novembre 1804, a prétendu que l'Angleterre violait « le droit des gens suivi universellement par

(1) De Boeck, 187-189, p. 214.
(2) Ci-dessus, § 63, 189.
(3) Ci-dessus, 204.
(4) Westlake, R. D. I., t. VII, p. 258. 1875.
(5) Même volume, p. 678.

tous les peuples civilisés »... en faisant « prisonniers de guerre les équipages des vaisseaux de commerce et des navires marchands ». C'est une affirmation faite pour les besoins de la cause, comme nombre d'autres du grand empereur. M. de Bismarck a soutenu une thèse analogue en 1870, en protestant contre l'internement des capitaines de navires allemands capturés par la flotte française. Notes allemandes du 4 octobre et du 14 ou 16 novembre 1870, note française du 28 octobre. L'Allemagne se crut autorisée à user de représailles (1).

IV. *Commencement et fin du droit de prise* (2).

Le droit d'appropriation commence régulièrement avec la guerre, même à l'égard des navires qui n'en sont pas instruits. On peut ne le faire commencer qu'à partir d'un certain délai, et généralement, lorsqu'un navire est entré en un port ennemi dans l'ignorance de l'état de guerre, on lui accorde un délai pour sortir (3).

Le droit d'appropriation prend sa fin naturelle à la paix. On le fait cesser aussi plus tôt, à la signature de l'armistice (4) qui précède la paix ; ou plus tard, à des termes subséquents à la paix, fixés par convention selon les distances, à partir desquels elle est réputée connue. Les saisies et les condamnations postérieures sont nulles ; navires et cargaisons doivent être restitués.

Le télégraphe a simplifié ces questions qui jadis étaient complexes et difficiles. Les délais conventionnels postérieurs à la paix étaient usités au siècle dernier et au précédent : on estimait qu'il ne serait pas équitable d'enlever aux corsaires des prises faites dans une ignorance excusable.

Armistice de Villafranca, du 8 juillet 1859, art. 3 : « Aussitôt que les stipulations de cette suspension d'armes auront été arrêtées et signées, les hostilités cesseront sur toute l'étendue du théâtre de la guerre, tant par terre que par mer ». — Armistice de Versailles, du 28 janvier 1871, art. 1er : « Les captures qui seraient faites après la conclusion et avant la notification de l'armistice, seront restituées, de même que les prisonniers qui pourraient être faits de part et d'autre, dans des engagements qui auraient eu lieu dans l'intervalle indiqué ». — Paix de Francfort, du 10 mai 1871, art. 13 : « Les bâtiments allemands qui étaient condamnés par les conseils de prise avant le 2 mars 1871, seront

(1) Ci-dessus, § 63, 195.
(2) De Boeck, 231-245.
(3) Ci-dessus, § 62, 181-182.
(4) Ci-dessous, § 68, 209, et § 71, art. 226, III.

considérés comme condamnés définitivement. Ceux qui n'auraient pas été condamnés à la date sus-indiquée seront rendus avec la cargaison en tant qu'elle existe encore. Si la restitution des bâtiments et de la cargaison n'est plus possible, leur valeur, fixée d'après le prix de la vente, sera rendue à leurs propriétaires ».

V. *La saisie ou capture. Le droit d'arrêt. Le droit de visite* (1).

La saisie, ou capture, a lieu soit par les autorités maritimes et douanières, soit surtout par les navires de guerre des belligérants, et, dans la mesure indiquée plus haut, par leurs corsaires. Elle peut être opérée même par des troupes de terre, si c'est de la terre qu'un port est pris. On supposera généralement, dans les pages suivantes, que le capteur est un navire de guerre.

La saisie s'opère dans les ports et les eaux des belligérants ou en pleine mer ; non dans les eaux neutres, aucun fait de guerre ne devant s'y produire (2). Elle a lieu selon les règles consacrées par le droit des prises, lesquelles vont être exposées, concernant l'arrêt, la visite, et ce qui s'ensuit (3).

Le navire de guerre qui rencontre un navire marchand, hisse son pavillon, et tire un coup de semonce et d'assurance, invitant le navire marchand à s'arrêter et à montrer son pavillon. Le navire marchand est tenu d'obtempérer à cette invitation. Le droit qu'exerce ainsi le navire de guerre est appelé le droit d'arrêt.

Si le navire semoncé n'obéit pas, s'il cherche à gagner le large, il s'expose à être saisi sur le champ comme suspect ; de même si, pourchassé par le navire de guerre, il cherche à entrer dans un port ennemi ou neutre. Il est saisi également s'il fait résistance, ou s'il amène volontairement le pavillon ennemi, déclarant ainsi se rendre. Dans ces derniers cas sa condamnation est certaine. Si, obtempérant à la semonce, il s'arrête et montre son pavillon non

(1) Perels, § 54, § 64, 186.

(2) Ci-dessous, § 68, 215, II. De Boeck, 214-230.

(3) Voir pour leur application en temps de paix, ci-dessus, § 29, 81. Comparez § 18, 47, I.

ennemi, le navire de guerre exerce le droit de visite, de la façon suivante :

Il envoie un officier et quelques hommes au navire marchand, pour voir et examiner les papiers de bord. Ceci a pour but, d'abord, de vérifier la nationalité du navire et son droit au pavillon qu'il montre ; puis, s'il y a lieu, de constater encore autre chose : quel est le caractère, le but du voyage ; si le navire ne se dirige pas sur un port bloqué, ou ne vient pas d'un port bloqué ; s'il n'est pas suspect de transport prohibé. Il sera traité de ces divers points, ainsi que de la recherche ou perquisition, dans la théorie de la neutralité (1).

Les papiers de bord ont trait à la nationalité du navire (2), à son voyage, à sa destination, à sa cargaison. Il se peut que leur examen établisse que le navire battant pavillon ennemi est en mission scientifique, ou qu'il appartient en réalité à un neutre ; ou que le navire battant pavillon neutre n'offre aucun caractère suspect. On laissera, dans ces cas et dans les cas semblables, le navire marchand poursuivre librement sa route.

Mais si les papiers de bord ne sont pas en règle, si le pavillon est faux et porté sans droit, s'il y a motif de soupçon, alors le navire de guerre opérera la saisie ou capture du navire marchand en l'amarinant, c'est-à-dire en y mettant une partie de l'équipage du navire de guerre ; à défaut d'hommes en nombre suffisant pour amariner, le navire de guerre peut se faire donner par le capitaine marchand sa parole d'honneur qu'il conduira son navire capturé au port indiqué ci-dessous. Un procès-verbal est dressé, relatant les circonstances et les motifs de la capture ; on dresse également un inventaire ; la cargaison est mise sous scellés. Les papiers de bord, l'inventaire, le procès-verbal de la capture sont mis sous pli cacheté, à l'adresse de l'autorité compétente de l'État du capteur.

On désigne toute la procédure qui vient d'être décrite, comprenant l'arrêt et la visite, ainsi que la recherche dont il sera parlé plus

(1) Ci-dessous, § 69, 217-221.

(2) Ci-dessus, II, et § 18, 47, I.

loin à propos de la neutralité (1), comme exercice du droit de visite, ce mot pris dans un sens étendu.

Le navire ainsi capturé est conduit ou envoyé dans un port, généralement le port le plus proche du belligérant capteur ou d'un allié, où est installé un tribunal des prises. On peut le conduire, momentanément, en un port neutre, dans certains cas exceptionnels : s'il y a danger de mer, ou danger provenant de poursuite par un navire ennemi.

Il est permis de détruire le navire capturé, en cas de danger, ou d'impossibilité d'entrer dans un port. Cette faculté de détruire, dont on a fort abusé, et qui amène des pertes économiques irréparables, parfois de graves injustices, ne doit être accordée que très exceptionnellement. Il est évident, d'ailleurs, en vertu des principes généraux du droit de la guerre, que la destruction est licite lorsque l'intérêt des opérations militaires l'exige (2).

Exceptionnellement encore, si le capteur a besoin de houilles ou de vivres et qu'il en trouve à bord du navire capturé, il peut les prendre par préemption, en observant les mesures propres à offrir des garanties suffisantes contre un abus possible au préjudice soit de l'État, soit des propriétaires (3). Il pourra aussi, sous les mêmes réserves, employer le navire capturé pour le service public (4).

La terminologie n'est pas absolument déterminée.

On se sert assez indifféremment des mots de capture et de saisie. A proprement parler, capture est plus général et peut comprendre la saisie et la prise dans le sens étroit (5), tandis que saisie marque mieux l'état transitoire, où le navire est en quelque sorte séquestré, jusqu'au jugement qui sanctionne la capture et parfait la prise.

Les auteurs anglais et américains désignent la visite par le terme *visit and search*, sur la portée duquel on n'est point unanime. Lawrence constate qu'il traduit exactement le terme droit de visite. Selon Kent la *visit* a pour but unique de vérifier la nationalité du navire, tandis que Story pense que c'est sans raison que l'on essaye de distinguer *visit* de *search* (recherche). Il semble bien que *visit* est plus spéciale-

(1) De Boeck, 268-285.
(2) Ci-dessus, § 63, 187.
(3) De Boeck, 254.
(4) De Boeck, 255.
(5) Ci-après, VI.

ment l'enquête du pavillon, c'est-à-dire la vérification, par l'examen des papiers de bord, du droit que le navire prétend avoir de porter le pavillon qu'il montre. Ce droit est exercé aussi en état de paix, ainsi qu'il a été dit plus haut (1). Toute perquisition ultérieure, que l'usage de la langue française comprend également dans la visite, est exprimée par *search* ; pour que la *search* puisse avoir lieu à l'égard d'un navire étranger, il faut la guerre, ou une convention spéciale l'autorisant positivement, comme c'est le cas en vue de la répression de la traite (2). Certains auteurs mentionnent un « right of approach » (3).

Le coup de canon a le double but d'affirmer, c'est-à-dire d'assurer la sincérité du pavillon que le navire de guerre arbore, et de semoncer le navire marchand, c'est-à-dire de l'inviter à montrer son pavillon et à mettre en panne.

Traité des Pyrénées du 7 novembre 1659, art. 17 : « Les navires d'Espagne, pour éviter tout désordre, n'approcheront pas de plus près les français que de la portée du canon, et pourront envoyer leur petite barque ou chaloupe à bord des navires français, et faire entrer dedans deux ou trois hommes seulement, à qui seront montrés les passeports par le maître du navire français, par lesquels il puisse apparoir non seulement de la charge, mais aussi du lieu de sa demeure et résidence, et du nom tant du maître ou patron que du navire même, afin que par ces deux moyens on puisse connaître s'il porte des marchandises de contrebande, et qu'il apparaisse suffisamment tant de la qualité dudit navire que de son maître ou patron, auxquels passeports et lettres de mer le décret donnera entière foi et créance ». — Traité d'Utrecht du 11 avril 1713, de navigation et de commerce, entre la France et l'Angleterre, art. 24.

Il va de soi que la distance de la portée de canon, qui se trouve avec de nombreuses variantes dans beaucoup de traités, n'a plus de sens aujourd'hui. Aucune règle générale ne saurait être posée quant à la distance : c'est question de fait, dépendant des circonstances dans chaque cas particulier.

Les divers points touchés dans l'exposé qui précède, et d'autres encore, sont sujets à des modifications innombrables en vertu des traités et des ordonnances. Cet exposé ne contient que les traits essentiels, d'après ce qui se fait le plus généralement.

Le règlement des prises de l'Institut de droit international dit au paragraphe 1 : « Les navires de guerre et les forces militaires des États belligérants sont seuls autorisés à exercer le droit de prise, c'est-à-dire l'arrêt, la visite, la recherche et la saisie des navires de commerce pen-

(1) Ci-dessus, § 18, 47, I. Barclay, R. D. I., t. XXII, p. 454.

(2) Ci-dessus, § 29, 81.

(3) Ci-dessus, § 17, 46. Comparez § 18, 47, I.

dant une guerre maritime ». Cette teneur, plus restreinte que celle employée ci-dessus, s'explique par le fait que le règlement, devançant la réalité, généralise, au paragraphe 2, l'interdiction de la course : ci-dessus, § 63, 186, IV. — § 8. « Ce droit de prise ne peut être exercé que dans les eaux des belligérants et en haute mer ; il ne peut pas être exercé dans les eaux neutres ni dans les eaux qui sont expressément, par traité, mises à l'abri des faits de guerre. Le belligérant ne peut pas non plus poursuivre dans les eaux des deux dernières espèces une attaque commencée. » — Les paragraphes 10-13 traitent de l'arrêt, les paragraphes 14-18 de la visite, les paragraphes 19-22 de la recherche, le paragraphe 23 de la saisie. — § 112. — § 115 : « La résistance d'un navire marchand à l'arrêt, à la visite, à la recherche ou à la saisie, doit être prouvée en fait et manifestée par des actes ; une simple protestation du navire résistant ne pourra motiver la condamnation ». — § 117. Ci-dessous, § 68, 213, III. — § 118 : « Le navire sera condamné avec sa cargaison : 1° dans le cas de violation de blocus ; 2° dans le cas de résistance ; 3° dans le cas de participation à des hostilités des belligérants ». — § 50 : « Il sera permis au capteur de brûler ou de couler bas le navire ennemi saisi, après avoir fait passer sur le navire de guerre les personnes qui se trouvaient à bord et déchargé autant que possible la cargaison, et après que le commandant du navire capteur aura pris à sa charge les papiers de bord et les objets importants pour l'enquête judiciaire et pour les réclamations des propriétaires de la cargaison en dommages-intérêts, dans les cas suivants : 1° lorsqu'il n'est pas possible de tenir le navire à flot, à cause de son mauvais état, la mer étant houleuse ; 2° lorsque le navire marche si mal qu'il ne peut pas suivre le navire de guerre et pourrait facilement être repris par l'ennemi ; 3° lorsque l'approche d'une force ennemie supérieure fait craindre la reprise du navire saisi ; 4° lorsque le navire de guerre ne peut mettre sur le navire saisi un équipage suffisant sans trop diminuer celui qui est nécessaire à sa propre sûreté ; 5° lorsque le port où il serait possible de conduire le navire saisi, est trop éloigné ».

Dans la guerre de sécession, quantité de navires de commerce ont été détruits par les sécessionnistes parce que le blocus les empêchait de les conduire dans un port.

D'après divers traités, ordonnances et lois, le navire n'est réellement saisi ou capturé qu'après une possession de vingt-quatre heures, ou après l'entrée dans le port, en lieu sûr, *intra praesidia*. Ceci était plus important autrefois qu'à présent, la propriété n'étant plus, nulle part, tenue pour acquise par la simple saisie (1).

(1) Comparez ci-dessus, § 65, 201, I ; et ci-après, VIII. — Code général prussien, I, 9, § 208.

VI. *Jugement de prise. Tribunal et procédure* (1).

Même après l'entrée au port, même après les vingt-quatre heures, la saisie ou capture ne donne pas à l'État capteur la propriété du navire et de la cargaison saisis (2).

Il faut que le tribunal ou conseil des prises déclare que la saisie est juste. Que le capteur soit commandant d'un navire de guerre ou qu'il soit corsaire, toujours il lui faut faire proclamer par l'autorité compétente la légitimité de la capture. Dans ce procès, le capteur est demandeur, et les propriétaires du navire et des marchandises capturées sont défendeurs. La capture, cependant, est un fait acquis, mais elle doit recevoir, par le jugement, sa consécration juridique et son effet. Le capteur affirme que sa capture est légitime. Les défendeurs réclament contre cette capture, ils prétendent qu'elle n'est pas justifiée ; cette allégation est considérée comme une exception qu'ils opposent à la prétention du capteur et l'on exige d'eux qu'ils en fournissent la preuve.

Le tribunal ou conseil des prises siège dans un port de l'État capteur ou d'un allié de cet État. C'est une autorité nationale, qui est appelée à décider des questions internationales, selon les principes du droit des gens, tel qu'il est compris et appliqué dans l'État, par conséquent aussi, et même en première ligne à ce point de vue, selon sa législation nationale (3).

Une autre autorité, supérieure, nationale aussi, fonctionne en appel, et applique les mêmes principes.

Si la légitimité de la capture est reconnue, le navire, ou la cargaison, ou tous deux, selon les cas, sont déclarés de bonne prise. Dès ce moment, la propriété est transférée. Le propriétaire l'a perdue, l'État capteur l'a acquise. C'est à lui désormais que la prise appartient : « Bello parta cedunt rei publicae ». La récompense

(1) Geffcken, § 126, 170. — Perels, § 57-60. — Gessner, R. D. I., t. XIII, p. 260-267. 1881. — Bulmerincq, même tome, p. 447-515 ; t. XIV, p. 114-172.

(2) Perels, § 59.

(3) Perels, § 59. — Bluntschli, 847.

qu'il donne ou peut donner au navire capteur est réglée, très diversement, par les législations nationales.

C'est un principe essentiel, qu'un jugement de prise est toujours nécessaire. Il n'est point rendu superflu par la destruction du navire, ni par son rachat (1).

Le mot de *prise* désigne, tant la chose prise, navire, cargaison, partie de cargaison, que l'action même de prendre, et cela dans une double acception, soit comme saisie ou capture en mer, soit comme appropriation en vertu d'un jugement, et c'est cette dernière acception qui est la plus technique.

M. Massé définit la prise « la saisie ou l'arrêt d'un bâtiment ennemi ou réputé tel, et de sa cargaison, par les forces publiques ou particulières d'un belligérant, dans l'intention de s'en rendre maître et de se l'approprier en dépouillant le propriétaire ». — M. Hautefeuille réserve le nom de prise « au jugement ou à la sentence qui intervient pour valider la saisie du navire ou de la cargaison »; et il maintient le nom de saisie à « l'acte par lequel le belligérant arrête un navire et s'en empare » (2).

« En principe, chaque puissance belligérante est seule compétente pour juger, par l'organe de ses tribunaux, de la légalité des prises faites par ses croiseurs ou ses corsaires, soit qu'il s'agisse uniquement de propriété neutre, soit que les intérêts des neutres aient été mêlés à ceux des sujets des belligérants, soit que ces derniers seuls se trouvent en cause. Abstraction faite du cas où une transaction serait intervenue, il ne s'est rencontré jusqu'à présent aucun État qui ait cru pouvoir, sans abdiquer sa souveraineté et son indépendance, remettre à des tribunaux affranchis de son contrôle et de son autorité le droit de juger la conduite de ses propres agents. De semblables jugements seraient d'ailleurs dépourvus de toute force exécutoire » (3).

La composition des tribunaux de 1re instance et d'appel offre les garanties nécessaires de compétence et d'impartialité. Ce sont des cours spéciales. La matière sort en effet de la compétence des tribunaux ordinaires. En France, c'est le conseil des prises et en appel le conseil d'État. En Angleterre, la cour de l'amirauté, en appel le comité judiciaire du conseil privé. D'après la loi de l'empire allemand du 3 mai 1884, une ordonnance impériale détermine la composition, le siège, la procédure des tribunaux des prises. L'ordonnance prussienne du 20 juin 1864 avait institué en Prusse un conseil des prises et un conseil supérieur des prises.

Le caractère international de la tâche qui incombe à ces tribunaux

(1) Ci-dessus, V, et ci-après, VII.

(2) Massé, 333.

(3) Perels, § 58.

nationaux a été proclamé entre autres par lord Stowell : « This is a court of law of Nations », dit le célèbre juge des prises, « thongh sitting here under the authority of the king of Great Britain. It belongs to other Nations than our own ; and what foreigners have a right to demand from it, is the administration of the law of Nations simply, and exclusively of principles borrowed from our municipal jurisprudence » (1).

La juridiction nationale, en matière de prises, a été vivement attaquée au siècle dernier par Huebner,et récemment par M. de Bulmerincq.

Huebner affirme l'incompétence des tribunaux nationaux : « C'est sans contredit un des premiers principes du droit des gens : *Qu'une nation souveraine n'est jamais sujette à la juridiction d'une puissance étrangère, dans les lieux de sa propre domination ou dans ceux qui n'appartiennent à personne...* Il s'ensuit : *Que la coutume où l'on est, de faire juger par ses propres et seuls tribunaux les bâtiments neutres, arrêtés par les vaisseaux belligérants et conduits forcément dans leurs ports, est contraire aux principes du droit des gens universel ; et que, par conséquent, ces tribunaux ne sont pas compétents suivant ce droit* (2). »

On voit que Huebner suppose que les navires sont neutres : c'est à la saisie des navires neutres que son livre célèbre est consacré.

M. de Bulmerincq, dans son rapport à l'Institut de droit international, va plus loin. Il réclame des tribunaux internationaux même pour les navires saisis sur des sujets des belligérants.

Le projet de règlement des prises, présenté à l'Institut de droit international par ce savant distingué, proposait l'organisation de tribunaux des prises internationaux, de première et de deuxième instance. Il voulait les composer de juges nommés par les belligérants et par les neutres. Après des discussions longues et approfondies, l'internationalité a été rejetée pour la première instance, admise pour l'instance d'appel. — Le *Règlement* traite avec beaucoup de détails aux paragraphes 63-64 de l'organisation et de la procédure du tribunal d'instruction des prises dans le port d'arrivée, aux paragraphes 85-99 de l'organisation et de la procédure du tribunal des prises maritimes (1re instance, national), et aux paragraphes 100-109 de l'organisation et de la procédure du tribunal international. Puis aux paragraphes 110-122 du droit « matériel » concernant le jugement des procès de prise et de reprise.

§ 63 : Le tribunal d'instruction, dans le port d'arrivée du navire saisi, se compose de magistrats de l'ordre judiciaire. Le tribunal entend des officiers de marine et des employés de la douane comme experts. — § 85. L'organisation des tribunaux des prises de première instance demeure réglée par la législation de chaque État. — § 100. Au début de chaque guerre, chacune des parties belligérantes constitue un tri-

(1) Phillimore, t. III, p. 132.

(2) *De la saisie des bâtiments neutres*, t. II, p. 21 s. 1759.

bunal international d'appel en matière de prises maritimes. Chacun de ces tribunaux est composé de cinq membres désignés comme suit : L'État belligérant nommera lui-même le président, et un des membres. Il désignera en outre trois États neutres, qui choisiront chacun un des trois autres membres ».

Ce système représente un compromis entre l'opinion du rapporteur, mentionnée plus haut, et celle d'autres membres de l'Institut qui voulaient maintenir le système purement national actuellement existant. Ce compromis est dû à une commission (1881) dont faisaient partie Bluntschli, Gessner, Arntz, sir Travers Twiss, MM. den Beer Poortugael, de Martens, Perels, Albéric Rolin. Une forte minorité a soutenu, à Heidelberg, le système purement national, et il n'est pas probable que les gouvernements se résignent à la concession que le règlement leur demande, et qui a certainement quelque raison d'être en ce qui concerne les prises faites sur des neutres.

VII. *La rançon* (1).

Tant qu'il n'y a pas eu condamnation, le navire saisi peut, si le capteur y consent, se racheter, moyennant un prix qu'on appelle rançon.

On dresse habituellement deux copies du contrat de rachat ou de rançonnement. L'une, appelée billet ou cédule de rançon, reste à défaut de payement comptant entre les mains du capteur ; l'autre sert de sauf-conduit au navire rançonné et le garantit, durant la suite du voyage, contre des captures ultérieures.

La rançon ne vaut que pour un seul voyage.

Plusieurs États interdisent le rachat, comme constituant une usurpation, un empiètement sur la juridiction des prises. D'autres le limitent. On n'a plus rançonné dans les guerres récentes. Cette institution ne cadre pas complètement avec l'état de choses actuel, et paraît destinée à disparaître.

La rançon, du latin *redemptio*, est à la fois le rachat et le prix du rachat. Rançonner, c'est accorder le rachat, relâcher le navire moyennant prix. Rançonnement, c'est l'action de rançonner.

L'usage des conventions régulières de rançon, entre capteur et capturé, remonte au XVIIe siècle.

(1) Geffcken, Gessner, t. III, § 9. — De Boeck, 257-267.

Story définit la rançon : « A repurchase of the actual right of the captor at the time, be it what it may; or more properly it is a relinquishment of all the interest and benefit which the captor may acquit or consummate in the regular adjudications of a Prize Tribunal, whether it be the interest *in rem*, a lieu or a mere title to expenses ».

L'Angleterre, les Pays-Bas, la Russie, la Suède, le Danemark ont interdit le rançonnement dès la fin du siècle dernier et le commencement du présent siècle. Les États-Unis l'autorisent. C'est ce que faisait aussi l'ordonnance française de 1681 ; plus tard il y a eu des variations. L'article 17 des instructions du 25 juillet 1870 porte : « Toute prise doit être jugée, et il ne vous est pas permis de consentir à un traité de rançon, sauf le cas de force majeure, et dans ce cas même l'acte de rançon, rédigé conformément au modèle joint aux présentes instructions, devra être soumis à la juridiction qui est chargée en France du jugement des prises ».

VIII. *La reprise* (1).

Le navire saisi peut échapper à son capteur, et se sauver ainsi lui-même.

Il peut aussi être recapturé par un navire de guerre de son État ou d'un allié.

Si cette recapture a lieu avant qu'il ait été condamné, comme il n'a pas cessé d'appartenir à son propriétaire, il doit lui être restitué, moyennant paiement d'une certaine somme, destinée à indemniser ou à rémunérer le recapteur. Ce cas de recapture a reçu le nom de reprise, ou rescousse, ou encore recousse. Le tribunal des prises prononce sur les reprises, selon la procédure des prises exposée ci-dessus (2).

Mais si la recapture n'a lieu qu'après la condamnation, le navire, déclaré de bonne prise, se trouve perdu pour l'ancien propriétaire; il appartient à l'État capteur. Capturé par un navire de guerre de l'autre belligérant après la vente au particulier acquéreur, c'est une prise nouvelle, et non une reprise.

Recousse vient de *recutere*, rescousse de *reexcutere* ; ces deux termes sont équipollents et signifient reprendre.

(1) G. Fr. de Martens, *Essai sur les armateurs, les prises et surtout les reprises*. 1795.— Geffcken, § 126. — Perels, § 36, VIII. — De Boeck, 286-318. — Bulmerincq, R. D. I., t. XIV, p. 164-172. 1882.

(2) En ce même paragraphe, 206, V et VI.

La solution très simple qui vient d'être exposée, résulte naturellement du fait que la propriété du navire n'est transférée à l'État capteur que par le jugement le déclarant de bonne prise. Elle n'est pas admise universellement. Les États suivent, en cette matière, des règles arbitraires, à leur convenance ; la conscience commune, constitutive du droit des gens, fait encore défaut. Les uns exigent, pour qu'il y ait reprise, que la recapture ait lieu dans les vingt-quatre heures après la saisie ; d'autres, qu'elle ait lieu avant que le navire saisi ait été conduit en lieu sûr, *intra praesidia*, c'est-à-dire dans un port du capteur ou d'un allié (1) ; d'autres au contraire admettent la reprise même après condamnation.

Selon le Consulat de la mer, suivi par le code prussien, si la recapture a lieu avant la conduite *intra praesidia*, le navire est rendu au propriétaire ; si après, il est à l'État recapteur. Les mêmes effets furent attribués à la possession de vingt-quatre heures, en France, à partir du XVIe siècle. Mais ce principe n'était appliqué qu'en faveur des corsaires recapteurs. Quand la recousse était opérée par un navire de guerre, le roi, au témoignage de Valin, avait coutume de faire remise du profit fait par ses vaisseaux, que le navire pris fût resté plus de vingt-quatre heures ou non en la possession de l'ennemi, « Sa Majesté ne croyant pas devoir profiter du malheur de ses sujets ». « Aujourd'hui que la course est abolie en France, la loi française est que toute reprise d'un navire français sera restituée aux propriétaires à la condition de payer les frais au trésor public, et aux équipages repreneurs le trentième de la valeur de la reprise, si la rescousse a eu lieu avant les vingt-quatre heures, le dixième si elle a été opérée après ce délai (2) ».

La législation et la jurisprudence anglaises admettent la reprise même après la condamnation prononcée par le tribunal des prises ennemi. — Les dispositions du *Prize Act* de 1864, en cette matière, se résument comme suit : « Le navire anglais repris sur l'ennemi est rendu à son propriétaire par décision de la cour des prises, sous déduction du huitième de la valeur, ou d'une fraction plus forte et arbitrée par la cour, mais ne pouvant excéder le quart, si la recousse a été opérée dans des circonstances particulièrement difficiles et dangereuses ; et cette restitution sera prononcée quelque soit le temps que la prise ait passé entre les mains de l'ennemi, bien plus, quand même elle aurait été déclarée de bonne prise par une course de prises ennemie » (3). « Cette application à outrance du *jus postliminii*, continue M. de Boeck, peut paraître singulière : elle n'en est pas moins constante ; le vaisseau repris reviendra à ses propriétaires anglais s'il tombe par recousse aux mains d'un croiseur anglais, eût-il été condamné par le tribunal de

(1) Ci-dessus, V.
(2) De Boeck, 291.
(3) De Boeck, 300.

prises ennemi et vendu après cette condamnation à un tiers acquéreur de bonne foi ».

« Les prises attribuées, après une procédure régulière, à l'État ou au capteur, ne peuvent plus leur être enlevées par reprise ; il faut une nouvelle prise opérée par un capteur ennemi et déclarée régulière. — (*Note*) La reprise (recapture) n'est possible que si la prise n'a pas encore été adjugée. Après le jugement, la prise devient la propriété incontestable de celui auquel elle est attribuée ; si le navire est repris plus tard par l'ennemi, c'est absolument comme s'il s'agissait d'un nouveau navire ; il y a nouvelle prise, il n'y a plus reprise. C'est la conséquence du principe du droit commun : que le jugement du conseil des prises crée des droits nouveaux et définitifs entre les parties intéressées. — Si ces conditions ne se rencontrent pas dans l'espèce, pour un motif quelconque, on devra naturellemenl appliquer la théorie des reprises (1) ».

M. de Bulmerincq, statuant *de lege ferenda*, admet, à l'égard des reprises, « que leur but n'est pas la capture de la propriété privée, mais bien la restitution au propriétaire légitime primitif, et qu'on n'est dispensé de lui restituer la reprise, peu importe que l'objet soit national, neutre ou ennemi, que si elle a servi de moyen à un but interdit par le règlement international (2) ». L'Institut de droit international,dans sa session de Heidelberg (1887), a adopté cette manière de voir.Règlement de l'Institut, §119 : « Tout navire privé pris en temps de guerre par un navire de guerre d'un belligérant peut être objet de reprise par un navire de guerre de l'autre belligérant, quel que soit d'ailleurs le temps durant lequel la prise est restée au pouvoir de l'ennemi avant d'être reprise.— § 120. Toute reprise doit être reconnue comme telle et jugée par le tribunal national des prises. — § 121. Le repreneur sera tenu de restituer la reprise au propriétaire légitime primitif, sauf le cas où celui-ci l'aurait fait servir à un but interdit par le règlement international. — § 122. Il ne sera accordé de prime pour les recaptures que dans le cas où le navire et la cargaison seront adjugés au propriétaire primitif, lequel même ne restituera que les dépenses occasionnées par la reprise et vérifiées par le tribunal national des prises maritimes. »

(1) Bluntschli, 859.

(2) R. D. I, t. XIV, p. 170.

§ 67. — Des conventions entre belligérants (1).

207. En général. Conventions diverses, cartels, capitulations.

Le traité de paix met fin à la guerre (2).

Pendant la guerre même, les belligérants font des conventions de diverse nature. La force obligatoire en est incontestée : « Fides etiam hosti servanda ». Principe ancien, découlant de la religion et d'une évidente utilité.

Ces conventions sont conclues, le plus souvent, par les chefs militaires : général en chef, commandant de corps d'armée, commandant de forteresse ; à l'aide de parlementaires. Sauf l'armistice, elles sont ordinairement exécutoires sans ratification.

Les négociateurs, durant les négociations, sont inviolables.

Saint-Augustin, épître à Boniface, 207 ; reproduit au Décret de Gratien, 3, *causa* 23, *quaestio* I : « Fides enim, quando promittitur, etiam hosti servanda est, contra quem bellum geritur ». — Manuel de l'Institut, art. 5 : « Les conventions militaires faites par les belligérants entre eux pendant la durée de la guerre, telles que les armistices et les capitulations, doivent être scrupuleusement observées et respectées ».

On distingue plusieurs espèces principales. La suspension d'armes et l'armistice seront traitées séparément.

Des conventions nombreuses concernent les blessés, les morts, les évacuations. D'autres se rapportent aux réquisitions et contributions, à la rançon des navires ; aux trêves de pêche, aux trêves marchandes.

Des cartels règlent les questions relatives aux prisonniers, à leur traitement, à leur échange, aux courriers, aux parlementaires, à

(1) Lueder, t. IV du Manuel de Holtzendorff, § 119-120. — Gessner, t. III, § 9. — Calvo, t. IV, 2411-2452. — Martens, t. III, § 127.

(2) Ci-dessous, § 71.

la poste et au télégraphe, à l'emploi de certaines armes, à la neutralité de certaines places, de certains territoires, à l'inviolabilité de certaines personnes ou catégories de personnes.

On mentionne encore, parmi les conventions entre belligérants, les sauvegardes accordées à des établissements, hôpitaux, maisons religieuses etc., qu'elles mettent à l'abri des faits de guerre ; les sauf-conduits donnés à des personnes déterminées, et non transmissibles ; les licences données à des navires ou à des marchandises, transmissibles avec ces choses. Mais ces diverses conventions sont plutôt faites entre un belligérant et des particuliers, qu'entre les belligérants.

Dans les capitulations, on tombe d'accord sur la reddition de parties du territoire, de places fortes, de corps de troupes, de navires. Conventions purement militaires, malgré les conséquences politiques qui en peuvent résulter, elles ne doivent point empiéter sur la politique ; le chef militaire qui se permettrait pareil empiètement, ne pourrait lui donner d'autre valeur que celle d'une *sponsio*, engageant tout au plus sa propre personne et nullement l'État (1).

« Ni le commandant d'une forteresse qui capitule, dit M. de Martens, ni les commandants de troupes qui se rendent, n'ont le droit de prendre des engagements au nom de leur gouvernement ou de contracter aucune obligation politique ».

Dans la capitulation faite à El-Arisch, le 24 janvier 1800, Kleber, jugeant qu'il ne pouvait se maintenir en Égypte, assurait la retraite de l'armée française avec armes, bagages et autres propriétés. Cette capitulation fut tenue pour non avenue (2).

Par la force même des choses, la capitulation peut avoir une haute portée politique ; elle peut manifester l'anéantissement de la résistance, et la subjugation. Telle fut celle de l'armée hanovrienne à Langensalza, du 29 juin 1866 (3).

Les capitulations peuvent être conclues oralement ; mais ordinairement elles sont écrites. Elles contiennent des dispositions touchant le matériel de guerre, les fortifications, leur remise et l'état dans lequel elle doit s'opérer, la garnison ou le corps d'armée ren-

(1) Ci-dessus, § 49, 139, III.

(2) Hall, *International Law*, § 194.

(3) Ci-dessous, § 70, 223, I.

dus, leur captivité, le traitement des fonctionnaires et employés, des médecins, des officiers, auxquels habituellement on laisse leurs armes. Le commandant de la place ou du corps qui se résigne à capituler, agit honorablement s'il fait en sorte, auparavant, que son matériel de guerre, armes, munitions, drapeaux, ne tombe pas entre les mains de l'ennemi, en le détruisant autant que faire se peut. Aussitôt la capitulation conclue, toute destruction lui est interdite. La reddition doit avoir lieu dans l'état où les choses rendues se trouvaient lors de la conclusion de la capitulation. La capitulation, comme toutes les conventions entre États, est une convention de bonne foi, et doit être exécutée de bonne foi (1).

Projet de Bruxelles, art. 46 : « Les conditions des capitulations sont débattues entre les parties contractantes. Elles ne doivent pas être contraires à l'honneur militaire. Une fois fixées par une convention, elles doivent être scrupuleusement observées par les deux parties ».

Instructions américaines, 145 : « Aussitôt qu'une capitulation est signée, celui qui capitule n'a pas le droit, pendant le temps qui s'écoule entre la signature et l'exécution de la capitulation, de détruire ou d'endommager les ouvrages de défense, les armes, les approvisionnements, les munitions qui sont en sa possession, à moins qu'il n'en ait été autrement convenu ».

Plus la résistance a duré, plus le traitement des troupes rendues est honorable. Le principe contraire prévalait autrefois. On punissait la résistance prolongée. On la récompense aujourd'hui.

Capitulation de Belfort, du 15 février 1871, art. 1 : « La garnison de Belfort quittera la place avec les honneurs de la guerre et conservera ses armes, ses bagages et le matériel de guerre appartenant à la troupe, ainsi que les archives militaires. Le matériel appartenant à la place sera seul remis ».

208. La suspension d'armes, ou d'hostilités.

La suspension d'armes, ou suspension d'hostilités, est conclue ordinairement pour un territoire ou un espace restreint, pour un temps bref, et en vue d'un but précis, tel que l'enlèvement des

(1) Ci-dessous, § 54, 156.

blessés, l'enterrement des morts, la célébration d'un service funèbre. Elle n'a aucun caractère politique ; elle est demandée au moyen d'un parlementaire à un commandant de corps ou d'armée, qui l'accorde ou la refuse.

Le délai se compte *a momento ad momentum*, ce qui veut dire, sauf intention contraire, d'heure à heure. Il est essentiel de le préciser clairement, sans possibilité d'équivoque ; le mieux est d'indiquer comme terme final le jour du calendrier, et l'heure. Le terme venu, la suspension d'armes prend fin de plein droit.

L'usage qui distingue entre la simple suspension d'armes ou d'hostilités, d'une part, et l'armistice ou trêve, d'autre part, n'est pas absolument fixé. Ainsi la convention de Versailles, du 28 janvier 1871, est appelée, au titre, convention pour la suspension des hostilités, et à l'article 1er armistice ; même confusion dans l'armistice de Villafranca (1859). L'Académie définit la trêve : « suspension d'armes, cessation de tout acte d'hostilité pour un certain temps, par convention faite entre deux États, entre deux partis qui sont en guerre » ; la suspension d'armes : « cessation momentanée des hostilités » ; l'armistice : « suspension d'armes ». Littré aussi manque de précision.

L'usage indiqué est rationnel. L'arrêt est plus qu'une suspension, et c'est ce que marque le mot armistice, de *stare*, en allemand *Waffenstillstand*, par opposition à la simple suspension d'armes, *Waffenruhe*.

Le mot de trêve pourrait s'appliquer à l'un et à l'autre, et même à toute convention, car il implique seulement l'idée de confiance et de sécurité : *Treue, trauen*. On l'a employé dès le moyen âge pour désigner la cessation temporaire des hostilités ; l'Église ordonnait la trêve de Dieu, *treuga Dei* ; on s'en sert aussi et souvent au figuré, ce que l'on ne fait pas pour armistice.

Le mot latin *indutiae* répond aussi à l'un et à l'autre. Son étymologie (*endo-itiae*, de *ire*) montre qu'il signifiait à l'origine simplement convention. Quand sa signification rétrécie, de trêve ou de suspension d'armes, a été seule en usage, on a cherché à l'expliquer, comme tant d'autres mots latins, par des jeux de mots.

Varron définit les *indutiae* « pax castrensis paucorum dierum « et aussi « belli feriae ». Aulu-Gelle (1, 25) ajoute : « Sed lepidae magis atque jucundae brevitatis utraque definitio, quam plana aut proba esse videtur. Nam neque pax est indutiae, bellum enim manet, pugna cessat, neque in solis castris, neque paucorum tantum dierum indutiae sunt ». Il donne ensuite des exemples d'*indutiae* conclues pour des mois et d'autres conclues pour des heures. Puis : « Graeci autem significantius consignatiusque cessationem istam pugnae pactitiam ἐκεχειρίαν dixerunt... Nam quod eo tempore non pugnetur et manus cohibeantur, ἐκεχειρίαν appellarunt ».

209. L'armistice, ou trêve.

L'armistice est habituellement conclu pour un temps plus long que la simple suspension d'armes, et n'a pas trait uniquement aux hostilités proprement dites, mais à l'action même de la guerre, dans son ensemble. Aucune opération de guerre ne doit avoir lieu durant l'armistice ; le *statu quo* est maintenu sur tous les points. Par exemple, dans un siège, ni l'assiégeant ni l'assiégé ne feront de travaux, les brèches ne seront pas réparées. Telle est la règle qui prévaut actuellement ; il y peut être dérogé par la volonté des parties. En vertu de la même règle, le ravitaillement des places assiégées est refusé, ou n'est concédé que dans la mesure que l'humanité commande et en échange d'équivalents militaires, tels que la remise d'un ou de plusieurs forts. Sur mer, l'exercice du droit de visite, n'étant pas en lui-même un acte de guerre, n'est pas suspendu de plein droit.

Afin d'éviter des conflits, on établit des lignes de démarcation qu'il est interdit aux armées de franchir, ou des zones neutres où il leur est interdit de pénétrer.

Bien que la généralité soit un trait distinctif de l'armistice, par opposition à la simple suspension d'armes, on distingue de l'armistice général des armistices moins généraux, ou armistices particuliers, conclus pour une partie de l'armée ou du théâtre de la guerre. Ainsi l'armistice peut être conclu sur terre et non sur mer, ou *vice versa*.

L'armistice oblige les États dès le moment fixé par la convention ; les individus, dès qu'ils en ont connaissance.

En cas de violation par un individu, soldat ou particulier, le belligérant qui répond du coupable est tenu de le punir et d'indemniser l'État lésé. La rupture proprement dite de l'armistice, par l'un des belligérants, doit avoir pour effet, conformément aux principes généraux (1), de libérer l'autre, et de l'autoriser à reprendre les hostilités sur le champ, sans avertissement préalable.

Projet de Bruxelles, art. 47 : « L'armistice suspend les opérations de guerre par un accord mutuel des parties belligérantes. Si la durée n'en est pas déterminée, les parties belligérantes peuvent reprendre en tout temps les opérations, pourvu toutefois que l'ennemi soit averti en temps convenu, conformément aux conditions de l'armistice. — 48. L'armistice peut être général ou local. Le premier suspend partout les opérations de guerre des États belligérants ; le second seulement entre certaines fractions des armées belligérantes et dans un rayon déterminé. — 49. L'armistice doit être officiellement et sans retard notifié aux autorités compétentes et aux troupes. Les hostilités sont suspendues immédiatement après la notification. — 51. La violation de l'armistice par l'une des parties donne seulement à l'autre le droit de le dénoncer. — 52. La violation des clauses de l'armistice par des particuliers, agissant de leur propre initiative, donne droit seulement à réclamer la punition des coupables et, s'il y a lieu, une indemnité pour les pertes éprouvées. »

Instructions américaines, 135 : « Un armistice est une suspension des hostilités pendant un temps convenu entre les belligérants. Il doit être constaté par écrit et dûment ratifié par les plus hautes autorités des parties contractantes. — 136. Si l'armistice est stipulé sans conditions, il n'a pas d'autre effet que la cessation des hostilités sur tout le front des deux armées. Si des conditions sont convenues, elles doivent être clairement exprimées et rigoureusement exécutées de part et d'autre. La violation par l'un des belligérants d'une condition expresse de l'armistice, donne à l'autre belligérant le droit de le déclarer nul et non avenu. — 139. Les motifs qui déterminent l'un ou l'autre des belligérants à conclure un armistice, que ce soit en vue d'arriver, pendant sa durée, à un traité de paix, ou de se préparer au contraire à pousser plus vigoureusement la guerre, ne sauraient affecter en rien le caractère de l'armistice en lui-même. — 144. Quand un armistice est conclu entre une place fortifiée et l'armée qui l'assiège, il est admis par tous ceux dont l'opinion fait autorité en cette matière, que l'assiégeant doit cesser d'accroître, de perfectionner ou de pousser plus avant ses ouvrages d'attaque, tout comme il doit s'interdire toute attaque de vive force. Mais comme il y a divergence entre les jurisconsultes sur la question de savoir si l'assiégé a le droit de réparer ses brèches ou d'élever de nouveaux ouvrages de défense dans l'intérieur de la place pendant l'armistice, cette question doit être résolue, dans chaque cas, par un accord exprès entre les parties contractantes ». — L'article 136, statuant

(1) Ci-dessus, § 55, 160, II. Comparez ci-dessous, § 71, 227.

sur l'effet de la violation de l'armistice, est plus rationnel que l'article correspondant, 51, du projet de Bruxelles.

L'article 1er de la convention de Versailles, du 28 janvier 1871, qualifie l'armistice de général, et cependant en exclut une partie du théâtre de la guerre : « Un armistice général, sur toute la ligne des opérations militaires en cours d'exécution entre les armées allemandes et les armées françaises, commencera, etc.... Les opérations militaires sur le terrain des départements du Doubs, du Jura et de la Côte-d'Or, ainsi que le siège de Belfort, se continueront indépendamment de l'armistice, jusqu'au moment où on se sera mis d'accord sur la ligne de démarcation dont le tracé à travers les trois départements mentionnés a été réservé à une entente ultérieure ».

La convention de Versailles avait pour objet, ce qui lui donne un caractère particulier, non seulement la « suspension des hostilités », plus exactement un armistice, mais encore la capitulation de Paris, et le but en était, aux termes de l'article 2, « de permettre au gouvernement de la défense nationale de convoquer une assemblée librement élue qui se prononcera sur la question de savoir si la guerre doit être continuée ou à quelles conditions la paix doit être faite ». De là diverses dispositions particulières.— Art. 3 : « Il sera fait immédiatement remise à l'armée allemande, par l'autorité militaire française, de tous les forts formant le périmètre de la défense extérieure de Paris, ainsi que de leur matériel de guerre... — 8. Aussitôt après la signature des présentes et avant la prise de possession des forts, le commandant en chef des armées allemandes donnera toutes facilités aux commissaires que le gouvernement français enverra, tant dans les départements qu'à l'étranger, pour préparer le ravitaillement et faire approcher de la ville les marchandises qui y sont destinées. — 12. Pendant la durée de l'armistice, il ne sera rien distrait des valeurs publiques pouvant servir de gages au recouvrement des contributions de guerre. — 13. L'importation dans Paris d'armes, de munitions ou de matières servant à leur fabrication, sera interdite pendant la durée de l'armistice. — 14. Il sera procédé immédiatement à l'échange de tous les prisonniers de guerre».. —Même convention, art. 1er : « Les armées belligérantes conserveront leurs positions respectives, qui seront séparées par une ligne de démarcation. Cette ligne partira etc... Les deux armées belligérantes et leurs avant-postes de part et d'autre se tiendront à une distance de dix kilomètres au moins des lignes tracées pour séparer leurs positions... L'armistice s'applique également aux forces navales des deux pays, en adoptant le méridien de Dunkerque comme ligne de démarcation, à l'ouest de laquelle se tiendra la flotte française, à l'est de laquelle se retireront, aussitôt qu'ils pourront être avertis, les bâtiments de guerre allemands qui se trouvent dans les eaux occidentales ». — Armistice de Villafranca, du 8 juillet 1859. Art. 4 : « Les armées respectives observeront strictement les lignes de démarcation qui ont été définies pour toute la durée de la suspension d'armes. L'espace qui sépare les deux lignes de démarcation est déclaré neutre, de sorte qu'il sera interdit aux troupes des deux armées... 6. Les travaux d'attaque et de défense de Peschiera resteront durant la suspension d'armes dans l'état où ils se trouvent actuellement ».

L'armistice prend fin, soit par l'échéance du terme ou de la clause résolutoire, soit par la dénonciation lorsqu'elle est prévue, soit par la rupture de la part d'un des belligérants, soit enfin par la conclusion du traité de paix ou des préliminaires de paix.

La durée de l'armistice est ordinairement indiquée dans la convention. Il cesse de plein droit au moment précis où le délai se trouve écoulé. Si ce moment n'est pas marqué par l'indication du jour selon le calendrier et de l'heure, on compte, sauf intention contraire, d'heure à heure.

L'armistice peut être conclu avec clause résolutoire. Il peut l'être aussi pour un temps indéfini ; en pareil cas, la dénonciation est généralement prévue, avec un délai pour la reprise des hostilités. L'armistice peut être prolongé ou renouvelé.

Convention d'armistice de Villafranca, art. 2 : « Cette suspension d'armes durera à dater de ce jour jusqu'au 15 août, sans dénonciation. En conséquence les hostilités, s'il y avait lieu, recommenceraient sans avis préalable le 16 août à midi ».

Convention de Versailles, art. 1 : « Un armistice général commencera pour Paris aujourd'hui même, pour les départements dans un délai de trois jours ; la durée de l'armistice sera de vingt et un jours, à dater d'aujourd'hui, de manière que, sauf le cas où il serait renouvelé, l'armistice se terminera partout le 19 février, à midi ».

L'armistice conclu pour trois jours le 1er janvier à midi, expire de plein droit soixante-douze heures après, c'est-à-dire le 4 janvier à midi. L'armistice conclu jusqu'au 1er février, sans indication d'heure, expire dans la nuit du 31 janvier au 1er février à minuit. L'armistice conclu à partir du 1er février doit commencer le 1er février, c'est-à-dire dans la nuit du 31 janvier au 1er février à minuit, à défaut d'autre heure fixée. Au lieu de minuit, Vattel mettait le lever du soleil.

L'armistice, surtout l'armistice général, a une portée politique, parfois considérable. Souvent, il est suivi des préliminaires de paix ou de la paix et c'est précisément pour permettre de négocier la paix qu'on le conclut. Aucun chef militaire n'est qualifié pour le conclure, si ce n'est le commandant en chef, auquel sont adjoints fréquemment des plénipotentiaires revêtus du caractère diplomatique. La conclusion a lieu ordinairement dans la forme écrite, et à moins d'intention contraire la ratification est réservée.

On ne saurait apporter trop de soin et de précision à la rédaction de la convention d'armistice. Elle implique des renonciations, lesquelles doivent, en vertu des principes généraux, être interprétées de façon restrictive. Les parties s'engagent à s'abstenir de tout acte de guerre, et j'ai dit ce que cela signifie ; mais, sauf stipulations spéciales, elles ne s'engagent à rien de plus.

SECTION II. — **La neutralité** (1).

§ 68. — DES NEUTRES, DE LEURS DEVOIRS ET DE LEURS DROITS.

210. Notion de la neutralité. Aperçu historique. I. Notion et terminologie. II. Aperçu historique. — 211. Des diverses espèces de neutralité. I. Neutralité obligatoire ou conventionnelle. Neutralité volontaire, simple ou naturelle. II. Neutralité armée ; neutralité non armée, ou pacifique. III Autres espèces prétendues. — 212. Lois et déclarations concernant la neutralité. — 213. Des devoirs et des droits des neutres, en général. I. Devoirs des neutres. Les principes généraux. II. Diverses applications des principes. Des emprunts des belligérants. De l'enrôlement pour les belligérants, et de l'entrée de sujets neutres au service des belligérants. III. Des transports maritimes faits par les neutres. IV. Des droits des neutres. V. En particulier, des devoirs et des droits des États à neutralité permanente et conventionnelle. — 214. Sanction des obligations qui découlent de la neutralité. — 215. Du territoire neutre. I. En général, et du territoire terrestre en particulier. II. Des captures dans la mer territoriale neutre. Des condamnations et des ventes de prises en des ports neutres. Entrée dans les ports neutres de navires des belligérants. III. Armement et équipement de navires pour les belligérants sur territoire neutre.

(1) Dès avant la publication du *Jus belli ac pacis*, en 1620, un écrivain militaire et politique de valeur, Neumayr de Ramsla, publiait un traité *Von der Neutralität und Assistenz oder Unpartheylichkeit und Partheylichkeit in Kriegszeiten*. Ompteda cite, de 1620 à 1782, une

210. Notion. Aperçu historique de la neutralité.

I. *Notion et terminologie* (1).

Les États qui ne prennent point parti pour l'un des belligérants contre l'autre, sont neutres : *neutrarum partium, medii in bello.* N'étant ennemis ni de l'un ni de l'autre, ils sont désignés aussi par d'anciens auteurs sous le nom de *non hostes.* En vertu des liens qui unissent les membres de la Famille des nations, on peut les dire amis de tous les deux, et ceci n'est point sans importance, car, en les qualifiant ainsi, on écarte de la neutralité l'indifférence et l'égoïsme.

trentaine d'ouvrages sur cette matière, et une vingtaine sur des points spéciaux. Kamptz en cite une vingtaine. En 1782 parut le livre du spirituel abbé Galiani, *Dei doveri dei principi neutrali verso i principi guerregianti e di questi verso i neutrali.* — Grotius ne consacre à la neutralité qu'un chapitre assez court, *De his qui in bello medii sunt* (III, c.17). — Bynkershoek en dit plus dans ses *Quaestiones juris publici*, I, 9 : *De statu belli inter non hostes.* — Parmi les nombreux ouvrages récents, il y a lieu de citer l'étude de M. Berner, dans le *Staatslexikon* de Bluntschli, et celle de M. Geffcken, à laquelle je renverrai fréquemment, au tome IV du Manuel de Holtzendorff, § 128-170. — Hall, *The rights and duties of neutrals.* 1874. — Kleen, *Neutralitetens Lagar.* 1889-1891. — Calvo, t. IV, 2491-2707. — Martens, t. III, § 129-138.

Le droit des neutres sur mer est particulièrement important. Il a été étudié notamment par Huebner (ci-après, § 69) ; par Cauchy (§ 66) ; par Hautefeuille : *Des droits et des devoirs des nations neutres en temps de guerre maritime* (1re éd. 1848-1849, 3e, 1868) ; par Gessner, *Le droit des neutres sur mer* (1865, 1876) ; par Schiattarella, *Il diritto della neutralita nelle guerre marittime* (1877).

Plusieurs ouvrages importants ont un caractère national, soit général, soit particulier. Ainsi ceux d'Arendt et de M. Schweizer, mentionnés au § 7, et l'étude historique de M. Bernard, *Historical account of the neutrality of Great-Britain during the American civil war* (1870). M. Drouyn de Lhuys a publié en 1868 une étude sur *les neutres pendant la guerre d'Orient.* M. Schuyler a consacré aux *Neutral rights* un chapitre de son livre *American diplomacy* (1886). Voir aussi Bury, *La neutralité de la Suisse et son observation durant la guerre actuelle*, R. D. I., t. II, p. 636-642 (1870).

(1) Comme essai récent d'une définition nouvelle et juridique de la neutralité, je citerai une étude volumineuse, thèse de doctorat de l'université de Lausanne : Sidney Schopfer, *Le principe juridique de la neutralité et son évolution dans l'histoire du droit de la guerre* (1894).

La notion de la neutralité est inséparable de la notion de la guerre. Sans guerre, il n'y a pas de neutralité effective et réalisée. Il est vrai que pour les nations à neutralité conventionnelle et permanente, la neutralité existe même en temps de paix, mais seulement, si l'on peut ainsi dire, à l'état latent (1).

Les Grecs ont exprimé le fait de rester neutre par les mots ἡσυχίαν ἄγειν, se tenir tranquille ; les Suisses disaient de même *still sitzen*. — Tite Live, 35, 48 : « Pacem utrique parti, ut medios deceat amicos, optent, bello se non interponant ». — *Neuter* signifie : ni l'un ni l'autre, et les grammairiens de Rome employaient le mot *neutralis* pour désigner les mots neutres, qui ne sont ni masculins ni féminins. Le mot français de neutre, dans le sens juridique et politique actuel, se trouve chez Froissart (1337-1410), lequel dit : « ceux de Hainaut demeurèrent neutres ».

En 1536, l'État de Zurich emploie les mots allemands « Unpartyschung und Neutralitet ».

Grotius et Wolff appellent les neutres *medii in bello*, Bynkershoek les qualifie de *non hostes*, et incidemment aussi d'amis communs des deux parties. Vattel insiste sur cette qualité d'ami commun, laquelle produit diverses conséquences. On les a parfois exagérées. Selon Huebner (2), « le grand devoir de tout État neutre, c'est qu'il doit faire tout son possible pour rétablir la paix, et que, pour cet effet, il doit employer sincèrement ses bons offices, afin que la partie lésée obtienne satisfaction s'il se peut ; sinon, que du moins la guerre soit bientôt terminée ». Si ce principe, au moins dans sa première partie, était pris à la lettre, les États neutres, et particulièrement ceux à neutralité permanente, auraient un rôle fort beau, mais non moins onéreux, et périlleux surtout. Il est certain que l'esprit général de la neutralité doit être pacifique et conciliant. Les neutres qui, pour exploiter la guerre à leur profit, travaillent à la prolonger, n'agissent pas conformément aux sentiments qui doivent animer, les uns à l'égard des autres, les membres de la Famille des nations. La limite est délicate à saisir et à tracer.

II. *Aperçu historique* (3).

Le droit actuel de la neutralité est de date relativement récente, comme la conception de la communauté internationale, à laquelle il est lié intimement, non moins qu'à celle de l'équilibre politique.

(1) Comparez ci-dessus, § 7.

(2) *De la saisie des bâtiments neutres*, 1re partie, ch. II, § 11. 1759.

(3) Schweizer, ouvrage cité au § 7, p. 15-72. L'ouvrage entier, consacré à l'histoire de la neutralité

Il s'est formé surtout par la pratique des pays neutres ; de la Suisse notamment, pour qui, depuis plus de trois cent cinquante ans, la neutralité permanente est un principe essentiel, qu'elle a suivi presque toujours avec persévérance et habileté, et développé surtout depuis un demi-siècle dans un esprit essentiellement humain et progressif ; puis, dans les temps récents, d'autres puissances, jeunes et fortes, surtout de la Russie et des États-Unis d'Amérique.

Il va sans dire que les anciens, et les Romains comme les Grecs, connaissaient la situation d'États qui restaient ou voulaient demeurer étrangers à une guerre entre d'autres États, mais ils n'admettaient cette situation que difficilement et la respectaient peu. Elle était expressément exclue dans les traités d'amitié que Rome faisait avec les autres peuples. Qui n'est pas pour moi, disait Rome, est contre moi.

Au moyen âge, la situation resta, en somme, la même. Les belligérants ne respectaient pas les neutres, et ceux-ci cherchaient à exploiter la guerre à leur profit. On se mettait à l'abri, on prenait ses précautions, par des stipulations expresses. Ainsi, en 1303, l'Angleterre et la France conviennent « que l'un ne recevra ni soutiendra ni confortera ni sera confort ni aide aux ennemis de l'autre ».

Plus tard, dans les temps modernes, les stipulations précises font place à des assurances plus générales ; c'est ainsi qu'il est dit dans le traité de Ryswyck que « les États contractants éviteront, de bonne foi et autant qu'il leur sera possible, ce qui pourrait leur causer réciproquement quelque dommage ».

La maxime de la neutralité, professée et suivie par la Confédération suisse depuis le XVIe siècle, a grandement contribué à l'adoption de principes juridiques réglant cette matière (1). Il n'est point surprenant que Vattel en ait traité avec plus de précision que ses prédécesseurs (2). Il manifeste encore cependant mainte conception erronée. Comme Grotius, il mêle à la neutralité la justice de la guerre, ce que Bynkershoek avait déjà condamné. « Si recte judico, disait cet éminent jurisconsulte,

suisse, est instructif pour l'histoire générale de la neutralité. — Calvo, t. IV, 2491-2591.

En 1889, l'Académie des sciences morales et politiques a mis au concours le sujet suivant : Faire l'histoire du droit des neutres et de son introduction dans la législation moderne de l'Europe. Le mémoire couronné est dû à la collaboration de M. Ch. de Boeck et de M. Paul Fauchille. La partie due à M. Fauchille a été publiée en 1893. Ci-après, p. 372, note 5.

(1) Ci-dessus, t. I, p. 111.

(2) Vattel, livre III, ch. 7, *De la neutralité et des troupes en pays neutre*. Comparez Wolff, *Institutiones*, § 1181.

belli justitia vel injustitia nihil quicquam pertinet ad communem amicum; ejus non est, inter utrumque amicum, sibi invicem hostem, sedere judicem et ex causa nequiore vel iniquiore huic illive plus minusve tribuere vel negare ». Avec Wolff, et tout en reconnaissant que le droit de rester neutre est un droit naturel, Vattel estime les traités de neutralité nécessaires, car « si l'on n'a point de pareils traités, il est à craindre qu'il ne s'élève souvent des disputes sur ce que la neutralité permet ou ne permet pas ».

Les guerres du siècle dernier furent funestes aux neutres. L'Angleterre surtout poussait à outrance les droits vrais ou prétendus des belligérants, principalement sur mer. Tout commerce avec l'ennemi fut interdit au neutre, la notion de la contrebande de guerre fut démesurément étendue (1) ; le blocus sur papier ou blocus anglais était en honneur (2) ; la règle de guerre de 1756 est restée fameuse (3) ; l'amirauté inventait la continuité du voyage (4).

Les excès de l'Angleterre provoquèrent une réaction, qui se manifesta par la neutralité armée de 1780 (5). L'initiative en appartient à la grande impératrice Catherine, dont le ministre danois André de Bernstorff (1735-1797) fut le précieux collaborateur, et aussi, comme on l'a montré récemment, à l'action diplomatique de la France. « La ligue des neutres, dit M. Fauchille, nous est apparue comme l'œuvre commune de la France et de la Russie. C'est le ministre de Louis XVI, M. de Vergennes, qui le premier en eut l'idée ; mais c'est Catherine II qui réalisa cette pensée grandiose, et cette réalisation fut de sa part un acte réfléchi... ».

La déclaration de Catherine aux cours de Londres, Versailles et Madrid, est du 9 mars, 27 février, 1780. Elle reçut la sanction du Danemark et de la Suède dans les traités du 9 juillet et du 2 août de la même année ; les Pays-Bas, la Prusse, l'Autriche, les Deux-Siciles, le Portugal, la France, les États-Unis y accédèrent de 1781 à 1783. En voici les passages principaux : ... « (L'impératrice) a cru être de sa justice d'exposer aux yeux de l'Europe les principes qu'elle va suivre, et qui sont propres à lever tout malentendu et ce qui pourrait y donner lieu.

(1) Ci-dessous, § 69, 217.

(2) Ci-dessus, § 63, 194.

(3) Ci-dessous, § 69, 216, I.

(4) Même paragraphe, 221.

(5) Sur la neutralité armée : Bergbohm, *Die bewaffnete Neutralität, 1780-1783. Eine Entwickelungs-phase des Völkerrechts im Seekriege.* 1884. — Martens, R. D. I., t. XIII, p. 94-97 ; t. XVI, p. 312-314. *Recueil des traités de la Russie*, t. IX (X), p. 295 et s. M. de Martens s'applique à établir, contrairement à l'opinion émise par Wheaton et fondée surtout sur le mémoire de Gœrtz et l'autorité de Dohm, que la ligue des neutres est bien l'œuvre personnelle de la grande impératrice. — Fauchille, *La diplomatie française et la ligue des neutres de* 1780, (1776-1783). Ouvrage couronné par l'Institut de France. 1893.

Elle le fait avec d'autant plus de confiance qu'elle trouve consignés ces principes dans le droit primitif des peuples, que toute nation est fondée à réclamer, et que les puissances belligérantes ne sauraient les invalider sans violer les lois de la neutralité et sans désavouer les maximes qu'elles ont adoptées, nommément dans différents traités et engagements publics. Ils se réduisent aux points qui suivent : 1° que les vaisseaux neutres puissent naviguer librement de port en port et sur les côtes des nations en guerre ; 2° que les effets appartenant aux sujets desdites puissances en guerre soient libres sur les vaisseaux neutres, à l'exception des marchandises de contrebande ; 3° que l'impératrice se tient, quant à la fixation de celles-ci, à ce qui est énoncé dans les art. 10 et 11 de son traité de commerce avec la Grande-Bretagne (20 juin 1766), en étendant ces obligations à toutes les puissances en guerre ; 4° que pour déterminer ce qui caractérise un port bloqué, on n'accorde cette dénomination qu'à celui où il y a, par la disposition de la puissance qui l'attaque avec des vaisseaux arrêtés et suffisamment proches, un danger évident d'entrer ; 5° que ces principes servent de règles dans les procédures et les jugements sur la légalité des prises.

« Sa Majesté Impériale, en les manifestant, ne balance point de déclarer que pour les maintenir, et afin de protéger l'honneur de son pavillon, la sûreté du commerce et de la navigation de ses sujets contre qui que ce soit, elle fait appareiller une partie considérable de ses forces maritimes.

« Cette mesure n'influera cependant d'aucune manière sur la stricte et rigoureuse neutralité qu'elle a saintement observée, et qu'elle observera tant qu'elle ne sera provoquée et forcée de sortir des bornes de modération et d'impartialité parfaite. Ce n'est que dans cette extrémité que sa flotte aura ordre de se porter partout où l'honneur, l'intérêt et le besoin l'appelleront ».

Le traité russo-prussien du 8 mai 1781 précise davantage le cinquième point : « Que les vaisseaux neutres ne peuvent être arrêtés que sur de justes causes et faits évidents ; qu'ils soient jugés sans retard, que la procédure soit toujours uniforme, prompte et légale, et que chaque fois, outre les dédommagements qu'on accorde à ceux qui ont fait des pertes sans avoir été en faute, il soit rendu une satisfaction complète pour l'insulte faite au pavillon ».

« Il est parfaitement vrai, dit M. Geffcken, que les États alliés eux-mêmes, et la Russie particulièrement, ont abandonné et sacrifié plus tard les principes qu'ils avaient proclamés comme le palladium des neutres et le fondement du droit maritime international. La neutralité armée de 1780 n'en conserve pas moins sa grande portée historique et juridique... Elle a montré que même la plus forte puissance maritime peut être contrainte à conformer sa conduite aux exigences des neutres, lorsque ceux-ci sont d'accord ». L'Angleterre en effet, quoiqu'elle n'ait renoncé à aucun de ses principes, se vit forcée de ménager les neutres, et dans les dernières années de la guerre, elle agit, en somme, conformément aux principes énoncés dans la déclaration de 1780.

En matière de droits des neutres, comme en diverses autres matières, les guerres de la révolution et de l'empire marquent un recul. Ni les alliés ni la France ne permettaient, en fait, la neutralité. La France, par ses lois et décrets de 1793, renonça aux principes de la neutralité armée et même aux principes consacrés par des traités antérieurs. L'Angleterre maintint ses maximes anciennes, dans ses ordonnances de la même année, et les imposa, avec l'appui de la Prusse, aux autres États. En Danemark cependant, Bernstorff résista, mais la Russie se convertit aisément aux théories qu'elle avait combattues treize ans auparavant. L'art. 2, et surtout l'art. 3 du traité anglo-russe du 25 mars 1793 sont significatifs. Le roi et l'impératrice « s'engagent de réunir tous leurs efforts pour empêcher que les autres puissances, qui ne participeront point à cette guerre, ne donnent, dans cette occasion d'un intérêt commun à tout État civilisé, aucune protection que ce soit, ou directe ou indirecte, en conséquence de leur neutralité, au commerce ou aux propriétés des Français, sur la mer ou dans les ports de France ». Dès lors, les coups de force contre les neutres se multiplient de tous les côtés. Il serait oiseux de les exposer en détail.

Une phase nouvelle s'ouvre en 1800. L'installation du conseil des prises (1801) l'inaugure en France. Pour les quatre puissances du Nord et la France, la deuxième neutralité armée, du 6 (18) décembre 1800, renouvelle en somme, tout en les affaiblissant, les déclarations de la première, et y ajoute des dispositions concernant le convoi. La Russie est ici, de nouveau, la protectrice des neutres. La réponse de l'Angleterre ne se fit point attendre. Un ordre du cabinet, du 14 janvier 1801, mit l'embargo sur les navires russes, suédois, danois, et la convention maritime du 17 juin 1801 mit fin à la 2e ligue des neutres. Cependant Alexandre annula six ans après la convention du 17 juin, et proclama derechef les principes de 1780 (1).

J'ai signalé les services rendus par la Suisse et par la Russie pour le développement de la neutralité. Les États-Unis d'Amérique ont aussi rempli un rôle important dans la formation de la doctrine. Ils restèrent neutres dans les guerres de la fin du dernier siècle, et la manière dont ils ont pratiqué leur neutralité est digne d'éloge ; il y a lieu de mentionner surtout la proclamation de neutralité du grand Washington,

(1) Sur l'histoire de la convention maritime et de la déclaration de 1807, voyez F. de Martens, *Recueil des traités russes*, t. XI, p. 1-28, 106-142.

du 22 avril 1793. Plus tard, il est vrai, ils n'ont pas toujours été fidèles à cette ligne de conduite (1).

En 1823, le président Monroe fit communiquer à la France, la Grande-Bretagne et la Russie un « projet de convention internationale pour régulariser les principes de la neutralité commerciale et maritime », contenant un règlement complet des droits et des devoirs des neutres (2).

Enfin divers faits importants ont profité à la doctrine de la neutralité depuis la chute du premier empire français.

Sur le désir de la Suisse, les traités de Vienne ont consacré le principe déjà ancien de la neutralité permanente ou perpétuelle de la Confédération, en y ajoutant comme complément et auxiliaire la neutralité locale du nord de la Savoie. Ces mêmes traités ont créé la neutralité permanente de la république de Cracovie.

Les traités de Londres de 1831 et de 1867 ont créé deux autres neutralités permanentes, celles de la Belgique et du Luxembourg.

La conférence de Berlin, en 1885, a sanctionné d'avance la neutralité facultative des territoires compris dans le bassin conventionnel du Congo.

Des progrès décisifs ont été réalisés au milieu de notre siècle par suite de l'alliance franco-anglaise. La guerre de 1854, où chacun des alliés renonça à des prétentions très différentes, mais également nuisibles aux neutres, a par là-même été favorable à ces derniers. La déclaration de Paris, du 16 avril 1856, à laquelle on doit l'abolition de la course, a consacré le double principe que le pavillon neutre couvre la marchandise ennemie et que la marchandise neutre n'est pas saisissable sous pavillon ennemi. Il est permis de considérer ce résultat comme acquis définitivement, de même que la condition de l'effectivité du blocus.

Dans la guerre de sécession, les Américains n'ont à la vérité pas soutenu leur bonne renommée ancienne en matière de respect de la neutralité, et l'on connait suffisamment, d'autre part, les torts de l'Angleterre. Mais le compromis de Washington, par ses trois règles, et l'arbitrage de Genève ont incontestablement fait avancer la doctrine.

De nouveaux progrès de la doctrine et de la pratique sont dus à la guerre franco-allemande de 1870-1871, et aux suites de cette guerre.

(1) Ci-dessus, § 7. On peut consulter, à ce sujet, les observations préliminaires de Wharton, au tome I du *Digest of the international law of the United States*. 1886. — Hall, *International law*, § 213.

(2) De Boeck, *De la propriété privée ennemie sous pavillon ennemi*, p. 97-101.

211. Des diverses espèces de neutralité.

I. *Neutralité obligatoire, ou conventionnelle. Neutralité volontaire, simple ou naturelle.*

Les États qui sont neutres en vertu de traités collectifs et d'une façon permanente (1), sont obligés par ces traités de rester neutres. On a vu cependant qu'ils peuvent les dénoncer, et dans quelles circonstances, à leurs risques et périls (2). Une prise de parti de la Belgique ou de la Suisse dans un conflit étranger, si elle constituait une offensive véritable, enlèverait à ces États leur droit de se prévaloir de leur neutralité et les avantages qui s'y rattachent. Il n'en serait pas de même d'une guerre défensive, à laquelle ils se verraient forcés par la conduite à leur égard de l'un des belligérants. Au contraire : tout en les faisant sortir momentanément de leur rôle de neutre, une guerre défensive pourrait sauver dans l'avenir non seulement leur neutralité, mais leur indépendance même, qu'ils risqueraient de perdre s'ils cédaient trop vite à la force ou aux menaces de l'un des adversaires. Il faut maintenir, sauf stipulations particulières, que l'État neutralisé reste maître de faire la guerre pour son propre compte, car neutralisé ne signifie point pacifié ni émasculé (3).

Un État peut être neutre en vertu d'engagements qui l'obligent à la neutralité dans une guerre déterminée.

Inversement, il peut avoir contracté des alliances qui l'obligent, dans un cas donné, à sortir de sa neutralité.

Ce cas se présentant, l'adversaire de l'allié n'a pas le droit de traiter le neutre en ennemi d'emblée, avant qu'il se soit comporté comme tel. On n'est pas certain, en effet, qu'il veuille remplir son devoir d'allié ; il peut contester le *casus fœderis*, ou rompre avec son allié ; l'adversaire de celui-ci n'a pas à préjuger la question.

(1) Ci-dessus, § 7.
(2) Ci-dessus, § 55, 159.
(3) Ci-dessus, § 61, 177, II.

Cependant cet adversaire pourra le mettre en demeure de se déclarer (1).

Hors ces cas d'obligation, tant permanente que momentanée, la neutralité est volontaire.

La neutralité volontaire est la règle, et cela résulte de l'indépendance. Tout État, étant indépendant, a le droit de rester neutre quand d'autres États se font la guerre.

Il va de soi que, de deux États unis personnellement, l'un peut être belligérant, et l'autre neutre, et que cela ne serait pas concevable en cas d'union réelle (2). Ce partage ne se concevrait pas non plus dans le sein d'un État fédératif. Il est possible, et s'est produit mainte fois, dans la confédération d'États. Tout ici dépend du pacte fédéral (3).

En 1859, les États allemands, membres, comme l'Autriche, de la Confédération germanique, sont restés neutres. Le pacte fédéral ne les obligeait à sortir de leur neutralité que si les possessions allemandes de l'Autriche étaient attaquées.

II. *Neutralité armée ; neutralité non armée, ou pacifique.*

Lorsqu'un pays neutre est limitrophe ou proche voisin des belligérants, il est ordinairement dans le cas de prendre des mesures militaires pour assurer sa neutralité et se mettre en état de remplir les obligations qu'elle lui impose. Sa neutralité sera donc armée.

Lorsqu'un État se borne à déclarer ou à observer la neutralité sans prendre des mesures militaires, sa neutralité est non armée ou pacifique.

On a vu ci-dessus, au numéro 210, un sens différent, spécialement historique, des mots de neutralité armée.

III. *Autres espèces prétendues de neutralité.*

On distinguait jadis la neutralité pleine et entière, ou parfaite, et

(1) Ci-dessus, § 53, 155, II ; § 61, 178.

(2) Union personnelle, union réelle, ci-dessus § 5.

(3) État fédératif, confédération d'États, § 6.

la neutralité limitée, ou imparfaite. L'État neutre, dans cette seconde espèce, pouvait être astreint à certains devoirs en faveur de l'un des belligérants, à raison de stipulations antérieures à la guerre. Cette notion de neutralité imparfaite est rejetée aujourd'hui ; on ne connaît plus qu'une neutralité entière et absolue. Toute participation à la guerre, toute assistance prêtée directement ou indirectement à l'un des belligérants, est interdite au neutre. Ce principe juste a été posé en ces termes, il y a près de deux siècles, par Bynkershoek, qui s'est en cela montré précurseur : « Non hostes appello qui neutrarum partium sunt, nec ex fœdere his illisve quicquam debent ; si quid debeant, fœderati sunt, non simpliciter amici ». Il peut convenir à un belligérant de laisser passer sans agir, même sans protester, les infractions et manquements d'un neutre. C'est de la politique ; la question de droit n'en est point affectée (1).

La notion de la neutralité bienveillante est également étrangère, et semble même contraire au droit, puisque des actes de bienveillance particulière envers l'un des belligérants sont des actes de malveillance envers l'autre, et violent les devoirs de la neutralité. On peut dire d'autre part que, le neutre étant ami des deux belligérants, toute neutralité est bienveillante.

On parle quelquefois d'une neutralité partielle. Ceci ne peut avoir de nos jours qu'un seul et unique sens ; c'est que l'État dont la neutralité est dite partielle, est libre de prendre part à la guerre, mais qu'une partie de son territoire est neutralisée (2). Cette expression n'a donc qu'une portée locale et très restreinte ; elle doit être rejetée, comme pouvant éveiller des idées erronées.

Le comte Albert de Bernstorff (1809-1874), ambassadeur de Prusse à Londres, demandait à la Grande-Bretagne, par memorandum du 30 août 1870, une neutralité bienveillante. La même expression se retrouve ailleurs, ainsi dans le traité d'alliance austro-allemand de 1879. Le baron de Beust, dans le projet d'alliance austro-italienne qu'il rédigea en 1870, proposait une neutralité bienveillante pour la France.

(1) Ci-dessous, 214.

(2) Ainsi la France, la Grèce. Ci-dessus, § 10, 36.

Dans la guerre dano-allemande de 1848-1850, la Grande-Bretagne, interdisant l'exportation d'armes en Allemagne, et laissant ses sujets fournir des armes au Danemark, prétendait y être obligée en vertu d'un ancien traité conclu avec cet État. C'était une violation de la neutralité.

Exemples de neutralité partielle : une partie du territoire hellénique est neutralisée, savoir trois des îles ioniennes ; une partie du territoire français, le nord de la Savoie. Il est évident que ceci ne pourrait guère exercer d'influence sur la situation générale de la France et de la Grèce.

212. Lois et déclarations concernant la neutralité.

Les déclarations concernant la neutralité, fréquemment émises au début d'une guerre, sont de deux sortes.

L'une émane d'un belligérant et indique aux neutres les facultés qu'il leur reconnaît et les devoirs dont il prétend être en droit d'exiger de leur part l'accomplissement.

L'autre espèce, appelée plus spécialement déclaration de neutralité, provient de l'État neutre et fait connaître la position qu'il prend en présence de la guerre, ainsi que les droits qu'il affirme avoir et qu'il fera respecter. En règle, les États qui, tout en voulant rester neutres, sont en suite de leur position intéressés par la guerre, émettent, dès le début de la guerre, de pareilles déclarations de neutralité.

Ces déclarations peuvent être de véritables lois, ayant un caractère général et permanent.

Je citerai, comme importants ou offrant un intérêt particulier, l'acte de neutralité américain de 1794, le *Foreign Enlistment Act* anglais du 3 juillet 1819 et celui du 3 août 1870 ; les proclamations anglaises du 13 mai 1861, du 19 juillet 1870, du 30 août 1877 ; la déclaration des États-Unis du 22 août 1870 ; les circulaires belges du 22 juillet 1870 et du 6 mai 1877 ; les décrets du conseil fédéral suisse de 1859, du 16 juin 1866, l'arrêté fédéral du 16 juillet 1870, la note du conseil fédéral du 18 juillet 1870.

En février 1895, le gouvernement anglais, conformément à l'avis des légistes de la couronne, n'a pas jugé devoir émettre une déclaration de neutralité au sujet de la guerre de la France contre Madagascar ; il a rendu publique cette décision (1).

(1) Ci-dessus, § 61, 177, II.

Proclamation du président des États-Unis, du 22 août 1870 : « Attendu qu'une guerre a malheureusement surgi entre la France, d'une part, et la Confédération de l'Allemagne du Nord et ses alliés, d'autre part ; attendu que les États-Unis sont en termes de bonne amitié avec tous les belligérants et avec les personnes habitant leurs territoires..., et attendu que les lois des États-Unis, sans s'opposer à la libre expression des opinions et des sympathies ou à la libre confection et vente d'armes et de munitions de guerre, n'en imposent pas moins à toutes personnes habitant dans le ressort de leur territoire et de leur juridiction le devoir de conserver pendant toute la durée du conflit actuel une neutralité impartiale, — par ces motifs, moi, Ulysse Grant, président des États-Unis, je déclare et proclame par les présentes que, en vertu de l'acte décrété le 20 avril 1818 et généralement appelé « loi de neutralité », les faits suivants sont défendus sous des peines sévères dans les limites des territoires et juridictions des États-Unis : 1° accepter et exercer aucun emploi à l'effet de prêter, par terre ou par mer, assistance à l'un des belligérants contre l'autre ; 2° s'enrôler ou entrer au service de l'un des belligérants comme soldat, marin, matelot à bord d'un navire de guerre ou d'un corsaire ; ...8° équiper et armer, ou tenter d'équiper et d'armer un navire ou vaisseau, aider ou être notoirement intéressé à son équipement ou armement, dans l'intention de mettre ce navire ou vaisseau au service de l'un des belligérants ; ...11° préparer ou faciliter les préparatifs de quelque expédition ou entreprise militaire dirigée du territoire ou de la juridiction des États-Unis contre les territoires ou possessions de l'un ou de l'autre belligérant.

« .... Je déclare, en outre, que les lois des États-Unis et le droit international exigent également qu'aucune personne, dans le territoire ou la juridiction des États-Unis, ne prenne part directement à la guerre actuelle, mais que toutes restent en paix avec chacun des belligérants et conservent une neutralité stricte et impartiale, et que tous les privilèges, qui seront accordés à l'un des belligérants dans les ports des États-Unis soient, de même, accordés à l'autre. — Et j'enjoins par les présentes à tous les bons citoyens des États-Unis et à toutes personnes résidant ou se trouvant dans le territoire ou la juridiction des États-Unis d'observer lesdites lois de neutralité, de ne faire aucun acte contraire aux prescriptions de ces lois ou en violation des règles du droit international sur cette matière. — Et j'informe par les présentes tous les citoyens des États-Unis, et toutes personnes résidant ou se trouvant dans leur territoire ou juridiction, que... ces lois s'opposent... à l'organisation ou à la levée, dans les limites de leur juridiction, de forces militaires destinées à venir en aide à l'un ou à l'autre belligérant, et que, si toute personne peut, légalement et sans que l'état de guerre puisse apporter à ce droit la moindre restriction, fabriquer et vendre dans les États-Unis des armes et des munitions de guerre ou autres articles ordinairement nommés contrebande de guerre, nul ne peut cependant transporter ces articles en haute mer pour l'usage des belligérants, ni transporter leurs soldats ou officiers, ni tenter de violer un blocus légalement établi et maintenu durant la guerre, sans courir les risques d'une saisie de la part de l'ennemi et sans s'exposer aux peines prononcées dans ces cas par la loi internationale. — J'informe enfin tous les citoyens des États-Unis, et tous ceux qui réclameront la protection de ce gouvernement, qu'ils porteront la pleine responsabilité de la violation des règles précitées, et qu'ils ne pourront, en aucune façon, obtenir la protection du gouvernement des États-Unis contre les conséquences de leurs actes ».

213. Les devoirs et les droits des neutres, en général (1).

I. *Devoirs des neutres. Les principes généraux.*

Les devoirs des neutres se résument dans les propositions suivantes :

L'État neutre, ami commun des deux parties belligérantes, est tenu de rester impartial.

Cette impartialité n'a trait qu'à la guerre, et comprend deux choses distinctes, mais connexes.

D'une part, l'État neutre ne prêtera aucune assistance, ni à l'un ni à l'autre des belligérants.

D'autre part, ce qu'il accorde licitement, malgré la guerre, à l'un des belligérants, il doit ne pas le refuser à l'autre.

C'est à l'État neutre, c'est-à-dire à son gouvernement, qu'incombe ce double devoir.

Les citoyens et les habitants du territoire de l'État neutre n'ont personnellement aucune obligation envers les belligérants ; ils n'en ont qu'envers l'État neutre lui-même. Il n'existe donc pas, à proprement parler, de violation de neutralité de leur part ; il n'en existe que de la part de l'État neutre dont ils sont citoyens ou dont ils habitent le territoire.

Ces principes paraissent simples. Leur application, cependant,

(1) Geffcken, § 129-130, § 138. — Martens, t. II, 131, § 138.

soulève quantité de questions délicates, dont les plus importantes seront traitées ci-après.

Vattel, III, § 104 : ... « Tant qu'un peuple neutre veut jouir sûrement de cet état, il doit montrer en toute chose une exacte impartialité entre ceux qui se font la guerre. Car s'il favorise l'un au préjudice de l'autre, il ne pourra pas se plaindre quand celui-ci le traitera comme adhérent et associé de son ennemi. La neutralité serait une neutralité frauduleuse, dont personne ne veut être la dupe. On la souffre quelquefois, parce qu'on n'est pas en état de s'en ressentir ; on dissimule, pour ne pas s'attirer de nouvelles forces sur les bras. Mais nous cherchons ici ce qui est de droit, et non ce que la prudence peut dicter selon les conjonctures. Voyons donc en quoi consiste cette impartialité, qu'un peuple neutre doit garder.

« Elle se rapporte uniquement à la guerre, et comprend deux choses : 1° Ne point donner de secours quand on n'y est pas obligé ; ne fournir librement, ni troupes, ni armes, ni munitions, ni rien de ce qui sert directement à la guerre. Je dis ne point donner de secours et non pas en donner également ; car il serait absurde qu'un État secourût en même temps deux ennemis. Et puis il serait impossible de le faire avec égalité ; les mêmes choses, le même nombre de troupes, la même quantité d'armes, de munitions, etc., fournies en des circonstances différentes, ne forment plus des secours équivalents ; 2° Dans tout ce qui ne regarde pas la guerre, une nation neutre et impartiale ne refusera point à l'un des partis, à raison de sa querelle présente, ce qu'elle accorde à l'autre. Ceci ne lui ôte point la liberté dans ses négociations, dans ses liaisons d'amitié et dans son commerce, de se diriger sur le plus grand bien de l'État. Quand cette raison l'engage à des préférences, pour des choses dont chacun dispose librement, elle ne fait qu'user de son droit. Il n'y a point là de partialité. Mais si elle refusait quelqu'une de ces choses-là à l'un des partis, uniquement parce qu'il fait la guerre à l'autre, et pour favoriser celui-ci, elle ne garderait plus une exacte neutralité ».

Ce chapitre de Vattel énonce le principe de l'impartialité, telle qu'on l'entendait au siècle dernier, avec la notion incomplète de la neutralité qui se révèle dans les intitulés des paragraphes suivants : *Un allié peut fournir le secours qu'il doit, et rester neutre* (§ 105) ; *comment on peut permettre des levées, prêter de l'argent, ou vendre toutes sortes de choses sans rompre la neutralité* (§ 110) ; *du passage des troupes en pays neutre* (§ 119).

J'ai dit que le neutre doit ne pas refuser à l'un des belligérants ce qu'il accorde licitement à l'adversaire de celui-ci. On verra des applications de ce principe à propos des enrôlements, des emprunts, du séjour dans les ports. Objectera-t-on, comme le fait Vattel à propos des secours, qu'une même faculté, accordée aux deux parties adverses, ne produira pas des effets identiques pour chacune d'elles? C'est vrai, mais le neutre n'a pas à s'en préoccuper. La liberté, l'indépendance est la règle, la restriction l'exception : le retour à la règle est d'interprétation favorable.

J'ai parlé des citoyens et habitants. En effet, il s'agit ici, non seulement des régnicoles, mais encore des étrangers qui sont sur le territoire neutre (1).

L'État neutre répond aux belligérants des actes commis sur son territoire qui sont contraires à sa neutralité. Il ne serait point excusé, en général, par l'allégation de son impuissance à les prévenir ou à les réprimer. Car il doit être ou se mettre en mesure de satisfaire à ses obligations internationales; s'il le faut, en changeant sa législation et même sa constitution. S'il n'y peut parvenir, c'est à lui, et non à d'autres États, d'en supporter les conséquences ; aux pays neutres surtout, il est dangereux d'avoir un gouvernement faible. On verra plus loin la mesure exacte de cette responsabilité dans quelques cas particuliers.

L'État neutre n'est point obligé de surveiller ses ressortissants hors du territoire, ni de faire à l'étranger, soit dans un autre pays, soit en pleine mer, la police pour les belligérants, ce qui d'ailleurs lui serait le plus souvent impossible. C'est aux belligérants eux-mêmes qu'il appartient d'agir directement à l'encontre des faits qui leur sont nuisibles et qui sont perpétrés par des sujets d'États neutres hors du territoire neutre.

L'État neutre ne protégera pas son national qui aura commis des actes contraires à la neutralité, pour autant du moins que le belligérant se tiendra dans les limites de la répression légitime.

Durant les guerres de la révolution, Washington a fait passer, au prix des plus grands efforts, l'acte de neutralité de 1794, pour empêcher la France d'armer aux États-Unis des croiseurs contre l'Angleterre. La Grande-Bretagne s'est conduite différemment durant la guerre de sécession, et l'on sait ce que lui a coûté sa négligence ou sa mauvaise volonté.

En 1863, les États-Unis demandèrent à l'Angleterre de modifier l'acte

(1) Comparez ci-après, IV.

de 1819. L'Angleterre refusa d'abord, mais le fit plus tard (1867); d'où la revision du 3 août 1870.

« C'est dans la détermination des limites du droit de répression qu'est le progrès du droit des gens. Il s'agit dans cette question d'un compromis entre les droits des belligérants et ceux des neutres. Il est incontestable que ce droit de répression, primitivement illimité, est soumis de plus en plus à des conditions précises. La force des choses pousse autant à le réduire à la mesure conciliable avec les évidentes nécessités de la guerre, qu'à rendre ces conditions obligatoires universellement (1) ».

Résolutions de l'Institut de droit international, adoptées à la Haye, en 1875 : « I. L'État neutre, désireux de demeurer en paix et amitié avec les belligérants et de jouir des droits de la neutralité, a le devoir de s'abstenir de prendre à la guerre une part quelconque, par la prestation de secours militaires à l'un des belligérants ou à tous les deux, et de veiller à ce que son territoire ne serve pas de centre d'organisation ou de point de départ à des expéditions hostiles contre l'un d'eux ou contre tous les deux. — II. En conséquence, l'État neutre ne peut mettre, d'une manière quelconque, à la disposition d'aucun des États belligérants, ni leur vendre les vaisseaux de guerre ou vaisseaux de transport militaire, non plus que le matériel de ses arsenaux ou de ses magasins militaires, en vue de l'aider à poursuivre la guerre. En outre, l'État neutre est tenu de veiller à ce que d'autres personnes ne mettent des vaisseaux de guerre à la disposition d'aucun des États belligérants dans ses ports ou dans les parties de mer qui dépendent de sa juridiction. — III. Lorsque l'État neutre a connaissance d'entreprises ou d'actes de ce genre, incompatibles avec la neutralité, il est tenu de prendre les mesures nécessaires pour les empêcher et de poursuivre comme responsables les individus qui violent les devoirs de la neutralité ».

La neutralité est violée par des actes. Elle n'est pas violée par de simples manifestations de sympathie pour l'un des belligérants, émanant de citoyens ou d'habitants de l'État neutre, faites par écrit, notamment dans la presse quotidienne, ou de vive voix ; non plus que par l'exercice de la bienfaisance, ni par les œuvres d'humanité, qui sont dues à tous les hommes. Sans préjudice, bien entendu, du droit de l'autre belligérant au respect, droit que l'État neutre est tenu de faire observer scrupuleusement.

Un souverain neutre peut, sans doute, en certaines circonstances

(1) Geffcken, § 130.

données, sans manquer à son devoir, se permettre envers l'un ou l'autre des belligérants ou envers tous les deux, des exhortations et des observations, et même l'expression amicalement respectueuse de sa désapprobation, soit au sujet du fait même de la guerre, soit à raison de la manière dont elle est conduite. Mais l'État comme tel, le gouvernement, ne doit témoigner ni sympathie ni antipathie à l'un des belligérants, au détriment ou à l'avantage de l'autre. Il se gardera surtout de paraître comme le porte-voix de l'opinion publique du pays ; ce serait, de sa part, une ingérence coupable et un manque de respect.

Proclamation du président des États-Unis, du 22 août 1870 : « ...J'informe par les présentes tous les citoyens des États-Unis et toutes personnes résidant ou se trouvant sur leur territoire ou juridiction que, bien que l'expression libre et entière des sympathies en matière d'intérêts publics et privés ne soit aucunement restreinte par les lois des États-Unis, ces lois s'opposent cependant à l'organisation ou à la levée, dans les limites de juridiction, de forces militaires, etc. »

Durant la guerre de sécession, M. Gladstone s'est prononcé, au parlement, d'une manière peu convenable en faveur des sécessionnistes, reconnus belligérants. A raison de sa situation officielle, il n'agissait pas conformément à la neutralité, dont les devoirs existent aussi dans la guerre civile ; c'était, de sa part, une sorte d'intervention.

II. *Diverses applications des principes. Des emprunts des belligérants. Des enrôlements pour les belligérants, et de l'entrée des sujets neutres au service des belligérants* (1).

On verra au prochain paragraphe des applications diverses des principes énoncés ci-dessus, relatives au commerce des sujets d'États neutres, surtout sur mer.

Une question qui se rattache directement à ces principes concerne les emprunts des belligérants. Il va sans dire que le gouvernement de l'État neutre sortirait de sa neutralité s'il fournissait lui-même à l'un des belligérants de l'argent, nerf de la guerre ; il se ferait ainsi l'allié ou l'auxiliaire de ce belligérant. Mais est-il tenu de défendre à ses sujets d'en fournir ? Manque-t-il aux devoirs de la neu-

(1) Geffcken, § 140, § 150-153. — Martens, t. III, § 134.

tralité s'il laisse un belligérant contracter un emprunt dans les places du pays ? On répond négativement, et sur ce point la doctrine actuelle est moins rigoureuse que l'ancienne, ce qui s'explique par le développement qu'ont pris les opérations financières et par leur caractère de plus en plus libre et cosmopolite.

Il serait évidemment contraire à la neutralité de permettre un emprunt à l'un des belligérants en le refusant à l'autre.

En 1854, la France a protesté sans succès contre l'emprunt russe en Hollande, en Prusse et à Hambourg. Les États neutres n'ont point empêché leurs nationaux de prendre part à l'emprunt de guerre russe de 1876-1877. La France a contracté en Angleterre, en 1870, l'emprunt Morgan. Dans la guerre récente entre la Chine et le Japon, on n'a pas, que je sache, manifesté de scrupules en Angleterre à l'endroit d'un projet d'emprunt chinois. Si dans l'emprunt japonais les Pays-Bas se sont abstenus, il est probable que la neutralité n'a été qu'un prétexte.

La stricte observation de la neutralité, non moins que l'amitié qu'a l'État neutre pour les deux belligérants, doit, semble-t-il, lui imposer l'obligation d'interdire sur son territoire les enrôlements. La pratique actuelle n'est pas entièrement d'accord, sur ce point, avec la saine doctrine. Il est en tout cas incontesté que l'État neutre ne pourrait pas autoriser les enrôlements pour l'un des belligérants et les interdire pour l'autre. De plus en plus, les lois de neutralité les prohibent.

Ceci doit s'entendre des enrôlements en masse faits sur le territoire neutre au su des autorités, donc avec une sanction quasi-officielle. Autre chose est l'entrée au service des belligérants d'individus isolés, sujets ou citoyens de l'État neutre. Cette entrée n'est point contraire au droit des gens, et les gouvernements ne sont point tenus de l'interdire, pourvu toujours que ce qui est permis à l'égard de l'un des belligérants le soit aussi à l'égard de l'autre. Mais il ne serait pas admissible que des officiers, en activité de service dans l'armée du neutre, entrassent en qualité de volontaires dans celle d'un belligérant ; ils doivent préalablement quitter le service neutre. Il va sans dire que cela ne saurait s'appliquer aux attachés ou agents militaires, chargés par leurs gouvernements de les représenter auprès des belligérants : ils ne se battent pas, et ne sont pas au service des belligérants.

Plusieurs États neutres interdisent absolument à leurs sujets de prendre service dans les armées belligérantes. Il va de soi que le citoyen d'un État neutre qui s'est mis au service d'un belligérant est traité par celui-ci en ennemi.

L'État neutre ne devrait pas permettre à ses sujets ou citoyens de se faire commissionner par les belligérants en qualité de corsaires. Si cependant il accorde cette permission, il le doit faire pour les deux belligérants.

Il doit interdire à ses pilotes de prendre service sur les navires de guerre des belligérants, sauf en cas de détresse.

Autrefois, on ne considérait nullement comme incompatible avec la neutralité le fait de fournir aux belligérants des troupes en vertu de traités ou capitulations. Tel était, sur une grande échelle, le cas de la Suisse, en conséquence de sa neutralité même et des goûts militaires de la nation. Le service militaire organisé, régulier des Suisses à l'étranger a laissé des souvenirs constamment honorables, souvent glorieux ; il a été pour la Suisse, à divers égards, d'une inappréciable utilité ; mais il n'était plus conciliable avec la notion de la neutralité telle qu'elle s'est développée en dernier lieu. La loi de 1859, qui a mis fin aux capitulations, était en quelque sorte imposée par la neutralité reconnue et sanctionnée par l'Europe en 1815.

Les armées, de nos jours, sont de plus en plus exclusivement nationales ; la question des enrôlements d'étrangers, de neutres, se présente de moins en moins.

En 1838, l'amiral Baudin annonça qu'il traiterait en pirate tout corsaire non mexicain commissionné par le dictateur Santa Anna ; les États-Unis firent de même en 1847. Des défenses de prendre des lettres de commission des belligérants ont été faites plus récemment, à propos de la guerre de Crimée et de la guerre de sécession américaine, à leurs sujets, par plusieurs États neutres : l'Autriche, l'Espagne, la France, la Grande-Bretagne, les États-Unis, etc.

La loi de neutralité américaine du 20 avril 1818 interdit à tout citoyen américain d'accepter un mandat ayant pour but des actions hostiles envers une nation amie, tout enrôlement à bord d'un navire de guerre ou corsaire étranger, tout équipement ou armement d'un navire au service d'un État étranger, pour prendre part à des hostilités contre une nation avec laquelle les États-Unis sont en paix, toute organisation d'une entreprise militaire contre une nation amie. Ceci répété par la proclamation de neutralité du 22 août 1870.

L'Angleterre a interdit l'entrée de ses sujets au service des belligérants, par le *Foreign Enlistment Act*, du 3 juillet 1819 ; défense concernant le pilotage, 6 août 1870. — La Russie l'a également interdit en 1870. Mais elle a autorisé l'entrée en masse de militaires russes dans l'armée serbe en 1876. En 1834, lord Palmerston suspendit le *Foreign Enlistment Act* et permit l'armement d'un corps de volontaires sous un officier anglais contre don Carlos. En 1855, les États-Unis s'opposèrent à l'installation d'un bureau anglais d'enrôlement à Halifax. Dans les dernières guerres d'Orient, nombre de volontaires russes ont servi dans l'armée serbe, plusieurs Anglais ont servi dans l'armée turque. Il a été établi ou supposé qu'ils n'étaient plus officiers en service actif dans leurs armées respectives. Divers ex-officiers européens, servant dans les armées chinoise et japonaise, ont pris part à la guerre de 1894-1895.

Au reste, divers exemples concernant la Grande-Bretagne, la Russie, les États-Unis, montrent que ces États, comme d'autres d'ailleurs, ont maintes inconséquences à se reprocher. Ce sont de grands et puissants États. Lorsqu'en 1868 la Grèce se permit de seconder l'insurrection crétoise, l'Europe, représentée par la conférence de Paris (janvier 1869), l'a rappelée à son devoir : « La Grèce devra s'abstenir désormais de favoriser ou de tolérer la formation, sur son territoire, de toute bande recrutée en vue d'une agression contre la Turquie ».

Propositions de MM. Kleen et Brusa, à l'Institut de droit international (1894, 1895), § 30 : « Il est interdit de piloter et de faire piloter les navires de guerre ou de transport militaire des belligérants, sauf les cas de détresse et de relâche forcée ».

III. *Des transports maritimes faits par les neutres. — Autres actes hostiles* (1).

Une autre application des principes énoncés concerne le transport sur mer, par des navires neutres, de soldats et de matelots destinés à un belligérant. D'après l'opinion juste, ce transport est interdit à l'État neutre, mais non aux particuliers. Ceux-ci l'entreprennent à leurs périls et risques. Si, comme on le présume, le propriétaire ou le capitaine du navire ont connu la nature du

(1) Marquardsen, *Der Trent Fall. Zur Lehre von der Kriegscontrebande und dem Transportdienst der Neutralen* (1862), p. 67-70 : *Die Beförderung von Depeschen* ; p. 71-75 : *Gesandte Kriegführender am Bord neutraler Schiffe*. — Perels, § 47. — Calvo, t. V, 2796-2826.

transport, et que celui-ci ait une importance suffisante, ce qui est une question de fait, le belligérant lésé pourra saisir et confisquer le navire. On applique ici, par une analogie qu'il ne faut pas exagérer, les règles qui seront exposées au prochain paragraphe concernant la contrebande de guerre (1) ; on a qualifié ce transport de quasi-contrebande ou de contrebande par accident.

On range dans la même catégorie le transport de dépêches provenant d'un belligérant ou destinées à un belligérant, lorsqu'elles concernent l'État et offrent un intérêt politique. Le navire neutre, en transportant sciemment ces dépêches, prête son assistance au belligérant ; il peut être traité en ennemi. Tel ne sera pas le cas cependant si c'est un paquebot-poste faisant le service postal régulier. Le belligérant l'arrêtera, le visitera, s'emparera des dépêches qu'il a intérêt à intercepter (2). Mais il n'aura pas le droit de le punir ; le paquebot n'a fait qu'accomplir sa mission normale et officielle ; la neutralité n'a point été violée.

Convient-il de limiter la notion de l'intérêt politique à l'intérêt immédiat des opérations militaires ? Je ne crois pareille restriction ni praticable ni même rationnelle, étant donné que tous les moyens de nuire à l'ennemi, dans la mesure indiquée plus haut (3), sont licites, et que toute dépêche politique, même non directement relative à la guerre, peut avoir pour l'ennemi une valeur considérable.

Qu'en est-il, en particulier, des dépêches diplomatiques échangées entre les agents d'un belligérant chez les nations neutres et leur gouvernement ? Il est évident que le neutre a le droit de continuer librement ses relations pacifiques avec chacun des belligérants, et qu'en conséquence les agents de ceux-ci, qui sont accrédités auprès de lui, doivent pouvoir communiquer avec leurs gouvernements ; néanmoins, le droit de la guerre permet au belligérant de prendre connaissance de leurs dépêches tombées entre ses mains et

(1) Ci-dessous, § 69, 217.

(2) Ci-dessus, § 66, 205, I (Paquebots-poste ennemis).

(3) Ci-dessus, § 63, 187.

de les intercepter s'il y a lieu. Si le droit strict ne l'autorisait pas, la raison de guerre l'excuserait.

On a voulu assimiler encore à la contrebande de guerre les agents diplomatiques de l'ennemi accrédités auprès des États neutres. Il va de soi que le belligérant peut leur interdire le passage et les faire prisonniers s'il les trouve sans sauf-conduit dans ses eaux territoriales (1), mais en pleine mer il ne saurait lui être permis de saisir le navire neutre qui les porte, non plus que de s'emparer de leurs personnes. Toutefois, leur capture pourrait être excusée par la nécessité de guerre ; tel serait le cas, par exemple, si l'agent avait une mission dangereuse pour le belligérant, comme de conclure une alliance.

En 1808, un navire américain, la *Caroline*, fut saisi par les Anglais parce qu'il transportait des dépêches du ministre de France à Washington. La cour de l'amirauté l'a libéré.

« L'affaire du *Trent* offre un intérêt particulier.... Le 7 novembre 1861, pendant la guerre de sécession, quatre commissaires des États confédérés, nommés Mason, Slidell, Custis et Mac-Farland, s'embarquèrent à la Havane sur le paquebot-poste anglais le *Trent* ; ils se rendaient par la voie de Saint-Thomas en Europe, afin d'y demander des secours pour les États du Sud, et d'y contracter des alliances. Le capitaine du *Trent* ainsi que les armateurs du navire avaient connaissance de cette mission. Aussi le commandant d'un vapeur de guerre de l'Union, le *San Jacinto*, se crut-il, pour ces raisons, et sans instructions préalables, en droit d'arrêter le *Trent* et, malgré l'opposition du capitaine, d'emmener prisonniers à son bord les quatre commissaires des États du Sud. Dans son rapport, le commandant déclara qu'il les avait considérés comme des dépêches personnifiées ; qu'il aurait pu en conséquence saisir en outre le navire et la cargaison, mais qu'il avait renoncé à faire cette capture. De vives protestations surgirent en Angleterre, et on réclama la mise en liberté des prisonniers avec une indemnité proportionnée. Le gouvernement de Washington continua de soutenir que les quatre agents étaient contrebande de guerre, mais il consentit à les mettre en liberté, parce qu'*il n'avait aucun intérêt à les retenir prisonniers* (2) ».

Règlement de l'Institut, § 17 : « Lorsque le navire à visiter est un paquebot-poste, il ne sera pas visité si le commissaire du gouvernement dont il porte le pavillon, se trouvant à son bord, déclare par écrit

(1) Ci-dessus, § 39, 114, I.

(2) Perels, à l'endroit cité.

que le paquebot ne transporte ni dépêches ni troupes pour l'ennemi, ni de la contrebande de guerre pour le compte ou à destination de l'ennemi. — § 34. Sont assimilés au transport interdit de contrebande de guerre, les transports des troupes pour les opérations militaires,sur terre ou sur mer, de l'ennemi, ainsi que les transports de la correspondance officielle de l'ennemi, par les navires de commerce nationaux, neutres ou ennemis. — § 117. La correspondance officielle et la contrebande transportée à destination de l'ennemi seront confisquées ; les troupes transportées à l'ennemi seront faites prisonnières. Le navire transportant ne sera condamné que 1° s'il fait résistance ; 2° s'il transporte des troupes à l'ennemi ; 3° si la cargaison transportée à destination de l'ennemi se compose principalement d'approvisionnements pour les navires de guerre ou pour les troupes de l'ennemi ».

Dans la session de Cambridge de l'Institut de droit international, la proposition suivante a été formulée par la commission, composée notamment de lord Reay,du général den Beer Poortugael, de MM.Perels, de Bar,Stœrk, Buzzati,etc. : (§ 8). « Sont interdits les transports de troupes pour l'ennemi, ainsi que le transport spécial de la correspondance officielle de l'ennemi, et celui d'agents ou courriers ayant pour mission de prêter concours aux opérations militaires ou maritimes ou à l'acquisition de munitions ou d'autres moyens de faire la guerre. Les objets dont le transport est interdit, pourront être confisqués ; et les individus dont le transport est interdit, faits prisonniers de guerre... (§ 9).La confiscation s'étend au navire 1° si l'armateur ou le capitaine a eu connaissance de la nature et de la destination du transport (1) ».

Il va de soi que les navires de guerre aussi bien que les navires de commerce des neutres doivent s'abstenir de tout acte hostile à l'égard d'un des belligérants, comme serait évidemment de communiquer à l'autre des renseignements offrant de l'intérêt pour les opérations militaires, d'espionner etc. Les navires de commerce, en tel cas, sont saisis et confisqués ; l'équipage, s'il a agi en connaissance de cause, peut être puni pour espionnage. Les navires de guerre engagent la responsabilité de leurs États.

Règlement de l'Institut, § 116 : « Dans le cas de participation d'un navire privé aux hostilités des belligérants, il faut que la participation soit prouvée et reconnue comme telle ». § 118. Ci-dessus, § 66, 206, V.

(1) Comparez ci-dessous, § 69,217.

IV. *Des droits des neutres.*

Les droits de l'État neutre vis-à-vis des belligérants se résument en ceci, qu'il a le droit de rester autant que faire se peut à l'abri de la guerre. Le territoire neutre est inviolable. Le droit d'indépendance du neutre, son droit de conservation, son droit au respect demeurent intacts.

Si un belligérant voulait méconnaître ces principes, l'État neutre pourrait et devrait les faire respecter par tous les moyens, au besoin par les armes.

Quant aux citoyens ou sujets des pays neutres, ils ne jouissent d'aucuns droits spéciaux vis-à-vis des belligérants. Ceux qui se trouvent dans le territoire de l'un d'eux ne pourraient prétendre comme tels à un traitement privilégié de la part de l'ennemi ; leur situation ne diffère point de celle des autres habitants, qui sont sujets ou citoyens de l'État. On l'a constaté déjà à propos des sièges et bombardements, du droit d'angarie, des réquisitions, des contributions. Les sujets ou citoyens neutres en pays ennemi sont des habitants et traités comme tels. A moins, bien entendu, de faveurs spéciales, qui peuvent être accordées dans un cas particulier.

Convention relative au règlement de certaines réclamations pour dommages de guerre, signée à Washington le 15 janvier 1880, art. 1 : « Toutes les réclamations élevées par des corporations, compagnies ou de simples particuliers, citoyens des États-Unis, contre le gouvernement français, et résultant d'actes commis en haute mer ou sur le territoire de la France, de ses colonies et dépendances, pendant la dernière guerre entre la France et le Mexique, ou pendant celle de 1870-1871 entre la France et l'Allemagne, et pendant les troubles civils subséquents connus sous le nom d'insurrection de la Commune, par les autorités civiles ou militaires françaises au préjudice des personnes ou de la propriété des citoyens des États-Unis non au service des ennemis de la France et qui ne leur ont prêté volontairement ni aide ni assistance ; et d'autre part, toutes les réclamations élevées par des corporations, des compagnies ou de simples particuliers, citoyens français, contre le gouvernement des États-Unis, et fondées sur des actes commis en haute mer ou sur le territoire des États-Unis pendant la période comprise entre le 13 avril 1861 et le 20 août 1866, par les autorités civiles ou militaires du gouvernement des États-Unis au préjudice des personnes ou de la propriété des citoyens français non au service du gouvernement des États-Unis et qui ne leur ont prêté volontairement ni aide ni assistance, seront soumises à trois commissaires, dont un sera nommé par le gouvernement français, un autre par le président des États-Unis, et le troisième par Sa Majesté l'empereur du Brésil ».

V. *En particulier des devoirs et des droits des États à neutralité permanente et conventionnelle.*

Les devoirs et les droits incombant et appartenant aux neutres sont, en principe, les mêmes pour les simples neutres et pour les États à neutralité permanente et conventionnelle (1).

Ces derniers, cependant, sont astreints d'une façon plus étendue que les autres, par suite du fait que leur neutralité, obligatoire en vertu d'un acte collectif, existe même en temps de paix, à l'état latent ainsi que je l'ai dit plus haut, mais toujours dans une mesure suffisante pour influer sur leur conduite et limiter sur certains points leur liberté d'action.

On a vu qu'ils doivent éviter de prendre, en temps de paix, des engagements qui pourraient en cas de guerre être incompatibles avec leur obligation de neutralité (2).

Mais il ne faut pas perdre de vue que les États neutralisés n'en sont pas moins des États indépendants et souverains ; que pour eux aussi la liberté est la règle et la restriction l'exception, d'interprétation limitative. Je répète enfin qu'il est essentiel, pour déterminer les différentes facultés qui doivent leur être accordées ou refusées, de considérer toujours l'origine historique de leur neutralité permanente et son fondement juridique.

Le droit de faire respecter la neutralité, au besoin par les armes, appartient aux États à neutralité permanente comme aux autres ; il revêt même pour eux une importance spéciale. Le maintien de leur neutralité fait partie de leur conservation, et tout ce qui est nécessaire pour l'exercice du droit de conservation leur est permis comme à n'importe quel autre État ; on a vu que le droit de conser-

(1) Ci-dessus, § 7.

(2) Ci-dessus, § 49, 141, I.

vation justifie pleinement, en des circonstances données, une action offensive (1).

La Belgique et la Suisse dépensent des sommes considérables pour leur budget de la guerre ; ces États construisent à grands frais des forteresses et s'efforcent de mettre et de maintenir leurs armes à la hauteur des difficultés qui d'un jour à l'autre peuvent surgir. Nul ne songe à leur en contester le droit ; pour la Belgique en particulier on peut y voir une obligation à raison de la destination internationale de sa neutralité qui doit tenir lieu de barrière. Quant au Luxembourg, il est, d'après l'interprétation du gouvernement luxembourgeois, dans une situation différente, appropriée à la petitesse et à la faiblesse du pays. Lorsqu'en 1867, la conférence adopta l'article 3 du traité de Londres, le plénipotentiaire belge fit insérer au protocole la déclaration suivante : « Il est bien entendu que l'article 3 ne porte point atteinte au droit des autres puissances neutres de conserver, et au besoin d'améliorer, leurs places fortes et autres moyens de défense ».

214. Sanction des obligations qui découlent de la neutralité (2).

En cas de manquement aux obligations qui découlent de la neutralité, dûment constaté et imputable à l'État neutre, le belligérant lésé verra ce qu'il lui convient de faire. Il n'est plus obligé de respecter cette neutralité que l'État neutre ne sait pas faire respecter et semble même négliger. Il pourra donc la violer, sans enfreindre le droit des gens. Peut-être se bornera-t-il, pour le moment, à notifier à l'État neutre qu'il ne se considère plus comme lié, et qu'il se réserve d'agir librement, au mieux de ses intérêts. Peut-être le traitera-t-il tout de suite en ennemi. Peut-être exigera-t-il simplement un dédommagement, ou une satisfaction.

Au belligérant qui prétend que le neutre a manqué à son devoir incombe, en vertu des principes généraux, l'obligation d'en apporter la preuve.

En concluant la convention du 2 décembre 1854 avec la France et la Grande-Bretagne, l'Autriche sortit évidemment de sa neutralité. La Russie aurait été en droit de la traiter en ennemie ; elle jugea utile de ne pas le faire, afin de ne pas augmenter le nombre de ses ennemis.

(1) Ci-dessus, § 20, 52, VI.

(2) Geffcken, § 154-156.

L'Institut de droit international a adopté à la Haye, en 1875, les règles suivantes touchant la sanction des obligations des neutres, qui font suite à quatre règles statuant sur leurs obligations: « V. Le seul fait matériel d'un acte hostile commis sur le territoire neutre ne suffit pas pour rendre responsable l'État neutre. Pour qu'on puisse admettre qu'il a violé son devoir, il faut la preuve soit d'une intention hostile (*dolus*), soit d'une négligence manifeste (*culpa*). VI. La puissance lésée par une violation des devoirs de neutralité n'a le droit de considérer la neutralité comme éteinte et de recourir aux armes pour se défendre contre l'État qui l'a violée, que dans les cas graves et urgents, seulement pendant la durée de la guerre. Dans les cas peu graves ou non urgents, ou lorsque la guerre est terminée, des contestations de ce genre appartiennent exclusivement à la procédure arbitrale. VII. Le tribunal prononce *ex bono et aequo* sur les dommages-intérêts que l'État neutre doit, par suite de sa responsabilité, payer à l'État lésé, soit pour lui-même, soit pour ses ressortissants ».

215. Du territoire neutre.

I. *En général, et du territoire terrestre en particulier.*

Le territoire neutre, de terre et d'eau, est à l'abri de la guerre et des faits de guerre.

Mais il existe, entre le territoire maritime et le territoire continental, une différence essentielle, qui provient de la nature même de la mer. Tandis qu'il est interdit aux armées des belligérants de mettre le pied sur le territoire de terre ferme de l'État neutre, les flottes ont accès dans sa mer territoriale, et y naviguent librement, tout en devant s'abstenir d'y commettre des actes d'hostilité (1).

La convention de Constantinople (1888) relative au canal de Suez (2) résume assez exactement en quelques traits principaux la situation du territoire maritime neutre: « Art. 1. Le canal maritime de Suez sera toujours libre et ouvert en temps de guerre comme en temps de paix, à tout navire de commerce ou de guerre, sans distinction de pavillon. En conséquence les Hautes Parties contractantes conviennent de ne por-

(1) Geffcken, § 139-150. — Martens, t. II, § 132-133. — Heilborn, *Rechte und Pflichten der neutralen Staaten in Bezug auf die während des Krieges auf ihr Gebiet übertretenden Angehörigen einer Armee und das dorthin gebrachte Kriegsmaterial der kriegführenden Parteien.* 1888. (Ouvrage couronné par la Fondation Bluntschli.) Bulmerincq, R. D. I., t. XXI, p. 130-139.

(2) Ci-dessus, § 16, 45.

ter aucune atteinte au libre usage du canal, en temps de guerre comme en temps de paix. Le canal ne sera jamais assujetti à l'exercice du droit de blocus. — Art. 4. Le canal maritime restant ouvert en temps de guerre comme passage libre, même aux navires de guerre des belligérants, aux termes de l'art. 1 du présent traité, les Hautes Parties contractantes conviennent qu'aucun droit de guerre, aucun acte d'hostilité, ni aucun acte ayant pour but d'entraver la libre navigation du canal, ne pourra être exercé dans le canal et ses ports d'accès, ainsi que dans un rayon de trois milles marins de ces ports, alors même que l'empire ottoman serait une des puissances belligérantes. Les bâtiments de guerre des belligérants ne pourront, dans le canal et ses ports d'accès, se ravitailler ou s'approvisionner que dans la limite strictement nécessaire. Le transit des dits bâtiments par le canal s'effectuera dans le plus bref délai, d'après les règlements en vigueur, et sans autre arrêt que celui qui résulterait des nécessités du service. Leur séjour à Port-Saïd et dans la rade de Suez ne pourra dépasser vingt-quatre heures, sauf le cas de relâche forcée. En pareil cas, ils seront tenus de partir le plus tôt possible. Un intervalle de vingt-quatre heures devra toujours s'écouler entre la sortie d'un port d'accès d'un navire belligérant et le départ d'un navire appartenant à la puissance ennemie ».

L'État neutre est tenu de faire respecter son territoire.

Si, durant la guerre, par mégarde ou autrement, des soldats des belligérants passent la frontière, ils sont refoulés. Ils peuvent aussi être accueillis, en vertu du droit d'asile (1), mais alors ils seront arrêtés, désarmés, retenus de manière qu'il leur soit impossible de retourner au théâtre de la guerre.

Ceci s'applique aussi bien aux militaires isolés qu'à des corps de troupes entrant avec leur matériel de guerre sur le territoire neutre afin de s'y réfugier. En cas d'entrée en masse, des conventions sont faites entre l'État neutre et le chef du corps qui trouve asile sur le territoire neutre, au sujet des indemnités qui seront payées, après la guerre, au neutre par le belligérant, et de la restitution qui sera faite à celui-ci, après le paiement, de la caisse de guerre, des armes, munitions, fourgons etc., séquestrés par l'État neutre. Les fuyards, désarmés, sont disloqués et internés, c'est-à-dire obligés à résider en des localités déterminées, suffisamment

(1) Ci-dessus, § 24, 60, I, et 61, II.

loin du théâtre de la guerre. Cet internement n'est point une captivité, car les belligérants seuls font des prisonniers de guerre; c'est une mesure de sûreté prise par l'État en sa qualité de souverain territorial, dans l'exercice de sa neutralité.

Il est superflu de constater que la situation du corps d'armée entier qui s'est réfugié sur le territoire neutre, n'a rien de commun avec les situations qui font accorder à un corps d'armée l'exterritorialité (1). A vrai dire, du moment que la frontière est franchie, il n'y a plus de corps d'armée. Il n'y a plus qu'une foule de fuyards, que l'on force à déposer leurs armes, et qui doivent obéir au gouvernement neutre, lequel les accueille et les interne.

En 1849, beaucoup de Hongrois et de Polonais se réfugièrent en Turquie. La Porte refusa de les livrer à l'Autriche et à la Russie, qui les réclamaient comme rebelles; ils furent désarmés et internés en Asie Mineure.

Un grand nombre de fuyards français passèrent en Belgique en septembre 1870. Un passage en masse était prévu. « La situation était telle (après la bataille de Beaumont) qu'on entrevoyait déjà la possibilité de contraindre l'armée de Châlons à passer sur le territoire neutre de la Belgique; aussi le gouvernement de Bruxelles fut-il invité, par voie diplomatique, à procéder, le cas échéant, au désarmement des troupes qui pénétreraient sur son territoire. Les troupes allemandes avaient pour instructions de franchir sans retard aucun la frontière si l'adversaire n'y déposait pas les armes (2) ». La Belgique ne réclama de la France aucune indemnité.

Le Luxembourg, n'ayant presque pas de militaires, est évidemment dans une position particulière. Sa faiblesse conventionnelle et voulue peut, en cas de guerre, être un danger pour les belligérants. Par dépêche circulaire du 3 décembre 1870, M. de Bismarck a signifié aux puissances garantes diverses infractions dont le gouvernement grand-ducal se serait rendu coupable, et déclaré que les troupes allemandes ne tiendraient plus compte, dans leurs opérations, de la neutralité luxembourgeoise. Le gouvernement luxembourgeois s'est justifié par note du 14 décembre, en insistant entre autres sur le fait que n'ayant pas de troupes, il n'avait pu procéder à l'internement.

Le 1er février 1871, l'armée entière de l'Est entra en Suisse, sur trois routes, en vertu d'une convention conclue aux Verrières entre le géné-

(1) Ci-dessus, § 28, 67, II.

(2) Moltke, *La guerre de 1870*, éd. française, p. 104. 1891.

ral Herzog et le général Clinchant. L'armée fugitive fut admise en Suisse moyennant de déposer ses armes, équipements et munitions, qui devaient être restitués à la France après la paix et le règlement définitif des dépenses supportées par la Suisse. « Des dispositions ultérieures seront prises à l'égard des chevaux de troupe. Les voitures de vivres et de bagages retourneront en France vides ; les voitures du trésor et des postes seront remises à la Suisse, qui en tiendra compte lors du règlement des dépenses ». Les internés furent évacués après la signature des préliminaires de paix du 13 au 23 mars 1871. Les frais se montèrent à environ onze millions de francs (1).

D'autres exemples de passage, incomparablement moins importants, sur territoire suisse, datent de la guerre de 1859.

Le Manuel des lois de la guerre de l'Institut de droit international (art. 79-83) s'exprime comme suit sur la situation des internés : « L'État neutre sur le territoire duquel se réfugient des troupes ou des individus appartenant aux forces armées des belligérants, doit les interner, autant que possible loin du théâtre de la guerre. Il doit agir de même envers ceux qui empruntent son territoire pour des opérations ou des services militaires. Les internés peuvent être gardés dans des camps, ou même dans des forteresses ou autres lieux. L'État neutre décide si les officiers peuvent être laissés libres sur parole, en prenant l'engagement de ne pas quitter le territoire sans autorisation. A défaut de convention spéciale pour ce qui concerne l'entretien des internés, l'État neutre leur fournit les vivres, les vêtements et les secours commandés par l'humanité. Il veille aussi à la conservation du matériel amené ou apporté par les internés. A la paix, ou plus tôt si faire se peut, les frais occasionnés par l'internement sont remboursés à l'État neutre, par celui des belligérants auquel ressortissaient les internés ».

A peu près identiques sont les art. 53 et 54 du projet de Bruxelles. Un projet de convention générale est proposé par M. Éd. Romberg dans l'ouvrage cité ci-dessus, p. 273. Deux dispositions en sont inadmissibles. Il voudrait que les États contractants s'obligeassent d'une façon générale à accueillir les fuyards, et à ne pas désarmer les officiers. Le plus souvent, on laissera aux officiers leurs armes, mais on ne peut renoncer d'avance et d'une manière générale à les désarmer.

Quant à l'obligation d'accueillir, le gouvernement qui s'y soumettrait d'avance et sans réserve, manquerait à ses devoirs vis-à-vis du pays, tels qu'ils découlent du droit de conservation, auquel il renoncerait partiellement.

L'État neutre accueille les blessés et les malades, qui sont d'ailleurs, en vertu de la convention de Genève, l'objet de la protection

(1) R. D. I., t. III, p. 354.

particulière désignée sous le nom de neutralisation (1). Il doit les empêcher, après leur guérison, de prendre de nouveau part à la guerre.

En ce qui concerne le transport de blessés par l'un des belligérants à travers le territoire neutre, l'État neutre ne l'accordera que si l'autre belligérant y consent ; ce transport constitue, en effet, pour le belligérant auquel on l'accorde, un soulagement notable, une véritable faveur.

Le projet de Bruxelles, art. 55, permet le transport en ces termes : « L'État neutre pourra autoriser le passage par son territoire des blessés ou malades appartenant aux armées belligérantes, sous la réserve que les trains qui les amèneront ne transporteront ni personnel ni matériel de guerre. En pareil cas, l'État neutre est tenu de prendre les mesures de sûreté et de contrôle nécessaires à cet effet ».

En 1870, après Metz, l'Allemagne voulait faire passer des transports de blessés par la Belgique et le Luxembourg. La Belgique refusa, sur opposition de la part de la France. Le Luxembourg accorda le transit demandé. Il est à remarquer que, dans ces questions, la Grande-Bretagne a joué un rôle d'intermédiaire entre la Belgique et la France, et a été consultée par la Belgique sur la conduite à suivre.

Il est évident, d'après ce qui précède, que le passage à travers son territoire ne saurait être accordé par l'État neutre durant la guerre aux soldats de l'un des belligérants, et pas plus à des soldats isolés qu'à des corps de troupes. Jadis le passage était réclamé par les belligérants comme un droit ; plus tard, on permit au neutre de l'accorder, pourvu qu'il l'accordât aux deux parties ; puis, cette faculté fut restreinte au cas où le passage était dû en vertu d'un traité ou d'une servitude. Le principe juste est celui du refus absolu aux deux parties, et dans tous les cas. C'est la seule solution qui soit conforme à l'impartialité. Et le neutre doit empêcher le passage réellement. Il ne lui suffirait pas, s'il se laissait faire violence, de s'excuser en alléguant la force majeure, car il doit se mettre en mesure de défendre sa neutralité d'une manière efficace. Si, pour excuser le passage accordé à l'un des belligérants, le neutre

(1) Ci-dessus, § 63, 188, I.

invoquait une obligation conventionnelle ou une servitude, l'autre belligérant serait autorisé à le mettre en demeure d'opter entre lui et son adversaire (1).

Ce qui est dit du passage des troupes s'applique aussi au transit des prisonniers.

En revanche, cela n'a point trait aux militaires qui sont rappelés par les belligérants au début de la guerre et traversent à cet effet le territoire ou le quittent (2). L'État neutre n'a point à les retenir ; au contraire, il doit les laisser faire leur devoir en allant rejoindre leurs drapeaux.

Le neutre peut convenir avec l'un des belligérants qu'il lui livrera les réfractaires ou déserteurs réfugiés sur son territoire (3) ; en accordant pareille intervention à l'un, il ne pourrait la refuser à l'autre.

Sauf le cas de nécessité, le neutre doit s'opposer au débarquement dans ses ports de prisonniers de guerre par les navires des belligérants. Si le débarquement est effectué, les prisonniers sont libres, et l'État neutre ne saurait encourir aucune responsabilité à leur sujet.

Grotius (III, c. 17, § 3) exige seulement que le neutre accorde le passage aux deux belligérants, s'il est douteux de quel côté est la justice : « In re vero dubia aequos se praebere utrisque in permittendo transitu... » Il accorde (II, c. 2, § 13) le passage innocent à celui qui fait une guerre juste. En 1814 la Suisse a laissé passer les alliés : violation évidente, mais justifiée, d'une neutralité que Napoléon avait rendue illusoire. En 1859, la Saxe et la Bavière ont laissé passer des troupes autrichiennes sans que la France ait protesté. Mais la France a protesté contre le transit de prisonniers sur territoire bavarois. La Roumanie en 1877, se disant encore neutre, accorda le passage et même plus aux Russes ; c'était une violation de la neutralité ; peu après la Roumanie déclara la guerre à la Turquie. La Suisse, en 1870, a interdit le passage tant à des Badois qu'à des Français en armes et uniformes. Elle s'est opposée au transit d'Alsaciens qu'un bureau français, établi à Bâle et qui fut interdit, voulait faire passer en France.

Il a été question déjà des enrôlements sur territoire neutre (4).

(1) Ci-dessus, 211, I.
(2) Ci-dessus, § 62, 182.
(3) Ci-dessus, § 20, 52, III.
(4) Ci-dessus, 213, II.

C'est d'ailleurs un principe général que le territoire neutre ne doit servir aux belligérants en aucune façon quelconque. Par exemple, le neutre ne permettra pas qu'on emprunte son territoire pour y placer un câble télégraphique destiné aux communications d'un belligérant.

L'Angleterre n'a pas permis, en 1870, l'atterrissement sur sol anglais d'un câble qui devait mettre Dunkerque en communication avec le Nord.

Lord Stowell a posé le principe juste, en 1809, dans l'affaire du *Twee Gebroeders* : « No use of a neutral territory for purposes of war is to be permitted. No proximate acts of war... are in any manner to be allowed to originate on neutral grounds ».

II. *Des captures dans la mer territoriale neutre. Des condamnations et des ventes de prises en des ports neutres. Entrée des navires des belligérants dans les ports neutres.*

Les navires de guerre des belligérants peuvent naviguer sur la mer territoriale ou littorale d'un neutre (1). La mer territoriale fait partie de l'Océan ; elle est accessible de divers côtés, le passage en est généralement libre et ne présente pas pour l'adversaire le même caractère de danger que le passage par le territoire terrestre. De plus, il ne faut pas oublier que les navires de guerre sont des parties flottantes du territoire de leur État, en temps de guerre comme en temps de paix, ce qui doit influer sur la manière dont l'État neutre les traite (2).

Mais il est interdit aux navires des belligérants de se livrer, dans la mer territoriale, à des actes de guerre. L'arrêt, la visite y sont interdits, ainsi que tout combat naval. Si une capture y était faite, elle serait nulle ; le navire capturé devrait être restitué, avec dommages-intérêts, et satisfaction donnée à l'État neutre par l'État du capteur (3). Si l'État neutre omettait de faire respecter la neutralité, l'État du navire molesté ou capturé serait en droit d'exiger

(1) Ci-dessus, § 10, 33, II-IV.

(2) Ci-dessus, § 10, 33, II ; § 28, 67, II.

(3) Perels, § 58, IV.

une réparation. L'ignorance topographique du capitaine capteur peut lui servir d'excuse personnelle vis-à-vis de son gouvernement, mais ne déchargera point celui-ci de l'obligation de restituer et d'indemniser.

La capture serait encore nulle si elle était faite en pleine mer après avoir été préparée dans la mer territoriale. En effet, s'il est permis aux belligérants de naviguer sur cette mer, il ne leur est pas permis d'y stationner, ni d'y croiser ou d'y guetter une proie.

Bynkershoek, en digne concitoyen des De Ruyter et des Van Tromp, distingue la poursuite de l'attaque, le combat continué du combat commencé, et admet que les navires ennemis soient poursuivis jusque dans la mer littorale neutre : « Sane in ipso amici portu hostem, amici non hostem, aggredi vel capere nequaquam licet... — Magis dubitari posset, an hostem, in mari aperto deprehensum, dum oppugnamus et caedimus, persequi liceat usque ad amici flumen, stationem, portum, sinum ? Et magis est, ut liceat. — Si igitur duae classes confligant in mari aperto et altera cedat, non intercedo quominus victor recte persequatur classem victam, quamvis haec ad territorium amici pellatur. Probo tamen, quod Ordines Generales in d. decreto 10 oct. 1652 intra ipsum portum a vi temperandum censuerint, quia absque amicorum periculo ibi vis fieri nequit. Secundum haec in mari terrae proximo, quousque tormenta castellorum exploduntur, vim quidem inchoare non licet, sed inchoatam licebit persequi, dum persequimur hostem in mari παρακτίῳ, etiam sub terram, aut in flumine, aut in sinu forte aliquo, dummodo castellis etiam hostem juvantibus parcamus, et omne amicorum periculum absit » (1).

Cette doctrine est abandonnée aujourd'hui. La doctrine actuellement reçue est exprimée énergiquement déjà par lord Stowell, cité par M. Geffcken : « Si le fait (de la capture en mer territoriale) est établi, il domine toute autre considération. La capture est annulée, et la propriété doit être restaurée ». Cependant, même après lord Stowell, nombre de violations du droit des gens ont été commises précisément sur ce point, et l'illustre juge lui-même n'a pas toujours été conséquent. M. Geffcken cite plusieurs cas où l'Angleterre a violé la mer littorale du Portugal, de Gênes, de Norvège.

Affaire du *Nossa Senhora de Carmelo* (1797). Navire portugais capturé par un corsaire français sur la côte d'Amérique ; la cour française des prises n'admit pas l'excuse : que la côte n'était pas défendue par des fortifications ou batteries. — Affaire de l'*Anna* (1805). Ce navire fut cap-

(1) Bynkershoek, *Quaestiones juris publici*, 1, c. 8.

turé par l'Angleterre dans les eaux américaines. L'Angleterre donna satisfaction aux États-Unis.— Affaire du *General Armstrong* (1814). Ce corsaire américain, poursuivi par une escadre anglaise dans les eaux portugaises, fit résistance, et tua plusieurs hommes de l'équipage anglais ; puis fut lui-même canonné par un navire de guerre portugais. Les États-Unis demandèrent au Portugal réparation ; le Portugal répondit que le *General Armstrong* s'était mis dans son tort en commettant lui-même des hostilités, avant d'invoquer l'autorité portugaise. Le jugement arbitral, rendu en 1851 par le président de la République française, donna raison au Portugal, et motiva sa sentence libératoire « sur ce que le capitaine Reid, n'ayant pas recouru dès le principe à l'intervention neutre, et ayant employé la voie des armes pour repousser une agression injuste dont il prétendait être l'objet, avait méconnu la neutralité du territoire du souverain étranger et dégagé par conséquent ce souverain de l'obligation de protection ; que dès lors le gouvernement portugais ne pouvait être responsable des résultats d'une collision qui avait eu lieu au mépris de ses droits de souveraineté, en violation de la neutralité de son territoire, et sans que les officiers locaux eussent été requis en temps utile et mis en demeure d'accorder aide et protection ».

La guerre de sécession a donné lieu à divers cas intéressants. De part et d'autre manquements grossiers. C'est ainsi que le croiseur *Adirondac* poursuivit un navire anglais, qui cherchait à violer le blocus, jusque dans les eaux des îles Bahama ; M. Seward reconnut que c'était une violation inexcusable du droit des gens, nécessitant prompte réparation.

Résolution de l'Institut de droit international, 1875 : « IV. L'État neutre ne doit ni permettre ni souffrir que l'un des belligérants fasse de ses ports ou de ses eaux la base d'opérations navales contre l'autre, ou que les vaisseaux de transport militaire se servent de ses ports ou de ses eaux pour renouveler ou augmenter leurs approvisionnements militaires ou leurs armes, ou pour recruter des hommes ».

Deuxième règle de Washington (1872) : « Un gouvernement neutre ne doit permettre à aucun des belligérants de faire de ses ports ou de ses eaux la base de ses opérations maritimes contre l'autre, ni de s'en servir pour augmenter ou renouveler ses approvisionnements militaires, ou pour recruter des hommes ». — Règlement des prises de l'Institut, § 9 : « Les prises faites dans les eaux neutres ou dans les eaux qui sont mises par traité à l'abri des faits de guerre, sont nulles. Les navires ou objets capturés doivent être livrés à l'État neutre ou riverain, pour être restitués par cet État à leur propriétaire primitif. En outre, l'État du capteur est responsable de tous les dommages et pertes ». — Déclarations belges du 25 avril 1854, du 8 mai 1859, du 22 juin 1861. — Convention relative au canal de Suez du 29 octobre 1888, article 4, ci-dessus, p. 395.

Aucune condamnation ne peut être prononcée dans un port neutre.

Aucune prise n'y peut être vendue avant que la condamnation n'ait été prononcée en dernier ressort. Plusieurs États neutres vont plus loin, et interdisent la vente des prises sur leur territoire, d'une manière absolue.

En ce faisant, ils exercent leur souveraineté, et le belligérant capturé n'est point fondé à s'en plaindre. Cependant, il n'en résulte en aucune façon que ceux qui autorisent la vente de la prise condamnée en dernier ressort, soient dans leur tort. En effet, en vertu de la condamnation, la propriété a été transférée d'une façon parfaitement légale et définitive à l'État capteur ; il est maître de disposer de cette propriété comme de toute autre, et l'acquéreur n'a point à en contrôler l'origine. Telle qu'elle est, elle n'a plus de rapport avec la guerre (1).

Il était généralement admis jadis qu'on pouvait installer des tribunaux des prises en des ports neutres. C'est ce que fit la France en Amérique en 1793, en vertu d'un règlement de 1779. La cour suprême des États-Unis lui refusa ce droit en 1794, et Lord Stowell aussi a déclaré en 1799, à propos d'un navire anglais capturé par un corsaire français et jugé en Norvège (le *Flad Oyen*), qu'une condamnation prononcée sur territoire neutre ne saurait transférer la propriété de la prise (2).

Durant la guerre de sécession, l'Angleterre a permis de vendre au Cap les prises faites par l'*Alabama* (affaire de la *Tuscaloosa*).

Règlement de l'Institut de droit international, § 58 : « Le navire saisi sera conduit dans le port le plus voisin de l'État capteur ou dans un port d'une puissance alliée où se trouvera un tribunal pour instruire à l'égard du navire saisi. »

Le navire de guerre du belligérant ne pourra entrer dans un port neutre avec sa capture qu'en cas de nécessité de mer ; il n'y restera que le temps strictement nécessaire. Cette doctrine a été suivie en divers cas récents, tandis qu'en d'autres cas on a admis l'entrée même sans absolue nécessité de mer, mais alors on a limité le séjour à un temps très bref, de vingt-quatre heures.

(1) En ce sens, Perels, § 60. — Nombreuses indications historiques, Geffcken, § 147.

(2) Phillimore, t. III, § 367.

Règlement de l'Institut de droit international, § 59 : « Le navire saisi ne pourra être conduit dans un port d'une puissance neutre que pour cause de péril de mer, ou lorsque le navire de guerre sera poursuivi par une force ennemie supérieure. — § 60 : Lorsque, pour cause de péril de mer, le navire de guerre s'est réfugié avec le navire saisi dans un port neutre, ils devront quitter ce port aussitôt que possible, après que la tempête aura cessé. L'État neutre a le droit et le devoir de surveiller le navire de guerre et le navire saisi durant leur séjour dans le port. — § 61. Lorsque le navire de guerre s'est réfugié avec le navire saisi dans un port neutre parce qu'il était poursuivi par une force ennemie supérieure, la prise sera relâchée ».

L'État neutre peut interdire à l'un des belligérants, d'une façon générale, l'entrée de ses ports, pourvu qu'il l'interdise aussi à l'autre. Il est même tenu d'interdire l'entrée de certains ports, à raison de leur condition ou de leur situation, ou de la subordonner à des restrictions particulières.

Les dangers de mer font exception à la défense. Le cas d'un navire de guerre de l'un des belligérants qui se voit forcé par la tempête de s'abriter dans un port neutre, est comparable à celui de troupes en détresse se réfugiant sur le territoire terrestre ; cependant il existe entre ces deux cas de grandes différences. Comme il serait inhumain de repousser le navire, on lui permet d'entrer dans le port. Mais on ne l'y retient pas ; au contraire, on ne lui permet pas d'y stationner plus qu'il n'est strictement nécessaire. Il pourra réparer ses avaries et se ravitailler, même compléter son équipage dans la mesure indispensable, mais non s'approvisionner de munitions de guerre. La même conduite devra être suivie à l'égard des navires de l'autre belligérant.

Si des navires de guerre des deux belligérants se trouvent ensemble dans le port neutre, on ne leur permettra de le quitter qu'à vingt-quatre heures d'intervalle.

Diverses ordonnances danoises, suédoises, hollandaises ont permis l'entrée aux navires de guerre, et l'ont interdite aux corsaires. En 1854, l'Autriche a fermé à tous les navires de guerre le port de Cattaro. En 1870, la Suède a fermé tous ses ports militaires. En 1862, la Grande-Bretagne a fermé les ports des îles Bahama, le cas de tempête réservé, ainsi que celui de permission spéciale du gouverneur ; durant la même guerre civile, elle a limité à 24 heures, sauf exceptions, le séjour des navires de guerre dans ses ports. Le traité franco-russe de 1787, art. 19, prescrit que « dans les ports fortifiés des villes où il y a garnison, il ne pourra pas entrer plus de cinq vaisseaux de guerre à la fois à moins qu'on en ait obtenu la permission pour un plus grand nombre ». D'autres indications historiques sont données par M. Geffcken, au § 144.

III. *Armement et équipement de navires pour les belligérants sur territoire neutre* (1).

Il n'est pas permis à l'État neutre de laisser armer, équiper, emmariner des navires de guerre ou des corsaires sur son territoire. La neutralité est violée toutes les fois qu'un navire a été équipé, en tout ou en partie, sur territoire neutre avec l'intention de l'employer contre l'un des belligérants.

Ce principe, reçu d'ancienne date, est proclamé par la première règle de Washington, arrêtée en 1871, entre les États-Unis d'Amérique et la Grande-Bretagne, en ces termes :

« Un gouvernement neutre est tenu d'user de suffisante diligence (*due diligence*) pour empêcher, dans sa juridiction, l'équipement et l'armement de tout navire qu'il a des motifs suffisants de croire destiné à croiser ou à faire la guerre contre une puissance avec laquelle il est en paix ; et aussi d'employer la même diligence à empêcher le départ, de sa juridiction, de tout navire destiné à croiser ou à faire la guerre comme il a été dit ci-dessus, ce navire ayant été spécialement adapté, en tout ou en partie, dans la juridiction de ce gouvernement, à un usage militaire ». Et la troisième règle de Washington oblige l'État neutre « à exercer suffisante diligence dans ses propres ports et dans ses eaux et à l'égard de toutes personnes dans sa juridiction, et empêcher toute violation des obligations et devoirs qui précèdent ».

(1) Les règles de Washington ont donné lieu à de nombreuses appréciations. On trouvera au tome VI de la *Revue de droit international* les opinions, à leur sujet, de MM. Lorimer, Bernard, Woolsey, Lawrence, Bluntschli, Rolin-Jaequemyns. Voir aussi Rolin-Jaequemyns, même Revue, t. VII, p. 72-78, et Kusserow, même Revue, t. VI, p. 59-88.

Les Hautes Parties contractantes se sont engagées par l'article qui contient ces règles, non seulement à les observer à l'avenir, mais encore à les porter à la connaissance des autres puissances maritimes, en invitant celles-ci à y accéder.

Quelle est la mesure de la diligence suffisante, *due diligence*? Je pense qu'on peut, sans inconséquence, appliquer ici la notion, familière à tout juriste, de la *diligentia quam suis rebus adhibere solet*, et déclarer ainsi l'État neutre responsable de sa faute même légère, mais seulement *in concreto*. Il sera toujours et dans tous les cas tenu de sa faute lourde et de son dol. Mais quant à la faute légère, on ne saurait exiger de lui, dans l'application de ses lois, en ce qui concerne les belligérants, plus de soin, plus d'activité, plus de savoir-faire qu'il n'en apporte habituellement à ses affaires propres. C'est conforme à l'idée de la Société des nations; l'associé, en effet, n'est tenu que de la *diligentia in concreto*. C'est conforme en outre au principe de l'indépendance. Je suppose, bien entendu, que le neutre a rempli son devoir international, quant à sa législation (1). Il s'agit en effet, ici, non de la législation, mais de l'administration de l'État neutre. Il ne faut pas oublier que la guerre, situation exceptionnelle, est le fait des belligérants, que le neutre en est innocent, et qu'il n'en doit être affecté que le moins possible.

L'interdiction d'équipement et d'armement sur le territoire est dans la force des choses, et consacrée d'ancienne date, tant par l'acte du congrès américain de 1794, revisé en 1818, que par le *Foreign Enlistment Act* anglais de 1819. L'acte de 1794 déclare fait punissable « within the jurisdiction of the United States to augment the force of any armed vessel, belonging to one foreign power at war with whom they are at peace; or to prepare any military expedition against the territories of any foreign Nation with whom they are at peace; or to be concerned in fitting out any vessel to cruise or commit hostilities in foreign service against a Nation at peace with them ». Un jugement américain de la même année, cité par M. Geffcken, dit que « converting a ship from her original destination with intent to commit hostilities; or, in other words, converting a merchant ship into a vessel of war, must be deemed an original outfit, for the Act would otherwise become nugatory and inoperative. It is the

(1) Comparez ci-dessus, 213, I.

conversion from the peaceable use to the warlike purpose that constitutes the offence ».

La communication et l'invitation prévues par la 3e règle de Washington seraient, aujourd'hui, superflues. Aucun État ne songe à contester le principe contenu dans ce mémorable compromis, lors même que son expression prête à la critique. L'Institut de droit international, dans sa session de la Haye (1875), a proposé une teneur différente, qui n'est pas non plus irréprochable (1).

§ 69. — Du commerce des neutres, notamment sur mer (2).

216. Du commerce interdit à l'État, permis aux particuliers. Le principe de liberté et ses restrictions. I. En général. Le principe de liberté. II. Vente et affrètement de navires aux belligérants. Vente d'armes, de munitions, de vivres. III. Achat de navires des belligérants par les neutres. IV. Achat de prises par les neutres. — 217. La contrebande de guerre. — 218. De la visite des navires neutres, et du convoi. Recherche ou perquisition. Saisie et confiscation des navires, de leur cargaison. — 219. La marchandise ennemie sous pavillon neutre. — 220. La marchandise neutre sous pavillon ennemi. — 221. Violation de blocus par un navire neutre.

216. Du commerce interdit à l'État, permis aux particuliers. Le principe de liberté et ses restrictions (3).

I. *En général. Le principe de liberté.*

Il ne saurait, évidemment, être permis à l'État neutre, à son gou-

(1) Ci-dessus, 213, I.

(2) Ouvrage ancien qui fait date : Huebner, *De la saisie des bâtiments neutres, ou du droit qu'ont les nations belligérantes d'arrêter les navires des peuples amis.* 1759. Dédié au comte J. H. E. de Bernstorff (1712-1772), le célèbre ministre danois, père du non moins célèbre comte André. — Lampredi, *Del commercio dei popoli neutrali in tempo di guerra.* 1788. Traduit en français par Serionne (1793), et par Peuchet (1802). — Hautefeuille, Gessner, Schiattarella, ouvrages cités au § 68. — Hautefeuille, *Histoire des origines, des progrès et des variations du droit maritime international.* 1858, 2e éd. 1869. *Questions de droit maritime international.* 1858. — Perels, § 43, § 45-46. — Geffcken, § 157-160. — Martens, t. II, § 135. — Bonfils, 1494-1691.

(3) Le mot de commerce n'est pas pris ici dans son acception la plus restreinte ; j'y comprends les achats et ventes, fournitures, contrats de toute sorte faits par l'État neutre ou par des particuliers, sujets ou habitants de cet État, tant commerçants que non commerçants.

vernement, de fournir directement aux belligérants des objets propres à augmenter leur force de guerre, tels qu'armes, munitions, charbons, vivres ; non plus que des navires de guerre.

Le gouvernement neutre ne doit même pas acheter, pendant la guerre, d'un belligérant, un navire de guerre armé et équipé, réfugié dans un port de l'État neutre ; parce qu'en ce faisant il favoriserait le belligérant vendeur, lequel retirerait ainsi de l'argent d'une chose qui sans cela serait ou pourrait être capturée.

Mais quant aux particuliers, sujets ou habitants de l'État neutre, ils demeurent libres, en principe, de faire le commerce de n'importe quelles marchandises, en temps de guerre comme en temps de paix, avec n'importe qui, et spécialement avec les belligérants ou l'un d'eux.

La situation d'un particulier qui fournit au belligérant des choses utiles à la guerre est très différente de celle de l'État. J'ai déjà dit que le particulier, comme tel, n'est astreint à aucun devoir direct envers les belligérants. D'ailleurs son intention n'est point, en général, de seconder l'un d'eux contre l'autre au mépris de la neutralité de son pays, mais simplement de vaquer à son métier, de faire une affaire, de gagner de l'argent. Cette intention, en soi, n'a rien d'illicite, et la guerre entre deux États ne doit nuire que le moins possible à l'industrie, au commerce des sujets et habitants d'un État tiers, qui reste en dehors de leur querelle.

Telle est la théorie. Dans la pratique et dans les cas spéciaux, cette liberté est considérablement restreinte. Par le fait, la guerre atteint gravement les neutres. Chacun des belligérants cherchant à endommager le plus possible son adversaire, met des entraves au commerce de celui-ci, s'efforce de le ruiner. En vertu des principes énoncés au paragraphe précédent, le commerce de certaines choses, certains actes de commerce pourront être interdits par l'État neutre à ses sujets, et les belligérants seront, dans certains cas où le particulier neutre se conduit en ennemi, autorisés à saisir, à confisquer, à détruire ses marchandises et ses navires.

En 1870, le gouvernement des États-Unis a vendu des armes à la

France, en grande quantité. « Les ventes d'armes eurent lieu, mais sans être faites, du moins nominativement, aux gouvernements belligérants. Des agents intermédiaires se trouvèrent sans peine, et le nombre des armes achetées par et pour la France fut par lui-même assez grand pour prouver d'emblée, sans plus ample démonstration, qu'elles étaient achetées en vue d'être employées dans la guerre alors flagrante ». Lieber suggère un accord international rendant pareille violation du droit des gens impossible à l'avenir (1) ».

La Prusse n'a pas porté plainte à ce sujet à Washington, ce que M. de Kusserow approuve et explique par les dispositions conventionnelles entre la Prusse et les États-Unis résultant du traité de 1799, art. 13, et du traité de 1828, art. 12. M. Geffcken ne partage point cette opinion (2).

En 1894, le gouvernement suisse a vendu des fusils à des commerçants anglais, lesquels, a-t-on dit, les ont vendus au gouvernement chinois ; on n'a pas su qu'il y ait eu des réclamations.

En 1825, le gouvernement suédois a vendu trois navires de guerre à une maison anglaise. Il se trouva que cette maison opérait pour le gouvernement mexicain. Le gouvernement suédois ignorait ce fait; dès qu'il lui fut signalé, par une plainte de l'Espagne, il résilia le contrat.

Le belligérant a le droit d'empêcher, autant qu'il le pourra, le commerce, exercé à son préjudice par les sujets des pays neutres, de choses utiles à la guerre. Il a le droit d'empêcher tout commerce avec les places qu'il bloque.

Mais son droit s'arrête là. On a émis autrefois de prétendues règles qui vont beaucoup plus loin. Le commerce avec les colonies, ainsi que celui de cabotage, est régi par le droit interne des divers États et par des conventions (3). Si l'État belligérant, interdisant ces commerces en temps de paix aux étrangers, les autorise en temps de guerre, pour nuire à son adversaire, le navire neutre, qui profite de cette autorisation, commet-il un acte d'hostilité justifiant la confiscation? Les Anglais l'ont affirmé ; ils ont agi en conséquence, avec diverses aggravations. Aujourd'hui, le maintien de ce point

(1) Lieber, R. D. I., t. IV, p. 462-471. — Rapport au gouvernement britannique, du ministre d'Angleterre à Washington, du 22 octobre 1870. R. D. I., t. VI, p. 87.

(2) Kusserow, R. D. I., tome cité, p.59-88, et surtout p.76. — Geffcken, § 151.

(3) Ci-dessus, § 10, 34; 33, II.

de vue paraît incompatible avec les principes modernes et l'esprit de la déclaration de Paris (1). On ne pourrait d'ailleurs plus l'appliquer qu'au cabotage, le commerce colonial étant libre généralement.

Durant la guerre de 1756, l'Angleterre s'efforça de faire prévaloir ce principe, qu'on a nommé la règle de 1756 : « qu'il est défendu aux États neutres de se livrer durant la guerre à un trafic qui leur serait interdit en temps de paix ». C'est contre cette règle de 1756 qu'est dirigé l'article 1er de la neutralité armée de 1780, statuant que « tous les vaisseaux neutres pourront naviguer librement de port en port et sur les côtes des nations en guerre ». Huebner s'exprimait comme suit en 1759 : « La seule partie du commerce des nations neutres qui paraît, quant à la légitimité, sujette à quelque incertitude, c'est celui que les États qui sont en guerre, leur permettent quelquefois de faire avec leurs colonies. Ce qui pourrait faire envisager ce commerce comme illicite, c'est que les mêmes peuples neutres ne le font jamais et n'osent le faire en temps de paix ; qu'il ne leur est ouvert qu'en temps de guerre *à cause* de la guerre ; et qu'enfin au rétablissement de la paix ils en sont derechef exclus, de sorte que le commerce des sujets d'un souverain neutre avec les colonies d'un État qui est en guerre, paraît être un objet du droit rigoureux de la guerre (2) ». Phillimore approuve encore la règle de 1756, mais non l'extension exagérée qui lui a été donnée.

II. *Vente et affrètement de navires aux belligérants. Vente d'armes, de munitions, de vivres* (3).

Du fait que le commerce est libre en principe, il résulte que, selon le droit des gens actuel, il est permis en général aux sujets neutres de vendre aux belligérants des armes, des munitions de guerre, des vivres, des navires tout équipés.

Je dis : en général, parce qu'en vertu d'engagements conventionnels un État peut être obligé d'interdire à ses sujets pareilles ventes et de rendre cette interdiction efficace. Et je dis : selon le droit des gens actuel, parce que la liberté existe aujourd'hui, comme un fait

(1) Ci-après, 219-220. — Heffter-Geffcken, § 165.

(2) Huebner, *De la saisie des bâtiments neutres*, I, ch. 4, § 6.

(3) Geffcken, note sur Heffter, § 148. — Gessner s'est élevé avec force contre la pratique actuelle. *Kriegführende und neutrale Mächte, ein Beitrag zur Reforme des internationalen Rechts in Kriegszeiten*, p. 59-74. 1877.

indéniable, mais que peut-être la notion plus rigoureuse de la neutralité, telle qu'elle se développe de nos jours, jointe aux progrès de l'idée de la communauté internationale, amènera sur ce point un changement analogue à ceux qui se sont opérés déjà sur d'autres points. Cette évolution pourrait à certains égards sembler désirable. Cependant il est utile de maintenir que l'état de guerre est une situation exceptionnelle, dont les belligérants doivent le plus possible être seuls à pâtir ; si, par le fait, les neutres en sont atteints dans leurs intérêts, non seulement cela ne doit avoir lieu que le moins possible, mais encore ils ne doivent pas être privés des compensations qui peuvent se présenter en leur faveur dans certaines branches de leur commerce et de leur industrie.

Le particulier neutre qui vend et livre des armes et des munitions à un belligérant, le fait à ses risques et périls. Comme on l'a fort justement dit, il court une aventure commerciale. Il s'expose à voir confisquer sa marchandise, comme contrebande de guerre, et si pareille chose arrive, son gouvernement n'aura point lieu d'intervenir (1).

Il en est de même en ce qui concerne l'affrètement de navires par un particulier neutre pour le transport d'objets destinés à l'un des belligérants. Si l'autre belligérant confisque navire et cargaison, tant pis pour le particulier ; son gouvernement n'interviendra pas en sa faveur (2).

Dès le début de la guerre franco-allemande, en 1870, plusieurs pays neutres du continent, l'Autriche, le Danemark, l'Espagne, l'Italie, les Pays-Bas, la Belgique, ont prohibé, d'une manière générale, l'exportation et le transit des armes, des munitions de guerre, des chevaux etc.

Arrêtés royaux belges du 17 juillet 1870 (rapporté le 12 août), du 5 août. Loi belge du 9 septembre 1870 : « Sont prohibés l'exportation et le transit des armes de toute espèce; des munitions de guerre de toute espèce ; des effets d'habillement, d'équipement et de harnachement militaires ; des chevaux autres que poulains ; des bâtiments à voiles et à vapeur, machines et parties de machines destinées à la navigation, agrès et apparaux de navires, et tous autres objets de matériel naval et mili-

(1) Ci-dessous, 217.

(2) Comparez ci-dessus, § 68, 213, III.

taire ; avoine, foin, paille et autres fourrages ». Ordonnance du conseil fédéral suisse, 1870, art. 2 : « L'exportation d'armes et de matériel de guerre en général dans les États voisins belligérants est interdite, ainsi que tout rassemblement d'objets de cette nature dans la proximité des frontières respectives. En cas de contravention les marchandises seront mises sous séquestre. — Il est interdit d'acheter, ou, en général, de prendre possession d'armes, de matériel de guerre et d'objets d'équipement apportés par des déserteurs par delà la frontière, et les objets de cette nature seront saisis lors même qu'ils seraient trouvés entre les mains de tierces personnes ».

Observations de la cour de Versailles sur le mémoire justificatif de la cour de Londres, 1778 : « En consultant les règles prescrites, soit par l'usage, soit par les traités, on trouvera, non que le commerce des objets appelés de contrebande rompt la neutralité, mais que les particuliers qui l'entreprennent s'exposent à une simple confiscation ».

Le message du président Pierce (1855) est instructif. On y lit entre autres les passages suivants,que je transcris d'après M. Geffcken : « The laws of the United States do not forbid their citizens to sell to either of the belligerent powers articles contraband of war, or take munitions of war or soldiers on board their private ships for transportation... Although in so doing the individual citizen exposes his property or person to some of the hazards of war, his acts do not involve any breach of national neutrality, nor of themselves implicate the government ».

Une cause célèbre dans laquelle ce principe a été proclamé, est celle de l'*Independencia*, navire américain vendu en 1816 au gouvernement provisoire des Provinces-Unies du Rio de la Plata. La plainte du consul d'Espagne fut écartée en 1822. Le chief justice américain, lequel n'était autre que l'illustre Story, déclara : « There is nothing in our laws, or in the law of nations, that forbids our citizens from sending armed vessels, as well as munitions of war, to foreign ports for sale. It is a commercial adventure, which no nation is bound to prohibit ; and which only exposes the persons engaged in it to the penalty of confiscation ». Les États-Unis se sont prononcés plusieurs fois dans ce sens. Ils y ont insisté notamment à propos de l'article 6 du compromis de Washington, lequel ne doit en aucune façon diminuer le droit des particuliers. Une loi a été votée dans ce sens par le congrès en 1872 (1).

Durant les dernières guerres, de Crimée, de la sécession américaine, d'Orient en 1877, des armes en grande quantité ont été fournies d'Allemagne aux belligérants. En 1870, les manufactures anglaises en ont fourni aux Français, et les plaintes de l'Allemagne sont restées sans résultat. La guerre de 1894-1895, entre la Chine et le Japon, est instructive à divers égards, et particulièrement en cette matière du commerce

(1) Nombreuses autres indications : Geffcken, § 150.

des neutres. Les puissances européennes s'y sont montrées de conscience fort large. Objectera-t-on que la Chine et le Japon ne font pas encore partie de la Société des nations ?

Dans son rapport à l'Institut de droit international (1), M. Kleen s'élève contre la conception de « l'aventure commerciale ». Cependant cette idée est parfaitement juste et conforme au droit des neutres. Aussi la commission de l'Institut, composée comme il a été dit plus haut, l'a-t-elle avec raison consacrée en formulant cette double proposition : « Chaque belligérant a le droit de prendre les mesures nécessaires pour s'opposer aux transports par mer d'objets servant à la guerre et destinés à l'adversaire. Celui qui fait à l'un ou à l'autre des belligérants des transports prohibés, le fait à ses risques et périls (2) ».

III. *Achat de navires des belligérants par les neutres* (3).

Si le navire d'un sujet de l'un des États belligérants est acheté, durant la guerre, par un sujet d'un État neutre, cet achat doit-il être respecté par l'autre belligérant, ou celui-ci pourra-t-il n'en tenir nul compte et traiter ce navire en navire ennemi ?

Il importe de distinguer selon que la vente a eu lieu en cours de voyage ou autrement.

Si la vente a eu lieu en cours de voyage, *in transitu,* elle sera tenue pour nulle et non avenue. On assimile à la vente *in transitu* toute vente de navire faite à l'occasion et à cause de la guerre.

Dans tous les autres cas, on vérifiera la sincérité de la vente et du transfert de la propriété. Par une dérogation aux principes généraux du droit, justifiée amplement par les circonstances dans lesquelles ces ventes ont lieu habituellement, cette sincérité n'est pas présumée. C'est donc au neutre acquéreur qu'incombe l'obligation d'en fournir la preuve. S'il y parvient, le navire est reconnu neutre et respecté comme tel, tandis qu'il sera déclaré de bonne prise, malgré son pavillon neutre, si la vente est jugée fictive. La question du paiement du prix de vente est importante pour l'appréciation de la sincérité.

(1) Rapport cité ci-dessous, 217.

(2) A. D. I., t. XIV, p. 192. Ci-dessus, § 68, 213, III.

(3) Geffcken, § 126, I. — De Boeck, *De la propriété privée ennemie,* p. 173-175, 200-203.

Ce qui vient d'être dit de l'achat du navire s'applique à celui de la cargaison.

L'ancien droit français ne respectait pas les ventes faites après la déclaration de guerre ou le commencement des hostilités. La Suède en 1804, la Russie en 1809 ont fait de même.

Le droit anglais, par exception, était plus libéral. Et tel paraît être aussi le droit français actuel. Instructions complémentaires de 1870 : « Lorsqu'il résulte de l'examen des pièces de bord que depuis la déclaration de guerre la nationalité du navire antérieurement ennemi a été changée par une vente faite à des neutres..., il y a lieu de procéder avec la plus grande attention et de s'assurer que toutes ces opérations ont été exécutées de bonne foi et non dans le seul but de dissimuler une propriété réellement ennemie ».

Vu la probabilité de fraude, on sera rigoureux dans la preuve de la sincérité de la vente et du transfert de la propriété en suite de la vente. Il faut que le vendeur se soit bien dépouillé de tout droit, de tout intérêt dans le navire, entièrement, irrévocablement. Différentes distinctions sont faites par les cours d'amirauté anglaises et américaines, à l'effet de prévenir les fraudes.

Règlement des prises de l'Institut de droit international (résolutions votées à Turin en 1882), § 26 : « L'acte juridique constatant la vente d'un navire ennemi faite durant la guerre doit être parfait, et le navire doit être enregistré conformément à la législation du pays dont il acquiert la nationalité, avant qu'il quitte le port de sortie. La nouvelle nationalité ne peut être acquise au navire par une vente faite en cours de voyage. »

IV. *Achat de prises par les neutres.*

Lorsqu'une prise est vendue par un belligérant, un sujet neutre peut-il s'en rendre acquéreur ?

Du moment que la prise est légitime, l'affirmative ne saurait être douteuse. Reconnu de bonne prise, le navire est la propriété de l'État capteur ; l'origine de cette propriété est désormais indifférente : le propriétaire vend sa chose, n'importe qui a le droit de l'acheter (1). L'État neutre peut, naturellement, interdire pareils achats à ses sujets ; c'est une question de droit interne.

L'achat fait avant la condamnation est une assistance prêtée au capteur, et, par conséquent, illicite.

(1) Comparez ci-dessus, § 68, 215, II, p. 404.

217. La contrebande de guerre (1).

On appelle contrebande de guerre les choses qui, servant spécialement à la guerre, sont destinées à augmenter les moyens de destruction des belligérants L'État neutre sortirait évidemment de sa neutralité s'il procurait de telles choses à l'un des belligérants, ce qui lui est interdit, ainsi qu'on l'a vu plus haut. Mais on a vu aussi que, sauf prohibition de droit interne, les sujets et habitants de l'État neutre sont libres dans leur commerce, qu'ils font à leurs risques et périls (2). Je supposerai toujours, dans les pages suivantes, que l'État neutre reste étranger aux actes de ses ressortissants.

Les traités, notamment ceux de commerce et de navigation, ainsi que les proclamations, déclarations et manifestes émis au commencement des guerres, soit par les belligérants, soit par les neutres, contiennent des listes des choses qui sont traitées comme contrebande. Il n'est guère possible, vu les changements continuels que subissent l'art de la guerre et l'industrie, de préciser d'une manière définitive et détaillée quels sont ces objets. Dans chaque guerre,les gouvernements neutres font savoir à leurs sujets quelles

(1) La littérature concernant spécialement cette matière est récente. Une ancienne dissertation, de 1721, est due à Heineccius. C'est dans leurs traités plus ou moins généraux qu'il faut chercher les opinions de Gentil, Grotius, Bynkershoek, Vattel, Martens, Klueber, de Valin, Lampredi, Galiani. — Marquardsen, *Der Trentfall*. 1862. — Lehmann, *Die Zufuhr von Kriegscontrebandewaaren nach kriegführenden Ländern seitens Neutraler*. 1877. — Kleen, *Om Krigskontraband*. 1888. *Le droit de la contrebande de guerre*. R. D. I., t. XXV, 1893. *De la contrebande de guerre et des transports interdits aux neutres*. 1893. Rapport très circonstancié, présenté à l'Institut de droit international. Les propositions de M. Kleen et du corapporteur M. Brusa ont provoqué des observations de M. den Beer Poortugael et de M. Lardy, et un contre-projet de M. Perels, que la commission de l'Institut a pris pour base de propositions arrêtées à Cambridge, en 1895. A. D. I., t. XIV, p. 192-193 ; t. XIII, p. 346-348. Dans son étude insérée dans la *Revue*, M. Kleen traite d'une façon détaillée des diverses législations des États maritimes, et de la littérature du sujet. — Heffter-Geffcken, 158-161. — Geffcken, § 158-163. — Gessner, *Le droit des neutres sur mer*, p. 82-162. — Perels, § 45-46. — Calvo, t. V, 2708-2820. — Martens, t. III, § 136.

(2) Ci-dessus, § 68, 215, 216.

choses ils devront s'abstenir de fournir aux belligérants, et les belligérants déclarent quelles choses ils traiteront comme contrebande. La liberté prévaut. Dans le doute, ces énumérations seront donc plutôt limitatives.

Lorsque des marchandises prohibées sont exportées ou importées, cela se fait contrairement à la défense, au ban, *contra bannum* ou *bandum* ; d'où le nom de contrebande, dérivé de l'italien *contrabbando*.

Grotius distingue trois catégories de choses : celles qui ne servent que pour la guerre, celles qui ne servent pas à la guerre, celles qui peuvent suivant les cas servir à la guerre ou n'y pas servir : « Sunt quae in bello tantum usum habent, ut arma. Sunt quae in bello nullum habent usum, ut quae voluptati inserviunt. Sunt quae et in bello et extra bellum usum habent, ut pecuniae, commeatus, naves et quae navibus adsunt. In primo genere verum est dictum Amalasvinthae ad Justinianum, in hostium esse partibus qui ad bellum necessaria hosti administrat. Secundum genus querelam non habet... In tertio illo genere usus ancipitis, distinguendus erit belli status .. » (1).

Bynkershoek (2) : « In tertio genere distinguit Grotius et permittit, res promiscui usus intercipere, sed in casu necessitatis, si aliter me meaque tueri non possim... Verum, ut alia praeteream, quis arbiter erit ejus necessitatis, nam facillimum est eam praeterire ? An ipse ego, qui intercepi ?... Nec etiam potui animadvertere, mores gentium hanc Grotii distinctionem probasse... Jus gentium commune in hanc rem non aliunde licet discere, quam ex ratione et usu. Ratio jubet, ut duobus, invicem hostibus, sed mihi amicis, aeque amicus sim, et inde efficitur, ne in causa belli alterum alteri praeferam... Inter omnes fere gentes convenit, ne amico liceat ad hostem vehere arma, aliave, quae veniunt appellatione *contrabande goederen*... Regula est, pactis fere perpetuis probata, ne non hostes ad hostes nostros vehant *contrabande goederen* ; si vehant et deprehendantur, in commissum cadant ; exceptis autem his libere utrimque mercantur, et quaecumque alia ad hostes vehunt impune ». Après citation d'une série de traités et d'édits, Bynkershoek continue : « Ex his fere intelligo, *contrabanda* dici, quae, uti sunt, bello apta esse possunt, nec quicquam interesse, an et extra bellum usum praebeant »...

Sous les empereurs romains, l'exportation de choses servant à la guerre était prohibée rigoureusement, parce qu'il fallait ne pas fortifier ou armer les ennemis de l'empire. Le titre 41 du livre IV du Code

(1) Grotius, III, c. I, § 5.

(2) Bynkershoek, *Quaestiones juris publici*, 1, 10 : *De his quae ad amicorum nostrorum hostes non recte advehuntur.*

de Justinien est intitulé : « Quae res exportari non debeant »; il contient une constitution de Valentinien et Gratien (370-375) et une de Marcien (455-457). Interdictions de même nature sous Charlemagne et aux siècles suivants. Dès le dixième siècle, puis durant les croisades, les marchands de Venise, Gênes, Pise, Montpellier vendaient aux infidèles des armes, des munitions, des grains, des bois de construction, de la poix, du goudron, et même des navires tout construits. Les conciles s'en occupent, ainsi le troisième concile de S. Jean de Latran, en 1179, et le quatrième en 1215.

Innocent III, c. 17, X. *De Judaeis, Sarracenis et eorum servis*, 5, 6, de 1215 : « Excommunicamus et anathematizamus illos falsos Christianos, qui contra ipsum Christum et populum christianum Sarracenis arma, ferrum et ligamina deferunt galearum ; eos etiam, qui galeas eis vendunt, vel naves, quique in piraticis Sarracenorum navibus curam gubernationis exercent... ».

Après la réformation, les protestants ne se tinrent plus pour liés par ces interdictions papales.

Dès le moyen âge, la ligue hanséatique, dans les guerres, faisait des interdictions analogues.

« Au XIIIe siècle, dit M. Nys, il devint d'usage de lancer, au début de la guerre, des proclamations qui défendent, sous peine de confiscation, à tous navires d'apporter des vivres ou des munitions quelconques à l'ennemi ».

Des traités furent conclus dès le XVIIe siècle, qui énumérèrent et spécialisèrent les articles prohibés, au lieu de s'en tenir comme auparavant à de vagues énonciations. La proclamation de Charles Ier, roi d'Angleterre, en date du 4 mars 1626, émise à la suite du traité de Southampton de 1625, établit la liste des objets compris sous la désignation de contrebande de guerre. « A partir de cette époque, les conventions internationales et les règlements particuliers ne cessent de donner la plus grande extension à la contrebande, quand ils ne vont pas jusqu'à prohiber tout commerce avec l'ennemi (1) ».

Il y a des choses dont la qualité de contrebande est manifeste à première vue. Ce sont celles qui sont faites tout exprès en vue de la guerre et qu'on utilise pour la guerre directement et immédiatement : les armes de toute espèce, les matières et les munitions nécessaires aux armes à feu. Ce sont encore les matières explosives et fulminantes, le matériel du train, les objets d'équipement et d'habillement.

(1) Nys, *Origines du droit international*, p. 224-227.

D'autres choses ne servent à la guerre que d'une manière indirecte, et non immédiate. Ce sont les matières qui doivent encore être ouvrées, travaillées, combinées, telles que les fers bruts, les bois de construction, les cordages, la poix et le goudron ; telles encore les chaudières, hélices, machines à vapeur des navires. Elles sont aussi, assez généralement, mais non universellement, déclarées contrebande de guerre.

Entre ces deux catégories d'objets, il existe d'ailleurs une différence importante. Ceux de la première sont toujours confisqués. Ceux de la seconde ne le sont que s'ils sont destinés à l'ennemi dans l'intention, reconnaissable d'après les circonstances, et qui n'est pas présumée, de fortifier son armée ou sa flotte.

On doit assimiler aux objets de la seconde catégorie les chevaux (mulets, ânes) ; ils seront légitimement déclarés contrebande de guerre s'ils sont fournis à l'armée ennemie pour usages de guerre.

Est encore contrebande le charbon, mais seulement en tant qu'il est porté directement à la flotte ennemie. De même les vivres qui lui sont immédiatement apportés ; tandis que les vivres ayant toute autre destination ne sont pas contrebande. La destination à l'ennemi ne se présume pas.

L'argent, monnayé ou non, n'est pas contrebande. Il pouvait l'être autrefois, alors qu'on l'apportait à l'ennemi en groups ; aujourd'hui, dans l'état actuel des choses, une prohibition n'aurait plus de raison d'être ni d'efficacité (1).

Les ordonnances françaises de 1543 et 1584 interdisent la fourniture d'armes et de munitions de guerre. — Traité des Pyrénées, de 1659, art. 12 : « En ce genre de marchandises de contrebande s'entend seulement être comprises toutes sortes d'armes à feu et autres assortiments d'icelles, comme canons, mousquets, mortiers, pétards, bombes, grenades, saucisses, cercles poissés, affûts, fourchettes, bandoulières, poudre, mèches, salpêtre, balles, piques, épées, morions, casques, cuirasses, hallebardes, javelines, chevaux, selles de cheval, fourneaux de pistolets, baudriers et autres assortiments servant à l'usage de la guerre. 13. Ne seront compris en ce genre de marchandises de contrebande les

(1) Ci-dessus, 216, II. Comparez, § 68, 213, II.

froments, blés et autres grains, légumes, huiles, vin, sel, ni généralement tout ce qui appartient à la nourriture et à la sustentation de la vie, mais demeureront libres comme toutes les autres marchandises et denrées non comprises en l'article précédent, et en sera le transport permis...— Traité anglo-français de navigation et de commerce, d'Utrecht, du 11 avril 1713, art. 19 : « Sub isto nomine *contrabandae*, seu mercimoniorum prohibitorum, comprehendantur arma, sclopeta aut tormenta majora, bombardae cum suis igniariis, et aliis ad ea pertinentibus, ignes missiles, pulvis tormentarius, fomites, globi, cuspides, enses, lanceae, hastae, bipennes, tubi catapultarii (vulgo mortarii), inductiles sclopi (vulgo petardae), glandes igniariae missiles (vulgo grenadae), salpetra, sclopeta, globuli seu pilae quae sclopetis jaculantur, cassides, galeae, thoraces, loricae (vulgo cuirasses), et similia armorum genera, ad instruendos milites comparata, sclopothecae, balthei, equi cum eorum apparatu et quaecumque alia instrumenta bellica. 20. Inter bona prohibita nequaquam censebuntur haec quae sequuntur mercimonia omnia, scilicet pannorum species, omnes que aliae manufacturae textae ex quacumque lana, lino, serico, gossipio, vel alia quacumque materia ; omnia vestium et indumentorum genera, una cum speciebus, ex quibus confici solent, aurum et argentum, tam signatum quam non signatum, stannum, ferrum, plumbum, caprum, orichalcum, carbones focarii, triticum et etiam hordeum, et aliud quodcumque frumenti et leguminis genus, herba nicotiana (vulgo tobac), nec non omne genus aromatum, carnes salitae et fumo duratae, pisces saliti, caseus et butyrum, cerevisiae, olea, vina, sacchara, et omne genus salis, necnon omnis generatim annona, quae ad victum hominum et vitae sustentationem facit ; gossipii porro, cannabis, lini, picis tam liquidae quam aridae, omnis generis funes, rudentes, vela, lineamen velis nauticis aptum, anchorae et anchorarum partes quaelibet, mali item navales, ut et asseres, tabulae, et trabes, ex quibus cumque arboribus, omniaque alia ad naves seu construendas seu reficiendas comparata; sed et (nec ?) aliae quaecumque merces, quae instrumenti vel apparatus alicujus pro terrestri vel maritimo bello formam non acceperunt, pro contrabandis habebuntur, multo minus quae ad alium quemvis usum jam apparatae et conformatae sunt, quae omnia plane inter mercimonia libera censebuntur, juxta ac aliae quaelibet merces et res, quae in articulo proxime praecedenti non comprehenduntur ac speciatim designantur, ita ut a subditis utriusque confœderati liberrime transportari et invehi possint, etiam ad loca inimica, exceptis duntaxat oppidis locisve tunc temporis obsidione cinctis, circumseptis vel investitis ». — Traité de commerce du 20 juin/1er juillet 1766, entre la Grande-Bretagne et la Russie, art. 10 : « Il sera permis aux sujets des deux Hautes Parties contractantes d'aller, venir et commercer librement dans les États avec lesquels l'une ou l'autre de ces parties se trouvera présentement ou à l'avenir en guerre ; bien entendu qu'ils ne portent point de munitions à l'ennemi. On en excepte néanmoins les places actuellement bloquées ou assiégées tant par mer que par terre. En tout autre temps et à l'exception des munitions de guerre, les susdits sujets pourront transporter dans ces places toutes autres sortes de marchandises, ainsi que des passagers, sans le moindre empêchement... 11. Tous les canons, mortiers, armes à feu, pistolets, bombes, grenades, boulets, balles, fusils, pierres à feu, mèches, poudre, salpêtre, soufre, cuirasses, piques, épées, ceinturons, poches à cartouches, selles et brides, au delà de la quantité qui peut être nécessaire pour l'usage du vaisseau, ou au delà de celle que doit avoir chaque homme servant sur le vaisseau et passager, seront réputés munitions ou provisions de guerre, et, s'il s'en trouve, ils seront confisqués selon les lois, comme contrebande ou effets prohibés ; mais ni les vaisseaux, ni les passagers, ni les autres marchandises qui s'y trouveront en même temps, ne seront point détenus, ni empêchés de continuer leur voyage ». — Déclaration russe aux cours de Londres, Versailles et Madrid, du 27 février/9 mars 1780, art. 3, ci-dessus, p. 373.

Ukase russe du 24/12 mai 1877 : « Toutes espèces d'armes, le matériel et les munitions nécessaires pour les armes à feu, tout le matériel servant à faire sauter les obstacles (mines, torpilles, dynamites), celui du train des différents corps, tout ce qui sert à équiper et habiller l'armée ».

L'ordonnance pour la marine de 1681, le Code général prussien (II, 8, art. 2034-2036), les règlements publiés par les puissances belligérantes pendant la guerre danoise en 1864, la guerre allemande en 1866, et la guerre franco-allemande de 1870, restreignent expressément la notion de contrebande aux armes et aux munitions de guerre. « Il paraît... hors de doute que, d'après le droit international actuel et à défaut de stipulations spéciales, les armes et les munitions peuvent seules être regardées comme contrebande de guerre (1) ».

Les vivres ne le sont pas, sauf l'exception mentionnée plus haut. « Dans aucune guerre, depuis 1815, dit M. Geffcken, une puissance belligérante n'a élevé la prétention de qualifier de contrebande les vivres ». Ceci paraissait être *jus receptum*, lorsque, dans la guerre franco-chinoise, la France a donné au riz le caractère de contrebande (2). M. Waddington à lord Granville, 20 février 1885 : « Les conditions dans lesquelles se poursuit actuellement la guerre avec la Chine, ont déterminé le gouvernement de la République française à user du droit qui lui appartient de considérer et de traiter le riz comme contrebande de guerre ». L'Angleterre a protesté, et maintenu sa protestation.

Les chevaux ne sont pas mentionnés comme articles de contrebande

(1) Gessner, p. 188.

(2) Calvo, t. V, 2724-2733. — Geffcken, § 160 et R. D. I., t. XVII, p. 149-150.

dans les actes les plus récents. Ils le sont cependant dans le traité d'amitié, de commerce et de navigation entre le Zollverein et le Mexique, du 28 août 1869, art. 15. Lorsqu'au début d'une guerre, l'exportation des chevaux est interdite par le gouvernement d'un État neutre, cette interdiction ne doit pas signifier que ce gouvernement considère les chevaux comme article de contrebande : c'est en vue de ses propres besoins éventuels qu'il la fait.

Le salpêtre est encore considéré généralement comme contrebande. Sur une réclamation de négociants hambourgeois, le gouvernement allemand s'est prononcé en principe contre la nature de contrebande, et a promis de chercher à faire prévaloir sa manière de voir, en faveur du commerce allemand du salpêtre.

L'Institut de droit international, dès ses débuts, s'est occupé de la contrebande de guerre. En 1877, à la session de Zurich, après avoir posé, *de lege ferenda*, le principe de l'inviolabilité de la propriété privée, neutre ou ennemie, naviguant sous pavillon ennemi ou sous pavillon neutre, il a déclaré : « Sont toutefois sujets à saisie : les objets destinés à la guerre ou susceptibles d'y être employés immédiatement. Les gouvernements belligérants auront, à l'occasion de chaque guerre, à déterminer d'avance les objets qu'ils tiendront pour tels »... — Règlement des prises, § 30 : « Sont sujets à saisie, durant la guerre, les objets susceptibles d'être employés à la guerre immédiatement, qui sont transportés par des navires de commerce nationaux, neutres ou ennemis, pour le compte ou à destination de l'ennemi (contrebande de guerre). Les gouvernements belligérants auront à déterminer d'avance, à l'occasion de chaque guerre, les objets qu'ils tiendront pour tels. — § 32. Ne sont pas réputés contrebande de guerre les objets nécessaires à la défense de l'équipage et du navire, pourvu que le navire n'en ait pas fait usage pour résister à l'arrêt, à la visite, à la recherche ou à la saisie ».

Propositions de la commission de l'Institut de droit international, session de Cambridge, 1895 : « § 3. Sont réputés contrebande de guerre les armes et munitions de guerre, ainsi que tous les objets d'armement ou d'équipement susceptibles d'être employés à la guerre immédiatement et spécialement, et les machines et instruments spécialement faits pour fabriquer de tels objets, transportés par mer pour le compte ou à destination de l'ennemi. — § 4. Les objets qui peuvent également servir à la guerre et à des usages pacifiques ne sont pas, en général, réputés contrebande de guerre. Ils pourront être considérés comme telle s'ils ont une destination immédiate et spéciale aux forces militaires ou navales ou aux opérations militaires de l'ennemi, pourvu qu'ils aient été compris dans une déclaration préalable, faite à l'occasion de la guerre par le gouvernement belligérant, conformément au § 30 du règlement international des prises maritimes. — § 6. Ne sont pas considérés comme articles de contrebande ceux qui sont indispensables aux besoins et à la sécurité du navire lui-même, de son équipage et de ses passagers, sans préjudice toutefois du droit de saisie de ces articles dans le cas où le navire en aurait fait usage pour résister à l'arrêt, à la visite, à la recherche ou à la saisie ».

218. De la visite des navires neutres et du convoi. Recherche ou perquisition. Saisie et confiscation des navires, de leur cargaison (1).

Ayant le droit d'empêcher toute fourniture de contrebande de guerre à son adversaire, le belligérant exerce à cet effet, sur les navires neutres, le droit de visite, qui comprend le droit de recherche, et le droit de saisie ou de capture (2).

Lorsqu'un navire de guerre d'un belligérant rencontre, en pleine mer ou dans les eaux territoriales des belligérants, un navire marchand neutre, celui-ci est tenu de se soumettre à l'arrêt, et à la visite, destinée à vérifier, d'abord son pavillon et sa destination, puis sa cargaison.

Je dis navire de guerre. Ce droit est aussi accordé aux corsaires par convention spéciale ; hypothèse qui peut être négligée sans inconvénient. Je dis navire marchand : les navires de l'État n'y sont en général point soumis. Il a été parlé des paquebots-poste plus haut (3).

Si le navire neutre navigue en convoi, c'est-à-dire sous l'escorte d'un ou de plusieurs navires de la marine militaire de son pays, le navire de guerre du belligérant se contente, généralement, de la parole du commandant du convoi, affirmant la nationalité neutre du navire marchand et l'absence, dans sa cargaison, de marchandises prohibées.

Les navires qui se sont joints au convoi, ne sont pas exempts de la visite, non plus que ceux qui appartiennent à un pays neutre autre que celui du navire de guerre convoyeur. Les croiseurs ont le droit de procéder, à ce sujet, à des vérifications.

(1) Geffcken, § 169. — Calvo, t. V, 2939-3003. — Perels, § 54-56.

(2) Ci-dessus, § 66, 206, V.

(3) Ci-dessus, § 68, 213, III.

En cas d'abus constaté, l'exemption cesserait de plein droit, car la parole du commandant du convoi serait reconnue être sans valeur.

Un navire de commerce neutre qui naviguerait sous convoi ennemi, violerait la neutralité; sa saisie et sa confiscation seraient légitimes.

On appelle convoi (de *com*, le latin *cum*, et voie, c'est-à-dire voyage) la réunion de plusieurs bâtiments de commerce naviguant de conserve, sous l'escorte d'un ou de plusieurs navires de guerre, ce qui se faisait autrefois surtout par mesure de précaution contre les pirates. On donne aussi le nom de convoi ou de convoiement à l'escorte même, aux navires convoyeurs.

Seconde neutralité armée (1800), art. 3 : « Il suffira que l'officier qui commandera un ou plusieurs vaisseaux de guerre de la marine royale ou impériale, convoyant un ou plusieurs bâtiments marchands, déclare que son convoi n'a point de contrebande, pour qu'il ne se fasse aucune visite sur son vaisseau ni sur les bâtiments convoyés ». Instructions françaises du 31 mars 1854, art. 14 : « Vous ne visiterez point les bâtiments qui se trouveront sous le convoi d'un navire de guerre allié ou neutre, et vous vous bornerez à réclamer du commandant du convoi une liste des bâtiments placés sous sa protection, avec la déclaration écrite qu'ils n'appartiennent pas à l'ennemi et ne sont engagés dans aucun commerce illicite. Si cependant vous aviez lieu de soupçonner que la religion du commandant du convoi a été surprise, vous communiqueriez vos soupçons à cet officier, qui procéderait seul à la visite des bâtiments suspects ».

L'Angleterre n'a pas toujours reconnu l'exemption de visite en cas de convoi. Ainsi dans les guerres de la fin du siècle dernier et du commencement du présent siècle, elle a eu des conflits à ce sujet avec la Suède et le Danemark. (Affaires de la *Freya* et de l'*Ulla Fersen*.)

Il y a, dans tout ceci, bien des questions de fait, ainsi que maintes divergences, tant entre la pratique des divers États que dans la doctrine des auteurs.

Règlement des prises de l'Institut de droit international, § 16 : « Lorsque des navires de commerce neutres sont convoyés, ils ne seront pas visités, si le commandant du convoi remet au navire du belligérant qui l'arrête, une liste des navires convoyés, et une déclaration signée par lui et portant qu'il ne se trouve à leur bord aucune contrebande de guerre, et quelles sont la nationalité et la destination des navires convoyés ».

Les règles de l'arrêt et de la visite sont exposées plus haut (1).

Si l'examen des papiers de bord montre qu'ils ne sont pas en règle, ou s'il existe un motif de soupçon fondé, l'officier qui fait la visite, a le droit de procéder à la recherche, c'est-à-dire à des perquisitions sur le navire marchand même. La recherche constitue un second acte de la visite (2), nécessaire lorsque la simple vérification, qui constitue le premier acte, se montre insuffisante. Il peut y avoir visite sans recherche, mais il ne saurait y avoir recherche sans qu'il y ait eu visite. Le plus souvent, on en reste au premier acte.

Le droit de visite sur les navires neutres doit s'exercer avec ménagements, et le commandant du navire de guerre doit toujours tenir compte du but qui l'a fait accorder et qui est d'empêcher la fourniture à l'adversaire de contrebande de guerre. Dans les mers éloignées du théâtre de la guerre, il ne l'exercera que s'il y a soupçon fondé de violation de la neutralité.

Instructions aux commandants de navires. Décret italien, du 20 juin 1866, art. 10 : « Bien qu'il n'y ait pas de limites à l'exercice du droit de visite en temps de guerre, je vous recommande de ne l'exercer que dans les lieux et dans les circonstances qui vous autoriseront à croire que la visite aura pour conséquence la saisie du navire ».

Résolutions de l'Institut de droit international, 1877 : « Le commandant du vaisseau qui opère la visite, doit se borner à l'inspection des papiers de bord. Il n'est autorisé à se livrer à une recherche du navire que si les papiers de bord donnent lieu de soupçonner la fraude ou fournissent la preuve de celle-ci, ou s'il y a des motifs sérieux de présumer la présence à bord d'objets destinés à la guerre ».

Résolutions de l'Institut de droit international, 1887 : « § 19. Si les papiers de bord ne sont pas en ordre, ou si la visite opérée a fait naître un soupçon fondé, comme il est dit à l'article qui suit, l'officier qui a opéré la visite est autorisé à procéder à la recherche. Le navire ne peut s'y opposer ; s'il s'y oppose néanmoins, la recherche peut être opérée de force. — § 20. Il y a soupçon fondé dans les cas suivants : 1° Lorsque le navire arrêté n'a pas mis en panne sur l'invitation du navire de guerre ; 2° Lorsque le navire arrêté s'est opposé à la visite

(1) Ci-dessus, § 66, 206, V.

(2) Voyez Calvo, *Dictionnaire*, au mot *Perquisition*.

des cachettes supposées recéler des papiers de bord ou de la contrebande de guerre ; 3° Lorsqu'il a des papiers doubles, ou faux, ou falsifiés ou secrets, ou que ses papiers sont insuffisants, ou qu'il n'a point de papiers ; 4° Lorsque les papiers ont été jetés à la mer, ou détruits de quelque autre façon, surtout si ces faits se sont passés après que le navire a pu s'apercevoir de l'approche du navire de guerre ; 5° Lorsque le navire arrêté navigue sous un pavillon faux. — § 21. Il n'est pas permis aux personnes qui sont chargées d'opérer la recherche, d'ouvrir ni rompre des armoires, réduits, caisses, cassettes, tonnes, futailles ou autres cachettes pouvant renfermer une partie de la cargaison, ni d'examiner arbitrairement les objets faisant partie de la cargaison qui se trouvent répandus à découvert dans le navire. — § 22. Dans les cas de soupçon mentionnés au paragraphe 20, s'il n'y a pas de résistance à la recherche, l'officier qui y procède doit faire ouvrir les réduits par le patron, et faire la recherche dans la cargaison à découvert sur le navire avec le concours du patron ».

Si l'on trouve, dans la cargaison, de la contrebande de guerre, le navire neutre est capturé comme le serait un navire ennemi, et conduit devant un tribunal des prises qui prononcera, soit la confiscation du navire et de la cargaison, ou de la cargaison seule, ou enfin d'une partie seulement de la cargaison.

Après maintes variations, le droit paraît aujourd'hui s'être fixé sur les principes suivants :

Les marchandises de contrebande faisant partie de la cargaison sont confisquées.

Ce qui, dans la cargaison, n'est pas contrebande, n'est pas confisqué.

Si la cargaison consiste en contrebande, soit en entier, soit du moins en majeure partie, le navire même est confisqué.

Le navire est également confisqué, alors même qu'une partie moindre seulement de la cargaison est de contrebande, si le propriétaire du navire en a eu connaissance.

La saisie n'est autorisée que si le navire marchand est pris en flagrant délit, sur le fait même de transport de la contrebande à l'ennemi. Une capture opérée après déchargement serait illégale, et n'aurait plus de raison d'être.

Car la saisie et la confiscation ne sont pas, comme on l'a cru jadis, des punitions que le belligérant infligerait au particulier sujet de l'État neutre, mais simplement des mesures licites de guerre, par lesquelles il l'empêche de fortifier l'ennemi que lui-même cherche à affaiblir (1).

Règlement des prises de l'Institut de droit international. — § 23. Ci-dessus, § 66, 204, p. 333. — § 31 : « Les objets de contrebande de guerre doivent être réellement à bord au moment de la recherche. — § 33. Le navire arrêté pour cause de contrebande de guerre peut continuer sa route, si sa cargaison ne se compose pas exclusivement ou en majeure partie de contrebande de guerre, et que le patron soit prêt à livrer celle-ci au navire du belligérant, et que le déchargement puisse avoir lieu sans obstacle selon l'avis du commandant du croiseur. — § 113. Pour qu'il y ait condamnation du chef de transport prohibé en temps de guerre, il faut : 1° que le transport soit à destination de l'ennemi ; 2° que l'objet transporté soit lui-même prohibé, c'est-à-dire contrebande ou quasi-contrebande de guerre ; 3° que la contrebande soit saisie en flagrant-délit, ou qu'elle soit trouvée à bord du navire au moment de l'arrêt de celui-ci ». — § 117. Ci-dessus, § 68, 213, III. — § 118. Ci-dessus, § 66, 206, V.

Propositions de Cambridge, § 5 : « Le fait de contrebande entraîne la saisie et la confiscation des objets prohibés, et selon les circonstances (§ 9) celle du bâtiment qui les transporte. — § 7. La saisie ne peut pas être étendue au delà des objets prohibés. S'il n'est pas possible d'éviter la saisie, elle ne préjuge nullement la question d'un acquittement définitif. — § 9. La confiscation s'étend au navire : 1° si l'armateur ou le capitaine a eu connaissance de la nature et de la destination du transport ; 2° en cas de résistance à l'arrêt, à la visite, à la recherche ou à la saisie des objets de contrebande de guerre. Elle ne peut avoir lieu qu'en cas de flagrant délit ».

Affaire du *Luxor*, 1879. Pendant la guerre entre le Chili et le Pérou, le *Luxor*, navire allemand, avait chargé à Montevideo 342 caisses d'armes à destination de Valparaiso. Il les déchargea à Valparaiso. Arrivé ensuite à Callao, les autorités péruviennes le saisirent. — M. Pradier-Fodéré, consulté par le gouvernement du Pérou, s'est prononcé avec raison contre la confiscation, mais il a admis la légalité de la saisie. Je pense, avec M. Arntz, que la saisie même était illégale (2).

Autrefois, la cargaison entière et le navire étaient confisqués lorsque navire et cargaison appartenaient au propriétaire des marchandises de contrebande. Diverses distinctions étaient d'ailleurs consacrées par les

(1) Comparez ci-dessous, § 63, 187.

(2) Pradier-Fodéré, *Affaire du Luxor*, 1879. — Arntz, R. D. I., t. XI, p. 655.

traités ; les auteurs variaient. On invoquait un texte de Paul, la loi 11, § 2, *De publicanis*, 39, 4 : « Dominus navis si illicite aliquid in nave vel ipse vel vectores adposuerint, navis quoque fisco vindicatur... » — Zouch et Bynkershoek sont ici fort rigoureux (1).

Les règles concernant le jugement du navire ennemi capturé (2) sont en somme applicables aux navires et marchandises neutres. Il en est de même des règles de la reprise (3).

Mais il résulte de la nature des choses que le procès sera plus compliqué et difficile lorsque le navire est neutre que lorsqu'il est ennemi. Dans le dernier cas, il s'agit surtout d'une constatation d'identité. Lorsqu'il s'agit de navires saisis sous pavillon neutre, « les présomptions de droit en faveur de la validité de la prise n'existent plus ; les intérêts sont beaucoup plus complexes, plus délicats, et à moins d'actes dont le caractère manifestement hostile n'a en quelque sorte pas besoin d'être démontré, les plus puissantes raisons de convenances internationales militent tout d'abord en faveur du capturé... Pour valider la saisie d'un neutre, il faut avant tout justifier des circonstances qui ont pu placer le navire en dehors du droit commun et lui faire perdre le bénéfice de l'inviolabilité acquise au caractère pacifique de son pavillon (4) ».

219. La marchandise ennemie sous pavillon neutre (5).

Si le belligérant trouve sur le navire neutre des marchandises qui ne sont pas contrebande de guerre, mais qui sont ennemies, appartenant à des sujets ennemis (6), le droit des gens actuel ne lui permet pas de s'en emparer.

Ainsi la neutralité du navire protège la propriété privée ennemie qui s'y trouve. C'est ce qu'expriment les adages : « Le pavillon couvre la marchandise », — « Navire libre, marchandises libres. » C'est

(1) Bynkershoek, I, c. 12 : *An licitum ob illicitum publicetur.*
(2) Ci-dessus, § 66, 206, VI.
(3) *Ibidem*, VIII.
(4) Calvo, *Dictionnaire*, article *Prise maritime.*
(5) Bynkershoek, I, c. 14 : *De hostium rebus, in amicorum navibus repertis.*
(6) Ci-dessus, § 66, 206, II.

une atténuation apportée au principe général de la violation de la propriété privée ennemie sur mer.

Quant à la propriété de l'État ennemi, il va de soi qu'elle n'est point couverte par le pavillon neutre ; même trouvée sur le navire neutre, elle est butin.

Durant tout le moyen âge et jusqu'au XVIe siècle, la marchandise ennemie était prise toujours et partout, même lorsqu'elle était chargée sur un navire neutre. Tel est le principe du Consulat de la mer : la marchandise ennemie sur navire neutre est saisie, et la marchandise neutre sur navire ennemi est franche (1). On est allé plus loin : pour punir le neutre qui transportait la marchandise ennemie, on a confisqué aussi le navire lui-même. La qualité ennemie de la marchandise prévalait donc absolument. Ainsi l'ordonnance française de 1681 : « Tous les navires qui se trouveront chargés d'effets appartenant à nos ennemis... seront de bonne prise ». Et celle de 1704 : « S'il se trouvait sur des vaisseaux neutres des effets appartenant aux ennemis de Sa Majesté, ces vaisseaux et tous les chargements seraient de bonne prise ».

Le principe contraire s'est graduellement fait valoir, par suite du développement du droit de la neutralité. Aujourd'hui, la neutralité du navire l'emporte sur la qualité ennemie de la marchandise. L'évolution a été lente. La France, après avoir outré le principe ancien, a lutté pour le principe nouveau, que l'Angleterre a toujours combattu. De 1642 à 1780, on cite trente-six traités qui l'ont consacré, tandis que quinze sont restés fidèles à l'ancien principe. La déclaration de 1780 l'a proclamé : « Que les effets appartenant aux sujets des dites puissances en guerre soient libres sur les vaisseaux neutres, à l'exception des marchandises de contrebande ».

Et la déclaration de Paris du 16 avril 1856, lui a donné sa formule : « Le pavillon neutre couvre la marchandise ennemie, à l'exception de la contrebande de guerre ».

La déclaration de Paris a été attaquée en Angleterre. On a soutenu au parlement que les plénipotentiaires avaient outrepassé leurs pouvoirs, que le traité n'était pas obligatoire. Le gouvernement a repoussé ces attaques, qui se sont reproduites trente ans après. Toujours dès lors, il a observé les principes auxquels lord Clarendon s'était rangé, et M. Drouyn de Lhuys a pu dire avec parfaite raison et en toute vérité : « Le système inauguré par la guerre de 1854 répondait si bien à des besoins communs à tous les peuples, qu'il prit sans difficulté le caractère d'une réforme définitive du droit international ».

(1) Ci-après, 220.

Résolution de l'Institut de droit international, votée à la Haye le 31 août 1875. Ci-dessus, § 66, 204, p. 334.

220. La marchandise neutre sous pavillon ennemi.

Lorsqu'un navire de guerre ou un corsaire capture un navire marchand ennemi, quel sera le sort des marchandises neutres, non de contrebande, qui s'y trouvent chargées (1)?

La déclaration de Paris a proclamé le principe favorable au commerce des neutres, et manifestement conforme à l'équité, que la marchandise neutre, à l'exception de la contrebande de guerre, n'est pas saisissable sous pavillon ennemi.

Toute marchandise chargée sur un navire ennemi est présumée ennemie. Le caractère non hostile doit être prouvé (2).

Au moyen âge, la marchandise l'emportait sur le navire, et la marchandise neutre sur navire ennemi était libre. Tel est le principe du Consulat de la mer.

Mais, dans les temps modernes et surtout à partir du XVIIe siècle une pratique défavorable aux neutres a prévalu, et nombre de traités et d'ordonnances ont consacré ce recul. On a fait suivre à la marchandise le sort du pavillon, on l'a confisquée. Tant pis pour l'ami, s'il confie sa propriété à l'ennemi. « Robe (c'est-à-dire marchandise, *roba*) d'ennemi confisque robe d'ami ». « Navire confisque cargaison ». On confisquait même la propriété des sujets et des alliés, chargée sur navire ennemi; à la seule exception des marchandises mises à bord avant la déclaration de guerre, ou avant que leur propriétaire eût eu connaissance de la guerre.

Les ordonnances françaises de 1533, 1543, 1584, en sanctionnant ces principes, voulaient encourager la course. De même l'ordonnance de 1681 : « Les marchandises de nos sujets et alliés qui se trouveront dans un navire ennemi, seront pareillement de bonne prise ».

Cependant l'ancien principe ne fut jamais abandonné entièrement. Divers traités en ont entretenu l'application, et la déclaration de Paris l'a proclamé de nouveau : « La marchandise neutre, à l'exception de la contrebande de guerre, n'est pas saisissable sous pavillon ennemi ».

(1) Bynkershoek, *Quaestiones juris publici*, 1, c. 13 : *De amicorum bonis, in hostium navibus repertis*.

(2) Ci-dessus, § 66, 206, II.

221. Violation de blocus par un navire neutre (1).

Tout navire neutre qui, malgré le blocus effectif, dûment notifié et à lui connu (2), cherche par ruse ou par force à pénétrer dans la place bloquée, commet une violation de blocus et se rend ainsi l'auxiliaire de l'ennemi. Aussi pourra-t-il être capturé par les navires bloquants, et conduit devant un tribunal des prises, qui prononcera sur la légalité de la saisie et la confiscation du navire.

Il va sans dire que la contrebande de guerre trouvée sur le navire sera confisquée. Même les autres marchandises neutres le seront, si leurs propriétaires ont eu connaissance de l'intention du capitaine de violer le blocus ; et ceci n'est point injuste, puisque le blocus a précisément pour but d'interrompre absolument le commerce de la place bloquée. L'intention violatrice se présume. C'est donc au propriétaire de la marchandise d'établir son ignorance de la destination du navire.

Il faut, pour que la capture soit légale, que le navire ait été surpris en flagrant délit, au moment où il tentait réellement de couper la ligne du blocus, avec l'intention de le violer. Il faut donc que le capitaine connaisse le blocus. La notification spéciale ne laissera aucun doute à cet égard. A défaut de notification spéciale, la connaissance sera présumée ; le capitaine aura donc à prouver son ignorance.

L'intention violatrice n'est point admise en cas de force majeure. On ne capture pas un navire que le gros temps a chassé jusque dans la ligne du blocus.

Règlement de l'Institut de droit international, § 35-37 ; ci-dessus, p.295-297.— §39 : « Il est interdit aux navires de commerce d'entrer dans les places et ports qui se trouvent en état de blocus effectif, et d'en sortir. — § 40. Cependant il est permis aux navires de commerce d'entrer, pour cause de mauvais temps, dans le port bloqué, mais seulement

(1) Fauchille, *Blocus maritime*, p. 320-394. — Geffcken, § 164-166. — Perels, § 51. — Calvo, t. V, 2880-2908. — Martens, t. III, § 124-126.

(2) Ci-dessus, § 63, 194.

après constatation, par le commandant du blocus, de la persistance de la force majeure. — § 43. Un navire de commerce sera saisi pour violation de blocus lorsqu'il aura essayé par force ou par ruse de pénétrer à travers la ligne du blocus, ou si, après avoir été renvoyé une première fois, il a essayé de nouveau de pénétrer dans le même port bloqué. — § 41. S'il est évident qu'un navire de commerce approchant du port bloqué n'a pas eu connaissance du blocus déclaré et effectif, le commandant du blocus l'en avertira, inscrira l'avertissement dans les papiers de bord du navire averti, tout au moins dans le certificat de nationalité et dans le journal de bord, en marquant la date de l'avertissement, et invitera le navire à s'éloigner du port bloqué, en l'autorisant à continuer son voyage vers un port non bloqué. — § 42. On admet l'ignorance du blocus lorsque le temps écoulé depuis la déclaration du blocus est trop peu considérable pour que le navire en cours de voyage qui a tenté d'entrer dans le port bloqué, ait pu en être instruit ».

La capture du navire surpris en violation de blocus peut avoir lieu indifféremment en pleine mer ou dans la mer territoriale. Mais il faut toujours qu'il soit pris sur le fait, en flagrant délit. La capture faite autrement ne serait en aucun cas légitime et valable, alors même qu'il serait prouvé que le navire naviguait à destination de la place bloquée, et qu'il avait l'intention de couper la ligne de blocus. La fiction de l'unité ou continuité du voyage, admise jadis, principalement par l'Angleterre, est condamnée aujourd'hui. Elle est contraire à la condition d'effectivité (1).

Règlement de l'Institut, § 44 : « Ni le fait qu'un navire de commerce est dirigé sur un port bloqué, ni le simple affrètement, ni la seule destination du navire pour un tel port, ne justifient la saisie pour violation de blocus. En aucun cas la supposition d'un voyage continu ne peut justifier la condamnation pour violation de blocus ».

Une cause célèbre qui se rattache à cette question est celle du *Springbok*. Ce navire anglais quitta Londres le 9 décembre 1862 pour se rendre au port de Nassau, dans la colonie anglaise de la Nouvelle-Providence (îles de Bahama). Le 3 février 1863, il fut capturé par un croiseur américain, et le 1er août suivant, le juge Betts, de la cour de district

(1) Voir, notamment, R. D. I., t. XIV, p. 328 ; t. VII, p. 236-255 ; 258-260.— Gessner, *Zur Reform des Kriegsseerechts*, 1875. *Le droit des neutres sur mer*, 2e éd., p. 230-233. — Travers Twiss, *La théorie de la continuité du voyage appliquée à la contrebande de guerre et au blocus*. 1877. — Bonfils, 1666-1667.

de New-York, le déclara de bonne prise, ainsi que sa cargaison. « Le navire, dit le juge, était au moment de la saisie chargé entièrement ou en partie de contrebande de guerre, destinée à l'usage de l'ennemi. La destination réelle du navire et de la cargaison n'était pas le port neutre de Nassau, mais un port quelconque régulièrement bloqué par les forces des États-Unis. Il y avait intention de rompre le blocus. En outre, les papiers de bord étaient falsifiés ». Il y eut appel, et en 1867 la cour suprême déclara le navire libre, mais maintint la confiscation de la cargaison et condamna le propriétaire du navire aux frais. « Il n'est pas douteux, ainsi s'exprime la cour suprême, que la cargaison n'ait été embarquée dès l'origine dans l'intention de rompre le blocus. Les propriétaires de la cargaison avaient le projet, pour atteindre leur but plus sûrement, de la transférer, une fois à Nassau, dans un navire mieux en état que le *Springbok* de tenter une rupture de blocus. Le voyage de Londres au port bloqué doit donc, légalement et dans la pensée de ces propriétaires, être considéré comme un seul et même voyage. Par conséquent, la cargaison était sujette à condamnation dès son départ de Londres, du moment où, en un point quelconque de son voyage, elle était saisie ». — La réclamation des propriétaires de la cargaison fut portée en 1873 devant la commission mixte siégeant à Washington en vertu de l'art. 12 du traité de Washington. Les trois commissaires la repoussèrent à l'unanimité. Ils allouèrent une indemnité aux propriétaires du navire.

Toute une littérature s'est formée au sujet du *Springbok*. Sir Travers Twiss, sir W. Harcourt, sir Robert Phillimore, M. Calvo, W. Beach Lawrence, Gessner, Bluntschli, M. Fauchille, M. de Boeck ont condamné sévèrement la sentence de la cour américaine. Voici ce qu'on lit dans une consultation de 1882, signée par MM. Arntz, Asser, de Bulmerincq, Gessner, Hall, de Martens, Pierantoni, Renault, A. Rolin, sir Travers Twiss, membres de l'Institut de droit international :

« La théorie de la continuité du voyage, telle qu'elle a été admise par la cour suprême des États-Unis d'Amérique, lorsqu'elle a déclaré de bonne prise le chargement du navire le *Springbok* (1867), bâtiment voyageant d'un port neutre vers un port neutre, est en opposition avec une règle reconnue par le droit coutumier de la guerre maritime, suivant laquelle la propriété neutre sur bâtiment portant pavillon neutre et expédiée d'un port neutre vers un autre port neutre, n'est pas sujette à confiscation ni à saisie par un belligérant comme prise légitime de guerre ; qu'un semblable commerce entre ports neutres a été de tout temps reconnu comme parfaitement libre selon le droit des gens, et que la théorie nouvelle mentionnée plus haut, suivant laquelle on a présumé la destination ultérieure du chargement à un port ennemi, après qu'il aurait été débarqué dans un port neutre, aggraverait les entraves imposées au commerce maritime des neutres, et permettrait de l'anéantir pour ainsi dire, en assujettissant leur propriété à la confiscation, non sur la preuve du voyage actuel du bâtiment et de son chargement vers un port ennemi, mais sur le *soupçon* que le chargement, après avoir été débarqué dans le port neutre, pourrait être rechargé à bord de quelque autre bâtiment et transporté vers un port ennemi en état de blocus effectif;

« La théorie en question tend à réagir contre les efforts que font les puissances européennes pour faire prévaloir la doctrine uniforme de la non-saisie de toute marchandise sous pavillon neutre, à l'exception de la contrebande de guerre;

« Elle doit être considérée comme une atteinte grave aux droits des nations neutres, puisqu'il en résulterait que la destination d'un bâtiment neutre à un port non ennemi ne suffirait plus pour empêcher de saisir les marchandises non contrebande de guerre qui s'y trouvent;

« Il en résulterait en outre, quant au blocus, que tout port neutre auquel aurait été expédié un chargement neutre, à bord d'un navire neutre, deviendrait un port bloqué *par interprétation*, dès qu'il y aurait des motifs de soupçonner que le chargement, après son débarquement en port neutre, pourrait être ultérieurement rechargé sur un autre bâtiment, et expédié vers un port réellement bloqué.

« En conséquence, les soussignés concluent: qu'il est très désirable que le gouvernement des États-Unis d'Amérique, lequel a été le promoteur zélé de plusieurs améliorations apportées aux règles de la guerre maritime dans l'intérêt des neutres, saisisse la première occasion pour proclamer, dans telle forme qu'il jugera convenable, qu'il n'a pas l'intention d'accepter et de consacrer la théorie ci-dessus formulée comme élément de sa doctrine juridique sur les prises maritimes, et pour déclarer qu'il désire que la condamnation du chargement du *Springbok* ne soit pas adoptée par ses tribunaux comme précédent de jurisprudence et comme règle de leurs décisions pour l'avenir ».

SECTION III. — La fin de la guerre.

§ 70. — Fin de la guerre sans traité de paix.

222. Cessation des hostilités. — 223. Subjugation et conquête. I. Notion de la subjugation. II. Effet de la subjugation, conquête. III. Restauration de l'État conquis. IV. Subjugation incomplète.

222. Cessation des hostilités.

Il se peut que les hostilités cessant de part et d'autre, il s'établisse par le fait un état de paix, lequel n'est point documenté ni réglé par un traité.

La situation respective des belligérants ou ex-belligérants est alors celle qui résulte de la guerre, le *statu quo post bellum*, l'*uti possidetis*. Ils arrêtent les hostilités et demeurent comme ils sont, notamment en ce qui concerne les territoires, chacun gardant ce qui, à ce moment, est en sa possession. Les parties de territoire qui sont occupées par l'ennemi, restent en son pouvoir. Le souverain territorial ne cherchant pas à les reprendre, elles sont conquises, momentanément tout au moins, et l'occupant y peut agir en maître.

Les effets du traité de paix, dont il sera parlé plus loin, ne se produisent pas. Le différend qui a donné lieu à la guerre, n'est pas vidé.

Cette situation, peut-être, se perpétuera ; le provisoire deviendra définitif, par l'effet du temps qui le consacrera peu à peu, malgré l'absence en droit des gens d'une prescription proprement dite (2), et par la reprise, qui viendra un jour ou l'autre, des relations normales entre les anciens belligérants. Il se peut aussi que, grâce à l'intervention amicale, aux bons offices ou à la médiation de puissances tierces, un traité de paix vienne mettre fin à cette situation

(1) Kirchenheim, au tome IV du Manuel de Holtzendorff, § 171. — Calvo, t. V, 3116. — Martens, t. III, § 128.

(2) Ci-dessus, § 12, 38, V.

irrégulière, et transforme la conquête en une acquisition en vertu de cession (1), substituant ainsi à un mode d'acquisition originaire un mode dérivé.

Ainsi se sont terminés, sans traité de paix, au commencement du XVIIIe siècle, les guerres entre la Pologne et la Suède, entre l'Espagne et la France ; en 1801, la guerre entre la Russie et la Perse, et en 1866 celle entre la Prusse et le Liechtenstein, car le Liechtenstein a pris part à la guerre d'Allemagne. Ainsi encore la guerre franco-mexicaine en 1867 (2) ; les relations entre la France et le Mexique n'ont été reprises qu'en 1881.

Le cas principal de conquête est celui de la subjugation.

223. Subjugation et conquête (3).

I. *Notion de la subjugation.*

Il y a subjugation, *debellatio*, lorsque la guerre se termine par la défaite complète de l'un des belligérants, tellement que tout son territoire est pris, que l'autorité de son gouvernement est supprimée, et qu'il cesse en conséquence d'exister comme État.

Fréquent jadis, ce mode de finir la guerre est plutôt rare aujourd'hui dans l'intérieur de la Société des nations. Cependant les guerres italiennes, en 1860 et 1870, la guerre allemande en 1866, ont fait disparaître plusieurs États de la carte d'Europe, et c'étaient bien des guerres de conquête, car les grands mots de nationalité, d'unification nationale, d'expansion, qui fournissent à la subjugation des prétextes utiles, n'en changent point le caractère, pas plus que les termes adoucis d'annexion et de réunion, ou que la comédie d'un plébiscite.

Puisqu'il n'y a pas d'État sans territoire, il ne saurait être question d'un traité de paix entre le vainqueur et le vaincu, si du moins le vainqueur entend garder le territoire dont il s'est emparé, et s'il n'existe plus de gouvernement qu'il consente à reconnaître.

(1) Ci-dessus, § 58, 165 et 166.

(2) R. D. I., t. IV, p. 474-480. 1872. — Lawrence, *Commentaire sur Wheaton*, t. II, p. 339-387.

(3) Kirchenheim, § 171. — Heimburger, *Der Erwerb der Gebietshoheit*, p. 121-132. — Calvo, t. V, 3116-3117. — Ci-dessus, § 12, 38, IV.

Il est évident, en effet, que le vainqueur peut, s'il le préfère, maintenir l'État vaincu en lui rendant son territoire en tout ou en partie, en lui reconnaissant un gouvernement. S'il ne le veut pas, il est conquérant, le pays est conquis, l'État vaincu est anéanti. La paix est forcée, sans traité.

Un acte de soumission ou de capitulation peut intervenir, contenant des dispositions relatives au sort de l'armée et des fonctionnaires et employés civils du pays conquis, au souverain dépossédé, à sa famille, à sa fortune privée. Celle-ci doit lui rester, conformément au principe du respect de la propriété privée, mais des raisons politiques en peuvent motiver temporairement la séquestration.

Il n'y a plus aujourd'hui d'analogue à la *deditio* romaine, laquelle était un traité.

Le royaume des Deux-Siciles, le grand-duché de Toscane, les duchés de Modène et de Parme, ont été conquis par la Sardaigne en 1859 et 1860; Rome par l'Italie en 1870. La Hesse électorale, le Hanovre, Nassau, Francfort par la Prusse en 1866; l'incorporation de ces États dans la monarchie prussienne a été prononcée par une loi du 20 septembre 1866. Alger fut conquis par la France en 1830; Madagascar en 1895; les Grisons en 1799; la Hollande en 1795; une partie de l'Allemagne en 1810. La Pologne fut supprimée par la Russie, la Prusse et l'Autriche en 1795.

Capitulation de Langensalza, 29 juin 1866, art. 1er: « S. M. le roi de Hanovre peut, avec S. A. R. le prince héritier et une suite désignée par S. M., prendre résidence à son libre choix, hors du territoire du royaume de Hanovre. La fortune privée de S. M. demeure à sa disposition ». Cette fortune a été séquestrée ensuite, et la séquestration levée en 1892.

II. *Effet de la subjugation. Conquête.*

L'acquisition de territoire par suite de subjugation constitue, avec le cas beaucoup moins important prévu au numéro précédent, la conquête proprement dite, dans le sens technique de ce mot.

La domination du conquérant sur le territoire et les populations de l'État subjugué n'a pas pour fondement, comme celle de l'acquéreur en vertu d'une cession conventionnelle, un accord de volontés formant le titre d'acquisition. Elle repose sur la volonté propre, unilatérale, du conquérant. La règle : « Nemo plus juris in alterum transferre potest quam ipse habet », supposant une acquisition par mode dérivé, n'est point applicable ici.

Les principes de la succession des États ne sont donc, à proprement parler, pas obligatoires pour le conquérant, puisqu'il ne tient que de lui-même sa souveraineté sur le pays conquis. Cependant les puissances tierces ont des droits acquis, qu'elles prétendront conserver et voudront faire respecter, et l'intérêt même du conquérant doit l'engager, surtout s'il désire en obtenir la reconnaissance de sa conquête, à se faire considérer par elles comme le véritable successeur de l'État qu'il a dépossédé (1).

Par l'incorporation du Hanovre à la Prusse, en 1866, les traités d'association conclus par le royaume de Hanovre avec d'autres puissances ont cessé d'être applicables, et ont été remplacés par les traités prussiens correspondants : tels sont les traités d'amitié, de commerce, de navigation, les conventions d'extradition et celles qui sont relatives à la protection du droit d'auteur. En revanche, les traités de limites, les traités concernant les raccordements de chemins de fer, les traités de disposition, etc., conclus par le Hanovre avec des États voisins, sont restés en vigueur (2).

Les régnicoles du pays conquis deviennent régnicoles de l'État conquérant (3). Comme l'État subjugué n'existe plus, et qu'il n'y a pas de traité, il n'est pas question d'un droit d'option, non plus que d'un droit conventionnel d'émigration.

La stricte application du principe doit même avoir cette conséquence-ci : les régnicoles de l'État subjugué qui émigrent sans autorisation et sans s'être fait dégager du lien de sujétion, restent sujets de l'État conquérant ; et même s'ils acquièrent une autre nationalité, le conquérant reste libre de continuer à les traiter comme ses sujets, tant qu'il ne les a pas dégagés de la sienne. Mais cette rigueur, pratiquée autrefois dans toute sa plénitude, ainsi par la France sous la première République et le premier em-

(1) Ci-dessus, § 3, 15, I-II ; § 12, 40, V.

(2) Hartmann, § 12. Comparez ci-dessus, § 3, 15, I-II.

(3) Ci-dessus, § 12, 38, VI.

pire, et récemment encore par la Prusse, paraît peu conciliable avec les tendances actuelles qui affranchissent de plus en plus l'homme du sol ; tendances manifestées entr'autres par la liberté générale d'émigrer (1) et par l'introduction constante de la clause d'option dans les cessions de territoire (2). Elle serait d'ailleurs, le plus souvent, contraire à une saine politique, prolongeant la guerre dans la paix, et entretenant dans les populations, avec un provisoire dangereux, un juste mécontentement et des résistances légitimes. Le conquérant sera donc bien inspiré s'il accorde le droit d'émigrer, dans un certain délai, aux individus qui ne veulent pas devenir ses sujets ; ceux qui restent au pays, acceptent par là même sa domination.

La Prusse n'a point accordé de droit d'émigration aux pays conquis en 1866. Le comte de Platen-Hallermund, émigré du Hanovre sans esprit de retour, a été considéré comme Prussien et reconnu coupable du crime de haute trahison (1868) (3). D'autre part, on a reconnu l'an d'après, en 1869, l'extranéité de Francfortois naturalisés Suisses pour échapper au service militaire ; on les a expulsés, tandis qu'on aurait dû, pour être conséquent, les astreindre simplement au service, en considérant leur renonciation à la nationalité prussienne comme inexistante (4). En somme, sur ce point, le droit des gens n'est pas encore fixé, et la politique décide.

Il est arrivé, un petit nombre de fois, que la population du pays conquis, par un plébiscite plus ou moins sincère, a ratifié après coup la conquête. Au point de vue politique, ce fait peut être fort utile. Au point de vue juridique, il est sans valeur, et ne saurait en particulier avoir pour effet d'obliger les autres puissances à reconnaître la conquête, soit tacitement, soit expressément, et à congédier les agents diplomatiques du souverain dépossédé (5).

(1) Ci-dessus, § 20, 62, II.
(2) Ci-dessus, § 12, 40, IV.
(3) Holtzendorff, t. I, § 12. *Allgemeine deutsche Strafrechtszeitung*, 1868. Contre la thèse de la cour de justice politique de Prusse, mémoires de Zachariæ et de Neumann. — Stœrk, *Option und Plebiscit*, p. 150-155.
(4) Rolin-Jaequemyns, R. D. I., t. II, p. 310-311. 1870.
(5) Plébiscites : § 12, 40, IV.

Aucune clause conventionnelle ne liant le conquérant, il est libre d'organiser sa conquête à sa guise.

Il est le souverain pour ses nouveaux sujets ; il l'est aussi à l'égard des puissances étrangères ; tout au moins est-il, pour celles-ci, le détenteur actuel du pouvoir suprême, « qui actu regit », « the actually king (1) ».

Il peut changer les lois du pays, changer sa constitution. L'organisation de la conquête est du ressort du droit public général et interne et de la politique, plutôt que du ressort du droit des gens.

Lors de l'incorporation du Hanovre, la Prusse y a sur-le-champ introduit ses lois militaires, ses lois d'impôt et ses lois de procédure pénale, et l'a soumis à la législation générale du royaume de Prusse. L'administration a été organisée selon les règles de l'organisation provinciale prussienne.

Si le nouvel état de choses se consolide, la reconnaissance des autres puissances viendra tôt ou tard, et tôt ou tard aussi le souverain dépossédé ou l'un de ses successeurs devra se résoudre à renoncer. En attendant, il protestera, il déclarera solennellement que le nouvel état de choses a été créé sans son assentiment, et qu'il entend réserver ses droits.

Des protestations peuvent être émises aussi par des puissances tierces.

Une puissance peut s'engager par convention à reconnaitre l'état de choses nouveau. Ainsi, par l'art. 6 du traité de Prague (1866), l'empereur d'Autriche a promis de reconnaître les institutions créées par la Prusse dans l'Allemagne du Nord, y compris les changements territoriaux.

On ne saurait voir dans cet engagement un objet illicite, savoir une spoliation des princes subjugués (2) ; l'Autriche était libre, évidemment, de reconnaître les faits accomplis.

Le pape, dépouillé par l'Italie, a protesté plusieurs fois. Tous les princes dépossédés protestent.

La France et l'Angleterre ont protesté lorsque l'Autriche a, sans guerre, annexé Cracovie en 1846. L'Autriche a protesté, par dépêche

(1) Ci-dessus, § 33, 90, I et IV ; § 35, 93, III ; § 49, 137, I.

(2) Ci-dessus, § 49, 141, I.

du 25 mars 1860, contre l'annexion à la Sardaigne des États de l'Italie centrale.

III. *Restauration de l'État conquis* (1).

La fortune est changeante. Une nouvelle guerre, ou quelque autre vicissitude, peut rétablir le régime déchu, rendre l'indépendance au pays subjugué, restaurer le souverain détrôné ou son héritier (2). On le proclamera souverain légitime ; le conquérant chassé ne sera plus que l'usurpateur.

Quelles seront les suites de cette restauration ? Ceci encore est essentiellement une question de droit public général et de droit public interne. Il suffit de rappeler ce qui a été dit précédemment à propos des engagements pris par le gouvernement de l'usurpateur (3). Ces engagements sont, en général, obligatoires pour le gouvernement restauré. Les actes qui constituent des actes réguliers d'administration, de la justice, des finances, demeurent valables. De même les actes de droit privé. De même encore les actes politiques, la législation, les modifications apportées à la constitution, tant que ces actes ne sont pas supprimés par la voie légale et constitutionnelle.

Quand, en 1813, les pays allemands qui avaient formé le royaume de Westphalie, sont rentrés sous la domination de leurs anciens souverains ou de ceux qui les représentaient, les questions indiquées ci-dessus ont été vivement discutées. La matière de la souveraineté intermédiaire ou de l'interrègne a été traitée à fond surtout par un publiciste célèbre, B. W. Pfeiffer (1777-1852).

On a confondu l'effet de la restauration avec le *postliminium* qui a lieu après la cessation de l'occupation du territoire ennemi. C'est une espèce différente, ou si l'on veut, un cas différent de *postliminium* (4). Les conditions de l'un et de l'autre ne sont pas les mêmes,

(1) Kirchenheim, § 187-188. — Monographie ancienne de S. Cocceji, *De regimine usurpatoris*. 1702. — B. W. Pfeiffer, *Inwiefern sind Regierungshandlungen eines Zwischenherrchers für den rechtmässigen Regenten nach dessen Rückkehr verbindlich*. 1819. *Das Recht der Kriegseroberung in Bezug auf Staatscapitalien*. 1824. — Schaumann, *Die rechtlichen Verhältnisse des legitimen Fürsten, des Usurpators und des unterjochten Volks*. 1820.

(2) Ci-dessus, § 3, 15, III.

(3) Ci-dessus, § 54, 156.

(4) Ci-dessus, § 64, 199.

mais ils sont naturellement régis par certains principes communs et les analogies de l'un et de l'autre sont naturelles (1).

IV. *Subjugation incomplète.*

J'ai supposé jusqu'ici que l'État vaincu a été réellement subjugué, que le vainqueur a profité de sa victoire pour en anéantir la personnalité entièrement.

J'ai dit que le vainqueur peut ne point avoir cette intention.

Il peut, en particulier, continuer à reconnaître le gouvernement de l'État vaincu et sa souveraineté territoriale, et faire avec lui un traité, en vertu duquel cet État ne perdra sa personnalité qu'en partie, en se faisant membre d'un État fédératif, ou d'une union réelle, ou encore en devenant mi-souverain sous la suzeraineté du vainqueur (2). La relation nouvelle est une relation conventionnelle ; le traité est un traité de paix.

Exemples : Les royaumes d'Annam et de Cambodge sont devenus pays de protectorat français.

Pour le traité de Tananarive du 1er octobre 1895, voyez ci-dessus, t. I, p. 88.

Après la guerre entre la Suède et la Norvège, en 1814, le traité de Moss, suivi du vote conforme du Storthing et du pacte du 6 août 1815, fit entrer la Norvège dans une union réelle avec la Suède (3). Placée dès le début de la guerre de 1814 dans une situation critique, la Norvège avait préféré ne pas prolonger la lutte ; au reste, son ancienne union avec le Danemark avait déjà le caractère d'union inégale.

La guerre de 1866 a donné naissance à la Confédération de l'Allemagne du Nord, où le royaume de Saxe est entré en vertu du traité du 21 octobre 1866.

(1) Même §, 200.

(2) Comparez ci-dessus, § 3, 14, II.

(3) L'origine et la nature de l'union de la Norvège avec la Suède, ainsi que les rapports anciens de la Norvège et de la monarchie danoise, sont étudiées avec soin par M. Aubert dans la *Revue de droit international*, t. XXVII, p. 529-544, et t. XXVIII, p. 75-97. 1895-1896. — Ci-dessus, § 5, 21.

§ 71. — La paix.

224. En général (1).

I. *Notion de la paix. Droit de paix.*

Lorsque la défaite du vaincu n'est pas totale, lorsque le vainqueur ne peut ou ne veut pas pousser son succès à outrance, les belligérants terminent la guerre en faisant la paix, en concluant un traité de paix.

La conclusion d'un traité de paix constitue la manière normale de terminer la guerre.

La paix se distingue de l'armistice ou trêve et de la suspension d'armes par son caractère absolu et définitif. Par la paix, la cessation des hostilités est imposée, non pour un temps déterminé, mais indéfiniment ; la guerre est finie, une fois pour toutes. Le différend est vidé. Les prétentions, les griefs mis en avant pour motiver la guerre, sont abandonnés ; il n'en doit plus être question. Cet abandon est absolu, complet, intégral, à moins que des réserves ne soient faites à ce sujet dans le traité, ce qui serait exceptionnel.

Si, la paix faite, les hostilités éclataient de nouveau, ce serait

(1) Kirchenheim, au t. IV du Manuel de Holtzendorff, § 172-179, avec de copieuses indications bibliographiques. — Calvo, t. V, 3115-3168. — Pradier-Fodéré, t. II, 923-933. — Martens, t. III, § 128. — On trouve une soixantaine de monographies anciennes sur la paix en général indiquées dans Ompteda, et huit dans Kamptz ; en outre de nombreux écrits sur des points spéciaux. Un ouvrage célèbre est celui de P. Goudelin, *De jure pacis*, 1620.

une guerre nouvelle, née de causes nouvelles, car les causes anciennes sont éteintes et anéanties ; tandis qu'à l'expiration de la trêve, quelque longue qu'ait été celle-ci, les hostilités recommencent pour les anciennes causes, et l'ancienne guerre reprend. Telle est la différence entre une longue trêve et une courte paix. La fixation d'un terme final est tenue actuellement pour incompatible avec la notion de la paix, tandis qu'elle est naturelle et fut longtemps essentielle dans la trêve.

Le mot de *paix* signifie à la fois l'état de paix et le traité qui l'établit. On dit la paix de Westphalie, la paix des Pyrénées. Et c'est là le sens primitif de ce mot, ainsi que l'indique l'étymologie. *Pax*, de *pango* (πήγνυμι), signifie convention ; c'est le même mot que pacte.

Dans le principe, les Romains envisageaient la paix comme faite pour toujours, et le disaient dans leurs traités : « Pax pia aeterna sit ». Les Grecs, au contraire, considéraient l'état de guerre comme normal contre les barbares, et faisaient la paix pour un temps déterminé.

Sous l'empire, surtout sous l'empire chrétien, on faisait avec les Germains, avec les Perses, de longues trêves, qui étaient comme des paix et pouvaient être appelées paix, tandis que les paix, même dites perpétuelles, n'étaient parfois autre chose que des trêves. Ainsi en 168, paix pour cent ans entre Marc-Aurèle et les Sarmates ; en 422, trêve de cent ans entre Théodose II et les Perses ; en 453, trêve de cent ans avec les Blemyens et Nubiens, peuples d'Ethiopie ; en 475, paix perpétuelle entre Zénon et Genséric, roi des Vandales ; en 556, trêve de durée indéterminée entre Justinien et Cosroès ; en 561, longue trêve entre les mêmes. — Mahomet prescrivant guerre éternelle aux infidèles, la Porte n'a, jusqu'au traité de Kutchuk-Kainardji (1774), fait que des trêves, jamais des paix, avec les puissances chrétiennes.

On cite d'ailleurs aussi des traités de paix modernes faits pour un nombre déterminé d'années : ainsi la paix de 1528 entre Henry VIII et Jacques V (pour cinq ans). Malgré leur nom, ces paix ne sont que des trêves.

L'État qui a le droit de guerre, doit avoir aussi le droit de paix. Ceci s'applique en particulier aux États mi-souverains (1). Il serait absurde de refuser le droit de cesser la guerre à celui qui a pu ou dû la commencer.

(1) Ci-dessus, § 4, 17 ; § 61, 177, II. Rolin-Jaequemyns, R. D. I., t. XVIII, p. 523-528, 1886.

Dans l'État, le pouvoir qualifié pour déclarer la guerre est aussi généralement, mais non pas nécessairement, qualifié pour faire la paix ; c'est le chef de l'État, conformément à la constitution, avec ou sans le concours de la représentation nationale, et dans la mesure où il est capable de conclure des traités obligatoires pour l'État ; il faut, notamment, qu'il soit détenteur effectif du pouvoir : « actu regens », « actually king(1) ». Si le souverain est incapable, ce sera le régent ; s'il est détrôné, si le gouvernement est renversé, ce sera le gouvernement nouveau, reconnu.

Il se peut que le chef d'État qui a le droit de déclarer la guerre, n'ait pas, à lui seul, celui de faire la paix ; tel est nécessairement le cas, dans la plupart des pays, lorsque le traité de paix contient des cessions territoriales (2).

Loi constitutionnelle française du 16 juillet 1875, art. 8 : « Les traités de paix ne sont définitifs qu'après avoir été votés par les deux chambres ». — Constitution belge, art. 68 : « Le roi fait les traités de paix ». — Constitution fédérale suisse, art. 8 : « La Confédération a seule le droit de conclure la paix.— Constitution suédoise, art. 13 (1840-1841) : « Si le roi veut déclarer la guerre ou conclure la paix, il convoquera tous les membres du conseil d'État en conseil extraordinaire, leur exposera les motifs et les circonstances à prendre en considération, et leur demandera leur avis, qu'ils devront donner chacun séparément... Le roi a ensuite le droit de prendre et d'exécuter la décision qu'il juge la plus utile à l'État ». — Autres pays, ci-dessus, p. 50 et 220.

Les questions relatives à la qualification d'un gouvernement révolutionnaire ont été débattues notamment à propos du gouvernement de la défense nationale après le 4 septembre 1870. Lorsque le gouvernement de la défense nationale, gouvernement de fait depuis le 4 septembre, engagea des pourparlers au sujet de la paix avec M. de Bismarck celui-ci demanda par dépêche du 14 janvier 1871 que ce gouvernement fût reconnu formellement par les représentants de la nation française réunis en assemblée nationale (3). Il s'agissait pour lui de s'assurer que la France ne désavouerait pas comme non qualifié, non représentant de la nation, le gouvernement négociateur de la paix.

Il a été parlé du souverain captif au § 49, 140.

Dans les négociations et la conclusion du traité serbo-bulgare, fé-

(1) Ci-dessus, § 49, 139, I ; § 62. 181.

(2) Ci-dessus, § 10, 31, I ; § 13, 41, I.

(3) Esperson, *Le gouvernement de la défense nationale a-t-il le droit de conclure la paix au nom de la France?* 1870.

vrier-mars 1886, on a considéré la Bulgarie comme non qualifiée pour faire seule la paix. Un délégué ottoman a pris part aux négociations. Préambule de la paix de Bucarest (18 février-3 mars 1886) : « Au nom de Dieu tout-puissant. S. M. I. le sultan, empereur des Ottomans, en sa qualité de suzerain de la principauté de Bulgarie, S. M. le roi de Serbie, et S. A. le prince de Bulgarie, animés d'un égal désir de rétablir la paix entre le royaume de Serbie et la principauté de Bulgarie, ont muni, à cet effet, de leurs pleins pouvoirs, d'une part, S. M. I. le sultan... (premier délégué), S. A. le prince de Bulgarie... (deuxième délégué, *dont le choix a été approuvé par S. M. I. le sultan*), etc. »

II. *Les préliminaires de paix* (1).

Très souvent, même le plus souvent, afin d'assurer sans retard le rétablissement des relations pacifiques, les belligérants font un traité qui porte sur les points essentiels de la paix, au sujet desquels ils se déclarent dès à présent d'accord, soit qu'ils entendent s'en tenir définitivement aux points arrêtés, soit qu'ils veuillent leur donner tout au moins une valeur provisoire.

Dans le premier cas, le traité de paix proprement dit, la paix définitive, qui suivra, ne fera que compléter le premier traité.

Dans le second cas, il pourra le modifier d'une façon plus ou moins radicale. On remarque, avec raison, qu'alors le premier traité se trouve avoir joué en quelque sorte le rôle d'un ballon d'essai, permettant notamment de reconnaître quelle attitude prendront les puissances neutres.

Telles sont les deux significations que peut avoir le traité qu'on appelle les préliminaires de paix. Dans l'un comme dans l'autre cas, il existe d'ores et déjà un traité provisoire de paix.

Ce traité est un traité véritable, soumis à ratification, et ne doit point être confondu avec les arrangements et écritures purement préparatoires (2). Ce pourrait être un pacte *de contrahendo*, mais ce serait bien exceptionnel ; en effet la paix n'est pas seulement promise comme chose future, elle est et doit être faite sur-le-champ.

Les préliminaires de paix sont conclus par les représentants di-

(1) Kirchenheim, § 173. — Plusieurs anciennes dissertations, Ompteda, § 324.

(2) Ci-dessus, § 49, 144.

plomatiques des États (1), et non par de simples chefs militaires; même le commandant en chef n'est pas qualifié comme tel.

La guerre entre le Danemark, d'une part, et l'Autriche et la Prusse, d'autre part, s'est terminée par les préliminaires de paix signés à Vienne le 1er août 1864 ; la paix définitive a été signée à Vienne le 30 octobre. Guerre austro-prussienne ou allemande : 26 juillet 1866, entre l'Autriche et la Prusse, préliminaires de paix, à Nicolsbourg ; 23 août, paix définitive à Prague. La Prusse a fait la paix à Berlin avec le Wurtemberg le 13 août, Bade le 17 août, la Bavière le 22 août, avec la Hesse Grand-Ducale le 3 septembre, sans préliminaires. Guerre franco-allemande : 26 février 1871, préliminaires de paix à Versailles ; 12 mai, paix définitive à Francfort-sur-Mein.

Guerre d'Orient, 3 mars 1878 : préliminaires de paix à San Stefano, entre la Turquie et la Russie. Revisés, considérablement modifiés, sur les réclamations de l'Autriche-Hongrie et de l'Angleterre, atténués dans un sens favorable à la Turquie et au détriment de la Russie par le congrès européen, dans le traité de Berlin du 13 juillet 1878, entre l'Allemagne, l'Autriche, la France, la Grande-Bretagne, l'Italie, la Russie et la Turquie. « Sa Majesté l'Empereur d'Allemagne, etc., désirant régler dans une pensée d'ordre européen, conformément aux stipulations du traité de Paris du 30 mars 1856, les questions soulevées en Orient par la guerre dont le traité préliminaire de San Stefano a marqué le terme, ont été unanimement d'avis que la réunion d'un congrès offrirait le meilleur moyen de faciliter leur entente ». Le mot de paix n'est pas mentionné dans le traité de Berlin ; on ne pourrait que très improprement l'appeler traité de paix. En revanche, le traité de San Stefano a bien le caractère d'un traité de paix provisoire. Préambule : « Sa Majesté l'empereur de Russie et Sa Majesté l'empereur des Ottomans, animés du désir de rendre et d'assurer à leurs pays et à leurs peuples les bienfaits de la paix..., ont nommé... à l'effet d'arrêter, conclure et signer les préliminaires de la paix... »

L'article 29 porte : « Le présent acte sera ratifié par Leurs Majestés impériales l'empereur de Russie et l'empereur des Ottomans et les ratifications échangées, dans quinze jours, ou plus tôt si faire se peut, à Saint-Pétersbourg, où l'on conviendra également du lieu et de l'époque à laquelle les stipulations du présent acte seront revêtues des formes solennelles usitées dans les traités de paix. Il demeure toutefois bien entendu que les Hautes Parties contractantes se considèrent comme formellement liées par le présent acte depuis le moment de sa ratification ». — Le traité de San Stefano est en réalité le traité de paix conclu entre les belligérants, et le traité de Berlin est un traité

(1) Même paragraphe, 139, I et II; § 67, 207-209.

général qui a surtout pour objet de reviser ce traité de paix. On remarquera les expressions du préambule du traité de Berlin : ... « La guerre dont le traité préliminaire de San Stefano a marqué le terme ».

Vingt-deux ans auparavant, les préliminaires de paix, proposés par l'Autriche, devinrent obligatoires par le protocole de Vienne, signé le 1er février 1856 par les plénipotentiaires des belligérants et de l'Autriche ; le congrès de Paris est un congrès de paix, et le traité de Paris du 30 mars 1856 est une paix, expressément désignée comme telle, conclue entre la Russie d'une part, la Turquie, la France, la Grande-Bretagne, la Sardaigne d'autre part, ainsi qu'avec l'Autriche, médiatrice des préliminaires. La Prusse fut appelée à y participer dans un intérêt européen.

Les préliminaires de paix de Villafranca, convenus par l'empereur d'Autriche et l'empereur des Français, le 11 juillet 1859, contiennent un exemple intéressant de la première espèce mentionnée ci-dessus : « Les deux souverains favoriseront la création d'une confédération italienne. Cette confédération sera sous la présidence honoraire du Saint-Père. L'empereur d'Autriche cède à l'empereur des Français ses droits sur la Lombardie... L'empereur des Français remettra les territoires cédés au roi de Sardaigne. — La Vénétie fera partie de la confédération italienne, tout en restant sous la couronne de l'empereur d'Autriche. — Le grand-duc de Toscane et le grand-duc de Modène rentrent dans leurs États en donnant une amnistie générale. — Les deux empereurs demanderont au Saint-Père d'introduire dans ses États les réformes indispensables. — Amnistie pleine et entière est accordée de part et d'autre aux personnes compromises à l'occasion des derniers événements dans les territoires des parties belligérantes ».

III. *Négociation de la paix. Participation de puissances tierces.*

La paix est préparée par des négociations, conduites entre les belligérants.

En général, un allié n'est pas autorisé à entamer des négociations avec la partie belligérante adverse à l'insu et sans le consentement de son allié, — à moins que pareille faculté ne lui ait été accordée, manifestement, par le traité d'alliance. Une paix séparée constitue un abandon de l'alliance. On la déclare parfois formellement exclue, par surcroît de précaution.

Il se peut qu'un allié refuse de faire la paix, et continue la guerre seul.

En 1855, Napoléon III commença à négocier indépendamment de la

Grande-Bretagne son alliée ; lord Palmerston s'en plaignit à bon droit. Les préliminaires de paix de Versailles ont été signés par la France et la Confédération de l'Allemagne du Nord ; la Bavière, le Wurtemberg et Bade y ont accédé. La paix de Francfort a été conclue entre la France et l'Allemagne du Nord ; les alliés de celle-ci ont signé un protocole additionnel.

Une puissance tierce peut prêter ses bons offices ou sa médiation pour les négociations. La puissance médiatrice y prend une part active, ce qui n'est pas le cas de celle qui, en vue de leur ouverture, a simplement prêté ses bons offices (1).

Il se peut qu'une ou plusieurs puissances imposent leur médiation, en exerçant sur le belligérant victorieux, ou sur les deux belligérants, une pression afin d'empêcher une extermination ou une prépondérance qui seraient nuisibles à elles-mêmes ou à la Société des nations. On a discuté sur la légitimité d'interventions pareilles, destinées soit à amener les belligérants à faire la paix, soit à modérer les prétentions du vainqueur et à l'empêcher d'imposer au vaincu des conditions trop dures. Cette légitimité n'est pas contestable. Il n'est pas besoin d'invoquer en sa faveur les motifs particuliers qui justifient l'intervention dans les affaires intérieures d'un État (2) ; outre le droit de conservation, l'intérêt de la généralité, l'indépendance même des États sont des motifs suffisants. L'action médiatrice a souvent été exercée pour maintenir l'équilibre politique.

Il est non moins certain qu'un belligérant ou les belligérants sont libres de repousser la médiation. S'ils sont assez forts, ils le feront avec succès. Il arrive que la médiation est repoussée, mais qu'on accepte les bons offices.

Si une puissance tierce a libéré de l'occupation ennemie le territoire ou une portion du territoire de l'un des belligérants, elle prend part aux négociations (3).

Il se peut qu'on invite une ou plusieurs puissances tierces à prendre part aux négociations et à participer au traité, afin d'en

(1) Ci-dessus, § 58, 166-167.

(2) Ci-dessus, § 31.

(3) Ci-dessus, § 64, 200.

augmenter la portée, de lui donner une autorité générale, européenne.

Préambule du traité de Paris du 30 mars 1856 : « L'entente ayant été heureusement établie entre eux, Leurs Majestés, considérant que, dans un intérêt européen, S. M. le roi de Prusse, signataire de la convention du 13 juillet 1841, devait être appelée à participer aux nouveaux arrangements à prendre, et appréciant la valeur qu'ajouterait à une œuvre de pacification générale le concours de S. M., l'ont invitée à envoyer des plénipotentiaires au congrès ». La Prusse a signé le traité de paix, comme les belligérants et comme l'Autriche. — Toutes les grandes puissances ont pris part au traité de Berlin. L'empire allemand y était médiateur, « honnête courtier », selon l'expression de M. de Bismarck. Il s'agissait de tempérer ce que certaines puissances trouvaient excessif dans les conditions imposées par la Russie à la Turquie à San Stefano. L'Allemagne, la France et la Russie sont intervenues en 1895, dans un sens modérateur, à propos de la paix sino-japonaise de Shimonoseki.

Les négociations se font souvent, au moins en leur phase finale et décisive, dans une conférence ou un congrès, en un lieu fixé d'avance, lequel est au besoin déclaré neutre (1).

Il est arrivé que les négociations ont été faites par correspondance diplomatique entre les souverains, de cour à cour. M. de Kirchenheim cite celles de 1729 entre la Suède et la Pologne, qui aboutirent à la paix et celles de 1761, entre l'Angleterre et la France, qui n'aboutirent pas plus que le congrès projeté d'Augsbourg.

On tient la conférence ou le congrès de paix de préférence en un pays neutre : Zurich en 1859, Bruxelles en 1871, Berlin en 1878. Cependant la conférence de 1871 fut transportée à Francfort. La Russie dut se rendre à Paris en 1856, comme la France à Vienne en 1814. Le fait de dicter la paix à l'adversaire qui a le dessous, chez lui ou chez soi, est significatif, en divers cas, selon les circonstances.

La base des négociations est donnée, soit par l'*uti possidetis* ou *statu quo post bellum*, soit par le *statu quo ante bellum*. Cette dernière base ne sera pas présumée, la guerre ayant supprimé l'ancien état de choses et créé un état de choses nouveau (2). On sait le rôle important qui appartient en droit des gens au fait accompli et à la possession (3).

(1) Ci-dessus, § 46, 130 ; § 10, 36.

(2) Ci-dessus, § 61, 180.

(3) Ci-dessus, § 3, 10; § 12, 38, IV; § 13, 41.

225. Conditions requises, forme et contenu du traité de paix. Actes additionnels.

I. *Conditions et forme* (1).

Le traité de paix est régi par les principes qui sont exposés dans la théorie générale des traités ; il ne saurait, en particulier, être attaqué pour contrainte, si ce n'est au sens indiqué plus haut (2).

Aucune condition spéciale de forme n'est requise, en théorie, pas plus que pour les autres traités. Mais par le fait et par la force des choses, les traités de paix sont régulièrement conclus par écrit.

La paix, sitôt ratifiée, est publiée comme les autres traités. Elle l'était autrefois avec des solennités spéciales et un appareil guerrier.

A l'art. 29 du traité de San Stefano, du 3 mars 1878, il est encore parlé des formes solennelles usitées dans les traités de paix (3).

II. *Contenu du traité de paix.*

L'instrument de paix contient des dispositions tant générales que particulières, de diverse nature.

S'il se borne à déclarer la paix rétablie entre les parties contractantes, on dit qu'il y a paix pure et simple ; ceci, de nos jours, n'est point habituel.

Ordinairement, on y met des clauses multiples, qu'il serait fastidieux de chercher à énumérer. Les plus ordinaires concernent des indemnités pécuniaires à payer à l'État ou à des particuliers, par exemple pour réquisitions et contributions, pour restitution de chemins de fer, dédommagements y relatifs ; des cessions territoriales ; même des cessions de propriété privée, par exemple de chemins de fer appartenant à des compagnies ; le droit d'option et le droit d'émigration des populations des territoires cédés ; parfois

(1) J. Bernard a inséré dans son *Recueil des traités de paix* (1731) une dissertation sur les diverses cérémonies usitées dans les traités de paix.

(2) Ci-dessus, § 49, notamment 140 et 142.

(3) Ci dessus, 224, II.

des rétrocessions éventuelles; la libération des prisonniers, à l'exception de ceux qui se sont rendus coupables de crimes ou délits ; les captures et prises; l'amnistie; le rétablissement, la remise en vigueur, la confirmation des traités antérieurs à la guerre, la formation de commissions pour reviser ces traités, pour décider lesquels seront remis en vigueur, lesquels reprennent leur efficacité de plein droit etc. (1). On y peut insérer aussi une clause compromissoire pour le cas où des divergences surgiraient quant à l'interprétation ou l'exécution du traité.

Paix entre la Serbie et la Bulgarie, conclue à Bucarest, le 19 février, 3 mars, 1886. Article unique : « La paix est rétablie entre le royaume de Serbie et la principauté de Bulgarie, à dater du jour de la signature du présent traité ».

Indemnités de guerre. Préliminaires de paix de Versailles, art. 2 : « La France payera à S. M. l'empereur d'Allemagne la somme de cinq milliards de francs ; le paiement d'au moins un milliard de francs aura lieu dans le courant de l'année 1871, et celui de tout le reste de la dette dans un espace de trois années à partir de la ratification des présentes ». — Traité de San Stefano, du 3 mars 1878 : « Les indemnités de guerre et les pertes imposées à la Russie, que S. M. l'empereur de Russie réclame et que la Sublime Porte s'est engagée à lui rembourser, se composent de : *a*. Neuf cent millions de roubles de frais de guerre (entretien de l'armée, remplacement du matériel, commandes de guerre) ; *b*. Quatre cent millions de roubles de dommages infligés au littoral méridional du pays, au commerce d'exportation, à l'industrie et aux chemins de fer ; *c*. Cent millions de roubles de dommages causés au Caucase par l'invasion ; *d*. Dix millions de roubles de dommages et intérêts aux sujets et institutions russes en Turquie. Total mille quatre cent dix millions de roubles ».

Cessions territoriales en place d'indemnité. Traité de San Stefano, art. 19 : «... Prenant en considération les embarras financiers de la Turquie, et d'accord avec le désir de S. M. le sultan, l'empereur de Russie consent à remplacer le paiement de la plus grande partie des sommes énumérées dans le paragraphe précédent, par les cessions territoriales suivantes :... Les territoires mentionnés dans les paragraphes *a* et *b* sont cédés à la Russie comme équivalent de la somme d'un milliard cent millions de roubles ».

Il est à peine nécessaire de poser en principe que les cessions territoriales doivent être stipulées expressément. Ce qui est dit de l'*uti pos-*

(1) Ci-dessus, § 56, 162.

sidetis, à la fin du n° 224, n'a trait qu'aux négociations, et ce qui est dit au § 70, 222, ne s'applique qu'au cas où la guerre est terminée sans traité.

Il se peut d'ailleurs qu'une date soit fixée d'un commun accord, décisive pour l'état de possession territoriale à établir ou à rétablir.

Par le traité de Versailles de 1783, entre l'Espagne et la Grande-Bretagne, les deux puissances se sont restitué réciproquement tous les territoires pris durant la guerre. C'était rétablir le *statu quo ante bellum*. L'*uti possidetis* du 20 mai 1667 a été consacré par le traité de Breda (31 juillet 1667) entre les Pays-Bas et la Grande-Bretagne.

Captures et prises. Traité de paix de Vienne, entre le Danemark d'une part, l'Autriche et la Prusse d'autre part, du 30 octobre 1864. Art. 13 : « S. M. le roi de Danemark s'engage à rendre, immédiatement après l'échange des ratifications du présent traité, avec leurs cargaisons, tous les navires de commerce prussiens, autrichiens et allemands capturés pendant la guerre, ainsi que les cargaisons appartenant à des sujets prussiens, autrichiens et allemands saisis sur des bâtiments neutres ; enfin tous les bâtiments saisis par le Danemark pour un motif militaire dans les duchés cédés. Les objets précités seront rendus dans l'état où ils se trouvent, *bona fide*, à l'époque de leur restitution... Leurs Majestés le roi de Prusse et l'empereur d'Autriche feront également restituer les navires de commerce pris par leurs troupes ou leurs bâtiments de guerre, ainsi que les cargaisons, en tant que celles-ci appartenaient à des particuliers... »

III. *Actes additionnels.*

L'instrument de la paix définitive ne contient pas toujours la décision de toutes les questions à régler. De là des actes additionnels ou complémentaires, lesquels sont signés après la paix, soit par les plénipotentiaires, soit par des commissaires *ad hoc* nommés de part et d'autre (1).

Actes additionnels à la paix de Francfort, du même jour (12 mai 1871), et du 11 décembre 1871. Le *Recueil des traités, conventions, lois, décrets et autres actes relatifs à la paix avec l'Allemagne*, publié en 1878-1879 par les soins de M. Villefort, comprend cinq volumes. Plus de cent conventions diverses se rattachent au traité de Francfort (2).

(1) Ci-dessus, § 49, 144 ; § 44, 127.

(2) Valfrey, *Histoire du traité de Francfort et de la libération du territoire français*. 1874-1875.

226. Effets de la paix.

I. *Effets généraux. Perpétuité de la paix.*

En suite de la conclusion de la paix, les puissances qui ont été adversaires redeviennent amies. Les bons rapports sont rétablis entre elles ; les relations diplomatiques sont renouées.

Les traités dont l'effet était suspendu par la guerre, recouvrent leur efficacité (1).

« Les conventions qui avaient été suspendues par la guerre, rentrent en vigueur de plein droit, à moins qu'elles n'aient été modifiées par le traité de paix, ou qu'elles ne concernent des choses que la guerre a anéanties ou modifiées. Si le traité de paix parle du renouvellement des traités antérieurs, ou les modifie, les dispositions du traité feront loi. Il ne pourra s'élever de doutes que si le traité de paix garde le silence à cet égard... Pour que les traités antérieurs soient définitivement abrogés, il faut : *a*) que leur contenu soit incompatible avec les dispositions du traité de paix. Exemple : les anciens traités relatifs à la délimitation des deux États restent en vigueur pour autant que le traité n'a pas modifié la frontière ; ils sont abrogés là où la frontière ne reste plus la même ; *b*) que l'ancien traité n'ait pas seulement été suspendu par la guerre, mais qu'il ait été nécessairement abrogé par elle. Exemple : les traités d'alliance entre les belligérants sont forcément abrogés par la guerre... ; le rétablissement de la paix ne fait pas revivre l'alliance (2) ».

Le traité de paix crée entre les belligérants un état légal nouveau, dans la mesure qui résulte de ses stipulations. Ce sont celles-ci qui dorénavant régiront leurs rapports mutuels. J'ai dit que l'ancien différend est vidé, définitivement et à jamais.

La paix est donc, en elle-même, perpétuelle, en ce sens qu'il ne doit plus y avoir, entre les États contractants, de guerre pour l'ancienne cause. Cela ne signifie point qu'il ne doive plus jamais y avoir de guerre entre eux, car on ne préjuge pas l'avenir ; les États qui font la paix ne s'engagent nullement à ne plus se faire la guerre. Mais cela suffit pour exclure l'idée de revanche, car cette

(1) Ci-dessus, § 55, 160, IV. Monographie de G. F. de Martens, citée au § 56.

(2) Bluntschli, 718.

idée, se rattachant intimement à la guerre passée, est incompatible avec l'intention de paix (1).

C'est un principe sur lequel les jurisconsultes ont le devoir d'insister. Il est permis de demander s'ils remplissent toujours ce devoir, vis-à-vis des politiques et des publicistes, qui sont enclins à ignorer le principe ou même à le rejeter.

« The reciprocal stipulation of perpetual peace and amity between the parties does not imply that they are never again to make war against each other for any cause whatever. The peace relates to the war which it terminates; and is perpetual, in the sense that the war can not be revived for the same cause. This will not, however, preclude the right of claim and resist, if the grievances which originally kindled the war be repeated,— for that would furnish a new injury and a new cause of war, equally just with the former (2) ».

II. *L'amnistie. La clause d'amnistie* (3).

Les griefs et prétentions qui se rattachent à la cause de la guerre, comme ceux qui résultent de la guerre elle-même, sont par la paix éteints, supprimés, anéantis. Il n'en doit plus être question. Il faut les oublier. Cet effet de la paix est appelé l'amnistie, c'est-à-dire l'oubli et le pardon.

Ainsi les actes mêmes de la guerre ne peuvent plus fournir matière à réclamation ou récrimination une fois la paix faite. S'il en était autrement, « la guerre engendrerait la guerre et une paix durable serait impossible (4) ».

L'amnistie est un élément essentiel de la paix. « C'est en elle, dit Goudelin, que consiste la substance même de la paix ; sans amnistie il ne saurait y avoir de paix ».

On consacre souvent à l'amnistie une clause spéciale, appelée clause d'amnistie ou d'oubli. Cette clause semble au premier abord

(1) Comparez ci-dessus, § 49, 140.

(2) Wheaton, éd. Boyd, IV, 4 ; § 544.

(3) Une ancienne monographie sur l'amnistie est due à Henri Cocceji : *De postliminio in pace ex amnistia*, 1696. Voyez pour d'autres, Ompteda, § 327, qui cite une douzaine de monographies, et Kamptz, § 329, qui en cite quatre; Kirchenheim, § 175.

(4) Heffter, § 180.

superflue, puisque l'amnistie est de l'essence de la paix. Pourtant on la juge utile, parfois même nécessaire, à raison de la part que des citoyens ou sujets des États belligérants ont pu prendre à la guerre, surtout quand des questions de religion ou de nationalité s'y trouvaient être en jeu. La clause signifie alors que ces citoyens ne seront point recherchés ni inquiétés à raison de leur conduite durant la guerre. Des réserves, des exceptions y peuvent être mises, et certaines personnes ou catégories de personnes être exclues de l'amnistie.

Dans le doute, et sauf volonté contraire manifeste, l'amnistie s'applique seulement aux réclamations et prétentions de l'État, et n'affecte pas les intérêts des particuliers.

Il est superflu d'ajouter que, sauf stipulations particulières, l'amnistie n'atteint pas les créances ou prétentions indépendantes du différend et qui par conséquent, tout en pouvant être antérieures à la guerre, y sont étrangères.

Ἀμνηστία (*amnestia*, de ἀ et μνάομαι, *oblivio*) signifie oubli et spécialement oubli d'une injure, pardon. L'idée d'oubli prévaut dans le droit des gens, où il n'y a ni juge ni autorité suprême, tandis que l'idée du pardon accordé au coupable prévaut dans le droit interne, public et pénal.

Il existe des catégories de faits auxquelles l'amnistie ne doit pas être étendue. On ne l'étendra pas aux délits communs, ni aux délits antérieurs à la guerre, ni aux délits commis durant la guerre sur le territoire d'un État neutre par des sujets des belligérants, car le traité de paix n'oblige que les parties contractantes et ne saurait en aucune façon concerner un État tiers. « On ne peut étendre, dit Vattel, l'effet de la transaction, ou de l'amnistie, à des choses qui n'ont aucun rapport à la guerre terminée par le traité. Ainsi des répétitions fondées sur une dette ou sur une injure antérieure à la guerre, qui n'a eu aucune part aux raisons qui l'ont fait entreprendre, demeurent en leur entier, et ne sont point abolies par le traité ; à moins qu'on ne l'ait expressément étendu à l'anéantissement de toute prétention quelconque. Il en est de même des dettes contractées pendant la guerre, mais pour des sujets qui n'y ont aucun rapport, ou des injures, faites aussi pendant sa durée, mais sans relation à l'état de guerre » (1).

Traité de Zurich (1859), art. 22 : « Pour contribuer de tous leurs efforts

(1) Vattel, IV, § 22.

à la pacification des esprits, S. M. l'empereur d'Autriche et S. M. le roi de Sardaigne déclarent et promettent que, dans les territoires respectifs et dans les pays restitués ou cédés, aucun individu compromis à l'occasion des événements dans la péninsule, de quelque classe ou condition qu'il soit, ne pourra être poursuivi, inquiété ou troublé dans sa personne ou dans sa propriété, à raison de sa conduite ou de ses opinions politiques ». — Traité de Francfort (1871), art. 2, al. 2 : « Aucun habitant des territoires cédés ne pourra être poursuivi, inquiété ou recherché dans sa personne ou dans ses biens à raison de ses actes politiques ou militaires pendant la guerre ». — Traité de San Stefano du 3 mars 1878, art. 17 : « Une amnistie pleine et entière est accordée par la Sublime Porte à tous les sujets ottomans compromis dans les derniers événements, et toutes les personnes détenues de ce fait, ou envoyées en exil, seront immédiatement mises en liberté. — Art. 27 : La Sublime Porte prend l'engagement de ne sévir d'aucune manière, ni laisser sévir, contre les sujets ottomans qui auraient été compromis par leurs relations avec l'armée russe pendant la guerre. Dans le cas où quelques personnes voudraient se retirer avec leurs familles à la suite des troupes russes, les autorités ottomanes ne s'opposeront pas à leur départ ».

La clause d'amnistie ne s'insère pas uniquement dans les traités de paix. On la trouve, par exemple, dans le traité conclu par les grandes puissances et la Suisse, à Paris, le 26 mai 1857, qui a mis fin aux droits de souveraineté du roi de Prusse sur la principauté de Neuchâtel et le comté de Valangin. Ce n'est pas un traité de paix, car la guerre, un instant imminente, avait été prévenue par l'intervention de Napoléon III ; ni un traité de cession de territoire, puisque Neuchâtel était déjà canton suisse. C'est la consécration par un acte international de l'état de fait qui existait depuis huit ans, par lequel le canton de Neuchâtel se trouvait de monarchique devenu républicain. C'est l'abrogation conventionnelle d'une disposition (art. 23) du traité de Vienne du 19 juin 1815. — Traité de Londres du 15 novembre 1831, art. 21 : « Personne, dans les pays qui changent de domination, ne pourra être recherché ni inquiété, en aucune manière, pour cause quelconque de participation directe ou indirecte aux événements politiques ».

III. *Effet de la paix sur l'exercice des droits résultant de la guerre.*

Le plus souvent, lorsque la paix se conclut, les hostilités ont déjà cessé depuis plus ou moins longtemps, par suite d'un armistice que l'on prolonge parfois à plusieurs reprises, ou de préliminaires de paix. Si tel n'est pas le cas, et s'il n'y a pas d'autre terme fixé, elles doivent cesser sur le champ, à partir du moment même de la signature du traité. On n'attendra donc pas la ratification. Il se trouve ainsi que la paix implique un armistice ; si elle n'est pas ratifiée, elle n'aura été qu'un armistice. Quant aux autres effets de la paix, ils se produisent généralement à partir de la ratification, selon ce qui a été dit plus haut (1).

L'idée de la paix et celle de la guerre s'excluant réciproquement d'une manière absolue, tout exercice des droits de la guerre, une fois la paix faite, est interdit.

Des hostilités commises après la paix, en connaissance de la paix, ne seraient plus des faits de guerre, mais de vulgaires crimes ou délits, punissables comme tels.

Si, dans l'ignorance de la paix conclue, des navires ont été capturés ou condamnés, ces actes seront nuls et pourront donner lieu à des dommages-intérêts. Les officiers ou autres fonctionnaires qui ont agi de bonne foi, dans une ignorance excusable de la paix conclue, ne sont pas responsables personnellement, mais ils peuvent engager la responsabilité de leur État.

On ne fera plus de réquisitions, on n'en réclamera même pas les arriérés comme tels. Mais les obligations dûment contractées par suite de la guerre, pour rançons, même pour réquisitions, ainsi que les dettes privées des prisonniers, ne sont point éteintes, à moins qu'elles ne soient clairement et manifestement comprises dans une clause d'amnistie.

Traité de Francfort, art. 13 : « Les bâtiments allemands qui étaient condamnés par les conseils de prise avant le 2 mars 1871, seront considérés comme condamnés définitivement. Ceux qui n'auraient pas été condamnés à la date sus-indiquée, seront rendus avec la cargaison en tant qu'elle existe encore. Si la restitution des bâtiments et de la cargaison n'est plus possible, leur valeur, fixée d'après le prix de la vente, sera rendue à leur propriétaire ». Le 2 mars est la date de l'échange des ratifications des préliminaires de paix de Versailles.

(1) Ci-dessus, § 50, 145.

IV. Postliminium (1).

Si des territoires occupés sont libérés par la paix, les effets exposés plus haut, et que l'on comprend sous le nom de *postliminium*, se produisent. Parfois les traités de paix prévoient et règlent divers points qui s'y rapportent. J'ai déjà répété que cette matière appartient au droit public général plutôt qu'au droit des gens (2).

227. Interprétation et exécution du traité de paix (3).

Le traité de paix s'interprète selon les principes exposés dans la théorie des traités (4). Il faut toujours considérer la volonté réelle et véritable des parties, « id quod actum est », et ne jamais oublier que les conventions internationales sont conventions de bonne foi.

Le traité de paix doit être exécuté dans toutes ses dispositions. Il est indivisible, à moins qu'il ne contienne une clause autorisant la division explicitement ou implicitement.

Toutefois, à raison du caractère propre de la paix, qui constitue un retour à l'état normal des relations entre États, notamment dans le sein de la Société des nations, il faut admettre, sauf volonté contraire, que le seul fait de l'inobservation ou de l'observation incomplète et défectueuse, de la part d'un des États contractants, d'une ou de plusieurs dispositions du traité ne doit pas donner d'emblée à l'autre contractant le droit de se déclarer affranchi de ses obligations, encore moins celui de rompre la paix et de recommencer les hostilités, fût-ce même sous couleur de représailles. Il faut en pareil cas insister pour que le traité soit exécuté, et c'est seulement en cas de refus ou d'omission continuée qu'il y a lieu d'appliquer les principes de la résiliation pour inexécution et de

(1) Kirchenheim, au t. IV de Holtzendorff, § 180-188. — Brockhaus, *Rechtslexicon* de Holtzendorff, au mot *Postliminium*. — Calvo, t. V, 3169-3185. — Martens, t. III, § 128.

(2) Ci-dessus, § 64, 199. Comparez § 70, 223, III.

(3) Kirchenheim, § 179.

(4) Ci-dessus, § 54, 157.

l'indivisibilité (1). La clause compromissoire pourra rendre ici de réels services.

Les mesures d'exécution donnent parfois lieu à des négociations prolongées ; il y a eu des conférences, même des congrès concernant l'exécution (2).

Le traité peut prévoir des mesures destinées à assurer son exécution, telles que l'occupation d'une partie du territoire (3). Cette occupation est à la fois militaire et pacifique. Les réquisitions n'y sont plus permises, et les troupes d'occupation jouissent de l'exterritorialité (4).

La conduite à tenir en cas d'inexécution partielle est prévue dans quelques traités anciens. Dans le traité d'Andrinople (1829), à l'art. 7, la Russie se réservait, en cas de violation, de procéder immédiatement à des représailles contre la Turquie.

Nombre d'articles restent longtemps inexécutés ; parfois ils semblent destinés d'avance à rester lettre morte.

Un exemple récent d'inexécution nous est fourni par l'art. 61 du traité de Berlin.

Préliminaires de paix, de Versailles, 26 février 1871, art. 3, al. 3 : « Après le paiement de deux milliards, l'occupation allemande ne comprendra plus que les départements de la Marne, des Ardennes, de la Haute-Marne, de la Meuse, des Vosges, de la Meurthe, ainsi que la forteresse de Belfort avec son territoire, qui serviront de gage pour les trois milliards restants, et où le nombre de troupes allemandes ne dépassera pas cinquante mille hommes. S. M. l'empereur sera disposé à substituer à la garantie territoriale consistant dans l'occupation partielle du territoire français une garantie financière, si elle est offerte par le gouvernement français dans des conditions reconnues suffisantes par S. M. l'empereur et roi pour les intérêts de l'Allemagne... Art. 4. Les troupes allemandes s'abstiendront de faire des réquisitions soit en argent soit en nature dans les départements occupés. Par contre, l'alimentation des troupes allemandes qui resteront en France, aura lieu aux frais du gouvernement français dans la mesure convenue par une entente avec l'intendance militaire allemande. — Art. 8. Après la conclusion et la ratification du traité de paix définitif, l'administration des départements devant encore rester occupés par les

(1) Ci-dessus, § 55, 160, II.

(2) Ci-dessus, 225, III.

(3) Ci-dessus, § 52, 161. — Pradier-Fodéré, t. II, 1167-1168.

(4) Ci-dessus, § 65, 202, I ; § 28, 67, II.

troupes allemandes sera remise aux autorités françaises... Dans les départements occupés, la perception des impôts après la ratification du présent traité s'opérera pour le compte du gouvernement français et par le moyen de ses employés ».

Le second traité de Paris, du 20 novembre 1815, prescrivait une occupation militaire dans un but très général et relatif aussi à l'ordre intérieur. Art. 5 : « L'état d'inquiétude et de fermentation dont, après tant de secousses violentes, et surtout après la dernière catastrophe, la France, malgré les intentions paternelles de son roi et les avantages assurés par la charte constitutionnelle à toutes les classes des sujets, doit nécessairement se ressentir encore, exigeant, pour la sûreté des États voisins, des mesures de précaution et de garantie temporaires, il a été jugé indispensable de faire occuper pendant un certain temps, par un corps de troupes alliées, des positions militaires le long des frontières de la France, sous la réserve expresse que cette occupation ne portera aucun préjudice à la souveraineté de S. M. T. C., ni à l'état de possession tel qu'il est reconnu et confirmé par le présent traité. — Le nombre de ces troupes ne dépassera pas 150.000 hommes. L'entretien de l'armée destinée à ce service devant être fourni par la France, une convention spéciale règlera tout ce qui peut avoir rapport à cet objet... Le maximum de la durée de cette occupation militaire est fixé à cinq ans. Elle peut finir avant ce terme, si, au bout de trois ans, les souverains alliés, après avoir, de concert avec S. M. le roi de France, mûrement examiné la situation et les intérêts réciproques et les progrès que le rétablissement de l'ordre et de la tranquillité aura faits en France, s'accordent à reconnaître que les motifs qui les portaient à cette mesure ont cessé d'exister ».

FIN

TABLES

TABLE ANALYTIQUE

(Les chiffres romains indiquent le volume, les chiffres arabes la page.)

TABLE DES MATIÈRES

TOME I

LIVRE III

Le territoire et les cours d'eau internationaux. La haute mer.

CHAPITRE PREMIER. — **Le territoire.**

CHAPITRE II. — **Le droit de conservation.**

CHAPITRE III. — **Le droit d'indépendance.**

LIVRE V

Des représentants et organes des États pour leurs relations extérieures.

CHAPITRE V. — **Agents et commissaires, commissions internationales et offices internationaux.**

TOME II

LIVRE VI

Des négociations et des actes publics émanés des gouvernements.

LIVRE VII

Des conventions entre États, ou des traités.

LIVRE VIII

Des différends entre États, et des manières d'y mettre fin.

CHAPITRE I. — **Moyens amiables de terminer les différends entre États.**

CHAPITRE II. — **Moyens de contrainte, autres que la guerre.**

CHAPITRE III. — **La guerre.**

SECTION I. — *La guerre et les lois de la guerre.*

FIN DES TABLES

Imp. G. Saint-Aubin et Thevenot. — J. Thevenot, Successeur, Saint-Dizier.

EXTRAIT DU CATALOGUE GÉNÉRAL

ASSER (T.-M.-C.), *conseil du Ministère des affaires étrangères du royaume des Pays-Bas, avocat, professeur à l'Université d'Amsterdam.* — **Eléments de Droit international privé ou du conflit des lois,** Droit civil. — Procédure. — Droit commercial. — Ouvrage traduit, complété et annoté par Alphonse RIVIER, professeur à l'Université de Bruxelles, secrétaire général de l'Institut de Droit international, 1884, in-8. . . . . 8 fr.

BONFILS (HENRY) *doyen honoraire, professeur à la Faculté de Droit de Toulouse.* — **Manuel de Droit international public** (Droit des gens), destiné aux étudiants des Facultés de Droit et aux aspirants aux fonctions diplomatiques et consulaires, 1894, gr. in-18 . . . . 8 fr.

BORELLI-BEY (OCTAVE), *avocat près la Cour d'appel d'Alexandrie.* — **La législation égyptienne annotée.** Première partie. Codes égyptiens pour les procès mixtes, 1892, in-4, broché . . . . 26 fr.

Le même volume cartonné. 30 fr.

BUREAU (PAUL), *professeur suppléant à la Faculté libre de Droit de Paris.* — **Le Homestead ou l'insaisissabilité de la petite propriété foncière** (Préface de M. E. Levasseur, membre de l'Institut. — Mémoire couronné par l'Académie des sciences morales et politiques. Prix Rossi pour l'année 1894), 1895, in-8 . . . . 7 fr. 50

CALVO (CHARLES), *ancien ministre, membre étranger de l'Académie des sciences morales et politiques, de l'Institut de France, de l'Académie royale d'histoire de Madrid, fondateur de l'Institut de Droit international, etc.* — **Le Droit international théorique et pratique,** précédé d'un exposé historique des progrès de la science du droit des gens, 6e édition revue et complétée, 6 vol. gr. in-8, 1896 . . . . 90 fr.

— *Supplément séparé,* 1 vol. gr. in-8. . . . . 15 fr.

— **Manuel de Droit international public et privé,** conforme au programme des Facultés de Droit, 3e édition, 1892, in-18. . . . . 7 fr.

— **Dictionnaire de Droit international public et privé,** 1885, 2 vol. gr. in-8. . . . . 50 fr.

— **Dictionnaire manuel de Diplomatie et de Droit international public et privé,** 1885, gr. in-8 . . . . 25 fr.

CAMPISTRON (LOUIS), *professeur à la Faculté de Droit de Toulouse.* — **Commentaire pratique des lois des 26 juin 1889 et 22 juillet 1893 sur la Nationalité,** avec modèles de déclaration de la circulaire du 28 août 1893 et appendice sur le recrutement militaire, 1894, in-8 . . . . . 3 fr. 50

CHAUVEAU (M.-E.), *professeur à la Faculté de Droit de Rennes.* — **Le Droit des gens ou Droit international public.** Introduction. Notions générales. Historique. Méthode. 1892, in-8 . . . . 4 fr.

CHEVALLIER (EMILE), *docteur en Droit, maître de conférences à l'Institut agronomique.* — **L'Assistance publique en Angleterre.** — La loi des Pauvres et la Société anglaise. *Ouvrage couronné par l'Académie des Sciences morales et politiques,* 1896, in-8 . . . . 8 fr.

FAUCHILLE (PAUL), *avocat, docteur en Droit.* — **Du Blocus maritime.** Etude de Droit international et Droit comparé suivie d'une table analytique, 1882, in-8. . . . . 9 fr.

FOIGNET (RENÉ), *docteur en Droit, répétiteur de Droit.* — **Manuel élémentaire de Droit international public,** à l'usage des étudiants en droit et des candidats aux carrières diplomatique et consulaire, suivi : d'un résumé en tableaux synoptiques ; d'une annexe reproduisant le texte de plusieurs traités récents et d'un recueil méthodique des principales questions d'examen, 1892, gr. in-18 . . . . 6 fr.

Imp. G. Saint-Aubin et Thevenot. — J. Thevenot, successeur, Saint-Dizier (Hte-Marne).

www.ingramcontent.com/pod-product-compliance
Lightning Source LLC
Chambersburg PA
CBHW060910220326
41599CB00020B/2908